BANK

金融法律实务丛书

银行风险与规避法律实务应用全书

增订3版

典型案例 | 法条链接 | 法律提示 | 风险规避

张金锁◎著

中国法制出版社
CHINA LEGAL PUBLISHING HOUSE

代三版前言

金融创新与司法保障

党的十八届三中全会提出完善金融市场体系的目标，四中全会首次通过全面推进依法治国若干问题的决定，昭示着金融体制与司法体制的改革全面铺开。

金融体制改革意味着不同性质的银行，包括民营银行，将在市场经济的体制下展开公平的竞争。竞争依赖创新，竞争也促进创新，金融创新是金融业永恒的主题，是竞争中求得生存和胜利的不二法宝。改革不能仅仅依赖于被改革者的自觉自愿，有时也靠外部环境的压力，如互联网金融的兴起倒逼银行业服务创新。

平等、自由的竞争，需要健全的法制基础和良好的司法环境。没有法律引导和规范，自由竞争将形成垄断；没有司法引领和监督，腐败将滋生，金融创新将被阻碍和扼杀。可以预见，公正司法下的银行业竞争将带动中国经济的新一轮发展。

改革面临着风险，也充满着机遇。在这种背景下，中国法制出版社三版本书，说明金融、法律从业人员对金融法律知识学习的热情，也预示着社会公众对金融改革及司法改革的前景充满信心。

本书通过案例阐释银行业务中面临的法律问题。金融创新没有现成的模式可以套用，同样，因金融创新产品引发的纠纷大多也没有现行法律依据可以遵循。诸如网络科技、移动科技、云计算等现代技术带来银行传统储蓄业务、支付业务模式的变化；理财产品的多样化，投资人利益保护及“刚性兑付”的打破；票据融资功能与票据法对真实贸易背景要求的冲突；银行作为对公企业，大量格式合同条款的公平性的认定，等等，由此产生的纠纷法官必须审理，每个个案都在检验着法官的智慧。充满良知、富有人情、恪守公正、保障权利的判词，并不亚于金融创新本身。体现公平正义的司法案例，作为“活的法律”永远充满着生命力。

案例在不断地增加和翻新，本书尽可能及时追踪和补正。案例是法律在社会生活、经济生活中的具体应用，读者通过案例学习、掌握法律，并将法律灵活运用于实践，既是法律的宗旨，也是本书的初衷。2010年12月9日，最高人民法院出台《关于案例指导工作的规定》，并陆续发布指导性案例，其目的之一即是为疑难复杂或者新类型的案件进行指导。2015年6月2日，最高人民法院公布《最高人民法院关于案例指导工作的规定实施细则》，明确提出指导性案例的裁判要点应当作为各级人民法院审理案件的参照依据。除此之外，最高人民法院还通过发布典型案例的方式对社会行为进行规范、指导、警示。如最高人民法院发布的兴业银行济南分行诉山东钢铁和福建旺隆公司案是山东省内首例保兑仓纠纷案件，该案的判决起到了很好的示范效应，充分体现了人民法院在支持新类型融资方式、规范融资市场发展方面的职能作用。加之近年来司法界、律师界掀起的案例研究热潮，使法律不再是枯燥的条文，也不再是法律人的专利，活生生的个案揭开了法律神秘的面纱，无疑为提升金融从业人员的法律素质、促进司法公正起到了锦上添花的作用。

本次修订主要有三方面内容：一是将相关的法律条文进行了更新，如2015年2月4日起施行的《最高人民法院关于适用〈中华人民共和国民事诉讼法〉的解释》。二是增加、更新了部分案例，随着社会的发展，法官的司法理念也在更新，有必要将最新的司法观点介绍给读者。如除权判决一节，鉴于《最高人民法院关于适用〈中华人民共和国民事诉讼法〉的解释》已就如何撤销除权判决作出明确的程序规定，原来引用的撤销除权判决的案例已失去借鉴、指导意义，予以删除。三是就本书所引用的案例以索引的形式进行汇集，便于读者查阅。

本书再版之机，仍要感谢中国法制出版社及编辑周琼妮女士对本书的编排、策划及宝贵的修改意见。弘扬法治精神，法律读物的出版应是重要的方式之一。感谢本所杨晋峰、李子尧、樊莹律师对本次修改在法条更新、案例搜集方面提供的帮助。感谢读者，正是拥有一批热衷金融法律并致力于金融法律服务的读者，才使笔者相信，根植于法治土壤之上的金融创新必将开花结果，也使笔者对专业从事金融法律服务的前景充满信心。

张金锁

2015年12月

再版前言

作者曾供职于中国工商银行，或许出于对金融机构固有的情怀，抑或是缘于银行工作氛围及众多银行同事的耳濡目染，后虽从事专职律师，但一直专注于金融法律实务，至今已二十余年。

专注于一项工作必然会遇到难题及困惑。有的是作者思考的理论问题，如储蓄合同成立的时间节点，银行承兑汇票自然人持票的效力、是否影响背书连续；有的是现实纠纷中出现的实际问题，如银行内部审批流程的有关文件对保证人保证责任的影响，如何厘清银行诸多经营规范中的管理性规范与效力性规范；有的是社会经济生活与法律规范的冲突，如在中小企业融资难的今天，企业之间相互借贷，企业、自然人之间的票据“贴现”已成常态，如何解决随之引发的问题？

理论上的困惑可待研讨，现实的困惑却不容回避。律师要为委托人提出最佳的代理方案，法官要为诉争双方作出公正的法律结论。难就难在如何让大家既了解金融业务、又熟悉法律，还要保证金融业务无瑕疵、法律无漏洞。只有同时精通二者，才能抓准金融法律实务的真正脉络，轻松解决银行在开展各项业务中遇到的种种法律问题，并进一步提出精准实用的风险规避方案，帮助银行应对日趋复杂的金融大环境。

本书自第一版面市以来，市场反响热烈，并受到了金融领域高级管理人员、法务专员以及执业律师的高度评价。考虑到金融市场日新月异、法律法规及相关政策时有更新，作者对全书作了统一修改与增订：补充了自本书初版以来具有典型意义的新案例，提出了更为切合当下金融环境的风险解决方案，同时还更新了全书的法条依据，以满足现时实务应用的需要。

借本书再版之机，感谢中国法制出版社及编辑对本书的付出，也感谢读者的厚爱。

张金锁

2012 年 7 月

前　言

金融是国民经济的核心、现代经济的血液，金融安全关乎国家经济安全。如何防范、化解金融风险是理论界、实务界面临的一项重大课题。律师通过专业知识为银行提供法律服务，其功能也旨在对风险的控制与规避。

金融风险无处不在。对法律的不了解、金融从业人员的工作失误及失职、领导层的盲目决策甚或金融犯罪都是形成风险的原因。笔者多年从事金融法律服务，感叹仅仅依靠“头痛医头”式的个案代理、合同文本的审查不足以发挥律师应有的作用。为银行从业人员提供一本便于查阅的工具书，使之在办理相关业务时能够方便地认识风险、防范风险，便成为笔者多年的心愿，也是写作本书的初衷。

本书试图以人民法院的生效判决为指引，通过司法判决来指导金融实践。虽然判例不是我国的法律渊源，司法指引功能在目前只是追求的目标而非现实，但在众多可供选择的指导实践的模式中，人民法院的生效判决仍可作为银行业务的行为指引。特别是规范的、由最高人民法院公布的典型案例具有规则指引作用，熟悉并了解这些案例，将更能凸显司法的预期、预警及查漏建制功能。毕竟，司法机关的权力设置也意味着司法判决是一切可诉行为合法与否的终极和最高检验标准。为此，笔者在研究大量案例的基础上，精心选用了332个人民法院的生效判决，所选案例丰富、全面、权威，便于金融从业人员对案例与自身行为进行比较，以对其行为后果有个认识和预期。需特别说明的是，部分案例银行责任的减轻或免除并不意味着银行的相同操作会在诉讼中一路畅通，法律的修改、案情的些许变化及法官的价值取向都有可能导致判决结果的不同。

“法条链接”部分并不是对法律条款的简单罗列与堆砌，而是精心选择的结果。浩如烟海的法条并不都是在调整银行业务，笔者根据不同的银行业务引用了相关的现行有效的法律规定，便于读者迅速、直观地查找该银行业务是否有相应的法律规定以及规定的内容是什么。

“重要提示”部分旨在对专业的、重要的法律术语进行阐释，对相关法律在银行业务中的运用、不同法律规定之间的衔接、冲突法律的处理、风险出现后的法律后果及人民法院处理金融纠纷的司法导向及价值取向予以论述，通过上述内容提示读者们注意银行业务操作中容易出现的法律风险并揭示风险点。

对法律风险作“重要提示”的目的是有效地“规避风险”，因此“风险规避”部分可以说是风险解决方案，包括风险预防、风险控制及风险补救措施等方面的内容，明确地告知银行从业人员哪些事可做、如何做，哪些事不能做。虽然有的法律风险已不可预防，但“亡羊补牢，犹未为晚”，如何通过有效的途径、适当的法律程序控制风险、减少损失，仍然是银行不能回避的重要问题。

因笔者的经验及水平所限，“重要提示”不可能囊括全部的法律风险点，“风险规避”更多地依赖于笔者多年的从业经验，不一定就是最佳的风险解决方案，

金融风险不仅仅包括法律风险，道德风险、市场风险并不在本书的考虑之列，

但作为一部专业的揭示银行风险与规避指引的法律实务应用工具书，仍是非常有参考价值的。本书所选案例不可能涉及银行业务的全部，但案例本身或可反映出银行经营中的薄弱环节和诱发纠纷的敏感部位。

但愿本书能对商业银行的风险防范有所裨益。

张金锁

2011年2月

目录
CONTENTS

第一章　储蓄业务中的法律风险与规避

第一节　储蓄法律性质 // 003

第二节　存款自愿 // 011

第三节　取款自由 // 016

第四节　存款有息 // 023

第五节　为储户保密 // 033

第六节　账户开立 // 037

第七节　挂失 // 047

第八节　存款差错 // 057

第九节　特别约定 // 061

第十节　存单纠纷 // 065

第十一节　网上银行 // 077

第十二节　对公存款 // 082

第十三节　服务收费 // 091

第十四节　资金证明 // 098

第十五节　先合同义务 // 106

第十六节　附随义务 // 110

第二章　银行卡业务中的法律风险与规避

第一节　银行卡申领 // 121

第二节　银行卡服务 // 126

第三节　银行卡收费 // 131

第四节　信用卡消费 // 135

第五节　银行卡遗失 // 140

第六节　密码泄露 // 145

第七节　透支 // 152

第八节　自动取款 // 159

第九节　不良信用记录 // 167

第三章　支付结算业务中的法律风险与规避

第一节　汇票签发 // 179

第二节　背书转让 // 183

第三节　汇票解付 // 192

第四节　票据抗辩 // 200

第五节　票据效力 // 206

第六节　汇票承兑 // 211

第七节　贴现审查 // 217

第八节　票据保证 // 225

第九节　支票付款 // 229

第十节　票据结算 // 233

第十一节　公示催告 // 239

第十二节　除权判决 // 243

第四章　担保业务中的法律风险与规避

第一节　保证合同的成立 // 251

第二节　保证合同的效力 // 261
第三节　保证责任的免除 // 274
第四节　保证期间 // 284
第五节　借新还旧 // 292
第六节　抵押担保 // 299
第七节　抵押登记 // 311
第八节　担保审查 // 322
第九节　抵押权的行使 // 329
第十节　权利质押 // 343
第十一节　存单质押 // 355
第十二节　对外担保 // 363
第十三节　定金 // 369

第五章　贷款业务中的法律风险与规避

第一节　合同的生效 // 377
第二节　合同的效力 // 385
第三节　违约赔偿 // 392
第四节　企业改制 // 397
第五节　贷款发放 // 414
第六节　委托贷款 // 421
第七节　同业拆借 // 426
第八节　贷款催收 // 433
第九节　贷款扣划 // 439
第十节　解除权 // 453
第十一节　代位权 // 463
第十二节　抵销权 // 472
第十三节　撤销权 // 478
第十四节　不良债权转让 // 490

第十五节　实现债权费用的负担 // 505
第十六节　按揭业务 // 512
第十七节　助学贷款 // 528

第六章　执行与协助执行的法律风险与规避

第一节　协助冻结 // 535
第二节　擅自解冻 // 545
第三节　协助错误 // 550
第四节　执行措施 // 556
第五节　执行异议 // 560
第六节　执行和解 // 567
第七节　委托拍卖 // 572

第七章　诉讼程序中的法律风险与规避

第一节　主管 // 579
第二节　管辖 // 585
第三节　起诉 // 594
第四节　诉讼请求 // 606
第五节　反诉 // 613
第六节　证据 // 616
第七节　上诉 // 623
第八节　调解 // 627

全书案例索引 // 635

详目

CONTENTS

第一章　储蓄业务中的法律风险与规避

第 一 节　储蓄法律性质 // 003

案例 1：储蓄所擅自冲正差错款被判返还 // 003

重要提示：一、存款法律性质 // 004

二、储蓄合同的法律性质 // 004

三、侵权纠纷与合同纠纷的责任构成 // 006

风险规避：一、银行在制定内部规定及业务操作规范时，应正确选择指导自身行为的法律依据 // 007

二、银行应树立储蓄存款系债权债务关系的观点 // 009

三、储蓄存款合同纠纷的举证责任 // 010

第 二 节　存款自愿 // 011

案例 2：银行擅自改变存款方式致储户损失应担责 // 011

重要提示：一、存款自愿 // 013

二、存款自愿的异化 // 013

风险规避：一、自助设施如何保护储户的存款自愿 // 014

二、存款业务应尊重储户的意志 // 015

三、过错责任的司法认定 // 015

第 三 节　取款自由 // 016

案例 3：限制储户取款自由违法 // 016

重要提示：一、取款自由 // 017

二、取款自由与保证支付 // 018
三、银行限制储户取款自由的类型 // 019
风险规避： 一、清理并规范内部文件 // 020
二、银行内部规定在诉讼中的法律地位 // 020
三、因故不能提供服务时的应对措施 // 021
四、实行存款账户实名制前的存款支付 // 021
第 四 节 存款有息 // 023
案例 4：计息规则告知方式不当，具有过错应承担相应诉讼费用 // 023
重要提示： 一、告知义务 // 024
二、未约定利息的支付 // 027
三、约定利息的支付 // 029
风险规避： 一、告知义务的履行 // 029
二、告知义务的履行方式 // 030
三、妥善保存证据，并注意法律对证据的要求 // 030
四、履行告知义务与纠纷控制 // 030
五、防止银行员工高息揽储 // 031
第 五 节 为储户保密 // 033
案例 5：未对储户提供保密的交易环境应负违约责任 // 033
重要提示： 一、为储户保密 // 034
二、违反保密原则的民事责任 // 035
风险规避： 一、银行应全面加强安全、保密措施 // 035
二、涉及此类案件的诉讼对策 // 036
第 六 节 账户开立 // 037
案例 6：金融机构应对开户人及取款人的身份证件进行实质审查 // 037
重要提示： 一、银行的审查义务：形式审查还是实质审查？ // 040
二、反洗钱义务 // 042
三、联网核查系统 // 043
风险规避： 一、银行应按实质审查的标准开办业务 // 044
二、有效身份证件的审查 // 044

第七节 挂失 // 047

案例7：违规挂失不记名存单应担责 // 047

重要提示：一、关于挂失的法律性质 // 049

二、关于挂失的信息提供 // 050

三、关于口头挂失 // 051

四、关于挂失的代理（代为挂失）：司法解释与规范性文件的冲突 // 052

五、关于银行受理挂失的时间要求 // 054

六、记名存单与不记名存单 // 054

七、关于挂失的程序 // 054

风险规避：一、防范以挂失方式冒领他人存款 // 056

二、诉讼应对 // 056

第八节 存款差错 // 057

案例8：未排除合理性疑点，不能要求储户返还差错款 // 057

重要提示：一、不当得利案件的证明责任分配 // 058

二、高度盖然性 // 059

风险规避 // 060

第九节 特别约定 // 061

案例9：银行未履行与储户的特别约定应承担违约责任 // 061

重要提示：一、特别约定 // 062

二、特别约定的方式 // 063

风险规避：一、谨慎与储户订立存取款的特别约定，当银行无法满足其储户的特别要求时，有权不予订立合同 // 064

二、银行与储户订立特别约定后，就应按照约定全面履行义务 // 064

三、对约定无效的处理 // 064

第十节 存单纠纷 // 065

案例10：银行不能仅以底单记载内容否定存款关系 // 065

重要提示：一、一般存单纠纷 // 068

二、存单的真实性 // 068
三、存款关系的真实性 // 069
风险规避：一、防范金融犯罪，减少存单纠纷 // 069
二、审查存单的真实性 // 070
三、审查存款关系的真实性 // 070
案例 11：银行应对帮助违法借贷的过错承担责任 // 070
重要提示：一、一般存单纠纷与以存单为表现形式的借贷纠纷的界定 // 074
二、交付与指定 // 074
风险规避：一、正确确定案由 // 075
二、及时采取保全措施 // 076
第十一节　网上银行 // 077
案例 12：网上银行储户信息被盗，银行未尽安全保障义务应担责 // 077
重要提示 // 079
风险规避：一、加强对网上交易数据的保存和管理 // 080
二、采取银行风险安全提示 // 081
三、严格遵守支付限额的管理规定 // 081
四、诉讼对策 // 081
第十二节　对公存款 // 082
案例 13：因管理不慎公章被盗用，具有过错，应承担责任 // 082
重要提示：一、民事责任 // 085
二、刑事犯罪与民事责任承担 // 085
三、印章及员工的管理 // 085
风险规避：一、未尽审查之责违规开户的风险 // 086
二、重要空白凭证未能规范管理的风险 // 087
三、客户预留印鉴未能规范操作的风险 // 088
四、单位存款的挂失风险 // 090
第十三节　服务收费 // 091
案例 14：依法成立的合同应予信守，单方变更法律不予支持 // 091
重要提示：一、商业银行服务价格的性质 // 095

二、默示的意思表示 // 096
风险规避：一、建立完善的中间业务合同的管理制度 // 096
二、合理设计合法、简便的合同变更程序 // 097
第十四节 资金证明 // 098
案例 15：出具虚假资金证明，具有过错承担赔偿责任 // 098
重要提示：一、注册资金性质 // 102
二、虚假资金证明责任的法律适用 // 102
三、虚假验资责任的顺位 // 103
风险规避：一、责任顺位的抗辩 // 103
二、诉讼时效的抗辩 // 104
三、因果关系的抗辩 // 104
第十五节 先合同义务 // 106
案例 16：储户存款被抢，银行承担缔约过失责任 // 106
重要提示：一、缔约过失责任 // 107
二、先合同义务 // 108
三、合同利益 // 108
风险规避：一、营业场所的安全保障 // 108
二、办理业务时的诚信服务 // 109
第十六节 附随义务 // 110
案例 17：储户受到伤害，银行承担附随义务 // 110
重要提示：一、附随义务 // 113
二、储蓄存款合同中的附随义务 // 113
风险规避：一、全面更新对合同履行的观念 // 116
二、补充赔偿责任的风险化解 // 117
三、银行免责的举证责任 // 117

第二章 银行卡业务中的法律风险与规避

第 一 节 银行卡申领 // 121
案例 18：管理存在疏漏，对客户被骗资金担责 // 121

重要提示 // 124
风险规避：一、银行卡申领阶段风险责任的主要体现 // 124
二、诉讼对策 // 125
第二节 银行卡服务 // 126
案例19：银行热线不作为，储户损失应赔偿 // 126
重要提示：一、银行承诺的性质 // 128
二、挂失止付 // 128
三、短信提示不具有免责效力 // 129
风险规避：一、谨慎承诺 // 129
二、规范宣传行为 // 130
第三节 银行卡收费 // 131
案例20：违反收费管理办法，多收费用应予返还 // 131
重要提示：一、联合发行银行卡业务的法律性质 // 133
二、联合发行银行卡业务的特殊性 // 133
三、规范服务价格的重要性 // 133
风险规避：一、规范收费 // 133
二、收费的依据合法 // 134
三、收费的程序合法 // 134
第四节 信用卡消费 // 135
案例21：为非持卡人签名的消费付款，银行未尽审核义务应承担责任 // 135
重要提示：一、银行卡消费 // 136
二、银行卡法律关系 // 136
三、特约商户与发卡行责任承担 // 137
风险规避 // 138
第五节 银行卡遗失 // 140
案例22：银行为持假身份证者大额提款具有过错 // 140
重要提示：一、银行卡遗失与密码泄露共同构成银行卡纠纷的主要诉因 // 143
二、以银行卡为介质的存款纠纷的举证责任 // 143

风险规避 // 144

第六节 密码泄露 // 145

案例23：银行应对客户存款被非法划取担责 // 145

重要提示：一、本人行为原则 // 146

二、密码泄露的责任承担 // 148

风险规避 // 150

第七节 透支 // 152

案例24：保证人对超额度透支不担责 // 152

重要提示：一、恶意透支与善意透支 // 155

二、格式条款 // 156

三、保证人的保证范围 // 156

风险规避：一、规范保证协议 // 157

二、及时采取措施 // 157

三、对相关章程及其协议的规范 // 157

第八节 自动取款 // 159

案例25：利用自助银行实施犯罪，银行负有防范义务 // 159

重要提示：一、自动取款机及其配套设施的安全问题 // 162

二、高科技产品本身的瑕疵带来的风险承担 // 162

风险规避：一、加强对营业网点的安全保护，并研究其防范风险的措施 // 163

二、储户和银行之间责任的分担 // 165

第九节 不良信用记录 // 167

案例26：征信系统不良信用记录有误，银行未尽审查义务构成侵权 // 167

重要提示 // 172

风险规避：一、因个人征信系统记录而产生的纠纷类型 // 172

二、纠纷控制 // 174

第三章 支付结算业务中的法律风险与规避

第一节 汇票签发 // 179

案例27：银行签发汇票应尽到通常的审查义务 // 179

重要提示：一、原因关系 // 180
二、原因关系的审查 // 180
风险规避：一、营业执照的审查 // 181
二、合同的审查 // 182
三、签字、盖章的审查 // 182
四、以合同是否完整、整洁来判断是否有变造、伪造的嫌疑 // 182
五、将上述材料与其他申请材料一起存档备查 // 182
第二节 背书转让 // 183
案例 28：汇票持有人对背书不连续的汇票不享有票据权利 // 183
重要提示：一、票据文义性 // 186
二、背书连续不是持票人享有票据权利的唯一证明方式 // 186
三、空白背书 // 187
四、背书涂销 // 189
五、禁止背书转让及票据权利受限制的情形 // 189
风险规避：一、背书不连续的法律风险 // 190
二、票据背书的审查事项 // 190
第三节 汇票解付 // 192
案例 29：非银行汇票的当事人无权就汇票解付行为主张权利 // 192
重要提示：一、银行汇票申请人的法律地位 // 196
二、银行汇票出票行和代理付款行的法律地位与责任承担 // 197
三、解讫通知 // 197
风险规避：一、付款人的审查义务 // 199
二、付款人的审查方式 // 199
三、付款人承担实质审查义务的情形 // 199
第四节 票据抗辩 // 200
案例 30：票据债务人对持票人抗辩应依法进行 // 200
重要提示：一、抗辩权 // 202

二、抗辩事由 // 203
三、票据抗辩的限制（切断）// 204
风险规避 // 204
第五节 票据效力 // 206
案例 31：银行解付无效票据应承担责任 // 206
重要提示：一、票据有效的构成要件 // 207
二、票据签章与票据效力 // 208
三、禁止转让票据的效力 // 209
风险规避：一、票据伪造、变造的责任承担 // 209
二、对无效票据付款的诉讼处理 // 210
第六节 汇票承兑 // 211
案例 32：票据关系的存在不以原因关系的成立和有效为前提 // 211
重要提示：一、票据无因性 // 213
二、承兑签章形式缺陷的票据责任承担 // 214
风险规避：一、及时向汇票申请人书面告知其拒绝兑付 // 214
二、在票据诉讼中依法抗辩 // 215
第七节 贴现审查 // 217
案例 33：违规开户具有重大过失 // 217
重要提示：一、现行法律对贴现业务的基本要求 // 219
二、银行办理贴现的注意事项 // 219
风险规避：一、贴现审查义务 // 221
二、重大过失的认定 // 222
三、非票据行为与重大过失 // 223
第八节 票据保证 // 225
案例 34：为票据付款人付款提供担保，承担保证担保责任 // 225
重要提示：一、票据保证 // 227
二、票据保证法定记载事项与票据保证效力 // 227
三、票据保证的范围 // 228
风险规避：一、设立票据保证的形式要件 // 228

二、票据保证纠纷的审查重点 // 228

第九节 支票付款 // 229

案例 35：变造的支票被兑付，银行未能识别付款具有重大过失 // 229

重要提示：一、银行作为善良管理人的谨慎注意义务 // 231

二、银行对票据付款的实质审查义务 // 231

风险规避 // 232

第十节 票据结算 // 233

案例 36：委托收款银行不能行使利益返还请求权 // 233

重要提示：一、委托收款人的法律地位 // 234

二、利益返还请求权 // 234

风险规避：一、票据结算纠纷中的法律适用 // 235

二、票据结算纠纷中的责任认定 // 236

三、基于票据结算产生的纠纷，付款行应选择适当的救济方式 // 237

四、恪守“银行不垫款”的结算原则，可有效避免纠纷的产生 // 237

第十一节 公示催告 // 239

案例 37：空白储蓄存单不能通过公示催告程序进行救济 // 239

重要提示 // 241

风险规避：一、票据丧失后的救济方式 // 241

二、银行受理票据时的审查职责 // 242

第十二节 除权判决 // 243

案例 38：法院除权判决致票据无效，持票人行使票据权利受阻 // 243

重要提示：一、除权判决 // 245

二、正当理由 // 245

风险规避：一、除权判决的撤销 // 246

二、银行对经除权的票据如何行使诉权 // 247

第四章 担保业务中的法律风险与规避

第 一 节 保证合同的成立 // 251

案例 39：保证合同因不是当事人真实意思表示而不成立 // 251

重要提示：一、保证合同的成立方式 // 255

二、保证合同的成立条件 // 255

三、对已到期债务提供保证的法律性质 // 258

风险规避：一、保证合同签署过程中的风险控制 // 259

二、合同文本的审查 // 260

第 二 节 保证合同的效力 // 261

案例 40：企业法人联合体的担保行为无效 // 261

重要提示：一、保证合同无效的情形 // 264

二、保证合同无效后的责任承担 // 266

三、格式合同中未按使用说明加注的条款效力 // 268

四、《物权法》解读：担保合同的独立性效力 // 268

风险规避：一、加强对保证人主体资格的审查 // 270

二、违反公司法规定进行担保的效力及担保审查 // 270

第 三 节 保证责任的免除 // 274

案例 41：保证期间届满后，担保人在催款通知书上签字、盖章也不再承担保证责任 // 274

重要提示：一、催收贷款通知书的性质 // 276

二、保证责任的免除事由 // 276

风险规避：一、积极行使权利，防止权利灭失 // 279

二、保证人的保证责任消灭后的补救措施 // 279

第 四 节 保证期间 // 284

案例 42：保证期间约定不明，银行应在两年内主张权利 // 284

重要提示：一、保证期间与诉讼时效 // 286

二、保证期间的约定 // 287

三、保证期间的权利主张 // 289

四、主债务人进入破产程序后对保证人的权利主张 // 289
风险规避：一、保证期间的约定 // 290
二、未约定保证期间的，银行可与保证人重新约定 // 290
三、及时主张权利 // 290
第五节 借新还旧 // 292
案例43：银行转嫁贷款风险以新贷扣还旧贷，担保人不负保证责任 // 292
重要提示：一、关于民事欺诈 // 294
二、借新还旧的构成要件 // 295
三、借新还旧的法律性质 // 295
四、保证人对借新还旧承担保证责任的条件 // 296
五、借贷双方连续借新还旧，后几笔贷款的担保人与最初一笔贷款不是同一人的，担保责任如何确定？ // 297
风险规避：一、针对保证人的借新还旧 // 297
二、针对抵押人（出质人）的借新还旧 // 298
第六节 抵押担保 // 299
案例44：未经房屋所有权人同意，抵押贷款合同无效 // 299
重要提示：一、关于企业法人分支机构的财产抵押 // 300
二、关于国有企业机器、设备抵押的效力 // 300
三、关于重复抵押 // 300
四、最高额抵押 // 301
五、不规范抵押行为的效力认定 // 302
六、划拨土地使用权之上的房屋抵押合同的效力问题 // 303
风险规避：一、对抵押人的审核 // 304
二、对抵押物的审核 // 304
三、依法对抵押物进行评估 // 307
四、防止恶意抵押的设定 // 307
第七节 抵押登记 // 311
案例45：未作抵押物登记的抵押合同不生效 // 311
重要提示：一、抵押登记效力 // 314

二、抵押登记与抵押合同效力 // 315
三、《物权法》施行后与相关法律的衔接及适用 // 315
四、抵押未成立与保证的关系 // 316
五、单独设定抵押的房产，其附着的划拨取得国有土地使用权是否仍需履行审批手续 // 317
风险规避：一、办理抵押登记时应注意事项 // 318
二、抵押登记后的注意事项 // 319
三、因登记部门原因致使银行遭受财产损失的，可诉请该部门承担相应的赔偿责任 // 320
四、抵押合同未登记，银行如何向抵押人主张权利 // 320
第八节 担保审查 // 322
案例 46：冒名顶替行为不构成表见代理 // 322
重要提示：一、表见代理的主观要件 // 324
二、表见代理与职务行为 // 325
风险规避：一、严格担保审查程序，履行担保审核义务 // 328
二、担保合同存在无权代理主要情形 // 328
第九节 抵押权的行使 // 329
案例 47：逾期行使抵押权，导致抵押权消灭 // 329
重要提示：一、抵押权行使期间 // 330
二、抵押权行使期间的排斥约定 // 331
三、对抵押物的代位物行使优先受偿权的条件 // 331
四、担保物权优先受偿的除外规则 // 332
风险规避：一、主债权诉讼时效的保护 // 334
二、抵押权的实现方式 // 334
三、对第三人造成抵押物灭失及代位物流失的权利主张 // 336
四、抵押物追及效力及权利主张 // 337
第十节 权利质押 // 343
案例 48：票据基础关系不能对抗银行汇票的质权人行使票据权利 // 343
重要提示：一、关于权利质押的法定原则 // 346

二、票据法与最高人民法院司法解释的冲突：关于汇票未记载“质押”字样，票据质押关系的效力 // 346
三、委托收款背书与质押能否同时存在于一张银行汇票上 // 347
四、票据债务人能否以汇票申请人未支付对价而对质权人进行抗辩 // 347
风险规避：一、签订书面质押合同 // 348
二、办理登记 // 348
三、应收账款的质押 // 349
四、出质权利的转让 // 350
五、汇票、支票、本票、债券、存款单、仓单、提单质押 // 350
六、以国债为标的物的账户质押 // 352
七、注册商标专用权、专利权、著作权等知识产权中的财产权质押 // 353
八、股权质押 // 353
九、大学生公寓经营收益权质押 // 354
第十一节 存单质押 // 355
案例 49：设质人未以存单原件质押的，质权人不享有质押权 // 355
重要提示：一、质权人扣划出质项下存款应以质押合同有效为前提 // 358
二、核押 // 359
风险规避 // 361
第十二节 对外担保 // 363
案例 50：违背我国强制性规定的对外担保无效 // 363
重要提示：一、对外担保 // 366
二、对外担保的法律适用 // 366
三、担保合同无效后的过错认定及责任承担 // 367
风险规避：一、按规定履行报批、备案程序 // 368
二、认真审查担保文本的有关条款 // 368
三、由被担保人提供反担保 // 368
四、涉外合同谨慎选择准据法 // 368

第十三节 定金 // 369

案例 51：以单位名义出具虚假保函，单位有过错承担赔偿责任 // 369

重要提示：一、定金与保证金 // 371

二、债务人提供的保证金与第三人提供的担保 // 371

三、私盖单位公章与担保合同效力及民事责任承担 // 372

风险规避 // 373

第五章 贷款业务中的法律风险与规避

第一节 合同的生效 // 377

案例 52：合同生效应满足当事人协议约定的生效条件 // 377

重要提示：一、合同的成立、生效与有效 // 379

二、标点符号在合同文本中的作用 // 380

风险规避：一、规范合同用语 // 380

二、根据合同的性质慎重约定合同的生效条件 // 381

三、合同约定以一方内部因素为生效条件的，负有促使协议生效义务的一方应积极履行义务，促使协议生效 // 382

四、所约定条件不应是法定的 // 382

五、当事人对合同条款是否属于附条件条款产生争议的，应当根据合同所使用的词句、合同的有关条款、合同的目的、交易习惯以及诚实信用原则确定该条款的真实意思 // 383

第二节 合同的效力 // 385

案例 53：无权代理导致借款合同无效 // 385

重要提示：一、关于强制性规定的理解与适用 // 388

二、合同无效后的过错认定 // 389

风险规避：一、借款合同违反中国人民银行有关利率规定的约定部分无效 // 390

二、借款人不得依据《商业银行法》管理性规范进行抗辩 // 391

第三节 违约赔偿 // 392

案例 54：违反“负责收回贷款”的承诺，应承担赔偿责任 // 392

重要提示：一、监督支付与保证行为的主要区别 // 393
二、承诺的法律性质及效力 // 394
风险规避：一、通过合同实施民事法律行为 // 395
二、重视合同文本的起草与审查 // 395
三、树立全面履行合同的观念 // 396
第 四 节　企业改制 // 397
案例 55：企业兼并协议无效，兼并企业不承担被兼并企业债务 // 397
重要提示：一、企业改制与债权保护 // 399
二、企业正常投资与借企业改制逃废债务的司法界定 // 401
三、企业改制与以资抵债 // 406
四、改制企业承担责任以设立时所接收的财产为依据，企业将持有改制企业股权进行转让或改制企业上市，都不影响其对原有债务的承担 // 406
五、企业吸收合并情形下，被兼并的企业未依法注销，兼并方与被兼并方应承担连带清偿责任——《企业改制司法解释》第三十四条的适用 // 410
六、企业资产被政府行政性划转后，债权人能否向接受资产的企业主张权利 // 411
风险规避：一、企业改制纠纷案件中，银行主张权利时对被告的确认 // 411
二、积极主动参与企业改制工作并有效行使权利 // 412
三、对改制过程中的企业发放贷款，应持更为审慎的态度 // 413
第 五 节　贷款发放 // 414
案例 56：银行未及时答复是否贷款，造成借款人损失构成缔约过失 // 414
重要提示 // 418
风险规避：一、规范贷款行为，防止缔约过失 // 418
二、对缔约过失责任赔偿案件的诉讼应对 // 419
第 六 节　委托贷款 // 421
案例 57：委托贷款标的违法，银行承担赔偿责任 // 421
重要提示：一、委托贷款纠纷中的诉讼主体 // 423

二、通过银行委托贷款的“拨改贷”的追偿权诉讼时效起算时间 // 423

风险规避：一、正确履行义务是银行免责的前提 // 424

二、银行应避免在委托贷款协议中约定承担责任的条款 // 425

第七节 同业拆借 // 426

案例58：拆借合同因拆借用途违反法律而无效 // 426

重要提示：一、同业拆借合同效力的认定 // 428

二、无效合同的责任承担 // 430

三、合同无效返还利息的计算 // 431

风险规避：一、银行不得投资于非自用不动产，即使投资于自用不动产，也要防止触犯法律的禁止性规定 // 431

二、确保拆借业务的合法、合规性 // 432

第八节 贷款催收 // 433

案例59：银行应在法定期间内主张权利 // 433

重要提示：一、超过诉讼时效期间的债务性质 // 435

二、权利主张方式 // 435

风险规避：一、债务人在多份空白催收通知单上盖章、签字的行为效力 // 436

二、超过诉讼时效期间的债权的补救 // 436

三、债务不明的处理 // 437

第九节 贷款扣划 // 439

案例60：扣划资金实现债权，行为违法被判返还 // 439

重要提示：一、银行扣划贷款涉讼原因 // 443

二、账户存款的法律性质 // 443

风险规避：一、扣划所依据的合同合法有效 // 444

二、贷款已经逾期或保证人的保证责任已经发生 // 444

三、不允许扣划的资金的范围 // 444

四、金融实务中违法扣划的具体情形 // 445

五、涉及非借款合同主体承担责任的，未通过诉讼程序确定责任主体之前不得扣划 // 448

第 十 节　解除权 // 453

案例 61：不符合约定的合同条件，贷款人不得提前收回贷款 // 453

重要提示：一、合同解除 // 455

二、合同解除应注意的问题 // 455

三、对借款合同行使解除权的情形 // 456

四、合同解除后的损失赔偿 // 459

风险规避：一、提前收贷是否以诉请解除合同为前提 // 459

二、提前收贷的利息及损失的计算 // 460

三、提前收贷应在诉请中一并向担保人主张权利 // 460

四、解除通知的实务运用 // 461

第十一节　代位权 // 463

案例 62：代位权行使不当，诉讼请求被驳回 // 463

重要提示：一、代位权制度 // 465

二、行使代位权的条件 // 465

三、次债务人抗辩的范围 // 466

四、代位权与代位申请执行的关系 // 467

风险规避：一、银行行使代位权在程序上的要求 // 468

二、起诉前对代位权实质条件的审查 // 468

三、请求数额限制 // 470

四、代位权的行使不能影响到其他债权人的利益 // 470

第十二节　抵销权 // 472

案例 63：抵销权行使对象错误，所扣存款应予返还 // 472

重要提示：一、抵销权制度 // 473

二、抵销的条件 // 474

三、银行法定抵销权的行使依据 // 474

风险规避：一、银行只能对债务人到期的存款或活期存款进行抵销 // 475

二、银行行使抵销权的程序 // 475

三、法定抵销应只限于作为合同债权人的金融机构，且债务人在其处有存款 // 476

四、通过诉讼的抵销 // 476
五、超过诉讼时效的债权能否进行抵销 // 477
第十三节 撤销权 // 478
案例 64：债权人不能对合法成立的资产交易行使撤销权 // 478
重要提示：一、撤销权制度 // 482
二、撤销权行使条件 // 482
三、几种撤销权的区分 // 482
四、对赠与财产行为的撤销 // 485
五、对放弃继承权行为的撤销 // 486
六、对债务人通过诉讼进行的财产处分行为的撤销 // 486
风险规避：一、行使撤销权的诉讼主体 // 488
二、抵押物处置与其他债权人利益的保护 // 488
三、对行使撤销权必要证据的取得 // 488
四、行使撤销权与债权利益最大化 // 488
第十四节 不良债权转让 // 490
案例 65：债权债务混同导致债权消灭，再行转让法律不予支持 // 490
重要提示：一、对不良债权的司法审查 // 493
二、债权转让及其条件 // 493
三、不良债权转让法律适用的特殊性 // 494
四、关于债权转让涉及的地域管辖 // 495
五、债权转让后的利息主张 // 496
风险规避：一、违反国务院关于不良债权转让范围与额度规定行为的效力 // 497
二、依据内部文件进行债权转让的效力 // 498
三、对于单一债权未经评估转让协议的法律效力 // 498
四、信托业处置不良资产的法律适用 // 501
五、保证人在债权转让确认书上盖章签收行为的法律性质 // 501
六、债务人同意债权转让的意思表示不构成对超过时效债务的重新确认 // 502

七、物权转让与债权转让的性质界定 // 502

第十五节 实现债权费用的负担 // 505

案例 66：诉请债务人承担律师费用，因未实际发生而被驳回 // 505

重要提示：一、诉讼支出费用的承担主体 // 507

二、败诉方承担诉讼费用的条件 // 508

三、风险代理与当事人自行调解、和解 // 509

风险规避：一、事先约定律师费的承担 // 511

二、合理约定律师费的支付标准 // 511

三、选择适当的方式追偿律师费用 // 511

第十六节 按揭业务 // 512

案例 67：个人住房贷款 // 512

重要提示：一、商品房按揭的法律性质 // 513

二、民商事纠纷与刑事犯罪交叉时的效力 // 514

三、抵押权难以实现的法律风险 // 515

案例 68：汽车消费贷款 // 517

重要提示：一、私贷公用的效力 // 519

二、私贷公用案件的认定与处理 // 520

三、私贷公用法律风险 // 521

风险规避：一、贷款合同的签署应坚持本人原则 // 522

二、履行调查职责 // 522

三、审核借款人与其开发商、销售商之间的关系 // 522

四、加强对借款资金的监管 // 522

案例 69：借款合同与保险合同分属不同法律关系，不应合并审理 // 523

重要提示：一、保证说 // 524

二、保险说 // 525

风险规避：一、保证保险合同条款的安排 // 526

二、正确行使诉权 // 526

第十七节 助学贷款 // 528

案例 70：贷款程序违规导致借款主体不明，诉讼请求被驳回 // 528

重要提示：一、助学贷款 // 529
二、加强对学生诚信教育及案例警示教育 // 530
风险规避：一、严格贷款程序，防范贷款风险 // 530
二、与法院沟通，采取灵活的措施回收贷款 // 531
三、合法催收贷款，防止侵犯学生利益 // 531

第六章　执行与协助执行的法律风险与规避

第一节　协助冻结 // 535
案例71：拒不配合法院冻结工作，行为违法被处以罚款 // 535
重要提示：一、扣划贷款与协助执行 // 537
二、不得以内部规定对抗法院执法 // 537
三、查询、冻结、扣划银行存款的有权机关 // 538
风险规避：一、严格依照法律、行政法规的规定审查有权机关的手续 // 543
二、协助执行中应注意的事项 // 544
第二节　擅自解冻 // 545
案例72：擅自解冻、支付冻结款项，不能追回的，承担赔偿责任 // 545
重要提示：一、涉及被执行人暴力抗法、阻碍执行的情形时，金融机构作为协助执行人，对被转移的冻结款项仍负有赔偿责任 // 547
二、正确处理客户利益与协助执行的关系 // 547
风险规避 // 549
第三节　协助错误 // 550
案例73：冻结回执笔误，银行不能免责 // 550
重要提示：一、人民法院裁定及协助执行通知书的效力 // 551
二、回执笔误的法律性质及责任构成 // 551
风险规避：一、认真审核协助执行通知书的内容，并根据实际情况如实填写法院查封冻结金额的回执 // 553
二、银行发现错误后，应及时向法院提出异议，并通过法院进行更正，银行不可擅自作出处理 // 553

三、银行作为协助义务人，应在法院诉讼保全时提出异议 // 554
四、提出异议时，应提前收集、整理好支持自己主张的相关证据 // 554
五、注意银行受理查询、冻结到填写回执时的时间差 // 555
第四节 执行措施 // 556
案例74：执行措施是实现债权人利益的重要手段 // 556
重要提示：一、被执行人财产申报制度 // 558
二、限制出境 // 558
三、在征信系统记录、全国法院被执行人信息查询系统记录 // 558
四、限制高消费 // 559
风险规避 // 559
第五节 执行异议 // 560
案例75：在先违规抵押登记对抗合法抵押登记的异议不能成立 // 560
重要提示：一、执行异议的“当事人”、“利害关系人”界定 // 562
二、对执行标的提出异议的案外人 // 563
三、执行异议复议制度 // 563
风险规避：一、冲突法律文书的处理 // 563
二、案外人权利的救济 // 565
三、对一般保证人的执行 // 566
第六节 执行和解 // 567
案例76：执行和解不构成新的保证关系 // 567
重要提示 // 568
风险规避：一、执行和解的行为应通过人民法院进行 // 568
二、和解协议签署后，如果执行人未在法定期限内申请恢复执行，可在和解协议确定的诉讼时效内另案起诉 // 569
三、民事调解不同于执行和解 // 569
四、执行和解已履行完毕的案件处理 // 570
五、与案外人达成的执行和解的效力 // 570

第 七 节　委托拍卖 // 572

案例 77：拍卖成交后不能交付拍卖财产，委托人向买受人承担违约责任 // 572

重要提示：一、拍卖 // 574

二、物权效力 // 574

风险规避 // 575

第七章　诉讼程序中的法律风险与规避

第 一 节　主管 // 579

案例 78：民事合同由人民法院主管，不因行政机关的行政指令而改变 // 579

重要提示：一、涉及国家政策或因执行国家政策而引起的平等主体之间财产关系的纠纷，一般属于人民法院受案范围 // 582

二、涉及企业资产被政府行政性划转的，不属于人民法院民事案件审理范围 // 583

风险规避 // 584

第 二 节　管辖 // 585

案例 79：案件合并审理不得违背专属管辖规定 // 585

重要提示：一、级别管辖 // 586

二、民事管辖的顺序 // 587

三、案件涉及不动产的管辖确定 // 587

风险规避：一、起诉时应正确确定管辖 // 589

二、不适格诉讼主体的管辖权异议 // 590

三、管辖约定的一致性 // 592

四、在约定管辖中，应注意合同中打印体与手写体对合同签订地描述不一致的问题 // 592

第 三 节　起诉 // 594

案例 80：不符合法院受理案件条件，起诉被依法驳回 // 594

重要提示：一、对已经发生法律效力的调解书，当事人以又发生了新的事实和理由提起诉讼的案件的处理 // 597

二、涉及刑事犯罪的民事案件的处理 // 598
三、重复起诉的司法认定 // 599
四、商业银行可否就同一借款人的多笔贷款一并提起诉讼？ // 601
五、为同一目的而达成的多个合同中，其中一个合同的仲裁条款效力是否及于其他合同？经仲裁裁决后，因其他合同纠纷法院受理的，是否违反“一事不再理”原则？ // 602
风险规避：一、不属于重复起诉的情形 // 603
二、确定适格被告，正确行使诉权 // 604
第四节 诉讼请求 // 606
案例81：诉请未主张抵押权，人民法院不予审理 // 606
重要提示：一、诉讼时效与诉讼请求 // 608
二、事实理由与诉讼请求 // 608
风险规避：一、多列诉讼请求的处理 // 609
二、诉讼请求与案件性质不相符的处理 // 610
三、诉请不当的处理 // 610
四、因合同效力涉及的诉讼请求处理 // 611
第五节 反诉 // 613
案例82：未提起反诉，人民法院不予审理 // 613
重要提示：一、反诉与反驳 // 614
二、合同履行抗辩 // 614
三、违约金承担 // 615
风险规避 // 615
第六节 证据 // 616
案例83：未依法举证，承担案件审理费用 // 616
重要提示：一、录像 // 617
二、刑事诉讼证据 // 618
三、银行内部的单方记录 // 619
四、事实推定方法在妨碍举证情形下的适用 // 620

风险规避：一、积极举证 // 621
二、依法抗辩 // 621
三、提供新的证据，应辅之以相应的证据和陈述 // 622

第七节 上诉 // 623

案例 84：未依法提起上诉，实体权利不予保护 // 623

重要提示：一、当事人在二审中可以放弃一审的部分诉讼请求，但不得改变一审的诉讼请求，也不得增加诉讼请求 // 625
二、属于当事人一方的上诉主张，同案当事人无权通过上诉主张 // 625

风险规避：一、不服一审判决，应在法定期限内提起上诉 // 626
二、上诉请求 // 626

第八节 调解 // 627

案例 85：对超出诉请范围的调解协议内容发生争议，当事人有权提起诉讼 // 627

重要提示：一、关于调解书的生效 // 629
二、关于民事调解书的再审 // 629
三、关于民事调解书的抗诉 // 630

风险规避：一、企业被吊销营业执照后，银行不能通过诉讼调解的方式实现债权 // 631
二、所有权人以调解方式处分被查封财产的行为无效 // 632
三、调解协议的内容应当具体、明确 // 633
四、调解协议与调解书的内容不一致，应及时申请人民法院补正 // 633
五、重视法院调解书的作用 // 633

全书案例索引 // 635

第一章

储蓄业务中的法律风险与规避

储蓄是储户和储蓄机构之间建立的一种存款合同关系。实务中虽然双方不订立书面合同，但存单或存折却是证明该合同关系成立的有效凭证。双方的权利义务既体现在存单或存折上记载的内容，同时法律、法规和部门规章的相关规定也是规范双方当事人行为的默示条款。

储蓄业务中的法律纠纷类型主要是储蓄存款合同纠纷，系指储户与商业银行在缔结及履行储蓄存款合同过程中，因开户、存款、取款、计息、挂失、存款差错等事由导致存款损失而发生的纠纷。除此之外，储蓄业务中还存在因不当得利产生的债的纠纷，以存单为表现形式的借贷纠纷，银行违反先合同义务、附随义务产生的人身、财产损害赔偿纠纷以及因提供服务而产生的服务合同纠纷等。

我国迄今尚没有调整储蓄存款合同的专门法律，在《合同法》中属于无名合同。目前仅有国务院《储蓄管理条例》《存款保险条例》从行政管理的角度对储蓄予以规范。专门法律的缺失导致全国审判机关对储蓄存款合同案件，特别是因存款被冒领所引起的纠纷的裁判标准、判决结果不一。大量的部门规章及规范性文件因此成为规范、指导商业银行业务的依据，但由于层次、效力较低，尚不能成为司法机关处理纠纷的法律依据。近年来，最高人民法院努力通过案例公布及个案批复的形式为银行提供行为预期，为人民法院审查案件提供司法价值取向和裁判标准。

第一节　储蓄法律性质

案例 1：储蓄所擅自冲正差错款被判返还

摘要：储蓄所发生差错款后，应与储户协商或通过法律程序解决，擅自冲正没有法律依据。

朱某的亲戚曾某来到吴江市邮政局芦墟储蓄所，向朱某的账号上通过转账形式汇入30050元，同时又向韩某的账号上通过转账形式汇入1.5万元。当天下午，吴江市邮政局芦墟储蓄所在轧账时，发现短缺了1万元，在查看了当天的录像资料后，认为曾某当时交付的现金为35150元（包括手续费100元），而汇出去的是45050元，工作人员便直接在朱某的账号上冲正了1万元。朱某发现1万元被冲正后，与邮政局协商未果，起诉到法院，要求判令邮政局归还汇款1万元并登报赔礼道歉。

◎裁判要旨

一审法院依照《物权法》第三十七条的规定，判决吴江市邮政局返还朱某1万元，驳回原告要求被告登报赔礼道歉的诉请。吴江市邮政局不服提起上诉。苏州中院经审理，作出了驳回上诉、维持原判的终审判决。[①]

◎法条链接

《物权法》第二条第三款　本法所称物权，是指权利人依法对特定的物享有直接支配和排他的权利，包括所有权、用益物权和担保物权。

第三十七条　侵害物权，造成权利人损害的，权利人可以请求损害赔偿，也可以请求承担其他民事责任。

---

① 《人民法院报》2008年4月22日。

◎重要提示

一、存款法律性质

迄今为止，我国尚没有专门调整储蓄存款的法律。对于储蓄存款法律性质的认定，即储户存到储蓄机构的存款是否发生了所有权的转移，储户享有的是所有权还是债权，不同层次的法律规定相互矛盾。

存款的法律性质涉及存款损失的风险承担、接收司法机关追回款项的权利主体、诉讼中的举证责任以及银行能否行使抵销权等诸多法律问题。理论上的混乱、法律层面上的矛盾与滞后，给商业银行的经营预期带来了不确定性，亟待解决。

2008 年之后最高人民法院出台的司法解释，应该为存款法律性质的分歧画上了句号，至少解决了司法实务中的混乱。

最高人民法院《关于审理民事案件适用诉讼时效制度若干问题的规定》（法释［2008］11 号）第十条规定："具有下列情形之一的，应当认定为民法通则第一百四十条规定的'当事人一方提出要求'，产生诉讼时效中断的效力：（三）当事人一方为金融机构，依照法律规定或者当事人约定从对方当事人账户中扣收欠款本息的。"金融机构依照法律规定扣收欠款本息，就是行使合同法规定的法定抵销权，而抵销权的构成要件之一为当事人互负债务。显然，该司法解释将当事人账户存款性质界定为债权。

最高人民法院《民事案件案由规定》（法［2011］42 号）将储蓄存款合同纠纷归属于债权纠纷，而案由直接体现法律关系的性质。

二、储蓄合同的法律性质

基于对存款法律性质的不同认识，学术界对储蓄存款合同的认识也存在着差异，有保管合同说、借款合同说、混合合同说等观点。保管合同说主张存款不发生所有权转移。**张某诉某银行存款合同纠纷案：**厦门市中级人民法院二审认为，银行与张某之间存在储蓄存款合同关系。从警方的情况说明及相关事实分析，可以推定张某对于其账户里的存款被领走并没有过错。银行作为保管方，负有对储户存款谨慎保管的特别注意义务。由于存款处于保管方控制下，保管方对证据材料具有单方性、隐蔽性，双方发生纠纷时，应适用推定过错的举证责任分配原则。在未能证实存款人张某有过错情况下，依据公平合理原则，银行应当赔偿张某现金存款65000元及相应利息。[①] 借款合同说主张存款发生了所有权的转移，储户对储蓄机构享有的是债权。**占爱英诉中国工商银行股份有限公司徐州云龙支行储蓄存款合同纠纷案**：徐州市中级人民法院二审认为：解决当事人是否对储蓄存款的遗失具有过错，是否应当承担责任，首先应当明确储蓄存款所有权归属问题。在存款人（持卡人）需要自其银行账户提取金钱时，银行系以自有的金钱进行交付，而并非以特定化（如根据货币编号）的金钱进行交付。因此，存款人享有的只是对银行的债权，而不是存款的所有权。存款人所持有的存单或者银行卡不过是一种债权凭证。[②] 混合合同说主张存款合同是储户与储蓄机构之间形成的代理合同、保管合同、借款合同的混合。

在储蓄存款过程中，储户与金融机构之间要经过多个环节。储蓄合同何时成立，现行法律未有规定，而这又关乎储蓄存款的风险转移、违约责任或缔约过失责任的承担等法律问题。且现实生活中形成的法律纠纷已然使司法实务部门不能回避。判断储蓄存款合同成立的时间节点，须研究储蓄合同本身的法律性质。

刘某某与中国农业银行股份有限公司上海普陀支行储蓄存款合同纠纷案：上海市第二中级人民法院（2010）沪二中民六（商）终字第29号民事判决书认为：现金存款合同属于实践性合同，存款人将填写好的存款凭条及其相应款项交付银行，银行受理并按存款凭条实施存款操作，双方的存款合同关系即告成立。本案所涉的银行业务为无卡存款业务，存款过程是：上诉人刘某某将3万元人民币连同其填写的存款凭条一并交付被上诉人农行普陀支行的柜面经办人员，后者接收存款凭条及相应款项后，当即审核存款凭条填写内容，清点现金无误，然后进入电脑系统审核持卡人户名等要素后，按照银行业务规程输入、操作完成了该笔业务并同时生成电脑打印单。根据上述事实，可以看出上诉人提交存款的意思表示与被上诉人受理存款的意思表示均十分明确，双方之间的存款合同依法成立，银行接受存款指令并按操作规程准确填写存款人等内容完成了存款业务。本案所涉的存款凭条包括“客户填写”与“银行打印”两部分，根据银行相应的业务操作规程，“银行打印”部分是反映交易完成的记账凭证。存款人对于“银行打印”记录的签名仅系对银行办理完成该笔存款业务的确认，而不是要求银行办理存款

---

① 《人民法院报》2004年6月24日。

② 摘自江苏省徐州市中级人民法院网 http://xzzy.chinacourt.org/public/detail.php?id=10428，《徐州审判》2008年第8期。

操作的指令。因此，上诉人拒绝签名确认，并不影响系争存款合同的成立。[①]

三、侵权纠纷与合同纠纷的责任构成

（一）合同纠纷案件实行严格责任原则，即不以过错为要件

最高人民法院曾就储蓄存款合同纠纷的裁判标准提出如下意见：人民法院应当坚持依法维护金融机构信用、保护存款人合法权益，按照严格责任原则，准确认定金融机构的责任承担。存款人以真实存单（存折）向金融机构主张权利的，金融机构应当承担兑付责任。金融机构以存款已正确兑付或者因存款人过错而被诈骗为抗辩事由，应负举证责任，如果举证不能，仍应承担兑付责任；存款人与金融机构对存款被诈骗均无过错的，则金融机构仍然应当承担兑付或赔偿责任；存款人与金融机构对存款被诈骗均有过错的，则依照过错大小，各自对存款损失承担相应的责任。需要明确的是，金融机构承担严格责任的法律要件是，损害结果与其过失行为之间具有法律上的因果关系。如果银行无纸化制度的缺陷与存款被诈骗没有法律上的因果关系，金融机构就不应当承担存款兑付责任。[②]

（二）侵权纠纷案件实行过错责任原则，即无过错则无责任

如认为存款系储户所有，则在涉及存款损失的纠纷中，其法律性质应为侵权。因法律并未规定该类案件的归责适用无过错责任原则和过错推定原则，则应适用过错责任原则，即考虑双方的过错，特别是银行的过错，并根据其过错大小承担相应的责任，无过错即无责任。但在司法实务中，有依据银行是否具有过错而决定银行是否承担责任的，也有不考虑银行过错而判令银行败诉的。**刘某诉某银行佛山分行等存款纠纷案**：2005年9月16日，原告刘某在被告某银行佛山分行开设了网上银行账户。同年10月8日，原告发现其网上银行账户被他人盗用密码和电子证书，账户内款项被分批划出，原告随即通知银行挂失并报警。禅城区法院经审理认为，讼争款项是犯罪嫌疑人利用盗取原告的密码和电子证书从原告的账户非法划走，该款项的所有权并未发生变化。同时，由于“王某”和“胡某”的开户身份资料均为虚假，原告无法向不存在的上述二人主张权利，只能向款项的实际控制人即三被告主张所有权，而三被告对于原告所有的讼争款项具有

① 摘自上海市第二中级人民法院网 http://www.shezfy.com/view/jpa/flws_view.html?id=234h，2012年6月5日访问。

② 李国光：2000年10月28日《当前民事审判工作中应当注意的几个问题——在全国民事审判工作会议上的讲话》。

依法兑付的义务，因此原告有权要求三被告协助返还该款项。对于三被告提出的银行不具有过错的辩解，法院认为，本案中，原告主张的是所有权，并非向三被告主张侵权责任，无须对过错责任进行审查。法院遂判决，确认在被告某银行成都市第七、第九支行分别以“王某”“胡某”开户的共计80940元的存款本金及利息属于原告刘某所有，同时判令上述两家银行及第三被告某银行佛山分行于三日内协助原告将以上款项划回。[1]

◎风险规避

一、银行在制定内部规定及业务操作规范时，应正确选择指导自身行为的法律依据

（一）规范性法律文件

最高人民法院《关于裁判文书引用法律、法规等规范性法律文件的规定》第四条规定：“民事裁判文书应当引用法律、法律解释或者司法解释。对于应当适用的行政法规、地方性法规或者自治条例和单行条例，可以直接引用。”第七条规定：“人民法院制作裁判文书确需引用的规范性法律文件之间存在冲突，根据立法法等有关法律规定无法选择适用的，应当依法提请有决定权的机关做出裁决，不得自行在裁判文书中认定相关规范性法律文件的效力。”该司法解释使用的“规范性法律文件”，是指具有普遍约束力的一般抽象性的规范性文件，其范围包括：法律、行政法规、地方性法规、自治条例和单行条例、行政规章、司法解释。该司法解释尽管只解决法律引用的问题，不解决法律适用问题，但毕竟提出并规定了人民法院裁判案件在适用法律文件上的顺位及法律冲突时的选择问题。

银行在选择行为依据时，应根据《立法法》的规定，首先选择效力等级较高的法律文件，当效力等级较高的法律文件没有规定时，才可选择其他规范性法律文件。当不同效力等级的法律文件存在冲突时，应选择效力等级较高的法律文件予以适用。比如，在付款业务中识别客户身份的风险承担上，最高人民法院《关于审理票据纠纷案件若干问题的规定》第六十九条的规定与中国人民银行《支付结算办法》第十七条的不同规定以及各地法院对《支付结算办法》第十七条的排

---

① 《人民法院报》2006年8月16日。

斥使用即极具典型意义。

（二）规范性文件

最高人民法院《关于裁判文书引用法律、法规等规范性法律文件的规定》第六条规定："对于本规定第三条、第四条、第五条规定之外的规范性文件，根据审理案件的需要，经审查认定为合法有效的，可以作为裁判说理的依据。"

规范性文件系行政主体在行政管理中，为贯彻党和国家的方针、政策以及执行法律、法规和行政规章，依据法定权限和法定程序发布的，规范行政相对人行为的具有法定效力的行政法规和规章以外的抽象行政行为。

在银行业务中，据以执行的有大量的中国人民银行、银监会等行政部门颁发的规范性文件，但能否作为民事裁判依据，就直接涉及银行行为的合法性问题。**尹建文等19人诉常州友好出租汽车有限公司承包经营合同纠纷申请再审案**：其裁判摘要认为，在民事审判中，人民法院应当从合法性兼顾合理性的角度来审查并决定是否参照适用行政部门制定的规范性文件。①

（三）案例及个案批复

最高人民法院判决的案例，特别是在《最高人民法院公报》刊登的案例，属于最高人民法院正式选编的适用法律和司法解释审理各类案件的典型裁判范例，具有很强的指导意义，表明最高人民法院对同类案件适用法律的立场和观点。个案批复（经最高人民法院审判委员会讨论通过成为司法解释的除外）系最高人民法院及业务庭室对下级法院个案请示的指导意见。案例及个案批复均不具有法律效力，不能成为裁判的依据。**中国信达资产管理公司郑州办事处与河南省郸城县生物化工厂、郸城金丹乳酸实业有限公司、郸城县技术改造资金开发中心、河南金丹乳酸有限公司、河南省郸城县化肥厂借款担保合同纠纷上诉案**：最高人民法院（2005）民二终字第185号民事判决书认为，本案两份借款合同均约定分期偿还借款本息，无论是最高人民法院《关于借款合同中约定借款分期偿还应如何计算诉讼时效期间的答复》还是2004年4月6日最高人民法院《关于分期履行合同诉讼时效期间及保证期间应如何计算问题的答复》，均是最高法院针对个别案件的不同情况所作出的个别答复，没有普遍适用的效力。②

尽管判例在我国不是法律渊源，不能作为裁判依据，但对同类案件的指导意

① 苏泽林主编：《审判监督指导》2006年第1辑，人民法院出版社2007年版，第98页。

② 奚晓明主编：《民商事审判指导》2006年第2辑，人民法院出版社2007年版，第309页。

义却不容忽视。最高人民法院2015年6月2日颁布的《〈关于案例指导工作的规定〉实施细则》（法［2015］130号）第九条规定：各级人民法院正在审理的案件，在基本案情和法律适用方面，与最高人民法院发布的指导性案例相类似的，应当参照相关指导性案例的裁判要点作出裁判。最高人民法院从2014年4月起，正式建立人民法院案例月度发布制度，由最高人民法院各业务庭室从最高人民法院和下级人民法院审结生效的案例中筛选出典型案例，每月月末以新闻通气会的形式统一对外发布。特别是在法无明文规定，或法律相冲突的情形下，通过探究案例，掌握司法者的立场、观点和态度，将有助于银行在实务中相应地调整、规范自己的行为，以吻合法官的司法认知及裁判标准，进而使其行为及行为后果更能受到司法的肯定和保护。

二、银行应树立储蓄存款系债权债务关系的观点

对银行存款，储户是享有所有权，还是债权，在不同的法律规定并存的情形下，各地法院判决对存款的性质认识不一，适用法律也各不相同。尽管也有按过错责任判决银行无过错不承担责任的案例，但银行在储蓄业务中仍应坚持严格责任原则，树立储蓄存款关系系债权债务关系的观念，纠正因存款系存款人所有而漠不关心的惯性思维和消极心态。最高人民法院也通过司法判例表明银行对存款享有所有权的观点。**中国光大银行河北省石家庄分行与中国电子进出口山东公司存单纠纷申诉案：**最高人民法院（2001）民二监字第50号驳回再审申请通知书认为，既然秦皇岛支行将存款存入了自己的账户，该存款所有权已经为秦皇岛支行所有。案外人秦皇岛伟业实业有限公司及秦皇岛支行的工作人员涉嫌金融诈骗，犯罪嫌疑人所侵犯的对象是银行的财产。公安机关对其立案侦查，和秦皇岛支行与山东公司的存款纠纷属相互独立的两个法律关系。秦皇岛支行因犯罪嫌疑人诈骗所造成的损失，可另案解决，但不能以此为由，免除其返还山东公司存款本息的民事责任。**王永胜诉中国银行股份有限公司南京河西支行储蓄存款合同纠纷案：**被告中行河西支行认为，原告王永胜借记卡内的资金短少是由于犯罪行为所致，对犯罪行为给原告造成的资金损失，被告不应承担民事责任。对此，南京市鼓楼区人民法院认为，首先，信用卡诈骗罪是指以非法占有为目的，违反信用卡管理法规，利用信用卡进行诈骗活动，骗取数额较大的财物的行为。根据本案查明的事实，案外人汤海仁等人利用被告未尽保密义务、对自助柜员机疏于管理的安全漏洞，窃得原告借记卡的密码，而后使用复制的假卡进行支取和消费。银

行未能准确地识别该复制的假卡，从而将原告借记卡账户中的存款错误地交付给假卡持有人。因此，在真借记卡尚由原告持有的情况下，汤海仁等人的行为并非直接侵害了原告的财产所有权，而是侵犯了银行的财产所有权。原告与被告建立的储蓄合同关系合法有效，双方的债权债务关系仍然存在。被告认为原告借记卡内的资金短少属于犯罪行为给原告造成的资金损失，被告不应承担民事责任的主张，没有事实根据和法律依据，不予支持。[①]

三、储蓄存款合同纠纷的举证责任

采取严格责任原则，银行不能通过证明自己对于存款损失的发生无过错而免除责任，而必须证明自己有法律规定的不承担责任的事由或储户的损害事实与银行的违法行为不具有因果关系才可不承担违约责任。《合同法》第一百一十七条规定："因不可抗力不能履行合同的，根据不可抗力的影响，部分或者全部免除责任，但法律另有规定的除外。"而对于储户是否有过错，举证责任在银行而非在储户一方，银行如不能举证证明储户对存款的损失具有过错，则要承担全部责任。最高人民法院《关于民事诉讼证据的若干规定》第五条第二款规定："对合同是否履行发生争议的，由负有履行义务的当事人承担举证责任。"在储蓄存款合同纠纷中，银行负有付款义务，即承担是否履行了付款义务的举证责任。依据以上规定，银行应注意研究如何保存相关证据及在发生诉讼后，注重收集储户具有过错的证据，以免除或减轻自己的民事责任。**陈世群诉中国银行股份有限公司南宁市朝阳桥支行储蓄存款合同纠纷案**：由于一、二审法院对于各方应承担的举证责任分配不同，导致一、二审在查明案件事实相同的基础上作出不同的判决。举证责任的分配是银行卡盗刷案件的重要问题。南宁市中级人民法院认为：依据最高人民法院《关于民事诉讼证据的若干规定》第七条：在法律没有具体规定，依本规定及其他司法解释无法确定举证责任承担时，人民法院可以根据公平原则和诚实信用原则，综合当事人举证能力等因素确定举证责任的承担规定，银行应证明自己已经尽到谨慎审查和银行卡使用安全保障义务以及持卡人对于卡号和密码的泄露存在过错。[②]

---

① 《最高人民法院公报》2009年第2期。

② 国家法官学院案例开发研究中心编：《中国法院2013年度案例·合同纠纷》，中国法制出版社2014年版，第36~38页。

第二节　存款自愿

案例 2：银行擅自改变存款方式致储户损失应担责

摘要：商业银行在办理存取款业务时，怠于防范风险，未履行告知义务而改变储户存款方式致使储户遭受损失，应承担赔偿责任。

2005 年 9 月 9 日，案外人以名字为“陈志明”的假身份证和 700U0022 号存款凭条在被告中国农业银行桐柏县支行（简称桐柏支行）毛集营业所开立存款账户，并办理了金穗借记卡和存折，账号为 16—700601100072204，存款 10 元。当日案外人以与陈志明做生意为名，引诱他也在桐柏支行毛集营业所开立账户，陈即以本人身份证和 700U0071 号存款凭条开立存款账户，账号为 16—700601100072253，存款 10 元，仅办有存折。陈志明开立存款账户后经案外人要求、向案外人出示该存折时，两个存折被调换，陈持有的是案外人的存折。经查，两身份证件除名字外其他内容均不一致。2005 年 9 月 10 日，陈志明在案外人的指示下，在中国农业银行卧龙区支行（简称卧龙支行）存款 11.5 万元与案外人做柴油生意，由王全斌代办存款。王全斌持原告给其的原告身份证、11.5 万元现金、存折（账号为 16—700601100072204），并在存款凭条上填写了原告身份证号等内容，后将身份证、现金、存折、存款凭条交给了卧龙支行工作人员，该行工作人员办理存款业务后将原告的有关证件退回，并附一张中国农业银行无折存款回单。后陈志明因做生意未成欲将该款取出时，发现该款已被支取，遂诉至桐柏县人民法院，要求农行桐柏支行和卧龙支行赔偿相关损失。

◎ 裁判要旨

河南省南阳市中级人民法院二审认为，对上诉人卧龙农行上诉称依据《民事诉讼法》第一百零八条[①]及合同相对性原则，陈志明不是一审适格原告的上诉理

① 该条现已被新《民事诉讼法》修改为第一百一十九条。

由，经本院审查，本案并不是合同纠纷，而为侵权纠纷，故被上诉人陈志明具有起诉的权利，是本案的适格原告。上诉人卧龙农行的此上诉理由不能成立，本院不予支持。本院认为，上诉人卧龙农行作为金融机构，在其与被上诉人陈志明之间建立储蓄关系后，应加强对人民币存取款业务的管理，以防范风险。本案中，被上诉人陈志明的存折被案外人“陈志明”调包后，被上诉人陈志明在卧龙农行办理存款业务时，提供了身份证，并在存款凭条上填写了身份证号等内容，其目的就是要求将该11.5万元现金存入与其提供的身份证号相一致的账号内，而上诉人卧龙农行却按无折存款将现金存入了并非被上诉人意图存入的账号内，故原审判决认定上诉人卧龙农行、被上诉人陈志明对此损失均具有过错并无不当，但综合比较双方的过错大小，被上诉人陈志明应负60%主要责任，上诉人卧龙农行应承担40%次要责任，原审认定卧龙农行对该笔存款的损失应承担主要责任不妥。判决：卧龙农行应于本判决生效后十日内赔偿陈志明存款损失11.5万元的40%计款4.6万元。①

◎法条链接

1.**《商业银行法》第二十九条第一款**　商业银行办理个人储蓄存款业务，应当遵循存款自愿、取款自由、存款有息、为存款人保密的原则。

2.**《储蓄管理条例》第五条**　国家保护个人合法储蓄存款的所有权及其他合法权益，鼓励个人参加储蓄。

储蓄机构办理储蓄业务，必须遵循“存款自愿，取款自由，存款有息，为储户保密”的原则。

3.**《个人存款账户实名制规定》第七条**　在金融机构开立个人存款账户的，金融机构应当要求其出示本人身份证件，进行核对，并登记其身份证件上的姓名和号码。……

4.**《中国人民银行储蓄所管理暂行办法》第十四条**　出纳、复核员的主要职责是：（二）掌管业务公章，审查、复核各种账、单、折、证、息、印的完整性、合法性、真实性及准确性。

---

① 《人民法院报》2008年5月16日。

◎重要提示

一、存款自愿

居民所持有的现金是个人财产，参加储蓄必须出于存款人的自愿。存与不存，什么时候存，存在哪个储蓄所，存多少，存的时间长短，选择什么储蓄种类，都应由储户自己决定，其他人不得以任何方式加以干涉。自愿原则也是我国民事法律确立的一项基本原则，是法律确认民事主体得以自由地基于其意志进行民事活动的基本准则。《民法通则》第四条规定："民事活动应当遵循自愿、公平、等价有偿、诚实信用的原则。"

二、存款自愿的异化

存款自愿本身是对储户存款意志的尊重，但当储户存款并非基于其真实的意思而另有所图时，这便产生了非存款自愿的行为。由于这种行为在法律性质上尚无界定，姑且称之为"存款自愿的异化"。近几年，国内多次出现储户因不满银行的服务而占据服务窗口，将本可一次性存入的资金化整为零，甚至于一元一元地多次存入的现象。与此相对应，也出现了"取款自由的异化"，即储户为发泄对银行的不满，将本应一次性提取的存款却化整为零，甚至于一分一分地支取。总而言之，当储户得不到及时优质的服务却投诉无果，或者当储户不了解银行操作规程却又无法获得银行员工的悉心解释和良好的服务态度时，储户就会通过异化自己存款自愿或取款自由的权利来对银行进行报复。

针对该现象，银行可否不受理该储户的业务，即不与储户缔结储蓄存款合同？银行作为对公服务企业，非经法律规定，不得拒绝提供服务。在营业时间内为不特定的储户及时提供服务是保证储户存款自愿的前提。存款自愿既是一项储蓄原则，也是储蓄机构办理储蓄业务应遵守的一项义务。义务不得放弃，也就意味着银行不得拒绝与储户缔结储蓄存款合同。

该现象是否构成了扰乱公共秩序的行为？扰乱公共秩序行为系违法行为，而储户的行为符合中国人民银行"一元起存"的规定，很难与违法行为相联系。事实上，在发生该类情况时，也有储蓄所报警，但并未被认定为治安案件。

发生此类事情后，银行应积极通过协商的方式予以处理，取得储户的谅解。对于确实属于银行的责任，应尽快为储户办理业务并诚恳道歉；对于非属银行的责任，银行应向储户耐心地进行解释，使其理解银行的规定及其操作程序。

随着社会的发展，社会矛盾将日趋复杂。商业银行作为对公服务窗口，直接面对的各种矛盾与纠纷也将呈多样化和常态化。各商业银行应考虑以中心城市为区域成立业务应急处置中心，以便使银行在面对突发事件时，诸如集中取款，储户长期占据窗口，甚至于发生群体事件，能够有专门机构负责，快速出动并以专业的谈判、协调、处置能力平息事态、消化矛盾，保证银行正常的经营秩序，维护银行的品牌形象，保障储户的正当权益。

存款自愿与取款自由的异化，客观上给银行的营业秩序和品牌形象带来负面影响，且该现象极具复制效应。因而，银行应将其作为一个社会现象和法律现象予以重视和研究。

◎ 风险规避

一、自助设施如何保护储户的存款自愿

随着银行经营场所从现实空间到虚拟空间、从有人服务到无人服务的延伸，银行与储户订立储蓄合同的方式也在发生变化。银行通过计算机、通信科技手段提供存、取款业务的金融服务自助设施，属于银行的经营场所，其自助设施内提前设置的计算机操作程序代表着银行的意志。依照自愿原则，银行不得通过内部的操作规程强行要求储户订立某种方式的储蓄合同，也不得通过计算机操作程序侵犯储户的订立合同的自由和选择。**杨某诉某银行存款纠纷案：**杨某使用ATM机准备存款1万元现金，输入账户号码后按照机器提示，把钱放进了存款仓，可ATM机经识别后只接受了9400元现金，提示有6张面值为100元的钞票放置有误。之后，其按照存款机提示多次调整钞票的位置和摆放方式，机器终于正确识别了这600元现金。恰在此时，存款机出现提示语“操作超时，存款暂由银行保管”并关闭了存款仓。随后，在ATM机自动打印的客户通知书里，没有反映存款金额内容，杨某便立刻致电客户中心反映上述情况，并要求将该款另行调账至另一账户上。银行拒绝杨某另行调账的要求，认为存款交易已经完成，三天后通过人工方式将存款调整至杨某存款时输入的接受存款方账号上。杨某不同意银行的处理意见，诉请法院判决银行返还杨某存款1万元。四川省成都市锦江区人民法院认为，该案争议的焦点是双方的储蓄存款合同是否成立。该案中，杨某具有存款的意思表示，并将所存之款放入被告设置的ATM机中，银行通过该机接受

识别存款并同意杨某存款的意思表示后，双方就对存款的内容形成了合意。后来，杨某因操作存款超时，自动存款机显示“操作超时，存款暂由银行保管”内容，表明存款交易处于待定状态，尚需杨某进一步确认存款交易内容。而银行在杨某未完全完成存款交易的情况下，依据其在自动存款机上输入的信息，通过人工的方式，直接将存款1万元调整至输入指定的接受存款方账号，属于无权处分行为，双方形成的储蓄存款合同则属效力待定合同。依照我国《合同法》的相关规定，银行未能举证证明调账行为已经杨某事后追认，故双方形成的储蓄存款合同不发生法律效力。遂判决银行返还杨某存款1万元。[①]

二、存款业务应尊重储户的意志

储户持存折存款时，银行应把现金存到存折上，银行有责任履行“开户、存款、取款、转账实名制”的规定，认真审查存折与储户填写《存款凭条》上的项目是否一致，如身份证号码等。若因某种原因存不到存折上，应征求储户意见，经储户同意后方可办理其他方式的存款业务。即便在储户同意后，银行亦应履行书面手续，留存待查。

三、过错责任的司法认定

针对存款纠纷案件，银行诉讼应对重点在于：对方当事人存在的过错及过错责任的大小。现行法律只原则规定过错承担责任，但如何认定过错或各方究竟承担多少比例的责任，法官具有较大的自由裁量权。因而，相同的案件事实也有可能得出不同的判决结果。**柳某与枣阳建行储蓄存款合同纠纷案**：2007年9月，一个不明身份的“军官柳某”以做生意为由，同样用存折调包的方式骗走柳某4.9万元。对此，枣阳法院一审认为，枣阳建行在为“军官柳某”办理存折时，该行工作人员对其递交的“军官证”进行了核对，登记了姓名和号码，并复印留存，履行了其审核义务。柳某因其本人的疏忽大意，其存折被调包后，将4.9万元存入“军官柳某”的存折上，责任应由柳某承担。据此，枣阳法院依法判决驳回柳某的诉讼请求。湖北省襄樊市中级人民法院终审驳回原告柳某的诉讼请求。[②]

---

① 《人民法院报》2009年1月21日。
② 《人民法院报》2008年8月12日。

第三节 取款自由

案例 3：限制储户取款自由违法

摘要：对于商业银行法规定的取款自由应当进行全面理解。取款自由，不仅包括取款时间、取款数额上的自由，在有柜台和自动取款机等多种取款方式的情况下，还应当包括选择取款方式的自由。

2003 年 12 月 10 日，原告周培栋在被告江东农行下属的乐群里分理处开户，申领了中国农业银行发行的金穗借记卡。2003 年 12 月 19 日上午，原告周培栋的金穗借记卡账户内到款 54600 元，存款余额为 56867.52 元。13 时左右，周培栋到被告江东农行下属的火车站分理处，持卡在柜台要求取款。江东农行的营业员建议周培栋到自动取款机上取款，周培栋称“我不会”，营业员告知其“屏幕上有提示，你跟着做就可以了”，周培栋遂到自动取款机前。该自动取款机位于分理处营业大厅内，距离柜台不过两米。取款机上方贴有“您的密码如同钱包，注意保密，以防被窃”的警示纸条，周围无任何安全防范措施。原告周培栋在自动取款机上操作后不久，再次持卡到柜台要求取款。营业员告知其该卡为外地卡，周培栋才发现自己的卡被调包，要求挂失，因其不能提供存折号码和卡号，营业员没有为其办理挂失，周培栋遂于 19 日 13 时 20 分离开火车站分理处。13 时 47 分 18 秒，周培栋赶到开户行乐群里分理处口头挂失时，其账户内已被盗取 53006 元。

◎ 裁判要旨

衡阳市中级人民法院二审认为，取款自由是储户的一项权利，商业银行有义务保证储户实现这一权利。取款自由，不仅包括取款时间、取款数额上的自由，在有柜台和自动取款机等多种取款方式的情况下，还应当包括选择取款方式的自由。当原告周培栋持卡第一次在被告江东农行下属的火车站分理处柜台前要求取款时，江东农行的营业员不得以任何理由拒绝服务。当然，在柜台业务繁忙的情况下，从缩短储户等待时间考虑，营业员有权建议储户到自动取款机上取款。但是，银行营业员对于使用储蓄卡在自动取款机取款存在时间和数额限制是明知的，因此在向储户行使这一建议权之前，有义务了解该储户的取款数额，特别是在周培栋已经声明不会使用自动取款机的情况下，营业员还有义务向其讲解或者演示自动取款机的使用方法。如果因业务繁忙顾不上履行这些义务，营业员则不能坚持让储户到其不熟悉的自动取款机上取款。营业员既不履行讲解或演示义务，又坚持让储户到自动取款机上取款，则不是正当行使建议权，而是限制储户的取款自由，不履行保证支付的义务。

上诉人江东农行未能履行保证支付义务，提供自动取款机服务方式存在安全保护瑕疵以及未能及时办理挂失手续，是造成储户周培栋储蓄卡被调包、密码遗失、存款丢失的主要原因，而被上诉人周培栋不慎遗失银行卡和密码，对损失的造成亦有一定的过错。上诉人上诉理由均不成立。判决驳回上诉，维持原判。即限被告江东农行于本判决生效后 10 日内赔偿原告周培栋损失 4 万元，逾期加倍支付迟延履行期间的债务利息。[①]

◎法条链接

1.**《商业银行法》第三十三条**　商业银行应当保证存款本金和利息的支付，不得拖延、拒绝支付存款本金和利息。

2.**《储蓄管理条例》第十四条**　储蓄机构应当保证储蓄存款本金和利息的支付，不得违反规定拒绝支付储蓄存款本金和利息。

◎重要提示

一、取款自由

储蓄机构应在法律允许的范围内无条件满足储户的取款要求，包括是否取款、取款时间、地点、方式、数额等。在有柜台和自动取款机等多种取款方式的情况下，还应当包括选择取款方式的自由。但公民权利的行使应在法律允许的范围之内，取款自由也不例外。下列情形将对储户的取款自由进行一定的限制：（1）有权机关依照法律、行政法规的规定，对该存款采取了冻结措施；（2）由于

---

① 《最高人民法院公报》2006 年第 2 期。

不可抗力事件造成了储蓄机构暂时无法办理取款业务；（3）有关法律、法规、规章、储户接受的银行章程及储户与银行签订的协议对取款数额、取款时间及取款次数的限制。如《电子支付指引（第一号）》第二十五条第一款规定："银行应根据审慎性原则并针对不同客户，在电子支付类型、单笔支付金额和每日累计支付金额等方面做出合理限制。"

二、取款自由与保证支付

保证支付系银行所承担的法定义务。银行履行保证支付义务，是为了保障储户的取款自由。在本案例中，法院认为，保证支付不仅是指银行不得拖延、拒绝支付，还包括银行应当以适当的方式履行支付义务，否则，同样构成对储户取款自由的限制。

保证支付还包括银行应以法定货币向储户履行义务，这是保证支付的应有之义。该问题涉及银行向储户支付假币的情形。据《羊城晚报》报道：客户在广州市天河北中石化大厦内的中国工商银行柜台提款 4 万元，然后来到同一楼层仅隔数米的招商银行柜台转账时，发现其中有 100 元的假币。因两家银行间全程有录像监控，工行最后不得不承认是自己的点钞机"不够灵敏"。最终给了该客户 100 元了结纠纷。[①]

对于各银行储蓄所公示的"现金当面点清、离柜概不负责"的行规，多年来备受社会非议，涉嫌霸王条款。当银行与储户完成一项存取款业务之后，亦即当双方对某一合同完成交易并已确认之后，如无证据证明，任何一方不得以合同履行过程中存在瑕疵为由，要求对方重新履行合同。这既是法律的规定，也是银行防范道德风险的需要。但"概不负责"却将有证据证明的银行付款瑕疵，包括少付款、付假币等情形包括在内，有失公允。公平起见，若将"离柜概不负责"平等地适用于银行，即当银行出现差错款时，则不得向储户主张有关的权利或提起不当得利之诉。这当然是银行极不愿意的。

当有证据证明银行对外支付假币时，应及时向储户赔付，不得以任何理由推托、搪塞。储蓄存款合同实行严格责任，未依约付款则构成违约，违约原因在所不问。验钞机未能识别假币，系银行设备的质量、技术问题，而不能将自身设备瑕疵造成的后果转嫁给储户；赔付需向上级请示，系银行内部的管理程序，据以执

---

① 《银行柜台出假钞，这次终"坐实"》，载《羊城晚报》2010 年 7 月 14 日。

行未尝不可，但不能以此为名行推托之实。储蓄所作为银行办理货币支付的职能部门，有权与储户缔结存款合同，当然也有义务对合同履行中的瑕疵进行处理。

三、银行限制储户取款自由的类型

（一）因内部规定、内部文件限制储户的取款自由

高某诉某银行赔偿纠纷案：2005 年 11 月，原告高某前往被告银行办理转账业务。被告银行多次操作失败后，以内部文件规定为由，拒绝给原告转账。原告起诉到法院，要求被告按照贷款利息和存款利息的差额，赔偿原告被限制转账 80 万元一天所造成的利息损失 112 元；同时，要求被告书面道歉。上海市卢湾区人民法院审理认为，本案中，被告未能为原告办理转账业务，又未能提供合法有效的依据作为免责证明，故被告理应对原告由此发生的损失承担赔偿责任。但是，由于原告无法证明实际损失事实，故法院不支持原告的请求；同时，由于原告高某可以向被告主张赔偿实际损失，故法院不支持原告要求被告书面道歉的请求。①

商业银行内部文件是银行内部在业务操作、风险控制、职责权限、违规处理等方面的规定，一般不被社会公众所知晓。其效力所及，不能适用于系统外部的储户。在诉讼中，内部文件不能作为免责的抗辩依据。**中国工商银行内蒙古自治区通辽分行与通辽市科尔沁区工商农村信用合作社借款合同纠纷案：**通辽工行认为其与工商信用社签订的《还款协议》，违背了中国人民银行关于授权范围的规定，属越权行为，该合同应为无效。最高人民法院认为，国有商业银行对其分支机构实行授权授信制，在授权范围内，其分支机构可以以自己的名义对外独立从事民事活动，其是否越权属于内部关系，不能对抗善意第三人。通辽工行并无充分证据证明工商信用社在签订《还款协议》时存有恶意，故通辽工行关于其超越职权签订《还款协议》、该协议无效的上诉理由不能成立，本院不予支持。②但银行内部规定并非在对外民事活动中一概无效，当内部规定的有关条款约定为银行与储户的合同条款时，就对储户具有约束力。如北京市高级人民法院《审理民商事案件若干问题的解答之四（试行）》第十五条规定：银行内部规定特指中国人民银行以及各商业银行制定的金融业务操作程序、管理规范等。该类规定属于银行内部的业务操作规范，只对银行工作人员有约束力，不能对抗相对人。但合

① 《人民法院报》2006 年 3 月 3 日。

② 奚晓明主编：《民商事审判指导》2006 年第 1 辑，人民法院出版社 2006 年版，第 240 页。

同中将银行系统涉及各方当事人权利义务的内部规定作为合同条款订立在合同中的，对合同当事人有约束力。

（二）因有关设施的不能正常工作限制储户的取款自由

金融机构开办金融业务，应保持设施的正常运行，以保证业务的正常开展。因相关设施的瑕疵而影响了储户取款时，银行的责任不能免除。给储户造成损失时，应承担赔偿责任。

（三）为完成考核任务而人为编造理由限制储户取款或因工作人员个人情绪原因而给储户取款设置障碍的，银行的责任不能免除

◎风险规避

一、清理并规范内部文件

银行内部文件应由上级业务部门会同法务部门进行清理，并施行备案审查制度。防止内部文件与现行有效的法律、法规、部门规章相抵触。当不合法的内部文件得以实施时，必然会为侵犯客户权益，形成纠纷埋下隐患。

二、银行内部规定在诉讼中的法律地位

在诉讼中，银行不能以内部文件为依据予以抗辩。同理，储户也不能通过内部文件要求银行承担责任。这一证据采信标准应当平等地适用于各方当事人。**严力诉四会市某银行财产损害赔偿纠纷案**：该案涉及银行的内部规定能不能成为储户状告银行具有过错的依据。原告起诉的依据是被告没有依中国人民银行广东省分行《关于贯彻执行〈储蓄管理条例〉的补充意见》第六条的规定，要求取款人出示原告的身份证，造成其损失。要求四会市某银行赔偿储蓄存款88850元。受理法院一、二审均驳回了原告的诉讼请求。针对原告起诉的依据，负责审理该案的法官认为，从原告严力在被告四会市某银行处存款时起，双方成立了储蓄合同关系。根据规定，户口簿也是居民身份证明的一种，与居民身份证具有同等效力。取款人持证件并凭预留的密码代严力支取未到期定期存款是符合法定条件的，被告为其依程序办理了支取手续，并没有违反法律规定，是合法有效的。原告以被告在为取款人办理提前支取过程中没有依中国人民银行广东省分行《补充意见》第六条的规定要求区秋雨出示原告的身份证为由要求被告赔偿，由于国务院发布的《储蓄管理条例》第三十九条规定：“本条例由中国人民银行负责解释，

实施细则由中国人民银行制定。”即对《储蓄管理条例》进行解释是该条例赋予中国人民银行的权利。而中国人民银行广东省分行对《储蓄管理条例》没有解释权，所以原告该诉讼请求所依据的证据不足，理由也不充分，因此法院不予支持。①

三、因故不能提供服务时的应对措施

当确实存在客观原因而不能及时为客户办理业务时，应向客户耐心细致地做好解释工作，消除对立情绪；如属不可抗力，应及时在营业场所醒目的地方进行公示并注意保全不可抗力及公示的证据。出现不可抗力并非全部免责。《合同法》第一百一十八条规定：“当事人一方因不可抗力不能履行合同的，应当及时通知对方，以减轻可能给对方造成的损失，并应当在合理期限内提供证明。”

四、实行存款账户实名制前的存款支付

国务院《个人存款账户实名制规定》施行于2000年4月1日。该规定第十条规定：“本规定施行前，已经在金融机构开立的个人存款账户，按照本规定施行前国家有关规定执行；本规定施行后，在原账户办理第一笔个人存款时，原账户没有使用实名的，应当依照本规定使用实名。”因此，储户机构对该规定施行前的存款，应按此前的有关规定为储户办理挂失、支付业务，而不能按账户实名制的规定，要求存单上记载的储户名称与取款人有效身份证件的一致性。因为，在账户实名制之前，法律并不禁止储户使用本名以外的其他名义存款。但对于储户未使用本名存款，遗失存单、密码，且不能按《储蓄管理条例》的有关规定提供证明或所提供证明尚不足以证实其为存款的权利人时，最好通过司法程序解决存款的支付。通过法院判决支付存款，即很好地解决了银行的付款依据，保证银行在支付过程中不存在过错。即使该笔存款出现新的权利人，其也只能通过诉讼程序解决，而不能向银行主张权利。**黄某诉某银行存款纠纷案**：黄某于2000年1月31日在银行办理了6万元的存款，存单上的户名为“沈含”，并注明“留密码”。2009年6月，黄取款时，因无法提供密码及“沈含”的身份证件，银行认为存单户名不符，拒绝按照密码挂失程序为其取款。四川省成都市武侯区人民法院认为，争议存单的存款时间为2000年1月31日，而《个人存款账户实名制规

---

①《人民法院报》2005年4月7日。

定》实施于当年4月1日。在上述规定实施之前，储户存款时并非必须出示有效身份证件，所以银行要求黄某提供“沈含”的有效身份证件不符合存款当时的情况。持有存款单并知晓密码是储蓄合同双方约定的取款条件，目的在于判断取款人是否是存款人，或是受存款人委托持有存款单并知晓密码的代理人。若黄某确为真实的存款权利人，则银行应履行兑付的合同义务。经鉴定，存单签名为黄亲笔所写，能够证明持有存单的黄某系当年实际存款人，银行应按照存单兑付。判决银行向黄某兑付存款6万元及利息。[①]

① 《人民法院报》2010年8月28日。

第四节　存款有息

案例 4：计息规则告知方式不当，具有过错应承担相应诉讼费用

摘要：银行应将其计息规则向储户告知，且其告知内容应该具体、明确，告知方式应该恰当。未适当履行告知义务，对争议产生负有一定过错，应承担相应的责任。

2005 年 8 月 26 日，北京段先生在工商银行甘露园储蓄所办理了“7 天通知存款”业务，后发现存款在“大月”的时候按 30 天计算，一年按 360 天算。大月“31 日”不计息，共计少支存款利息 105.86 元。

◎ 裁判要旨

朝阳法院经审理查明，1965 年 4 月 30 日中国人民银行《关于储蓄存款利率调整后有关业务处理手续问题的通知》规定：“各类储蓄存款（包括华侨储蓄和农村储蓄），全年均按 360 天计息，即无论大月、小月和闰月，每月均按 30 天计算。”

法院认为，中国人民银行作为国家利率管理的法定机关，其对中国银行业计息规则通行做法的说明具有权威性。因此，本案所涉通知存款业务在储户存款期间跨越大月 31 日时，被告所称的“将大月的 30 日与 31 日视同一天计息”的做法，可以作为交易习惯予以确认。被告依此确定计息天数并给付利息，应认为依约履行了利息给付义务。另从公平衡量，由于被告在日利率计算上相应地采取年利率除以 360 天的计算方式，被告按一年 360 日计息不违反公平原则。因此，原告关于被告少计付其存款利息 105.86 元的主张，缺乏事实和法律依据，对其诉讼请求，法院不予支持。

同时，被告发布的公告涉及计息规则的内容不够具体、明确，不能认为其已尽到告知义务，且电话查询方式不是告知的恰当方式。故被告未适当履行告知义务，对争议产生负有一定过错。但此过错不应导致被告承担合同约定之外的利息

给付义务。在诉讼费的承担上，基于对被告上述过错考虑，令被告承担相应部分。

最终，法院驳回了原告段先生的诉讼请求，并判决案件受理费由段先生负担10元，由被告中国工商银行股份有限公司北京朝阳支行负担40元。该案上诉后，北京市第二中级人民法院二审维持了一审判决。[①]

◎法条链接

1.**《商业银行法》第三十一条** 商业银行应当按照中国人民银行规定的存款利率的上下限，确定存款利率，并予以公告。

2.**《储蓄管理条例》第二十三条** 储蓄机构必须挂牌公告储蓄存款利率，不得擅自变动。

3.**中国人民银行《关于贯彻执行〈储蓄管理条例〉有关事项的通知》** 计息每年按360天，每月按30天计算。

4.**中国人民银行《关于人民币存贷款计结息问题的通知》** 除活期存款和定期整存整取存款外，通知存款、协定存款，定活两便、存本取息、零存整取和整存零取等其他存款种类的计、结息规则，由开办业务的金融机构法人（农村信用社以县联社为单位），以不超过人民银行同期限档次存款利率上限为原则，自行制定并提前告知客户。

◎重要提示

2007年8月，中国工商银行、中信银行等确定活期存款按实际天数计算，改变了“活期存款计息不分大月小月，一律按每月30日计息”这一被中国银行业沿用了41年的行规。这一改变，是银行在市场竞争日趋激烈的情况下，权衡自身利益作出的选择，表明储户的正当权利开始得以归位。同时彰显司法审查对具体金融行为的指导、规范和评价作用。

一、告知义务

告知义务是诚实信用原则在民商事活动中的体现，也是法律对民事主体的要求。特别是在信息不对称或双方地位悬殊时，履行告知义务更能保护弱者，以使其更能充分地表达意思，能对自己的行为有一个合理的预期，明确行为的后果并

① 《人民法院报》2006年12月15日。

自愿承担后果。为此，在某些民事活动中，法律要求特定的主体承担告知义务。商业银行经营中的告知义务主要有：

（一）说明义务

说明义务是指在合同订立时，合同当事人，特别是格式合同提供一方负担的对合同条款进行明确陈述、解释的义务。

1. 格式合同条款的说明义务

《合同法》第三十九条规定："采用格式条款订立合同的，提供格式条款的一方应当遵循公平原则确定当事人之间的权利和义务，并采取合理的方式提请对方注意免除或者限制其责任的条款，按照对方的要求，对该条款予以说明。"

何为"采取合理的方式"？最高人民法院《关于适用〈中华人民共和国合同法〉若干问题的解释（二）》（以下简称《合同法司法解释（二）》）第六条规定：提供格式条款的一方对格式条款中免除或者限制其责任的内容，在合同订立时采用足以引起对方注意的文字、符号、字体等特别标识，并按照对方的要求对该格式条款予以说明的，人民法院应当认定符合《合同法》第三十九条所称"采取合理的方式"。提供格式条款一方对已尽合理提示及说明义务承担举证责任。

何为"予以说明"？最高人民法院研究室《关于对保险法第十七条规定的"明确说明"应如何理解的问题的答复》可供借鉴参考。该答复认为：《保险法》第十七条规定："保险合同中规定有保险责任免除条款的，保险人应当向投保人明确说明，未明确说明的，该条款不发生法律效力。"这里所规定的"明确说明"，是指保险人在与投保人签订保险合同之前或者签订保险合同之时，对于保险合同中所约定的免责条款，除了在保险单上提示投保人注意外，应当对有关免责条款的概念、内容及其法律后果等，以书面或者口头形式向投保人或其代理人作出解释，以使投保人明了该条款的真实含义和法律后果。

2. 金融产品的说明义务

《商业银行个人理财业务管理暂行办法》第三十七条第一款规定："商业银行利用理财顾问服务向客户推介投资产品时，应了解客户的风险偏好、风险认知能力和承受能力，评估客户的财务状况，提供合适的投资产品由客户自主选择，并应向客户解释相关投资工具的运作市场及方式，揭示相关风险。"

《关于进一步规范商业银行个人理财业务有关问题的通知》第三条中规定："商业银行理财产品的宣传和介绍材料中应全面反映产品的重要特性和与产品有关的重要事实，在首页最醒目位置揭示风险，说明最不利的投资情形和投资结果，对于无法在宣传和介绍材料中提供科学、准确的测算依据和测算方式的理财产品，不得在宣传和介绍材料中出现‘预期收益率’或‘最高收益率’字样。商业银行理财产品的宣传和介绍材料中如含有对某项业务或产品以往业绩的描述或未来业绩的预测，应指明所引用的期间和信息的来源，并提示以往业绩和未来业绩的预测并不是产品最终业绩的可靠依据，不得将以往业绩和未来业绩的预测作为业务宣传的最重要内容。”

（二）合同履行过程中的通知义务

通知义务即合同当事人应将自己履行义务的情况以及出现法定或者约定的事由及时通知另一方当事人的义务。

《合同法》第六十条依据诚实信用原则规定了合同当事人的通知义务。具体的通知义务体现在：中止履行（《合同法》第六十九条）、权利转让（《合同法》第八十条）、解除合同（《合同法》第九十六条）及出现不可抗力不能履行合同时（《合同法》第一百一十八条）。

《个人定期存单质押贷款办法》第十八条第二款规定：“用于质押的定期存单在质押期间丢失、毁损的，贷款人应立即通知借款人和出质人，并与出质人共同向存款开户行申请挂失、补办。补办的存单仍应继续作为质物。”

2006 年 11 月 1 日中国银监会《银行业金融机构信息系统风险管理指引》第三十一条规定：“银行业金融机构在信息系统可能影响客户服务时，应以适当方式告知客户。”

（三）信息披露义务

信息披露义务是商业银行为保障投资者利益、接受社会公众监督而依照法律规定必须将其自身的财务变化、经营状况等信息和资料向社会公开或公告，以便使投资者充分了解情况的义务。

《关于进一步规范商业银行个人理财业务有关问题的通知》明确规定，商业银行应按规定向客户提供理财产品账单、市场表现情况报告、收益情况报告，以及收益测算依据，做好信息披露，充分保障客户金融信息知情权。“商业银行在与客户签订合同时，应当明确约定与客户联络和信息传递的方式，以及信息传递过程中双方的责任，确保客户及时获取信息，避免导致客户未及时获知信息错过资金使用和再投资机会。商业银行在未与客户约定的情况下，在网站公布产品相关信息而未确认客户已经获取该信息，不能视为其向客户进行了信息披露。”

商业银行应按《商业银行信息披露办法》的规定进行相关信息的披露。商业银行为上市公司的，还应遵守证监会信息披露的有关规定，以维护存款人及其他投资人的合法权益。

（四）客户财产安全的风险揭示义务

所谓风险揭示义务，是指商业银行就业务中因市场、政策、不可抗力、技术等因素可能形成的风险，客户业务操作不当可能发生的不利后果，以及已经发生的风险向客户予以书面明确揭露、提示。《商业银行个人理财业务风险管理指引》第二十九条规定："商业银行向客户提供的所有可能影响客户投资决策的材料，商业银行销售的各类投资产品介绍，以及商业银行对客户投资情况的评估和分析等，都应包含相应的风险揭示内容。风险揭示应当充分、清晰、准确，确保客户能够正确理解风险揭示的内容。商业银行通过理财服务销售其他产品，也应当进行明确的风险揭示。"第二十三条规定："对于市场风险较大的投资产品，特别是与衍生交易相关的投资产品，商业银行不应主动向无相关交易经验或者评估不适宜购买该产品的客户推介或销售该产品。客户主动要求了解或者购买有关产品时，商业银行应当向客户说明有关产品的风险和风险管理的基本知识，并以书面形式确认是客户主动要求了解和购买产品。"第三十条规定："商业银行提供个人理财顾问服务业务时，要向客户进行风险提示。风险提示应设计客户确认栏和签字栏。客户确认栏应载明以下语句，并要求客户抄录后签名：'本人已经阅读上述风险提示，充分了解并清楚知晓本产品风险，愿意承担相关风险'。"

《电子银行业务管理办法》第三十九条规定："金融机构应当与客户签订电子银行服务协议或合同，明确双方的权利与义务。在电子银行服务协议中，金融机构应向客户充分揭示利用电子银行进行交易可能面临的风险，金融机构已经采取的风险控制措施和客户应采取的风险控制措施，以及相关风险的责任承担。"

（五）公示义务

商业银行就其业务活动涉及的业务调整、商业收费、利率计算标准等涉及不特定客户利益的事项，应及时通过公开、适当的方式向社会进行公告。

二、未约定利息的支付

当存储双方未就存款约定利率和到期利息，或双方就计息标准产生分歧时，是否遵循"无约定，从法定"的原则。

梅州市梅江区农村信用合作联社江南信用社诉罗苑玲储蓄合同纠纷案：关于涉案储蓄存单的利率如何确认的问题，本案中，罗苑玲与江南信用社约定储蓄存单为八年存期，种类为整存整取，但存单上“利率”栏和“到期利息”栏均为空白，按照何种利率支付利息是履行合同的关键。对此，江南信用社认为按照中国人民银行广东省分行于1996年5月发布的《转发中国人民银行总行关于降低金融机构存、贷款利率的通知》中关于取消八年期定期整存整取利率种类的规定，罗苑玲的储蓄存单不能按照八年期定期整存整取利率支付利息。罗苑玲则认为，江南信用社应遵守存单约定按照八年期定期整存整取利率支付利息。法院认为，首先，江南信用社作为专业金融机构，对于关乎储户切身利益的内部业务规定，负有告知储户的义务。中国人民银行广东省分行于1996年5月发布的《转发中国人民银行总行关于降低金融机构存、贷款利率的通知》仅是部门规章在相关金融机构的内部告知，罗苑玲作为普通储户，不可能全面了解银行内部规定，银行也无权要求储户自行熟知所有储蓄规定。江南信用社作为专业的金融机构，掌握取消八年期定期整存整取利率种类的相关规定，而且此规定与储户的储蓄利益密切相关，储户在办理储蓄业务时是否知道该项规定决定着其是否改变储蓄存期的种类，故江南信用社有义务在罗苑玲办理业务时告知相关信息。但江南信用社未尽告知义务，没有向罗苑玲说明八年期定期整存整取利率种类已取消，而是直接与罗苑玲签订了八年期整存整取储蓄存单。罗苑玲作为普通储户，签订存单时约定为八年存期，种类为整存整取，其自然认为涉案储蓄存单是以八年期定期整存整取利率即17.1%计息。其次，如银行未就有关内部业务规定向储户履行告知义务，当双方对于储蓄合同相关内容的理解产生分歧时，应当按照一般社会生活常识和普遍认知对合同相关内容作出解释，不能片面依照银行内部业务规定解释合同内容。根据本案事实，上诉人罗苑玲与上诉人江南信用社签订储蓄存款合同时，双方共同约定储蓄存期为八年期、种类为整存整取。普通储户的存款储蓄年限是根据储蓄机构提供的储蓄种类及利率来设定的，就储户对储蓄业务的了解，定期存款的储蓄种类和利率是一一对应的，即相应的存期对应相应的利率。储蓄机构在1996年5月前开设过八年期存款，对应利率为17.1%。罗苑玲在江南信用社办理涉案存款业务时，江南信用社在没有告知八年期定期整存整取利率已取消的情况下，与罗苑玲签订了涉案存单，并约定存期为八年期，种类为整存整取，按照一般社会生活常识，罗苑玲有理由相信八年期定期整存整取储蓄种类仍然存在且对应利率保持17.1%不变，其不可能想到这一存款利率种类已被取消。因此，虽然本案存单上“利率”栏和“到期利息”栏为空白，但不能仅以银行内部关于取消八年期定期整存整取利率种类的业务规定予以解释，而应当按照一般社会常识和储户对于存单约定内容的普遍认知解释相关合同内容，即涉案存单应以利率17.1%计息。[①]

三、约定利息的支付

银行应保证支付存款人的利息，如与存款人就利息有约定，且该约定不违背法律、行政法规的禁止性规定时，应予支付。

双峰县信用合作营业部诉双峰农村社会养老保险局存款利息纠纷案：本案中，原、被告双方就农保局的存款是按双方的约定还是按单位存款的法定利息支付存款利息发生争议。湖南省双峰县法院认为，民政部门对农保基金管理的有关规定与本案有关联性，因为单位存款主要是财政性存款，而财政性存款应受《人民币单位存款管理办法》规定的约束，不适用于储蓄存款规定。而农保基金其性质已明确为非财政性收入和财政预算外资金，其基金运营也允许其委托银行增值甚至购买国债，且农保基金所有权仍属参保农民个人，因此农保机构与银行协商对农保基金参照个人储蓄标准进行储蓄存入是不被禁止的。故在本案中，农保局通过与营业部协商储蓄，对代管基金参照个人储蓄取得增值，是正常的理财方式，与普通意义上的单位存款是有区别的，是不违法的，因而是有效的。原、被告间关于农保基金的存款合同是双方当事人真实意思表示，且不违反法律规定和社会公共利益，是合法有效的。[②]

◎风险规避

一、告知义务的履行

告知作为一项义务，银行必须履行，而且履行的方式应该是公开的，恰当的，其内容应该是明确的。由于计结息方式属于储蓄合同的主要内容，因此，对该项内容的告知义务属于先合同义务，应在签订合同前或至迟在签订合同时进行，否则不能认为是履行了告知义务。银行应加强研究和落实有关业务告知的内容、方式和程度，以履行自己应尽的义务。在上述“31日不计利息案”宣判后，朝阳法院向中国工商银行股份有限公司发送了一份司法建议，指出工商银行的储蓄合同条款，特别是涉及计息规则此类关系储户利益的合同条款，存在不完善、不透

---

① 《最高人民法院公报》2011年第1期。

② 《人民法院报》2004年8月21日。

明的问题，未尽到对储户的告知、明示义务，易引发纠纷。建议工行总行：一、针对储蓄合同中涉及储户利益的合同条款进行梳理，就“公平”“透明”方面存在的问题进行调研和梳理；二、可以考虑在相关凭证上，就涉及储户利益的相关交易规则予以明确注释和说明，也可在营业网点采用公告形式告知储户。

二、告知义务的履行方式

1. 法律、法规、规章明确告知方式的，应通过该方式进行；

2. 法律、法规、规章未明确告知方式的，可采用与客户协议约定的告知方式；

3. 对于不特定的银行客户可采用公告方式的，应保证公告媒介的受众覆盖面、公告内容的时效性、准确性及标题的醒目程度。**吴卫明诉上海花旗银行储蓄合同纠纷案**：上海市第一中级人民法院终审认为：上海花旗银行在对小额储户收取管理费前，已经通过众多媒体将该信息在社会上进行了广泛报道，尽到了必要和可能的公知义务。①

4. 涉及与客户合同权利义务变更等重大事项的，应针对特定的合同当事人通过合同书、传真、电子数据等方式进行，而不宜采取公告、电话、手机短信等方式。

三、妥善保存证据，并注意法律对证据的要求

《合同法司法解释（二）》第六条第二款规定，提供格式条款一方对已尽合理提示及说明义务承担举证责任。因此，银行应妥善保存已履行告知义务的方式及内容的相关证据。其被法院认定能够作为抗辩证据的需满足如下条件：

1. 告知方式合法，即不为法律、行政法规所禁止；

2. 告知内容明确、具体；

3. 能够证明向对方送达了告知内容；

4. 能够证明对方已经收到该告知内容。

四、履行告知义务与纠纷控制

银行履行告知义务是为了保证储户的知情权和选择权。保证储户的知情权不仅是银行的合同义务，同时也是防范、化解纠纷的有效渠道。银行服务态度不到

① 《最高人民法院公报》2005 年第 9 期。

位，引起储户的不满与误解，是引起纠纷的原因之一。法院判令银行承担诉讼费用的案件，不是因为银行在诉争案件的实体上有过错，而是对案件纠纷的发生负有责任。申言之，就是该起纠纷本不该发生，却由于银行的某些不当行为造成了纠纷的发生。**孙某诉中国农业银行苏州浒关支行存款纠纷案**：此案即由于银行侵犯储户知情权而诱发。孙女士认为交给银行临柜人员的是现金21万元，而银行临柜人员坚称只有20万元，并把已经捆扎好的钱退还给孙女士。双方当场争吵起来，激动的孙女士在要求查看监控录像遭到拒绝后，拨打了110报警。警方到场后，银行方面仍然以各种理由拒绝查看监控录像，警方做了接警记录后离开。没有看到录像的孙女士难解心中疑点，认为要求查看银行的监控录像时却遭到了银行方面的阻挠，这里一定存在问题。遂向法院提起诉讼，要求银行返还1万元。在审理中，原告对被告提交法院的录像真实性提出了质疑。为了确认录像的真实性，承办法官与原告共同至被告银行详细观看录像原件。在对录像细节进行了详细调查之后，原告也认可了自己可能是存款20万元的事实，遂撤回起诉。①

五、防止银行员工高息揽储

近年来，银行工作人员基于利益诱惑，在办理储蓄存款业务过程中，违反利率规定，擅自支付手续费、补贴等现象层出不穷。**俞建水与中国工商银行股份有限公司上海市鞍山路支行、中国工商银行股份有限公司上海市杨浦支行储蓄存款合同纠纷案**：2008年5月上旬，案外人徐某和被告工行鞍山路支行的客户经理陈某虚构该行销售年息高达16%的一年期定期储蓄产品，诱骗原告俞建水前往该行存款。在办理开户手续时，陈某偷偷代原告开通了“网上银行”并领取了U盾，却仅将一张银行卡及一本加盖被告工行鞍山路支行印章的理财金账户活期对账簿交由原告。次日，俞建水在自动存款机和银行柜面分别向系争账户存入200元及500元。同月14日，原告与陈某、徐某签订一份《委托书》，约定由原告存入被告工行杨浦支行2500万元，期限一年，不提前支取，不转移，不挂失。陈某以被告委托代理人的名义在该合同上签字，并利用职务之便，在合同上偷盖了工行杨浦支行的业务章。当日，原告将2091万元存入上述账户，徐某则将承诺的所谓“高额息差”409万元转入该账户。当日下午，徐某即利用冒领的U盾登录网上银行，将2500万元转账支取后供个人挥霍。上海市第二中级人民法院二审认

---

① 《人民法院报》2009年7月5日。

为，相对于普通储户而言，银行更有条件防范犯罪分子利用银行实施的犯罪，故银行应当制订完善的业务规范，并严格遵守规范，尽可能避免风险，确保储户的存款安全，维护储户的合法权益。陈某身为银行工作人员，却勾结犯罪分子徐某，利用工作便利，违反存款操作流程，擅自为原告开立网上银行，并领取U盾交由徐某，导致涉案款项被骗取。被告工行鞍山路支行在工作人员管理、营业场所管理以及存款业务操作流程等方面均存在明显过错，且该过错与存款被骗具有相当的因果关系。俞建水虽然受案外人虚构的高额报酬所诱惑而去工行鞍山路支行处开户、存款，但只要工行鞍山路支行与俞建水均按照规定的开户流程办理开户业务，案外人徐某就无法获取与俞建水账户相关联的U盾，更无法在俞建水不知情的情况下从其账户将资金转至他人账户。故俞建水的存款目的与存款被骗取之间并无直接因果关系。而且，俞建水于存款前，在自动存款机和银行柜面分别向系争账户存入200元及500元，查询确认上述款项确实已存入其账户后才向该账户存入2091万元；存款后，俞建水亦始终妥善保管存折，显然其已尽合理注意义务。因此，俞建水与被告工行鞍山路支行的储蓄存款合同关系合法有效，银行应当承担向原告返还存款本息的责任。[①]

---

① 《人民法院报》2014年3月19日。

第五节 为储户保密

案例5：未对储户提供保密的交易环境应负违约责任

摘要： 对于《商业银行法》规定的为储户保密的原则应当全面理解。为储户保密，不仅是指银行应当对储户已经提供的个人信息保密，也包括应当为去银行办理交易的储户提供必要的安全、保密的环境。银行如果没有履行该义务，即构成违约，承担相应的违约责任。

2007年3月11日，王小光到中国工商银行股份有限公司洪江市支行（以下简称洪江工行）查询存款，发现信用卡上的31300元存款，被他人已于3月10日取走。其和洪江工行当即向公安机关报案。公安机关破案后查明，犯罪分子采取在自动门刷卡器上粘贴电子仪器，并在自动取款机上安装微型摄像机以获取原告信用卡信息资料和密码，然后再仿造原告的信用卡来盗取卡内资金。王小光的31300元存款，被犯罪分子经自动取款机二次转账，六次取现盗取，在跨行查询信用卡资金时，在王小光信用卡内又支付了0.3元查询费。洪江工行在自动取款机处安装有监控设备，在案发前后没有审查监控录像资料。

公安机关破案后，原告即持存折的复印件将洪江工行诉至洪江市人民法院，要求支付存款金额。洪江工行辩称，原告存款被盗是由于其未能保护自己信用卡的信息资料而造成的，自身存有过错；现犯罪分子已被抓获，应向犯罪分子追偿。

◎ 裁判要旨

湖南省怀化市中级人民法院二审认为，《商业银行法》第二十九条第一款规定："商业银行办理个人储蓄存款业务，应当遵循存款自愿、取款自由、存款有息、为存款人保密的原则。"为存款人保密，是商业银行的法定义务。银行的保密义务，不仅是指银行对储户已经提供的个人信息保密，也包括要为到银行办理交易的储户提供必要的安全、保密的交易环境。在本案中，洪江工行没有按规定及时审查监控录像，使银行录像监控形同虚设，致储户的交易环境没有安全保障，其行为违反了法定义务。《合同法》第一百零七条规定："当事人一方不履行合同义务或者履行合同义务不符合约定的，应当承担继续履行、采取补救措施或者赔偿损失等违约责任。"本案中，王小光与洪江工行之间的储蓄合同关系合法有效，双方均应严格按合同约定履行各自的义务。王小光信用卡内资金被盗虽系犯罪分子所为，但是系因洪江工行违背法定安全保密义务才造成了王小光的存款损失。洪江工行没有依照储蓄合同履行保密义务，构成违约。王小光有权对洪江工行提起储蓄合同违约之诉，洪江工行应当对此承担赔偿损失的违约责任。洪江工行提出王小光在取款时防范不严，被他人窃取存款密码和账户信息，其自身存在过错，以及王小光应当向犯罪分子索赔的上诉理由不能成立。判决：驳回上诉，维持湖南省洪江市人民法院一审判决。即洪江工行在本判决生效后 3 日内支付王小光存款 31300.3 元。逾期不履行给付金钱义务，按照《民事诉讼法》第二百三十二条[①]之规定，加倍支付迟延履行期间的债务利息。[②]

◎ 法条链接

1.**《合同法》第六十条** 当事人应当按照约定全面履行自己的义务。

当事人应当遵循诚实信用原则，根据合同的性质、目的和交易习惯履行通知、协助、保密等义务。

2.**《合同法》第一百零七条** 当事人一方不履行合同义务或者履行合同义务不符合约定的，应当承担继续履行、采取补救措施或者赔偿损失等违约责任。

3.**《商业银行法》第二十九条** 商业银行办理个人储蓄存款业务，应当遵循存款自愿、取款自由、存款有息、为存款人保密的原则。

◎ 重要提示

一、为储户保密

为储户保密是金融机构办理储蓄的一项原则，也是金融机构应当履行的法定义务。为储户保密一般是指银行对储户的姓名、地址、工作单位、储蓄存款的来源、存款种类、数额、密码数字等存取情况负有保密的义务。在本案中，法院对该原则的适用扩大至要为到银行办理交易的储户提供必要的安全、保密的交易环

---

① 该条现已被新《民事诉讼法》修改为第二百五十六条。

② 《人民司法·案例》2008 年第 22 期。

境。该审判理念源于《合同法》第六十条对合同当事人附随义务的规定。

二、违反保密原则的民事责任

近年来，针对自助银行的犯罪屡有发生，不仅给储户带来了巨大损失，也使银行陷入到了一个又一个诉讼泥潭。在判决银行败诉的案件中，法院认定银行具有过错的理由也不尽相同，有认为银行在安全防范上存在技术缺陷的；有认为银行没有全面、正当、及时地履行安全防范义务的；也有的认为银行未能给储户提供安全、保密环境等。至于责任承担，有判决银行全部承担被盗存款本息的，也有按混合过错判决银行承担部分责任的。总之，在此类案件中，司法价值取向是银行不能免责。**王永胜诉中国银行股份有限公司南京河西支行储蓄存款合同纠纷案：**南京市鼓楼区人民法院认为，商业银行设置自助银行柜员机，是一项既能方便储户取款，又能提高自身工作效率并增加市场竞争力的重要举措，银行亦能从中获取经营收益。对自助银行柜员机进行日常维护、管理，为在自助银行柜员机办理交易的储户提供必要的安全、保密环境，也是银行安全、保密义务的一项重要内容，这项义务应当由设置自助银行柜员机的银行承担。根据案件查明的事实，案外人汤海仁等五人通过在中行热河南路支行自助银行网点门口刷卡处安装读卡器、在柜员机上部安装具有摄像功能的MP4的方式，窃取了王永胜借记卡的卡号、信息及密码，复制了假的银行卡，并从原告借记卡账户内支取、消费428709.50元。上述事实说明，涉案中行热河南路支行自助银行柜员机存在重大安全漏洞。由于具备专业知识的银行工作人员对自助银行柜员机疏于管理、维护，未能及时检查、清理，没有及时发现、拆除犯罪分子安装的读卡器及摄像装置，致使自助银行柜员机反而成了隐藏犯罪分子作案工具的处所，给储户造成安全隐患，为犯罪留下可乘之机。综上，原告借记卡密码被犯罪分子所窃取，是银行未能履行其为储户提供必要的安全、保密环境的义务所致。[①]

◎风险规避

一、银行应全面加强安全、保密措施

如何为储户提供安全、保密的交易环境成为银行面临的一项重要课题。而无

---

① 《最高人民法院公报》2009年第2期。

人服务的自助银行的安全隐患尤为突出。银行除提升设备的技术性能以防范犯罪外，更重要的是加强安全防范意识和防范措施。

（一）自助设施的安全保障功能

自助银行设施的安全保障功能决不能仅仅局限于静态的交易记录功能和侵害案件发生后的证据功能，而应纳入银行的实时监控系统以实现动态安全保障，将犯罪制止在预备阶段中，更加有效地遏制犯罪。因而，银行因监控系统存在问题而无法及时发现犯罪、有效制止犯罪便往往被法院认定为违规，导致储户存款损失的原因之一。曾有新闻报道：某银行通过监控，发现有人正在 POS 机上安装盗码器，随即报警，被公安机关及时抓获，及时有效地避免了银行的损失。

（二）设施安全的司法认定

在储蓄合同纠纷中，银行设施的安全，一般是指应保证储户交易过程中人身、财产的安全，而非设施的自身安全、合格。**周培东诉江东农行储蓄合同纠纷案**：法院认为，公安机关颁发的《安全合格证》只能证明公安机关认为该金融机构的自身安全设施符合安全标准，不能证明该金融机构履行合同过程中没有违约行为。

（三）取款机周围的安全防护问题

银行应保证储户能够在相对安全、一般人无法近距离接触、正常人的肉眼无法窥视的环境下进行交易。仅有安全提示，防盗警示而未采取相关防范措施的，不能认为是尽到了安全、保密义务。**周培东诉江东农行储蓄合同纠纷案**：法院认为，江东农行提供的自动取款机，周围无防护措施，无法保证使用人在使用中密码不被偷窥，借记卡不被调包。因此，本案的卡片遗失与密码失密，并非完全是持卡人自己的过失造成。

二、涉及此类案件的诉讼对策

1. 银行或银行配合储户及时向公安机关报案。

2. 银行被诉作为被告时，应依据最高人民法院《关于民事诉讼证据的若干规定》申请受案法院向公安机关调查收集证据，以全面了解案情，查明储户存款损失的具体原因，以确定其是否具有过错。

3. 当公安机关立案后尚未查清存款被盗的事实，且原告陈述或提供的证据有矛盾之处，银行认为案件事实不清，难以区分责任的，应向受案法院提起中止诉讼的申请。

第六节 账户开立

案例6：金融机构应对开户人及取款人的身份证件进行实质审查

摘要：由于储户存折被调包，导致存款存入被调包的存折，存款被他人冒领，储户对此有一定过错，但银行违反《个人存款账户实名制规定》和《大额现金支付管理的通知》等规定，违规操作，对开户人和取款人提供的身份证件未尽审慎审查的义务，未能识别伪造的身份证件，开立虚假账户，导致大额储蓄存款被他人冒领，银行有明显的过错。应根据过错程度，承担赔偿责任。

2010年4月，几个自称客商的外地人来到江苏省泰和县，要求与张以福共同投资办厂。4月27日张以福用本人身份证在中国工商银行泰和县支行（以下简称泰和工行）大道储蓄所开立账号为5001的个人账户，准备注入资金。同日，其中一名外地人也以“张以福”的名义在泰和工行中山分理处开设了账号为6113的个人账户，并申办了一张卡号为7123的牡丹灵通卡。在双方洽谈投资办厂的过程中，外地人用该账户存折与张以福的账户存折调换。5月9日，张以福将50万元人民币存入被调换的账户中。两天后，张发现外地人用牡丹灵通卡以“张以福”的名义在中国工商银行德阳市城区支行（以下简称城区工行）取走现金40万元。另一名自称“朱文胜”的人在中国工商银行德阳市凯江支行（以下简称凯江工行）的营业柜台上用上述牡丹灵通卡代理“张以福”取走9.5万元，其余款被外地人在德阳市的自动取款机上取走。案发后，原告张以福向泰和县公安局报案，该局以合同诈骗立案侦查。现该案仍在侦查过程中。庭审中，经笔迹比对和对照片的辨认，在泰和工行中山分理处的开户人、在城区工行的取款人不是张以福，外地人提供的“张以福”的身份证及“朱文胜”的身份证均系伪造。

◎裁判要旨

吉安中院二审认为：本案争议的焦点在于银行对申请开户人及大额现金取款

人提供的身份证是否应尽审慎审查的义务，银行是否应具有识别身份证件真伪的能力问题。

《个人存款账户实名制规定》第六条规定："个人在金融机构开立个人存款账户时，应当出示本人身份证件，使用实名。"第七条规定："在金融机构开立个人存款账户的，金融机构应当要求其出示本人身份证件，进行核对，并登记身份证件上的姓名与号码。代理他人在金融机构开立个人存款账户的，金融机构应当要求其出示被代理人和代理人的身份证件，进行核对，并登记被代理人和代理人的身份证件上的姓名和号码。不出示本人身份证件或者不使用本人身份证件上的姓名，金融机构不得为其开立个人存款账户。"中国人民银行发布的《关于加强金融机构个人存取款业务管理通知》第一条规定："办理个人存取款业务的金融机构在为储户开立具有通存通兑功能的账户（包括存折户、银行卡户）或基于已有账户申领银行卡时，必须要求储户出具有效身份证明（包括身份证、军官证、护照等）和设置个人密码。对尚未设置个人密码的账户，不得通过银行卡办理账户之间的转账业务。"根据《人民币银行结算管理办法实施细则》第九条的规定，银行应负责对存款人开户申请资料的真实性、完整性和合规性进行审查。中国人民银行公布的《信用卡业务管理办法》第二十八条第一款规定："个人申请银行卡（储值卡除外），应当向发卡银行提供公安部门规定的本人有效身份证件，经发卡银行审查合格后，为其开立记名账户。"以上规定充分说明银行应对客户的身份证件进行实质性审查，而不是形式上的审查。否则，银行就不能保障存款户的合法权益不受侵犯。

本案中，被告泰和工行在为原告张以福开立储蓄账户的当天，又在中山分理处办理另一"张以福"存款开户，银行工作人员对存款人的开户申请书填写的事项和证明文件的真实性、完整性、合规性未进行认真审查，以致未能识别申请开户人伪造的身份证件，而开立了虚假账户，办理了牡丹灵通卡。泰和工行的违规操作，为他人冒领原告张以福的存款创造了条件，提供了方便，所以泰和工行具有过错，应对原告张以福的存款损失承担一定责任。

《商业银行法》第六条规定："商业银行应保障存款人的合法权益不受任何单位和个人的侵犯。"储蓄机构在支付大额现金时对身份证件的审查系重要的一环。中国人民银行《关于加强金融机构个人存款业务管理的通知》第六条规定："办理个人取款业务的金融机构对一日一次性从储蓄账户提取现金 5 万元（不含 5 万元）以上的，储蓄机构柜台人员必须要求取款人提供有效身份证件，并经储蓄机构负责人审核后予以支付……”柜台业务员未执行该规定，造成储户存款被冒领，对此，银行应负赔偿责任。

对持伪造存款人的身份证以代理人身份冒领的，储蓄机构也应承担赔偿责任。虽然目前对身份证真伪的辨别，金融机构以现有的工作条件只能由工作人员用眼睛察看，尚没有特别方式来鉴别身份证的真伪，但金融机构不能以上述理由进行抗辩，因为在取款时审验身份证件的目的在于保证银行支付行为的真实无误。银行不能以自己不能辨明身份证的真伪而将错误支付的后果转嫁到储户身上。取款人提供的身份证是否有效金融机构应该有判断的义务，应具备识别取款人提供的身份证件的真伪的责任和能力，而被告城区工行、凯江工行的储蓄机构在向取款人支付大额现金时，没有很好履行其对存款支付采取审慎态度，确保储户的存款安全，未能识别取款人伪造的身份证，也未能按严格授权审批制度付款，导致原告张以福的存款被冒领，具有明显过错，应对原告的存款损失在各自支付的存款范围内承担主要责任。据此，二审法院维持了一审法院泰和县人民法院的判决，即泰和工行赔偿张以福存款损失的20%，计人民币10万元；城区工行在其支付的40万元内赔偿张以福存款损失的70%计人民币28万元；凯江工行在其支付的9.5万元内赔偿张以福存款损失的70%计人民币6.65万元。以上款项限三被告分别于本判决生效后十日内付清，其余损失由张以福自行承担。[①]

◎法条链接

1.**《商业银行法》第六条**　商业银行应当保障存款人的合法权益不受任何单位和个人的侵犯。

2.**《民法通则》第一百三十一条**　受害人对于损害的发生也有过错的，可以减轻侵害人的民事责任。

3.**《个人存款账户实名制规定》第六条第一款**　个人在金融机构开立个人存款账户时，应当出示本人身份证件，使用实名。

第七条第一款　在金融机构开立个人存款账户的，金融机构应当要求其出示本人身份证件，进行核对，并登记其身份证件上的姓名和号码。

第七条第三款　不出示本人身份证件或者不使用本人身份证件上的姓名的，金融机构不得为其开立个人存款账户。

---

① 《人民法院报》2006年9月4日。

4.**《银行卡业务管理办法》第二十八条** 个人申请银行卡（储值卡除外）应当向发卡银行提供公安部门规定的有效身份证件，经发卡银行审查合格后，为其开立记名账户。

5.**《金融机构客户身份识别和客户身份资料及交易记录保存管理办法》（中国人民银行、银监会、证监会、保监会令［2007］第2号）第七条第一款** 政策性银行、商业银行、农村合作银行、城市信用合作社、农村信用合作社等金融机构和从事汇兑业务的机构，在以开立账户等方式与客户建立业务关系，为不在本机构开立账户的客户提供现金汇款、现钞兑换、票据兑付等一次性金融服务且交易金额单笔人民币1万元以上或者外币等值1000美元以上的，应当识别客户身份，了解实际控制客户的自然人和交易的实际受益人，核对客户的有效身份证件或者其他身份证明文件，登记客户身份基本信息，并留存有效身份证件或者其他身份证明文件的复印件或者影印件。

6.**《人民币银行结算账户管理办法实施细则》第九条** 存款人应以实名开立银行结算账户，并对其出具的开户申请资料实质内容的真实性负责，法律、行政法规另有规定的除外。银行应负责对存款人开户申请资料的真实性、完整性和合规性进行审查。

7.**中国银监会办公厅《关于加强银行业金融机构内控管理有效防范柜面业务操作风险的通知》（银监办发［2015］97号）** 银行业金融机构应坚持“了解你的客户”原则，加强开户真实性审核，包括开户文件和印鉴的真实性、开户申请人意愿的真实性和开户办理人身份的真实性等；对客户实行分类管理，对于重点关注客户和异地客户开户应坚持上门核实。在本行已开立基本账户的企业申请开立一般账户，应与开立基本账户时留存的开户文件、印鉴进行核对，如核对不一致应与客户进行核实确认。

◎重要提示

一、银行的审查义务：形式审查还是实质审查？

（一）法律冲突与司法实践

金融机构是否负有审查身份证等证件真伪的义务，是形式审查还是实质审查，一直是金融界和司法界争论的焦点之一，甚至更体现到了法律层面。如中国人民银行《支付结算办法》第十七条规定：“银行以善意且符合规定和正常操作程序审查，对伪造、变造的票据和结算凭证上的签章以及需要交验的个人有效身份证件，未发现异常而支付金额的，对出票人或付款人不再承担受委托付款的责任，对持票人或收款人不再承担付款的责任。”1997 年 11 月 7 日中国人民银行以《关于办理存单挂失手续有关问题的复函》答复邮电部：“在办理挂失手续时，储蓄机构对身份证件只进行形式审查，不负有鉴别身份证件真伪的责任。”最高人民法院《关于审理票据纠纷案件若干问题的规定》第六十九条第一款规定：“付款人或者代理付款人未能识别出伪造、变造的票据或者身份证件而错误付款，属于票据法第五十七条规定的‘重大过失’，给持票人造成损失的，应当依法承担民事责任。付款人或者代理付款人承担责任后有权向伪造者、变造者依法追偿。”2001 年 4 月 11 日最高人民法院致天津市高级人民法院《关于天津市旭帝商贸有限公司、天津开发区迈柯恒工贸有限公司与建行天津分行南开支行存款纠纷二案如何适用法律的请示的答复》中认为：认定付款人的过错和责任，应当依照《票据法》第五十七条和最高人民法院《关于审理票据纠纷案件若干问题的规定》第六十九条的规定处理。至于存款人是否应当承担民事责任，需经过审理，在查清事实的基础上，根据其过错一并处理。

形式审查还是实质审查，体现了不同的价值取向。中国人民银行的规定倾向于降低银行的审查义务标准，侧重于对存款流通性的保护；最高人民法院的司法解释则倾向于提高银行的审查义务标准，侧重于对存款安全性的保护。

立法上的冲突导致了审判标准的混乱，“同案不同判”的情形难以避免。采纳实质审查标准者认为，如金融机构动辄以履行了形式审查义务而免除责任，会使客户的利益一直处于不安全的状态之下，从而使“商业银行应当保障存款人的合法权益不受任何单位和个人的侵犯”的法律规定形同虚设。而采纳形式审查标准则相反。**彭某诉成都某银行赔偿存款损失案**：彭某持身份证在被告银行开设个人存款账户。当天，一名持军官证的骗子，也以和彭某相同的姓名在该所开设个人存款账户。随后，该骗子找彭某洽谈业务并将双方存折进行了调换。之后，该骗子要求彭某在自己的存折中存入 5 万元现金，以证明其履约能力。彭某拿折子存入 4.7 万元后的第二天，发现该款已被支走。四川省成都市高新区人民法院一审认为，彭某在银行开设存款账户后，实际上并未在该账户上存入款项。惯例上，存款人向存折中存入款项时，银行是根据存款人提供的存折和存折账号存入款项，如果银行错误地输入其他存款账号，则银行应对储户损失承担赔偿责任。但本案中，银行根据原告彭某提供的存折而向该存折账号存款，此时，被告并无对存款人身份进行实质性审查的义务，因此，银行并无过错，造成原告彭某款项被骗走的原因，主要是原告自己疏忽大意所致。因此，银行对此不应担责。

该案宣判后，原告彭某表示服判，不上诉。鉴于该案中的骗子以调包手段骗取原告财物的行为已构成刑事犯罪，法院建议原告及时向公安机关报案侦处。[①]

（二）最高人民法院司法导向

聂晓斌与中国工商银行宾阳县支行储蓄存款合同纠纷提审案：该案是最高人民法院通过审判监督程序处理的首起由于银行卡及密码遗失引发的储蓄存款合同纠纷案件，该案所确立的裁判原则对于各级人民法院处理同类案件具有指导意义。最高人民法院（2004）民一提字第3号民事判决书认为：诚然中国人民银行银发［1997］363号通知中对于银行办理大额取款业务时应审核什么内容没有明确、具体的规定，但宾阳工行以审核指向不明，其已尽审核之责之说，却难以成立。审核一词应含审查、核实之义，审核所要做的基本工作就是要将提款人提交的资料与银行记载的存款资料相对照，一是审核存款事实是否存在，即对照提款人提交的取款凭证和密码是否真实，与银行记载的存款记录是否相符；二是审核提款人身份，即提款人提交的身份证件是否真实，是否与存款人本人相一致。这两项内容均应包含在审核范围之内。宾阳工行工作人员在实际操作中只审查了取款凭证和密码的真实性，遗漏了对提款人身份的核实，未完全尽到审核之责。银办函［2000］816号批复虽晚于本案存款冒领发生后作出，但并不能成为宾阳工行未尽审核之责的理由。[②]

二、反洗钱义务

为了预防并遏制洗钱犯罪，维护金融秩序，我国于2006年制定了《反洗钱法》。金融机构具有的支付结算功能已成为洗钱犯罪的重要途径之一，所以应当成为履行识别义务的主体之一。金融机构履行开户对客户身份识别的义务，不仅仅是为了防范风险，更是遏制犯罪的需要。依据该法规定，金融机构未按照规定履行客户身份识别义务的，与身份不明的客户进行交易或者为客户开立匿名账户、假名账户的，金融机构及其直接负责的董事、高级管理人员和其他直接责任人将受到罚款处理；致洗钱后果发生的，金融机构及其有关人员须受到罚款、责

① 《人民法院报》2007年10月29日。

② 苏泽林主编：《审判监督指导》2005年第2辑，人民法院出版社2006年版，第157~158页。

令停业整顿或者吊销其经营许可证、给予纪律处分、依法取消其任职资格、禁止其从事有关金融行业工作等更为严厉的处理。构成犯罪的，将被依法追究刑事责任。

该法第十八条规定，金融机构进行客户身份识别，认为必要时，可以向公安、工商行政管理等部门核实客户的有关身份信息。银行为了履行反洗钱义务，法律赋予了其向有关部门核实客户身份信息的权利。银行对企业开立账户所提供资料的真实性、有效性或者完整性有疑问的，可据此向有关部门核实调查，以减少对开户资料的审查失误。

三、联网核查系统

2007年6月29日，中国人民银行会同公安部建立联网核查系统，全国各银行业金融机构都加入到了这个系统。自此，银行机构在办理银行账户业务以及以银行账户为基础的支付结算、信贷等业务时，可以通过该系统核查相关个人的公民身份信息，从而方便、快捷地验证客户出示的居民身份证的真实性。联网核查系统的建成运行，为银行机构识别客户身份提供了一种权威、便捷的技术手段，将有效地防范因身份证真伪审核的不确定性所造成的支付风险；同时它也标志着我国在切实落实银行账户实名制特别是个人账户实名制方面取得突破性进展。

中国人民银行《银行业金融机构联网核查公民身份信息业务处理办法（试行）》第六条第一款第（二）项规定："当个人姓名、公民身份号码、照片核对不一致且无法确切判别客户出示的居民身份证的真伪时，银行机构应根据法规制度的规定及内部管理制度需要决定是否拒绝为该客户办理银行账户业务。银行机构应制定明确、合规的操作规程，指导柜面人员正确办理银行账户业务。"建立了联网核查系统的银行业金融机构在遇到上述情况时，其风险在于：内部管理制度可能与《储蓄管理条例》的相关规定相冲突，侵犯储户的取款自由。银行在保护自身权益的同时，不能侵犯客户的合法权益。对此2007年7月26日在中国人民银行和公安部共同建设的联网核查公民身份信息系统建成运行新闻发布会上，中国人民银行副行长苏宁讲道，当核查结果不一致但不能确切判断客户出示的居民身份证为虚假证件时，银行机构应继续为客户办理业务，不得随意拒绝为客户办理业务，并在事后利用第二代身份证鉴别仪等其他识别手段进一步核查。对于客户提出异议的，银行机构应耐心细致地做好解释工作。通过这种安排，既可以防范风险，又可以避免发生因一时无法查清具体原因而影响客户办理业务的情形。

◎ 风险规避

一、银行应按实质审查的标准开办业务

尽管审查义务的标准存在理论上的分歧和立法上的矛盾，而且司法实践中也有判例认为银行在审查客户身份资料时无实质审查义务而判令客户败诉的，但银行在实务操作中只能坚持一个标准来承担审查义务。由于最高人民法院的司法解释及其相关判例采用了实质审查的观点，银行采用形式审查的标准将必然承担法律风险。银行在业务中采用实质审查，不仅可以防范风险、杜绝纠纷，而且，长远考虑，也有助于银行风险意识的提高和金融信用的扩充，借以博得客户对银行的信赖并产生安全感，进而促进银行业的发展。更何况，全国联网核查系统的建立，也为银行行使实质审查提供了便利条件。

二、有效身份证件的审查

（一）有效身份证件的种类

《个人存款账户实名制规定》以及《关于〈个人存款账户实名制规定〉施行后有关问题处置意见的通知》等规章对个人身份证件的种类作了详细的规定：

1. 居住在境内的 16 周岁以上的中国公民，其实名身份证件包括：居民身份证、临时居民身份证、户口簿、护照。

2. 居住在境内的 16 周岁以下的中国公民，为户口簿。

3. 中国人民解放军军人，为军人身份证件；中国人民武装警察，为武装警察身份证件；军队（武装警察）离退休干部以及在解放军军事院校学习的现役军人，为离休干部荣誉证、军官退休证、文职干部退休证和军事院校学员证。

4. 香港、澳门特别行政区居民，为港澳居民往来内地通行证；我国台湾地区居民，为台湾居民来往大陆通行证或者其他有效旅行证件。

5. 居住在境内或境外的中国籍的华侨实名身份证件可以是中国护照。

6. 外国公民，为护照。

此外，下列特殊情况对身份证件有着特殊要求：

1. 根据《执行〈储蓄管理条例〉的若干规定》，储户支取未到期的定期储蓄存款，有效身份证件只包括居民身份证、户口簿、军人证，外籍储户为护照、居住证，其他身份证明无效。

2. 根据《教育储蓄管理办法》，要享受利率优惠、免征储蓄存款利息所得税的教育储蓄客户，还必须出具学校提供的正在接受非义务教育的学生身份证明。

3. 对于离开户口所在地外出就读的16周岁以下学生要求开立储蓄账户的，为解决其既无居民身份证又不能随身携带户口簿的问题，储蓄机构应凭本人学生证连同就读学校出具的证明为其开立人民币储蓄账户，办理小额存款。

4. 对于极少数尚未办理居民身份证又不能提供户口簿的边远农村居民要求开立储蓄账户或在原账户办理第一笔存款业务的，储蓄机构柜台经办人员应要求其提供所在村村民委员会开具的身份证明。

5. 根据《人民币银行结算账户管理办法》，银行为个人开立银行结算账户时，根据需要还可要求申请人出具户口簿、驾驶执照、护照等有效证件。

（二）审核身份证件应注意的问题

在审核中，除对身份证件的真实性、与留存信息的一致性、证件号码、姓名、性别、有效期等要素进行详尽审核外，还要注意以下问题：

1. 学生证、机动车驾驶证、介绍信以及法定身份证件的复印件不能作为实名证件使用。

2. 由于户口簿存在无照片、容易被伪造等缺陷，因此，建议一般不要以户口簿单独作为储户（特别是已领取了身份证的人）的身份证件，除非当事人遗失身份证并出示有效证明。**王丙午诉建行河南省内乡支行等赔偿案**：南阳中院（2007）南民二终字第514号民事判决书认为，许昌“王丙午”在开办个人通存通兑账号时，建行内乡支行仅以没有加盖公安户口专用章的户口本续页就办理了龙卡储蓄卡，依据2000年4月17日中国人民银行《关于〈个人存款账户实名制的规定〉施行后有关问题处理意见的通知》第二条第二项的规定，该业务应按实名制规定办理，而2000年3月20日国务院《关于存款账户实名制规定》第六条规定：“中国公民在金融机构开立个人账户和在原账户上存入第一笔存款时，其实名身份证件是：16周岁以上中国公民为居民身份证或者临时居民身份证；16周岁以下中国公民为户口本。”中国人民银行《关于加强金融机构个人存取款业务管理的通知》第一条规定：“办理个人存取款业务的金融机构在为储户开立具有通存通兑功能的账户（包括存折户、银行卡户）或基于已有账户申领银行卡时，必须要求储户出具有效身份证明（包括身份证、军官证、护照等）和设置个人密码。对尚未设置个人密码的账户，不得通过银行卡办理账户之间的转账业务。”根据《人民币银行结算管理办法实施细则》第九条的规定，银行应负责对存款人开户申请资料的真实性、完整性和合规性进行审查。本案中，从许昌“王丙午”的申请资料可以看出，其为成年人，建行内乡支行理应按规定让其出示居民身份证，而不应该按其他身份证件即户口本办理，依据的户口本续页明显属于伪造，应能辨认但未加辨认，为他人冒领王丙午的存款创造了条件并提供了便利，具有过错，应对王丙午的存款损失承担赔偿责任。建行内乡支行不应承担赔偿责任的上诉理由不能成立，法院不予支持。①

3. 若出现身份证新旧号码之间的差别，银行对储户的身份应进行实质性审查，建议留存身份证复印件要求客户签字确认，并要求储户提供、留存必要材料予以佐证。近年来发生了多起储户因身份证号码更换而取款被拒的现象，在社会上引起了广泛关注。我国的一代身份证和二代身份证存在着差异，第一代居民身份证号码是 15 位，第二代号码为 18 位；原始登记错误后修正等因素均可能导致身份证号码发生变更。

4. 若因身份证件种类差异导致无法核实的（如开卡时提供身份证，挂失时提供军官证），建议要求客户提供相同种类证件或者其他相关证件予以佐证。

5. 对身份证件的真实性难以判别时，应采取留存复印件并要求客户签字确认、向发证机关核实、要求提供其他相关证件等方式。

---

① 《人民法院报》2008 年 2 月 1 日。

第七节　挂　失

案例7：违规挂失不记名存单应担责

摘要：储蓄所违反《储蓄管理条例》“不记名式的存单、存折不能挂失”的规定，违规办理挂失手续，应对存款被挂失的法律后果承担责任，其兑付义务不能免除。

1995年7月20日，桂林市竞佳电器实业公司（后变更为安居物业管理公司，以下简称安居公司）应玉林地区水电物资实业公司（以下简称玉林水电公司）请求，以合作建设公路名义签订协议，协议书中约定：安居公司出资人民币300万元，投资款在1995年10月8日前汇入水电公司指定银行。

协议签订后，安居公司指派公司职员杨某某将约定的300万元办成自带汇票后，于1995年10月6日汇至玉林市工商银行，并转汇至玉林市农业银行城郊支行下属的汇源储蓄所（以下简称汇源所）杨某某账户。10月8日，该300万元款项被全部取出后分4笔，每笔75万元，转存至汇源所陈某某（玉林水电公司经理、法人代表）的4个账户中。同日，玉林水电公司开出一张收到安居公司投资款300万元的收据。10月9日，杨某某和水电公司经理陈某某一起到汇源储蓄所，将300万元改存定期存款，户名为陈某某，存期1年。汇源储蓄所制作了4张定期存单，但该存单上未记明储户姓名，在密码栏上打上了设立密码的标记。之后，该4张定期存单由安居公司收执。安居公司原经理谢某某出具了“收到玉林水电公司交来我司4张1年定期存单，共300万元，系我司原投资款”的收条。

1995年10月12日，陈某某以丢失存单为由，持个人身份证向玉林农业银行申请挂失。玉林农业银行根据存单底单的种类、账号、户名、金额、存入日期、密码等情况，经核对属实后，为其办理了挂失手续。同年10月20日，陈某某陆续将300万元提前支取。1996年10月14日，安居公司持存单到汇源所兑付时，被告知存单已挂失，并被没收作废票处理，为此发生纠纷。

另查明，1995年10月22日，安居公司曾派员要求玉林农业银行在存单上记明储户姓名，并主张汇源储蓄所主任在存单上记明“桂林市竞佳电器实业公司”，而玉林农业银行则予以否认。此案原再审期间，经对有关书证进行技术鉴定，该储蓄存款凭条、取款凭条、定期存单上储户签章栏内“桂林市竞佳电器实业公司”的字迹均为陈某某所写。

◎ 裁判要旨

最高人民法院再审认为，汇源储蓄所开出 4 张不记名定期存单，并由安居公司持有，汇源储蓄所与安居公司之间就成立了存款关系。储户有到期支取款项的权利，汇源储蓄所负有到期兑付的义务，安居公司将公款私存，违反了《储蓄管理条例》关于“任何单位和个人不得将公款以个人名义转为储蓄存款”的规定，应确认 4 张定期存单无效。安居公司有过错，但不影响安居公司要求兑付本金的权利，汇源储蓄所应将存款本金返还给安居公司。安居公司要求汇源储蓄所按 10.98% 年利率赔偿利息损失，不予支持。汇源储蓄所称 300 万元已转为陈某某个人的定期存单，该存单属记名式存单。这一辩解没有证据支持。虽然存款凭条上户名为陈某某，并设有密码，存单本应和存款凭条记载相符，但杨某某持有的定期存单并未记名，至于存单上标有密码标记，银行并未向储户作特别提示，存款凭条与存单不一致的，应以存单为准。玉林农业银行出具不记名定期存单后，又为陈某某办理存单的挂失手续，违反了《储蓄管理条例》第三十条“不记名式的存单、存折不能挂失”的规定，银行应对存款被挂失的法律后果承担主要责任。存单上“桂林市竞佳电器实业公司”字样是写在“储户签章”栏内，而不是书写在“存款人”或“储户”栏内，只能认定是一种签章行为，不能以此认定该存单记名或经涂改。

安居公司存款经办人杨某某，在存款中轻信陈某某，放任由陈某某填写存款凭条，在存单的密码栏内标有密码标记的情况下，杨某某不将存单与存款凭条核对，给陈某某依据存款凭条载明的种类、账号、户名、金额、存入日期、密码等申请挂失留下可乘之机，应承担相应的过错责任。

最高人民法院认定，玉林农业银行出具不记名式存单后又为陈某某办理挂失手续，应对存单被挂失的法律后果承担主要责任。但安居公司公款私存，且该公司的经办人放任由陈某某填写存款凭条，且对存单和存款凭条不作核对，未尽应有的谨慎注意的义务，对造成本案的损失也有过错，应承担相应的过错责任，利息损失由自己负担。判决：中国农业银行玉林分行城郊支行返还存款 300 万元给桂林市安居物业管理公司。[①]

◎法条链接

1. **最高人民法院《关于贯彻执行〈民法通则〉若干问题的意见》第七十八条** 凡是依法或者依双方的约定必须由本人亲自实施的民事行为，本人未亲自实施的，应当认定行为无效。

2. **《储蓄管理条例》第三十条** 存单、存折分为记名式和不记名式。记名式的存单、存折可以挂失，不记名式的存单、存折不能挂失。

第三十一条 储户遗失存单、存折或者预留印鉴的印章的，必须立即持本人身份证明，并提供储户的姓名、开户时间、储蓄种类、金额、账号及住址等有关情况，向其开户的储蓄机构书面申请挂失。在特殊情况下，储户可以用口头或者函电形式申请挂失，但必须在五天内补办书面申请挂失手续。

储蓄机构受理挂失后，必须立即停止支付该储蓄存款；受理挂失前该储蓄存款已被他人支取的，储蓄机构不负赔偿责任。

3. **中国人民银行《关于执行〈储蓄管理条例〉的若干规定》第三十七条** 储户的存单、存折如有遗失，必须立即持本人居民身份证明，并提供姓名、存款时间、种类、金额、账号及住址等有关情况，书面向原储蓄机构正式声明挂失止付。储蓄机构在确认该笔存款未被支取的前提下，方可受理挂失手续。挂失七天后，储户需与储蓄机构约定时间，办理补领新存单（折）或支取存款手续。如储户本人不能前往办理，可委托他人代为办理挂失手续，但被委托人要出示其身份证明。如储户不能办理书面挂失手续，而用电话、电报、信函挂失，则必须在挂失五天之内补办书面挂失手续，否则挂失不再有效。若存款在挂失前或挂失失效后已被他人支取，储蓄机构不负责任。

◎重要提示

一、关于挂失的法律性质

挂失是储户因遗失存单、存折或者预留印鉴的印章而不能支配自己的存款，经履行一定的程序，恢复其支配权的法律行为。储蓄机构受理挂失后，负有绝对

---

① 《最高人民检察院公报》2005年第1号。

止付的法律责任。被挂失存单、存折无效，不能作为付款的法律凭证。由于挂失属于储户与储蓄机构的双务民事行为且涉及储户的财产利益，因此，即便储蓄机构在受理挂失申请时程序有瑕疵，一旦挂失生效，除非通知储户本人并由本人重新申请办理，储蓄机构不得单方撤销。储蓄所未经申请人同意，单方面撤销已受理的挂失申请，属违约行为，应承担法律责任。**原告何豆粒与被告中国人民建设银行厦门市分行财产损害赔偿纠纷案**：厦门市思明区人民法院经审理认为，储户白聪明因存款与被告建立的债权债务关系，在其死亡后依法应由其唯一合法继承人即原告何豆粒继承，被告负有按存款合同约定妥善保管存款和凭存折予以支付的义务。但在存折遗失后，存款未被领取前，原告即向被告提出书面挂失申请，被告在原告方未能提供完整齐全的储户本人身份证明的情况下，仍出具挂失申请书给原告，并收取挂失手续费，应视为原告的挂失申请已得到被告的认可并成立生效。事后被告经审核以不符合银行挂失原则为由，单方面内部撤销该挂失，这种行为是无效的。在原告挂失申请仍有效的前提下，存折的持有人已不是该笔存款的合法所有人，原存折也不能再作为被告履行支付义务的合法凭据。而被告仍仅凭第三人所持的存折就将该笔存款本息支付给第三人，其过错是明显的，故被告的清偿为无效清偿，效力不能及于原告，应承担财产损害赔偿责任。因此，原告要求被告支付该笔存款本息的诉讼请求合理合法，应予支持；被告人辩解于法无据，不予采纳。判决：被告应一次性支付给原告该笔存款本息 32443.12 元。一审判决后，被告不服，以“原告取得挂失申请书并不意味着挂失申请已得到最终确定，该挂失申请不符合银行有关规定，予以撤销是合法有效的行为”为理由，向厦门市中级人民法院提出上诉。二审法院主持调解，双方达成如下协议：上诉人赔偿给被上诉人人民币 3 万元；被上诉人自愿放弃对该款利息部分的赔偿请求权。调解书生效后，双方当事人即履行了调解内容。①

二、关于挂失的信息提供

法律规定挂失人须向银行提供姓名、开户时间、储蓄种类、金额、账号及住址等有关情况，是为了银行准确核对挂失人与所挂失存折、存单的同一，防止出现错误挂失和错误付款的情况。从立法本意来讲，只要挂失人提供的有关信息能够确定其是存款的债权人即可，而不能强求其提供存折上记载的全部信息。另

① 刘家琛主编：《金融案例选编》，法律出版社 1998 年版，第 71~73 页。

外，银行有权要求储户提供所挂失存折或存单的基本信息，但不能要求储户提供法律规定之外的其他信息，如工作单位等，否则发生纠纷后，将有可能被认定为违规，具有过错而承担民事责任。《储蓄管理条例》规定储户应向储蓄机构“提供储户的姓名、开户时间、储蓄种类、金额、账号及住址等有关情况”，虽然该条规定有个“等”字，但储蓄机构仍无权对其作任意的扩大解释，增加储户提供信息的种类和内容。储蓄机构在办理存款挂失止付时，在不违背法律规定的情形下，应以保证储户存款安全为最高原则。迟延办理乃至附加额外条件导致存款损失的，应承担责任。**张某诉某储蓄所储蓄存款合同纠纷案**：张某出差候车时，其放有存折和身份证等物的手提包被他人抢走。张某急忙打电话让施某赶快去某储蓄所挂失。该储蓄所工作人员查验了施某的身份证，查验了张某的存款余额为101491.08元。施某立即要求予以挂失，工作人员要求其提供密码才能为其办理挂失手续。但施某并不知道密码，几经周折，才问清密码并电话告知储蓄所，储蓄所办理了挂失手续。但在这期间，该存折已被他人分两次盗取了人民币30000元。浙江省永康市法院经审理后认为，张某与储蓄所之间的储蓄合同及张某的手提包被抢到挂失的整个过程事实清楚。本案的焦点是施某挂失是否需要密码？密码的作用是证明储户身份，一般来讲，密码为特定储户所控制和利用，且是相对于取款而言的。相关法规规定，挂失的种类中有口头挂失方式，从可以口头挂失的法律本意来看，应是最大限度地保护储户利益出发，是对特殊情况的处理。如对密码作机械的理解，也就失去了口头挂失的应有之义。虽然储蓄所依法对储户基本信息的审查必不可少，但该案中张某因本人不能前往挂失而委托他人代为办理，储蓄所也对张某的委托代理挂失人予以了核查，且打开了张某的账户，这说明储蓄所对张某的委托是认可的。所以，储蓄所在确认存款属实且并未被他人领取的情况下，就应该按止付的规定进行操作。由于储蓄所未及时采取止付措施，故储蓄所对张某存款被他人领取负有不可推卸的民事责任。判决某储蓄所给付张某因存折丢失存款被人冒领导致的损失3万元，限判决生效后一个月内履行完毕。①

三、关于口头挂失

法律规定可以用口头或函电形式挂失，储户可委托他人代为办理挂失手续，作为对原则上应由本人进行书面挂失的补充，是为了更好地保护储户的存款安

① 《人民法院报》2004年9月23日。

全。银行在核实基本的信息后，应立即办理挂失止付手续。

挂失是要式行为，必须采用书面形式。口头挂失一般只限于紧急情况下来不及办理书面挂失或者储户暂时不具备办理书面挂失条件的情形，且必须在挂失5天之内补办书面挂失手续，否则挂失不再有效。办理口头挂失，不应要求储户提供像书面挂失一样的全部有关情况，其提供的信息只要能够确定存单或存折的唯一性即可。

口头或函电挂失虽然风险较大，但银行完全可以在五天内储户补办书面挂失手续时，予以严格把关。法律本身为口头挂失制定了补充措施和纠错机制，即意味着在特殊情况下对储户保护的必要性和程序上不同于书面挂失严格要求的特殊性。

四、关于挂失的代理（代为挂失）：司法解释与规范性文件的冲突

对于代理提前支取和代理挂失并取款的举证责任，最高人民法院《民事诉讼证据的若干规定》第五条第三款规定："对代理权发生争议的，由主张有代理权一方当事人承担举证责任。"而中国人民银行《对提前支取定期储蓄存款有关问题的答复》认为：一、《储蓄管理条例》第二十九条规定，未到期的定期储蓄存款，储户提前支取的，必须持存单和存款人的身份证明办理；代储户支取的，代支取人还必须持其身份证明。该条中"代储户支取"是指储户本人委托他人代为支取存款的行为。代支取人需持本人的居民身份证明和储户的居民身份证明、存单向储蓄机构办理支取款项的手续，储蓄机构验证存单开户人姓名与储户居民身份证明姓名一致，代支取人与其本人居民身份证明一致后，即可支付该笔未到期定期存款。二、取款人没有经过储户本人的委托，假冒储户本人的名义支取存款的，属于冒领行为。若取款人声明其代他人支取，储蓄机构验证存单开户人姓名与居民身份证明姓名一致后，即可支付该笔未到期定期存款。

（一）法条分析

依据《储蓄管理条例》第二十九条的规定，代储户支取的，代支取人还必须持其身份证明。其立法本意或逻辑本应为：在已经确定为合法的代理关系的前提下，代理人还应当向储蓄机构提供身份证明。而不能倒过来，通过代理人提供的身份证明来证明代理关系的存在。

（二）实务操作风险

实务中，冒领人往往是持假身份证在银行办理提前支取业务，如银行不能识

别，则将承担未尽审核义务的过错。银行仅证明“存单开户人名与居民身份证明姓名一致”“代支取人与其本人居民身份证明一致”，并不能免除责任。**孔某诉工行楚雄北浦路支行储蓄存款合同纠纷案：**孔某于2005年7月14日在中国工商银行楚雄东路支行办理了定期一本通存折，2011年2月27日存入36万元，并办理了定期一年到期自动转存业务。2014年6月，孔某因购房需要欲支取此笔存款时，银行工作人员却告知孔某该存折已被注销，存款已被取走。经核实，孔某才知存折于2013年2月19日被他人挂失注销并补办了新存折。孔某认为其从未申请过存折挂失注销及补办业务，工商银行违法办理其名下存折的挂失、补办业务致使其存款被他人取走，遂诉至法院要求工商银行赔偿其经济损失。2014年7月10日楚雄市法院受理该案后，依被告银行申请追加了孔某的原儿媳周某为该案第三人参加诉讼。法院审理查明，周某与孔某之子王某于2012年2月登记结婚。2013年2月19日，周某到工商银行楚雄北浦路支行对孔某名下的定期一本通存折办理正式挂失业务，以孔某的名义填写了个人客户挂失业务申请书上的客户信息并签了孔某的名字，银行工作人员在处理结果部分填写了“本人以本人身份证办理换折手续，密码挂失”字样，并联网核查了孔某及周某的身份信息后办理了挂失业务。2013年2月27日，周某在特殊凭证上签署了孔某的名字后领取了新折，之后，周某办理了支取存款36万元及利息的手续，并将其中10万元转入与其有债务关系的张某名下，20万元续存在孔某名下，期限为12个月，其余款项以现金方式支取。2013年2月28日，周某将续存在孔某名下账户内的20万元款项转入其本人账户内。周某与王某于2013年9月29日离婚。法院审理认为，工商银行的密码挂失不符合法律法规关于存折挂失的操作规范，未尽到谨慎审查注意义务，因此法院判令由被告银行支付原告孔某存款本金36万元及利息25776元。[①]

（三）法律风险

不同的规定，将使银行面临着潜在的法律风险。代支取人持本人的居民身份证明和储户的居民身份证明能否认为是有权代理，在储户存款被冒领的案件中，银行出具两个居民身份证明能否被认为完成了冒领人有权代理的举证责任并据以免责，如不能免责，银行将如何举证证明，或者银行传统的操作模式将如何调整，所有这些问题，尚需人民银行作出进一步的规定，也面临着司法通过个案裁判进行的审查。

---

① 《人民法院报》2015年6月10日。

五、关于银行受理挂失的时间要求

对于储户提出挂失申请后，银行应在多长时间内完成挂失止付的程序，法律没有规定。鉴于挂失直接涉及储户的存款安全，银行应在储户提出挂失申请后，及时予以办理。拖拉及推诿行为给储户造成损失的，不能以“受理挂失前该储蓄存款已被他人支取的，储蓄机构不负赔偿责任”为由免除责任。**谭某诉某银行仪陇县支行储蓄合同纠纷案**：原告谭某到外地出差时不慎将银行卡等物品丢失。通过被告银行某分理处保安在3号窗口挂失未果。后谭某再次到银行申请挂失时发现，银行卡上的现金已被人支取了700元。四川省仪陇县人民法院审理认为，原告谭某与被告某银行仪陇县支行于2004年4月12日建立储蓄合同关系。原告丢失银行卡后向被告所属分理处挂失未果，权益受损，被告应当承担原告存款被他人支取的赔偿责任。原告提供的被告原聘保安的亲笔证词证实谭某确于2007年6月14日到被告所属分理处挂失。被告未能在举证期限内提供其分理处2007年6月14日办理相关业务的影像资料等，违反相关规定。遂判决被告赔偿储户谭某存款损失700余元，并承担该案全部诉讼费用。判决后，被告主动履行了赔偿义务。①

六、记名存单与不记名存单

依据《储蓄管理条例》第三十条之规定，存单、存折的记名与不记名之分，应以银行出具给储户并由储户持有的存单、存折为区分依据。如存单、存折上在户名栏内无名称记载，则属于不记名存单、存折。1997年5月29日中国人民银行致中国人民银行深圳经济特区分行《关于一起存单案件中有关法律问题的答复》中指出：根据《储蓄管理条例》第三十条的规定，存单上没有记载存款人名称的，属于无记名存单。无记名存单仅凭交付即可转让，如果持单人善意取得，即应享有无记名存单项下存款之付款请求权。

七、关于挂失的程序

1. 谨慎审核挂失人的身份。银行办理挂失业务时，应要求挂失人提供：身份证件、姓名、存款时间、种类、金额、账号及住址等有关情况，若挂失人无法提

---

① 《人民法院报》2009年7月10日。

供信息或其所提供信息与事实严重不符，银行在办理中必须采取进一步的审查措施，而不能仅凭证件挂失。如储蓄机构在办理挂失时，对挂失申请人的身份未尽谨慎审核的注意义务，导致存款被冒领，其支付行为无效，应向原存款人或权利继受人继续履行支付存款的义务。**王学芬与陵县邮政局存单纠纷案：**王学芬之夫孙某生前在山东省陵县邮政局储蓄点存入5万元人民币，定期一年。王学芬持存单去陵县邮政局储蓄点提取，被告知该存单已被挂失，并提供一份挂失申请书，证明该存款已经挂失程序取走。经司法技术鉴定：挂失申请书中挂失人签名与王学芬之夫的习惯签名非同一人所写。一审法院认为，陵县邮政局违规将储户存款账户内的存款支付给他人，侵犯了储户的合法权益，储蓄机构应当向储户承担赔偿责任。判决陵县邮政局支付原告存款5万元本金及利息。宣判后，被告陵县邮政局不服，提起上诉，主张存款人已将存款挂失取走，上诉人不应重复兑付该笔存款。山东省德州市中级人民法院作出维持原判的终审判决。①

2. 受理挂失的前提是该笔存款未被支取。若储户挂失时出现金额不符，应及时告知并不能受理挂失。储户坚持挂失，则应说明情况并签字确认，必要时应建议储户通过诉讼程序对账户予以冻结。

3. 解挂、挂失补卡、销卡：除解挂可以在挂失当天办理外，补卡和销卡都必须在正式挂失7天后方可办理。一般情况下，办理解挂、挂失补卡、销卡手续都不得委托他人代为办理。

4. 关于密码挂失：密码挂失、解挂、重置均不能委托他人代为办理。密码解挂可在挂失当天办理，但密码重置必须在挂失7天后方可办理。

5. 关于挂失支取：目前尚没有就代理挂失的代理权限的相关规定，1997年11月7日中国人民银行以《关于办理存单挂失手续有关问题的复函》答复邮电部，明确了储户遗失存单后，委托他人代为办理挂失手续只限于代为办理挂失申请手续，挂失申请手续办理完毕后，储户必须亲自到储蓄机构办理补领新存单（存折）或支取存款手续。

6. 挂失的效力主要有三方面：挂失生效账户立即止付；对卡、折并用的，其中任何一个挂失，效力均及于另一个；该账户签约的批量（后台）代理业务不受影响。

---

① 《人民法院报》2006年12月13日。

◎风险规避

一、防范以挂失方式冒领他人存款

实践中，以挂失方式冒领他人存款是导致发生纠纷的主要形式和原因，因此储蓄机构应在挂失的各个环节进行风险防范。

挂失阶段：法律允许他人代为办理挂失手续，但储蓄机构应要求代理人提供代理人和被代理人的居民身份证复印件，并对证件的真实性予以审查，即证明与申请人的一致性和真实性。而不能仅凭一纸挂失申请就办理挂失手续。

在挂失期间，储蓄机构受理挂失申请后的效果是"绝对止付"。

补领新存单阶段：该阶段排斥代理制度，只能由储户本人办理并领取。储蓄机构谨慎义务的核心内容应包括：积极而主动地核查储户的真实身份，确保储户本人领取到新补发的存单。凡因储蓄人员的过错，未将新存单交给储户本人并由此造成储户存款被他人冒领的，储蓄机构都应当承担相应的过错责任。

提前支取阶段：该阶段是储蓄机构防范存款被冒领的最后一个环节，因此尤为重要。储蓄人员通过谨慎审核取款人的身份可有效防范风险，既能弥补因挂失、补领新存单环节中的工作失误，也能最终杜绝储户存款被冒领的风险。

二、诉讼应对

涉及近亲属之间的挂失、提前支取，银行应坚持按规定办理，而不能凭结婚证、户口簿（或财产共有协议、财产分割协议、合伙协议等）作为办理挂失的依据。银行应在自己的业务范围和经营范围内开展业务，没有权力认定存款的性质。一笔存款是否属于夫妻共同财产（或家庭共有、合伙财产等），即使非储户一方持有相关的协议，银行亦无审查与决定之权。如因此导致存款被冒领并涉及诉讼的，银行应向法院申请将取款人追加为第三人参与诉讼，或向取款人提起不当得利之诉，要求第三人返还。

第八节　存款差错

案例8：未排除合理性疑点，不能要求储户返还差错款

摘要：商业银行因自身原因而发生的给付不当得利案件的证明标准，不能适用盖然性占优势原则，而应适用严格的高度盖然性标准，排除合理疑点。

吴广连持面额为1200元的到期存单到江苏省大丰市农村信用合作联社大龙分社（以下简称信用社）取款，柜台出纳员丁某接到存单后即办理取款手续，结息19.16元。吴广连取款后不久即到同街邮电所邮政储蓄处存款5000元。当日下午4时许，出纳员丁某轧账时，称少款10800元。由于信用社的监控器在案发前发生故障未能修复，不能反映当日取款情况。经查流水账，当日只有另一储户取款12000元和吴广连取款1200元。丁某经回忆排除对另一储户的业务出错的可能性，遂怀疑可能因差错而多支付吴广连10800元。当晚信用社即向派出所报案，派出所当即派员调查，吴广连表示没有多取款。此后，派出所和法律服务所先后进行调解未果。

◎裁判要旨

盐城市中级人民法院二审认为，信用社提供证据主张吴广连不当得利，提供的间接证据虽然能够形成高度盖然性的证据优势，但未能完全排除关键性证人丁某侵吞公款这一合理性疑点。据此，驳回信用社对吴广连的诉讼请求。①

◎法条链接

1.**《民法通则》第九十二条**　没有合法根据，取得不当利益，造成他人损失的，应当将取得的不当利益返还受损失的人。

2.**最高人民法院《关于民事诉讼证据的若干规定》第七条**　在法律没有具体规定，依本规定及其他司法解释无法确定举证责任承担时，人民法院可以根据公

---

①《人民司法·案例》2007年第5期。

平原则和诚实信用原则，综合当事人举证能力等因素确定举证责任的承担。

第七十三条 双方当事人对同一事实分别举出相反的证据，但都没有足够的依据否定对方证据的，人民法院应当结合案件情况，判断一方提供证据的证明力是否明显大于另一方提供证据的证明力，并对证明力较大的证据予以确认。

因证据的证明力无法判断导致争议事实难以认定的，人民法院应当依据举证责任分配的规则作出裁判。

◎重要提示

一、不当得利案件的证明责任分配

依据《民法通则》第九十二条的规定，不当得利案件的构成要件为："没有合法根据""取得不当利益""造成他人损失"。对于后两个构成要件，由原告举证并无分歧，且该两个要件也较容易证明。但对于"没有合法根据"的证明责任分配却存在着认识上的分歧。是由原告按照"谁主张，谁举证"的举证原则进行举证，还是由被告就其得利的合法根据进行举证，抑或是在事实难以查清、双方又都无法就自己的主张或抗辩充分举证时，由法官按照公平原则进行举证责任的分配，现行法律尚无明确规定。由于"没有合法根据"的举证有一定难度，并且关系到原告诉请或被告抗辩主张的成立与否（承担举证责任的一方败诉的可能性较大），因此，法官对举证责任的分配就显得尤为重要。

（一）由原告举证

首先由原告对自己的主张进行举证，如原告不能举证，则要承担不利的诉讼后果。被告对自己的抗辩也有责任举证，但被告的举证不力并不能免除原告的举证责任。**中国工商银行溧阳市支行诉钱文年不当得利纠纷抗诉案**：常州市中级人民法院（2000）常民再终字第11号民事判决书认为：钱文年在办理存款56000元时，溧阳市工行职员王某将原存款80000元的余下款30000元（3匝，每匝10000元）直接交给钱文年。钱文年在又转存2匝即20000元后，最后取走了1匝即10000元。对此，有上述鉴定证据证明。溧阳市工行要求钱文年返还不当得利10000元，因其提供的录像带不能证明，又没有其他证据证明，故其诉讼请求不予支持。遂驳回溧阳工行的诉讼请求。[①]

① 黄毅主编：《最新银行法经典疑难案例判解》，法律出版社2009年版，第253~254页。

（二）由被告举证

要求被告作为得利者，由其提供证据证实其得利的合法依据。如被告不能提供或提供的证据不力，就由其承担不利的诉讼后果。**上诉人开封市人民政府信托投资公司清算组与被上诉人西安亚盛实业开发公司不当得利纠纷案：**最高人民法院（2005）民一终字第 37 号民事判决书认为，本案涉讼的 2000 万元是否为亚盛公司的不当得利问题。本案中，亚盛公司就其转给投资公司清算组的 2000 万元提起诉讼，认为投资公司清算组没有取得该款的合法依据，占有该款构成不当得利。依照《民事诉讼法》及最高人民法院《关于民事诉讼证据的若干规定》确定的举证责任分配原则，投资公司清算组应承担其合法取得上述款项的证明责任，但投资公司清算组在诉讼中，并未提供证据证实其取得该款具有合法依据。本案查明的事实表明，亚盛公司与证券营业部除本案争议的 2000 万元外，另存在 1800 万元保证金往来。但亚盛公司未举证证明上述 2000 万元与 1800 万元往来均为履行同一合同发生的款项，或就 1800 万元债权主张对争议 2000 万元债务的抵销，因此，可以认定双方间 1800 万元保证金往来与本案系不同的法律关系，投资公司清算组取得亚盛公司 2000 万元转款无合法依据，一审判决认定投资公司清算组取得亚盛公司 2000 万元转款构成不当得利，适用法律正确。投资公司清算组认为一审判决对该款性质认定错误的主张，缺乏事实依据，本院不予支持。[①]

二、高度盖然性

所谓盖然性即可能性。在证据对某一事实的证明无法达到事实清楚、证据确实充分的情况下，审判机关应对盖然性较高的事实予以确认。高度盖然性证明标准的适用涉及法官的自由心证，即法官运用自由心证对当事人提供的证据材料进行判断，认为它达到了高度盖然性标准，即认定该证据材料符合法律真实的要求，对该证据予以采信。该证明标准是通过最高人民法院《关于民事诉讼证据的若干规定》第七十三条得以确立。

民事诉讼证据的证明标准相对于刑事诉讼而言较低，一般不要求达到排除一切合理疑点，形成证据锁链的程度。但在司法实践和法学理论中，对于是否所有的民事案件均可适用高度盖然性或是否达到排除一切合理疑点的要求，尚有不同的认识。法官认识的不同将直接涉及当事人举证责任的分担并进而影响到案件的

① 黄松有主编:《民事审判指导与参考》2005 年第 4 集，法律出版社 2006 年版，第 213~214 页。

判决结果。

◎ 风险规避

在不当得利纠纷案中，由于商业银行在办理业务和举证能力上所处的优势地位，在举证责任分配和对证明标准的要求上，相对于“得利”一方，法官更倾向于对商业银行提出更高的要求，以通过归责上的公平追求实质公平。尽管有案例将不当得利的举证责任分配给了“得利”一方，但仍无法得出在该类案件中商业银行在举证方面享有优势地位的结论。

法律意识有时就直接体现为证据意识，法官对法律事实的认定，主要是通过对证据的审核、确认来完成的。商业银行应注重对证明力较高的证据如监控资料、客户签字的凭条、单据等予以保存，对据以形成证据的有关设备应加强管理维护，以保证其正常运转。

第九节　特别约定

案例9：银行未履行与储户的特别约定应承担违约责任

摘要：法律并不禁止存储双方就存款的支付方式进行特别约定，该约定一经依法成立，即产生法律约束力。银行违反该约定致储户存款损失的，应承担违约责任。

诈骗犯石超（化名杜先得）到杨益君米厂购珍米，双方商定次日带款提货。第二天，石超按事先设定的骗局，要求将货款25100元存入蕲春县支行下属的城关储蓄所，杨亦表示同意，并与石超一起到城关储蓄所，以杨益君的名义将全部货款存入该所。此时石超已将杨益君身份证骗到手，并向储蓄所工作人员约定此款凭身份证及密码888取款，若生意做不成，下午将款取走。而杨益君也对储蓄所工作人员讲："取款时必须由其亲自来或亲笔信。"石超反驳说："那生意做不成呢？"杨没作声。储蓄所工作人员按石超的约定将身份证、密码888留在储户预留鉴栏上。并将25100元账号为2236存折办好交给了石超，石与杨离开该所。当天下午杨益君将珍米装车，石超乘机将存折及杨益君身份证交给其同伙熊远龙，并告知其密码。熊持存折及杨益君身份证将25100元存款取走。当晚7时左右车装完后，石超将事先伪造的假存折交给杨益君，即将大米运走。次日，杨去城关储蓄所取款，才得知存款已被人取走，立即向当地公安机关报案。杨益君以蕲春县支行未按双方约定付款，致使存款被他人骗取，造成经济损失为由向蕲春县人民法院提起诉讼，要求蕲春县支行赔偿全部存款。

◎ 裁判要旨

黄冈市中级人民法院再审认为：杨益君在城关储蓄所就取款方式口头约定的证据不足，其经济损失主要由杨益君疏忽大意造成，城关储蓄所凭存折付款符合中国人民银行《储蓄管理条例实施细则》。《储蓄管理条例实施细则》应为中国人民银行《关于执行〈储蓄管理条例〉的若干规定》，该规定第十五条第（一）项规定："活期储蓄存款一元起存，由储蓄机构发给存折，凭折存取，开户后可以随时存取。"没有过错。但城关储蓄所工作人员在杨益君与石超对存款取款方式存在分歧意见情况下，仅按石超约定付款，亦应负一定责任。改判中国农业银行蕲春支行赔偿杨益君存款损失10040元，其余损失由杨益君个人承担。[①]

◎法条链接

1.**《民法通则》第五十六条** 民事法律行为可以采取书面形式、口头形式或者其他形式。法律规定用特定形式的，应当依照法律规定。

2.**《合同法》第四十一条** 对格式条款的理解发生争议的，应当按照通常理解予以解释。对格式条款有两种以上解释的，应当作出不利于提供格式条款一方的解释。格式条款和非格式条款不一致的，应当采用非格式条款。

◎重要提示

一、特别约定

储蓄合同是以格式条款为主的合同，属于比较典型的格式合同。格式合同并不排斥约定条款的存在，只要约定条款符合法律的要求，约定条款即为有效。基于合同自由的基本原则和私法自治的精神，依照《合同法》第三十九条、第四十条和第四十一条的规定，格式合同中的约定条款具有优先格式条款的效力。

储蓄合同的特别约定不得危害国家利益和社会公共利益，不得违背法律、行政法规的效力性、强制性规定，否则，该约定不受法律保护。1997年5月20日中国人民银行《关于银行与客户约定的高息差额部分处理问题的批复》根据中国人民银行《利率管理暂行规定》和国务院《储蓄管理条例》的规定，中国人民银行制定的各项利率为法定利率，其他单位和个人无权变动。《商业银行法》第三十一条规定："商业银行应当按照中国人民银行规定的存款利率的上下限，确定存款利率，并予以公告。"因此，商业银行吸收公众存款，应严格执行中国人民银行关于存款利率的规定，不得擅自提高存款利率揽储。高息揽储行为是违法行为，危害国家利益和社会公共利益，客户取得的高息差额不属于不当得利是违法所得，不受法律保护，应由司法机关依法处理。如**俞建水与中国工商银行股份**

① 《最高人民检察院公报》1998年第3期。

有限公司上海市鞍山路支行、中国工商银行股份有限公司上海市杨浦支行储蓄存款合同纠纷案，银行被判照单支付本息。

二、特别约定的方式

（一）凭密码支取

凭密码支取已成为储蓄取款的通常做法。而该方式形成的纠纷主要是因密码泄露造成储户的存款损失。根据北京市高级人民法院《审理民商事案件若干问题的解答之四（试行）》第一条的规定，凭密支付是存储双方在支付方式上的特殊约定。目前，凭密支付已成为储蓄机构办理储蓄业务的制度要求。中国人民银行《关于加强金融机构个人存取款业务管理的通知》第一条规定："办理个人存取款业务的金融机构在为储户开立具有通存通兑功能的账户（包括存折户、银行卡户）或基于已有账户申领银行卡时，必须要求储户出具有效身份证明（包括身份证、军官证、护照等）和设置个人密码。对尚未设置个人密码的账户，不得通过银行卡办理账户之间的转账业务。"

（二）凭身份证支取

凭身份证支取也是储户的惯常做法。**张某与河南省新安县某银行存款合同纠纷案**：张某在银行存入定期三年储蓄存款1万元，双方约定凭张某身份证支取。后因张某购买李某的房产将该存单交给李某。李某持该存单及买卖房屋中间人证明通过他人到银行将该款本息支取。河南省新安县法院审理认为，银行在未凭张某身份证的情况下，擅将存款支付给第三人，其行为已违反了与张某的存取款合同的约定，属无效民事行为。张某虽将存单抵押或转让，但未到银行办理抵押或转让手续，故该行现仍应按照合同约定支付张某存款本息。[①]

当客户支付存款达到一定数额时，储蓄机构为进行客户身份识别，储户支取未到期定期存款，存单、存折、密码挂失等提供居民身份证件，是现行法律、法规的要求，不受储存双方约定的限制。

（三）其他方式

在储蓄存款合同中，因存款用途的特殊性，存款人有时与银行约定特殊的取款条件。**某中学生诉新郑某银行存款纠纷案**：2000年12月，高某与妻子王某离婚后，法院判决儿子随高某生活。高某因长期在外做生意，他便在银行以儿子的

① 《人民法院报》2003年10月16日。

名义存入5万元作为儿子日后的生活费，并将儿子变更给前妻抚养。高某与银行约定取款时除其他应该出示的手续外，还必须持法院证明方可取款。后高某的儿子发现有3万元被其母亲取走，即要求银行支付3万元存款及利息。而银行认为，王某作为儿子的法定代理人同银行协商取消附加条款，并持王某的户口本及她本人的身份证向银行申请挂失，后又将该款取走，银行的行为不违反法律规定。河南省新郑法院认为，原被告双方约定“取款时凭法院证明”的特别条款合法有效，原告之母在被告处取款时并未出示法院证明，被告在该行为中存在过错，应赔偿原告存款本金3万元及利息。[①]

◎ 风险规避

一、谨慎与储户订立存取款的特别约定，当银行无法满足其储户的特别要求时，有权不予订立合同

合同是双方当事人的合意，当储户提出《储蓄管理条例》及中国人民银行有关规章之外的要求，且该要求为合法时，银行根据自身的条件，有权决定是否对储户的要约进行承诺。

二、银行与储户订立特别约定后，就应按照约定全面履行义务

银行一旦受理附有特别约定的储蓄，即应按照约定履行义务。应在银行的底单及电子档案中进行相应的、较为醒目的记载，以更好地提醒储蓄柜台人员。

三、对约定无效的处理

如果特别约定属无效条款，且因该约定给储户造成损失的，银行可能要承担更多的过错责任。银行作为经营储蓄业务的专业机构，相比储户而言，应该更了解国家的法律、法规及相关的储蓄政策。但即使约定无效，银行也不能自行予以变更或终止履行，最好通过与储户协商的方式予以变更、终止或通过诉讼解决。在未处理前，银行最好维持现状，保证存款不被支取。合同效力的认定属于法院对公权力的行使，银行不能以约定无效为由擅支储户存款。

---

① 《人民法院报》2005年11月28日。

第十节　存单纠纷

案例 10：银行不能仅以底单记载内容否定存款关系

摘要：根据最高人民法院《关于审理存单纠纷案件的若干规定》第五条的规定，存单持有人的存单与金融机构的底单记载内容不符，如果存单是真实的，且金融机构只能提交单方制作的证据来抗辩存单，应当认定存单持有人与金融机构之间的存款关系成立，金融机构根据存单承担兑付款项的义务。

1997 年 12 月 10 日，原告信连华为办理业务结算，在被告天津市商业银行股份有限公司塘沽支行新港分理处（以下简称新港商业银行）设立了账号为 201080413835、户名为信连华的账户。账户设立后，新港商业银行向信连华提供了天津市商业银行存折，信连华以该存折办理业务结算。截至 2001 年 11 月 6 日，在新港商业银行向信连华提供的存折上，记载的账户余额为 298287.79 元。新港商业银行提出，信连华账户内的存款余额应为 198287.79 元，该存折的记载有误，双方为此发生纠纷。一审判决后，新港商业银行不服一审判决，向天津市第二中级人民法院提起上诉并向二审法院提交以下证据：1. 记载有"存折已交客户"字样及盖有信连华印鉴的存折封皮三张，用以证明信连华取走了被更换的旧存折；2. 天津市商业银行重要空白凭证签收簿三页，内容记载为：1999 年 10 月 25 日、2000 年 8 月 16 日、2001 年 10 月 18 日，信连华分别签字领走账号为 201080413835 的存折一本，用以证明被更换的旧存折在信连华处。

◎ 裁判要旨

天津市第二中级人民法院经审理，确认一审查明的事实属实。本案争议焦点是：新存折上的利息能否证明旧存折上的存款余额，被更换的旧存折在何处存放。

天津市第二中级人民法院认为：上诉人新港商业银行主张，被上诉人信连华现持有存折上记载的利息数额，能够证明换折前旧存折上的存款余额。一般情况下，知道利息和利率，推算赖以计息的存款数额，并非难事。但这必须有一个前提，即利息的计算是准确的，且利率是不变的。既然在新存折上誊写旧存折的存款余额时会发生误写，焉能保证在新存折上计算旧存折的利息就一定准确无误？用新存折上的利息推算旧存折上的存款余额只是一方当事人主张，在双方当事人意见相悖的情况下，新港商业银行这一主张实难采纳，本案尚需更换前的旧存折来证实有无误写存款余额的情况。

上诉人新港商业银行向二审法院提交的证据 1，其上虽有被上诉人信连华的印鉴和“存折已交客户”字样，但信连华的印鉴就在新港商业银行处存放，“存折已交客户”字样也非信连华书写，现无证据证明信连华知道并认可存折封皮上的书写内容，故无法确认证据 1 的真实性、合法性及与本案的关联性。根据证据 2 的内容可以判断，该证据在本案一审前即已存在，而新港商业银行在二审诉讼中才提交，依照最高人民法院《关于民事诉讼证据的若干规定》第四十一条第（二）项和第四十三条第一款的规定，该证据不是新的证据，且信连华对此证据不同意质证，故不予采纳。新港商业银行所举证据，不能证明被更换的旧存折存放在信连华处，故对新港商业银行关于由信连华承担举证不能责任的主张不予采纳。

上诉人新港商业银行还主张，由于被上诉人信连华拒绝按承诺履行对账义务，应当承担责任。对账虽然是纠正财务记载错误的有效方法，但对账必须在双方当事人自愿的情况下才能进行。在信连华的开户申请书中，没有在什么时间、以什么方法对账，对账的要求应当由哪一方在何种情况下提出以及不依约对账应当承担何种责任的承诺，只是承诺“随时与银行对账，发现不符随时联系查对”。既然信连华的承诺内容是“随时与银行对账，发现不符随时联系查对”，此次并非信连华发现不符要求查对，而是新港商业银行认为不符要求对账，不存在信连华拒绝按承诺履行对账义务的问题，也无法因此令其承担责任。

本案属于存单持有人以存单为重要证据向人民法院提起诉讼的案件。被上诉人信连华在上诉人新港商业银行处开立结算账户，新港商业银行向信连华出具了存折，信连华持此存折办理存取款手续，该事实双方当事人均予认可。信连华持有的存折，其上数字均由新港商业银行的职员填写，并由新港商业银行的职员复核确认。现新港商业银行没有证据证明与信连华的存款关系不真实，却仅以其内部底单的记载来主张信连华存折上的存款余额为误写，理由不能成立。一审根据

《存单纠纷规定》第五条第（一）项第2目，判令新港商业银行向信连华兑付款项，认定事实清楚，适用法律正确。判决：驳回上诉，维持原判。[①]

◎法条链接

最高人民法院《关于审理存单纠纷案件的若干规定》第五条　对一般存单纠纷案件的认定和处理

（二）处理

人民法院在审理一般存单纠纷案件中，除应审查存单、进账单、对账单、存款合同等凭证的真实性外，还应审查持有人与金融机构间存款关系的真实性，并以存单、进账单、对账单、存款合同等凭证的真实性以及存款关系的真实性为依据，作出正确处理。

1. 持有人以上述真实凭证为证据提起诉讼的，金融机构应当对持有人与金融机构间是否存在存款关系负举证责任。如金融机构有充分证据证明持有人未向金融机构交付上述凭证所记载的款项的，人民法院应当认定持有人与金融机构间不存在存款关系，并判决驳回原告的诉讼请求。

2. 持有人以上述真实凭证为证据提起诉讼的，如金融机构不能提供证明存款关系不真实的证据，或仅以金融机构底单的记载内容与上述凭证记载内容不符为由进行抗辩的，人民法院应认定持有人与金融机构间存款关系成立，金融机构应当承担兑付款项的义务。

3. 持有人以在样式、印鉴、记载事项上有别于真实凭证，但无充分证据证明系伪造或变造的瑕疵凭证提起诉讼的，持有人应对瑕疵凭证的取得提供合理的陈述。如持有人对瑕疵凭证的取得提供了合理陈述，而金融机构否认存款关系存在的，金融机构应当对持有人与金融机构间是否存在存款关系负举证责任。如金融机构有充分证据证明持有人未向金融机构交付上述凭证所记载的款项的，人民法院应当认定持有人与金融机构间不存在存款关系，判决驳回原告的诉讼请求；如金融机构不能提供证明存款关系不真实的证据，或仅以金融机构底单的记载内容与上述凭证记载内容不符为由进行抗辩的，人民法院应认定持有人与金融机构间存款关系成立，金融机构应当承担兑付款项的义务。

---

① 《最高人民法院公报》2005年第5期。

◎重要提示

一、一般存单纠纷

最高人民法院《关于审理存单纠纷案件的若干规定》（本节简称《规定》）中没有支持存单的票据性，即权利与凭证不可分离的票据法律性质，而是采取了以存单纠纷中真实法律关系为基础的“存款凭证真实和存款关系真实的双重真实性”原则为认定存款关系的依据。

二、存单的真实性

关于存单真实性的证明标准要求充分、确实。在存单纠纷案件中，存单持有人只要提供金融机构出具的存款单，即使存款单存在瑕疵，只要做出合理的陈述，就完成了举证责任。金融机构抗辩时，其提供的证明标准要求充分、确实。如果金融机构仅仅证明存单的样式、印鉴、记载事项上有别于真实凭证，但无充分证据证明该存单系伪造或变造的，不能视为完成举证责任。**李利华与中国农业银行河南省内黄县支行存单纠纷案：**河南省高级人民法院二审认为，本案系因内黄农行不予兑付李利华100万元定期存单存款而引起的存单纠纷案件。内黄农行虽主张存单虚假，但其提供的证据，即与李利华存单编号相同的黄爱红5000元定期存单、李利华的活期取款手续及安阳市公安局作出的安公（2001）刑文检字第09号鉴定书的鉴定结论，均不能证明该存单为虚假存单。本案中，一方面，内黄农行不仅已收到李利华委托的存款人王献玺所交的92万元现金，而且同时在柜台内向王献玺出具了该存单；另一方面，该存单形式完备，内容齐全，对印章的真实性，储户没有辨别的能力，至于存单编号与其他存单是否一致，储户也无法知晓。同时，王献玺在衡河臣等人的存款诈骗案中并未涉嫌犯罪，且内黄农行并未提供证明该存款关系不真实的证据，故李利华与内黄农行之间定期存款关系成立。

综上，内黄农行主张李利华100万元定期存单虚假，李利华与内黄农行不存在真实存款关系的上诉理由不成立，不予支持。双方协商由内黄农行预先支付的8万元高息部分，因违反国家金融法规的规定，不予保护，内黄农行应在92万元的范围内承担兑付责任。[①]

---

① 《人民司法·案例》2008年第22期。

三、存款关系的真实性

存款关系的真实性是决定存单纠纷案件结果的实质要件。人民法院审理存单纠纷案件，采用的是双重真实性标准，即存单的真实性和存款关系的真实性。其中存单的真实性是形式要求，存款关系的真实性才是实质要求。关于存款关系成立的举证责任，《规定》将对存款关系的真实性的举证责任分配给了金融机构。在一般存单纠纷中并不适用“谁主张，谁举证”的一般举证责任原则，而是采用举证责任倒置的原则，即存单持有人只要向法院提交存单、进账单、对账单、存款合同等证据即可。而金融机构不仅要承担证明存单、进账单、对账单、存款合同真伪的举证责任，而且还要证明存款人是否有真实的存款行为。但在个案中，存单纠纷案件的举证责任已有所突破。最高人民法院（2009）民申字第22号民事裁定书驳回再审申请的**中国人民财产保险股份有限公司北京市朝阳支公司与中国农业银行北京市丰台区支行存单纠纷案**：该案再审主审法官认为，虽然《规定》将储户是否向金融机构交付了约定存款的举证责任分配给了金融机构，但其后最高人民法院《关于民事诉讼证据的若干规定》（以下简称《证据规定》）第五条第一款则规定：“在合同纠纷案件中，主张合同关系成立并生效的一方当事人对合同订立和生效的事实承担举证责任。”显然，《规定》的举证责任与《证据规定》有着冲突。由于《证据规定》是关于整个民事诉讼的专门规定证据方面的司法解释，且比前者更新，所以，应该适用《证据规定》来分配举证责任。据此，主张存款合同成立的人保朝阳支公司应对其主张存款成立、已履行交付存款的主张承担举证责任。本案中，人保朝阳支公司并未向农行丰台支行下属科学城分理处实际交付资金，其所举的涉案存单、进账单、转账支票均不能证明双方存款关系的存在。所以，原审法院认定双方不存在存款关系正确。[①]

◎风险规避

一、防范金融犯罪，减少存单纠纷

存单纠纷的发生往往与商业银行违规操作乃至银行员工的刑事犯罪密不可分。有的商业银行为吸收存款，以超过法定存款利率为诱饵，涉嫌非法吸收公众

---

① 《人民司法·案例》2009年第20期。

存款；有的商业银行吸收存款，账外循环，私自贷款，牟取存贷款利差，涉嫌贪污；甚至有的银行员工与社会不法分子勾结，未收款即出具存单，或不法分子利用银行员工的玩忽职守，涉嫌诈骗金融资金，当借款人不能按期归还贷款、导致银行不能如期支付存款时，都会导致存单纠纷的发生。依据2015年6月2日中国人民银行《大额存单管理暂行办法》的规定，银行在开展大额存单业务时，严格执行反洗钱和反恐怖融资的有关规定，防范利用大额存单业务进行洗钱等违法犯罪活动。

二、审查存单的真实性

存单如系变造、伪造，应及时向公安机关报案，因为变造、伪造票证涉嫌犯罪，而且该等犯罪行为需要通过司法机关查证、认定后，银行才可免责。在此种情形下，银行应及时向法院提出中止审理的申请。另外，案件在审理过程中，也可建议受案法院向公安机关移送有关的犯罪材料。

三、审查存款关系的真实性

如诉争存款确实没有进入银行大账，虽然在诉讼中不能作为证据对抗存单持有人，但足以证明有银行员工涉嫌犯罪，应及时报案，通过公安机关查明案情。在有的情况下，可能使存单纠纷出现转机，如属于高额利差或共同犯罪的问题等。

案例11：银行应对帮助违法借贷的过错承担责任

摘要：以存单为表现形式的借贷，属于违法借贷，不受法律保护。出资人及金融机构根据参与违法借贷的情节及过错程度，承担相应的民事责任。

1996年初，中国工商银行金华市婺城支行（以下简称婺城工行）要求浙江超三超集团有限公司（以下简称超三超集团）接手其在上海的乌鲁木齐菜场工程，承诺给予资金支持。同年5月16日、28日，上海茶叶进出口公司（以下简称茶叶公司）经中介人浙江三门茶厂原厂长陈泽再介绍，到婺城工行存款。茶叶公司会计王剑凯将四张总金额为4000万元，兑付银行为婺城工行，收款人为王剑凯的银行汇票交付给婺城工行柜台。王剑凯在汇票背面的收款人栏内及背书人栏内均盖有私章，并写有其身份证号码。婺城工行收取汇票、交营业柜台总会计祝黎光验票，确认有效后，开出定期存单三份。户名是茶叶公司，存单号2037993、2037999和2038000，金额分别为2000万元、700万元和1300万元，存期均为一年，利率为月息7.65‰，在存单上写明不准提前支取、不准转让、不准抵押。同年5月16日和28日，婺城工行与超三超集团先后签订两份委托贷款合同，合同上均无委托人名称，也无委托人的签字和盖章，实为贷款合同。两份合同均约定：婺城工行（甲方）贷给超三超集团（乙方）2000万元，月利率8.65‰，期限一年，由金华经济开发区工贸实业总公司（丙方）担保。茶叶公司存款后，婺城工行即将汇票交给超三超集团，超三超集团出纳在被背书人栏内写上浙江超三超集团有限公司，并盖上公司的财务专用章及其法人代表杨伯群的私章。款项即进入超三超集团在婺城工行的账户。同月16日、28日，婺城工行的进账单记载收款人超三超集团公司，金额分别为3000万元（上海茶叶公司2000万元，上海土产公司1000万元）、5000万元（上海茶叶公司2000万元，上海土产公司3000万元）。同时，超三超集团支付给浙江三门茶厂利差为543.5万元和891万元（其中包括上海土产公司4000万元的银行利差），浙江三门茶厂分别汇给茶叶公司344.48万元和320.4万元。

存款到期，茶叶公司前去婺城工行办理支取本息手续时，婺城工行以银行工作人员涉嫌刑案，存款被冻结为由，暂停存款兑付。茶叶公司遂于1998年3月29日向法院起诉，请求判令婺城工行偿付存款4000万元及利息。一审法院追加超三超集团为第三人参加诉讼。

◎ 裁判要旨

最高人民法院再审认为，茶叶公司将4张总金额为4000万元的银行汇票交付婺城工行，经营业柜台验票，确认有效后，开出4张总金额为4000万元人民币定期存单交付给茶叶公司，存单上盖有婺城工行业务专用章及有关银行经办人的名章，表明茶叶公司的资金已交付婺城工行。

本案四张银行汇票的付款人是茶叶公司，收款人是王剑凯，王剑凯按照银行汇票背书注意事项规定，在收款人和背书人栏盖章，没有填写被背书人名称，将汇票交给银行，表明款项已收到并空白背书给银行。婺城工行依照其与超三超集团签订的贷款合同，将汇票交给超三超集团，由其出纳徐艳俏在被背书人栏内填上浙江超三超集团有限公司，并盖上公司的财务专用章及其法人代表杨伯群的私章，款项进入超三超集团在婺城工行的账户，显然用资人超三超集团是由婺城工行指定的。故婺城工行因其帮助违法借贷的过错，应对超三超集团不能偿还本金部分给茶叶公司造成的损失承担主要责任。原判认定本案属以存单为表现形式的违法借贷，认定正确。但认定汇票“已由王剑凯以汇票背书方式转让给超三超集团，茶叶公司并无在婺城工行存款的事实”，属认定事实和适用法律错误。判决婺城工行承担超三超集团不能偿还本金部分的20%赔偿责任明显失当，应予以纠正。茶叶公司也有一定的过错，除将收取的高额利差充抵本金外，还应承担相应的过错责任。判决：一、撤销最高人民法院（1999）民终字第3号民事判决和浙江省最高人民法院（1998）浙法民初字第7号民事判决；二、浙江超三超集团有限公司偿还上海茶叶进出口公司本金2668.0954万元（已冲抵息差664.88万元及已支付本金667.0246万元）及利息（利息按中国人民银行同期存款利率计算）；三、中国工商银行金华市婺城支行对浙江超三超集团有限公司不能偿还的本金2668.0954万元承担80%的赔偿责任。①

◎法条链接

最高人民法院《关于审理存单纠纷案件的若干规定》第六条 对以存单为表现形式的借贷纠纷案件的认定和处理

（一）认定

在出资人直接将款项交与用资人使用，或通过金融机构将款项交与用资人使用，金融机构向出资人出具存单或进账单、对账单或与出资人签订存款合同，出资人从用资人或从金融机构取得或约定取得高额利差的行为中发生的存单纠纷案件，为以存单为表现形式的借贷纠纷案件。但符合本规定第七条所列委托贷款和信托贷款的除外。

（二）处理

以存单为表现形式的借贷，属于违法借贷，出资人收取的高额利差应充抵本金，出资人，金融机构与用资人因参与违法借贷均应当承担相应的民事责任。可分以下几种情况处理：

1.出资人将款项或票据（以下统称资金）交付给金融机构，金融机构给出资人出具存单或进账单、对账单或与出资人签订存款合同，并将资金自行转给用资

① 沈德咏主编:《审判监督指导》2004年第2辑，人民法院出版社2004年版，第88~91页。

人的，金融机构与用资人对偿还出资人本金及利息承担连带责任；利息按人民银行同期存款利率计算至给付之日。

2. 出资人未将资金交付给金融机构，而是依照金融机构的指定将资金直接转给用资人，金融机构给出资人出具存单或进账单、对账单或与出资人签订存款合同的，首先由用资人偿还出资人本金及利息，金融机构对用资人不能偿还出资人本金及利息部分承担补充赔偿责任；利息按人民银行同期存款利率计算至给付之日。

3. 出资人将资金交付给金融机构，金融机构给出资人出具存单或进账单、对账单或与出资人签订存款合同，出资人再指定金融机构将资金转给用资人的，首先由用资人返还出资人本金和利息。利息按人民银行同期存款利率计算至给付之日。机构因其帮助违法借贷的过错，应当对用资人不能偿还出资人本金部分承担赔偿责任，但不超过不能偿还本金部分的百分之四十。

4. 出资人未将资金交付给金融机构，而是自行将资金直接转给用资人，金融机构给出资人出具存单或进账单、对账单或与出资人签订存款合同的，首先由用资人返还出资人本金和利息。利息按人民银行同期存款利率计算至给付之日。金融机构因其帮助违法借贷的过错，应当对用资人不能偿还出资人本金部分承担赔偿责任，但不超过不能偿还本金部分的百分之二十。

本条中所称交付，指出资人向金融机构转移现金的占有或出资人向金融机构交付注明出资人或金融机构（包括金融机构的下属部门）为收款人的票据。出资人向金融机构交付有资金数额但未注明收款人的票据的，亦属于本条中所称交付。

如以存单为表现形式的借贷行为确已发生，即使金融机构向出资人出具的存单、进账单、对账单或与出资人签订的存款合同存在虚假、瑕疵，或金融机构工作人员超越权限出具上述凭证等情形，亦不影响人民法院按以上规定对案件进行处理。

（三）当事人的确定

出资人起诉金融机构的，人民法院应通知用资人作为第三人参加诉讼；出资人起诉用资人的，人民法院应通知金融机构作为第三人参加诉讼；公款私存的，人民法院在查明款项的真实所有人基础上，应通知款项的真实所有人为权利人参加诉讼，与存单记载的个人为共同诉讼人。该个人申请退出诉讼的，人民法院可予准许。

◎重要提示

一、一般存单纠纷与以存单为表现形式的借贷纠纷的界定

《规定》把存款人收取利差或与金融机构、用资人约定利差的行为作为认定金融机构出借款项是否有存款人的意思表示的依据，以此区分是一般存单纠纷，还是以存单为表现形式的借贷纠纷。以存单为表现形式的借贷纠纷案件，实质上是出资人意欲套取金融机构信用，转嫁借款风险，形成由金融机构承担风险的民间借贷或企业之间的借贷。由于该行为是以合法形式掩盖非法目的，因此在性质上属于违法借贷。约定的高额利息或实际取得的高额利息就是这一性质的证明。其合法的形式——储蓄存款合同关系，因并非当事人的真实意思表示，仅为掩盖违法借贷的手段，因而也属无效，不能按储蓄的有关法律规定进行处理。

二、交付与指定

出资人是否将资金交付金融机构，与用资人是谁指定的事实，共同构成了金融机构在存单纠纷案件中的责任承担比例。因此，在以存单为表现形式的借贷案件中，关键的问题是确定“交付”和“指定”。

当依据案件事实无法确定是谁指定了用资人时，法院往往按照过错责任确定当事人应承担的民事责任。该过错责任是指形成非法借贷事实的责任及形成损失的责任。**交通银行成都分行人民南路支行与开封机电设备（集团）股份有限公司、成都联益华星激光影音制作有限公司存单纠纷上诉案：**本案的焦点问题之一是用资人是由开封机电集团指定还是由华能交行（后更名为人南交行）指定及相关责任的确定问题。最高人民法院［2005］民二终字第19号民事判决书认为，开封机电集团在人南交行的存款被他人持伪造的该公司公函及伪造的身份证挂失，并被转至中国建设银行四川省分行铁道专业支行第一办事处，进而被成都联益实际使用。挂失、转款是何人所为，经公安机关作为刑事犯罪侦查多年未能得出结论。原审判决关于“没有证据表明在开封机电公司将资金存入后，曾明确指定华能交行将款项转给成都联益使用。同时，也没有证据表明实际用款人是由银行方确定，华能交行的确没有将款项转给用资人的意图”的认定并无不妥。但原审判决认为在没有相反证据证明是开封机电集团指定人南交行转款的情况下，只能判定人南交行将款项转给了用资人的事实成立，并进而认定人南交行自行指定用资人，判

决其对成都联益的本案债务承担连带责任不当，本院予以纠正。鉴于本案不符合本院《关于审理存单纠纷案件的若干规定》第六条规定的四种情形，故对本案当事人责任的判定应适用《民法通则》第一百零六条第二款关于“公民、法人由于过错侵害国家的、集体的财产，侵害他人财产、人身的，应当承担民事责任”的规定，并参照本院《关于审理存单纠纷案件的若干规定》相关条款的精神，按当事人在本案中过错的大小确定其应承担的民事责任。成都联益是本案非法借贷的实际使用人，理应向开封机电集团承担偿还借款本息的民事责任。人南交行作为金融机构在处理存单挂失时，没有按规定的存单失效程序操作，也未核实挂失证明等相关材料的真实性，导致开封机电集团的存款被他人以伪造的手续挂失转至虚设的开封机电公司成都分公司账户，最终由成都联益使用，客观上导致本案以存单为表现形式的非法借贷最终得以实现，且该行将100万元存款本息存留至今，故人南交行对本案纠纷的发生有主要过错，其应承担成都联益不能偿还本金部分70%的赔偿责任。开封机电集团为获取高额利息积极参与本案以存单为表现形式的非法借贷，在存款之前即预先收取用资人支付的高额利息；在3370万元款项转至用资人后，通过中间人叶志清或直接收取用资人的部分高额利息；在用资人已还款435万元的情况下，又将该款退回用资人，客观上造成损失的扩大，故开封机电集团对本案纠纷的发生亦有过错，其应自行承担相应的民事责任。[①]

◎风险规避

一、正确确定案由

此类案件多由储蓄合同纠纷而引起，银行通常作为被告并被要求支付存款本息。由于出资人与银行职员的违法借贷行为比较隐秘，且不被银行掌握，因此，银行只有及时报案并密切配合公安机关对内部职员涉嫌违法犯罪的调查，才能取得违法借贷的证据。以存单为表现形式的借贷纠纷案件与合法的储蓄主要区别有二，一是出资人是否明知资金的用途，即是存入银行还是要借给他人使用；二是出资人是否与用资人或银行职员约定或已实际取得高额利息。银行应注意搜集和取得该方面的证据并及时与受案法院联系，以改变案由或申请中止诉讼。

① 奚晓明主编:《民商事审判指导》2006年第1辑，人民法院出版社2006年版，第275~276页。

二、及时采取保全措施

由于该类案件银行要承担用资人不能返还部分的民事责任，因此，银行要与侦查机关或受案法院配合，对用资人的资产进行调查并及时申请法院查封、冻结、扣押，以减少银行的偿还责任。

第十一节　网上银行

案例12：网上银行储户信息被盗，银行未尽安全保障义务应担责

摘要：银行网站被不法分子使用“木马”程序入侵，致客户信息被盗及存款被冒领，银行未尽储户资金安全的保障义务，应承担相应的民事责任。

2002年9月，福州市民姚某到中国建设银行福州广安支行办理人民币活期储蓄业务，建行广安支行向姚某出具了通存通兑的活期储蓄存折和龙卡储蓄卡各一张。至2006年6月11日，原告的账户存款余额为6.7万元。

2006年6月底，姚某发现其账户存款金额仅剩400元。他到建行广安支行查询后发现，其存款于2006年6月12日在建行福州市连江支行及其凤城分理处被他人取走。

经公安机关调查，犯罪嫌疑人是使用“木马”程序入侵互联网的网站服务器，窃取了包括姚某在内的一些网上银行客户的身份证号码、银行账号及密码，利用这些信息伪造了受害者身份证和一张磁条已被损坏的龙卡储蓄卡，并持假的身份证和龙卡储蓄卡到建行连江支行支取姚某的存款。

针对已损坏的龙卡储蓄卡，建行连江支行的工作人员在犯罪嫌疑人填写了请求换卡的“特殊业务申请书”后，为其换了一张真卡。犯罪嫌疑人持卡支取了姚某活期储蓄账户上的存款6.7万元。姚某遂向法院提起诉讼，要求银行赔偿其存款被冒领的损失。

◎ 裁判要旨

福州市中级法院终审判决认为，建行广安支行未尽保障储户资金安全、银行结算账户信息保密以及及时兑付存款等相关义务，造成姚某储蓄存款被他人冒取的后果，应当根据储蓄合同的约定继续履行相应的支付义务，判决建行广安支行向姚某偿付人民币6.7万元及相应的利息。[①]

---

① 《人民法院报》2009年5月4日。

◎法条链接

1.**《电子银行业务管理办法》第四十一条**　金融机构应当建立相应的机制，搜索、监测和处理假冒或有意设置类似于金融机构的电话、网站、短信号码等信息骗取客户资料的活动。

金融机构发现假冒电子银行的非法活动后，应向公安部门报案，并向中国银监会报告。同时，金融机构应及时在其网站、电话语音提示系统或短信平台上，提醒客户注意。

第四十三条　金融机构应建立电子银行入侵侦测与入侵保护系统，实时监控电子银行的运行情况，定期对电子银行系统进行漏洞扫描，并建立对非法入侵的甄别、处理和报告机制。

2.**中国银行业监督管理委员会《关于做好网上银行风险管理和服务的通知》**

加强用户身份验证管理。各商业银行最迟于2007年12月31日前应对所有网上银行高风险账户操作统一使用双重身份认证。双重身份认证由基本身份认证和附加身份认证组成。基本身份认证是指网上银行用户知晓并使用，预先注册在银行的本人用户名及口令/密码；附加身份认证是指网上银行用户持有、保管并使用可实现其他身份认证方式的信息（物理介质或电子设备等）。附加身份认证信息应不易被复制、修改和破解。

高风险账户操作应至少包括：向非本人（不含与本行签订业务合作等法律协议和客户预先约定的指定账户，如：代收费、第三方支付、贷款还款账户等）账户转移资金单笔超过1000元或日累计超过5000元。

3.**《电子支付指引（第一号）》第二十五条**　银行应根据审慎性原则并针对不同客户，在电子支付类型、单笔支付金额和每日累计支付金额等方面做出合理限制。

银行通过互联网为个人客户办理电子支付业务，除采用数字证书、电子签名等安全认证方式外，单笔金额不应超过1000元人民币，每日累计金额不应超过5000元人民币。

银行为客户办理电子支付业务，单位客户从其银行结算账户支付给个人银行结算账户的款项，其单笔金额不得超过5万元人民币，但银行与客户通过协议约定，能够事先提供有效付款依据的除外。

银行应在客户的信用卡授信额度内，设定用于网上支付交易的额度供客户选择，但该额度不得超过信用卡的预借现金额度。

4. 中国人民银行、中国银行业监督管理委员会、公安部、国家工商行政管理局《关于加强银行卡安全管理预防和打击银行卡犯罪的通知》

严格自助转账业务的处理。未经持卡人主动申请并书面确认，发卡机构不得为持卡人开通电话转账、ATM 转账、网上银行转账等自助转账类业务；为持卡人开通自助转账业务时，要向持卡人充分提示开通有关业务的风险，并要对持卡人进行更为严格的真实身份核查，确保实名开户；未履行职责，产生资金风险的，要依法承担责任。

◎重要提示

目前导致网上银行业务产生民事纠纷的类型主要有：客户资金被窃取；交易资料被删除或修改；电子资金被延迟或错误拨划；因故无法为客户提供网银服务等。上述类型主要由以下原因引起：一、银行业务网络遭黑客攻击；二、操作系统自身不完善；三、未经储户同意擅自开通网银业务的；四、因客户原因密码泄露；五、客户自身操作失误。在提起的诉讼类型中，有侵权纠纷、损害赔偿纠纷、储蓄存款合同纠纷、违约赔偿纠纷及网络服务合同纠纷等。

在上述第一、第二和第三种原因下，法院一般认定银行具有过错，承担民事责任。其理由有认为银行未尽安全保障义务的，也有以银行管理不善为由判其承担责任的。**林某诉某银行储蓄存款合同纠纷案**：2013 年 10 月 14 日，原告林某在被告银行某支行开户办理银行卡一张，并预留尾号为 11 的手机号，同时注册了网上、手机和电话银行功能。次日，林某便将其注销，另开户办理一张银行卡，并预留尾号为 63 的手机号，也注册开通了相同功能。当时其转款并扣除按揭房贷后，账户余额为 32019 元。次年 3 月，其发现账户余额仅为 9 元，遂向公安机关报案。而在 2014 年 2 月中旬，罪犯王某从网上获取了包括原告的姓名、身份证号码、银行卡号、手机号在内的个人信息资料，后通过使用特别定制的软件对大量数据进行对比碰撞，非法获取了原告在被告处开立的账户的网上银行密码等信息。之后王某先冒用原告的名义开通银行“e 支付”业务，短信提示是新开户账户，但绑定了原告已注销账户预留尾号为 11 的手机号。其后，王某通过网上操作，将该账户绑定的手机号进行了三次更改，并通过更改后的手机以接收动态密码的形式共转账 11 笔，金额共计 32010 元。林某以银行未尽到储蓄资金安全保障义务为由向法院提起民事赔偿诉讼。法院认为：银行作为金融机构，在开通其“e 支付”业务的安全交易技术上存在不完善之处，且未能告知林某，以使林某个人能够针对该情况采取一定的防范手段，故被告银行并未尽到严格的安全保障注意义务。而林某将其个人信息存储于网络，致使王某从网络获取了包括其姓名、身份证号码、银行卡号、手机号等信息在内的个人资料。林某在履行储蓄存款合同时，也未尽到妥善保管好个人信息的一般注意义务，双方均有一定责任，并酌定银行、林某分别担责 70%、30%。[①]

第四和第五种原因造成的客户损失，银行一般不承担责任。但密码由客户泄露的举证责任一般分配给银行。法院一般认为，银行较之储户来讲，有着更大的信息优势和资源优势，从而也更有能力和条件来完善操作程序和更新安全设施，进而保证储户的财产安全。而相对于银行来讲，储户处于明显的弱势地位，让其举证银行存在过错，显然有违公平原则。依据《最高人民法院〈关于天津市邮政局与焦长年存单纠纷一案中如何分配举证责任问题的函复〉的通知》的精神，存款人只需证明自己的存折或银行卡没有丢失即已完成举证责任。

因网银不能提供或不能及时提供网络服务引起的网络服务合同纠纷。造成网银不能提供服务的原因大致有计算机病毒、电磁波辐射泄露、网络拥塞、网络崩溃、断电等。尽管各家网上银行业务客户服务协议书中几乎无一例外地写有免责条款："如遇到自然灾害等不可抗力事件，或其他不可预见的非常情况发生，从而导致影响客户办理网上银行有关业务时，银行方不承担任何责任。"而客户服务协议书属于格式合同，该免责条款是否有效，上述哪些事由属于不可抗力可予免责，哪些属于银行自身技术问题而不能免责，尚需在司法审判实践中予以明确。

◎ 风险规避

一、加强对网上交易数据的保存和管理

由于原始交易数据由银行而非客户掌握，因此，发生纠纷后，银行极有可能被法院分配更多的或主要的举证责任。如因银行管理上的原因而举证不能，极有可能承担不利的法律后果。通过举证责任的分配而使当事人的诉讼地位实质上平等是司法正义的诉求，这一诉求在司法判例和司法解释中已有很多的体现。如最高人民法院《关于审理存单纠纷案件的若干规定》中对存单持有人与金融机构之间举证责任的分配。

---

① 《人民法院报》2015 年 6 月 27 日。

二、采取银行风险安全提示

未尽风险提示义务，因该风险造成客户损失的，银行可能被认定有过错。开办网上银行的机构应向客户提供书面或电子风险预警及安全提示，并依据网上犯罪的特点及时变更及增加提示内容并向客户发布。如密码安全、交易记录的记载、银行网址的核实等。

三、严格遵守支付限额的管理规定

严格遵守支付限额的管理规定。银行如违反支付限额的有关规定，超过限额支付，造成储户的损失扩大，应就扩大的部分承担赔偿责任。**刘某诉中国建设银行股份有限公司佛山永安支行财产损害赔偿纠纷案：**法院审理认为，依照中国人民银行颁布的《电子支付指引（第一号）》的规定，银行通过互联网为个人客户办理电子支付业务，单笔金额不应超过1000元人民币，每日累计金额不应超过5000元人民币。而被告在办理原告账户电子支付业务时，未执行上述规定，致使他人能够一次性转账33200元，造成原告损失扩大，故被告应对超出支付限额部分承担一定的赔偿责任。法院遂根据被告的过错程度判令被告承担超出支付限额部分的40%。[①]

四、诉讼对策

客户只起诉开户银行的，如接受转款的银行违反支付限额规定，开户银行应申请追加其为第三人参与诉讼；

客户不起诉，而是通过其他方式向开户银行主张权利的，如被盗资金尚在接受转款的银行，开户银行应以自己的名义直接向接受转款的银行主张返还，或通过刑事追赃程序予以追回；

不法分子已经从其他银行支取款项的，因接受转款的银行使用虚假身份资料为其开立账户，客观上为不法分子盗取客户存款提供了方便，客户存款损失与银行的开户审查过错之间具有因果关系，应承担过错赔偿责任；

客户发现存款被盗后未及时通知银行主张权利或报警的，银行对客户未及时采取措施而致损失扩大的部分不承担责任。

---

① 《人民法院报》2008年7月18日。

第十二节 对公存款

案例 13：因管理不慎公章被盗用，具有过错，应承担责任

摘要：银行工作人员被开除后，仍持原单位工作证从事金融业务，并开出盖有银行真实公章的存款证实书。虽然银行并未接受存款，但银行的上述管理不善之过错与诈骗犯罪具有因果关系，应对被骗单位承担相应的过错责任。

1998 年 3 月间，原乌鲁木齐华侨旅游侨汇服务公司（以下简称侨汇公司）总经理蒋景树得知新疆维吾尔自治区农村社会养老保险基金管理中心（以下简称社保中心）有 900 万元资金，即与社保中心财务处陈某联系洽谈使用此款。因社保中心坚持此款需存入银行，蒋景树便找到原中国银行乌鲁木齐市分行天山办事处（以下简称天山办事处）副主任张朝钧（1998 年 3 月 20 日申请辞职，同年 3 月 27 日被银行开除公职），让其仍以原银行工作人员的虚假身份到社保中心联系吸纳存款事宜。张朝钧遂持单位工作证并以天山办事处所给利率为 9.22%，高出银行同期利率 4 个百分点为条件提出揽储。社保中心经过考察后，同意将 900 万元款项存入天山办事处。同年 4 月 3 日，社保中心按照张朝钧的要求，扣除 829800 元利息，将未填写收款单位、票面金额为 8170200 元的转账支票交给张朝钧。张朝钧按照蒋景树的要求将该转账支票交给另案刑事被告人韩凯。在蒋景树的安排下，韩凯当即在乌鲁木齐市环宇信用社以侨汇公司的名义设立账户，将 8170200 元款项存入该账户，并据为己有。后蒋景树伙同张朝钧、韩凯伪造中国银行 900 万元进账单、定期存款证实书各一张，由张朝钧交给社保中心。经查，对于进账单上的“票据交换”印章，以及定期存款证实书上加盖的中国银行乌鲁木齐市分行黑龙江路分理处公章的真伪问题，原审法院曾委托该院技术室进行鉴定，结论是：“票据交换”印文与天山办事处提供的“票据交换”印文不是同一印章所盖；定期存款证实书上所盖“中国银行乌鲁木齐市分行黑龙江路分理处业务专用章”印文与中国银行乌鲁木齐市分行黑龙江路分理处业务专用章部分特征相符。新疆维吾尔自治区人民检察院也曾委托公安部物证鉴定中心进行鉴定，鉴

定结论为加盖在定期存款证实书上的“中国银行乌鲁木齐市分行黑龙江路分理处业务专用章”，中维文印文与样本上相同内容的印文倾向是同一印章所盖。案发后，张朝钧供述，存款证实书上的公章是其在天山办事处下属的黑龙江路分理处加盖的，是真实的，但加盖在存款证实书上的另两枚私章（指出纳李明、复核王红）是韩凯私刻的。经查，黑龙江路分理处并没有李明、王红这两个人。乌市中行开除张朝钧的决定未送达张朝钧本人，也未向社会公告。

◎ 裁判要旨

最高人民法院（2004）民二终字第 34 号民事判决书认为：本案涉及民事纠纷与刑事犯罪交叉的问题。本院将本案发回重审时，原审法院尚未作出刑事判决。重审期间，原审法院查清了本案的有关事实并已作出刑事附带民事判决。根据该判决所认定的基本事实，蒋景树伙同张朝钧、韩凯采取伪造进账单和定期存款证实书的办法，骗取社保中心的款项，其行为构成金融凭证诈骗罪。原审法院在判处上述张朝钧等人无期徒刑或有期徒刑的同时，还判决将追缴的赃款 70 万元以及一辆海南马自达轿车发还给社保中心。处理本案民事纠纷应当考虑刑事判决中所认定的基本事实。原审判决认定社保中心与新疆中行之间不存在真实的存款关系并无不当。但是，社保中心与新疆中行之间不存在真实的存款关系，只能说明双方之间不存在合同关系以及新疆中行不存在应当承担合同责任的问题，凭此并不能必然得出新疆中行对本案不应当承担任何民事责任的结论。

基于蒋景树、张朝钧、韩凯的犯罪行为，侨汇公司占有本案 8170200 元款项，没有合法依据，其应当将该款项返还给社保中心。原审判决侨汇公司向社保中心返还 8170200 元及利息并无不当，且侨汇公司亦未提起上诉，故对该判项应予维持。至于新疆中行是否应当对本案承担民事责任，涉及新疆中行对于张朝钧等人的诈骗得逞是否存在过错问题。有过错就应当承担民事责任，这是民法中过错责任原则的基本内涵。从本案基本事实看，在本案行为发生以前，张朝钧虽于 1998 年 3 月 27 日被乌市中行予以开除，但新疆中行并未收缴张朝钧的工作证，以致张朝钧仍以乌市中行天山办事处副主任的身份并持该行工作证到社保中心揽储；特别是张朝钧交给社保中心一张加盖有乌市中行黑龙江分理处业务专用章的定期存款证实书，对于该证实书上加盖的公章的真伪问题，原审法院委托该院技术室所作的鉴定结论以及新疆维吾尔自治区人民检察院委托公安部物证鉴定中心所作的鉴定结论是基本吻合的，上述两次鉴定结论与张朝钧的供述也基本一致，故应当认定定期存款证实书上加盖的乌市中行黑龙江分理处业务专用章是真实的。既然张朝钧在被乌市中行开除公职以后还能够使用加盖单位公章的定期存款证实书，这说明乌市中行在管理上存在过错，而且这种过错是导致张朝钧等人诈骗得逞的重要原因。故新疆中行应对其过错承担相应的民事责任。社保中心未到银行柜台办理存款手续，其轻信张朝钧等人的所为，也说明其有过错，应当自行承担相应的民事责任。

综上，原审判决认定事实基本清楚，在适用法律方面，除判令侨汇公司向社保中心返还 8170200 元及利息外，判决驳回社保中心对新疆中行的诉讼请求不当，本院应予纠正。社保中心关于新疆中行应当对本案承担民事责任的上诉理由成立，本院应予支持。判决：在乌鲁木齐华侨旅游侨汇服务公司不能偿还本息时在 50% 的范围内向新疆维吾尔自治区农村社会养老保险基金管理中心承担赔偿责任。①

◎ 法条链接

1.**《民法通则》第一百零六条第二款** 公民、法人由于过错侵害国家的、集体的财产，侵害他人财产、人身的，应当承担民事责任。

2.**最高人民法院《关于在审理经济纠纷案件中涉及经济犯罪嫌疑若干问题的规定》第四条** 个人借用单位的业务介绍信、合同专用章或者盖有公章的空白合同书，以出借单位名义签订经济合同，骗取财物归个人占有、使用、处分或者进行其他犯罪活动，给对方造成经济损失构成犯罪的，除依法追究借用人的刑事责任外，出借业务介绍信、合同专用章或者盖有公章的空白合同书的单位，依法应当承担赔偿责任。但是，有证据证明被害人明知签订合同对方当事人是借用行为，仍与之签订合同的除外。

第五条 行为人盗窃、盗用单位的公章、业务介绍信、盖有公章的空白合同书，或者私刻单位的公章签订经济合同，骗取财物归个人占有、使用、处分或者进行其他犯罪活动构成犯罪的，单位对行为人该犯罪行为所造成的经济损失不承担民事责任。

行为人私刻单位公章或者擅自使用单位公章、业务介绍信、盖有公章的空白合同书以签订经济合同的方法进行的犯罪行为，单位有明显过错，且该过错行

---

① 《最高人民法院公报》2004 年第 11 期。

为与被害人的经济损失之间具有因果关系的，单位对该犯罪行为所造成的经济损失，依法应当承担赔偿责任。

◎重要提示

一、民事责任

民事责任系民事主体不履行民事义务或侵犯他人民事权利所应承担的民事法律后果。民事责任既可因民事主体的侵权行为而产生，亦可因民事主体的违约行为而产生，还可因民事主体缔约过失行为而产生。银行实施上述任何一种行为，给当事人造成损害事实的，都要承担民事责任。行为的不同，只是导致诉因的不同及法律的适用，并不影响其民事责任的承担。

二、刑事犯罪与民事责任承担

因刑事犯罪给储户造成的损失，并不一定全部由犯罪分子承担或通过刑事追赃来解决。如银行在管理上存在过错或在业务上有失误，并且该过失成为犯罪得逞的重要原因，则银行的民事责任不能免除。银行承担责任后，其损失弥补的风险就完全依赖于刑事追赃的程度。当然，按照过错责任的构成要件，银行承担责任的前提之一是银行的过错与储户损失之间具有因果关系，如无因果关系，银行不负赔偿责任。

三、印章及员工的管理

1. 印章是民事主体人格的象征，具有确定和证明其主体资格和能力的法律效果，具有无形财产性。民事主体对印章享有专用权。由于印章的法律价值可以等同于民事主体本身，视同民事主体的化身，因而印章是民事主体享有民事权利、履行民事义务的客体。银行公章及银行业务专用章代表银行的意志，一旦出具，即对银行产生约束力。

2. 银行职员的工作证、工作卡是其代表银行履行职务的证明，对外昭示其身份及履行职务的合法性。银行对辞退人员、被开除人员、离退休人员等离开银行单位的，在办理手续时，人事部门应收缴其工作证、工作卡等能够证明其是银行工作人员的有效证件。必要时对特定的人事变动应通过适当的方式向社会公示。

◎风险规避

一、未尽审查之责违规开户的风险

《人民币银行结算账户管理办法》对单位开立结算账户的程序及需提供的资料作了详细的规定。《人民币银行结算账户管理办法实施细则》第九条规定，银行应负责对存款人开户申请资料的真实性、完整性和合规性进行审查。而且依据中国人民银行办公厅《关于严格执行人民币银行结算账户管理制度有关事项的通知》，银行应对存款人开户证明文件的原件进行审查。银行在为企业开设账户时，未依照上述规定尽到审查之责违规开户，致客户资金通过该账户被骗，金融机构的违规行为，客观上为犯罪行为提供了帮助，具有过错，应对被骗客户承担相应责任。

上海银丰实业公司武汉分公司与湖北恒昌城市信用社、武汉市后湖信用社等侵权损害赔偿纠纷上诉案：上海银丰实业公司武汉分公司（下称武汉银丰公司）通过张汉权将850万元人民币存入湖北恒昌城市信用社（下称恒昌信用社）。恒昌信用社出具了户名为上海银丰实业公司武汉分公司的存单。1996年5月，夏爱国与张汉权商谈高息存款事宜。随后夏爱国私刻“上海银丰实业公司武汉分公司”“上海银丰实业公司武汉分公司财务专用章”两枚印章及“周天玉”名章（系夏编造的姓名）。并制作一张介绍信，内容为：兹介绍我单位张汉全前来联系开设临时账号转款一事。并加盖上述私刻印章到武汉市后湖信用社连城分社（下称连城分社）开户。夏爱国既无武汉银丰公司的营业执照，也无同意设立该机构的批件，连城分社对此未作审查（开户申请书中营业执照和许可证号码、审查单位意见等栏目均未填写）便开设了户名为上海银丰实业公司武汉分公司、账号为2011331129的账户。后夏爱国诱骗张汉全将恒昌信用社的500万元转入2011331129账户。夏爱国将一张在其他储蓄所存入的500元存单涂改变造为“700万元”交给张汉全。至张汉全向夏爱国追要存款时案发。最高人民法院认为，连城分社为夏爱国假冒武汉银丰公司开户时，没有审查开户所需的必备证件，特别是在夏爱国没有提供武汉银丰公司法人营业执照的情况下为其开户是有过错的，该账户在客观上为夏爱国将武汉银丰公司的存款700万元转存并划转自己使用提供了帮助，导致了武汉银丰公司的损失，连城分社对此应承担30%的责任，但应扣除公安机关追赃发还款共计273920元。因连城分社是后湖信用社的分支机构，其责任应由后湖信用社承担。[①]

二、重要空白凭证未能规范管理的风险

中国人民银行《有价单证及重要空白凭证管理办法》第十二条规定："重要空白凭证是指无面额的经银行（或其他金融机构，下同）或单位填写金额并签章后即具有支付效力的空白凭证，包括：存单、存折、支票、信用卡（证）、限额结算凭证、汇票、联行报单、债券收款单证以及其他重要空白凭证等。"根据第十三条的规定，建立重要空白凭证保管库（柜）及保管登记簿，如实登记保管、领用、使用情况。重要空白凭证必须指定专人负责管理。银行签发的重要空白凭证，应做到"证印分管，证押分管"。

重要空白凭证是资金结算、信用保证的重要工具。重要空白凭证管理不严，直接影响到资金的安全。重要空白凭证丢失及银行工作人员违法使用是产生纠纷的主要原因。

哈尔滨铁路局牡丹江铁路分局诉北京市工商银行南礼士路支行财产损害赔偿纠纷案：1996年，由吕德夫担任法定代表人的九德公司以支付高息为诱饵，使哈尔滨铁路局牡丹江铁路分局结算中心（下称牡铁结算中心）用汇票形式将1000万元人民币汇入九德公司在北京市工商银行南礼士路支行信托代办处开立的账户。第二天，吕德夫即以九德公司名义，委托南礼士路支行信托代办处，将上述1000万元贷给其妻任法定代表人的陆易达公司。随后，该支行为九德公司出具了单位定期存款存单。但该存单第一联与底联填写的内容不一致，交给九德公司的第一联存单载明：户名九德公司；人民币1000万元；存入日期1996年11月14日；期限1年；利率月息6.225%。存单上还注明凭印支取，加盖了南礼士路分理处公章及复核人员和经办人员的名章。但在该支行信托代办处保管的单位定期存单上，账号栏中盖有委托字样印章，利息栏里注明不计息，加盖的是工行北京信托投资公司财务专用章。后吕德夫又用同样的方式将牡铁结算中心2000万元汇入其账户。南礼士路支行的工作人员意识到这样开具存单不符合正常规定，为防止出问题，要求九德公司出具了"此存单不做金融抵押、不提前支取、利率不由银行支付、引起纠纷后果自负"的保证书。1998年底，牡铁结算中心持定期存

---

① 江必新主编：《民商审判指导与参考》2003年第1卷，人民法院出版社2003年版，第205~213页。

款开户证实书到南礼士路分理处查询，分理处负责人答复，到期可以支取。1999年初，牡铁结算中心再次到南礼士路分理处查询该款时，才被告知该款项早在1996年12月已办理了委托贷款业务，将3000万元贷给北京陆易达公司使用。直至1999年春案发，除1997年11月返还牡铁结算中心1074.7万元本金及利息外，其余2000万元已不知去向。北京铁路运输中级法院认为，南礼士路支行对其违规出具单位存款凭证可能会侵害他人权益是明知的，其违规行为是故意的，客观上为吕德夫实施欺诈提供了帮助，因此，被告南礼士路支行有过错，其行为与造成原告损失有因果关系。被告吕德夫与被告南礼士路支行构成对原告的共同侵权，南礼士路支行对吕德夫不能偿还牡铁分局资金损失部分承担赔偿责任。判决被告南礼士路支行赔偿原告本金损失人民币1500万元。[①]

三、客户预留印鉴未能规范操作的风险

《人民币单位存款管理办法》第二十条规定："因存款单位人事变动，需要更换单位法定代表人章（或单位负责人章）或财会人员印章时，必须持单位公函及经办人身份证件向存款所在金融机构办理更换印鉴手续，如为单位定期存款，应同时出示金融机构为其开具的证实书。"《人民币银行结算账户管理办法》第六十三条规定："存款人应加强对预留银行签章的管理。单位遗失预留公章或财务专用章的，应向开户银行出具书面申请、开户登记证、营业执照等相关证明文件；更换预留公章或财务专用章时，应向开户银行出具书面申请、原预留签章的式样等相关证明文件。个人遗失或更换预留个人印章或更换签字人时，应向开户银行出具经签名确认的书面申请，以及原预留印章或签字人的个人身份证件。银行应留存相应的复印件，并凭其办理预留银行签章的变更。"

银行违反规定更换了储户的印鉴片，致使案外人控制了储户的账户并从中转走了存款，应根据其过错承担款项被骗的民事责任。

中交第一公路勘察设计研究院与中国银行西安市咸宁路支行存款纠纷再审案：中交第一公路勘察设计研究院（以下简称设计院）财务人员廖善继、李建安得知在中国银行西安市分行兴庆支行金花南路分理处（以下简称金花南路分理处）可办理年利率11.5%的高息存款，即携设计院营业执照、企业代码本、财务专用章到金花南路分理处办理存款开户手续。金花南路分理处提供给设计院的账

---

① 《法制日报》2001年12月21日。

号为498-015170113007。办理完开户手续后，廖善继、李建安与赵华等中介人将500万元转入该账户。

赵华等人之后又来到金花南路分理处，称开户申请书上没有加盖单位公章，要求加盖后再送回来，遂将开户申请书加盖上伪造的设计院公章后送回金花南路分理处。赵华持盖有与开户申请书一致的设计院公章介绍信（内容为补办开户手续及有关事宜）来到金花南路分理处要求更换预留印鉴。分理处在没有审查其身份，也没有要求其填写更换印鉴申请书，更没有收回开户人自留的印鉴片，即将原留存的有效印鉴片作废，为赵华更换了印鉴。更换后的印鉴持有人从498-015170113007账户中提现、转款共计4059600元。

最高人民法院再审认为，廖善继和李建安开立存款账户、转存款项是代表设计院所为的法人行为。设计院持营业执照、企业代码本、财务专用章等申请开立存款账户，咸宁路支行经审查后同意并办理了相应的开户手续，提供了存款账户，设计院向该账户内存入500万元，双方即形成了存款关系。银行有依法保护储户存款安全的义务，但咸宁路支行严重违反有关规定，未审查更换印鉴者的身份证件，未要求其填写更换印鉴申请书，也没有收回有效的原印鉴片，仅凭授权不明的介绍信就为来人办理了更换印鉴的手续，致使设计院账户内的500万元存款被他人控制，造成的损失应由咸宁路支行自行承担。设计院以高息名义收取的291500元并非咸宁路支行支付，且该款已被收缴，设计院已经承担了相应的法律责任。咸宁路支行应当返还设计院500万元存款本金和利息。本案中存在的开户申请书假公章及高息来源等经济犯罪嫌疑线索与存款关系不是同一法律关系，已由公安机关查处，不影响本案的审理。判决：中国银行咸宁路支行在本判决生效后10日内向中交第一公路勘察设计研究院兑付500万元本金和利息（利息自1997年12月4日起按中国人民银行同期活期存款利率计算至给付之日）。①

在本案中，涉及开户申请书的瑕疵是否影响储蓄合同成立的问题。如开户申请书上未加盖单位公章，银行按规定应当要求储户完善手续，不予完善的，应予拒绝办理。如银行在客户提供的手续不全的情况下为其办理了开户手续，就意味着开户行认可了客户的申请手续上的瑕疵没有影响客户的开户申请，不能在发生纠纷后再以此为理由否定开户申请的效力。

从合同订立的角度来讲，开户申请书、存款凭条是储户向银行提出订立合同

① 苏泽林主编:《审判监督指导》2006年第1辑，人民法院出版社2006年版，第91~95页。

的要约，储户的要约只要不违反储蓄的有关规定，银行即应予以承诺，即按照储户的要求予以办理。如果银行不接受储户的要求，或储户填写的内容与法律规定不一致时，银行应要求储户重新填写，即由储户重新要约。在实务中，存款凭条应与存单、存折上的记载事项一致。但如果不一致时，仍应以存单、存折上的记载事项为准。如银行改变了储户的要约，实质上是提出了一个新的要约，储户接受且未提出异议的，储蓄合同仍为有效。存单、存折是银行与储户储蓄存款合同成立的凭据，也是储户享有债权的重要凭证。

四、单位存款的挂失风险

单位存款的挂失不能适用《储蓄管理条例》，而应根据《人民币单位存款管理办法》的规定办理。该法第二十二条规定："存款单位的密码失密或印鉴遗失、损毁，必须持单位公函，向存款所在金融机构申请挂失。金融机构受理挂失后，挂失生效。如存款在挂失生效前已被人按规定手续支取，金融机构不负赔偿责任。"单位存款与储蓄存款除了存款主体不同外，其他方面也有不同特点：单位活期存款按照账户进行管理，没有存单也没有存款证实书，按照《支持结算办法》的相关规定进行存取和结算；单位定期存款给存款单位开具《单位定期存款开户证实书》，并要求存款单位预留财务专用章和法定代表人及财会人员印章，支取存款时，须凭预留印鉴和《单位定期存款开户证实书》支取。也就是说，储蓄存款可以预留印鉴，也可以不预留，但单位存款必须预留印鉴。因此，储蓄存单丢失后如不及时申请挂失，则可能会导致存款被冒领；而存款证实书丢失，只要预留印鉴不遗失，存款也不会被冒领。可能正是基于此，《人民币单位存款管理办法》只规定了密码和预留印鉴的挂失，而未规定《单位定期存款开户证实书》的挂失。

第十三节　服务收费

案例 14：依法成立的合同应予信守，单方变更法律不予支持

摘要：银行与客户签订的电话银行服务合同系平等主体之间的民事法律行为，从成立时即具有法律约束力，行为人非依法律规定或者取得对方同意，不得擅自变更或者解除。

原告深圳市爱才劳动争议服务部在被告中国农业银行深圳笋田支行处开立一账户。2005 年 4 月 14 日，原告向被告递交了中国农业银行深圳市分行电话银行服务申请表（以下简称申请表）和中国农业银行深圳市分行电话银行服务申请书（以下简称申请书）。申请表表明，企事业单位申请电话银行开户时需在其开户银行办理。申请书内容如下："我公司兹申请使用贵行提供的免费电话银行服务，并承诺以下责任和义务：一、本公司严格按照贵行电话银行服务使用规定，办理查询单位活期存款账户、单位定期存款账户、贷款账户资料、传真对账单、企事业单位存贷款利息表等业务（传真业务按邮电局标准收费）。二、我公司财务人员或经办人员对电话银行查询密码严格保密，因泄密造成存款账户资料外传或经济损失由我公司负责。三、本公司申请使用电话银行服务账户以《电话银行服务申请表》为准。"通过上述申请表和申请书，原告在被告处开通了免费电话银行服务业务。庭审中，原告声称其从未使用过被告的电话银行服务。

2007 年 5 月 22 日，中国农业银行深圳市分行发布公告，其内容是：根据《价格法》及《商业银行服务价格管理暂行办法》的规定，现将本行拟调整的金融服务价格标准予以公告：一、本行拟调整的金融服务价格项目如下，所列项目自 2007 年 6 月 5 日起执行。收费项目：电话银行企业签约客户年服务费；收费内容：电话银行企业客户管理；服务价格：180 元 / 户 / 年。二、本次公告收费项目和标准的其他具体事项请垂询我行网点柜台或 95599 客户服务热线。《中国农业银行深圳市分行办公室文件》之"关于开征电话银行企业签约客户年服务费的通知"公告工作部分载明，根据《商业银行服务价格管理暂行办法》规定，商业银行服

务价格项目、标准发生变化后，必须至少于执行前10个工作日进行公告，并且严格于公告日起的第11个工作日开始执行。我行将按照规定通过网站张贴、语音信息（如95599客户服务热线）等方式进行本项费用开征的社会公告。在公告的具体安排部分载明，按照公告的原则，分行辖区内各个营业网点将于5月22日起张贴公告（至少10个工作日，至6月4日），6月5日起正式开始执行该项价格标准。

2007年6月15日，原告从被告处取客户回单时，得知被告已于2007年6月5日从原告的账户中收取了电子银行年费人民币180元。从原告当日录制的录像中未看到被告处张贴了上述公告。原告要求被告予以返还，交涉未果，遂诉至法院。

◎ 裁判要旨

深圳市罗湖区人民法院经审理认为，本案为银行服务合同纠纷，针对双方争议焦点，法院作如下分析认定。

一、如何看待双方在银行服务合同中的权利义务。原告于2005年4月14日，通过签署申请书和申请表，与被告建立了银行服务合同关系。在该合同关系中，原告有权利免费使用被告的电话银行服务业务，同时也有义务遵守相关电话银行服务使用规定。由于双方未书面约定合同期限，即未约定原告可以免费使用被告电子银行服务的时间，且原告在该合同关系中不需要支付对价，因此，双方都可以随时终止该合同关系。

二、2007年6月5日被告从原告的账户中收取电子银行年费人民币180元的行为违反了之前的免费约定，属于单方面变更合同主要条款，原告获悉之后予以反对，表明双方未就变更事项达成一致，原服务合同予以终止。被告所拟收取费用虽已经过有关部门同意或批准，但其要向电话银行的客户收取还必须符合双方合同的约定和法律的相关规定，因为其与广大签约客户之间是一种平等的合同关系。我国《合同法》明文规定，合同的一方不得将自己的意志强加给对方，合同的变更须经双方当事人一致同意方为有效。因此，被告欲使双方之间原来存在的服务合同关系由免费变为收费，必须取得原告的同意。被告于收取电子银行年费之间所做的公告工作，也就是要将其变更银行服务合同中免费条款的意思表示通知到合同的另一方，使其知晓并决定是否同意变更原有合同条款。本案中，被告未能证明其已经将公告的内容通知到了原告，而且，就本案被告公告的内容来看，被告并没有在公告中对原签约客户可以行使的权利作必要的说明。即使公告通知到了原告，也不能推定出原告就同意了被告的变更条款。因为双方在原有合同关系中并没有约定，只要变更通知到达了对方，未予回复即为同意，而法理上亦认为默示行为要产生法律效力必须要有双方明确的约定或法律的直接规定。由于本案电话银行服务项目没有约定期限，双方可以随时终止服务合同关系，因此，原告在知悉电话银行服务由免费变为收费后，第一时间表示了反对，说明原告是不同意被告变更要求的，原告从该时起终止了双方的电话银行服务合同关系。

三、服务合同之本旨是一方提供服务，另一方支付相应费用。接受了服务则应支付费用，未接受服务，则无须支付费用。如此才符合民法之公平原则。本案被告将其电话银行服务业务由免费变为收费，符合市场经济原则与服务合同之本旨，且已依法获得允许，本无不妥。但被告作为服务的提供者，在与服务的接受者——广大的电话银行服务使用者之间，仍需遵循双方有关约定和法律的有关规定，不能违背合同自由原则，剥夺或限制对方的合同自主权。特别是在涉及从免费到收费这样重大权利义务变更时，要充分尊重原合同的另一方主体所享有的合同自由。本案原告在知悉被告的电话银行服务由免费变为收费之后，既明确反对，又未实际再使用被告的电话银行服务业务，意味着其不愿再接受被告的电话银行服务。被告在其公告日期结束之后，不论原告是否同意其对服务费用的调整，亦不论原告事实上是否再使用其电话银行业务，依据原合同关系径行从原告在其处开立的账户中收取电子年费人民币 180 元的行为，有违法律规定，侵害了原告对有关财产的合法权益。

综上，原告虽然与被告建立过银行服务合同关系，但在该合同关系中，原告使用电话银行服务，是无须支付任何费用的。被告依据相关规定，决定从 2007 年 6 月 5 日起，将原来免费提供给签约客户的电话银行服务业务调整为收费项目，并采用公告方式宣布这一决定，于法并无不可，但不能由此而侵害原用户的合同自由。原告作为原签约客户之一，于 2007 年 6 月 15 日知晓了这一情况，并当即要求被告返还已收取的电子银行年费人民币 180 元的行为，应视为原告不同意被告有关收费的决定，并终止了与被告原来签订的服务合同。与此同时，被告未能证明原告于电话银行服务费用调整之后有使用电话银行服务的事实存在。故，上述情况下，被告依据收费决定，收取作为原签约客户的电子银行年费，并无合同和事实依据，侵害了原告的财产权益，依法应向原告返还其收取的费用。对于原告为维护自身合法权益而支出的工商登记资料打印费，被告应予以赔偿。原告要求被告开具电子银行发票的诉请，因电子银行年费将返还给原告，故此诉请失去了基础，法院不予支持。依照《民事诉讼法》第六十四条第一款，《民法通则》第一百零六条第一款，《合同法》第三条之规定，判决：一、被告向原告返还电子银行年费人民币180元及其利息；二、被告向原告赔偿工商登记资料打印费人民币60元；三、驳回原告其他诉讼请求。

被告提起上诉后又撤回上诉，一审判决已发生法律效力。[①]

◎ 法条链接

1.**《合同法》第三条** 合同当事人的法律地位平等，一方不得将自己的意志强加给另一方。

第八条第一款 依法成立的合同，对当事人具有法律约束力。当事人应当按照约定履行自己的义务，不得擅自变更或者解除合同。

第七十七条第一款 当事人协商一致，可以变更合同。

2.**《商业银行法》第五十条** 商业银行办理业务，提供服务，按照规定收取手续费。收费项目和标准由国务院银行业监督管理机构、中国人民银行根据职责分工，分别会同国务院价格主管部门制定。

3.**最高人民法院《关于贯彻执行〈中华人民共和国民法通则〉若干问题的意见（试行）》第六十六条** 一方当事人向对方当事人提出民事权利的要求，对方未用语言或者文字明确表示意见，但其行为表明已接受的，可以认定为默示。不作为的默示只有在法律有规定或者当事人双方有约定的情况下，才可以视为意思表示。

4.**《商业银行服务价格管理办法》第三条** 本办法所称商业银行服务，是指商业银行向客户提供的各类服务。本办法所称客户，是指商业银行的服务对象，包括自然人、法人和其他组织。本办法所称服务价格，是指商业银行提供服务时收取的费用。

相关案例链接

2002年国内首例叫板外资银行账户管理费案在上海市浦东新区人民法院开审：2002年4月8日，30岁的法律工作者吴卫明到花旗银行办理个人外币储蓄手续时，得知存款额若低于5000美元，必须接受银行提供的个人理财服务，并向其缴纳相应服务费。吴卫明表示只办储蓄，不要个人理财服务，不愿支付服务费，但被银行拒绝，以致双方不能缔结储蓄合同。吴卫明就此将花旗银行告上法庭，

---

① 《人民司法·案例》2008年第22期。

请求法院判令银行赔礼道歉，赔偿其为此次储蓄而支出的往返路费 34 元。2002 年 10 月 10 日，浦东新区法院作出一审判决，对吴卫明的诉讼请求不予支持。

2007 年 1 月，大学生刘江状告中国农业银行收取银行卡年费及账户管理费不合理，湖南省桃江县人民法院作出一审判决，驳回刘江的全部诉讼请求。

2007 年 10 月，北京律师董某状告工商银行收取小额账户管理费和银行卡年费不合理，法院作出判决，驳回了董某的诉讼请求。

2008 年 1 月，多来米中文网（北京）信息技术有限公司职员王某以工商银行收取小额账户管理费没有进行告知、收取跨行交易服务费没有提供发票为由，将中国工商银行股份有限公司和中国工商银行股份有限公司北京市分行诉至法院。法院终审判决，驳回了王某要求工商银行双倍返还小额账户管理费 6 元、提供跨行交易服务费发票等诉讼请求。

2009 年 7 月，上海浦东新区法院受理李先生诉外资银行账户管理费纠纷案。2008 年 7 月，李先生因急需资金而向某知名外资银行申请无担保贷款。在《贷款申请表》中双方约定，李先生向银行申请贷款人民币 33000 元整，实际贷款金额以银行审核金额为准（后银行实际审核金额为 27500 元），贷款期限 24 个月，利息按年利率 7.7% 计算，同时约定每月按贷款本金的 0.49% 向银行支付账户管理费。法院认为：账户管理费是银行用于提供相关的账户管理服务，如接受账户信息咨询、提示还款、每月接受还款、账户维护等各项服务的费用，该服务内容不会因为贷款余额减少而可以部分或者全部免除，只要借款人全部贷款尚未还清，该服务仍然持续。因此账户管理费不同于利息，并非以贷款本金余额为基数进行计算，而是商业银行根据各自不同的经济成本，通过特定的计算方式核算得出，并由借贷双方合同约定。此外，被告收取该项费用符合同类银行的业务惯例，也未违反我国现行法律法规的禁止性规定。据此，法院一审驳回了李先生要求银行退还多收的费用和利息的诉讼请求。[①]

◎重要提示

一、商业银行服务价格的性质

商业银行作为营利性金融企业，有权依照有关规定，就其向社会提供的服

---

① 《人民法院报》2010 年 3 月 23 日。

务收取费用。其性质属于经营服务性收费，实行自愿有偿原则。其服务收费有别于行政事业性收费，不具有强制性。因此，银行收费决定是否经过有关部门同意，涉及的是收费项目的合法性问题。在服务合同关系中，双方的法律地位是平等的，银行收费决定要对储户产生法律效力，还必须获得其同意，银行不能以其收费项目合法，履行了必要的审批程序而单方改变与客户签订的合同关系的内容。而必须依据《合同法》的规定，在平等自愿的基础上，由合同双方协商确定。

二、默示的意思表示

意思表示有明示和默示两种形式。所谓默示的意思表示，指行为人的意思并非通过语言或者文字明确表示出来，而是通过其行为推定出来。依据最高人民法院《关于贯彻执行〈中华人民共和国民法通则〉若干问题的意见（试行）》（以下简称《民法通则意见》）第六十六条的规定，银行可以通过公告方式将其变更服务收费的意思表示通知使用电话银行服务的企业客户，如客户未表示同意，但仍然使用电话银行服务的，可视为已接受变更收费后的银行服务。但如企业客户在公告期满未作反对的事实，双方协议亦未约定“当服务收费发生变更时，银行以公告方式进行通知，公告期满未反对的，视为同意”的条款，则不能认为企业客户已经默示同意了其变更主张，并据此向客户收费。

◎风险规避

一、建立完善的中间业务合同的管理制度

由于中间业务种类繁多，差异较大，同时客户需求不一，而且出于业务竞争的需要，常常需要为客户提供个性化服务，因此较多中间业务没有也无法制定格式合同。在此情况下，银行在开展中间业务时不得不根据客户的具体实际情况拟订合同。同时我国目前有关中间业务立法仍有不少空白，有关中间业务立法内容侧重监管，忽视了银行与客户关系的调整，缺乏对中间业务当事人权利义务的规范。基于上述情况，银行要重视对中间业务合同文本的订立、审查、修订和使用管理以及合同的履行及跟踪监督，通过合同规范当事人的权利义务关系，以充分发挥合同文本对中间业务法律风险的事前防范功能，进而增强中间业务法律关系的稳定性和可预期性。

二、合理设计合法、简便的合同变更程序

近年来，各家银行在强化服务的基础上，也增设了各种各样的收费项目，并创造了巨额利润。在此情况下，如何规范收费程序，建立与客户的合同关系尤为重要。

1. 依据有关规定，商业银行所有中间业务收费需履行报批程序。

2. 对于收费项目要明确告知客户，使客户享有充分的知情权和选择权。**刘某与某银行储蓄合同纠纷案**：2009 年，银行因储户刘某存款额度不足 300 元而每季度从其存款中划取 3 元钱的小额存款管理费，共计扣划 15 元钱。黑龙江佳木斯市向阳人民法院审理认为，银行收取的小额管理费是其银行的内部规定，而储蓄合同需要双方约定。刘女士到银行开立账户时，银行并未告知该规定，因此，银行的划款行为构成了违约。在法官的调解下，银行偿还了扣划刘女士的 15 元，并主动支付了诉讼费用。①

3. 客户通过书面、电子文书、电话等方式选择的，银行要有记录备查。

4. 银行作为对公服务企业，不可能就合同事项采用传统的面对面的协商、签约、变更、终止等方式，但仍要为客户修改、终止合同设置相应的方式和机制。当客户不愿意享受某一服务时，应有便捷的方式满足客户变更、终止合同的需要。

5. 在客户了解金融产品时，银行应当全面、客观地介绍自身产品的特点、收费项目和计算方式。注意用合理、明了的方式告知客户，尤其应当注意对已履行告知义务的证据保留。同时对于客户所提出的疑问能够给予迅捷明确的解释和答复，从而减少相关纠纷的产生。

---

① 《人民法院报》2009 年 12 月 2 日。

第十四节 资金证明

案例 15：出具虚假资金证明，具有过错承担赔偿责任

摘要：银行出具存款证明书，供申办企业验资。验资报告出具后，银行又将该款项按存款人的意图转走，属于故意提供虚假的资金证明的行为。该行为侵犯了与申办企业进行正当交易并对其依法享有债权的市场主体的合法权利。

1996 年 3 月 26 日，杭州中新工贸总公司商业分公司（以下简称中新公司）与杭州大学实验信用合作社（以下简称杭大信用社）签订一份借款合同，约定杭大信用社借给中新公司 3300 万元，借款用途为“临时周转”，借款期限 2 天。当日，杭大信用社将上述借款划到中新公司账户上，中新公司即将其中 1800 万元和 1500 万元分别转给了浙江省乡镇企业发展公司（以下简称乡企公司）和杭州景达贸易公司（以下简称景达公司）。该两公司亦于当日，以“往来款”名义，将两笔款项转到了金都公司在杭大信用社开立的验资专户上。同日，杭大信用社为金都公司验资而出具了两份《银行存款证明书》，一份证明书载明：兹有股东景达公司在本行开设的临时账号 7708243020401 中存入资金 1500 万元，作为金都公司开办的注册资本，待该企业领取企业法人营业执照后，由本行负责将上述资金全部划入该新办企业的正式银行账户。在另一份证明书上，除将“股东景达公司”改成“股东乡企公司”“1500 万元”改为“1800 万元”之外，其他记载内容与第一份存款证明书相同。杭大信用社还出具了证明 1500 万元和 1800 万元划入金都公司验资专户的进账单。据此浙华会计师事务所出具验资报告，证明设立金都公司的 3300 万元的注册资金已全部到位。同日，杭大信用社应景达公司和乡企公司的要求，以退验资款名义，用内部特种转账传票，将金都公司验资专户上 3300 万元验资款划回中新公司的账户，接着又将该款从中新公司的账户划回该社自己的账户。同年 5 月 23 日，经浙江省工商行政管理局核准，金都公司成立并领取企业法人营业执照。

1995年5月至12月间，景达公司在中国农业银行杭州市分行（后变更为中国农业银行浙江省分行营业部，以下简称农行浙江营业部）透支借款共计3884万元。1996年10月21日，农行浙江营业部与景达公司、金都公司签订一份保证担保借款协议，约定：景达公司在1996年11月30日至1997年12月31日期间分8次偿还借款3884万元，金都公司在此偿还期间内对景达公司的还款义务承担连带责任保证。因景达公司未按期归还，金都公司亦未尽保证义务。农行浙江营业部遂诉至浙江省高级人民法院，该院判令景达公司偿还3784万元借款，金都公司对景达公司的还款承担连带责任。但在该案执行过程中，因被执行人景达公司、金都公司已无财产可供执行，且已被工商行政管理部门吊销营业执照，该院裁定此案终结执行。

1999年8月12日，农行浙江营业部向浙江省高级人民法院起诉杭州市商业银行，后又追加西湖支行为被告，提出西湖支行的前身杭大信用社向金都公司出具了虚假的验资证明，请求该院判令被告承担3300万元的赔偿责任，并承担诉讼费用。该案诉讼过程中，农行浙江营业部将其本案债权转让给了中国长城资产管理公司杭州办事处。

◎ 裁判要旨

最高人民法院审理认为，在《银行存款证明书》中，杭大信用社不仅明确证实3300万元的验资款已经到位，而且还承诺待金都公司领取法人营业执照后，由其负责将上述资金划入正式的银行账户。然而，杭大信用社违反该承诺，在3300万元验资款进入金都公司验资专户的第二天就又将其转出，并最终划回到自己的账户。在没有取得有关部门出具的撤销该公司注册申请通知（或证明）的情况下，这种划转企业验资账户内注册资金的做法，违反了国家有关验资专户管理的规定。杭大信用社明知其出具了存款证明却又将款项转走的做法，违背了金融机构的职责和信誉要求，属于故意提供虚假的资金证明的行为。该行为侵犯了与金都公司进行正当交易并对其依法享有债权的市场主体的合法权利。依照《民法通则》及本院《关于验资单位对多个案件债权人损失应如何承担责任的批复》之相关规定，杭州市商业银行及西湖支行应当在原杭大信用社出具的3300万元虚假资金范围内，向杭州办事处承担赔偿责任。因农行浙江营业部3784万元债权是在金都公司成立之前发生的，且是由景达公司利用该行核发的金穗信用卡透支造成；1996年10月21日农行浙江营业部与景达公司、金都公司签订的保证担保借款协议实质是对该透支用款的确认，而不是实际发放贷款。金都公司在农行浙江营业部3784万元债务已经发生且不能有效追索的情况下为景达公司提供担保，而最终无能力承保，农行浙江营业部丧失了及时向景达公司追款的有利时机。故杭大信用社应根据金都公司该过错的程度，承担相应的赔偿责任。农行浙江营业部因管理不善，对该笔款项的损失亦应承担相应的责任。判决：杭州市商业银行、杭州市商业银行西湖支行应向中国长城资产管理公司杭州办事处赔偿因原杭大信用社出具虚假资金证明而给债权人造成的损失1320万元。[①]

◎法条链接

1. 中国人民银行《关于加强公司登记注册入资账户管理的通知》 一、公司登记注册时，因验资需要在银行开立存款账户的，应出具工商行政管理部门核发的《企业名称预先核准通知书》，并填写开户申请书，送交盖有存款人印章的印鉴卡片，银行审核无误后，凭以开立公司登记注册入资的专用存款账户。

二、公司成立后，应向银行出具工商行政管理部门核发的营业执照（正本）和人民银行当地分行核发的开户许可证，将专用存款账户的资金全额划转到其在银行开立的基本存款账户。银行应及时办理转账，并撤销该专用存款账户。

2. 最高人民法院《关于会计师事务所为企业出具虚假验资证明如何处理的复函》 德阳市会计师事务所为德阳市东方企业贸易公司出具虚假验资证明，并在证明中明确承诺"以上货币资金及固定资产业经逐项验证属实，如有虚假，由我单位负责承担证明金额内的赔偿责任"。因德阳市东方企业贸易公司注册时，事实上并无资金和财产，因此德阳市会计师事务所应依其承诺对德阳市东方企业贸易公司的全部债务在其证明金额内承担赔偿责任。在山西太原南郊化工厂诉德阳市东方企业贸易公司购销合同货款纠纷案中，山西太原南郊化工厂申请追加德阳市会计师事务所为诉讼当事人，并要求其承担赔偿责任，符合法律规定。经审理判定德阳市东方企业贸易公司承担债务后，所清偿债务的不足部分由德阳市会计师事务所在其证明金额内承担赔偿责任。

此外，即使会计师事务所出具的虚假验资证明无特别注明，给委托人、其他利害关系人造成损失的，根据《中华人民共和国注册会计师法》第四十二条的规

---

① 李国光主编：《民商审判指导与参考》2002年第2卷，人民法院出版社2003年版，第408~413页。

定，亦应当依法承担赔偿责任。

3. 最高人民法院《关于验资单位对多个案件债权人损失应如何承担责任的批复》 金融机构、会计师事务所为公司出具不实的验资报告或者虚假的资金证明，公司资不抵债的，该验资单位应当对公司债务在验资报告不实部分或者虚假资金证明金额以内，承担民事赔偿责任。

4. 最高人民法院《关于会计师事务所为企业出具虚假验资证明应如何承担责任问题的批复》 一、会计师事务所系国家批准的依法独立承担注册会计师业务的事业单位。会计师事务所为企业出具验资证明，属于依据委托合同实施的民事行为。依据《中华人民共和国民法通则》第一百零六条第二款规定，会计师事务所在1994年1月1日之前为企业出具虚假验资证明，给委托人、其他利害关系人造成损失的，应当承担相应的民事赔偿责任。

二、会计师事务所与案件的合同当事人虽然没有直接的法律关系，但鉴于其出具虚假验资证明的行为，损害了当事人的合法权益，因此，在民事责任的承担上，应当先由债务人负责清偿，不足部分，再由会计师事务所在其证明金额的范围内承担赔偿责任。

5. 最高人民法院《关于金融机构为企业出具不实或者虚假验资报告资金证明如何承担民事责任问题的通知》 一、出资人未出资或者未足额出资，但金融机构为企业提供不实、虚假的验资报告或者资金证明，相关当事人使用该报告或者证明，与该企业进行经济往来而受到损失的，应当由该企业承担民事责任。对于该企业财产不足以清偿债务的，由出资人在出资不实或者虚假资金额范围内承担责任。

二、对前项所述情况，企业、出资人的财产依法强制执行后仍不能清偿债务的，由金融机构在验资不实部分或者虚假资金证明金额范围内，根据过错大小承担责任，此种民事责任不属于担保责任。

三、未经审理，不得将金融机构追加为被执行人。

四、企业登记时出资人未足额出资但后来补足的，或者债权人索赔所依据的合同无效的，免除验资金融机构的赔偿责任。

6. 最高人民法院《关于审理证券市场因虚假陈述引发的民事赔偿案件的若干规定》第二十四条 专业中介服务机构及其直接责任人违反证券法第一百六十一条和第二百零二条的规定虚假陈述，给投资人造成损失的，就其负有责任的部分承担赔偿责任。但有证据证明无过错的，应予免责。

7. **最高人民法院《关于审理涉及会计师事务所在审计业务活动中民事侵权赔偿案件的若干规定》第四条** 会计师事务所因在审计业务活动中对外出具不实报告给利害关系人造成损失的，应当承担侵权赔偿责任，但其能够证明自己没有过错的除外。

第九条 会计师事务所在报告中注明“本报告仅供年检使用”“本报告仅供工商登记使用”等类似内容的，不能作为其免责的事由。

第十三条 本规定自公布之日起施行。本院过去发布的有关会计师事务所民事责任的相关规定，与本规定相抵触的，不再适用。

◎重要提示

一、注册资金性质

注册资金是公司向社会公示的责任能力，在一定程度上也反映了企业的偿债能力，构成对债权人一般担保，也是相对方判断是否与之交易的标准之一。出具资金证明是公司成立的重要一环，是中介机构出具验资报告和公司登记的前提。如银行出具虚假的资金证明，将有可能使一个无能力承担民事责任的本不该成立的企业被登记，扰乱社会经济秩序。债权人之所以与企业进行交易，往往是基于对该企业注册资金的信赖，而虚假的资金证明、验资报告，则使得债权人的信赖落空，并使其基于该合理信赖所进行的交易蒙受损失。所以，在借款合同、买卖合同等纠纷中，债权人的债权损失与验资单位虚假验资之间应具有因果关系。注册资金属于专用存款，应专款专用。注册资金一旦进入专用账户，并经银行出具资金证明后，该款项所有权的处分权能便受到了限制。非依有关法律文件，如营业执照、开户许可证、申请注册公司撤销通知等，任何人都不得对该款项进行随意处置。否则，当公司资不抵债时，银行就要承担过错赔偿责任。

二、虚假资金证明责任的法律适用

在上述司法解释中，虽然直接涉及金融机构验资责任的是法释［1997］10号与法发［2002］21号，但由于金融机构虚假资金证明责任与中介机构虚假验资责任并无本质区别，所以其他司法解释仍然是处理金融机构虚假资金证明责任纠纷时的参照依据。

虚假验资责任一般是指会计师事务所、审计师事务所等中介机构、金融机构或者有关部门，在公司设立或上市等环节因出具不实的验资报告或者资金证明，而向合理信赖并使用该报告或证明的利害关系人所应承担的侵权赔偿责任。在民商事审判中，单纯的虚假验资纠纷并不多见，一般多为债权人在借款合同或买卖合同纠纷案件中，将验资单位列为被告一并追究其虚假验资责任的情形。金融机构由于其信誉良好，资金雄厚，在其向企业出具验资报告或者资金证明的情况下，往往成为债权人实现债权的重要目标。在司法实务中，当公司资不抵债时，债权人已把公司成立时的资金证明和验资报告是否真实作为审查的一个重要环节。通过诉求银行或验资部门承担赔偿责任已成为债权人实现债权的途径之一。

三、虚假验资责任的顺位

根据法发［2002］21号通知的规定，在责任承担的顺位上应首先由债务企业承担民事责任；该企业财产不足以清偿债务的，由出资人在出资不实或者虚假出资金额范围内承担责任；企业、出资人的财产依法强制执行后仍不能清偿债务的，由金融机构在验资不实部分或者虚假资金证明金额范围内，根据过错大小承担责任。审判实践中，值得注意的是涉及担保责任时的顺位问题。一般来说，一般保证人及抵押人、质押人承担责任的范围是主债务人不能偿还的部分。因瑕疵出资人对主债务人财产负有补充责任，以恢复主债务人应有的偿债能力，其责任承担在实质上是主债务人责任的重要组成，所以在责任顺位上应先于担保人和验资单位。一般保证人及抵押人、质押人则应在出资人之后，验资单位之前承担责任。至于连带责任保证人，其与主债务人同属第一顺序的债务人，其责任承担应在出资人、验资单位之前。

◎ 风险规避

一、责任顺位的抗辩

由于出具虚假资金证明的赔偿责任为补充赔偿责任，即只有公司资不抵债时，就未能清偿部分在虚假资金证明金额以内承担责任。因此，金融机构承担虚假验资责任的前提是，债权人已对债务人企业及出资人主张债权，并且经人民法院强制执行，债权仍得不到实现。债权人在未追究出资人出资不实责任的情况下，不能直接要求金融机构承担虚假验资责任。

银行遇到此类案件时，应加大对债务人的资产调查力度，以了解是否存在转移、隐匿财产，债权未受清偿或不实出资人未能补足其出资等情况，只有在上述情况得到落实，仍不能对债权人进行全部清偿的情况下，银行才应承担责任。

二、诉讼时效的抗辩

目前在我国立法对虚假验资责任的诉讼时效没有作出特别规定的情况下，虚假验资责任仍应适用普通诉讼时效之规定。**大秦公司诉玉秦公司、工行咸阳分行借款合同纠纷案：**陕西高院认为，债权人追究验资单位虚假验资责任的诉讼时效，应从其知道或者应当知道债务人不能偿还其债务时起算。[①]

三、因果关系的抗辩

虚假出资证明责任系过错责任，出具虚假出资证明与债权人之间的损失应具有因果关系，即债权人的损失是基于对虚假出资证明的合理信赖或使用而形成的。否则，金融机构不承担责任。**深圳市商业银行宝安支行与湖南长炼兴长集团有限责任公司、深圳民鑫事业有限公司、广东金汇源投资担保有限责任公司、西北亚奥信息技术股份有限公司、吴忠仪表集团有限公司、深圳国安会计师事务所有限公司返还资金保证合同纠纷案：**最高人民法院（2007）民二终字第26号民事判决书认为，本案二审争议的主要问题是宝安支行是否应当就金汇源公司对兴长公司的担保债务承担出具虚假资金证明的赔偿责任。2004年1月1日，兴长公司与民鑫公司、金汇源公司就民鑫公司拖欠的兴长公司保证金本金1.3亿元签订了还款协议书，金汇源公司对该笔款项的偿还提供了担保。金汇源公司于同年1月5日在工商登记中将公司注册资本由原5000万元变更为3亿元。一审庭审中有关当事人提交了同年2月6日加盖有宝安支行公章的银行询证函，该询证函载明2月6日金汇源公司在宝安支行的0282100346110账号内由金汇源公司的股东西北亚奥公司、吴忠仪表公司和青海证券有限责任公司共计缴入了2.5亿元投资款，但后经有关法院查询，上述资金证明虚假，金汇源公司追加的注册资金并未实际缴付到位。宝安支行是否应当承担出具虚假资金证明的赔偿责任，应当视其是否出具了上述加盖其公章的虚假资金证明，以及兴长公司有关金汇源公司提供担保所造成的损失是否基于对宝安支行出具的虚假资金证明的合理信赖或者使用所造成。即本案中宝安支行是否存在侵权行为，以及兴长公司的损失发生与

---

① 《人民法院报》2008年9月26日。

宝安支行的侵权行为之间是否存在因果关系，是认定宝安支行是否应当对金汇源公司的两个瑕疵出资股东即西北亚奥公司和吴忠仪表公司不能承担瑕疵出资责任时，在虚假验资范围内承担补充赔偿责任的关键。鉴于兴长公司与金汇源公司签订保证合同时，加盖有宝安支行的银行询证函尚未出具，兴长公司并非基于对该银行询证函上载明的追加出资内容的信赖而签订的保证合同，其有关金汇源公司因追加出资不实所造成的担保责任不能完全实现的损失与加盖有宝安支行的银行询证函之间没有必然的因果关系。兴长公司与金汇源公司签订保证合同时，虽然金汇源公司的章程和股东会决议对追加出资已经做出决议和记载，但章程的记载与股东会决议的通过与宝安支行是否承担赔偿责任没有任何关系，兴长公司应是基于对金汇源公司的信赖签订的保证合同，而非基于对加盖宝安支行公章的资金证明的信赖，因此，兴长公司关于宝安支行应当对西北亚奥公司和吴忠仪表公司瑕疵出资责任承担相应的赔偿责任的主张，缺乏事实依据和法律依据，本院不予支持。原审法院关于宝安支行出具资金证明系补充验资行为，即使出具在保证合同签订之后仍应视为对其予以使用的认定不当，本院予以纠正。宝安支行关于兴长公司与金汇源公司签订保证合同与加盖有宝安支行公章的资金证明之间没有因果关系，其在本案中不应承担出具虚假出资证明责任的上诉请求，本院予以支持。对于加盖有宝安支行公章的资金证明是否系宝安支行出具、公章是否虚假等，因不影响本院认定宝安支行不承担兴长公司的本案债务，故本院不再予以审查。如果上述资金证明确系宝安支行出具，其虽然不承担本案债务，但并不能当然免除其他有关出具该虚假资金证明的赔偿责任。[①]

① 《最高人民法院公报》2007年第9期。

第十五节　先合同义务

案例 16：储户存款被抢，银行承担缔约过失责任

摘要：储户在银行营业大厅被抢，虽然发生在金融服务合同成立之前，但缔约双方产生了信赖利益。信赖利益受到侵害，金融机构应当承担责任，此责任即为缔约过失责任。

2002 年 10 月 15 日下午 3 时许，陈武庞从某信用社提取存款 60 万元及家中现金 20 万元，到中国农业银行睢宁县支行（以下简称睢宁支行）办理汇款业务。为安全起见，由信用社王主任使用专用钱箱装载并开车相送，陈武庞好友纪某驾驶摩托车相随，陈武庞及纪某将钱款提到睢宁支行的营业大厅内。陈武庞将现金 80 万元码在营业柜台窗口外，随行人员纪某将专用钱箱送交给王主任，王随即驾车离去。当时营业大厅内还有其他顾客正在办理业务，陈武庞向营业员言明此款是汇往上海的，营业员以此笔业务数额太大，需找主任帮助一起办理为由让其等待。陈武庞随行人员纪某在将钱箱送出后即去了洗手间，回来后在营业大厅内闲逛。在等待期间，陈武庞遭到抢夺，被抢走现金 20 万元。后虽经公安机关侦破，追回赃款 10.34 万元，但仍有 9.66 万元无法追回。陈武庞以睢宁支行没有尽到安全保障义务为由起诉，要求被告赔偿其损失 9.66 万元。

◎ 裁判要旨

江苏省徐州市中级人民法院二审认为：本案中，陈武庞携带现金至农行睢宁县支行办理汇款业务，说明其对该行提供的服务环境是信任的。但是当陈武庞提出存款数额较大，要求将现金先放入柜台内时，该行的接柜员没有马上采取措施，而是称要向领导汇报，紧接着抢夺案发生。说明该行的工作人员无职业敏感和责任心。并且，该行没有配备专职保安人员，亦无其他应急措施。同时，陈武庞码放现金的七号窗口的闭路电视探头已损坏，不能正常运转，这些事实也说明了该行疏于防范、应急措施不力。虽然该行尚未接纳陈武庞的钱款，陈武庞即遭到了

抢夺，但是农行睢宁县支行此时也已违背了诚实信用原则，违反了先合同义务，应对陈武庞承担缔约过失责任。当然，陈武庞遭到抢夺不是农行睢宁县支行直接造成的，但是这一结果与该行的管理措施不力有一定的因果关系，所以该行应对陈武庞承担一定的侵权责任。遂判决维持了一审判决，即睢宁支行赔偿原告陈武庞9.66万元损失的60%，计人民币5.796万元。[①]

◎法条链接

《合同法》第四十二条　当事人在订立合同过程中有下列情形之一，给对方造成损失的，应当承担损害赔偿责任：

（一）假借订立合同，恶意进行磋商；

（二）故意隐瞒与订立合同有关的重要事实或者提供虚假情况；

（三）有其他违背诚实信用原则的行为。

◎重要提示

一、缔约过失责任

缔约过失责任是指当事人在订立合同过程中，因过错违反依诚实信用原则负有的先合同义务，导致合同不成立，或者合同虽然成立，但不符合法定的生效条件而被确认无效或者被变更、被撤销，给对方造成损失时所应承担的民事责任。

1. 缔约过失责任是在订立合同过程中产生的法律责任，是缔约上的过失责任，是以先合同义务的存在为前提的，是缔约人故意或过失违反先合同义务的法律后果。该责任已被普遍认为属于一种区别于违约责任和侵权责任的独立责任类型。关于其责任构成，**陕西咸阳星云机械有限公司与彩虹集团电子股份有限公司缔约过失责任纠纷上诉案**：最高人民法院（2008）民二终字第8号民事判决书认为，缔约过失责任是一方因违反先合同义务而造成对方信赖利益损失所应承担的民事赔偿责任。缔约过失责任的承担须以先合同义务的存在及违反作为前提条件。通常而言，先合同义务存在于要约生效后和合同有效成立前，当事人在此阶段内违反了先合同义务即成就了承担缔约过失责任的前提条件。[②]

2. 缔约过失责任是以双方当事人期望订立合同而相互接触，存在着特殊联系

---

① 《人民法院报》2006年9月7日。

② 奚晓明主编：《民商事审判指导》2009年第1辑，人民法院出版社2009年版，第195页。

的关系为前提和基础的；

3. 缔约过失责任的存在基础是诚实信用原则，诚实信用原则在判断是否构成缔约过失责任方面具有决定性作用；

4. 缔约过失责任是一种损害赔偿责任，其赔偿范围仅限于因信赖合同成立所遭受的损失，其目的是恢复到合同订立前的财产状态。

二、先合同义务

是指在订立合同过程中，合同成立之前所发生的，应由合同双方当事人各自承担的法律义务，该义务不属于合同约定的义务。它是建立在民法诚实信用、公平原则基础上的一项法律义务，是诚实信用、公平原则的具体化。它主要包括当事人之间的互相保护、通知、保密、协作等义务。当事人违反先合同义务所产生的责任即为缔约过失责任。

三、合同利益

合同订立过程中，当事人有三种利益存在，即期待的利益、履行的利益和信赖利益。期待的利益，即当事人订立合同期待得到的利益；履行的利益，是指合同履行后当事人所能得到的利益；信赖的利益，是指当事人依照诚信原则所应当享受的利益。在合同未有效成立之前，不存在合同履行的利益，同样，基于合同的期待利益也因合同尚未成立而丧失存在的基础，只有缔约过程中的信赖利益，成为缔约过程中当事人受法律保护的利益。缔约过程中的信赖利益受到侵害，侵害人应当承担责任。信赖利益是缔约过失行为侵害的对象。信赖利益的损失即为缔约过失赔偿责任的范围。即缔约当事人信赖合同有效成立，但因缔约相对人的缔约过失行为致使合同不成立、虽然成立但被确认无效或被撤销所造成的损失。在缔约过失责任成立的情况下，责任人所应赔偿的无过错一方当事人信赖利益的损失，主要是无过错的当事人为缔约和准备履行而支出的必要费用。

◎风险规避

一、营业场所的安全保障

加强营业场所的安全防范措施，对进入营业场所的客户的人身、财产提供安全保障。这里的客户指的是所有进入营业场所的人员。因为当损害事实发生以后，银行很难举证证明谁是准备与银行缔结服务合同，而谁又是歇脚避雨的。本案中，原告携带大量现金到被告的营业大厅办理汇款业务，说明其对被告提供的营业场所的安全和服务是信任的，原告在此遭到抢夺，说明被告提供的交易环境是不安全的，被告违背了诚实信用原则，没有使原告对银行的信任得到回报，反而造成其财产的损失。金融机构违反了先合同义务，因此应承担缔约过失责任。

二、办理业务时的诚信服务

在办理重大公司业务时，坚持诚实信用原则，在不能为客户提供服务时，应坦诚、及时予以说明。必要时，应进行书面答复并备份存档。而不应受理申请后，置之不理或对不能办理的事项予以承诺。上述情形有可能造成客户为履行合同而进行前期准备工作，并造成实际损失，对此金融机构可能要承担缔约过失的赔偿责任。

第十六节 附随义务

案例17：储户受到伤害，银行承担附随义务

摘要：依据《合同法》第六十条之规定，在储蓄存款合同履行过程中，银行应履行对储户财产、人身安全的保障义务，该义务即为附随义务。

2003年2月26日上午9时47分，吴艳红等三人携款到被告官渡建行办理存款和汇款手续。从官渡建行提供的录像资料看，吴艳红在营业厅的写字台上填写存单时，有一人在其身后窥视。吴艳红填单完毕，即到三号柜台前办理存汇款手续。官渡建行营业厅柜台前设置了"一米线"，但窥视吴艳红的人违反他人必须在"一米线"以外等候的规定，进入"一米线"站在吴艳红身侧，没有引起值班保安人员徐志涛的注意和制止。就在吴艳红将部分现金交给柜台内的营业员时，此人从吴艳红左侧伸手抢夺钱袋。吴艳红紧抓钱袋反抗，抢钱的人对吴艳红胸部连开两枪后逃离现场，徐志涛随后追赶未果。吴艳红中弹倒地，其所携钱袋及现金未被抢走。9时51分，官渡建行向公安机关报警。公安人员出警后未能抓获抢钱人。10时1分，官渡建行向云南省急救中心拨打120急救电话。急救车到达现场后，经医生检查，吴艳红已死亡。对吴艳红抢劫行凶的犯罪分子已被公安机关通缉，但至今未缉拿归案。自作案人进入银行监控录像的视场范围至其实施抢劫，共有1分20秒时间。案发前，值班保安人员正在回答另一名储户关于往外地汇款方法的提问。案发后，官渡建行通过其安装的联网报警装置向官渡公安分局报警的时间是2003年2月26日9时51分。

◎ 裁判要旨

云南省高级人民法院二审认为，本案的争议焦点是：（1）官渡建行有无过错，应否承担损害赔偿的民事责任；（2）如何认定损害赔偿的范围与标准；（3）五华保安公司是否承担连带赔偿责任。

关于争议焦点一。上诉人官渡建行是以人民币存取、结算为主要经营内容的

金融企业法人，其经营内容的特殊性决定了客观上潜伏着易受不法行为侵害的危险。官渡建行的营业厅作为开放程度较高的经营场所，更加大了危险发生的可能。作为金融企业法人，官渡建行负有防范、制止危险发生，保障银行自身及进入银行营业场所客户的人身、财产权利安全的义务。该义务既是法律为维护正常社会秩序而对金融企业法人提出的要求，也是客户在与银行长期合作中对银行产生的希望。本案中，官渡建行虽根据《安全防护规定》设置了相应的安全防范设施，但不能证明其已按该规定第六十二条的要求安排专门人员值守这些安全防范设施，以致这些设施不能发挥应当具有的预见、防止或者减少损害的作用。保安人员职业的特殊性，决定了其对有涉公共安全的事项负有高度注意义务，不是其他人对此类事项的一般关注。官渡建行虽然安排了一名保安人员值班，并且在营业厅内画出了“一米线”，但当数人进入“一米线”时，保安人员不去干涉，丧失了及时发现与制止不法侵害的可能。从作案人进入营业厅窥视吴艳红填单到其实施抢劫期间，值班保安人员回答客户关于银行业务的提问，却没有履行其维护营业厅安全、防范危害事件突发的职责；在作案人逃离现场时，值班保安人员也无任何制止犯罪行为的表示。故认定负有控制危险、保障客户安全义务的官渡建行，对吴艳红死亡事件有一定过错，应当承担与其过错相适应的民事责任，并无不当。

关于争议焦点二。从作案人进入银行到逃离现场，时间仅为1分20秒，本案确为突发事件，损害结果是作案人一手造成。上诉人官渡建行虽然对吴艳红的死亡有一定过错，但其在事件发生前安装了符合规定要求的安全防范技术设施，事件发生后履行了追赶作案人、报警、急救等义务，因此若令其承担本案的全部赔偿责任，既不符合本案事实，也不符合公平正义的法律基本理念。官渡建行应当在其本应达到却由于自身原因未达到的安全防范标准范围内，对吴艳红的死亡承担补充赔偿责任。一审将死亡赔偿金、抚养费、丧葬费确定为官渡建行的补偿范围，既符合官渡建行的责任程度，也能解决上诉人吴成礼等五人的最迫切需求，并无不当，应予维持。吴成礼等人从外地来昆明料理吴艳红的后事，必然产生交通费、住宿费、误工费等费用。基于官渡建行在本案中承担的不是全部赔偿责任，一审未将这些费用纳入赔偿范围，是适当的。《人身损害赔偿解释》规定，该解释仅适用于2004年5月1日以后受理的一审案件，一审法院在《人身损害赔偿解释》不能适用于本案的情况下，参照《触电损害赔偿解释》来确定本案的赔偿标准，也是可行的。一审按这个赔偿标准计算的死亡赔偿金是66760元，吴成礼等人上诉请求改判死亡赔偿金为238520元，没有事实根据和法律依据，不予支持。

关于争议焦点三。基于上诉人官渡建行与上诉人五华保安公司签订的保安服务合同，保安人员才能到官渡建行担任保安工作。但是到银行工作的保安人员对存款人和其他客户承担的保障人身和财产安全义务，却并非缘于保安服务合同的约定，而是缘于法律对商业银行的规定。商业银行将其承担的保障客户人身及财产安全的法定义务一部分交给保安人员去完成，保安人员的履职行为自然应视为商业银行的行为，因履职不当应承担的法律后果，也自然由商业银行负责。五华保安公司与此次侵权事件无关，不能承担连带赔偿责任。①

◎法条链接

1.**《合同法》第六十条** 当事人应当按照约定全面履行自己的义务。

当事人应当遵循诚实信用原则，根据合同的性质、目的和交易习惯履行通知、协助、保密等义务。

第四十三条 当事人在订立合同过程中知悉的商业秘密，无论合同是否成立，不得泄露或者不正当地使用。泄露或者不正当地使用该商业秘密给对方造成损失的，应当承担损害赔偿责任。

2.**《侵权责任法》第三十七条** 宾馆、商场、银行、车站、娱乐场所等公共场所的管理人或者群众性活动的组织者，未尽到安全保障义务，造成他人损害的，应当承担侵权责任。

因第三人的行为造成他人损害的，由第三人承担侵权责任；管理人或者组织者未尽到安全保障义务的，承担相应的补充责任。

3.**《消费者权益保护法》第七条** 消费者在购买、使用商品和接受服务时享有人身、财产安全不受损害的权利。

消费者有权要求经营者提供的商品和服务，符合保障人身、财产安全的要求。

第十八条第一款 经营者应当保证其提供的商品或者服务符合保障人身、财产安全的要求。

4.**最高人民法院《关于审理人身损害赔偿案件适用法律若干问题的解释》第六条** 从事住宿、餐饮、娱乐等经营活动或者其他社会活动的自然人、法人、其

① 《最高人民法院公报》2004年第12期。

他组织，未尽合理限度范围内的安全保障义务致使他人遭受人身损害，赔偿权利人请求其承担相应赔偿责任的，人民法院应予支持。因第三人侵权导致损害结果发生的，由实施侵权行为的第三人承担赔偿责任。安全保障义务人有过错的，应当在其能够防止或者制止损害的范围内承担相应的补充赔偿责任。安全保障义务人承担责任后，可以向第三人追偿。赔偿权利人起诉安全保障义务人的，应当将第三人作为共同被告，但第三人不能确定的除外。

◎重要提示

一、附随义务

附随义务是指在法律无明文规定，当事人之间亦无明确约定的情况下，为了确保合同目的的实现并维护对方当事人的利益——主要是人身和财产利益，遵循诚实信用原则，依据合同的性质、目的和交易习惯所承担的作为或不作为的义务。该义务在当事人订立合同时是否发生不确定，在合同履行中出现情况时如果当事人不履行这种义务相对方就会受到损害。但是，在一个具体的合同履行过程中会产生什么样的附随义务，一方面由当事人判断，另一方面由法官予以判断。附随义务的种类、形式较多，虽然我国的《合同法》仅列举了通知、协助、保密等类型，但实践中并不限于此。如照顾义务、保管义务、保护义务等。

二、储蓄存款合同中的附随义务

（一）告知义务

是指一方当事人负有对涉及对方当事人利益的重大事项的通知义务。判断储蓄存款合同中的告知义务，应以维护存款安全，降低或者避免存款风险的发生为标准。如银行在自动取款机屏幕上增加了“任何ATM机外的提示或表示均非本行行为”等风险提示内容，可视为其尽了一定的告知义务。

周妮敏诉中国工商银行股份有限公司上海市山阴路支行财产损害赔偿案：储户周妮敏到工行山阴路支行要求办理本票业务，由于该行不办理本票业务，银行柜员遂将一张空白的没有注明业务名称的个人业务凭证交其填写，致周妮敏将28万元汇入犯罪分子冒名黄毅杰名字开设的用于诈骗的账户。上海市第二中级人民法院2008沪二中民四（商）终字第879号民事判决认为，在本案交易过程中，存在本票业务至汇款业务的转换，这种业务转换对于普通消费者周妮敏而言，并不能完全清楚理解，银行应多加解释和告知，协助周妮敏理解，但本案中工行山阴路支行柜员将一张空白的没有注明业务名称的个人业务凭证给周妮敏填写，并同时办理下一位储户的业务，并未向在旁边填写业务凭证的周妮敏作任何解释，有所不当。其次，按照内部操作规程，工行山阴路支行在“银行填写”栏打印汇款内容后，应交回周妮敏签字确认。而本案实际交易中，周妮敏直接填写完毕后并签字，工行山阴路支行直接打印完毕并汇款，并未交周妮敏进行确认，违反操作程序。再次，周妮敏的28万元于2008年3月4日上午10点25分汇入黄毅杰账户。10点31分，周妮敏发现汇款出错，回工行山阴路支行处向柜员交涉，柜员称款项已汇出无法退回，并未采取任何措施。10点47分后，款项开始被取走。在长达16分钟的时间间隔内，工行山阴路支行并未尝试采取任何措施做出补救，有所不当。据此法院酌情判令工行山阴路支行按汇款金额28万元的30%承担责任，即赔偿周妮敏经济损失84000元。①

上述案例表明，银行在储户填写汇款凭证上，未能履行告知、解释的义务，在被告发现汇款出错后，未尽协助义务，违反了银行应承担的附随义务。事实上，在银行有过错的汇款差错中，银行履行协助义务，不仅仅是保护储户的财产安全，同时，也是避免自己受到损失的重要举措。

（二）协助义务

是指合同当事人应互为对方行使合同权利、履行合同义务提供照顾和方便，促使合同目的的全面实现。如银行应在ATM机遇有故障或储户电话挂失时，向储户提供便捷的协助服务；客服热线电话应保证24小时畅通；主菜单的设置应当便捷合理，涉及存款安全的业务应该放置在主菜单前面等。

（三）保密义务

保密义务是指当事人在订立合同过程中知悉的对方的商业秘密或交易密码，无论合同是否成立，都不得泄露或不正当使用。银行履行保密义务，还包括为储户提供保密、安全的交易环境和服务设施。如犯罪分子在自动取款机上设置仪器偷窃储户密码、通过计算机程序在网上银行窃取储户密码，致使储户存款损失的，都视为银行未履行保密义务。

（四）安全保障义务

安全保障义务是指社会主体基于某种特殊关系的存在而负有的在一定范围内

---

① 《人民司法·案例》2010年第8期。

保障相对特定的社会主体的人身、财产不受自己和第三人侵害的义务。

违反安全保障义务的侵权责任类型：

1. 相关设施的安全保障义务

服务提供者在提供服务的场所，设置的硬件没有达到安全保障的要求，存在缺陷或瑕疵，造成他人损害的，构成侵权责任。**陈素平诉中国建设银行如东县支行人身损害赔偿纠纷案**：原告陈素平到中国建设银行的南闸储蓄所取款。该所大门内侧设置了两级台阶，台阶面与大厅铺地为同色地面砖。原告陈素平因未注意门内有这两级下行台阶，跨步踩空跌倒在店堂内，当即骨折。江苏省如东县人民法院认为，储蓄所对外开放的经营服务场所应保证安全、可靠、无危险。由于该储蓄所大门安装了有色玻璃，从门外向里看逆光不清晰，紧靠门内设置了两级下行台阶，且首级台阶宽度较窄，所铺地砖与店堂内地砖颜色相同，在大门外又没有"当心台阶"等警示标志，常人稍不注意容易疏忽台阶而踩空，被告在其服务场所未尽合理限度范围内的安全保障义务，致使原告跌倒遭受人身损害，应承担相应的赔偿责任，判决被告支付原告因伤造成的各项损失人民币22351元。①

2. 工作人员的安全保障义务

经营者的工作人员未尽安全保障义务，一般称为服务软件上的瑕疵或缺陷，造成他人损害的，构成侵权责任。

3. 防范制止第三人侵害的安全保障义务

对于他人负有安全保障义务的经营者在防范和制止第三人侵害方面未尽保障义务，造成他人损害的，构成侵权责任。

违反安全保障义务侵权的责任承担：

1. 直接赔偿责任：经营者或者组织者、管理者违反安全保障义务，导致他人遭受损害的，应当承担相应的赔偿责任。不作为的违法行为是导致受害人遭受损害唯一原因的时候，违反安全保障义务的经营者或者组织者、管理者对受害人承担直接赔偿责任，即赔偿受害人的全部经济损失。

2. 补充赔偿责任：补充赔偿责任作为一个法律概念，直接来源于最高人民法院《关于审理人身损害赔偿案件适用法律若干问题的解释》第六条第二款的规定。系因经营者或者组织者、管理者未尽安全保障义务，由于第三人侵权造成他人损害所应承担的责任。其构成要件为：（1）第三人的侵权行为是发生损害的直接原

---

① 《人民法院报》2005年10月12日。

因；（2）经营者或者组织者、管理者不作为违反了必要的安全保障义务；（3）第三人的侵权行为与违反安全保障义务的行为发生原因竞合。此种原因竞合是作为的违法行为与不作为的违法行为的原因竞合，它表现为如果经营者或者组织者、管理者尽到安全保障义务，通常情况下能够防止或阻止危害结果的发生或者扩大。根据《人身损害赔偿案件若干问题的解释》第六条的规定，补充赔偿责任包括两个方面的含义，一是顺位的补充，即首先应当由直接实施作为的侵权行为的第三人承担赔偿责任，第三人没有赔偿能力或者不能确定谁是直接侵权的第三人时，才由违反安全保障义务的经营者或者组织者、管理者承担赔偿责任；二是实体的补充，即补充差额。经营者或组织者、管理者只有在其能够防止或者制止损害的范围内承担补充赔偿责任，这意味着，补充赔偿责任的总额，不是以直接侵权人应当承担的赔偿责任总额为限，而是根据其不作为的违法行为应当承担的赔偿责任总额为限，即《侵权责任法》第三十七条规定的“相应的补充责任”。

◎ 风险规避

一、全面更新对合同履行的观念

履行合同，不仅是对合同条款约定的义务的全面履行，还应注意对合同相对人利益的全面保护。如合同履行中有障碍，要及时通知对方，以防止损失的发生或扩大。在自己所有、控制的场合，应注意保护对方的人身和财产安全。

更新合同观念，还要求银行改进工作作风，提高工作效率。其实，在日常工作中，不是刻意要求银行工作人员区分哪些是合同义务，哪些是附随义务，或者哪些根本不是银行的义务。事实上，区分上述义务既不可能也不必要。银行只要对自己的客户提供必要的、及时的、力所能及的服务，一般来说，即可很好地履行义务。**陈某诉开户行及交易行财产损害赔偿纠纷案**：原告在 ATM 机上取款 1300 元，操作完成后因其认为交易未成功便取卡离去。后通过交易清单发现交易已成功，遂与银行交涉未果。法院认为，原告在取款后数日发现问题便开始向两被告投诉反映，受诉银行应当根据自己的专业知识进行询问并辨识属于何种类型和性质的投诉，及时启动最及时有效的处理措施。被告交易行接到该投诉后，应当知道最为直接有效的回复便是看录像，因而完全有必要和义务自行查看进而让其查看，甚至不需客户提出而应合理为之，但其一直没有采取这一及时有效的措施，直到录像被覆盖才答应查看，致使原告无法查明失款原因和追回失款，属于履行合同附随义务的懈怠和失当，应承担相应过失责任。原告要求交易行赔偿损失属于银行应当为储户提供存款安全保障的范围，法院给予支持。而开户行通过银联系统及时向交易行发出了查询并答复了原告，合理履行了义务，不应承担责任。对于上述损失，原告应承担最主要的责任，而交易行因没有采取适当补救措施帮助原告挽回损失（限于款项本息及合理的维权费用），而应承担30%的次要责任。[①]

二、补充赔偿责任的风险化解

在可能承担补充赔偿责任的诉讼中，要注意对实际侵权人财产的调查，以为法院便利执行。当实际侵权人能够有能力承担全部赔偿责任后，金融机构就无须再承担补充责任。

三、银行免责的举证责任

在人身损害赔偿诉讼中，银行免责的前提是举证证明自己履行了合理限度范围内的安全保障义务。其证明责任包括：（1）设备、设施的质量符合国家标准及行业标准；（2）对可能预见或可能发生的损害进行了必要的警示或提示；（3）银行对可能预见或可能发生的损害采取了必要的防范措施。如针对ATM机的犯罪行为，银行仅在其营业场所或通过自助设备的电子屏幕显示提示“请不要相信在本营业场所及ATM机上的任何张贴及其内容”并不能完全免责，还应采取及时清除张贴、通过监控录像实时监控等措施。

---

① 《人民法院报》2009年5月19日。

第二章

银行卡业务中的法律风险与规避

中国人民银行《银行卡业务管理办法》第二条第一款规定："本办法所称银行卡，是指由商业银行（含邮政金融机构，下同）向社会发行的具有消费信用、转账结算、存取现金等全部或部分功能的信用支付工具。"银行卡包括信用卡和借记卡。关于信用卡，2004 年 12 月 29 日全国人民代表大会常务委员会《关于〈中华人民共和国刑法〉有关信用卡规定的解释》将刑法规定的"信用卡"解释为：由商业银行或者其他金融机构发行的具有消费支付、信用贷款、转账结算、存取现金等全部功能或者部分功能的电子支付卡。

上述规定只是从部门规章层面和刑事法律立法层面对银行卡和信用卡的解释，两种解释几近一致。但银行卡与信用卡有何不同，各具何种含义，在民事立法层面，目前尚无明确的规定。

以银行卡为介质在持卡人与发卡行及其相关利害关系人之间产生纠纷，都可称为银行卡纠纷。其纠纷的类型依银行卡的功能而定。如因消费支付产生的合同纠纷、因信用贷款产生的借款合同纠纷、因转账结算产生的支付结算纠纷，因存取现金产生的储蓄合同纠纷，因担保产生的担保合同纠纷。故此，最高人民法院《民事案件案由规定》将"信用卡纠纷"列在"合同纠纷"案由项下。除银行卡合同纠纷外，实践中，还因银行卡挂失止付、卡内资金被盗、透支、侵权、缔约过失等事由产生民事纠纷。

银行卡纠纷属于较为新颖的民事案件。由于银行卡融合了银行传统的存款、信贷、结算支付等业务，其功能较为繁多，再加上犯罪行为的介入，导致其中的法律关系颇为复杂。各地法院在此类案件中的法律适用与判决结果也往往存在差异，对法律的统一性产生了不良影响。就民事法律层面而言，目前尚无调整银行卡的专门规定。除《合同法》的原则规定及《银行卡业务管理办法》《银行卡收单业务管理办法》《信用卡业务管理办法》外，因银行卡发生的纠纷，应就其法律关系的性质适用相应的部门法律。

第一节 银行卡申领

案例18：管理存在疏漏，对客户被骗资金担责

摘要：银行未及时清除犯罪嫌疑人张贴的“操作须知”，为犯罪嫌疑人办理银行卡时提交的身份证复印件与本人明显不符，服务电话无人应答，均应认定为银行在管理上存在疏漏，应对储户的款项被骗承担一定的民事责任。

原告蒋先生曾在中国工商银行苏州分行（以下简称苏州工行）办理了一张工商银行牡丹灵通卡，卡上存款13万余元。2006年4月8日晚，蒋先生到景德路分理处的自动取款机上取款时，发现取款机出现了故障，便用自己的手机拨打了工商银行的服务电话，但无人应答。就在蒋先生不知所措的时候，他发现取款机边上贴了一张“操作须知”的纸条，并且留有联系电话。蒋先生便拨打了该纸条上的电话，并按电话中对方的指示，在取款机上进行了转账操作，将其账户上的13万余元转到对方指定的银行卡上，最后还按对方的建议，将银行卡重新塞入了取款机，等待次日到银行办理手续。

4月9日上午，蒋先生再次来到景德路分理处，看见“操作须知”仍张贴在该自动取款机旁。他随即来到柜台向银行查询，银行工作人员告诉他卡上余额仅有30元后，随即向公安机关报案。经查发现犯罪嫌疑人将蒋先生转到其指定信用卡上的13万余元转账约26笔，并在一夜之间通过全国各地26个不同账号取走。公安机关冻结了犯罪嫌疑人尚留在卡上的6000元，至今犯罪嫌疑人未被抓捕归案。

在公安侦查过程中，苏州工行向公安机关提供了相关影像资料，从中可以看出犯罪嫌疑人在苏州工行办理信用卡时提供的身份证复印件上的照片与犯罪嫌疑人本人明显不符。

◎裁判要旨

一审法院经审理认为，苏州工行向蒋先生发行了工商银行牡丹灵通卡，蒋先生与苏州工行之间存在储蓄合同关系。蒋先生没有履行合同的附随义务，未尽到

一般储户的注意和谨慎义务，蒋先生的轻信、疏忽与自己的直接错误操作是导致本案的主要原因，故蒋先生应对该损失承担主要责任。另一方面，苏州工行下属的景德路分理处在正常营业的时间内未将犯罪嫌疑人张贴的“操作须知”清除，应认定苏州工行对自动取款机的管理存在一定的疏漏。另根据公安机关的调查，有关犯罪嫌疑人办理新卡时提交身份证复印件上的照片与其本人明显不符，也反映了苏州工行在管理上的疏忽。此外苏州工行在提供95588的电话服务上存在缺陷，故苏州工行在本案中的防范义务确存在不足之处，对此应承担一定的民事责任。综上，根据公平原则和诚实信用原则，原审法院酌定由蒋先生承担其损失的70%，苏州工行承担30%。据此，法院作出了一审判决，判决苏州工行赔偿蒋先生人民币39750元。江苏省苏州市中级人民法院终审判决工商银行为储户的款项被骗承担30%的赔偿责任。[①]

◎ 法条链接

1.《银行卡业务管理办法》第二十八条第一款 个人申领银行卡（储值卡除外），应当向发卡银行提供公安部门规定的本人有效身份证件，经发卡银行审查合格后，为其开立记名账户；

第二款 凡在中国境内金融机构开立基本存款账户的单位，应当凭中国人民银行核发的开户许可证申领单位卡。

2. 中国银监会办公厅《关于加强银行卡发卡业务风险管理的通知》

一、银行卡发卡业务应执行严格的资信审批程序。各发卡银行应遵循“了解你的客户”和“了解你的业务”的原则，注重对银行卡持卡人有效身份的确认，在发卡前必须进行详细的资信调查。银行卡业务人员应尽可能了解客户的主要情况、财务管理的基本状况、消费信贷记录和还款情况等，细分并审慎选择目标客户群体，将必要的核实内容、评估情况和授信情况以适当形式记录保存，为银行卡业务风险管理提供持续稳定的基础。为从源头控制风险，各发卡银行应依法为申请人提供的个人信息保密，对申请人的资信审核工作制定严格的管理制度，并可利用法定身份认证信息系统和其他外部信用信息系统等辅助管理银行卡业务风险。

三、银行卡发卡业务应高度重视合规性管理。各发卡银行应本着审慎经营原则，公开明确告知申请人须提交的主要申请资料及基本要求，并按规定进行认真

① 《人民法院报》2007年9月19日。

审核。银行卡发卡业务必须严格执行相关操作规程，申请表必须由主卡申请人本人亲笔签名确认，不得在申请人不知情或违背申请人意愿的情况下盲目发卡。对通过互联网申请的客户，发卡银行应要求客户下载填写申请表并亲笔签名后，将申请表和相关申请资料递交或邮寄到发卡银行，通过适当方式核实客户真实身份后方可发卡。对于代领卡、邮寄卡等非本人领卡的银行卡发放方式，发卡银行应通过适当方式核实持卡人身份，不得激活未经签名确认、未经开卡程序确认等的银行卡。

3.《关于加强银行卡安全管理预防和打击银行卡犯罪的通知》（银发［2009］142号）

一、切实规范银行卡发卡行为

（一）认真落实银行卡账户实名制。发卡机构应严格遵守《反洗钱法》《个人存款账户实名制规定》《人民币银行结算账户管理办法》《金融机构客户身份识别和客户身份资料及交易记录保存管理办法》《中国人民银行关于进一步落实个人人民币银行存款账户实名制的通知》等法规制度要求，切实履行客户身份识别义务，确保申请人开户资料真实、完整、合规。要充分利用联网核查公民身份信息系统，验证客户身份信息。未履行责任导致匿名、假名账户开立的，要按反洗钱法予以处罚，造成客户资金损失的，要依法承担责任。联网核查公民身份信息系统运行前开立的银行卡存量账户要逐步进行联网核查，未经核实的，发卡机构要专门标识，采取更严格的风险控制措施。个人代理他人办卡的，发卡机构必须同时核对代理人和被代理人的真实身份。无正当理由不允许个人代理多人办卡。对已在银行大量开户或申卡的持卡人申请办卡，要从严审查，并加强风险防控。

（二）控制信用卡发卡风险。发卡机构可通过查询人民银行征信系统、中国银联银行卡风险信息共享系统、资信调查等方式分析申请人的资信状况，合理确定授信额度。对申领首张信用卡的客户，发卡机构要对客户亲访亲签，不得采取全程自助发卡方式。谨慎发展无稳定工作、收入的客户群体，从严授信。发卡机构不得将信用卡发卡营销业务外包，不得擅自对信用卡透支利率、计息方式、免息期计算方式等进行调整。禁止单位代办信用卡，法律法规另有规定的除外。

4.中国人民银行办公厅《关于贯彻落实〈中国人民银行、中国银行业监督管理委员会、公安部、国家工商总局关于加强银行卡安全管理、预防和打击银行卡犯罪的通知〉的意见》（银办发［2009］149号）

申领信用卡必须由本人持身份证原件亲自办理，不允许其他个人代办。

5. 中国银监会办公厅《关于加强银行业金融机构内控管理有效防范柜面业务操作风险的通知》(银监办发［2015］97号) 银行业金融机构应坚持“了解你的客户”原则，加强开户真实性审核，包括开户文件和印鉴的真实性、开户申请人意愿的真实性和开户办理人身份的真实性等；对客户实行分类管理，对于重点关注客户和异地客户开户应坚持上门核实。在本行已开立基本账户的企业申请开立一般账户，应与开立基本账户时留存的开户文件、印鉴进行核对，如核对不一致应与客户进行核实确认。

◎重要提示

银行卡申领、发卡阶段是防范银行卡纠纷和降低银行资金风险的首要环节和重要环节。在此阶段，商业银行存在的问题主要是：

1. 未对申领人的有效身份证件进行审核，导致申领人以虚假名义或冒用他人名义领取银行卡。

2. 未对申领人的资信进行尽职调查，导致申领人领取多张银行卡或授信额度不实。

3. 未要求或未能亲自确认申请人在申请表上进行亲笔签名。

4. 未能与申请人直接对接，不能确认银行卡是否送达申请人，也未能对申请人进行必要的风险提示及告知。

5. 对于代为申办银行卡的，未能要求代办人提供必要的代理手续或提供有效身份证件，也未能向申请人核实代办人的真实性。2012年，引起轰动的疯狂英语原总监张宇涉嫌信用卡诈骗案即是张宇利用工作之便留存了李阳的身份证复印件，并伪造了李阳的收入证明、房产所有权证、机动车驾驶证等证件，假冒李阳在6家银行申领了6张信用卡，共透支48万元人民币。据悉，检方向有关银行发出司法建议，指出银行在审核申领人材料、代领、核发信用卡等环节的管理漏洞。最后张宇以妨害信用卡管理罪被判处有期徒刑2年6个月，罚金人民币8万元。

◎风险规避

一、银行卡申领阶段风险责任的主要体现

1. 商业银行未履行审核义务，致使持卡人存款被不法分子通过虚假身份或冒用他人身份办理的银行卡盗取的，银行有过错并且该过错与存款人存款被盗及形

成损失具有因果关系的，承担相应的责任。

2. 商业银行承担责任后，因犯罪嫌疑人身份虚假而无法确定其真正的身份，侦查机关未能破案或破案后因犯罪嫌疑人无经济能力而使银行无法通过刑事追赃获得补偿。

3. 商业银行因操作失误将客户存款转入身份虚假的银行卡，银行既无法确定持卡人真正的身份以致不能向不当得利人追偿，也因为没有明确的被告不具备民事立案的条件而不能通过民事诉讼程序主张权利。

4. 银行卡重写磁业务的风险

银行卡磁条记录、储存着储户的资料信息，系银行卡的重要部分。磁条损坏与银行卡损坏一样，都应通过发卡银行补卡或补磁。补卡或补磁系重新发卡的过程，因此，应遵循发卡的有关规定。**谢某诉长乐支行银行卡纠纷案**：2009年3月，谢某委托他人持其二代身份证到长乐支行开立了个人银行卡账户。同年11月，有人持伪造的银行卡和谢某的一代身份证在该银行另一城区支行办理了重写磁业务，并多次取款共计51万多元。福建省长乐市人民法院经审理认为，谢某以真实身份在银行开立银行卡账户，双方因此形成储蓄存款合同关系。根据相关法律规定，在处理大额资金业务时，银行对客户的身份证件及支付凭据负有实质性审查义务，对其开展的银行卡业务负有审慎性风险管理责任，以最大限度保证储户的存款安全。在该案中，银行工作人员办理银行卡重写磁及取款业务没有持审慎态度，未按规定操作，未能识别伪造的银行卡和身份证，导致谢某的存款被他人骗取，具有明显过错。被告作为开户行，未尽保障储户银行卡账户资金安全义务，已构成违约，应当遵从法定的依合同履行义务原则，对谢某银行卡账户存款被骗取所造成的损失承担赔偿责任。判令某银行长乐支行赔付储户谢某的存款损失51万多元及相应利息。①

二、诉讼对策

1. 依据案件事实，审查客户存款丢失与银行发卡的过错是否存在因果关系，如无因果关系，则银行不承担民事责任。

2. 审查客户存款丢失的全过程，并据以确定客户在整个操作过程中的某个环节是否存在过失。客户具有过错可使银行免责或部分免责。

---

① 《人民法院报》2010年9月4日。

第二节 银行卡服务

案例 19：银行热线不作为，储户损失应赔偿

摘要：银行与持卡人建立合同关系后，不仅受银行卡章程及双方之间的协议约束，也应受其对外公开承诺的约束，并对其承诺负有保证履行的义务。

2005 年 12 月 29 日 20 时，刘先生因急需用钱，来到中山市张家边一家银行外的自动取款机边。哪知在他准备取钱时，密码被人偷看，银行卡也被偷换。20 时 26 分 43 秒，心急如焚的刘先生立即拨打 110 报警。在电话报警的同时并前往距案发地点约 150 米的张家边派出所报案。20 时 32 分 12 秒，在派出所民警的提醒下，经查询 114 声讯台，刘先生开始用手机拨打农业银行 24 小时服务热线“95599”办理挂失手续。由于借记卡密码已被修改，刘先生无法通过电脑自动操作办理挂失，只能转入人工接听，但由于线路繁忙，一直没有人接听刘先生的电话。20 时 32 分 12 秒至 21 时 7 分，刘先生先后拨打了 10 次“95599”服务热线。直至当日 21 时 6 分 6 秒，民警用派出所的电话拨打“95599”服务热线，才成功转入人工台，刘先生报出开户名及身份证号码，于 21 时 12 分 50 秒完成电话挂失。次日，刘先生到农行中山分行火炬高技术产业开发区支行进行查询，银行提供的借记卡明细查询显示，从当日 20 时 27 分 42 秒到 20 时 30 分 08 秒，该借记卡被人从自动取款机提款 4000 元，21 时 2 分 24 秒和 21 时 13 分 7 秒共发生两笔消费，依次分别为 10859 元和 11477 元，合计 22336 元。

在刘先生向法庭提交的证据中，有一份中国农业银行广东省分行对社会公开作出的服务承诺的广告宣传资料。其内容为：“‘95599’农行服务在线是农行推出的充满人性化概念的全新互动电话服务……集中了农行庞大的人力资源优势，专门为每一位拨打‘95599’的客户准备了一位精明强干的客户经理直接对话，提供全天 24 小时的专业、细致的财经生活服务，它的背后更有农行网络的资讯资源强劲支持。我们的承诺是：只要您拨打‘95599’，我服务，您无忧。”

◎裁判要旨

广东省中山市中级人民法院二审认为，根据中国人民银行《银行卡业务管理办法》第五十三条第（一）项的规定："持卡人享有发卡银行对其银行卡承诺的各项服务的权利，有权监督服务质量并对不符服务质量进行投诉。"广东省农行作为整个广东省农业银行系统的管理单位，其代表农行系统向广大农行客户所作出的服务承诺是一种对公承诺，一旦作出，承诺人应受承诺约束并对承诺的内容承担责任。所以，整个农行系统包括农行中山分行在内的每个单位都有义务、有责任去实现其承诺，而作为农行的客户均有享有上述承诺服务的权利，刘先生也不例外。从广东省农行所作的对公承诺内容看，只要农行客户拨打"农行服务在线"电话"95599"就能获得农行提供的高效、优质的服务；而这种服务从承诺的语言文字上看，是"集中了农行庞大的人力资源优势""集结了农行庞大的计算机数据处理和通讯网络的优势"，是"电话一对一""只要拨打……就会出现""神灯巨人随时都会出现""只要……一定保证：我服务，您无忧"等，而对应的服务范围是"挂失活期账户；挂失定期账户；挂失银行卡……"等。但从被上诉人刘先生挂失银行卡的过程看，其在银行卡易手且密码被改的情况下向"农行服务在线"电话"95599"请求帮助时，从开始拨打到打通电话包括派出所民警拨打的电话在内共16个电话，拨打电话时间段从20时32分12秒一直到21时6分6秒共33分54秒，拨打时间光刘先生手机拨打的时间就有13分33秒，而21时6分6秒拨打成功到21时12分50秒挂失成功共花费了6分44秒，且21时12分50秒挂失成功后该卡在21时13分7秒仍被他人消费11477元。从上可知，作为本案合同当事人的农行中山分行在向客户提供实际服务的过程中并没有践行其优质、高效的服务承诺，而其这种不作为是导致刘先生损失扩大的直接原因，农行中山分行应对刘先生为此而造成的损失承担民事赔偿责任。刘先生对挂失之前的损失已经自认承担，在损害事实发生后其已及时拨打电话挂失、报案，对后面的扩大损失部分不存在过错或过失，刘先生依法不应承担这部分损失。至于上诉人所提出的犯罪嫌疑人的责任问题属刑事案件的范畴，与本案属不同的法律关系，上诉人不能以犯罪嫌疑人的犯罪行为来免除自己应负的民事责任。遂维持一审判决，即农行中山分行赔偿刘先生22336元及利息损失。[1]

---

① 《人民法院报》2007年3月19日。

◎法条链接

《银行卡业务管理办法》第五十二条 发卡银行的义务：（五）发卡银行应当向持卡人提供银行卡挂失服务，应当设立24小时挂失服务电话，提供电话和书面两种挂失方式，书面挂失为正式挂失方式。并在章程或有关协议中明确发卡银行与持卡人之间的挂失责任。

第五十三条 持卡人的权利：（一）持卡人享有发卡银行对其银行卡承诺的各项服务的权利，有权监督服务质量并对不符服务质量进行投诉。

◎重要提示

一、银行承诺的性质

尽管银行的服务承诺是单方作出的，而非双方协商一致的结果。但银行作为对公服务企业，其对公承诺不仅显示其服务水平和物质实力，并且是与同类行业竞争的手段和吸引、招揽客户的广告宣传。如果银行不受其约束，将导致不正当竞争、虚假广告和侵犯客户权益事件的发生，而这本身是我国现行《反不正当竞争法》《广告法》《消费者权益保护法》所禁止的。因此，银行受其承诺的约束，符合诚实信用的法律原则。

二、挂失止付

挂失止付是银行为客户提供的一项重要服务。对于银行卡挂失止付的风险责任如何分担，在我国目前仅有的规范性文件——《银行卡业务管理办法》中，立法者将挂失责任视作银行与持卡人之间意思自治的范畴，在章程或有关协议中由发卡银行与持卡人予以明确。尽管对于银行风险承担的依据目前尚有争论，但从保护储户财产安全的角度考虑，银行风险承担的依据显然不能仅仅停留在其单方制定的章程和格式合同上，其对外的公开承诺和便民服务措施，也应构成规范银行与持卡人权利义务的实质内容。**黄某诉交通银行股份有限公司储蓄存款合同案**：一、二审法院均认为：挂失止付前卡内存款被盗，银行不需要承担责任；对于挂失止付后存款被盗部分责任应当由谁承担，关键在于谁应当承担银行是否按照合同约定为其办理电话挂失的举证责任。二审法院认为，银行作为电话录音的持有者，不能提供录音证据，所以应当承担举证不能的不利后果。基于黄某对自己的行为未尽谨慎之责，存在疏忽而被不法分子利用，其也不能证明自己对密码尽到了妥善保管的义务，判决黄某对挂失止付后银行卡内存款被盗部分承担80%的主要责任，银行承担20%的次要责任。[①]

三、短信提示不具有免责效力

岳书进诉工行五一路支行等借记卡纠纷案：河南省南阳市宛城区人民法院经审理认为，岳书进的账户于2013年6月2日所支出的486714.50元，是他人通过伪造的借记卡实现的，五一路支行应当对交易时审查过错所造成岳书进款项被骗承担赔偿责任。五一路支行提出经95588短信提示后岳书进未采取合理措施避免损失扩大的抗辩，从五一路支行作为金融理财服务提供者，岳书进作为消费者的服务关系来看，五一路支行应当依据《合同法》第六十条和《消费者权益保护法》第八条的规定，负有向岳书进履行通知和保障岳书进知情权的义务，若五一路支行据此免责，就会产生要求岳书进必须经常地、时刻地关注手机短信的情况，进而导致因享受该服务而引起心理不安及生活不便，该免责不具有正当性。在事发前，岳书进曾将借记卡借给包括其妻子在内的6人使用，其密码更换并不及时，该行为也的确增大了密码外泄他人的可能，岳书进对借记卡的管理使用未尽到谨慎注意义务，应承担相应的责任。被告五一路支行应承担该款项损失80%的赔偿责任，原告岳书进自担20%的责任。

◎风险规避

一、谨慎承诺

银行应根据自身服务条件和物质条件“量身定做”承诺，切勿为了扩大宣传和招揽业务而不切实际地夸大其词，杜绝虚假承诺。对自身条件能够满足且已公示的承诺，应健全内部规章制度，完善落实措施，不折不扣地对承诺予以履行。尽管有的承诺如无法兑现不一定要承担法律责任，但对于对公服务的银行来讲，信誉的缺失可能比承担赔偿责任的损失更为严重。

---

① 国家法官学院案例开发研究中心：《中国法院2013年度案例·合同纠纷》，中国法制出版社2014年版，第21~24页。

二、规范宣传行为

对具有承诺内容的海报、张贴，应规范宣传用语，防止因用语不当而产生歧义或其文字表达与社会公众的通常理解不一致而产生误解，导致产生不必要的纠纷。

银行作为对公服务企业，其服务对象为社会不特定的主体，其用语应能保证绝大部分人的理解，并尽量减少生涩的专业术语的使用。如，南京中院民二庭先后受理了数起涉及中国工商银行的储蓄合同纠纷案。承办法官认为，由于工商银行发行使用的“一本通”存折及“反存”系统设计不够合理，致使不具备专业知识的普通社会公众无法理解其含义，容易产生歧义进而引发纠纷，并且该纠纷的发生与银行工作人员疏于向客户解释专业术语也有一定的关系。故法院针对这两点问题向中国工商银行发出了司法建议，建议中国工商银行对“反存”系统的设计程序加以修改，提高服务质量。该行对南京中院的司法建议高度重视，很快就作出了相应的调整并给予了回复。中国工商银行总行收到司法建议书后高度重视，立即着手整改。目前，中国工商银行系统中的“反存”术语已被“取消存款”和“取消取款”通俗概念所替代。

第三节　银行卡收费

案例 20：违反收费管理办法，多收费用应予返还

摘要： 商业银行在从事与行政机关行政管理职责相关的业务时，违反有关规定，向当事人多收费用，构成《民法通则》第九十二条规定的不当得利，应予返还。

2003 年 7 月 30 日，原告喻山澜由于将牡丹交通 IC 卡丢失及需要审验机动车驾驶证，到被告中国工商银行北京市宣武支行（以下简称工行宣武支行）下属的白纸坊储蓄所办理补卡手续。该所向喻山澜出示了被告工行北京分行制作的第 3728814 号牡丹交通 IC 卡领（补）卡通知单，此单上注有“本人自愿申领牡丹交通 IC 卡，并保证遵守牡丹交通 IC 卡金融服务的各项使用规定”的内容。喻山澜在此内容下方签字确认，并交纳 100 元的补卡费，该所为其补办了牡丹交通 IC 卡一张。牡丹交通 IC 卡是被告工行北京分行于 1999 年推出发行的，该卡记载着机动车驾驶员的驾驶档案信息、交通违章罚款信息，同时还有金融、电子钱包和加油付款等功能。本案二审查明牡丹交通 IC 卡的制卡成本为每张 30.80 元。

◎ 裁判要旨

北京市第一中级人民法院二审认为，上诉人喻山澜与白纸坊储蓄所签署的牡丹交通 IC 卡补卡通知单合法有效，双方均应遵照执行。该通知单中并未约定补卡收费，因此喻山澜的签署，不等于其必须接受每张 100 元的补卡价格。牡丹交通 IC 卡是北京市交通管理局为管理本市机动车驾驶员，与被上诉人工行北京分行联合发行的集成电路卡。该卡虽然在《集成电路卡应用和收费管理办法》实施前发行，但当《集成电路卡应用和收费管理办法》实施后，应当根据该办法第七、九、十条的规定，重新确定牡丹交通 IC 卡的补卡收费价格，即应按 IC 卡的工本费收取费用。根据工行北京分行出示的证据，牡丹交通 IC 卡的制卡成本为 30.80 元，而该行规定补卡收费的价格是每张 100 元。对规定多收的 69.20 元，工行北京分行不能出示合法依据。依照《民法通则》第九十二条的规定，该 69.20 元属

不当得利，应当由收款人返还给交款人。喻山澜请求判令被上诉人工行宣武支行返还100元补卡费及利息，不能全部支持；请求判令工行北京分行立即停止执行自行制定的收费标准，并遵照有关规定向北京市价格主管部门报批牡丹交通IC卡补卡收费办法，不属本案审理范围，不予处理。判决：被上诉人工行宣武支行在本判决生效后7日内给上诉人喻山澜返还补卡费69.20元及利息（利息自2003年7月31日起至判决之日止，以69.20元为基数，按中国人民银行同期活期存款利率计算）。[①]

◎法条链接

1.**《民法通则》第九十二条** 没有合法根据，取得不当利益，造成他人损失的，应当将取得的不当利益返还受损失的人。

2.**《集成电路卡应用和收费管理办法》第七条第一款** 国家行政机关实施行政管理，为提高管理效率，方便服务对象而推广使用IC卡，可以按照核定的标准向用户收费。收费项目按照隶属关系分别报财政部、国家计委或省、自治区、直辖市财政、价格部门审批，收费标准报国家计委、财政部或省、自治区、直辖市价格、财政部门核定。

第九条 商业银行等金融企业提供服务，推广使用银行IC卡需要收费的，按照中国人民银行规定的金融企业IC卡收费管理办法执行。中国人民银行制定的IC卡收费管理办法，应报国务院价格主管部门备案。

金融企业与国家行政机关、事业单位和公用服务行业联合发行的IC卡，按本办法第七、八条规定执行。

第十条 实行政府审批的IC卡收费，其收费标准严格按照IC卡工本费核定。硬件及网络设备、应用软件等建设费用和管理费用不得通过收费解决。

批准收费的IC卡及按规定不单独收费的IC卡，凡因丢失、损坏等原因要求补发的，均按IC卡工本费收取费用。

3.**《商业银行服务政府指导价政府定价目录》第三条** 对于银行客户账户中（不含信用卡）没有享受免收账户管理费（含小额账户管理费）和年费的，商业银行应根据客户申请，为其提供一个免收账户管理费（含小额账户管理费）和年费的账户（不含信用卡、贵宾账户）。

---

① 《最高人民法院公报》2005年第6期。

◎重要提示

一、联合发行银行卡业务的法律性质

商业银行作为对公服务企业，凭借网点多、结算方便等优势往往成为行政机关实施行政管理的合作者，依靠技术和服务，协助行政机关完成行政管理。商业银行与行政相对人之间不是基于契约自由的平等民事主体之间的关系，而应依靠有关的法律、法规及规章制度来规范。在该法律关系中，行政相对人是通过与金融机构的交易行为来服从行政管理或完成行政管理者的指令。行政相对人没有选择是否缔结合同或与谁缔结合同的权利。因此，金融机构不能按照传统模式和惯有思维来处理此类业务。

二、联合发行银行卡业务的特殊性

在与行政机关实施合作的金融业务中，既存在着民商事法律关系，如提供服务、储蓄等，也存在着行政法律关系，如收费、罚款的缴纳、有关应由国家行政机关专控的信息记载、受委托对行政罚款的收取等。不同的法律关系应适用不同的法律规范来调整。金融机构协助行政机关的行为，其中的服务内容往往成为行政相对人履行行政义务的一部分，有的具有较强的时效性，有关的信息记载具有较强的证据效力。

三、规范服务价格的重要性

据统计，2014 年上半年 10 大上市银行手续费及佣金净收入 3274 亿元，同比增长了 14.72%。在中间业务收费成为银行利润增长点的同时，社会对银行的收费也质疑颇多。为规范商业银行服务价格管理活动，保护商业银行服务对象的合法权益，促进商业银行健康可持续发展，中国银监会、国家发展改革委制定了《商业银行服务价格管理办法》，银行应严格按照《商业银行服务价格管理办法》执行。

◎风险规避

一、规范收费

银行与行政机关、事业单位、公用服务行业联合推出一项业务，辅之于行政管理或公共服务时，其业务收费及工本费应按规定报批和核定，并做到收费有据。

未经审批的，银行不应开办此类业务。银行应严格按照经审批的收费标准进行收费，不得滥收或另行增加收费项目收费。否则，不仅多收的费用不受法律保护，也面临着价格行政主管部门对其进行行政处罚的风险。

2014年2月14日，《商业银行服务政府指导价政府定价目录》（发改价格［2014］268号）第三条写明“对于银行客户账户中（不含信用卡）没有享受免收账户管理费（含小额账户管理费）和年费的，商业银行应根据客户申请，为其提供一个免收账户管理费（含小额账户管理费）和年费的账户（不含信用卡、贵宾账户）”。自2014年8月1日起，各商业银行客户所持的众多银行储蓄卡中，有一张可享受免账户管理费和年费的优惠政策。

二、收费的依据合法

依据现行有效的法律、法规、规章进行收费，是银行合法收费的根据。“没有合法根据”是不当得利的主要构成要件之一。当银行据以收费的依据发生变化时，如无特别规定，银行应及时调整收费项目或标准。如《集成电路卡应用和收费管理办法》第二十一条规定：“本办法自发布之日起执行。各部门、各地区制定的有关规定凡与本办法有抵触的，以本办法为准。”银行在此以前制定的IC卡收费标准，无论其标准是否有明确的依据，均应自2001年11月12日即该办法发布之日起，按本办法规定对以前的收费标准进行调整。否则，其收费将从“具有合法根据”变为“没有合法根据”。

三、收费的程序合法

银行收取银行卡费用时，应按规定的程序进行报批并履行告知义务。**刘江诉中国农业银行桃江县支行服务合同纠纷案**：原告刘江发现桃江县支行灰山港营业所扣收其金穗通宝卡年费及小额账户管理费后，把中国农业银行、桃江县支行告到法院，要求返还扣划款并赔礼道歉。湖南省桃江县人民法院审理后认为：桃江县支行收取的利息、结算凭证工本费、手续费、服务费等均以桃江县支行为纳税单位，统一向税务部门缴纳相关税收，依照惯例，银行不向存取款户提供完税凭证。金穗借记卡收取年费的规定已报银监会确认，不违反法律、法规的强制性规定。银行收取小额账户管理费，履行了相关报批手续和公告义务，没有违反法律和行政法规的强制性规定。①

① 《人民法院报》2008年1月7日。

第四节 信用卡消费

案例 21：为非持卡人签名的消费付款，银行未尽审核义务应承担责任

摘要：发卡行作为持卡人的受托人，须依照签有持卡人姓名的签购单为其支付消费款项。特约商户作为发卡行的受托人负责履行审查义务，如特约商户未尽审查义务，持卡人有权拒付。未尽审查义务的，发卡人应承担相应的过错责任。

2004 年 12 月，原告余铜海向招商银行股份有限公司信用卡中心（以下简称招行信用卡中心）申请并经招行信用卡中心核准，成为招行信用卡中心发行的卡号为 4392268000681784 双币种国际信用卡—国航知音信用卡（以下简称 1784 号信用卡）的持卡人。该卡正面除印有卡号以及招商银行、银联、VISA 等标记，还印有与持卡人姓名发音相同的汉语拼音凸字，背面有持卡人签名栏，信用额度为人民币 20000 元。在填写国航知音信用卡申请表时，余铜海预留了“余铜海”签名样式。2005 年 11 月 26 日 20 时许，余铜海准备使用 1784 号信用卡时，才发现遗失并寻找未果。当日 20 时 58 分，余铜海向招行信用卡中心进行挂失，21 时 45 分，向派出所报案。经查询，1784 号信用卡已被他人冒用，于当日 20 时 24 分、20 时 31 分，在被告上海城隍庙第一购物中心有限公司城隍珠宝总汇（以下简称城隍珠宝总汇）店堂内的编号为 18923001 号的 POS 终端上，先后刷卡消费两次，金额分别为人民币 6382.50 元、人民币 6596.40 元，在签账单签名处留有“余钢海”“余铜 ×（该字迹不清）”等字样的签名。城隍珠宝总汇出售千足金摆件两件，以接受上述信用卡刷卡的方式收取了该两件商品的相应价款，总计为人民币 12978.90 元。上述款项已被招行信用卡中心记入 1784 信用卡的“本期应还金额”中。2006 年 1 月 20 日，基于合同约定的相关条款，招行信用卡中心与余铜海达成由余铜海承担上述款项、招行信用卡中心免收滞纳金和循环利息的协议。在案件审理过程中，第三人招行信用卡中心就本案中 1784 号信用卡被他人冒用而致的损失与原告达成新的付款协议：第三人招行信用卡中心免除原告人

民币3214.79元的还款责任，原告承担人民币9764.11元的还款责任，且已履行完毕。

◎裁判要旨

上海市第二中级人民法院认为：在案件审理中，招行信用卡中心决定免除原告所承担的上述债务中人民币3214.79元还款责任的做法是恰当的。法院据此认定原告财产损失的数额为人民币9764.11元。判决城隍珠宝总汇的公司法人上海城隍庙第一购物中心有限公司赔偿原告财产损失人民币6800元。一审宣判后，当事人均未上诉，一审判决已发生法律效力。[①]

◎法条链接

1.**《银行卡业务管理办法》第五十四条** 持卡人的义务：（四）持卡人不得以和商户发生纠纷为由拒绝支付所欠银行款项。

2.**中国银行业监督管理委员会《关于加强银行卡安全管理有关问题的通知》** 五、各商业银行应注重对银行卡持卡人有效身份的确认，对于持卡人在POS机上进行刷卡消费行为的，应要求商户核对持卡人的签名；在进行电子银行交易时，可以采取动态密码技术和增加持卡人身份号码验证等方法增强交易的安全性。

◎重要提示

一、银行卡消费

银行卡消费系指持卡人在特约商户购买商品或取得服务时，通过POS联机结算。消费是银行卡的主要功能和持卡人使用银行卡的主要途径。因特约商户未尽审查义务以及盗用、冒用信用卡的犯罪现象日渐增多，导致与银行卡消费有关的纠纷发生率始终居高不下。

二、银行卡法律关系

以银行卡为标的涉及的法律主体及其相互之间的法律关系较多，厘清法律关

① 《人民司法·案例》2007年第2期。

系并明确各方的权利义务是正确界定银行卡纠纷中各方责任的前提。

1. 持卡人与发卡行：因发行信用卡、消费款项的结算与清偿而产生的委托法律关系和借贷法律关系；

2. 持卡人与特约商户：因持卡人消费而使用银行卡结算产生的服务法律关系；

3. 发卡行与特约商户：因特约商户受理银行卡而产生的委托法律关系及结算法律关系；

4. 发卡行与审单行：审单行作为与特约商户直接签订合同的当事人，因代理发卡行收取应付签账单及付款结算而产生的委托代理法律关系及结算法律关系；

5. 特约商户与审单行：等同于发卡行与特约商户之间的法律关系；

6. 发卡行、审单行与信息交换中心：信息交换中心作为银行卡跨行信息转接的非营利性会员组织，因其受会员银行委托办理跨行交易信息转接和提供跨行交易清算数据而产生的委托法律关系；

7. 发卡行、审单行与银行卡联合组织：因参与银行卡联合组织而在其组织成员之间产生的入网、清算、利润分配等服务法律关系。

三、特约商户与发卡行责任承担

特约商户在受理信用卡支付过程中，负有审查刷卡消费的签账单上的签名是否为持卡人本人的签名等义务。特约商户未尽义务，造成持卡人损失的，应承担责任。尽管发卡行、审单行将审查义务委托特约商户履行，但并不意味着银行可以放弃审查义务之责。发卡行在付款时，如发现特约商户未尽审查义务，有权拒付。

为规范银行卡收单业务，保障各参与方合法权益，防范支付风险，促进银行卡业务健康有序发展，中国人民银行于2013年7月5日公布《银行卡收单业务管理办法》，规范银行业金融机构与特约商户之间的行为。**康某与百佳超市天娱广场分店信用卡纠纷案**：康某是中信银行信用卡的持有人。2009年4月7日，康某在饭店吃饭时丢了钱包，里面有身份证、涉案信用卡等。由于信用卡上没有个人照片，也没有设密码，康某立即拨打银行客服电话办理了停止支付手续，并且在20时16分向警方报警。可即便如此，还是被行窃者捷足先登。信用卡已于当日19时59分在百佳超市天娱广场分店被盗刷了10538元。庭审中，根据法庭委托，鉴定机构对涉案消费交易的商户存根即签购单进行笔迹鉴定后发现，签购单上的签名不是康先生本人所为。该案争议的焦点在于：商户的义务是比对签购单与信用卡背面的签名是否一致，现在信用卡丢了，无法确认背面签名就是康某本人所为，所以签购单上的“假签名”也可能与信用卡背面一致。换句话说，康某也不能保证卡背后的签名就是他本人的。商户不是专业人士，无法鉴定笔迹真假。据此法院判决对于10538元的损失，康某自负30%，百佳超市负担70%。针对此案，法官认为：商家在顾客持信用卡消费时，负有对顾客身份、卡上内容及审验签购单签名与卡背面预留签名是否一致的义务。在信用卡被盗窃的情况下，卡无法找寻，持卡人无法提供背面预留签名样式的情况下，法院一般根据日常生活经验进行判断。在信用卡丢失前，康某已多次使用该卡，倘若商户的推理成立的话，那么在以往的惯常消费中，康某将无法完成。所以，信用卡背面的预留签名倘若不是康某本人所为，等于是在自我设限，不符合常理。因此，推定两者一致，并将康本身的签名与涉案交易签购单上签名比对比较合理。结果证明百佳超市没有尽到很好审查签名的义务，应当负一定责任。同时，对于康某本人，其没有很好地保管自己的信用卡导致被偷盗和冒用，本身也存在过错，因此要自负一定比例的责任。[①]

◎ 风险规避

鉴于银行卡业务中复杂的法律关系，为减少诉累，对于确属未尽审查义务造成银行卡被他人冒用的，应根据不同的付款情况作出不同的处理。

1. 发卡行应认真履行审查义务，及时、正确行使拒付权利。银行在对消费签账单进行审查时，如认为签名非持卡人本人签名，则有权对审单行或特约商户拒付。如拒付理由成立，银行一般不会被牵扯进信用卡纠纷案件中，而纠纷在特约商户与持卡人或银行卡联合组织之间解决。**银联商务有限公司河南分公司与郑州林士达商贸有限公司信用卡纠纷案**：本案中，持卡人的信用卡在特约商户处刷卡购物消费，消费商户存根上的签名与持卡人所持卡签名不符。持卡人向发卡行提出异议，发卡行向银联公司提出退单，银联公司将交易款项退还发卡行，遂要求特约商户补偿其损失。郑州市中级人民法院二审认为，郑州商贸公司在处理该银行信用卡在被告处刷卡购物消费过程中，未尽到对持卡人签名的审核义务，违反了协议中关于“认真核对POS交易签购单上的持卡人签名与银行卡背面签名是

① 《人民法院报》2012年8月9日。

否一致”的约定，应对因此给银联河南分公司造成的退单损失承担赔偿责任。[①]

2. 发卡行已向特约商户付款，持卡人拒付的，发卡行可与持卡人协商，由持卡人向发卡行付款，然后由持卡人向特约商户追索。

3. 如协商未果，且持卡人的损失是由于银行卡遗失、密码泄露、未及时挂失等原因造成的，由于持卡人自身具有过错，亦应承担相应的责任，所以此类纠纷应通过诉讼方式解决，以期通过诉讼使持卡人承担相应的责任。**蔡红辉诉金才来信用卡纠纷案**：银联卡特约商户在受理有预留签名的银联信用卡消费时，应当根据其与发卡银行之间的约定以及中国人民银行《银行卡联网联合业务规范》的规定，核对持卡人在交易凭证上的签字与信用卡签名条上预留的签字是否一致。未核对签名造成持卡人损失的，应承担相应的赔偿责任。信用卡所有人为信用卡设置了密码，但因自身原因导致密码泄露的，可以适当减轻特约商户的赔偿责任。[②]

---

① 《人民司法·案例》2011 年第 22 期。

② 《最高人民法院公报》2010 年第 12 期。

第五节　银行卡遗失

案例 22：银行为持假身份证者大额提款具有过错

摘要：由于储户丧失对银行卡与密码的占有和银行疏于审核提款人身份导致存款被冒领，存款人和银行对此均存在过错。存款人丧失银行卡和密码是导致存款被冒领的主要原因，存款人的过错程度明显大于银行。法院应根据双方的过错程度来判决各自应承担的责任。

2000 年 12 月 3 日，聂晓斌与自称为胡志的人签订一份购销 20 吨电解铜的协议书，双方约定聂晓斌在中国工商银行宾阳县支行（以下简称宾阳工行）开设一储蓄账户，存入购货资金备胡志查询，聂晓斌收货并验收后，告知胡志取款密码，并提供聂晓斌身份证复印件，胡志方可取款。签约当日聂晓斌在宾阳工行临浦分理处（以下简称临浦分理处）存入人民币 100 元，以自己名字申办储蓄折卡合一牡丹灵通卡，领取了通存通兑储蓄存折，签收了灵通卡和密码信封。聂晓斌返回住所地辽宁省锦州市后，于同年 12 月 5 日在锦州市某银行储蓄所办理异地转存，存入人民币 253900 元，转至临浦分理处账户，准备用来购买电解铜。同年 12 月 18 日，聂晓斌因协议到期，仍未见电解铜到货，即通过银行查询，得知其账户上的存款已被人领取。根据宾阳工行流水账显示，聂晓斌账户中的 250000 元存款被一个持“李建国”身份证的人使用牡丹灵通卡于同年 12 月 6 日在临浦分理处一次性领取。账户中余款 3900 元也于同日被人通过自动取款机分四次取完。后经宾阳县公安局经济侦查大队调查，取款人“李建国”所用的身份证是假身份证。

◎ 裁判要旨

最高人民法院认为，聂晓斌与宾阳工行建立的储蓄存款关系合法有效，应予保护。对于聂晓斌存款被他人冒领的事实，双方均无异议。本案争议的焦点问题是对于聂晓斌存款被他人冒领所造成的损失应由谁承担责任。

关于聂晓斌应否承担责任的问题。银行与储户建立存款关系后，银行交付给储户的存折和银行卡等即为合同成立的标志，亦是储户的权利凭证。随着电子信息化的发展，有关储户的信息内容被存储在银行卡中，储户的姓名、身份证件类型和号码、存款数额、取款密码等均存储于该银行卡中，电子信息记录等均为交易的有效凭据，任何人掌握银行卡及密码就可以不通过银行柜台，而直接通过银行提款机自动取款。因此，卡主丧失银行卡及密码实际上就丧失了对存款的保护，使存款随时处于被他人占有的境地。本案中，聂晓斌虽然提供了有关证言，证明其从未丧失过对银行卡及密码的占有，但事实上确有犯罪嫌疑人利用聂晓斌的银行卡和密码取走存款。且根据广西壮族自治区公安厅针对中国工商银行广西壮族自治区分行及所辖分支机构的储蓄业务计算机处理系统安全性所做的“储户密码是保密的、安全的”鉴定结论，排除提款人利用虚假银行卡和密码取款的可能。因此，聂晓斌关于其已将银行卡剪断、密码烧毁的举证不能对抗存款被持有其真实银行卡及密码的人冒领的事实。原再审判决关于聂晓斌对于银行卡和密码未尽妥善保管责任的认定是正确的。聂晓斌对于存款被冒领明显负有过错，对因此造成的损失，应自负相应责任。

关于宾阳工行应否承担责任的问题。本案是提款人到银行柜台要求一次性取款 250000 元，对于一次性提取现金 50000 元以上的存取款业务，中国人民银行《关于加强金融机构个人存取款业务管理的通知》第六条规定：“办理个人存取款业务的金融机构对一日一次性从储蓄账户提取现金 50000 元（不含 50000 元）以上的，储蓄机构柜台人员必须要求取款人提供有效身份证件，并经储蓄机构负责人审核后予以支付。其中一次性提取现金 200000 元（含 200000 元）以上的，要求取款人必须至少提前一天以电话等方式预约，以便银行准备现金。”可见，中国人民银行对于涉及 50000 元以上的大额取款业务，是作出了明确的操作规定的，即要求取款人必须提供有效身份证件，银行予以审核后方能支付。宾阳工行抗辩称，银发［1997］363 号通知中所要求的银行审核，并未明确审核内容，没有明确要求必须审核取款人的身份证件是否与存单、存折相一致，因此，银行在实际办理取款业务中，仅形式审查取款人的身份证件，并予以登记，并不要求进一步审查取款人是否与存款人一致。而且，以灵通卡取款时，在银行电脑首页上并不直接显示卡主姓名（需由柜台人员继续操作，方能显示卡主姓名），无法直接审查取款人是否与存款人一致。此后，中国人民银行虽然在 2000 年 12 月 14 日作出银办函《关于个人存取款业务管理有关问题的批复》，对银发［1997］363 号通知中关于审核含义不清的问题予以了明确，即“审核是指取款人提供的身份证件姓名是否与存单、存折姓名一致”，但该批复下发时，本案所涉存款冒领的事实已经发生，因此，其不存在违规操作、疏于审查的情况，不应承担任何责任。本院认为，诚然中国人民银行银发［1997］363号通知中对于银行办理大额取款业务时应审核什么内容没有明确、具体的规定，但宾阳工行以审核指向不明，其已尽审核之责之说，却难以成立。审核一词应含审查、核实之义，审核所要做的基本工作就是要将提款人提交的资料与银行记载的存款资料相对照，一是审核存款事实是否存在，即对照提款人提交的取款凭证和密码是否真实，与银行记载的存款记录是否相符；二是审核提款人身份，即提款人提交的身份证件是否真实，是否与存款人本人相一致。这两项内容均应包含在审核范围之内。宾阳工行工作人员在实际操作中只审查了取款凭证和密码的真实性，遗漏了对提款人身份的核实，未完全尽到审核之责。银办函［2000］816号批复虽晚于本案存款冒领发生后作出，但并不能成为宾阳工行未尽审核之责的理由。宾阳工行对于存款被冒领亦负有过错，应承担一定责任。

关于双方承担责任的比例问题。本院认为，聂晓斌丧失对银行卡和密码的占有与宾阳工行疏于审核提款人身份共同构成存款被冒领的原因，但聂晓斌丧失银行卡和密码是导致存款被冒领的起始及主要原因，其过错程度明显大于宾阳工行。原再审判决根据双方的过错程度判令聂晓斌对于存款被冒领所造成的损失自负70%责任，宾阳工行承担30%的责任，并无不当。聂晓斌要求宾阳工行承担全部赔偿责任的再审请求，本院不予支持。[①]

◎法条链接

1. 中国人民银行《关于个人存取款业务管理有关问题的批复》第二条 《通知》第六条规定的“办理个人存取款业务的金融机构对一日一次性从储蓄账户提取现金5万元（不含5万元）以上的，储蓄机构柜台人员必须要求取款人提供有效身份证件，并经储蓄机构负责人审核后予以支付”中的“审核”是指取款人提供的身份证件姓名是否与存单、存折姓名一致。5万元是指本息合计数。

---

① 苏泽林主编:《审判监督指导》2005年第2辑，人民法院出版社2006年版，第152~158页。

◎重要提示

一、银行卡遗失与密码泄露共同构成银行卡纠纷的主要诉因

银行卡遗失系指持卡人脱离对银行卡的控制和占有，如丢失、被盗、被骗（如被调包）等。发生上述事实系持卡人未妥善保护银行卡所致，因此，持卡人一般要承担相应的责任。

二、以银行卡为介质的存款纠纷的举证责任

最高人民法院《〈关于天津市邮政局与焦长年存单纠纷一案中如何分配举证责任问题的函复〉的通知》关于当事人之间分配举证责任的问题，焦长年主张自己在天津市邮政局下属储蓄所办理的存款账户中的存款数额少了9045元，而其本人没有在2000年5月13、14、15日连续3天于成都市使用取款卡取款9000元，天津市邮政局应当对其账户中存款数额减少9045元承担赔偿责任。其举证责任在于，证明自己与天津市邮政局之间存在储蓄合同关系，证明自己的存款数目，存折和取款卡没有丢失。焦长年提交了存折和取款卡，即已完成了举证责任。根据证据学原理，只能要求主张事实发生或者存在的当事人承担举证责任，而不能要求主张事实不存在或者没有发生的当事人负举证责任。因此不能要求焦长年举证证明自己没有异地取款行为。2000年5月15日11时许，焦长年持取款卡在天津市邮政局的储蓄所取款的事实证明，其本人当时肯定在津，且未遗失取款卡，而同日在成都仍然发生了使用焦长年的取款卡连续3次从其账户中取款的事实。天津市邮政局主张焦长年恶意支取，则应当就其使用或者指使他人使用取款卡，于2000年5月13、14、15日在成都市火车站邮局、走马街邮局取款的事实负举证责任。

魏某诉某银行借记卡纠纷案：魏某的银行卡在异地被支取了4万多元，在与银行多次协商无果后，魏某诉至法院，要求银行偿还其存款损失。本案二审主审法官认为，当储户与银行之间就某项交易行为是否系伪卡所为发生争议时，应由储户首先就其主张提出初步证据，比如系争交易发生的时间、地点，持卡人的生活、工作区域，持卡人当时所处的地点，真卡的位置，向银行提出异议的时间，向公安机关报案的时间等，其证明程度不必达到确定无疑地证明伪卡的存在，亦不必对上述所有内容均进行举证，只需对是否真卡交易形成重大质疑即可。一旦

储户提供的证据达到上述证明标准，即应由银行提供反证，证明系争交易确系真卡所为，若银行不能就此尽到举证责任，则应承担不利后果。①

◎ 风险规避

1. 在银行卡纠纷中，银行应要求持卡人出示银行卡原物，如不能出示，则应认定为遗失。

2. 对不能出示银行卡原物的，应注意当事人对不能出示的陈述的“合理性”，并适时予以反驳。最高人民法院《关于民事诉讼证据的若干规定》第八条规定：“诉讼过程中，一方当事人对另一方当事人陈述的案件事实明确表示承认的，另一方当事人无须举证。”

3. 持卡人持有银行卡原物，也并不意味着持卡人就无过错。如持卡人曾出借、抵押等情形，甚至恶意诉讼。银行应注意对持卡人持卡情节及该卡使用情形的了解与调查。款项的支取是否由真卡所为应为此类案件的关键，而该举证责任在银行一方。**李文萍诉某银行宜丰支行存款损失纠纷案**：宜春中院维持原判的一审法院认为，原、被告建立储蓄存款合同关系后，银行有义务承担防范犯罪的义务。而本案无证据证明在ATM机上取款是由真卡操作的，则不能认定已在ATM机上发生的操作行为系原告与被告发生的真实交易。因此，原告与被告形成的储蓄合同涉及的标的1572元，仍应视为在原告储蓄卡中。②

4. 不能出示银行卡原物，持卡人并非都具有过错，如火灾、地震等不可抗力事件导致的银行卡原物的灭失。对此情形，持卡人就其银行卡灭失的主张负有举证责任，银行应要求其举证证明。

5. 不能出示银行卡原物，并非持卡人都要承担责任。如果持卡人遗失银行卡与卡内资金丢失不具有因果关系，则不能要求持卡人承担责任。

---

① 《人民法院报》2015年2月3日。

② 《人民法院报》2007年8月23日。

第六节　密码泄露

案例 23：银行应对客户存款被非法划取担责

摘要：客户在银行办理信用卡后，银行应保证卡上所存款项的安全。如果银行在划款时没有严格按照程序办理，无论客户本人是否泄露密码，银行都应承担赔偿责任。

安徽省淮南市市民张平于 1999 年 1 月在交通银行淮南分行（以下简称交行）办理了太平洋借记卡，2001 年 7 月 5 日，张平在淮南华联商厦消费划卡时，发现卡中仅有余额 2803.77 元，其余 31.7 万元存款不知去向，遂于当日前往交行信用卡部查询，得知 31.7 万元已被支取。交行于 2001 年 7 月 16 日向淮南市田家庵区公安分局刑警大队报案称："2001 年 6 月 27 日，犯罪嫌疑人持假冒身份证件到淮南市交通银行洞山办事处兴旺储蓄所以'张平'名义办理银行证券资金自动转账业务，7 月 3 日，犯罪嫌疑人将储户张平的交行'太平洋'卡内资金 31.7 万元转至省信托投资公司淮南证券部，同日，犯罪嫌疑人将此笔资金又转至淮南市建设银行，后将钱提走。" 2003 年 11 月 27 日，田家庵公安分局刑警大队出具书面材料称，经侦查至今仍不能确定犯罪嫌疑人。一审另查明：客户在交行申办银行证券资金转账业务，需要向银行提供客户太平洋卡、客户身份证原件、客户在证券部的资金账号，并与受理银行、证券部三方签订银行证券资金自动转账协议书。而后的程序由受理银行操作。客户资金在转账过程中才涉及客户太平洋卡的密码问题。新办理的太平洋卡自动生成两个密码，一个是交易密码，一个是转账密码，初始密码不修改并不影响太平洋卡的使用。一审还查明：在省信托投资公司淮南证券部的资金账户及在建设银行的账户均不是张平的。在一审第二次庭审法庭辩论终结前，张平提出交行应承担违约责任，按日万分之二点一计算，从 2001 年 7 月 3 日计算至 2003 年 12 月 11 日，共计 59247.3 元。

◎裁判要旨

安徽高院二审认为，一、张平在交行办理了太平洋借记卡后，交行应保证卡上所存款项的安全。本案中张平的太平洋借记卡上31.7万元存款被犯罪嫌疑人转账、支取，系因交行在为该卡办理银证转账开户业务过程中，没有按照规定要求开户人出示太平洋借记卡，查验身份证的真伪，以及比对该开户人的签名与张平的预留签名是否相同即予以办理，使犯罪嫌疑人的犯罪行为得逞。因此，交行应为其行为的过失承担赔偿责任。交行在上诉中认为张平泄露了自己的太平洋卡密码，其对卡上的资金被取走亦有过错。但交行在二审中仍没有举证证明张平泄露了其太平洋卡的密码。况且，即使该卡的密码不慎泄露，如果没有交行违规操作给犯罪嫌疑人开通张平持有的太平洋卡银证转账业务，犯罪嫌疑人亦无法转走卡上的资金。因此，交行上诉认为张平亦应承担本案过错责任的理由，不应予以采信。二、至于交行上诉认为一审法院违反"先刑后民"的审理原则，在本案的刑事案件尚未侦破的情况下，就作出民事判决属程序违法。由于本案尚未确定刑事责任主体与民事责任主体具有同一性，因此不符合适用"先刑后民"原则处理本案的前提条件，故交行的该项上诉理由本院亦不予采信。故维持淮南中院的一审判决，即交行赔偿张平人民币317000元，利息4453.22元，合计321453.22元，于本判决生效后十日内付清。[①]

◎法条链接

1. **最高人民法院《关于银行储蓄卡密码被泄露导致存款被他人骗取引起的储蓄合同纠纷应否作为民事案件受理问题的批复》** 因银行储蓄卡密码被泄露，他人伪造银行储蓄卡骗取存款人银行存款，存款人依其与银行订立的储蓄合同提起民事诉讼的，人民法院应当依法受理。

2. **《银行卡业务管理办法》第五十二条** （六）发卡银行应当在有关卡的章程或使用说明中向持卡人说明密码的重要性及丢失的责任。

◎重要提示

一、本人行为原则

所谓本人行为原则，是指只要客观上在个人电子银行交易中使用了私人密

① 《人民法院报》2005年8月30日。

码，如无免责事由，则视为交易者本人使用私人密码从事了交易行为，本人对此交易应承担相应的责任。《电子签名法》第十四条规定："可靠的电子签名与手写签名或者盖章具有同等的法律效力。"

（一）本人行为原则的适用

胡某某与招商银行股份有限公司上海天钥桥支行侵权纠纷案：其裁判要旨认为，电话银行已成为一种普遍、快捷的金融交易方式，而密码在电话银行交易中具有重要的法律地位和作用。密码的使用表明银行对交易者身份的鉴别以及对交易内容的确认，从而起到电子签名的功能。银行通过电话方式在审查核对储户密码以及储户在办理银行卡时预留的各种信息准确无误后，可以为储户的银行卡开通、实施新增服务功能，对储户由此而产生的损失不承担赔偿责任。[①]

（二）本人行为原则适用的限制

下列情形下，本人行为原则不予适用：1. 私人密码使用涉及的软件密级程度过低。2. 失窃、失密后及时向银行挂失。3. 操作系统受到黑客攻击。尽管中国人民银行的部门规章及各商业银行的章程条款都间接体现了私人密码使用的本人行为原则，但我国法律并未确立该项原则。司法实务中，银行只要在业务操作中具有过失，司法机关更倾向于保护弱者即储户的权益。这也就是银行格式条款"凡使用密码进行的交易，银行方均视为储户本人所为。因密码保管或使用不当导致的损失由储蓄方本人承担"被众多判例认定为无效条款的原因。本人行为原则的限制在司法实践中已得到了具体的运用。**刘某诉中国工商银行股份有限公司清远连江支行储蓄合同案：**2009 年，刘某将借记卡交由妻子去 ATM 机转账，因该 ATM 机被犯罪分子安装了读卡器和微型摄像头，导致借记卡信息和密码泄露。犯罪分子利用克隆伪卡在异地套现，造成刘某损失 36 万余元。银行以借记卡章程规定"凡使用密码进行的交易，均视为持卡人本人所为"为由，主张免责。法院认为：法律并未规定借记卡只允许由持卡人本人使用，银行卡章程亦未作出上述规定，相反，该章程规定"凡使用密码进行的交易，均视为持卡人本人所为"，足见银行并不禁止储户本人之外的其他人使用借记卡。在储户持卡交易时，银行遵循的原则是"认卡、认密码，不认人"。故刘某将卡交由妻子去银行提供的 ATM 机上取款行为，并无过错。为储户提供安全的取款环境系商业银行法定义务，商业银行无权单方面增加储户义务。刘某妻子在银行提供的 ATM 机上取款

① 《人民司法·案例》2011 年第 10 期。

时，并不知道该ATM机上被不法分子安装了摄像装置，其亦无法识别。由储户在借记卡上设置自己能掌握和控制的密码，是保障储户存款安全和防范犯罪的一种手段。但本案事实证明，尽管储户遵守保密义务，犯罪分子仍能破解和利用储户设立的密码。在技术不断进步且犯罪手段不断变化的今天，不具体分析失密的原因，不考虑储户是否存在过错，一概以“凡使用密码进行的交易，均视为持卡人本人所为”这一格式条款作为银行免责理由进行抗辩，把一些本应由银行承担的责任推向储户，无疑加重了储户责任，有违公平原则，故判决银行承担全部赔偿责任。①

二、密码泄露的责任承担

（一）存款人与银行之间的责任划分

几乎所有银行卡存款的被盗刷都与银行卡密码的泄露有关。不同的泄露方式将直接涉及存款被盗后责任的承担主体与承担比例。北京市高级人民法院《审理民商事案件若干问题的解答之四（试行）》第一条规定：凭密支付是存储双方在支付方式上的特殊约定。在凭密支付的存储关系中，由于存款人自身的过失导致密码泄露，致使存款遭受损失的，存款人应自行承担民事责任；有证据证明由于金融机构工作人员的行为导致密码泄露，致使存款遭受损失的，金融机构应当承担民事责任；由于存款人自身的过失导致密码泄露，同时有证据证明金融机构违规操作，共同导致存款遭受损失的，存款人、金融机构应当分别依各自的过错承担相应的民事责任。因金融机构电子管理系统被侵入致使存款被盗的，金融机构应当承担民事责任。

1. 银行有过错的密码泄露

（1）犯罪分子通过设置木马病毒盗取持卡人的卡号和密码；

（2）在自动取款机上张贴“通告”，诱骗持卡人按“通告”提示进行操作，致使持卡人将存款转到犯罪分子设置的账户上；

（3）在自动取款机的银行卡插口及键盘上做手脚，趁机偷窥密码及窃取银行卡的；

（4）不法分子在ATM机上偷偷安装复制器（读卡器）和摄像头，复制银行卡信息数据并偷窥密码，进而克隆卡；

---

① 《中国审判案例要览·2010年民事审判案例卷》第44号案例。

（5）不法分子在自助银行的门禁系统上安装盗码器，趁持卡人刷卡时窃取银行卡上的磁条信息和密码；

（6）金融机构工作人员的行为导致储户密码泄露的。

2. 持卡人有过错的密码泄露

（1）在互联网上伪造银行网站，编造抽奖或其他理由诱骗持卡人网络交易，趁机骗取卡号和密码；

（2）犯罪分子冒充银联中心、银行工作人员或司法人员进行诈骗，持卡人轻信被骗取卡号和密码，或者将存款主动转到犯罪分子指定的账户上；

（3）持卡人因不懂操作业务或操作业务出现故障后，因请教他人或请别人操作而致密码泄露的；

（4）持卡人因交易而泄露密码、银行卡被调包；

（5）银行卡与密码一同被盗。

（二）银联网成员之间的责任划分

持卡人用带有“银联”标记的银行卡跨行取款时，被犯罪分子利用窃密装置盗取银行卡信息并复制银行卡盗窃持卡人存款的，应由发卡行，还是取款行承担赔偿责任？

顾骏诉上海交行储蓄合同纠纷案：上海市第二中级人民法院认为：被告上海交行向原告顾骏发行的太平洋借记卡，其上有“银联”联网标识，能在具有全国银行卡联合组织成员资格的其他银行进行跨行交易。在跨行交易中，其他银行是上海交行的代理行，与顾骏不存在直接的合同关系。顾骏因在其他商业银行使用自助银行而与银行发生的储蓄合同纠纷，还应当以发卡行上海交行为合同当事人。[①]

李志华与中国银行股份有限公司江阴支公司、中国工商银行股份有限公司江阴支公司信用卡纠纷案：其裁判要旨认为：持卡人与发卡行之间属储蓄存款合同关系，与提供ATM机具行之间属委托发起电子指令关系，发卡行与提供ATM机具行之间属业务资金清理关系。三者之间存在不同的法律关系。由于提供ATM机具行未能及时发现、制止不法分子的不法行为，致使持卡人所持银行卡信息被泄露而遭受的损失，应由机具提供行承担相应的违约责任。[②]

---

① 《最高人民法院公报》2005年第4期。

② 《人民司法·案例》2010年第12期。

◎风险规避

在诉讼过程中，银行通常以持卡人泄露密码为由进行抗辩。但由于该抗辩的举证责任在银行一方，而银行又很难举证证明持卡人因自身原因泄露密码，因此其抗辩理由很难被人民法院所认定。**潘某与中国工商银行佛山绿景支行储蓄存款合同纠纷案**：广东省佛山市禅城区人民法院认为，储户的密码并非只有储户个人掌握，被告的系统中也有储户密码等信息。据此，无法排除该男子所持有的身份证及存折均为伪造并从被告系统中盗取有关原告存款信息的可能性，也无法排除被告因他人伪造的身份证和存折及盗取有关信息致使原告款项被转出的可能性。①

银行应对银行卡纠纷涉及密码泄露的策略：

1. 发生此类案件后，银行应及时主动报案，通过公安机关的侦查来了解银行卡被盗刷的真实情况，并据以掌握持卡人有无过错及过错大小的事实材料。

2. 当银行卡被盗刷完全系因银行的过错时，应积极主动与持卡人进行调解，防止诉累。

3. 即使密码泄露系持卡人的原因造成，如银行对存款的损失具有过错，如不法分子使用假卡通过 ATM 机或使用假身份证件通过储蓄柜台支取储户存款，银行的责任不能免除。因此，提高 ATM 机识别真假卡的能力、加强对取款人的身份审核与识别，应是有效防范银行卡资金被盗的途径。**李某诉中国建设银行股份有限公司天津红桥支行、中国建设银行股份有限公司天津南开支行借记卡纠纷案**：2011 年，李某在 ATM 机取款，翌日发现借记卡内被他人转款 11.8 万余元。监控录像显示犯罪嫌疑人通过在该 ATM 机上安装盗录设备，盗取李某卡号和密码。法院认为：根据本案合同性质和履行特点，银行对借记卡账户资金及借记卡本身信息和密码应负保管、保护和保密的合同义务，应防范犯罪行为对借记卡账户资金和借记卡信息的侵入，应有效识别借记卡真伪，保障金融服务和交易安全。另外，中国人民银行办公厅《关于贯彻落实〈中国人民银行、中国银行业监督管理委员会、公安部、国家工商总局关于加强银行卡安全管理、预防和打击银行卡犯罪的通知〉的意见》（2009 年 8 月 1 日银办发［2009］149 号），以及中国人民银行《关于进一步加强银行业金融机构信息安全保障工作的指导意见》（2006 年

---

① 《人民法院报》2008 年 6 月 12 日。

4月18日银发［2006］123号）等文件中，明确规定了金融机构应当防止ATM机安装非法设备，防止银行卡信息和密码被窃取，防止伪卡欺诈等内容。这些规范性文件确认了银行应负有的上述安全防范义务。本案中，犯罪嫌疑人在ATM机上从安装到拆除非法盗录设备共计40分钟时间，银行并未察觉，造成李某损失，证明银行未尽安全防范义务，故银行应承担违约责任，赔偿李某损失。李某作为普通的社会成员，一般不可能预见和察觉银行交易系统的漏洞，亦不能预见到银行交易系统存在非法盗录设备、借记卡被复制并利用的危险，且借记卡合同订立、履行过程中，银行并未告知危险的存在，银行提供的ATM机交易画面中的安全防范提示内容亦与本案无关，达不到有效提示效果，故判决银行赔偿李某全部11.8万余元损失及利息。①

① 《天津市高级人民法院公报》2011年第2辑。

第七节 透 支

案例 24：保证人对超额度透支不担责

摘要：虽然发卡行、持卡人和保证人约定“保证人对被保证人全部债务承担连带清偿责任”，但发卡行规定有信用限额，该限额应为保证人的保证范围。因此，保证人仅对发卡行允许透支的数额承担保证责任，对超出该额度的部分不承担保证责任。

2003 年 10 月 22 日，被告徐维明、周先富与原告中国建设银行临海支行（以下简称临海支行）签订一份领用龙卡协议。协议约定，徐维明为持卡人，周先富为承担连带责任的保证人，准贷记卡透支按月计收单利，透支利率为万分之五，并根据中国人民银行的此项利率调整而调整。经临海支行审查同意，于 2003 年 10 月 22 日向徐维明发放一张准贷记卡，信用度 A 级，信用额度 1 万元。被告徐维明 2004 年 6 月 30 日发生透支，至 2006 年 5 月 29 日，共欠本金人民币 35875.80 元，透支利息 14660.46 元。原告经多次催讨无果，诉至法院。

◎裁判要旨

浙江省临海市人民法院依照《民事诉讼法》第一百三十条[①]，《合同法》第三十九条、第二百零五条、第二百零六条、第二百零七条，《担保法》第十八条、第二十一条第一款之规定，判决：一、徐维明偿付临海支行透支本金人民币 35875.80 元及利息（利息算至 2006 年 5 月 29 日为 14660.46 元，从 2006 年 5 月 30 日起的利息按透支本金的日万分之五计算至履行完毕之日止），限在判决生效后十日内付清。二、周先富对上述透支本金人民币 10000 元及利息（透支按月计收单利，透支利率为日利率万分之五）负连带保证责任。一审判决后，原、被告

① 该条现已被新《民事诉讼法》修改为第一百四十三条。

均未上诉，判决已经发生法律效力。[①]

◎法条链接

1.**《民法通则》第一百一十四条** 当事人一方因另一方违反合同受到损失的，应当及时采取措施防止损失的扩大；没有及时采取措施致使损失扩大的，无权就扩大的损失要求赔偿。

2.**《合同法》第三十九条** 采用格式条款订立合同的，提供格式条款的一方应当遵循公平原则确定当事人之间的权利和义务，并采取合理的方式提请对方注意免除或者限制其责任的条款，按照对方的要求，对该条款予以说明。

格式条款是当事人为了重复使用而预先拟定，并在订立合同时未与对方协商的条款。

第四十一条 对格式条款的理解发生争议的，应当按通常理解予以解释。对格式条款有两种以上解释的，应当作出不利于提供格式条款一方的解释。格式条款和非格式条款不一致的，应当采用非格式条款。

3.**《银行卡业务管理办法》第四十一条** 发卡银行应当认真审查信用卡申请人的资信状况，根据申请人的资信状况确定有效担保及担保方式。

发卡银行应当对信用卡持卡人的资信状况进行定期复查，并应当根据资信状况的变化调整其信用额度。

第四十七条 发卡银行通过下列途径追偿透支款项和诈骗款项：

（一）扣减持卡人保证金、依法处理抵押物和质物；

（二）向保证人追索透支款项；

（三）通过司法机关的诉讼程序进行追偿。

第五十一条 发卡银行的权利：

（二）发卡银行对持卡人透支有追偿权。对持卡人不在规定期限内归还透支款项的，发卡银行有权申请法律保护并依法追究持卡人或有关当事人的法律责任。

（三）发卡银行对不遵守其章程规定的持卡人，有权取消其持卡人资格，并可授权有关单位收回其银行卡。

相关链接

中消协曾公布了对目前金融领域中存在的不平等格式条款的点评意见，专家

---

① 《人民法院报》2006年12月27日。

表示，这些霸王条款免除了银行本应承担的责任，排除了消费者的主要权利，是典型的显失公平条款，应视为无效。

霸王条款一　电话挂失不担责生效时间往后拖

一些银行规定，对于电话挂失只协助防范，不承担任何责任，而且受理书面挂失后24小时内的经济损失也由消费者自负。

点评：电话挂失与书面挂失在本质上都是当事人要求挂失的明确意思表示。因此只要银行接到挂失请求，就负有立即止付，确保消费者财产安全的义务。

霸王条款二　不可抗力随意用混淆概念欲免责

一些银行在办卡时对消费者承诺全国通兑，但消费者持卡到外地取款取不出钱来，银行却称用卡协议中规定："对因设备、供电、通讯或自然灾害等不可抗力因素或持卡人操作失误，造成储蓄卡交易不成功，银行不承担任何经济和法律责任。"

点评：因设备故障造成的储蓄卡交易不成功，应由银行承担违约责任。将其列为不可抗力是银行在偷换概念，其实质是想为自己免责。

霸王条款三　章程规定单方修改强迫对方受约束

一名消费者办理借记卡时发现该银行制定的《借记卡使用规定》提出"本规定一经修改，无须事先通知持卡人，亦即生效"，而《借记卡章程》也提出"修改时无论持卡人是否知悉，均具约束力"。

点评：按照合同法的有关规定，合同订立后，非经当事人协商一致，任何一方无权擅自变更合同。按照消费者权益保护法，持卡人作为消费者，有权利知道所接受服务的真实内容。银行卡格式条款的修改除了因国家有关法律法规或金融管理规章有新的强制性规定之外，其他新章程若持卡人不接受，银行无权强迫其接受。

霸王条款四　柜员机记录无效存款数额银行定

一些消费者反映柜员机一次存款数额限制不明示，有吞卡和卷钱的现象。而且有银行规定，"持卡人在自动柜员机上存入现金，以本行点核数为准入账"。

点评：造成柜员机收账记录与银行人员点核数额不符的原因很多，一旦发生异议，消费者有权要求银行重新审核。如银行不尽审核义务，造成消费者财产损失的，应承担相应民事责任。

霸王条款五　银行强定保险人指定律师你埋单

目前，大多数商业银行在办理个人购房抵押贷款时，要求借款人购买房屋保险，但限定必须向银行指定的保险公司投保，而且要求借款人到其指定的律师事务所审查贷款资信情况。

点评：消费者有权选择是否接受律师服务，银行强行指定保险公司和律师事务所是一种捆绑销售的不正当竞争行为。

霸王条款六 抵押贷款购房屋全额保险才放款

消费者反映在办理个人住房贷款时，有贷款银行称，消费者须对整个房屋（按房款算）全额保险，并将保单交给银行，才能获得所需贷款。

点评：考虑到房屋价值有可能随市场波动，银行可以规定投保额度略高于贷款额度，但不能强制要求借款人对房屋全额投保。

上述格式条款有的已被法院判令无效；有的还只是行业协会及专家的意见，其条款是否显失公平，尚需司法实践的检验。但这毕竟反映了消费者的普遍认识及专家的法律评价，银行应予重视和调研。

◎重要提示

一、恶意透支与善意透支

透支系信用卡信用功能的一个重要表现，是指持卡人通过与银行签订合约，银行授予持卡人一种权利，使其在发卡银行设立的账户上资金不足或已无资金的情况下，允许其以超过信用卡上预留资金的额度使用信用卡支用款项获得短期、小额贷款进行消费的行为。被银行授权的透支是一种合法的行为，透支行为本身并不必然发生违法情形。认定恶意透支必须符合法律规定的构成要件。

《刑法》第一百九十六条第二款规定："前款所称恶意透支，是指持卡人以非法占有为目的，超过规定限额或者规定期限透支，并且经发卡银行催收后仍不归还的行为。"自2009年12月16日起施行的最高人民法院、最高人民检察院《关于办理妨害信用卡管理刑事案件具体应用法律若干问题的解释》第六条规定，持卡人以非法占有为目的，超过规定限额或者规定期限透支，并且经发卡银行两次催收后超过3个月仍不归还的，应当认定为《刑法》第一百九十六条规定的"恶意透支"。有以下情形之一的，应当认定为《刑法》第一百九十六条第二款规定的"以非法占有为目的"：

1. 明知没有还款能力而大量透支，无法归还的；

2. 肆意挥霍透支的资金，无法归还的；

3. 透支后逃匿、改变联系方式，逃避银行催收的；

4. 抽逃、转移资金，隐匿财产，逃避还款的；

5. 使用透支的资金进行违法犯罪活动的；

6. 其他非法占有资金，拒不归还的行为。

上述两高司法解释，明确了恶意透支型信用卡诈骗犯罪的主要构成要件，更具可操作性。该司法解释首次明确了恶意透支与善意透支的区分界限。即持卡人以非法占有为目的，透支金额超过 1 万元，并且经发卡银行两次催收后超过 3 个月仍不归还的，构成恶意透支，将被追究刑事责任。达不到上述条件的即为善意透支，发卡银行仍需通过民事诉讼程序收回透支本息。

二、格式条款

金融机构为经营或自身管理需要，通常适用格式条款签订合同。法律并不禁止适用格式条款，但为公平考虑，法律对提供格式条款一方设定了更多的义务。

1. 不得免除自己责任、加重对方责任、排除对方主要权利；

2. 提示义务，采取合理的方式提请对方注意免除或者限制其责任的条款；

3. 说明义务，按照对方的要求，对该条款予以说明；

4. 保证双方对格式条款理解的一致性，如双方理解不一致，要按不利于格式条款提供一方进行解释；

5. 保证格式条款与非格式条款的一致性，如不一致，则按非格式条款确定双方之间的权利义务。

三、保证人的保证范围

保证人的保证责任虽在协议中约定为“对被保证人全部银行卡债务承担连带清偿责任”，但如协议中同时又向持卡人及保证人明示信用额度，未经允许，持卡人不得超过规定的限额进行透支。该信用额度应当理解为担保的主债务的金额，保证人应在该额度范围内承担保证责任。超过限额透支的部分，不应认定为保证人约定的保证范围。

1998 年 8 月 10 日，中国人民银行对中国人民银行福建省分行《关于〈信用卡业务管理办法〉中透支限额含义的复函》中认为：《信用卡业务管理暂行办法》第十五条、《信用卡业务管理办法》第十七条中关于持卡人透支限额的规定，是中央银行要求发卡银行信用卡透支业务进行风险管理的内部控制指标，不能作为发卡银行与信用卡担保人对保证责任范围约定的依据，信用卡持卡人的担保人必须对持卡人实际透支金额承担连带清偿责任。因此，信用卡担保人对被保证人的债务承担范围不能仅限于上述第十五条和第十七条所规定的透支限额。该复函作为规范性文件，不具有普遍执行的效力，如要该规定对担保人有约束力，仍需发卡行与担保人签订具有上述内容的协议。

◎风险规避

一、规范保证协议

保证协议及保证条款对保证人的保证范围应明确、具体。不应概括约定，如“保证人对被保证人银行卡的全部债务承担连带清偿责任”，而应约定为“保证人对被保证人的实际透支金额及相应的利息、罚息承担连带清偿责任”。

二、及时采取措施

发卡行对持卡人透支超过规定限额及规定日期的违约行为，应当依据《银行卡业务管理办法》的规定，及时有效地采取必要的止付措施，以阻止持卡人继续使用银行卡。发卡行没有及时采取措施致使损失扩大的，对持卡人超过限额透支造成的损失负有责任，无权就扩大的损失要求保证人赔偿。

三、对相关章程及其协议的规范

银行为了开拓业务的需要，从保护自身利益的角度出发，制订的章程及格式条款本无可厚非，如法院不予支持也仅仅是合同条款无效及民事责任的承担问题。但如果频繁地被法院否定，其带来的负面后果是：1. 银行职员在合规的程序下进行的却是违法操作，这是银行在管理上存在的漏洞和疏忽。2. 使客户对其失去了信心，因为随意的没有预期的章程和协议将使客户的权利义务处于不确定的状态。3. 权利义务严重失衡的格式条款一直为社会所诟病，也严重影响到银行的信誉及形象。4. 在造成人力、财力浪费的同时，也为银行埋下了经营风险。当然，规范的章程一旦被客户所接受，就应成为受法律保护的条款。**范新艳诉中国建设银行新野支行索赔案：**新野县人民法院经审理认为，原告在被告处申请领取了储蓄卡，原、被告之间已形成了储蓄合同关系，双方均应当按照约定履行自己的义务。原告到被告设立的自动取款机取款出现问题后，没有按申请领卡时与被告约定的遵守《中国建设银行储蓄卡章程》里的规定，将自己卡的密码泄露给他人，导致他人利用密码将存款支取。原告的轻信、疏忽与错误操作是导致其存款被犯罪嫌疑人盗取的主要原因，应对其损失承担主要责任。南阳市中级人民法院二审驳回上诉，维持原判。[①]

① 《人民法院报》2009年1月23日。

第八节　自动取款

案例 25：利用自助银行实施犯罪，银行负有防范义务

摘要：依照《商业银行法》第六条的规定，商业银行应当对利用自助银行和 ATM 机实施的各种犯罪承担防范责任。犯罪分子以在自助银行门禁系统上安装盗码器的方法，窃取储户的银行卡信息和密码造成储户损失的，如储户无过错，商业银行应承担赔偿责任。

原告顾骏持有在被告交通银行上海分行（以下简称上海交行）处申办的太平洋借记卡。2003 年 5 月 22 日晚 8 时左右，顾骏欲进中国银行上海市南京东路支行的自助银行，看到该自助银行门禁上有一个装置，上面有“进门前请先刷卡并输入密码”的提示语。顾骏按提示刷卡并输入密码后，自助银行的门却没有打开，无法入内在 ATM 机上进行刷卡取款的操作，顾骏即离开。6 月 10 日，顾骏又到交通银行的 ATM 机上取款时，发现其借记卡内的资金短少了 10068 元，遂向警方报案。后经查，顾骏卡内的 1 万元，已于 6 月 7 日、6 月 9 日分两次被提取，两次取款用去手续费 68 元。

业已生效的上海市徐汇区人民法院（2003）徐刑初字第 525 号刑事判决书认定：2003 年 5 月下旬至 8 月中旬，被告人罗淦、陈秋哲先后在中国银行上海市南京东路支行、上海交行市南支行、中国工商银行武汉市分行长江分理处、上海浦东发展银行温州市分行营业部等金融机构设立的自助银行门禁系统上安装盗码器，共窃取 23 个人的银行借记卡磁条信息和密码，使用窃取的磁条信息和密码伪造成银行借记卡，再通过 ATM 机从银行取款 11 万余元，其中包括顾骏的 1 万元（开支 68 元）。另外，罗淦、陈秋哲还盗取过 4 个人的银行信用卡存款 2.2 万元。罗淦、陈秋哲犯金融凭证诈骗罪、信用卡诈骗罪，分别被判处有期徒刑。从罗淦、陈秋哲处追缴到的赃款，仅有 6000 元。

另查明：中国银行上海市南京东路支行现已更名为中国银行上海市北京东路支行。中国银行与交通银行一样，都是全国银行卡联合组织成员。本案被告上海

交行发行的太平洋借记卡上，有“银联”联网标识，可以在作为全国银行卡联合组织成员的其他商业银行通用。

◎裁判要旨

上海市第二中级人民法院认为：提供交易场所功能的自助银行和提供交易功能的ATM机，都是商业银行利用先进技术向社会推出的金融工具。金融，由于其特性，历来易招致多种犯罪攻击。自助银行和ATM机的推出，既为储户带来了便利，更改善了银行的经营环境，为银行能更多地吸纳存款和增加盈利提供了机会与空间。然而自助银行与ATM机的推出，也会给金融交易安全带来新的风险。

相对储户而言，推出自助银行和ATM机的商业银行，有条件了解自助银行和ATM机的构造和工作原理，有机会及时掌握通过自助银行和ATM机实施各种犯罪的情报，有能力改进和加强自助银行和ATM机的功能。《商业银行法》第六条规定：“商业银行应当保障存款人的合法权益不受任何单位和个人的侵犯。”《合同法》第六十条第二款规定：“当事人应当遵循诚实信用原则，根据合同的性质、目的和交易习惯履行通知、协助、保密等义务。”商业银行有条件、有机会、有能力防范犯罪分子利用自助银行和ATM机犯罪，有责任承担起这个防范犯罪的义务。商业银行应当根据自助银行和ATM机在被各种犯罪活动攻击后暴露出来的弱点，随时对其进行改进。在新的改进方法尚未出台时，商业银行还可以通过采取不断巡查、明示使用自助银行和ATM机时的注意事项、向储户通知犯罪手段，甚至是暂停使用等方法，来履行防范犯罪的义务，以确保金融管理秩序的正常运转，确保储户的存款安全，维护储户的合法权益。

原告顾骏是一个普通的借记卡持有人，对自助银行的设施不具有专业知识。顾骏在使用中国银行上海市南京东路支行所设的自助银行时，虽然注意到该自助银行的门禁处多了一个新装置，但在该自助银行没有操作规范、使用说明和风险提示的情况下，顾骏无法识别这个新装置究竟是银行对门禁系统的改进设施，还是犯罪分子的犯罪工具，以致其借记卡信息和密码被窃取。顾骏发现借记卡内的资金短少后马上报警，并及时采取了相关措施。顾骏的借记卡和密码未丢失，也未委托他人使用，故对借记卡信息和密码被泄露，顾骏没有过错，不应承担责任。显然，商业银行未能及时履行通知犯罪手段和保障交易场所安全的义务，是犯罪分子使用盗码器得逞的主要原因，商业银行应当承担责任。

被告上海交行因向原告顾骏发行了太平洋借记卡，而与顾骏存在储蓄合同关系。凡因涉案借记卡发生的每一笔交易，都应该是在上海交行与顾骏之间进行。犯罪分子利用窃取的借记卡信息和密码伪造成借记卡到ATM机上取款。由于商业银行在推出ATM机时，没有给ATM机赋予识别借记卡真伪的功能，以致ATM机向持伪卡的犯罪分子付款。此时，作为储蓄合同凭证的真借记卡没有用于交易。这是犯罪分子利用伪卡欺骗商业银行，不能视作商业银行与顾骏成就一笔交易。

由储户在借记卡上设立自己能掌握和控制的密码，是保障储户存款安全和防范犯罪的一个手段。但本案事实证明，尽管储户遵守保密义务，犯罪分子仍然能破解和利用储户设立的密码。在技术不断进步且犯罪手段也不断变化的今天，不具体分析失密的原因，不考虑储户是否存在过错，一概以“凡是通过交易密码发生的一切交易，均应视为持卡人亲自所为，银行不应承担责任”这一格式条款作为银行的免责理由进行抗辩，把一些本应由银行承担的责任也推向储户，无疑加重了储户责任，有违公平原则，被告的这一抗辩理由难以成立。

被告上海交行向原告顾骏发行的太平洋借记卡，其上有“银联”联网标识，能在具有全国银行卡联合组织成员资格的其他银行进行跨行交易。在跨行交易中，其他银行是上海交行的代理行，与顾骏不存在直接的合同关系。顾骏因在其他商业银行使用自助银行而与银行发生的储蓄合同纠纷，还应当以发卡行上海交行为合同当事人。

《合同法》第一百零七条规定：“当事人一方不履行合同义务或者履行合同义务不符合约定的，应当承担继续履行、采取补救措施或者赔偿损失等违约责任。”被告上海交行在储蓄合同中，负有保障交易场所安全、防范犯罪发生、向储户及时通知犯罪手段和保障存款人合法权益不受侵犯的义务。上海交行未尽相关义务，导致原告顾骏借记卡内的资金短少，应当承担赔偿责任。

据此，上海市第二中级人民法院判决：被告上海交行应自本判决生效之日起15日内，给付原告顾骏10068元及此款自2003年6月9日起至本判决生效之日止的银行活期存款利息。案件受理费413元，由被告上海交行负担。宣判后，双方当事人均未上诉，一审判决发生法律效力。[①]

① 《最高人民法院公报》2005年第4期。

◎法条链接

中国银行业监督管理委员会《关于加强银行卡安全管理有关问题的通知》

八、各商业银行要加强对ATM机和自助银行的定期巡视检查，采取技术防范措施，加强安全监控；对已安装的摄像监控系统，各商业银行必须进行定期检测，保证系统正常有效运行。

各商业银行必须在ATM机等自助设备旁，提供银行卡挂失、投诉服务的联系电话号码，方便持卡人。

◎重要提示

一、自动取款机及其配套设施的安全问题

自动取款机是高科技的产物，作为商业银行的服务设施和服务网点，系传统人工服务的延伸，亦应当负有保障客户取款安全的义务，在其服务网点范围内防范、制止不法侵害储户权益的行为。近年来，借助ATM机骗取客户资金的犯罪行为层出不穷，手段多样。此类犯罪行为不能靠非专业的储户来防范，更不能一律由储户来承担犯罪行为造成的财产后果。**赵某诉某银行借记卡纠纷案：**公安机关查明，犯罪分子在ATM自动取款机上安装疑似盗取储户信息的可疑设备后拆除，赵某在此期间进行过汇款，在收到手机转账短信后，及时修改了密码，锁定账户并报案，公安机关对该案立案侦查。现有证据证明银行对其营业场所设置的ATM机的安全疏于管理，构成失职，造成赵某存款账户资金损失55550元，银行未提交自身不存在过错的证据，法院据此裁判，赵某在取款过程中不存在过错，银行对因其营业场所监控不力造成赵某资金账户内55550元被错误支付及扣划承担全部责任。[1]

二、高科技产品本身的瑕疵带来的风险承担

高科技产品在安全性能方面不可能一蹴而就，一劳永逸。其安全性能的提高应当是一个逐渐完善和成熟的过程。但也正是这一必经的过程成为犯罪分子的可乘之机。在硬件方面，犯罪分子可在插卡处或出钞口设置卡子，借以盗取储户资

---

① 《人民法院案例选》2013年第1期。

金；在软件方面，程序的瑕疵和漏洞，致使犯罪分子可以利用假银行卡提款或侵入计算机系统盗取客户资料等。上述情形虽然是科技进步付出的必然代价，但以现行的法律理念与价值判断，该代价往往是由高科技产品的提供者承担，而非客户。虽然银行和储户电子化交易中均有获益，但储户作为消费者其得到的是交易的便利和快捷、为银行吸纳存款和增加盈利提供了机会和空间，银行作为从危险源中获取经济利益者，应当负有制止危险的义务，这符合收益与风险相一致的原理。同时，根据危险控制理论，谁能更经济、合理和有效地控制风险，谁就应当承担控制潜在危险的义务。银行作为经营者既对自己的服务设施、设备的性能和服务场所的安全情况比储户有更多的了解，也有更加强大的力量和更为专业的知识，更能预见可能发生的危险和损害，更有可能采取必要的措施防止危险的发生。最高人民法院《关于天津市邮政局与焦长年存单纠纷一案中如何分配举证责任问题的函复》关于本案涉及的风险负担问题，由于自动柜员机是天津市邮政局设置的，天津市邮政局从中获得经营收益，如果邮政局认为在自动柜员机上进行人机交易这种特殊的交易方式，导致其无法识别交易主体，无法证明在成都市使用取款卡从焦长年账户中取款的是什么人，而这一机器系统因存在安全缺陷而发生过储户存款被盗取的事实又为天津市邮政局自认，也就是说天津市邮政局承认其设置的自动柜员机从技术上尚无法充分保护储户的存款安全，为了维护储户的合法权益和邮政储蓄的公信力，应当由邮政储蓄部门对由此而产生的储户存款被盗取的风险承担责任。综上所述，同意你院审判委员会的倾向性意见，即由天津市邮政局承担因自动柜员机系统缺陷给焦长年造成存款本息损失的赔偿责任。

◎风险规避

一、加强对营业网点的安全保护，并研究其防范风险的措施

无人服务的营业网点在方便客户、减少银行经营成本的同时，相应地也带来了经营风险。如何防止、清除犯罪分子张贴的据以诈骗的告示，如何向不熟悉操作的客户提供帮助，如何帮助客户区分真假公告，都成了银行所面对的棘手的难题。

银行制定的有关定期巡视检查的内部规定，应以保证自助银行及ATM机的安全、正常有效运作为目的。即使银行按照内部规定进行了定期检查，但未能保

证安全的，如造成储户损失，银行仍不能免除责任。未能及时清除犯罪分子张贴的纸条、安装的各种电子仪器未能及时更新、被犯罪分子故意破坏或自然因素导致安全提示、服务号码等缺失、摄像监控系统不能正常运转、服务号码无人接听或电话有故障等现象都属于银行未能履行为储户提供安全保障义务的具体表现。

范新艳诉中国建设银行新野支行索赔案：新野县人民法院经审理认为，被告作为经营存、贷款业务的金融机构，在其营业场所负有保障储户存取款安全的义务。被告设立的自动取款机，也属于被告的营业网点，对储户到其自动取款机上取款，被告亦应当负有保障客户取款安全的义务。《中国建设银行自助业务管理办法》中明确规定，原则上不准在自动取款机外部张贴纸质告示，而本案原告就是在取款出现问题后拨打了张贴在自动取款机上的纸条中的手机号码，造成原告的存款被犯罪嫌疑人盗取。因此，被告对其设立的自动取款机在管理上存在一定的疏漏，对原告取款未尽到安全保障义务，应承担相应的民事责任。结合本案实际情况，原告应对其损失承担70%的责任，被告承担30%的责任。新野法院判决如下：被告中国建设银行股份有限公司新野支行于本判决生效后三日内赔偿原告范新艳经济损失3450元。[①]

许霆盗窃案：广东省广州市中级人民法院（2008）穗中法刑二重字第2号刑事判决书：2006年4月21日17时许，运营商广州某公司对涉案的自动柜员机进行系统升级。4月22日、23日是双休日。4月24日（星期一）上午，广州市商业银行对全行离行式自动柜员机进行例行检查时，发现该机出现异常，即通知运营商一起到现场开机查验。经核查，发现该自动柜员机在系统升级后出现异常，1000元以下（不含1000元）取款交易正常；1000元以上的取款交易，每取款1000元按1元形成交易报文向银行主机报送，即持卡人输入取款1000元的指令，自动柜员机出钞1000元，但持卡人账户实际扣款1元。广州市商业银行出具的报案陈述，证实：2006年4月24日（星期一）上午，广州市商业银行恒福支行ATM管理中心在对全行离行式自动柜员机交易情况进行电脑监控时，发现安装在黄埔大道西平云路163号的离行式自动柜员机在4月21日晚出现取款交易异常，经通知运营商一并到现场开机清点查验和查看监控录像，发现自动柜员机短款196004元。[②]

---

① 《人民司法·案例》2009年第4期。

② 熊选国主编：《刑事审判参考》2008年第5集，第156页。

上述事实反映了银行在对自动柜员机上的管理漏洞。银行自动柜员机自动升级后，银行未进行检查，双休日也未进行全时段电脑监控。导致银行未能及时有效地阻止犯罪、保护银行资金安全。当自动柜员机双休日不休息时，银行电脑监控的休息，将使自动柜员机置于未被监控、保护的环境中。目前，银行卡犯罪已成为金融犯罪重灾区，给银行和持卡人带来巨大的经济损失。如何防范银行卡犯罪已成为金融机构面对的重要任务。根据中国人民银行等部门《关于加强银行卡安全管理预防和打击银行卡犯罪的通知》的规定，收单机构要对 ATM 建立定期巡检制度，及时发现和排除风险隐患。要加大傍晚、夜间等案件高发时段 ATM 的巡查和监控力度，完善技术措施，创造条件实现 ATM 的实时监控。要及时向客户提示犯罪分子利用 ATM 作案的新手段和新动向，提高客户的安全意识和自我保护能力。发现犯罪分子作案痕迹后，各收单机构应立即向公安部门报案，并协助破案。中国人民银行办公厅《关于贯彻落实〈中国人民银行、中国银行业监督管理委员会、公安部、国家工商总局关于加强银行卡安全管理、预防和打击银行卡犯罪的通知〉的意见》规定："收单机构要加强 ATM 巡检，每个月至少巡检一次，重点检查 ATM 等自助设备是否张贴有异常通知；ATM 出钞口、读卡器是否有堵塞或安装有其他附加装置；是否安装有异常的刷卡进门装置；是否安装有盗取密码的摄像机；ATM 工作状态、夜间灯箱、自助区照明是否正常；ATM 电视监控、'110' 联动报警等技防设施工作是否正常。目前未实现 ATM 交易集中监控、实时视频监控和机具感应功能的收单机构，要加强巡检频率，每个月对 ATM 至少巡检两次，必要时要 24 小时配备保安，加强看守。"

二、储户和银行之间责任的分担

因 ATM 机取款而引发的存款损失，多因犯罪分子利用银行管理上的漏洞、设备的瑕疵及储户的轻信所致。该类案件在举证方面存在着难度，银行方面一般以储户泄露了个人密码为由要求免除自己责任。厦门市思明区法院法官戴建平认为：（1）如果银行未被非法设置读卡器、摄像镜头，非银行原因导致原告的该储蓄卡卡号及密码被窃取，而只是银行所设置的 ATM 机没能识别伪卡被盗取存款，银行只需承担没能识别伪卡的责任，而储户对于未能保管好自身的银行卡及密码，也应承担相应过错责任，这种情况下，银行只需按其过错大小部分赔偿。（2）如果银行未被非法设置读卡器、摄像镜头，非银行原因导致原告的该储蓄卡卡号及密码被窃取，而且也没有证据表明是使用伪卡盗取存款，银行则没有责任，无须承担赔偿。（3）如果只有储户报案称卡被盗取，没有证据证明银行被非法设置了读卡器、摄像镜头，或其他银行原因导致原告的该储蓄卡卡号及密码被窃取，而且也没有证据表明是使用伪卡盗取存款，公安机关立案后正在侦查中的，则有关是否被盗取的事实应以公安机关的侦查结论为依据，这时，案件应中止审理。①

① 《人民法院报》2010年1月10日。

第九节 不良信用记录

案例 26：征信系统不良信用记录有误，银行未尽审查义务构成侵权

摘要： 当事人因他人盗用、冒用自己姓名申办信用卡并透支消费的侵犯姓名权行为，导致其在银行征信系统存有不良信用记录，给当事人造成实际精神损害。银行未尽合理审查义务，导致他人侵犯当事人姓名得以成功，银行的过错与当事人的损害后果具有因果关系，应按其过错程度承担相应的赔偿责任。

2006 年 9 月至 2007 年 8 月间，被告张开峰在被告江苏省南京工程高等职业学校（以下简称工程学校）担任教师。在此期间，原告王春生在工程学校学习。2006 年 9 月，张开峰捡到王春生的身份证，在未经王春生同意的情况下，擅自利用王春生的身份证，同时伪造了王春生的收入证明，通过网上认识的李可向被告招商银行股份有限公司南京分行（以下简称招行南京分行）职员孙葵提交了信用卡申请资料。孙葵又将该申请资料邮寄给被告招商银行股份有限公司信用卡中心（以下简称信用卡中心）。同年 10 月，信用卡中心根据张开峰提供的申请资料，通过电话方式进行了审核，批准并发放了户主王春生的涉案信用卡。2007 年 1 月 9 日，张开峰用涉案信用卡恶意透支消费 2397.6 元，致使王春生的姓名被列入银行不良信用记录。王春生得知后向公安机关报案，此后张开峰向银行归还了该笔透支款。2007 年 10 月 26 日，信用卡中心删除了王春生的银行不良记录。

◎ 裁判要旨

南京市江宁区一审法院认为：本案的争议焦点是：1. 被告张开峰用原告王春生的身份证、以王春生的姓名办理信用卡，并在使用信用卡时透支消费，导致王春生的姓名被列入银行不良信息记录，其行为侵犯了王春生的何种权利；2. 除直接侵权人张开峰以外，被告工程学校、招行南京分行和信用卡中心对于王春生被侵权的后果有无过错，应否承担法律责任；3. 如何确定王春生因姓名权被侵犯所

遭受的损失。

1. 被告张开峰侵犯了原告王春生的姓名权。

《民法通则》第九十九条规定："公民享有姓名权，有权决定、使用和依照规定改变自己的姓名，禁止他人干涉、盗用、假冒。"据此，姓名权是指公民自由决定、使用和依照规定改变自己的姓名，并禁止他人干涉、盗用、假冒自己姓名的民事权利。姓名与其他人格权相比，具有基础权利的特征。姓名被侵犯，可能会随之导致其他权利，诸如名誉权等人格权受到损害。因此，在现代经济活动中，姓名权越来越受到人们的重视。

根据本案事实，被告张开峰在捡到原告王春生身份证后，既未将身份证归还原告，也未征得原告同意，而是擅自使用原告的身份证，以原告的姓名申请办理信用卡，其行为乃属于盗用、假冒他人姓名、侵犯他人姓名权的民事侵权行为。尽管从结果上看，张开峰的上述行为还导致王春生的姓名被列入中国人民银行征信系统（即中国人民银行负责组织商业银行建立的个人信息基础数据库）的不良信用记录，而该不良信用记录在王春生与其他商业银行发生信贷活动时，其他商业银行均可查阅，必然造成王春生的信用污点，增大王春生从事商业交易活动和社会活动的成本，影响社会对王春生作出公正的评价，实际导致王春生的名誉受到损害，但结合案情全面分析，这一结果仍是张开峰侵犯王春生姓名权的行为导致的损害后果，张开峰的行为不属于虚构事实或其他侮辱、诽谤、贬损他人人格的手段侵犯他人名誉权的行为。

2. 被告信用卡中心在涉案信用卡申办、发放过程中没有尽到合理审查义务，对于原告王春生被侵权的后果具有过错，应当承担相应的法律责任。

根据本案事实，被告张开峰在实施涉案侵权行为时虽系被告工程学校的教师，但张开峰在本案中的行为并非受工程学校指派而为的职务行为，而是其个人行为，与工程学校无关。故工程学校对于原告王春生被侵权的后果不应承担法律责任。

被告张开峰将其伪造的原告王春生收入证明等信用卡申请资料交给其网上认识的朋友李可，李可又将该申请资料交给被告招行南京分行的职员孙葵，孙葵又将该资料以邮寄方式提交给被告信用卡中心。孙葵虽系招行南京分行的员工，但其接受和转递涉案信用卡申请资料是出于为朋友帮忙，完全是其个人行为，并非履行招行南京分行交办工作的职务行为。虽然孙葵出于对朋友李可的信赖，没有对涉案信用卡申请资料进行审核，即直接将该申请资料提交给信用卡中心，但考虑到孙葵仅是为朋友帮忙，没有审核的义务，且其个人行为与招行南京分行无关，故对于王春生被侵权的后果，招行南京分行不应承担法律责任。

被告信用卡中心是接受客户申请，为客户开办信用卡的专门机构，负有审核客户提交的信用卡申请资料的义务。根据本案事实，涉案信用卡并非客户本人持有效的身份证件到柜台办理，而是以邮寄资料方式申请开办信用卡。作为专门的信用卡开办机构，信用卡中心完全应当了解现实生活中存在盗用、假冒他人姓名申办信用卡的情况，在客户本人未到柜台办理的情况下，应当针对申请资料进行合理、有效的审查。但信用卡中心仅仅通过电话方式进行了所谓的核实，即批准并发放户主为原告王春生的涉案信用卡。正是由于信用卡中心没有尽到合理的审查义务，才导致被告张开峰侵犯王春生姓名的行为得以最终实施成功。因此，信用卡中心对于王春生被侵权的后果存在过错。信用卡中心虽然与张开峰不存在共同侵权的故意，但其未尽合理注意义务的过错行为与王春生姓名权被侵犯的后果之间存在因果关系。鉴于信用卡中心与张开峰在本案侵权过程中既无共同的主观故意，也不存在其他的意思联络，双方也不存在统一的、不可分割的共同利益，故双方应按照各自过错程度的大小，分别承担赔偿责任。根据本案中王春生姓名权被侵犯的实际情况，酌定由张开峰承担80%的赔偿责任，由信用卡中心承担20%的赔偿责任。

3. 关于原告王春生因本案侵权行为所遭受的损失。

原告王春生提出的赔偿请求包括名誉损失8000元、精神抚慰金5000元、失业保险金5400元、交通费946元，以上总计19364元。原告同时要求撤销其在银行的不良记录。就本案而言，王春生因被告张开峰、信用卡中心的侵权行为，导致其在银行征信系统存有不良记录，该不良记录对王春生从事商业活动及其他社会经济活动具有重大不良影响。虽然在查清事实后，信用卡中心已经把王春生的不良记录删除，但损害实际已经发生，给王春生实际造成了精神上的痛苦，妨碍了其内心的安宁，其社会评价也因此而降低。因此，根据最高人民法院《关于确定民事侵权精神损害赔偿责任若干问题的解释》的有关规定，王春生在姓名权受到侵犯导致名誉受损的情况下，提出精神损害赔偿的诉讼请求，应予支持。参照最高人民法院《关于审理名誉权案件若干问题的解释》的相关规定，综合考虑侵权人的过错程度、侵权行为的具体情节、给受害人造成精神损害后果以及本地区的平均生活水平等情况，酌定王春生的精神损害抚慰金为2000元；关于王春生主张的交通费损失，考虑到王春生为解决本案纠纷必然支出一定的交通费，根据其相应的乘车次数和路线，酌定其交通费损失为 164 元；王春生主张的其他损失没有事实依据，故相关的诉讼请求不予支持。鉴于信用卡中心已经将其姓名从银行的征信系统的不良信用记录中删除，故王春生关于撤销其银行不良信用记录的诉讼请求已经得到满足，不必再行判决。据此，南京市江宁区人民法院判决：原告王春生因本案侵权行为遭受的损失包括交通费 164 元、精神损害抚慰金 2000 元，合计 2164 元，由被告张开峰赔偿 80% 即 1731.2 元，由被告信用卡中心赔偿 20% 即 432.8 元，均于本判决发生法律效力之日起十日内给付。一审判决后，双方当事人均未提出上诉，一审判决已经发生法律效力。①

对于被冒名申领信用卡的客户，银行依据其名下信用卡的真实欠款记录上传至征信系统是否会导致客户社会评价降低，侵犯储户名誉权，人民法院在认定上存在着转变。**王春生诉张开峰、江苏省南京工程高等职业学校、招商银行南京分行、招商银行信用卡中心侵权纠纷案**中，虽然信用卡中心已将王春生的不良记录删除，但认为损害事实已经发生，已给王春生造成精神上的痛苦，妨碍了其内心的安宁，社会评价因此降低。**周雅芳诉中国银行股份有限公司上海市分行名誉权纠纷案**：周雅芳 2009 年 6 月 18 日被冒名在中行上海市分行办理了一张信用卡，因该卡欠款逾期未还，2009 年 6 月之后周雅芳的征信系统中存在不良还款记录，银行在 2010 年 7 月和 11 月两次将周雅芳告上法庭，要求其还款。周雅芳在知晓后以银行在发放办理环节没有尽到合理的审查义务，存在重大过错，侵犯其名誉权为由诉至法院。上海市第一中级人民法院二审认为：银行在审核信用卡申请资料时确实存在一定的过错，导致周雅芳的信用报告在 2009 年至 2011 年期间存在不真实的记载。但是，确定银行是否侵害周雅芳的名誉权还应当结合损害后果及因果关系进行判断。首先，对于侵权行为的认定。周雅芳认为银行将其未还款的记录上传至征信系统就构成了侵权。但是，法院认为，银行按照国家的相关法律法规及监管要求报送相关信息，其报送的信息也都是缘于周雅芳名下信用卡的真实欠款记录，并非捏造，不存在虚构事实或侮辱的行为，故不构成侵害周雅芳名誉权的行为。其次，对于损害后果的认定。名誉权受损害的损害后果应当是周雅芳的社会评价降低，但是，中国人民银行的征信系统是一个相对封闭的系统。只有本人或者相关政府部门、金融机构因法定事由才能对该系统内的记录进

① 《最高人民法院公报》2008 年第 10 期。

行查询，这些记录并未在不特定的人群中进行传播，并且造成周雅芳的社会评价降低，故不能认定存在周雅芳名誉受损的后果。鉴于本案中侵权行为与损害后果均不存在，故无须对侵权人的主观过错以及侵权行为与损害后果间的因果关系进行考察。周雅芳认为，银行在审核信用卡申请资料中存在重大过错，致使周雅芳的信用报告在2009年至2011年期间存在不真实的记载。但是，由于银行审核信用卡申请材料的行为并非本案的侵权行为，故该行为中是否存在过错不属于本案中需要审查的内容。据此驳回了周雅芳的上诉。①

◎法条链接

1.**《民事诉讼法》第二百五十五条** 被执行人不履行法律文书确定的义务的，人民法院可以对其采取或者通知有关单位协助采取限制出境，在征信系统记录、通过媒体公布不履行义务信息以及法律规定的其他措施。

2.**《个人信用信息基础数据库管理暂行办法》第二条** 中国人民银行负责组织商业银行建立个人信用信息基础数据库（以下简称个人信用数据库），并负责设立征信服务中心，承担个人信用数据库的日常运行和管理。

第四条 本办法所称个人信用信息包括个人基本信息、个人信贷交易信息以及反映个人信用状况的其他信息。

前款所称个人基本信息是指自然人身份识别信息、职业和居住地址等信息；个人信贷交易信息是指商业银行提供的自然人在个人贷款、贷记卡、准贷记卡、担保等信用活动中形成的交易记录；反映个人信用状况的其他信息是指除信贷交易信息之外的反映个人信用状况的相关信息。

第六条 商业银行应当遵守中国人民银行发布的个人信用数据库标准及其有关要求，准确、完整、及时地向个人信用数据库报送个人信用信息。

3.**《征信业管理条例》第十三条** 采集个人信息应当经信息主体本人同意，未经本人同意不得采集。但是，依照法律、行政法规规定公开的信息除外。

第十五条 信息提供者向征信机构提供个人不良信息，应当事先告知信息主体本人。但是，依照法律、行政法规规定公开的不良信息除外。

第十六条 征信机构对个人不良信息的保存期限，自不良行为或者事件终止之日起为5年；超过5年的，应当予以删除。

---

①《最高人民法院公报》2012年第9期。

在不良信息保存期限内，信息主体可以对不良信息作出说明，征信机构应当予以记载。

第二十五条 信息主体认为征信机构采集、保存、提供的信息存在错误、遗漏的，有权向征信机构或者信息提供者提出异议，要求更正。

◎重要提示

个人征信系统即个人信用信息基础数据库，该数据库内贮存有个人基本信息、个人信贷交易信息以及反映个人信用状况的其他信息，是个人在社会生活中的信用状况的客观记载。在交易过程中，该系统所记载的信息会使交易对方对其做出一个客观评价并据以确定是否与其进行交易。一旦个人在交易过程中有违约及其他不良行为，有关部门将会在该数据库进行记载，其他社会主体则可以通过查询知悉。对不良行为的记录，俗称"黑名单"。

随着社会的发展和法治社会对诚信的需求，也伴随着个人征信系统的日臻成熟，反映个人其他信用状况的信息比如不守信、不守法等都将纳入信用记录。可以说，未来个人在征信系统中的信用记录，将决定着社会对一个人的基本评价，关乎一个人的生活、信誉乃至生存和发展。因此，商业银行向个人信用数据库报送个人信用信息时要求准确、完整和及时。不准确的信息尽管可以更正，但更正以前已经形成的不良信息，将有可能给客户造成伤害。因此要求信息的报送慎之又慎。

◎风险规避

一、因个人征信系统记录而产生的纠纷类型

因个人征信系统而发生的案件属于新类型案件，尚没有具体的司法审判标准。目前发生的案件主要是由于征信系统记录有误而导致的。其诉请及法院的判决主要体现在：（1）赔礼道歉；（2）纠正错误记录；（3）精神损害赔偿；（4）赔偿实际经济损失。

（一）冒用、盗用客户的名义办理贷款、信用卡业务

陈某诉工行某支行损害赔偿纠纷案： 某开发公司以职工陈某的名义与中国工商银行某支行签订个人住房借款合同，同时以陈某名义向工行出具委托转账付款授权书，工行将借款转入开发公司。后陈某与投资公司签订《房屋预定协议》。

陈某交完首付款欲办理按揭贷款时，发现其个人信用存在贷款逾期未偿还记录，陈某因此一直无法办理购房按揭贷款手续。投资公司按约解除预定协议，陈某已交的28万元定金不予返还。山东省济南市槐荫区人民法院一审判决：被告工行限期在银行征信系统中消除原告不良记录、赔礼道歉，赔偿原告经济损失（被扣购房定金）、精神损害抚慰金等31万余元。被告不服上诉。济南市中级人民法院二审判决维持原判。二审判决生效后，被告已经全部履行判决所确定的义务。①

（二）银行员工因疏忽而错误录入客户信息

吴某诉嘉兴市商业银行侵权纠纷案：吴某发现自己在工行嘉兴分行、嘉兴市商业银行、交通银行嘉兴分行、上海浦发银行嘉兴分行累计竟有106.3万元的贷款，且有数次逾期偿还记录，而其实际上从来没向上述银行贷过款。庭审查明系因嘉兴市商业银行工作人员的一次操作失误，将一名与吴某同名同姓的案外人的信贷记录录入了吴某的信贷记录中，造成吴某在银行错误信贷信息的产生。其他3家银行与吴某没有发生过信用业务，只是涉案案外人与其他3家银行发生信贷关系时，其记录被自动匹配至吴某的个人征信系统信贷记录中。后经调解，吴某与嘉兴市商业银行最终达成了庭外和解协议：吴某撤回全部起诉，银行方面给予适当补偿。②

（三）催收账款对象错误

齐涛诉某银行侵权纠纷案：沈阳某银行委托沈阳银信信用卡代理服务有限公司到齐涛住地下发紧急通知。该通知载明："齐涛：您所持有的银行信用卡，截至2007年10月，透支欠款已经超过三个月，且数额较大，经多次提醒、催收，您均以各种理由进行推托，仍未还款，依据我国《刑法》第一百九十六条之规定，您的行为已涉嫌信用卡诈骗。如您在2007年11月29日之前仍不能一次性还清全部欠款，我单位将把您的立案材料移交至沈阳市公安局经济犯罪侦查部门立案处理，依法追究刑事责任。"后经查询，两个"齐涛"并不是同一个人。法院认为，银行在催收账款过程中，未尽到足够的注意义务，没有对办卡人提供信息的真伪进行审查，就依据真伪未辨的信息，到原告家庭住地下发以透支涉嫌诈骗追究刑事责任为内容的催收通知，在一定范围导致原告社会评价被降低的后果。对该损害结果的发生，银行存在主观过错，侵害了原告的名誉权。沈阳市沈北新区人民

---

① 《人民法院报》2009年6月25日。

② 《人民法院报》2008年10月21日。

法院一审判决，银行向原告公开道歉并赔偿原告精神损失5000元。[①]

（四）计算机处理数据时出现的技术性错误

（五）银行泄露储户信息而给储户造成名誉、财产损失

银行由于掌握大量的个人信息，如不注意对客户有关信息的保护，导致外泄，或银行不正当使用个人信息，都有可能成为诉因。而且不正当使用个人信息，情节严重的，银行工作人员、银行负责的主管人员及银行单位都有可能触犯刑律、涉嫌犯罪。《刑法修正案（七）》所规定的出售、非法提供公民个人信息罪，其犯罪主体包括了金融机构及其工作人员。该修正案第七条规定："国家机关或者金融、电信、交通、教育、医疗等单位的工作人员，违反国家规定，将本单位在履行职责或者提供服务过程中获得的公民个人信息，出售或者非法提供给他人，情节严重的，处三年以下有期徒刑或者拘役，并处或者单处罚金。窃取或者以其他方法非法获取上述信息，情节严重的，依照前款的规定处罚。单位犯前两款罪的，对单位判处罚金，并对其直接负责的主管人员和其他直接责任人员，依照各该款的规定处罚。"

二、纠纷控制

依据《个人信用信息基础数据库管理暂行办法》建立的征信系统，目前仍停留在"单方记录"阶段，由银行等部门单方形成，缺乏公众的参与。在将不良记录提供给征信系统前，未建立善意确认制度，即以书面形式及时告知当事人，给当事人提供异议和申辩的机会与渠道。这就增加了银行的随意性和信息的不确定性，致使银行被诉及败诉的案件增多。同时，由于规范征信系统的中国人民银行《个人信用信息基础数据库管理暂行办法》仅停留在规章层面，其效力层次较低尚不可能就涉及的民事权利义务作出规定。因而，在司法实务中，人民法院在案件受理、案由确定、判决结果及精神损害赔偿的范围及数额上都未能一致，增加了银行被诉案件结果的不可预期。

基于上述现状，银行应注意：

1. 认真审查客户的基本信息资料并如实记载、如实上报，这是银行防止形成纠纷或不承担责任的基础。**陈某诉建行濉溪路支行侵权纠纷案**：安徽省合肥市中级人民法院终审驳回上诉，维持原判的一审法院合肥市庐阳区人民法院认为：根

① 《人民法院报》2008年11月5日。

据双方庭审陈述和提供的证据，足以证明由于陈先生还贷储蓄账户存款金额不足造成还贷逾期记录，虽双方在借款合同中未约定逾期记录记入个人信用库，但诚实守信是作为单位和公民应遵守的基本行为准则，建行濉溪路支行如实记录陈先生还贷情况，并依据中国人民银行的管理规定上报个人信用数据库，且建行濉溪路支行并无不实记录，也未对外泄露、宣扬，故建行濉溪路支行的行为未造成陈先生的社会信用下降，也未对陈先生的信用名誉造成侵害，陈先生向其他商业银行贷款未获批准，并非建行濉溪路支行造成，故陈先生要求建行濉溪路支行消除逾期记录、赔礼道歉、停止侵害、消除影响、赔偿经济损失及其他损失 1 万元的请求，法院不予支持，判决驳回陈先生的诉讼请求。①

2. 银行在客户贷款逾期后，在不良信用生成前，最好向客户履行告知义务，进行善意的提示。

3. 银行应积极受理因客户对征信系统记录提出异议的审查、处理。如确属银行的过错造成的，应向客户出具证明，并协助客户向中国人民银行征信部门办理有关的手续。做好解释及善后工作，尽量防止诉讼的发生。

---

① 《人民法院报》2008 年 4 月 9 日。

第三章

支付结算业务中的法律风险与规避

支付结算是指单位、个人在社会经济活动中使用票据、银行卡和汇兑、托收承付、委托收款等结算方式进行货币支付及其资金清算的行为。支付结算业务作为金融机构的中介业务，系社会经济活动的桥梁和纽带，其作用不可或缺，因其引起的法律纠纷，特别是票据纠纷在银行所涉民商事纠纷中占较大的比重。

调整票据业务的法律主要有：《票据法》及最高人民法院《关于审理票据纠纷案件若干问题的规定》；经国务院批准的《票据管理实施办法》；中国人民银行颁布的《支付结算办法》及对有关业务的解释与批复等。

在调整票据业务的上述不同效力层次的规范中，存在着诸多冲突。如关于有效身份证件形式审查与实质审查的冲突，如何认定过错及如何承担责任的冲突等。民事主体的不同行为可产生不同的法律后果，但同一行为应当产生同一的法律后果，法官只能适用冲突的法律规范之一进行认知。因此，银行应注意对冲突规范的选择适用。

票据纠纷，主要是因票据的签发、交付、返还、保证、代理、贴现、追索、回购、回单签发、付款请求及票据损害赔偿、利益返还等引起的纠纷。

第一节　汇票签发

案例 27：银行签发汇票应尽到通常的审查义务

摘要：为保证出票人与收款人具有真实的交易关系和债权债务关系，票据签发银行应尽到一般的审查义务。出票人仅向银行提供了交易合同的复印件，应认为银行未尽到审查义务，具有过错。如造成资金流失，应承担相应的责任。

白银有色金属有限公司（以下简称白银公司）原财务处融资科科长寇振国向中国农业银行白银市分行营业部（以下简称农行白银营业部）递交了一份盖有白银公司法人印章的申请书，申请开出银行承兑汇票，同时还提供一份需方为白银公司，供方为重庆市有色金属总公司的《工矿产品购销合同》复印件。经农行白银营业部及其上级行中国农业银行白银市分行（以下简称农行白银市分行）同意，农行白银营业部共向白银公司签发了七张银行承兑汇票，金额合计 3500 万元。寇振国将白银新亚贸易公司的 700 万元交付给农行白银农业部，农行白银农业部将该 700 万元存入其为白银公司设立的保证金账户。农行白银营业部又与稀土公司签订了《银行承兑汇票保证担保合同》，为白银公司的债务提供保证担保。以上七张银行承兑汇票到期后，由于白银公司未按承兑契约的约定偿付票款，稀土公司亦未按保证担保合同的内容承担保证责任。农行白银营业部向持票人履行了兑付义务后，向甘肃省高级人民法院提起诉讼，请求判令白银公司全面履行合同，交付尚欠汇票款项本金 2800 万元并承担逾期付款违约金 936.8 万元的赔偿责任，判令稀土公司承担连带责任。

◎ 裁判要旨

最高人民法院经审理认为：农行白银营业部依据出票人白银公司的指令和票据法律的有关规定签发了银行承兑汇票，并于汇票到期日依据最高人民法院的生效判决向持票人支付了票据资金，承担了逾期付款违约金，履行了《银行承兑契约》规定的合同义务，白银公司应当依据该《银行承兑契约》向农行白银营业部支付票据资金，稀土公司应当依据《银行承兑汇票保证担保合同》对白银公司的债务承担连带责任。鉴于白银公司申请签发汇票时向农行白银营业部提交的购销合同是复印件，农行白银营业部没有尽到审查义务，对本案资金的流失亦存在一定的过错，本院确定对农行白银营业部逾期付款违约金的主张不予支持。遂判决：一、白银有色金属有限公司偿还中国农业银行白银市分行营业部垫付本案所涉七张银行承兑汇票款共计金额2800万元（3500万元票款减去700万元保证金），自本判决书送达生效之日起30日内全部付清。二、甘肃稀土公司对上述款项承担连带清偿责任。①

◎ 法条链接

1.**《票据法》第十条** 票据的签发、取得和转让，应当遵循诚实信用的原则，具有真实的交易关系和债权债务关系。

2. **最高人民法院《关于审理票据纠纷案件若干问题的规定》第十四条** 票据债务人以票据法第十条、第二十一条的规定为由，对业经背书转让票据的持票人进行抗辩的，人民法院不予支持。

3.**《支付结算办法》第七十四条** 在银行开立存款账户的法人以及其他组织之间，必须具有真实的交易关系或债权债务关系，才能使用商业汇票。

◎ 重要提示

一、原因关系

票据原因关系属于票据基础关系，指票据当事人签发、取得和转让票据，在经济上或法律上必然有一定的原因，如买卖关系、借贷关系、赠与关系、税收征管等。《票据法》第十条规定的“真实的交易关系和债权债务关系”，即指票据原因关系要真实。

二、原因关系的审查

银行在签发票据时，要求出票人对其与收款人的原因真实提供材料予以证

---

① 李国光主编：《民商审判指导与参考》第2卷，人民法院出版社2003年版，第249~257页。

实，并负有审查之责。该审查并非实质审查，因为银行作为支付结算的中介机构，不具备审查合同真实性的能力，只能进行一般意义上的审查。该审查应包括合同的真实存在，没有明显的伪造、变造。银行只要尽到社会一般人的注意义务，就应视为尽到了审查义务。至于合同是否合法有效，不在审查之列。

银行对交易合同的审查，是依法承担的义务，以防止企业套取银行信用，保障银行资金的安全。我国《票据法》与国外立法相比，通过若干强制性条款规定了基础关系，弱化了票据的无因性，如《票据法》第十条、第二十一条第一款、第八十三条的规定。其立法目的诚如《全国人大法律委员会关于〈中华人民共和国票据法〉审议结果的报告》所指出：许多部门、地方和金融机构指出，票据当事人在签发票据或取得票据时，应当具有真实的商品交易关系或债权债务关系，取得票据的人应给付相对应的代价，目的是防止有些当事人签发票据没有真实的经济关系为基础，利用票据进行欺骗活动。

银行未尽审查义务具有过错，对其过错造成的损失应承担相应的民事责任。但该过错对有关协议的效力并无影响。**国泰君安证券股份有限公司郑州花园路证券营业部、国泰君安证券股份有限公司与中国光大银行郑州分行、中国第一汽车集团开封汽车经销有限责任公司和海口建来发展有限公司借款担保合同纠纷案：** 最高人民法院认为，本案基础贸易合同系经销公司与海南旭龙签订的汽车购销合同，该合同并未违反法律、行政法规的强制性规定，属于合法有效的合同。虽然在签订《银行承兑协议》和签发银行承兑汇票时，郑州分行未要求经销公司提供规定的资料，未尽审查义务，但并不构成“违反法律法规的强制性规定”，因此，基础贸易合同和《银行承兑协议》均属于合法有效的合同。[①]

◎风险规避

一、营业执照的审查

审查申请人的营业执照，以确定其是否属于企业法人和其他经济组织；审查营业执照的经营范围及年检记录，确定其是否依法从事经营活动。对法律行政法规规定须经审批才允许经营的，必要时，还应审查其审批文书。

---

① 奚晓明主编：《民商事审判指导》2008年第1辑，人民法院出版社2008年版，第262页。

二、合同的审查

要求出票申请人提供合同原件，审查合同原件与复印件的一致性，以确定其是否具有真实的交易关系。在复印件上加盖公章，注明复印件与原件一致。

三、签字、盖章的审查

审查合同当事人的签字、盖章与提供的在有效经营期限内的法人营业执照的记载内容是否一致。签字的法定代表人是否为《企业法人营业执照》上记载的法定代表人；所盖公章的名称是否与《企业法人营业执照》上的企业名称相一致。必要时，应审查公章的真实性。**中国银行唐山市分行与唐山市古冶区信用合作联合社汇票付款纠纷再审上诉案**：犯罪嫌疑人伪造印章，从中国银行唐山市分行骗取银行承兑汇票后，在唐山市古冶区信用合作联合社取得质押流动资金贷款 95 万元。贷款到期后，因中国银行唐山市分行拒绝付款而发生纠纷。案经河北省高级人民法院请示最高人民法院后再审认为：本案中，高淑英伪造该票据上收款人劳动公司经销处的公章和法定代表人的印章，伪造担保人唐山市煤气总公司的公章和法定代表人的印章，唐山分行在开出该银行承兑汇票时未尽到审查义务。而且古冶信用社向中行查询时，唐山分行答复此票确为中行签发。唐山分行应对质押贷款造成的损失承担主要的过错责任。判决中国银行唐山市分行承担质押贷款损失 95 万元的 70%，于本判决送达后 10 日内给付唐山市古冶区信用合作联合社 66.5 万元。[①]

四、以合同是否完整、整洁来判断是否有变造、伪造的嫌疑

五、将上述材料与其他申请材料一起存档备查

---

① 沈德咏主编：《审判监督指导》2004 年第 4 辑，人民法院出版社 2005 年版，第 61~63 页。

第二节　背书转让

案例 28：汇票持有人对背书不连续的汇票不享有票据权利

摘要：依据我国《票据法》的规定，以背书转让的票据，背书应当连续，持票人以背书的连续，证明其票据权利。根据票据所具有的文义性，票据的合法流转应见之于票据本身的记载，合法持票人是在票据上进行权利记载并持有票据的人。汇票持有人对其持有的背书不连续的银行承兑汇票不享有票据权利。

1999 年 5 月 14 日，出票人南通市蓝泽精细化公司（以下简称蓝泽公司）申请开出号码分别为Ⅶ 01985203、01985205、01985211，金额分别为 400 万元、300 万元、300 万元的银行承兑汇票三张，付款行为中国农业银行南通市经济技术开发区支行（以下简称农行南通支行）。其中Ⅶ 01985203、01985211 银行承兑汇票的收款人为南通杰地实业公司（以下简称杰地公司），背书栏内加盖有该公司财务专用章和王荣华名章。Ⅶ 01985205 银行承兑汇票的收款人为深圳市福保能国际贸易有限公司，背书栏内加盖有该公司财务专用章和汪发义名章，被背书人为杰地公司，杰地公司在背书第二栏内加盖了单位财务章和王荣华名章。上述三张银行承兑汇票的汇票到期日为 1999 年 11 月 14 日，汇票的背书中未记载背书的时间。

1999 年 5 月下旬，中国电子进出口山东公司（以下简称中电公司）持上述三张银行承兑汇票向其开户银行华夏银行济南分行（以下简称华夏济南分行）递交贴现申请书，要求贴现农行南通支行签发的三张银行承兑汇票。华夏济南分行接受申请后即向农行南通支行电话查询。1999 年 5 月 27 日，农行南通支行复电："银承（5203）金额（400）万元、（5202）金额（300）万元、（5211）金额（300）万元，此三笔银承是我行签发，真伪自辨。"1999 年 6 月 11 日，华夏济南分行为中电公司办理贴现了上述三张银行承兑汇票，在收取汇票扣除贴现利息 271095 元后，将贴现款 9728905 元支付给中电公司。1999 年 10 月 27 日，华夏济南分行在该三张银行承兑汇票被背书人栏内加盖了华夏济南分行结算专用章和汪卫东名章，注明华夏济南分行委托收款。华夏济南分行以银承5203、5205、5211委托收款凭证，委托农行南通支行收款1000万元，备注栏记载“电划”，同时交付与农行南通支行上述三张银行承兑汇票。1999年11月5日、11月10日，南通市公安局崇川分局向农行南通支行先后发出崇公刑经发〔99〕9号《协助冻结存款通知书》、崇公刑经发〔99〕9号《调查取证通知书》。依据上述通知书，农行南通支行于1999年11月12日向华夏济南分行发出《托收承付委托收款结算全部拒绝付款理由书》。1999年11月17日，华夏济南分行向农行南通支行发出关于解付承兑汇票款项的函，主张其享有票据权利。华夏济南分行为索要贴现款项与农行南通支行协商未果，遂将农行南通支行、蓝泽公司、中电公司诉至山东省济南市中级人民法院，请求判令农行南通支行、蓝泽公司兑付票据款1000万元或由中电公司退回贴现款。农行南通支行、蓝泽公司提出管辖权异议，称：因票据纠纷提起的诉讼，由票据支付地或被告住所地人民法院管辖，本案应由南通市中级人民法院管辖。山东省济南市中级人民法院作出（1999）济中经初字第462号民事裁定，驳回农行南通支行、蓝泽公司的管辖权异议。农行南通支行、蓝泽公司对此裁定提出上诉后，山东省高级人民法院驳回了上诉，维持原裁定。

2000年5月24日，南通市崇川区人民法院以（2000）崇刑初字第57号刑事判决书（已发生法律效力）查明所涉本案三张银行承兑汇票原已作为贷款质物存放于南通市商业银行环南支行，系犯罪嫌疑人为归还中电公司的高息融资款从该行盗取交付给中电公司。

◎ 裁判要旨

最高人民法院认为：华夏济南分行向中电公司请求退回贴现款，与向农行南通支行请求兑付票据款，属于两种不同的诉讼请求，前者依据的是债务关系，而后者依据的是票据关系。因本案审理的是票据纠纷，故华夏济南分行与中电公司债务关系的诉讼应另案处理，原审法院将两种不同的法律关系合并审理，并以华夏济南分行与中电公司债务关系的请求确定本案票据纠纷的管辖权，显属不当。

中电公司对本案三张银行承兑汇票是否享有票据权利，应当审查中电公司是否为票据上记载的合法持票人。依据我国《票据法》的规定，以背书转让的票据，背书应当连续，持票人以背书的连续，证明其票据权利。非经背书转让，而以其他合法方式取得票据的，应依法举证，证明其票据权利。根据票据所具有的文义性，票据的合法流转应见之于票据本身的记载，合法持票人是在票据上进行权利记载并持有票据的人。中电公司持有的三张银行承兑汇票其文义记载表明三张银行承兑汇票背书不连续，中电公司既非三张银行承兑汇票记载的背书人又非三张银行承兑汇票记载的被背书人；且在本案审理时中电公司亦未能举证证明其以其他合法方式取得本案三张银行承兑汇票。因此，中电公司不是本案三张银行承兑汇票的合法持票人，不能凭借该三张银行承兑汇票主张票据权利。

华夏济南分行在为中电公司办理贴现申请时，根据中国人民银行《商业汇票承兑、贴现与再贴现管理暂行办法》和《支付结算办法》的规定，应当审查中电公司是否为合法的持票人，即中电公司持有的三张银行承兑汇票背书是否连续。华夏济南分行尽管在为中电公司办理贴现前，曾向该票据的付款行农行南通支行进行过电话查询，但农行南通支行也只是答复“该票据系其签发，真伪自辨”，并没有确认中电公司是合法的持票人。华夏济南分行作为专业的金融机构，应当知道办理贴现的有关规定，其应审查而不审查本案三张银行承兑汇票背书是否连续，就为不是合法持票人不享有票据权利的中电公司办理票据贴现，应当认定其存在重大过失。依据我国《票据法》第十二条第二款的有关规定，华夏济南分行因重大过失取得不符合《票据法》规定的票据的，对该票据不享有票据权利。虽然华夏济南分行为中电公司办理贴现后，完善了本案三张票据的背书手续，背书为连续，但该三张票据因涉嫌犯罪已被南通市公安局崇川分局调取，并冻结止付票据款1000万元，农行南通支行以此为由拒绝向华夏济南分行付款，是履行法律规定的协助执行义务，并无不当；农行南通支行依据南通市崇川区人民法院（2000）崇刑初字第57号刑事判决书和南通市崇川区人民法院《协助扣划存款通知书》，将三张票据款1000万元划拨到南通市崇川区人民法院账上，亦是履行法律规定的协助执行义务；本案三张票据款1000万元已由南通市崇川区人民法院发还受害单位南通市商业银行环南支行。据此，农行南通支行依据南通市崇川区人民法院（2000）崇刑初字第57号刑事判决书，已经向南通市商业银行环南支行支付了本案三张票据款1000万元，履行了本案三张票据的付款义务，其没有义务再向华夏济南分行付款。判决：驳回华夏银行股份有限公司济南分行对中国农业银行南通市经济技术开发区支行和南通市蓝泽精细化工公司的诉讼请求。①

① 苏泽林主编：《审判监督指导》2006年第1辑，人民法院出版社2007年版，第79~87页。

◎法条链接

1.**《票据法》第三十一条** 以背书转让的汇票，背书应当连续。持票人以背书的连续，证明其汇票权利；非经背书转让，而以其他合法方式取得汇票的，依法举证，证明其汇票权利。

前款所称背书连续，是指在票据转让中，转让汇票的背书人与受让汇票的被背书人在汇票上的签章依次前后衔接。

2.**最高人民法院《关于审理票据纠纷案件若干问题的规定》第五十条** 依照票据法第三十一条的规定，连续背书的第一背书人应当是在票据上记载的收款人，最后的票据持有人应当是最后一次背书的被背书人。

◎重要提示

一、票据文义性

票据的文义性与票据要式性、无因性和独立性并称为票据行为的四个特征，是指票据行为的内容完全依据票据上记载的文义而定，即使其与实质关系的内容不一致，仍按票据上的记载而产生效力。依据票据文义性原则，票据记载事项应清楚、明确。票据权利的内容，完全依票据上所载的文义确定，而不能以票据文义之外的其他事实和证明方法来探求票据行为人的本意，即使票据记载的文义与票据行为人的真实意思表示相悖，票据法律关系当事人也只能依据票据记载文义来享有票据权利、承担票据义务。票据债权人不能以票据文义之外的记载内容补充、更正票据内容，不能据此主张票据权利。如，质押背书作为非转让背书的一种，依据《票据法》的规定，质权人须依质押背书取得对票据的占有，从而取得一定的票据权利。虽有质押的真实意思表示，但未作质押背书，票据就不发生质权设立以及作为质权人的证明力，持票人不能以质权人的名义行使票据权利。

二、背书连续不是持票人享有票据权利的唯一证明方式

依据《票据法》第三十一条之规定，背书连续是持票人享有票据权利的法定、直接的证明方式，但不是唯一的证明方式，持票人也可以其他证明方式证明背书实质上连续，以主张票据权利。针对非转让背书，票据法也没有排除持票人以其他证明方式证明背书连续。如《票据法》第九条，就允许原记载人对除了票据金

额、日期、收款人名称之外的其他记载事项进行更改。如被背书人的记载名称与其本名不一致，更改后，该汇票背书就应认定为在实质上连续，被更改的被背书人就享有票据权利。**中国工商银行远安县支行诉中国银行长阳支行和中国银行远安支行等背书不规范的承兑汇票付款纠纷案**：宜昌市中级人民法院二审认为，本案银行承兑汇票的背书签章不规范，确实构成了该汇票形式上的背书不连续，但这并不绝对导致该汇票的无效，也不必然导致持票人丧失票据权利；背书连续是持票人享有票据权利的法定和直接的证明方式，但这并非是唯一的和具有排他性的方式；持票人在不能以背书连续证明其票据权利的情况下，若能举出汇票实质上背书连续的其他证据，充分证明其为真正合法权利人，其仍可享有和主张票据权利。本案远安工行作为票据关系中的持票人或贴现人，与其直接前手远安县广播电视总公司间票据贴现的实质转让关系是连续和清楚的，且该汇票在到期日前并无人申请挂失止付或公示催告，汇票上各签章人在知悉本案争议后，亦无一人主张票据权利，故在远安工行举出以贴现方式取得汇票的证据后，应确认其为真正合法持票人并享有票据权利。[①]

三、空白背书

空白票据，一般是指发票人对于票据必要记载事项的全部或者一部分不进行记载，即在票据上签名发行，但预定在其后由他人进行记载并依票据所载文义发生票据效力的票据。最高人民法院《关于审理票据纠纷案件若干问题的规定》第四十五条规定："空白授权票据的持票人行使票据权利时未对票据必须记载事项补充完全，因付款人或者代理付款人拒绝接收该票据而提起诉讼的，人民法院不予支持。"第四十九条规定："依照《票据法》第二十七条和第三十条的规定，背书人未记载被背书人名称即将票据交付他人的，持票人在票据被背书人栏内记载自己的名称与背书人记载具有同等法律效力。"**中国工商银行成都市金牛区支行与四川中电工程有限公司、四川省文化旅游公司借款合同纠纷再审案**：四川省高级人民法院再审认为：中电公司将贷款中的400万元通过空白支票交给金牛支行莫小宁，中电公司的真实意图一直是人民法院在审理本案中努力探究的事实。中电公司将空白支票交金牛支行莫小宁无非有两种可能，一种可能是将400万元交

---

① 最高人民法院中国应用法学研究所编:《人民法院案例选（1992–1999年合订本）》(商事卷)(下)，中国法制出版社2000年版，第764~770页。

金牛支行周转使用；另一种可能是将两张转账支票交给金牛支行莫小宁代办有关转款手续交来福厂使用。再审中当事人双方的举证且法院采信的证据不能证明两种可能的事实之一。中电公司再审申请中关于原二审判决采信证据、认定事实有误的主张，本院不予支持。在中电公司将空白支票交金牛支行的真实意图不能查清的情况下，应从空白票据的授权补记和举证责任的角度研究当事人的责任承担问题。《票据法》第八十六条①和八十七条②第一款规定，支票上的金额可以由出票人授权补记，未补记前的支票不得使用；支票上未记载收款人名称的，经出票人授权，可以补记。我国《票据法》允许发行空白票据，但只限于支票，而且空白授权事项只限于票据金额和收款人名称两项，因此，可以说我国票据法是有限地承认空白票据。但我国的空白票据制度较为简略，立法未对补充权人、授权方式、未经授权或滥用补充权时的抗辩和举证责任加以明确规定。关于空白票据的补充权人，我国《票据法》虽未明确规定，但最高人民法院《关于审理票据纠纷案件若干问题的规定》第四十五条规定："空白授权票据的持票人行使票据权利时未对票据必须记载事项补充完全，因付款人或者代理付款人拒绝接收该票据而提起诉讼的，人民法院不予支持。"依据该司法解释的规定，并结合票据理论的一般原理，空白票据的持票人就是补充权人。关于授权方式，我国《票据法》也未作明确规定，但票据理论和司法解释均认为，空白票据即空白授权票据，在发票人交付空白票据时就包含了对持票人的授权，因此，交付行为即为授权，至少是授权方式之一。关于未经授权或滥用补充权时的抗辩和举证责任问题，我国《票据法》及司法解释未作明确规定，但票据理论上一般认为，空白票据之补齐如未经授权或滥用补充权时，发票人可以提出抗辩，但抗辩人应负举证责任，按照我国《民事诉讼法》规定的"谁主张谁举证"的原则进行分配，也是提出抗辩的人应负举证责任。在本案中，中电公司将两张空白授权票据交付与金牛支行莫小宁，金牛支行即成为空白票据的持票人，在当事人无特别约定的情况下，金牛支行即成为空白票据的被授权补记的人。我国《票据法》并未禁止商业银行成为空白票据的补充权人，中电公司再审申请中关于金牛支行不能成为空白票据的被授权人的主张，没有法律依据，不能成立。金牛支行将空缺"收款人"记载事项补齐，填写为"来福厂"，客观上400万元资金是交来福厂使用了。而发票人中

---

① 该条现已被新《票据法》修改为第八十五条。

② 该条现已被新《票据法》修改为第八十六条。

电公司主张400万元资金是给金牛支行周转，也就是说中电公司实质上提出了金牛支行未经授权或者违反授权的抗辩主张，但依据“谁主张谁举证”的原则，中电公司应负有举证责任。而中电公司所举对其有利的证据，主要是关键证人杨泽海、陈晓华的证言，但均因前后矛盾而未予采信，因此，中电公司应承担举证不能的后果。[①]

四、背书涂销

背书涂销是指持票人或背书人将票据上背书部分的背书人签名或其他记载事项予以涂抹销除的行为。我国《票据法》未对背书涂销进行规定，只是在《票据法》第九条规定：“对票据上的其他记载事项，原记载人可以更改，更改时应当由原记载人签章证明。”**中国农业银行甘肃白银市分行营业部与中国工商银行重庆市分行渝中支行两路口分理处等票据纠纷案**：工行两路口分理处在贴现背书时，由于失误将其印章误盖在汇票的背书人一栏内，后涂销由贴现申请人二轻公司在背书人一栏签章，并在被背书人一栏内记载“工行两路口分理处”字样。最高人民法院（2000）经终字第62号民事判决书认为：审查本案所涉两张汇票的背书情况，由于涂销系票据当事人故意所为，并不影响背书的连续，可以根据票据所记载的事项确定本案所涉汇票的最后持票人是工行两路口分理处。农行白银营业部以“本案所涉汇票的有关记载事项违反《票据法》的有关规定”作为拒绝承担付款责任的抗辩事由之一，于法无据，本院不予支持。[②]

五、禁止背书转让及票据权利受限制的情形

1. 票据的出票人在票据上记载“不得转让”字样，票据持有人背书转让的；

2. 背书人在票据上记载“不得转让”“委托收款”“质押”字样，其后手再背书转让、委托收款或者质押的；

3. 票据被拒绝承兑、被拒绝付款或者超过提示付款期限，票据持有人背书转让的；

4. 持票人有恶意或者与贴现银行恶意串通，向其非开户银行申请贴现的；

---

① 苏泽林主编：《审判监督指导》2006年第1辑，人民法院出版社2007年版，第115~116页。

② 肖扬总主编：《最高人民法院判案大系》（民商事卷·2000年卷），人民法院出版社2003年版，第168~173页。

5. 明知票据债务人与出票人或者与持票人的前手之间存在抗辩事由而取得票据的；

6. 票据欠缺法定必要记载事项或者不符合法定格式的；

7. 以欺诈、偷盗或者胁迫等非法手段取得票据，或者明知有前列情形，出于恶意取得票据的；

8. 在公示催告期间，以公示催告的票据质押、贴现，因质押、贴现而接受该票据的持票人主张票据权利的，人民法院不予支持，但公示催告期间届满以后、人民法院作出除权判决以前取得该票据的除外。

◎ 风险规避

一、背书不连续的法律风险

背书是重要的票据行为，背书连续是持票人享有票据权利的法定证明方式。银行在受让票据时，应加强对票据背书连续性的审查，不接受背书不连续的票据。虽然取得背书不连续的票据并不意味着丧失票据权利，但需要通过其他证明方式来证明票据背书的实质连续。基于票据的无因性，银行不可能了解前手的票据转让过程及原因，举证困难，无疑增加了诉讼风险。实务中，取得背书不连续或背书次序混乱的票据，法院多以银行存在重大过失为由判令其不享有票据权利。

二、票据背书的审查事项

（一）票据有效性审查

1. 票据凭证形式的审查：是否为中国人民银行规定的统一格式票据。

2. 票据记载事项的审查：必须记载事项是否齐全。

3. 票据签章的审查：票据当事人的签名、盖章是否符合规定的形式。

（二）票据真实性审查

1. 审查票据有无变造、伪造。

2. 向承兑人查询。

（三）背书连续性审查

1. 审查第一背书人是否为汇票上记载的收款人。2000 年 4 月 28 日中国人民银行《关于汇票背书连续问题的复函》指出：根据《票据法》第三十一条的规定，以背书转让的汇票，持票人以背书的连续证明其汇票权利。汇票的第一背书人应当是汇票上记载的收款人。在汇票上记载的收款人和第一背书人不一致的情况下，承兑人对持票人不予付款，符合《票据法》和中国人民银行《支付结算办法》的规定。

2. 审查最后的票据持有人是否为最后一次背书的被背书人。

3. 票据有多次背书的，背书人与被背书人在票据上的签章是否前后衔接。即，第一次背书中的被背书人是第二次背书中的背书人，第二次背书中的被背书人又成为第三次背书中的背书人，依此类推。

4. 在票据和粘单的粘接处签章的是否为粘单上的第一背书人。

（四）背书有效性审查

票据是否属于限制背书或具有票据权利受限制的情形。

（五）基础交易真实性审查

形式审查背书人与直接前手之间是否具有交易关系和债权债务关系。

第三节　汇票解付

案例 29：非银行汇票的当事人无权就汇票解付行为主张权利

摘要： 银行汇票交付给汇票上记载的收款人后，收款人即成为汇票的合法持有人和汇票项下款项的合法所有人，其有权决定汇票上资金的解付方式。银行汇票的申请人不是汇票的当事人，无权就汇票的解付行为提出权利主张。

1996年5月20日，中国进出口银行和广东三星企业（集团）股份有限公司（以下简称三星公司）签订一份出口买方信贷借款合同，约定由中国进出口银行向三星公司提供人民币借款1亿元。该合同第5条约定：三星公司使用本贷款时，应事先提供用款证明及有关资料，交由中国进出口银行确认并由三星公司填写支款凭证经中国进出口银行核准后办理款项划拨。同日，中国进出口银行与中国科技国际信托投资有限责任公司（以下简称中科信公司）签订了保证合同。

借款合同和保证合同签订后，1996年10月10日三星公司向中国进出口银行出具用款证明，载明：开户行为中国工商银行湛江分行第二营业部，账号为02210144972。1996年10月14日，中国进出口银行依合同约定委托中国工商银行总行营业部签发了两张金额各为5000万元的银行汇票，交给了三星公司工作人员，向三星公司支付人民币1亿元，履行了借款义务，两张银行汇票载明账号为02210144972。1996年10月17日，三星公司到中国工商银行湛江分行（以下简称工行湛江分行）国际业务部解付两张汇票。应三星公司要求，工行湛江分行国际业务部工作人员填写了三星公司在工行湛江分行国际业务部开立的账户01281000001001—3，并将全部借款解付存入该账户。1996年10月23日到同月30日，工行湛江分行以“划付贷款利息”“售汇付美元息”等理由，将此笔借款中的9400万元扣还了三星公司拖欠该行的贷款及利息。此后，工行湛江分行又将剩余借款用于扣还三星公司拖欠该行的贷款和利息。借款合同到期后，三星公司未还本金，只分4笔支付利息3418650元。中科信公司亦未对上述借款承担连带保证责任。

1998年3月11日，三星公司致函中国进出口银行称：工行湛江分行在未经三星公司同意的情况下，将本应由工行湛江分行第二营业部解付的两张银行汇票转入该行国际业务部解付。国际业务部却将此专用贷款分十余笔逐渐用来抵扣三星公司在工行湛江分行的开证欠款，整笔1亿元专款并未真正用于农用车出口项目。1998年6月4日，三星公司给中国进出口银行《关于出口专贷资金使用情况的汇报》称："在中国进出口银行专贷资金未落实的情况下，三星公司向工行湛江分行提出贷款申请，并承诺在中国进出口银行贷款到位后，及时归还工行湛江分行贷款，为此工行湛江分行先行注入贷款，提前启动了农用运输车出口项目。"1998年9月8日，三星公司给中国进出口银行《关于出口专贷资金使用情况的补充报告》称："中国进出口银行专贷资金于1996年10月发出后，三星公司按有关规定将汇票转入工行湛江分行解汇，陆续归还工行湛江分行垫付的农用运输车出口资金贷款。"1999年6月8日三星公司出具《有关中国进出口银行向我司贷款人民币壹亿元及贷款资金使用情况的说明》，称："我司与中国进出口银行的贷款用途虽为农用车出口项目，但考虑到工行湛江分行在中国进出口银行贷款到位前分3次贷出共7500万元，提前启动了农用运输车出口项目这一客观事实，此笔贷款取得后抵还中国工商银行湛江分行的欠款。"

1999年5月，中国进出口银行以三星公司未还本金，中科信公司亦未承担保证责任，工行湛江分行截款不放为由，向北京市高级人民法院提起诉讼，请求判令三被告共同承担返还贷款本金及利息的责任，并承担诉讼费。

另查明，中国人民银行条法司于2000年6月2日函复中国工商银行法律部《关于中国进出口银行诉中国工商银行湛江分行银行汇票解付纠纷有关法律问题的请示》，明确指出：一、银行汇票的申请人不具有票据上的权利义务，不是银行汇票的当事人。二、目前，中国人民银行没有关于政策性银行与委托代理行之间权利义务关系的规定。政策性银行与其委托代理行相互间的权利义务关系由双方协商确定。三、在贷款人和借款人有协议约定的情况下，贷款人有权从借款人的账户中扣收贷款。

在最高人民法院二审期间，中国进出口银行提交了一份委托代理协议，该协议载明：中国进出口银行与三星公司的1亿元借款合同已经签订。鉴于工行湛江分行为三星公司基本账户行和国际业务结算行，中国进出口银行委托工行湛江分行对该笔资金的使用进行监督管理，中国进出口银行应在该协议签订后的10个工作日内，向工行湛江分行提供借款合同副本、保证合同复印件和借据复印件。

在拨付贷款的当天将拨款通知书传真给工行湛江分行；中国进出口银行向工行湛江分行支付借款合同金额2‰的代理费；工行湛江分行应派员到三星公司了解借款是否专项用于出口项目，但对借款合同项下的债务不承担保证责任。该协议还约定“本协议自甲乙丙三方共同签署之日起生效”。该份协议上加盖了工行湛江分行和三星公司的公章，中国进出口银行未加盖公章，亦未有任何签字。该协议所列各方均无履行该协议的行为。

◎裁判要旨

最高人民法院认为，中国进出口银行以交付银行汇票的方式履行贷款义务，自银行汇票交付时起，其支付款项的义务即完成，对三星公司享有债权。中国进出口银行交付给三星公司的银行汇票上的收款人为三星公司，三星公司作为银行汇票的合法持有人和汇票项下款项的合法所有人，其有权决定将汇票上的资金解付到哪一个账号和如何处分该资金。三星公司收到银行汇票后，其工作人员持汇票到工行湛江分行国际业务部解付，因工行湛江分行国际业务部与票面上所载账号的开户行工行湛江分行第二支行营业地点不同，可以看出工行湛江分行国际业务部解付汇票是三星公司的主观意愿，客观上该1亿元贷款已在三星公司的财务账目上记载入账，因此，尽管银行进账单是银行工作人员填写，但确系三星公司真实意思，其对解付行为是认可的。我国《票据法》和《银行结算办法》都没有要求银行汇票必须记载账号和必须按票面记载账号解付的强制性规定，该票据又没有其他不得解付的情况，因此工行湛江分行的解付行为并无过错。从1996年10月至1997年5月间，工行湛江分行分18笔将该1亿元贷款扣收了三星公司欠工行湛江分行的贷款，三星公司从未提出异议，还分别于1998年6月4日、1998年9月8日和1999年6月8日出具函件，证明在中国进出口银行专贷资金未落实的情况下，三星公司向工行湛江分行申请出口农用车贷款，并承诺在中国进出口银行贷款到位后归还。虽然三星公司在1998年3月11日给中国进出口银行的函件与上述三个函件内容不符，但该三个函件出具的时间在后，且在本院二审质证时，三星公司称1998年3月11日函件是不知情的人员出具的，后出具的三个函件已予以纠正，其内容是真实的。因此，对上述三个函件的真实性本院予以确认。三星公司对工行湛江分行扣划其账户款项归还其欠款的行为是明知的、认可的。在贷款的所有权转移给三星公司后，工行湛江分行按三星公司的意愿解付款项进入该公司账户，又在三星公司认可的情况下扣划其账户内的款项归还该公司欠款，其行为对中国进出口银行不构成侵权。上诉人的上诉理由成立，本院予以支持。原审判决中对此事项的认定，缺乏事实和法律根据，应予纠正。

中国进出口银行在本案二审时提出了委托代理协议，并以此为依据认为工行湛江分行未尽其已承诺的对上述借款监督使用的义务，故应承担赔偿责任。工行湛江分行则认为该协议因中国进出口银行未履行提交约定的文件，且未在协议上签章而未生效，不存在工行湛江分行违约的问题。就该协议内容而言，该协议设定了各方的权利义务，是双务合同，且该协议还特别约定了生效条件，即“本协议自甲乙丙三方共同签署之日起生效”，中国进出口银行未在该协议上签章，亦不能举证证明该协议已实际履行。因此该委托代理协议并未生效，对各方当事人没有约束力，工行湛江分行对中国进出口银行给三星公司的贷款没有监督管理的义务。中国进出口银行此主张缺少事实和法律依据，本院不予支持。①

◎法条链接

1.**《票据法》第五十七条**　付款人及其代理付款人付款时，应当审查汇票背书的连续，并审查提示付款人的合法身份证明或者有效证件。

付款人及其代理付款人以恶意或者有重大过失付款的，应当自行承担责任。

2.**最高人民法院《关于审理票据纠纷案件若干问题的规定》第六十九条第一款**　付款人或者代理付款人未能识别出伪造、变造的票据或者身份证件而错误付款，属于票据法第五十七条规定的“重大过失”，给持票人造成损失的，应当依法承担民事责任。付款人或者代理付款人承担责任后有权向伪造者、变造者依法追偿。

3.**中国人民银行《支付结算办法》第六十六条**　在银行开立存款账户的持票人向开户银行提示付款时，应在汇票背面“持票人向银行提示付款签章”处签章，签章须与预留银行签章相同，并将银行汇票和解讫通知、进账单送交开户银行。银行审查无误后办理转账。

4.**中国人民银行《支付结算会计核算手续》**　代理付款行接到在本行开立账户的持票人直接交来的汇票、解讫通知和二联进账单时，应认真审查：

1.汇票和解讫通知是否齐全，汇票号码和记载的内容是否一致。

---

① 李国光主编:《民商审判指导与参考》2002年第1卷，人民法院出版社2002年版，第403~412页。

2. 汇票是否是统一规定印制的凭证，汇票是否真实，提示付款期限是否超过。

3. 汇票填明的持票人是否在本行开户，持票人名称是否为该持票人，与进账单上的名称是否相符。

4. 出票行的签章是否符合规定，加盖的汇票专用章是否与印模相符。

5. 使用密押的，密押是否正确；压数机压印的金额是否由统一制作的压数机压印，与大写的出票金额是否一致。

6. 汇票的实际结算金额大小写是否一致，是否在出票金额以内，与进账单所填金额是否一致，多余金额结计是否正确。如果全额进账，必须在汇票和解讫通知的实际结算金额栏内填入全部金额，多余金额栏填写“—0—”。

7. 汇票必须记载的事项是否齐全，出票金额、实际结算金额、出票日期、收款人名称是否更改，其他记载事项的更改是否由原记载人签章证明。

8. 持票人是否在汇票背面“持票人向银行提示付款签章”处签章，背书转让的汇票是否按规定的范围转让，其背书是否连续，签章是否符合规定，背书使用粘单（附式三）的是否按规定在粘接处签章。

◎重要提示

一、银行汇票申请人的法律地位

银行汇票是出票银行签发的，由其在见票时按照实际结算金额无条件支付给收款人或者持票人的票据。银行汇票的申请人不是票据关系的当事人，不享有票据权利，不承担票据责任，其与出票银行只存在委托汇款关系。但是，当申请人在汇票上记载自己为收款人时，申请人同时成为票据权利人。申请人的权利主要体现在：

1. 出票银行未尽审核义务或未按照《票据法》的规定付款的，在没有票据权利人的情况下，申请人有权要求出票行赔偿其损失。

2. 申请人有权要求出票行退款

（1）申请人因银行汇票超过付款提示期限或其他原因要求退款时，应将银行汇票和解讫通知同时提交到出票银行。

（2）银行汇票丧失，申请人可以凭人民法院出具的其享有票据权利的证明即除权判决，向出票银行请求退款。

二、银行汇票出票行和代理付款行的法律地位与责任承担

银行汇票的出票银行，是票据关系中的出票人，同时也是付款人，在票据关系中承担向票据权利人直接的或最终的付款责任。代理付款银行是出票人的代理人，并不是票据关系当事人，不享有票据权利，也不承担票据责任。按一般的代理理论，代理人的行为后果由委托人来承担。但在金融实务中，如果代理付款行未尽到审查义务而错误付款时，出票银行是否对其承担责任？**山西东鹏公司与山西太原某支行、湖南益阳支行票据纠纷案**：原告东鹏公司与湖南宏耀公司签订购销汽车配件合同。需方东鹏公司向太原支行申请开出银行汇票、汇票上记载的收款人为该公司业务员梁小平，梁小平持该汇票到益阳市将汇票交给宏耀公司经理让其验款，但未作背书。不久，益阳宏耀公司持该汇票向其开户银行益阳支行提示付款，该票据背面“背书人签章”栏处没有收款人的签字，而是盖了宏耀公司的公章，被背书人为宏耀公司的经理陈某，“持票人向银行提示付款签章”处没有签章只填写了一个地址。在这种情况下，益阳支行向宏耀公司付了款。东鹏公司于是起诉太原支行和益阳支行，要求共同赔偿其货款损失。太原市中级人民法院与山西省高级人民法院均判决：出票银行太原支行与汇票错误付款无关，不应承担责任；代理付款行益阳支行在背书不连续的情况下错误付款，造成原告损失，存在过错，应当承担赔偿责任。[①]

三、解讫通知

解讫通知在银行汇票的使用流程中，有其特殊的作用，表现在持票人向代理付款人或出票银行请求付款时，不仅要提示银行汇票，而且还要提交解讫通知。解讫通知实际上成为行使付款请求权的必须具备的形式要件，代理付款人或出票银行在没有解讫通知的情况下向持票人付款，则是确定代理付款人或出票银行承担错误付款责任的重要标准。

◎ 风险规避

中国工商银行东莞市虎门支行与河北省汽车工业贸易总公司汇明公司等汇票解付侵权纠纷申诉案：1993 年 3 月 15 日，汇明公司与虎港公司签订购买汽车套

① 徐学鹿主编：《票据法教程》，首都经济贸易大学出版社 2002 年版，第 372 页。

件合同，约定：汇明公司带汇票500万元给虎港公司看后办货，货到解汇。汇明公司向桥东办事处申请办理银行汇票，桥东办事处签发02749344号和02749462号两张汇票，汇票金额分别为50万元和90万元，收款人均为汇明公司业务员邢森林，兑付行为虎门支行（原工商银行太平办）。两张汇票由邢森林于同年3月25日依合同约定交给虎港公司经理陈培雄（真名谭庆涛）。同年3月29日，虎港公司持此汇票到虎门支行支取票款。虎港公司交给虎门支行的两张银行汇票背面"收款人盖章"处未有盖章，而在发证机关处填写的是"邢森林"的名字；在"被背书人"栏未填写被背书人名称；"背书人"栏盖上了虎门公司的公章；被背书人栏盖有"陈培雄"和"黄兰芳"的手章；两张银行汇票背面填写的邢森林的身份证号为1301035210041870。虎门支行查验收款人的身份证件后，将140万元转入虎港公司在东莞市虎门城市信用社开立的账户。经鉴定，该汇票背面签名不是邢森林的笔迹。邢森林的身份证号实为130103511206153。最高人民法院（2002）民二提字第1号民事判决书认为：确定虎门支行应否承担责任，主要看虎门支行在办理汇票兑付的过程中有无过错，是否履行了审查义务，根据《中国人民银行支付结算会计核算手续》第二项之规定，兑付行兑付汇票时应认真审查：1. 汇票和解讫通知是否同时提交；2. 汇票上的收款人或被背书人名称是否为该收款人，与进账单上的户名是否相符；3. 汇票上盖的印章是否真实，并符合规定；4. 压数机压印的金额是否有统一制作的压数机压印，与大写的汇款金额是否一致；5. 汇票是否真实，填写是否符合要求，内容有无涂改，付款期是否超过，收款人或被背书人是否在汇票背面盖章；6. 汇票实际结算金额是否在汇款金额以内，与进账单所填金额是否一致，多余金额结算是否准确。虎门支行对汇明公司所持汇票进行了审查，认为所持汇票符合上述各项规定，具备兑付条件，予以兑付。虎门支行兑付票款的行为符合《中国人民银行支付结算会计核算手续》的规定，并无过错。虎门支行在审查汇明公司提交的汇票时只负有形式审查义务，即只需审查持票人所持汇票是否真实，汇票背面是否有背书人和被背书人签章等，手续完备即应付款，邢森林将汇票及解讫通知一并交于虎港公司，证明邢森林是将票据权利转让于虎港公司，邢森林未在虎门支行预留印章、本人签名或身份证件。虎门支行无法对邢森林的身份证件的真伪进行判断。邢森林的印章盖在发证机关处，属于填写不规范的问题，不能因此否定背书转让的效力。汇明公司将汇票及解讫通知一并交给虎港公司造成失票，同时又未采取通知虎门支行对汇票挂失止付或公示催告等失票救济手段，造成票款流失，其后果应自负。虎门支行在审查汇票背书及兑付票款的行为上没有过错，不应对票款流失承担法律责任。[①]

一、付款人的审查义务

依据《票据法》第五十七条及最高人民法院《关于审理票据纠纷案件若干问题的规定》第六十九条之规定，付款人及代理付款人的审查义务有三，即审查汇票的真实性、背书的连续性及提示付款人身份证件的真实性。

二、付款人的审查方式

付款人对汇票承担的是形式审查而非实质审查义务。依据票据文义性，付款人只对票据背书的连续性进行审查，至于票据记载文字是否真实，付款人不负有实质审查义务。

三、付款人承担实质审查义务的情形

1. 依据最高人民法院《关于审理票据纠纷案件若干问题的规定》第六十九条之规定，付款人应对提示付款人身份证件进行实质审查；形式审查是针对票据流通过程中当事人的具体交易行为和取得票据的手段而言，而不包括票据本身及持票人的身份；

2. 对于伪造出票的情形，如果出票人在付款人处存有预留印鉴，付款人对出票签章应当承担实质审查义务；

3. 持有银行汇票的无权利人假冒票据权利人的名义提示付款，如票据权利人与付款人存在存款账户关系，且留有预留印鉴，付款人应对提示付款的签章进行实质性审查。

---

① 最高人民法院办公厅编：《最高人民法院公布裁判文书（2003年）》，人民法院出版社2004年版，第273~277页。

第四节　票据抗辩

案例 30：票据债务人对持票人抗辩应依法进行

摘要： 票据抗辩是票据债务人根据票据法的规定对票据债权人拒绝履行票据义务的行为。抗辩所依据的理由符合法律规定的，人民法院应予支持。

1998 年 9 月 11 日，农行白银营业部签发了两张银行承兑汇票，票号分别为 VIV04264358、VIV04264359，出票人均为白银有色金属公司（以下简称白银有色公司），收款人均为重庆市有色金属公司（以下简称重庆有色公司），票面金额均为 500 万元，汇票到期日均为 1999 年 3 月 11 日，其他各项必要记载事项齐全。农行白银营业部在汇票上加盖钢印予以承兑。重庆有色公司取得上述两张汇票后背书转让给创意公司。创意公司于 1998 年 9 月 10 日与二轻公司签订了一份购销镀锌板 1761T 合同，为支付货款将上述汇票又背书转让给了二轻公司。同年 9 月 15 日，二轻公司向工行两路口分理处申请贴现。工行两路口分理处经审查两张汇票以及二轻公司提供的贴现申请书、工矿产品购销合同及增值税发票复印件等文件后，于同月 17 日为二轻公司办理了贴现手续，支付了贴现款，并由此取得了汇票。

1998 年 12 月 24 日，农行白银营业部向甘肃省高级人民法院提起诉讼，以创意公司与二轻公司之间无真实的商品交易关系和债权债务关系，工行两路口分理处违法违规贴现为由，请求判定创意公司、二轻公司、工行两路口分理处不享有票据权利，并解除承兑人的付款责任。

另查明：创意公司与二轻公司签订的工矿产品购销合同未实际履行，二轻公司在扣除了违约金和查验费后，已将 9562000 元退给了创意公司。

最高人民法院还查明：工行两路口分理处在办理贴现手续时，曾于 1998 年 9 月 12 日就汇票真实性问题向农行白银营业部进行查询，在农行白银营业部证明该两张汇票真实、确系该行承兑的情况下，工行两路口分理处向二轻公司办理了相关的贴现手续并由此通过背书转让的方式取得了汇票。但由于失误，工行两路口分理处将其印章误盖在本案所涉两张汇票的背书人一栏内，后涂销，由二轻公司在背书人一栏签章，并在被背书人一栏内记载“工行两路口分理处”字样。在本案所涉两张汇票的粘单上，工行两路口分理处均在背书人一栏内加盖结算专用章，但未在粘单与汇票的骑缝线上盖章，在汇票与粘单的骑缝线上签章的单位是二轻公司。

◎裁判要旨

最高人民法院认为，本案所涉两张银行承兑汇票，形式完备，各项必要记载事项齐全，符合《票据法》第二十二条及相关规定，应认定为有效票据。对此，本案各方当事人也均无异议。

票据的无因性决定票据关系一经产生即与基础关系相分离。重庆有色公司与创意公司之间、创意公司与二轻公司之间是否存在有效的买卖关系，属于票据基础关系的范畴。持票人（即本案的贴现人）工行两路口分理处只需证明其持有的两张汇票必要记载事项齐全，其取得汇票的票据关系合法成立，没有义务对其前手取得票据的基础关系是否合法有效负责。《票据法》第十二条第二款规定：“持票人因重大过失取得不符合本法规定的票据的，也不得享有票据权利。”二审查证事实证明，工行两路口分理处已经按照中国人民银行颁布的《商业汇票承兑、贴现与再贴现管理暂行办法》第十九条、《支付结算办法》第九十三条有关“持票人申请贴现时，须提交贴现申请书、经其背书的未到期商业汇票、持票人与出票人或其前手之间的增值税发票和商品交易合同复印件”的规定履行了必要的审查义务，并且曾就汇票真实性问题向农行白银营业部进行过查询，在得到肯定的答复后方办理相关的贴现手续。由此，持票人工行两路口分理处在取得票据时履行了必要的审查义务，并不存在重大过失的情形，且支付了对价。农行白银营业部关于“工行两路口分理处取得本案所涉汇票时未履行必要的审查义务、属于重大过失取得票据的”上诉理由没有事实依据，本院不予支持。

汇票属于要式证券，必须根据法律规定的相关记载事项来确定票据当事人的权利义务关系。《票据法》第二十九条第二款规定：“背书未记载日期的，视为在汇票到期日前背书。”由此可见，背书日期属于相对必要记载事项，而非绝对必要记载事项。在背书人背书转让汇票的过程中，绝对必要记载事项的欠缺，会导致被背书人丧失票据权利。而欠缺相对必要记载事项，则可根据法律规定来加以确定。因此，本案所涉汇票上是否记载背书日期抑或背书日期与实际转让票据的日期是否一致，均不影响背书转让的效力。粘单是票据背书用纸的延长，根据《票据法》第二十八条第二款有关“粘单上的第一记载人，应当在汇票和粘单的粘接处签章”的规定，为防止票据与粘单相分离或被伪造等情形的出现，如果粘单的第一记载人未在粘单的骑缝线上签章，即应确认粘单不产生票据上的效力。在本案所涉两张汇票的粘单上，工行两路口分理处均在背书人一栏签章，但在骑缝线上签章的主体却是二轻公司，故应认定本案所涉汇票的粘单不生粘单效力。审查本案所涉两张汇票的背书情况，由于涂销系票据当事人故意所为，并不影响背书的连续，可以根据票据所记载的事项确定本案所涉汇票的最后持票人是工行两路口分理处。农行白银营业部以“本案所涉汇票的有关记载事项违反《票据法》的有关规定”作为拒绝承担付款责任的抗辩事由之一，于法无据，本院不予支持。

在本案所涉两张汇票的票据关系中，创意公司经收款人重庆有色公司背书转让后取得票据，之后又背书转让给二轻公司，工行两路口分理处在办理相关贴现手续后以背书转让的方式取得票据。因而，工行两路口分理处是本案所涉两张汇票的最终持票人即票据权利人。创意公司、二轻公司在将票据背书转让给其后手之后，已不再是本案所涉汇票的持票人。农行白银营业部以创意公司、二轻公司作为一审的共同被告提起诉讼，请求判定其不享有票据权利，显然不当，应予驳回。而工行两路口分理处通过办理贴现手续、以背书转让的方式取得票据，并支付了对价，且不存在重大过失的情形，理应享有票据权利。农行白银营业部应当承担到期付款义务，其拒付并提起诉讼不当，对其上诉理由本院不予支持。①

◎法条链接

《票据法》第十三条第三款 本法所称抗辩，是指票据债务人根据本法规定对票据债权人拒绝履行义务的行为。

◎重要提示

一、抗辩权

票据抗辩是指被请求承担票据责任的当事人对于持票人提出的主张权利的请求，基于某种法定事由而予以拒绝、不承担票据责任的行为。票据抗辩贯穿于票

---

① 肖扬总主编：《最高人民法院判案大系》（民商事卷·2000年卷），人民法院出版社2003年版，第168~173页。

据活动的始终，是票据活动中的重要内容，是票据当事人免除票据责任的主要途径。在调整票据的法律、法规中，只要有抗辩的条款规定，当事人依法行使，即可达到免责的法律效果。可以说，票据法律纠纷的当事人间的对抗就是抗辩权的对抗。熟悉并熟练运用抗辩权既是票据活动中各方当事人应遵循的规则，也是票据纠纷中确定责任的关键所在。

票据抗辩权是票据法权利体系中重要的组成部分，它与付款请求权和追索权相对立，有效地维护了票据债务人的利益。其与票据权利在票据法领域中形成相对应的概念，两者既相互制约，又相互依存，从而有助于票据法对票据债权人与票据债务人的利益进行平衡保护。

票据抗辩权的行使应具备一定的条件：票据抗辩的权利人是票据的债务人；行使票据抗辩权必须具有法律规定或者当事人约定的合法事由；行使票据抗辩权的对象则是票据的持票人或者请求权人。当票据债务人认为请求权人或者持票人的票据权利有瑕疵，票据存在伪造、变造、转让不连续的情形或者其他事由时，即可予以抗辩。

二、抗辩事由

所谓抗辩事由是指法律规定票据债务人可以对票据债权人抗辩的情况。根据抗辩事由的不同，可将票据的抗辩分为对物的抗辩和对人的抗辩。

（一）物的抗辩

基于票据本身的内容（票据所记载的事项及票据的性质）发生的事由所作的抗辩。物的抗辩具有对抗一切票据债权人的效力。依据《票据法》及有关的司法解释，物的抗辩包括：

1. 欠缺法定必要记载事项或者不符合法定格式的；
2. 超过票据权利时效的；
3. 人民法院作出的除权判决已经发生法律效力的；
4. 以背书方式取得但背书不连续的；
5. 其他依法不得享有票据权利的。

（二）人的抗辩

系针对特定债权人的抗辩。因票据之外的属于特定票据当事人的原因，票据债务人可向该当事人进行抗辩。依据《票据法》及有关的司法解释，人的抗辩包括：

1. 与票据债务人有直接债权债务关系并且不履行约定义务的；

2. 以欺诈、偷盗或者胁迫等非法手段取得票据，或者明知有前列情形，出于恶意取得票据的；

3. 明知票据债务人与出票人或者与持票人的前手之间存在抗辩事由而取得票据的；

4. 因重大过失取得票据的；

5. 其他依法不得享有票据权利的。

三、票据抗辩的限制（切断）

为了保障票据的流通性和安全性，票据法特别规定了票据抗辩切断制度，即票据受让人依据票据法规定的转让方式从前手受让票据时，并不同时受让其票据权利存在的抗辩事由。

票据抗辩的限制是票据抗辩的最大特点，不同于民法中债务人的抗辩可随着债权的转移而扩及新的债权人，票据抗辩的限制只存在于人的抗辩之中。依据票据法规定，票据抗辩限制包括：

1. 票据债务人不得以自己与出票人之间的抗辩事由对抗持票人，如承兑人与出票人之间存在资金关系的抗辩事由时，承兑人不得以此为由对抗持票人；

2. 票据债务人不得以自己与持票人的前手之间的抗辩事由对抗持票人。

◎风险规避

商业银行在票据纠纷中，如何充分、有效地行使抗辩权？

不能机械地理解法律规定的抗辩权，而应根据案件的具体情况合理分析是否具有抗辩权。虽然法律规定承兑银行不得以与出票人之间的抗辩事由对抗持票人，但当持票人通过某些行为将自己置于与出票人相同的地位时，承兑人可予以抗辩。**青岛澳柯玛集团销售公司与中国银行利津支行票据兑付纠纷上诉案：**最高人民法院（2000）经终字第72号民事判决书认为：本案所涉九张银行承兑汇票，形式完备，各项必要记载事项齐全，符合《票据法》第二十二条及相关规定，应认定有效。为对本案所涉汇票进行承兑，利津物资公司与利津中行，利津物资公司、利津中行、澳柯玛销售公司、澳柯玛电器公司分别签订了《承兑契约》和《承兑保证协议》。利津中行依照承兑协议对本案所涉九张汇票予以承兑，同时又注明“不得转让”字样，实质上是为利津物资公司向澳柯玛销售公司购货提供融资。

而澳柯玛销售公司和澳柯玛电器公司为利津物资公司的该融资向利津中行提供担保，并承诺利津中行有权直接扣收该两保证人的财产，从而将自己置于与出票人承担相同债务的一种连带债务人的地位上。利津中行正是以与澳柯玛销售公司之间存在的这一基础关系作为抗辩事由拒绝付款。根据《票据法》第十三条第二款规定："票据债务人可以对不履行约定义务的与自己有直接债权债务关系的持票人，进行抗辩。"在上述法律规定的情形出现时，票据当事人得以票据基础关系对抗票据关系。故在出票人利津物资公司未在到期日之前依照约定将相关资金划入付款人利津中行的账户上，而持票人澳柯玛销售公司仍然持汇票向付款人（承兑人）提示付款时，付款人利津中行可以以资金关系来行使抗辩权，拒绝承担相应的付款责任。按照《合同法》第九十九条关于"当事人互负到期债务，该债务的标的物种类、品质相同的，任何一方可以将自己的债务与对方的债务抵销"的规定，利津中行行使上述抵销权有法律依据。澳柯玛销售公司的《退票说明》也表明双方达成对彼此之间的债务进行抵销的合意。澳柯玛销售公司在与利津中行的票据关系终止后又提起诉讼，显属不当。其有关"票据保证与贷款保证是两个法律关系，本案所涉贷款未贷出，澳柯玛销售公司即无保证责任"的上诉主张于法无据，本院不予支持。综上，原审认定事实清楚，判令驳回澳柯玛销售公司关于利津中行承担本案所涉汇票的付款责任的诉讼请求并无不当。①

---

①《最高人民法院公报》2000年第4期。

第五节 票据效力

案例31：银行解付无效票据应承担责任

摘要： 银行未能识别出伪造或变造的票据而错误付款的，属于重大过失，应当根据其过错程度，承担相应的民事责任。

1995年12月23日，一个自称名叫王伟华（下落不明）的人持漯河市农行源汇区支行签发的IV100162661号银行汇票，到被告地方国营河南省正阳县麻纺织厂（以下简称正阳麻纺厂）购货，汇票载明的收款人是正阳麻纺厂，汇票金额为7万元。正阳麻纺厂的经办人员经审查该汇票无误后，让王伟华将所购价值7万元的货物提走。同月25日，正阳麻纺厂在此汇票上加盖印鉴后，到原告中国农业银行河南省正阳县支行（以下简称正阳农行）处办理解付手续。正阳农行的经办人员经审核汇票无误后，按票面金额将7万元款项转入正阳麻纺厂账户。同月26日，正阳农行在解讫通知书上加盖转讫章，随联行代付报单寄给汇票签发行。同月30日，汇票签发行电话告知正阳农行：你行解付的汇票金额7万元与原签发的汇票金额不符，签发的汇票金额为700元。正阳农行遂向公安机关报案，因王伟华下落不明，未能追回差额款，遂向正阳麻纺厂要求返还损失款69300元。

◎ 裁判要旨

驻马店地区中级人民法院认为：正阳麻纺厂收到王伟华的银行汇票后，未按《银行结算办法》的规定辨别汇票是否变造，就将价值7万元的麻袋和麻绳交给了王伟华，被骗造成损失的事实已经发生，正阳麻纺厂应自己负责损失。被骗事实发生两天后，正阳麻纺厂将汇票加盖本单位财务专用章后到正阳农行解付，正阳农行也未辨别出汇票是否变造，就将票款解付划入麻纺厂账户。虽然正阳农行解付票款的行为未给麻纺厂造成损失，但因正阳农行未能及时发现汇票属于变造，可能对麻纺厂及时追回被骗货物造成影响。正阳麻纺厂不能依变造的汇票取得票款，对取得的票款应退还给正阳农行。正阳农行错误解付变造后的银行汇票，拖延了追回被骗货物的时间，应对麻纺厂的损失给予适当补偿。判决被骗票款69300元由正阳麻纺厂负担55440元，正阳农行负担13860元并负担被骗票款的利息损失。①

◎法条链接

1.**《票据法》第八条**　票据金额以中文大写和数码同时记载，二者必须一致，二者不一致的，票据无效。

第九条第一款　票据上的记载事项必须符合本法的规定。

第九条第二款　票据金额、日期、收款人名称不得更改，更改的票据无效。

第十四条第一款　票据上的记载事项应当真实，不得伪造、变造。伪造、变造票据上的签章和其他记载事项的，应当承担法律责任。

2.**最高人民法院《关于审理票据纠纷案件若干问题的规定》第四十四条**　因更改银行汇票的实际结算金额引起纠纷而提起诉讼，当事人请求认定汇票效力的，人民法院应当认定该银行汇票无效。

3.**《票据管理实施办法》第五条**　票据当事人应当使用中国人民银行规定的统一格式的票据。

第三十五条　票据的格式、联次、颜色、规格及防伪技术要求和印制，由中国人民银行规定。

◎重要提示

一、票据有效的构成要件

有效的票据是票据当事人产生票据权利义务关系的前提。

1.票据应使用中国人民银行规定的统一印制的凭证格式；

2.出票时票据的绝对必要记载事项应符合《票据法》的规定，不得有遗漏、欠缺的事项；

3.票据上的金额、收款人名称、出票日期不得更改。

① 最高人民法院中国应用法学研究所编:《人民法院案例选（1992–1999年合订本）》（商事卷）（下），中国法制出版社2000年版，第744~750页。

二、票据签章与票据效力

(一)出票人签章

最高人民法院《关于审理票据纠纷案件若干问题的规定》第四十一条规定，票据出票人在票据上的签章不符合《票据法》以及下述规定的，该签章不具有《票据法》上的效力：

1. 商业汇票上的出票人的签章，为该法人或者该单位的财务专用章或者公章加其法定代表人、单位负责人或者其授权的代理人的签名或者盖章。

2. 银行汇票上的出票人的签章和银行承兑汇票的承兑人的签章，为该银行汇票专用章加其法定代表人或者其授权的代理人的签名或者盖章。

3. 银行本票上的出票人的签章，为该银行的本票专用章加其法定代表人或者其授权的代理人的签名或者盖章。

4. 支票上的出票人的签章，出票人为单位的，为与该单位在银行预留签章一致的财务专用章或者公章加其法定代表人或者其授权的代理人的签名或者盖章；出票人为个人的，为与该个人在银行预留签章一致的签名或者盖章。

对不符合上述出票人签章的票据，未经背书转让的，票据债务人不承担票据责任；已经背书转让的，票据无效不影响其他真实签章的效力。

(二)其他票据当事人签章

1. 票据的背书人、承兑人、保证人在票据上的签章不符合《票据法》以及《票据管理实施办法》规定的，或者无民事行为能力人、限制民事行为能力人在票据上签章的，其签章无效，但不影响人民法院对票据上其他签章效力的认定。

2. 对票据上除票据金额、日期、收款人名称之外的其他记载事项，原记载人可以更改，更改时应当由原记载人签章证明。

3. 票据上有伪造、变造的签章的，不影响票据上其他真实签章的效力。票据上其他记载事项被变造的，在变造之前签章的人，对原记载事项负责；在变造之后签章的人，对变造之后的记载事项负责；不能辨别是在票据被变造之前或者之后签章的，视同在变造之前签章。

4. 银行汇票、银行本票的出票人以及银行承兑汇票的承兑人在票据上未加盖规定的专用章而加盖该银行的公章，支票的出票人在票据上未加盖与该单位在银行预留签章一致的财务专用章而加盖该出票人公章的，签章人应当承担票据责任。

三、禁止转让票据的效力

由出票人记载的禁止背书转让的票据在《票据法》上被称为禁止转让票据，在司法实务中，关于禁止转让票据的效力有不同理解。有观点认为，禁止转让票据背书转让后，该票据即无效。另有观点认为，禁止转让票据背书转让后，背书转让行为无效，而非票据无效。禁止转让票据背书的效力主要表现在：第一，禁止转让票据丧失了可背书性，不能再以背书方式转让票据权利。票据持有人背书转让的，背书行为无效。第二，背书转让后的受让人不得享有票据权利，票据出票人、承兑人对受让人不承担票据责任。第三，票据持有人将禁止转让票据贴现、质押的，通过贴现、质押取得票据的持票人主张票据权利的，人民法院不予支持。关于持票人对票据上所记载的“禁背书”字样是否清楚的审查标准问题，存在不同观点。一种观点认为，持票人负有绝对的审查票据上所记载的模糊的“禁背书”字样是否清楚的义务，只要其发现票据上记载的事项不清楚，就可以退票或提出质疑，否则，其应承担未审查票面记载事项是否清楚的法律后果，即应推定票面记载“禁背书”字样清楚，发生票据法的效力。另一种观点认为，“不得转让”的票据记载事项是任意记载事项。根据交易习惯，对于普通票据关系人，其对票据记载事项的辨识标准应采用肉眼在正常光线下能够辨识清楚的标准，只要票据关系人按此标准进行了审查，就应认定其尽到了合理审查义务。如果用肉眼在正常光线下进行辨识但不能辨识清楚，需采用借助特殊仪器在非正常光线下方能辨识清楚，那么不应认定该记载事项清楚，该记载事项不应发生《票据法》的效力。①

上述不同的认识，将极有可能导致不同的法律后果，增加了持票人的法律风险。银行为防范潜在的法律风险，在办理贴现、质押业务时，不应接受记载有“禁背书”、“不得转让”的票据或票面记载字迹模糊的票据。

◎风险规避

一、票据伪造、变造的责任承担

票据伪造、变造系票据犯罪的主要方式之一，票据伪造、变造者应是被伪造、

---

① 宋晓明、张雪楳：“票据纠纷案件审理中的疑难问题”，载奚晓明主编：《民商事审判指导》2007年第1辑，第172页。

变造票据的真正责任人，应该对伪造的票据金额及变造票据扩大的金额承担最终付款责任。但由于涉嫌票据犯罪未能破案或破案后犯罪嫌疑人无能力偿还，事实上最终的付款责任就落在了票据当事人身上。依据最高人民法院《关于审理票据纠纷案件若干问题的规定》第六十九条之规定，作为付款人或代理付款人的银行对鉴别票据的真伪负有绝对的审查义务。银行如何落实鉴别票据的真伪，就成为防范票据付款风险的主要手段。

二、对无效票据付款的诉讼处理

1. 在持票人持票请求付款时，经审查票据本身的记载事项，如发现不符合相关要求的，有权作出拒绝付款的证明并拒绝付款。

2. 如果银行付款后才发现有拒绝付款的事由，但已丧失票据权利的，建议银行以持票人具有恶意或重大过失取得票据而对其行使抗辩权，从而主张持票人与出票人或前手的共同侵权，或对持票人行使不当得利的请求权。

3. 如付款银行不能证明持票人恶意取得汇票，持票人取得汇票也不存在重大过失，付款银行所受到的损失，则只能依侵权关系追究责任人或票据变造人的侵权民事责任。

第六节 汇票承兑

案例 32：票据关系的存在不以原因关系的成立和有效为前提

摘要： 票据的无因性决定票据一经产生即与基础关系相分离。持票人只需证明其持有汇票的必要记载事项齐全，其取得汇票的票据关系合法成立，没有义务对其前手的票据的基础关系是否合法有效负责。

2005 年 10 月至 12 月期间，黑龙江省集贤县富强粮油有限公司作为出票人陆续从中国银行双鸭山分行四马路支行开具了 27 张银行承兑汇票，承兑付款行均为中国银行双鸭山分行四马路支行。

汇票到期之前，经过连续背书，取得汇票的单位有济宁金世缘经贸有限公司、济宁市物资供应总公司、济宁市中联电力燃料有限公司和梁山县水浒面粉有限责任公司。这 4 家单位分别于 2005 年 10 月至 12 月陆续向建设银行济宁分行的梁山支行、城区支行、明珠分理处等所属机构申请票据贴现。

建设银行济宁分行的梁山支行、城区支行、明珠分理处等所属机构通过内部查询手段或直接派人到中国银行四马路支行进行查询得到票据真实性确认后，陆续办理了票据贴现业务，在扣除贴现利息后，将贴现款分别支付给了上述四家持票人，由此取得了票据。

2006 年初，黑龙江省公安机关以“集贤县富强粮油有限公司负责人朱某涉嫌票据欺诈”立案侦查。2006 年 2 月 11 日，中国银行四马路支行在《金融时报》上发布了“涉案票据作废”的紧急声明，明确表示其拒绝承担上述票据到期付款的义务。

◎ 裁判要旨

济宁中院一审判决：被告中国银行股份有限公司双鸭山分行四马路支行应于判决书送达后十日内支付本案原告汇票款共计 25740 万元，并自每张汇票到期之日起至清偿之日止，按照中国人民银行规定的企业同期流动资金贷款利率计算利息；被告梁山县水浒面粉有限责任公司、济宁市中联电力燃料有限公司、济宁金世缘经贸有限公司、济宁市物资供应总公司分别按贴现票据的号码和金额承担连带清偿责任。该案上诉后，山东省高级人民法院二审维持原判。2006年12月底，中国银行股份有限公司双鸭山分行四马路支行自动履行了承担的全部所欠汇票款及相关利息。至此，这起建国以来山东省最大的巨额票据纠纷案画上了圆满句号。①

◎法条链接

1.**《票据法》第十三条** 票据债务人不得以自己与出票人或者与持票人的前手之间的抗辩事由，对抗持票人。但是，持票人明知存在抗辩事由而取得票据的除外。

第三十八条 承兑是指汇票付款人承诺在汇票到期日支付汇票金额的票据行为。

第四十二条 付款人承兑汇票的，应当在汇票正面记载“承兑”字样和承兑日期并签章；见票后定期付款的汇票，应当在承兑时记载付款日期。

汇票上未记载承兑日期的，以前条第一款规定期限的最后一日为承兑日期。

第四十四条 付款人承兑汇票后，应当承担到期付款的责任。

第六十一条 汇票到期被拒绝付款的，持票人可以对背书人、出票人以及汇票的其他债务人行使追索权。

汇票到期日前，有下列情形之一的，持票人也可以行使追索权：

（一）汇票被拒绝承兑的；

（二）承兑人或者付款人死亡、逃匿的；

（三）承兑人或者付款人被依法宣告破产的或者因违法被责令终止业务活动的。

2.**最高人民法院《关于审理票据纠纷若干问题的规定》第七十四条** 人民法院在审理票据纠纷案件时，发现与本案有牵连但不属同一法律关系的票据欺诈犯罪嫌疑线索的，应当及时将犯罪嫌疑线索提供给有关公安机关，但票据纠纷案件不应因此而中止审理。

---

① 《人民法院报》2007年2月4日。

◎重要提示

一、票据无因性

票据行为不因票据的基础关系无效或有瑕疵而受影响。票据为无因证券，但各国对票据无因性的规定不同，有的规定了绝对的票据无因性，有的规定了相对的票据无因性，我国以后者为模式。在司法实务中，存在着机械理解票据无因性原则，将无因性绝对化，无原则保护持票人利益以及未能正确理解票据无因性的内涵，将票据基础关系与票据关系混为一谈两种倾向。通说认为，无因性是《票据法》的基本原则。票据行为效力具有独立性，不受原因关系的影响。票据行为只要具备法定形式要件，就可产生法定效力，即使其基础关系不存在、基础关系内容发生变化、被撤销或无效，票据债权债务关系并不随之改变。持票人行使票据权利时不负证明给付原因的责任。持票人只要能够证明票据债务的真实成立与存续，即可以对票据债务人行使票据权利。要正确掌握票据无因性适用除外情形。持票人以非法方式取得票据，不享有票据权利。在授受票据的直接当事人之间，票据原因关系影响票据行为效力。持票人未支付合理对价，不享有优于其前手的票据权利。[①]

风神轮胎股份有限公司与中信银行股份有限公司天津分行、河北宝硕股份有限公司借款担保合同纠纷案：最高人民法院（2007）民二终字第36号民事判决书认为：即使汇票项下没有真实交易背景，也不能认定票据行为无效。根据票据无因性理论，票据的基础关系独立于票据关系，票据基础关系（包括票据原因关系）的效力不影响票据关系的效力。根据《票据法》第十条规定“票据的签发、取得和转让，应当遵循诚实信用的原则，具有真实的交易关系和债权债务关系”，票据行为应有真实的票据原因关系，即真实的交易关系。但该条规定应属管理性法条，基础关系欠缺并不当然导致票据行为无效。根据《票据法》第十三条规定“票据债务人不得以自己与出票人或者与持票人的前手之间的抗辩事由，对抗持票人”，票据基础关系（包括票据原因关系）的效力不影响票据关系本身。本案中3000万元银行承兑汇票项下即便不存在真实交易背景、票据基础关系无效，该汇票仍因符合《票据法》相关规定应为有效。即便中信银行与宝硕公司之间的

---

① 宋晓明、张雪楳：“票据纠纷案件审理中的疑难问题”，载奚晓明主编：《民商事审判指导》2007年第1辑，第171页。

汇票承兑协议因不具有真实交易背景，违反 HC0413 号《银行承兑汇票承兑协议》第四条约定“其申请的承兑汇票是以真实交易为基础，所签订的相关交易合同合法有效”，汇票承兑协议无效，中信银行仍有权对其因有效票据关系而进行的承兑所产生的债务，对宝硕公司主张损害赔偿，即对宝硕公司仍享有债权。[①]

二、承兑签章形式缺陷的票据责任承担

中国西南资源联合开发公司与东亚银行珠海分行票据付款纠纷抗诉案：广东省高级人民法院再审认为，本案汇票为涉外票据，该汇票票面记载要素齐全、内容符合规范，为有效汇票。德国 BHF 银行通过开票人空白背书取得汇票后，在汇票背面作出内容为“请付给指示人为东亚银行托收数额的款项”的背书，委任东亚银行取款，故东亚银行可以作为委任取款的被背书人行使该汇票的付款请求权和追索权。德国 BHF 银行也具函证实将其对该汇票的索款权全部转让给东亚银行，因此，东亚银行是该汇票的合法持有人，有权行使票据权利。东亚银行收到该汇票后在汇票上加盖了托收印章，内容载有承兑的字样及承兑的日期，并将该汇票连同提示回单一并交给西南公司，提示西南公司承兑。西南公司没有拒绝承兑，而是签收了提示承兑回单并在汇票托收印章印戳处加盖了该公司的公章，西南公司也领取汇票项下单证，故承兑行为已实际完成，尽管西南公司没在汇票上加盖该公司法定代表人或其授权的代理人印章，缺乏法律规定的形式要件，但承兑是西南公司的真实意思表示，西南公司也领取了汇票项下的全套单据，故西南公司在汇票上盖章，同意承兑该汇票，其依法应付票据责任，负有将汇票金额支付给东亚银行的义务。[②]

◎ 风险规避

对于银行签发银行承兑汇票后不予付款的对策，主要有以下两个方面的内容：

一、及时向汇票申请人书面告知其拒绝兑付

《票据法》第三十六条规定：“汇票被拒绝承兑、被拒绝付款或者超过付款提

---

① 奚晓明主编：《民商事审判指导》2008 年第 1 辑，人民法院出版社 2008 年版，第 294 页。

② 沈德咏主编：《审判监督指导与研究》2003 年第 3 卷，人民法院出版社 2003 年版，第 166 页。

示期限的，不得背书转让；背书转让的，背书人应当承担汇票责任。”当然，汇票已经背书转让的，该告知不能对抗受让人。**汕头经济特区龙信商贸发展公司诉中国工商银行荆州市分行营业部银行承兑汇票承兑纠纷案**：最高人民法院（1998）经终字第123号民事判决书认为：和联房产公司经理黄钦池明知汇票的承兑付款人工行荆州营业部已宣布汇票作废，拒绝兑付票款，仍然背着工行荆州营业部将两张汇票背书转让给汕头龙信公司。依照《票据法》第三十六条的规定，和联房产公司应当对汇票背书后所产生的法律后果负责。①

二、在票据诉讼中依法抗辩

（一）对持票人是否支付对价的抗辩

对价是票据有效取得的必备要件，也是票据权利是否受限制的条件。最高人民法院《关于审理票据纠纷若干问题的规定》第十四条规定：“票据债务人以《票据法》第十条、第二十一条的规定为由，对业经背书转让票据的持票人进行抗辩的，人民法院不予支持。”依据该条规定，取得票据权利可以不给付对价，但未支付对价的当事人不能获得优于前手的权利，亦即后手应继承前手的权利瑕疵和抗辩事由。如果汇票申请人未向银行付清票款，银行可向未支付对价的申请人的后手进行抗辩。**汕头经济特区龙信商贸发展公司诉中国工商银行荆州市分行营业部银行承兑汇票承兑纠纷案**：最高人民法院认为，根据《票据法》第十条规定“票据的签发、取得和转让，应当遵循诚实信用的原则，具有真实的交易关系和债权债务关系。票据的取得，必须给付对价，即应当给付票据双方当事人认可的相应的代价”的规定，持票人汕头龙信公司始终不能提供从和联房产公司取得票据时，其与和联房产公司之间具有真实的商品交易和债权债务关系的有关证据。汕头龙信公司虽然提供了其与和联房产公司的购销合同和与河南省镇平神州玉雕厂的购销合同，但不能证明汕头龙信公司与和联房产公司具有真实履行购销合同的事实，也不能说明汕头龙信公司从河南省镇平神州玉雕厂购进的玉雕已卖给了和联房产公司。原审庭审后限期由汕头龙信公司举证，但该公司未能提供有效证据，原审调查收集证据时，也无法收集到有效证据。根据汕头龙信公司不能就其主张提供证据加以证实的事实，应当认定汕头龙信公司与和联房产公司在汇票背书转让时无相应的对价，汕头龙信公司所取得的两张银行承兑汇票不符合《票据法》

---

① 李国光主编：《经济审判指导与参考》第3卷，法律出版社2000年版，第282~288页。

的规定。故汕头龙信公司不能享有该两张银行承兑汇票的权利。

（二）对持票人恶意的抗辩

持票人明知票据债务人与出票人或者与持票人的前手之间存在抗辩事由而取得票据的，付款银行可予以抗辩。因此，对拒绝付款的意思应通过合法的方式向社会公示，或通过诉讼确认汇票的效力，以在诉讼中证明持票人的“明知”。

（三）对持票人持票的合法性抗辩

票据的出票、承兑、交付、背书转让涉嫌欺诈、偷盗、胁迫、恐吓、暴力等非法行为的，持票人对持票的合法性应当负责举证。有证据表明持票人是以欺诈、偷盗或者胁迫等非法手段取得票据，或者明知有前列情形，出于恶意取得票据的，在诉讼中，付款银行向法院进行主张及举证后，持票人应就其合法取得票据、享有票据权利进行举证。

第七节 贴现审查

案例33：违规开户具有重大过失

摘要：金融机构违规为贴现申请人开立临时账户，导致申请人诈骗得逞，其行为具有重大过失，依法不能享有票据权利。

1996年10月22日，蒙城县东方汽车贸易有限责任公司（以下简称东方汽贸公司）与上海市震东机电设备公司（以下简称震东公司）签订汽车供销合同一份，约定东方汽贸公司将200万元银行承兑汇票交付震东公司，作为购车资金担保。震东公司收到承兑汇票后如不能按时发车，东方汽贸公司有权向震东公司要回作为担保的银行承兑汇票等。合同签订后，东方汽贸公司向中国农业银行蒙城县支行（以下简称蒙城农行）申请办理200万元银行承兑汇票，并将该张银行承兑汇票交给震东公司经理常晓东。震东公司收票后，并未积极组织货源，履行合同，而是通过熟人关系到江苏省靖江市中联城市信用社（以下简称中联信用社）申请办理贴现。中联信用社经中国农业银行靖江市支行（以下简称靖江农行）向蒙城农行对承兑汇票真伪进行了核实，震东公司按中联信用社要求，在该社开立临时账户，并将该张承兑汇票背书转让给中联信用社。震东公司在背书栏加盖了印章，但未对被背书人名称栏加以填写。当天，中联信用社给震东公司办理了贴现手续。第二天，震东公司从该账户将贴现款陆续以转账、现金方式支取。1996年12月26日，中联信用社将已办理贴现的承兑汇票向中国人民银行靖江市支行（以下简称靖江人行）申请再贴现。靖江人行审核后，同意给予再贴现。中联信用社在汇票背书栏内加盖了印章，但未填写被背书人名称。靖江人行在票据的正面加盖了已办再贴现的印章，该承兑汇票仍由中联信用社保存。后东方汽贸公司经过核查，发现作为合同保证金的汇票已被贴现，东方汽贸公司遂向司法机关报案。

◎ 裁判要旨

安徽省高级人民法院再审认为，蒙城农行出具的票号为NO4571138、金额为人民币200万元的银行承兑汇票，形式要素齐全，真实有效。蒙城农行依法负有到期无条件兑付票款的义务。震东公司经理常晓东取得该张承兑汇票后并未积极组织货源履行合同，而是持票通过熟人关系向中联信用社申请贴现，恶意骗取票款。中联信用社作为非银行的金融机构，依法具备贴现的主体资格，但在办理贴现手续过程中，违反结算制度，未对申请人震东公司的资信作调查，凭借熟人关系违规为其办理开户手续、收取贴现手续费，受理贴现，致使震东公司经理常晓东诈骗得逞，其行为具有重大过失；况且，该承兑汇票在背书转让过程中，没有记载被背书人名称，背书也不连续，持票人中联信用社依法不应享有票据权利。故中联信用社诉称其享有票据权利的再审理由不能成立。关于中联信用社再审诉称蒙城农行诉因不能成立的问题，蒙城农行在承兑该张票据之后，即成为票据的第一债务人，当其得知该张汇票被中联信用社违规贴现，并于不久即将通过联行交换系统向其请求兑付情况下，即向法院起诉，请求确认持票人中联信用社不享有票据权利，其诉权行使并无不当之处，再审申请人的这一理由亦不能成立。至于中联信用社再审所称蒙城农行基于本案同一事实获利双倍补偿问题，经查，在常晓东刑事诈骗案的诉讼中，票据债务人东方汽贸公司及蒙城农行均未对被骗的200万元承兑汇票款提出赔偿请求，刑事判决没收常晓东财产200万元，应收归国库所有，并无法律依据明确该200万元应对票据债务人予以补偿。因此不存在票据债务人基于本案同一事实获利双倍补偿问题，再审申请人的这一理由仍然不能成立。[①]

◎ 法条链接

1.**《票据法》第十二条第二款** 持票人因重大过失取得不符合本法规定的票据的，也不得享有票据权利。

2.**《支付结算办法》第九十二条** 商业汇票的持票人向银行办理贴现必须具备下列条件：

（一）在银行开立存款账户的企业法人以及其他组织；

（二）与出票人或者直接前手之间具有真实的商品交易关系；

（三）提供与其直接前手之间的增值税发票和商品发运单据复印件。

---

① 沈德咏主编：《审判监督指导与研究》2003年第4卷，人民法院出版社2004年版，第146~151页。

3.《商业汇票承兑、贴现与再贴现管理暂行办法》(银发[1997]216号)

第十九条 持票人申请贴现时，须提交贴现申请书，经其背书的未到期商业汇票，持票人与出票人或其前手之间的增值税发票和商品交易合同复印件。

◎重要提示

一、现行法律对贴现业务的基本要求

1. 贴现人必须具备从事票据贴现业务的资格；
2. 申请贴现的持票人应具备一定的条件；
3. 贴现的票据应当符合《票据法》的规定；
4. 贴现的票据必须是未到期的商业汇票；
5. 贴现票据应当以背书转让的方式进行；
6. 持票人申请贴现时，应提交其所持票据是以真实的交易关系为基础的文件。

二、银行办理贴现的注意事项

（一）核实贸易背景

中国人民银行《关于完善票据业务制度有关问题的通知》规定："银行承兑汇票的承兑行负责对出票人的资格、资信、交易合同和汇票记载的内容等进行审查。商业汇票的持票人向银行申请贴现时，贴现申请人应向银行提供交易合同原件、贴现申请人与其直接前手之间根据税收制度有关规定开具的增值税发票或普通发票。"**广州市商业银行越秀支行与中国农业银行岳阳市云溪支行、广州名鑫实业发展有限公司、珠海协利租赁有限公司侵权纠纷上诉案**：其裁判摘要指出：根据中国人民银行《支付结算办法》的规定，汇票持票人申请银行贴现，应当持有未到期的商业汇票，且持票人应当向贴现银行证明其与出票人、前手之间具有基础关系，即真实的交易关系和债权债务关系。商业银行在申请贴现人无基础贸易背景的情况下对其尚未持有的银行承兑汇票进行贴现，不符合上述规定，系严重违反商业银行操作规范的行为，商业银行与申请贴现人之间不构成《票据法》意义上的银行承兑汇票贴现关系，双方之间的法律关系系事实上的无书面借款合同的借贷关系。[1]

---

① 奚晓明主编:《民商事审判指导》2009年第2辑，人民法院出版社2009年版，第259页。

（二）审查票据签章

2000 年 4 月 30 日中国人民银行《关于〈票据法〉和〈支付结算办法〉中有关问题的复函》根据《支付结算办法》第二十三条、第二十四条的规定，单位在票据上的签章，应为该单位的财务专用章或者公章加其法定代表人或其授权的代理人的签名或者盖章。背书人在票据上的签章不符合规定的，其签章无效，由此签章做成的背书相应亦无效。根据《票据法》第三十一条、《支付结算办法》第三十三条的规定，以背书转让的汇票，背书应当连续，持票人以连续的背书，证明其汇票权利。若申请贴现的汇票背书签章不符合法律规定，该背书无效，同时造成该汇票背书不连续。根据《票据法》第十二条第二款的规定，若贴现银行对背书不连续的汇票办理了贴现，其因重大过失取得不符合《票据法》规定的票据，不得享有票据权利。

（三）查询票据真实性

会计部门在审核票面要素的同时，须按有关规定向承兑银行进行查询，核实票据的真实性。关于查询查复方式，中国人民银行《关于完善票据业务制度有关问题的通知》规定：对银行承兑汇票的查询查复除采用《中国人民银行关于商业银行跨行银行承兑汇票查询、查复业务处理问题的通知》中规定的方式外，还可以采用以下方式：（一）通过大额支付系统查询查复。银行承兑汇票查询查复的具体业务处理应遵循《大额支付系统业务处理办法（试行）》的有关规定。（二）传真查询。承兑行接到查询行传真的查询书后，应将汇票的第一联（卡片）传真给查询行。（三）利用中国外汇交易中心暨全国银行间同业拆借中心的“中国票据”网进行查询查复。通过“中国票据”网查询查复的商业银行，应与中国外汇交易中心暨全国银行间同业拆借中心以协议的形式约定，并明确双方的权利义务。（四）实地查询。查询行可以派人持票到承兑行查询。

（四）审票要认真、仔细

要对票据的真伪，票据的要素及背书、印章全面审核。防止假票、克隆票、问题票的出现。

（五）贴现款项的支付

会计部门必须在查询得到承兑行书面确认的前提下，才能支付贴现款项。实付贴现金额按票面金额扣除贴现日至汇票到期前一日的利息计算（承兑行在异地的加 3 天利息）。贴现款项必须一笔直接记入贴现申请人账户，决不允许将贴现资金分笔划入非贴现申请人账户，包括贴现申请人的主管机构和下级分支机构。

对异地企业办理贴现的，贴现资金要先记入该企业在银行开立的存款账户，然后要求企业一笔划转到企业所在地的银行存款账户内，不许分笔划转至不同银行的存款账户内。会计部门在办理贴现款项划转时，要严格执行上述规定。

（六）给付对价

持票人取得票据时是否给付对价，往往是人民法院判定持票人是否享有票据权利的重要因素之一。1998 年 8 月 7 日中国人民银行《对票据贴现有关问题的答复》根据《票据法》第十条第二款的规定，票据的取得，必须给付对价。因此，如招行在 1998 年 2 月 24 日通过贴现背书取得销售公司票据时，未支付销售公司贴现款，即未给付对价，则招行不能成为合法持票人，也不能享有该票据权利。

（七）银企协议填写要规范

在信贷部门对申请贴现人提交资料的合规性、合法性审查无误后，方可与企业签订票据贴现相关协议。同时，查验企业贷款卡状态，确认为有效卡后，才可办理业务。

◎ 风险规避

银行在票据贴现业务中遇到纠纷且导致败诉的案例大部分是由于在贴现业务中存在“重大过失”。《票据法》规定因重大过失取得票据的不得享有票据权利。但何为重大过失，哪些行为应界定为重大过失，现行法律没有具体的规定。而由人民法院在个案中认定。因此，司法案例认定“重大过失”的情由就成为银行贴现业务中的风险点和诉讼中的焦点。

一、贴现审查义务

贴现审查义务一般是确定银行是否具有重大过失的认定标准。关于贴现人的审查事项，**中国工商银行重庆市分行南岸支行大石路分理处与中国农业银行白银市分行营业部票据纠纷案**：最高人民法院认为：持票人（即本案的贴现人）工行两路口分理处只需证明其持有的两张汇票必要记载事项齐全，其取得汇票的票据关系合法成立，没有义务对其前手取得票据的基础关系是否合法有效负责。《票据法》第十二条第二款规定：“持票人因重大过失取得不符合本法规定的票据的，也不得享有票据权利。”二审查证事实证明，工行两路口分理处已经按照中国人民银行颁布的《商业汇票承兑、贴现与再贴现管理暂行办法》第十九条、《支付结算办法》第九十三条有关“持票人申请贴现时，须提交贴现申请书、经其背书的未到期商业汇票、持票人与出票人或其前手之间的增值税发票和商品交易合同复印件”的规定履行了必要的审查义务，并且曾就汇票真实性问题向农行白银营业部进行过查询，在得到肯定的答复后方办理相关的贴现手续。由此，持票人工行两路口分理处在取得票据时履行了必要的审查义务，并不存在重大过失的情形，且支付了对价。农行白银营业部关于“工行两路口分理处取得本案所涉汇票时未履行必要的审查义务、属于重大过失取得票据”的上诉理由没有事实依据，本院不予支持。[①]

依据上述判决表明的立场，贴现银行的审查义务为：

1. 审查票据的真实有效性；

2. 审查背书是否连续；

3. 向承兑人作出票据是否真实的查询，并得到肯定的答复；

4. 形式审查是否具有真实的交易背景。

二、重大过失的认定

中国建设银行股份有限公司侯马支行与山西侯马市亨丰贸易有限公司、侯马市天瑞鸿焦铁有限公司、侯马市经济技术开发区昌鑫炉料有限公司票据纠纷案：最高人民法院认为，二、侯马建行在办理本案票据贴现过程中是否存在重大过失或者恶意问题。

关于何为贴现人在贴现中的重大过失，我国票据法及其司法解释未作明文规定。依据法理，一般认为，就票据贴现行为而言，重大过失是指依其工作性质，按照一般的工作规程和工作经验，贴现人稍加合理注意就可以知道票据转让人没有处分权，但因疏忽大意未加注意。

关于嘉陵公司至今未收到汇票，是否表明出票行为未完成，侯马建行未尽审查义务、具有重大过失问题，本院认为，依据我国《票据法》第二十条的规定，出票是指出票人签发票据并将其交付给收款人的票据行为。法定的出票行为包括两个环节，即出票人签发票据并将其交付给收款人。本案中，嘉陵公司确未收到票据，但对于贴现行而言，其对票据上记载事项的审查主要是进行形式上审查，基于票据的无因性，在票据记载有收款人且有收款人将该票据背书转让且背书连

---

① 肖扬总主编：《最高人民法院判案大系》（民商事卷·2000年卷），人民法院出版社2003年版，第168~173页。

续的情形下，贴现行可推定收款人已实际收到票据并进行背书转让。在无证据证明贴现行对出票行为未真正完成明知或者应知的情形下，不能认定贴现行未尽审查义务，具有重大过失。

关于是否存在“贴现申请在后，查询审批在前”的事实，是否据此认定贴现行具有重大过失问题，本院认为，根据本院查明的事实，申请票据贴现的时间是2007年6月15日，但2007年6月14日贴现行向承兑行对本案所涉汇票是否真实有效进行查询，因此，本案确实存在“贴现申请在后，查询在前”的事实。但在申请人口头先行申请贴现，在其提交书面贴现文书之前先行查询的情形也是可能存在的，故该事实不足以认定贴现行具有重大过失。

关于汇票未写背书日期以及汇票出票日和背书或申请贴现日在间隔一日内完成票据贴现行为是否符合交易习惯和常理，是否应据此认定贴现行具有重大过失问题，本院认为，《票据法》第二十九条规定，背书未记载日期的，视为在汇票到期日前背书。因此，背书未记载日期的，不影响背书行为的效力。我国法律对汇票出票日和背书或申请贴现日期的间隔未作出强制性规定。根据建设银行关于贴现规程的规定，本案贴现业务要由信贷部门、资金计划部门和会计部门进行严格审查，还要报临汾建行、山西省建行审批。尽管如此，申请人侯马建行在一日内完成上述工作及票据贴现行为亦属正常，不能据此认定其具有重大过失。①

三、非票据行为与重大过失

银行办理贴现过程中，存在着与票据转让过程相联系的非票据行为，银行违规的非票据行为能否成为票据行为中的“重大过失”并影响持票人票据权利的行使，不同的案例表达了不同的观点。

最高人民法院《关于中国农业银行武汉市分行硚口区支行与中国工商银行大理市支行、云南省大理州物资贸易中心银行承兑汇票纠纷一案的答复》认为：至于农行崇仁路办事处在为天天公司开立账户、办理贴现、提现过程中有无违规行为，以及天天公司在与贸易中心的购销关系中有无诈骗行为，均非本案票据关系中的行为，不影响硚口农行享有票据权利。

但在本节选用的江苏省靖江市中联城市信用社与中国农业银行安徽省蒙城县

---

① 刘德权主编：《最高人民法院司法观点集成·商事卷》，人民法院出版社2014年版，第1456~1459页。

支行等票据纠纷再审案，及最高人民法院《关于中国银行上海分行宝山支行、中国农业银行上海市五角场支行与上海华海集装箱制造有限公司、浙江工艺毛绒厂票据纠纷上诉案和中信实业银行上海市分行与浙江工艺毛绒厂追索票据纠纷上诉案处理意见的复函》均以“非开户银行受理贴现，在当时违反银行结算制度，通过私人关系，并且未对贴现申请人的资信情况作调查，作为国家金融机构，明知自己的行为违反结算制度，会给票据债务人造成损害，仍然受理贴现”为由，认定贴现人具有重大过失。

银行规章作为银行办理业务的依据，往往也是人民法院认定其是否违规的重要依据。如违规与票据当事人的损失有因果关系的，并不排除银行的责任。即使银行在票据纠纷中不承担票据责任，也并不意味着银行不承担民事过错责任。因此，银行在贴现业务中严格按照法律、法规及规章的要求进行操作是防控票据贴现风险的基础。

第八节 票据保证

案例 34：为票据付款人付款提供担保，承担保证担保责任

摘要：在票据基础关系和商业承兑汇票关系等多个法律关系并存时，金融机构出具担保函承诺，对付款人开具的商业汇票项下的资金支付提供担保，付款人未按期履行付款义务，由其无条件将全款汇付持票人账户，构成《担保法》上的保证担保，应对付款人的给付义务承担连带清偿责任。

中国长城计算机深圳股份有限公司（以下简称长城公司）系电子计算机开发企业，四川银通电脑系统有限公司（以下简称银通公司）系电子计算机销售企业。1997年以来，银通公司作为长城公司在四川的总代理商为其销售“金长城”电脑。银通公司以汇款、现金、开具银行承兑汇票、商业承兑汇票等形式向长城公司付款。1997年1月至8月，银通公司通过开户行成都市商业银行（原成都汇通城市合作银行）向长城公司开具15份商业承兑汇票。这些票据的付款人均为银通公司，收款人均为长城公司。成都商行就该15张商业承兑汇票向长城公司出具相对应的担保函。担保函载明：致长城公司：该行应银通公司的要求，就银通公司向贵公司购进金长城系列计算机业务，开立以贵公司为收款人的不可撤销保函，对银通公司开具的商业承兑汇票项下的资金支付提供担保，银通公司在承兑汇票到期日的十日前，将全款付至银通公司在该行的账户，银通公司未按期履行上述付款义务，该行保证按中国人民银行颁行的《支付结算办法》中商业承兑汇票的有关规定无条件将全款汇付长城公司账户，如本行未履行上述承诺，除承担资金本金外，每逾期一天，该行将向贵公司按逾期金额支付逾期利息。后因银通公司未能兑付到期的票据款，以致成讼。

◎ 裁判要旨

最高人民法院认为，关于本案所涉法律关系的性质。《票据法》第四十六条规定：保证人必须在汇票或者粘单上记载标明“保证”的字样，才构成票据保证。

最高人民法院《关于审理票据纠纷案件若干问题的规定》第六十二条规定：保证人未在票据或者粘单上记载“保证”字样而另行签订保证合同或者保证条款的，不属于票据保证，人民法院应当适用《担保法》的有关规定。本案15张商业承兑汇票均由原汇通银行分别提供15份担保函，该15份担保函符合上述法律和司法解释规定的不属于票据保证的情形，故应当认定本案15份担保函构成保证担保。

关于本案担保的主合同。本案15份担保函均约定：汇通银行应银通公司的要求，就银通公司向长城公司购进金长城系列计算机业务，开立以长城公司为收款人的不可撤销保函，对银通公司开具的如下商业承兑汇票项下的资金支付提供担保，如银通公司未按期履行付款义务，汇通银行则保证将全款支付给长城公司。从上述担保函的内容看，应当认定原汇通银行担保的主合同为长城公司与银通公司之间的票据支付关系。原再审判决认定原汇通银行担保的主合同是长城公司与银通之间的基础关系即买卖关系不当，应予纠正。[①]

◎法条链接

1.**《票据法》第四十六条** 保证人必须在汇票或者粘单上记载下列事项：

（一）表明“保证”的字样；

（二）保证人名称和住所；

（三）被保证人的名称；

（四）保证日期；

（五）保证人签章。

2.**最高人民法院《关于审理票据纠纷案件若干问题的规定》第六十条** 国家机关、以公益为目的的事业单位、社会团体、企业法人的分支机构和职能部门作为票据保证人的，票据保证无效，但经国务院批准为使用外国政府或者国际经济组织贷款进行转贷，国家机关提供票据保证的，以及企业法人的分支机构在法人书面授权范围内提供票据保证的除外。

第六十一条 票据保证无效的，票据的保证人应当承担与其过错相应的民事责任。

---

① 黄松有主编：《民事审判指导与参考》2006年第4辑，法律出版社2007年版，第129~151页。

第六十二条 保证人未在票据或者粘单上记载“保证”字样而另行签订保证合同或者保证条款的，不属于票据保证，人民法院应当适用《中华人民共和国担保法》的有关规定。

◎重要提示

一、票据保证

系票据债务人之外提供的，以担保特定票据债务人的债务清偿为内容的票据行为。其与《担保法》规定的保证担保的区别在于：

（一）形式要件

1. 票据保证作为要式行为，须在票据证券上进行，即在票据或其粘单上进行；

2. 须记载法定事项，即应注明“保证”字样；

3. 保证人须为票据债务人之外的人。

（二）实质要件

1. 保证不得附条件；

2. 票据保证人不享有“先诉抗辩权”，即汇票到期后持票人得不到付款的，有权向保证人请求付款，保证人应当足额付款；

3. 票据保证一经成立，除被保证人的债务因汇票记载事项欠缺而无效之外，不受被保证人的票据债务效力的影响。

二、票据保证法定记载事项与票据保证效力

上海玉安药业有限公司与中国农业银行上海市分行营业部票据追索权纠纷上诉案：上海市高级人民法院（2005）沪高民二（商）终字第40号民事判决书认为：本案所涉票据记载事项中虽无“保证人住所”之记载，但这一事项的缺失并不必然导致票据保证的无效。根据最高人民法院《关于审理票据纠纷案件若干问题的规定》第十六条所明确的债务人可以对持票人提出抗辩的强制事项中并不涉及《票据法》第四十六条规定之情形，该记载事项属于可以补记的事项，故本案所涉票据保证人住所未予记载并不影响持票人行使票据权利。且本案所涉汇票背面玉安药业已明确记载“本公司愿为上海中巍国际贸易有限公司商票贴现提供担保”字样，并在该字样上加盖了公司公章及法定代表人吴增宝私章，故其所作的保证承诺真实合法有效，理应承担保证责任。上诉人以票据记载事项中缺少“保

证人住所”之记载致使该票据保证无效的主张本院不予支持。[①]

三、票据保证的范围

票据保证的范围可否为票据部分金额，《票据法》及其司法解释均未作出明确的规定。《票据法》第三十三条规定：“背书不得附有条件。背书时附有条件的，所附条件不具有汇票上的效力。将汇票金额的一部分转让的背书或者将汇票金额分别转让给两人以上的背书无效。”该法第五十条规定：“被保证的汇票，保证人应当与被保证人对持票人承担连带责任。汇票到期后得不到付款的，持票人有权向保证人请求付款，保证人应当足额付款。”从上述规定应该认为票据保证的范围为票据记载的全部金额。如果票据保证人为部分金额提供保证，将被视为附条件的保证而不具有汇票上的效力，保证人仍应对票据全部金额承担保证责任。

◎风险规避

一、设立票据保证的形式要件

《支付结算办法》第三十五条规定：“保证人为出票人、承兑人保证的，应将保证事项记载在票据的正面；保证人为背书人保证的，应将保证事项记载在票据的背面或粘单上。”银行在设立保证及取得具有票据保证记载的票据时，应审查保证人在票据及其粘单上是否记载了“保证”字样，并审查保证人保证事项的记载位置。

二、票据保证纠纷的审查重点

1. 保证的性质，即是票据保证还是保证担保；

2. 保证的效力；

3. 持票人是否享有票据权利。依据《票据法》第四十九条的规定，保证人对合法取得汇票的持票人所享有的汇票权利，承担保证责任。保证行为为票据行为，持票人只有通过合法方式取得票据才能享有票据权利。依据《票据法》第十二条的规定，以欺诈、偷盗或者胁迫等手段取得票据的，或者明知有前列情形，出于恶意取得票据的，不得享有票据权利。持票人因重大过失取得不符合本法规定的票据的，也不得享有票据权利。

---

① 黄毅主编：《最新银行法经典疑难案例判解》，法律出版社2009年版，第340~341页。

第九节　支票付款

案例 35：变造的支票被兑付，银行未能识别付款具有重大过失

摘要： 无论犯罪分子采取何种方法骗取客户存款，银行都有义务保证客户的存款安全。银行未能识别出伪造、变造的票据或者身份证件而错误付款，属于重大过失，给持票人造成损失的，应当依法承担民事责任。

2005 年 4 月 20 日，华杰回收公司收购了案外人的金属废品，应案外人“开张支票以便向单位交账”的要求，找到存在业务往来的原告宜昌华久实业有限公司（以下简称华久实业公司）商议：华杰回收公司交纳现金 400 元，由华久实业公司开具一张 400 元的现金支票。华久实业公司同意后立据收取现金 400 元，同时签发了一张收款人为自已的 BH/0213740239 号“中国工商银行现金支票（鄂）”交与华杰回收公司。华杰回收公司当即将支票交予案外人。同年 4 月 22 日，案外人持将大小写金额变造为 49400 元的支票前往华久实业公司开户银行——被告中国工商银行三峡分行江南支行（以下简称工行江南支行）体育路分理处提示付款。分理处工作人员发现支票一栏填写为“费用”，便告知说华久实业公司与银行签有委托合同，费用科目的现金支取限额为 20000 元，要求重开支票。次日，案外人仍持再次编造为“工资费”的该号支票前来取款，分理处工作人员仍系前一日的接待人员，但未能识别出以上三处刮擦、涂改痕迹，支付了现金 49400 元。同年 4 月 25 日，华久实业公司在与体育路分理处对账时，发现账面不当减少金额 49000 元，便与体育路分理处交涉并同时向公安机关报案。因支票提示付款人下落不明，该案未能侦破。

2005 年 4 月 28 日，宜都市公安局将该支票送交宜昌市刑事科学技术协会进行司法鉴定。该会出具的宜刑协［2005］文检字第 009 号鉴定书叙称：在放大镜下观察，送检的现金支票上人民币（大写）一栏中“肆万玖仟”、用途一栏“工资费”及数字“9”等文字下均有残留的黑色笔痕。鉴定结论为：该票据存在涂改事实。

华久实业公司认为工行江南支行未尽善良管理人的审查义务，诉请法院判令其赔偿损失49000元。工行江南支行抗辩称，其以善意且符合规定的正确操作程序审查支票的填写事项及华久实业公司的预留银行印鉴，如数支付了49400元，请求依法驳回华久实业公司的诉讼请求。

◎裁判要旨

二审法院审理认为，工行江南支行未能发现无须借助其他设备和仪器便可发现的支票多处变造瑕疵，向他人支付变造金额，未尽到善良管理人的审查义务，属于最高人民法院《关于审理票据纠纷案件若干问题的规定》第六十九条规定的重大过失，其对因此给华久实业公司造成的经济损失应承担赔偿责任。华久实业公司应华杰回收公司的要求，以收回对价的方式开具400元的现金支票，属于广义的交易行为，符合《票据法》第十条之规定。且华久实业公司以自己为收款人开出支票符合《票据法》第八十六条之规定，不存在过错责任。据此驳回上诉，维持一审工行江南支行赔偿华久实业公司损失49000元的判决。①

◎法条链接

1.**《票据法》第五十七条** 付款人及其代理付款人付款时，应当审查汇票背书的连续，并审查提示付款人的合法身份证明或者有效证件。

第九十二条 付款人依法支付支票金额的，对出票人不再承担受委托付款的责任，对持票人不再承担付款的责任。但是，付款人以恶意或者有重大过失付款的除外。

第九十三条第一款 支票的背书、付款行为和追索权的行使，除本章规定外，适用本法第二章有关汇票的规定。

2.**最高人民法院《关于审理票据纠纷若干问题的规定》第六十九条** 付款人或者代理付款人未能识别出伪造、变造的票据或者身份证件而错误付款，属于票据法第五十七条规定的“重大过失”，给持票人造成损失的，应当依法承担民事责任。付款人或者代理付款人承担责任后有权向伪造者、变造者依法追偿。

3.**中国人民银行《支付结算会计核算手续》** 第四部分支票会计核算手续：出票人的签章是否符合规定，与预留银行签章是否相符，使用支付密码的，其密

---

① 《人民司法·案例》2007年第1期。

码是否正确。

4. 最高人民法院《关于银行以折角核对方法核对印鉴应否承担客户存款被骗取的民事责任问题的复函》

折角核对虽是现行《银行结算会计核算手续》规定的方法，但该规定属于银行内部规章，只对银行工作人员有约束作用，以此核对方法核对印鉴未发现存在的问题而造成客户存款被骗取的，银行有过错，应当对不能追回的被骗款项承担民事责任。

◎重要提示

一、银行作为善良管理人的谨慎注意义务

行为人管理他人事务，不是站在一般普通人的立场上，而是要站在一个有相当知识的经验人的立场上去负担注意义务。法律对“善良管理人”所承担义务的要求比较高，它不以行为人的主观意志为标准，而以客观上应不应注意为标准。银行作为善良管理人，其谨慎注意义务的要求标准应当是最高的，对客户资金安全的管理应当像管理自己的财产一样进行管理。

《支付结算办法》第十七条规定：“银行以善意且符合规定和正常操作程序审查，对伪造、变造的票据和结算凭证上的签章以及需要交验的个人有效身份证件，未发现异常而支付金额的，对出票人或付款人不再承担受委托付款的责任，对持票人或收款人不再承担付款的责任。”第二百一十五条规定：“付款人及其代理付款人以恶意或者重大过失付款的，应当自行承担责任。”上述规定即是以银行是否履行了善良管理人的谨慎注意义务为标准，来确定银行在票据付款中的责任。如果银行按照正常的操作规程凭借通常的技术手段和专业人员的职业能力以充分的态度对票据履行了审查鉴别之责，则应认为尽到了善良管理人的注意义务。如果因技术上的原因或正常识别能力的限制，致使在客观上未能识别出票据的变造而不当付款，不能认定银行具有过失。

二、银行对票据付款的实质审查义务

依据最高人民法院《关于审理票据纠纷若干问题的规定》第六十九条之规定，只要银行未能识别出伪造、变造的票据或者身份证件而错误付款，即属于重大过失，给当事人造成损失的，应当承担民事责任。这实质上是赋予了银行实质审查

的义务。

实质审查义务不以银行善良管理人的谨慎注意义务为标准，而是以客观上是否造成错误付款为标准。如果以银行善良管理人的谨慎注意义务为标准，最高人民法院《关于审理票据纠纷若干问题的规定》第六十九条应当表述为“付款人或代理付款人应当识别而未能识别……”尽管该条受到了理论界和银行界的非议，且也有个案（如本案引用的案例）在适用第六十九条时采用了比较灵活的态度，并不进行客观归责。但第六十九条毕竟是现行有效的法律条款，目前仍是认定银行是否具有重大过失并进而承担赔偿责任的依据，应予执行。

◎ 风险规避

1. 银行应按规定与企业对账，将企业盖章的对账单作为重要凭证予以保管。

《人民币银行结算账户管理办法》第四十四条规定：“银行应按规定与存款人核对账务。银行结算账户的存款人收到对账单或对账信息后，应及时核对账务并在规定期限内向银行发出对账回单或确认信息。”中国人民银行《银行会计基本规范指导意见》第二十六条规定：“银行应至少按月核对同业往来账务及系统内往来账务，至少按季与开户单位核对账务。对账相符的应由核对人员和会计主管人员签章确认，核对不符的应及时查明原因并做相应调整。”而且，按照中国人民银行《银行会计档案管理办法》的要求，对账回单至少应保管5年。在支票被伪造、变造形成的银行错误付款，可通过银企对账及时发现。此外，对账单在诉讼中作为重要证据可证明出票人的过错，如开户单位未及时发现错误付款即签章确认对账相符，在时隔两年后主张权利的，银行可以诉讼时效的法律规定进行抗辩。

2. 对于发现有异常的或不能及时确定真伪的票据，应暂停办理并及时向出票人进行查询。与客户保持良好的沟通，对于大额资金的流动，应向企业进行查询。

第十节 票据结算

案例 36：委托收款银行不能行使利益返还请求权

摘要： 委托收款银行不享有票据权利，与出票人不具有法律关系。在票据被退、未收到票据款项的情况下，因自身工作过失而向收款人不当付款造成的损失，不能向出票人主张利益返还请求权。

2007 年 2 月 13 日，山东省垦利县水利工程公司向朱玉新签发了中国建设银行转账支票一张，该支票记载：支票号为 EO\0208181550，出票日期为 2007 年 2 月 13 日，收款人朱玉新，金额 131354 元，付款人为中国建设银行垦利县支行，出票人为被告垦利县水利工程公司。同日，朱玉新将该支票委托原告中国农业银行东营基东支行（下称基东支行）收款，收款账号为 15–31230046007007×。垦利县水利工程公司的上述账号已于 2 月 9 日被垦利县人民法院依法冻结。2 月 25 日，中国建设银行垦利县支行向基东支行出具了东营市同城清算系统票据交换退票理由书，退票理由是账户冻结。同日，朱玉新从其账户 15–31230046007007× 中取款 131354 元，付款人为基东支行。

基东支行向垦利县人民法院提起诉讼，主张其工作人员在涉案票据被退票的情况下向朱玉新支付了票据款项，其通过对价持有被告出具的 EO\0208181550 号转账支票，多次向垦利县水利工程公司主张返还未支付的票据金额未果，故请求法院依法判令被告垦利县水利工程公司返还未支付的票据金额 131354 元及逾期利息。

◎ 裁判要旨

垦利县人民法院认为，对于涉案票据，原告的地位系委托收款行，而非票据持有人，不享有票据利益返还请求权。判决驳回原告的诉讼请求。

东营市中院经审理认为，上诉人基东支行是朱玉新的委托收款人，其向被上诉人垦利县水利工程公司主张涉案票据利益返还请求权没有事实和法律依据。即使是按照上诉人所主张的朱玉新已经实际取走涉案款项，因上诉人在未按规定的同城交换完毕的情况下即支付给朱玉新款项的不当行为产生的法律后果，与本案并非同一法律关系，上诉人可持相关证据另行主张，法院在本案中不予审查。故判决驳回上诉，维持原判。[①]

◎ 法条链接

1.**《票据法》第十八条** 持票人因超过票据权利时效或者因票据记载事项欠缺而丧失票据权利的，仍享有民事权利，可以请求出票人或者承兑人返还其与未支付的票据金额相当的利益。

第三十五条第一款 背书记载“委托收款”字样的，被背书人有权代背书人行使被委托的汇票权利。但是，被背书人不得再以背书转让汇票权利。

2.**《支付结算办法》第一百九十八条** 委托收款是收款人委托银行向付款人收取款项的结算方式。

◎ 重要提示

一、委托收款人的法律地位

《支付结算办法》第一百九十八条规定，委托收款是收款人委托银行向付款人收取款项的结算方式。在票据法律关系中，票据质押与委托收款属于不以转让票据权利为目的的票据转让。委托收款背书人向付款人提示付款，是持票人票据权利的委托授予。其“持有票据”只是基于与收款人的委托收款关系而暂时持有，其在该票据之上不享有任何票据权利义务关系。票据当事人是指在票据上签章并承担责任和享有票据权利的人，包括出票人、背书人、承兑人、保证人、汇票和本票的付款人、持票人、收款人。委托收款人既不享有票据权利，也不承担票据责任，因而不属于票据当事人。委托收款关系与代理付款关系、申请出票关系、银行之间的票据资金结算关系、持票人与代理付款人之间的结算关系等都属于票据结算关系。

二、利益返还请求权

依据我国《票据法》第十八条的规定，票据利益返还请求权既不是票据权利，

① 《人民法院报》2009 年 7 月 31 日。

也不是一般的民事权利，是《票据法》规定的唯一得到特殊保护的“《票据法》上的非票据权利”，是《票据法》直接赋予持票人在丧失票据权利以后，对获得该权利下利益的票据债务人行使的非票据上的偿还请求权。行使票据利益返还请求权，须满足以下要件：1. 票据利益返还请求权的权利人必须是丧失票据权利的持票人；2. 票据权利曾经有效成立并存在，票据权利消灭的原因是持票人行使票据权利时超过了法律规定的时效期间或手续的欠缺；3. 义务人则是各种票据的出票人或汇票的承兑人；4. 出票人或承兑人因持票人票据权利的消灭而受有额外利益。票据权利已经丧失，是利益返还请求权产生的前提条件。

利益返还请求权属于票据法规定的非票据权利纠纷，该类型的纠纷还包括票据返还请求权纠纷、票据交付请求权纠纷及回单签发请求权纠纷等。

◎风险规避

一、票据结算纠纷中的法律适用

票据支付关系，又称票据结算关系，是指通过票据的信用货币形式进行货币资金的收付而形成的权利义务关系。由于银行是支付结算和资金清算的中介机构，款项的划转和资金的收付主要通过银行来进行，因而银行往往成为票据支付关系中的重要当事人。因票据支付发生的法律纠纷一般因如下的行为产生，即委托收款、代理付款、申请出票、银行间的票据资金结算及持票人与代理付款人之间的结算等。

票据结算关系中各方当事人的权利义务，通常不由《票据法》规定，而是由开户存款制度和支付结算制度予以规定。因此，票据结算过程中因结算手续违反规定造成损失或一方不履行相应义务所产生的纠纷，虽然也涉及票据，但此种纠纷一般不属于票据纠纷，而属于票据结算纠纷。形成票据结算纠纷往往是由于银行不遵守结算制度、违反正常操作程序所致，其责任的划分及损失的分担一般也要依据结算制度来认定，如《支付结算办法》等。**中国农业银行克拉玛依市支行诉克拉玛依市茂源信用社在票据交换完后未按规定时间退票造成其垫付款无法追回的赔偿案：**农行克拉玛依市支行受收款人华盛公司的委托将一张票面金额为20万元、付款单位为白碱滩区石油公司的转账支票与信用社的委托交换单位克拉玛依市工商银行进行票据交换。交换完成后，原告未接到被告在规定的时间内退票，便将20万元先行付给华盛公司并按其要求办理了结算业务。后信用社以该支票透支为由退票。原告接受退票后，向华盛公司追款未果，遂诉至法院要求信用社赔偿其20万元损失。克拉玛依市中级人民法院认为，上诉人信用社与被上诉人农行克拉玛依市支行间的票据交换属同城票据交换。按照有关同城票据交换的规定，白碱滩区的交换单位进账时间为一天半，信用社的委托人克拉玛依市工商银行在11月6日上午交换票据后，应在11月7日下午提出退票，但其未在规定时间内退票，应承担相应的责任。被上诉人农行克拉玛依市支行违反有关规定收妥抵用的原则，提前给客户进帐，并支付款项，对造成票据交换垫支款项的后果承担主要责任。判决：上诉人信用社向被上诉人支行返还垫付款6万元。[①]

二、票据结算纠纷中的责任认定

票据结算纠纷作为民事纠纷，其民事责任的承担依据其过错程度来认定，其损害赔偿范围以银行给相对人造成的损失来确定。**云南上海汽车工业销售有限公司与中国银行昆明市高新支行赔偿纠纷案**：最高人民法院认为：本案是由于犯罪分子利用合同和伪造的银行承兑汇票、保兑函、查复电报等进行诈骗而引发的损害赔偿纠纷。在本案中，四张银行承兑汇票和保兑函已经被公安机关确定为伪造，不仅汇票的记载事项和签章是伪造的，汇票本身也是伪造的，在这四张伪造的汇票上不产生《票据法》上的权利和义务。汽车公司持有伪造的汇票源自于犯罪分子实施的诈骗行为。虽然汽车公司到高新支行办理了转账手续，高新支行也在转账进账单上加盖了转讫章，并在汇票的背书栏加盖了该行的业务公章，又于6月5日将全部票面金额1992万元上了汽车公司的账，并将汇票交换到昆明市农行，但昆明市农行却以需办理委托收款为由退票，高新支行也随即将该款下了账，紧接着汽车公司到高新支行办理了委托收款手续，由于汇票本身是伪造的，委托收款自然也不可能实现。因此汽车公司上诉主张本案是票据纠纷，高新支行应承担票据责任，不能成立。高新支行在办理汇票查询和委托收款业务过程中有过错，首先是汽车公司委托高新支行办理汇票查询业务时，该行作为专业金融机构有能力也完全可以对上述汇票的真伪作出判断，但却由于其工作人员疏于职守，未能及时发现汇票上存在的问题。特别是犯罪分子发回假查复电报时，报类发生变化，电报内容未明确答复汇票是否为海口市农行华侨办签发，其中一张票据的号码也出现错误，该行未就这一系列疑问进一步查询，也未将上述情况向汽车公司说明，

① 最高人民法院研究室编：《票据纠纷案件审判手册》，法律出版社2006年版，第313~317页。

致使汽车公司误认为汇票、保兑函及查复电报是真实的，并因此继续错误发车20辆，错退款4201500元。其次，在双方办理委托收款手续后，该行却将汇票及委托收款凭证寄到了楚雄市农行，明显属于疏忽大意，使汽车公司不能及时发现汇票是伪造的，也不能及时采取有效措施防止损失的扩大。因此该行上诉称其没有过错的主张不能成立，应当根据其过错承担相应的损害赔偿责任。关于本案的损害范围，由于汽车公司收到银行承兑汇票之前就已经发出98辆轿车，这部分未收回货款的损失是该公司与楚雄旅游公司履行合同过程中发生的，与高新支行无关。高新支行仅应对接受委托查询后汽车公司因误信汇票真实而继续错发的车辆及错退的货款损失承担相应的赔偿责任。[①]

三、基于票据结算产生的纠纷，付款行应选择适当的救济方式

基于票据结算产生的纠纷，付款行应选择适当的救济方式。银行不能依票据关系向出票人主张权利，而应要求收款人返还不当得利。当收款人不能返还时，如与付款行有资金结算关系的银行有过错，应向其主张损害赔偿。

四、恪守“银行不垫款”的结算原则，可有效避免纠纷的产生

委托收款银行应恪守“银行不垫款”的结算原则，并在付款人不付款时，按规定时间向收款人作退票处理。**南京扬扬信息公司与华夏银行南京分行大厂支行票据结算纠纷案**：南京市六合区人民法院经审理认为：首先，在正常情况下，扬扬公司所持票面金额为292500元的中国银行汇票原本就是一张假汇票，是无法识别的，其对此并无过错。但中国银行江苏省分行作为代理付款行在审核交换提入该票据时，发现票面异常，经鉴定，该票据呈现多处防伪特征不符，确认为假票据。扬扬公司持有假票据不享有票据权利，无权要求中国银行江苏省分行付款。其次，中国银行业监督管理委员会江苏监管局（以下简称江苏银监局）作为银行业的专业监督管理机构，对其所监管的大厂华夏银行的业务活动作出了认定，认为大厂华夏银行于2004年9月20日在扬扬公司分户账中对号码为00342762、票面金额为292500元的中国银行汇票的处理，其实质并非是将票面金额292500元转账收入扬扬公司后，又将该款从扬扬公司账户上划出，而是对该银行汇票退票的账务处理行为。江苏银监局是利用其专业知识的特长作出的判断，具有可信性，

---

① 唐德华主编：《民事审判指导与参考》2000年第3卷，法律出版社2000年版，第214~220页。

应作为认定事实的依据。因此应认定大厂华夏银行作为受扬扬公司委托的收款银行，在分户明细（对账单）上于 2004 年 9 月 20 日对 292500 元（摘要分别为银行汇票、退票）的处理行为并不是将汇票金额 292500 元转账收入扬扬公司的账户，又将该款从其账户划出，而是对该银行汇票退票的账务处理行为。综上，扬扬公司并未取得票面金额 292500 元的所有权，其诉称大厂华夏银行侵犯了其财产所有权的理由，不能成立，要求大厂华夏银行返还 292500 元的诉讼请求，也不能成立。故判决驳回扬扬公司要求大厂华夏银行返还人民币 292500 元的诉讼请求。宣判后，双方均未上诉。[①]

---

① 《人民司法·应用》2007 年第 13 期。

第十一节　公示催告

案例 37：空白储蓄存单不能通过公示催告程序进行救济

摘要：空白整存整取储蓄存单不属于《票据法》规定的可以背书转让的票据，因而不能适用《民事诉讼法》规定的公示催告程序，申请法院对丢失存单公示催告并予以判决的程序无效。当事人应通过其他方式进行救济。

1997 年 12 月 29 日，中国工商银行陆丰市支行（下称陆丰工行）以不慎遗失空白整存整取储蓄存单 50 份为由，向广东省陆丰市人民法院申请宣告存单无效，存单编号为 1473951-1473976、1473979-1474000、1473304-1473505。陆丰市人民法院受理后于 1998 年 1 月 8 日发出公告，内容为："申请人中国工商银行陆丰市支行不慎遗失空白整存整取存单五十份（附号码），向本院申请公示催告，本院决定受理，现予以公告。自公告之日起六十日内，利害关系人应向本院申报权利，届时如无人申报权利，本院将依法作出判决，宣告上述票据无效。在公示催告期内，转让该票据的行为无效。"陆丰市人民法院在同年 2 月 5 日的《人民法院报》上刊登上述公告。公示催告期间届满后，无人申报权利。陆丰市人民法院遂于同年 4 月 24 日作出（1998）陆民催字第 1 号民事判决，宣告该 50 份存单无效。判决已发生法律效力。

该除权判决生效后，四川省安岳县城市信用社（下称安岳信用社）持编号为 1473995，存款数额 900 万元，1996 年 10 月 4 日存入、1997 年 10 月 4 日到期，月息 6.225%，盖有陆丰支行人民路储蓄所业务专用章的存单到陆丰工行兑付，陆丰工行以该存单已被法院宣告无效为由拒绝兑付。安岳信用社即向四川省资阳地区中级人民法院提起诉讼，请求判令陆丰工行归还存款本金及利息。一审法院判决陆丰工行向安岳信用社支付本金及利息。该判决经四川省高级人民法院维持后，已发生法律效力。

由于两份生效的判决发生冲突，难以执行，四川省高级人民法院报请最高人民法院处理。

◎ 裁判要旨

最高人民法院认为，根据《民事诉讼法》第一百九十五条[①]规定，可向人民法院申请公示催告的范围，一是“按照规定可以背书转让的票据”；二是“依照法律规定可以公示催告的其他事项”。我国《票据法》规定，票据是指汇票、本票和支票。汇票、本票和支票除出票人记载“不得转让”字样的，均可背书转让。可以依据《民事诉讼法》申请公示催告的，目前仅限于上述可以背书转让的票据。“依照法律规定可以申请公示催告的其他事项”，适用范围取决于实体法的规定。本案陆丰工行申请公示催告的存单既不属于法律规定的票据范畴，也不属于法律规定可以申请公示催告的事项，且本案存单系空白存单，不具有权利凭证的特征，不符合《民事诉讼法》第一百九十五条[②]规定的公示催告的受理范围，陆丰市人民法院受理陆丰工行关于宣告空白存单无效的申请，判决宣告存单无效，属适用法律错误。遂裁定撤销陆丰市人民法院（1998）陆民催字第1号民事判决；驳回陆丰工行的公示催告申请。[③]

◎ 法条链接

1.**《民事诉讼法》第二百一十八条** 按照规定可以背书转让的票据持有人，因票据被盗、遗失或者灭失，可以向票据支付地的基层人民法院申请公示催告。依照法律规定可以申请公示催告的其他事项，适用本章规定。

2.**《票据法》第二条** 本法所称票据，是指汇票、本票和支票。

3.**最高人民法院《关于审理票据纠纷案件若干问题的规定》第二十五条** 出票人已经签章的授权补记的支票丧失后，失票人依法向人民法院申请公示催告的，人民法院应当依法受理。

第二十七条 出票人已经签章但未记载代理付款人的银行汇票丧失后，失票人依法向付款人即出票银行所在地人民法院申请公示催告的，人民法院应当依法受理。

第二十八条 超过付款提示期限的票据丧失以后，失票人申请公示催告的，人民法院应当依法受理。

---

① 该条现已被新《民事诉讼法》修改为第二百一十八条。

② 该条现已被新《民事诉讼法》修改为第二百一十八条。

③ 沈德咏主编：《审判监督指导与研究》2003年第3卷，人民法院出版社2003年版，第126~128页。

4. 最高人民法院《关于人民法院执行工作若干问题的规定（试行）》第一百二十六条　执行中发现两地法院或人民法院与仲裁机构就同一法律关系作出不同裁判内容的法律文书的，各有关法院应当立即停止执行，报请共同的上级法院处理。

◎重要提示

票据等有价证券丧失后，依据申请人的申请，人民法院通过公告的形式，告知利害关系人在一定期限内申报权利，逾期未申报权利的，法院将依申请人申请作出除权判决，确认票据失去效力，使票据与权利分离，从而使丧失票据的人行使票据权利的救济方法。

公示催告的范围，除《票据法》规定的可以转让的汇票、本票和支票外，最高人民法院《关于审理票据纠纷案件若干问题的规定》又将范围扩大至出票人已经签章的授权补记的银行汇票和超过付款提示期限的票据。

◎风险规避

一、票据丧失后的救济方式

票据丧失后，失票人应先通知付款人挂失止付，然后申请法院公示催告，公示催告期间如利害关系人主张票据权利，则通过普通诉讼由人民法院裁决。但对于不能挂失止付的票据，则应直接申请法院公示催告。

（一）挂失止付

《票据法》第十五条第一款规定："票据丧失，失票人可以及时通知票据的付款人挂失止付，但是，未记载付款人或者无法确定付款人及其代理付款人的票据除外。"《支付结算办法》第四十八条规定："已承兑的商业汇票、支票、填明'现金'字样和代理付款人的银行汇票以及填明'现金'字样的银行本票丧失，可以由失票人通知付款人或者代理付款人挂失止付。未填明'现金'字样和代理付款人的银行汇票以及未填明'现金'字样的银行本票丧失，不得挂失止付。"

失票人申请挂失止付后，应在3日内向人民法院申请公示催告，由人民法院向付款人或代理付款人发出止付通知。止付通知的法律效果是：1. 付款人或者代理付款人收到人民法院发出的止付通知，应当立即停止支付，直至公示催告程序终结。非经发出止付通知的人民法院许可擅自解付的，不得免除票据责任；2. 付款人或者代理付款人自收到挂失止付通知书之日起12日内没有收到人民法院的止付通知书的，自第 13 日起，持票人提示付款并依法向持票人付款的，不再承担责任。

（二）公示催告

公示催告程序是一种独立的救济方式，不以挂失止付为前提条件，即使有些不得挂失止付的票据，也可以通过公示催告的方式进行救济。公示催告限于可以背书转让的票据，因此，记载有“现金”字样的银行汇票、银行本票和支票丧失后不能申请公示催告。而商业汇票、用于转账的银行汇票、本票和转账支票、出票人已经签章的授权补记的支票、出票人已经签章但未记载代理付款人的银行汇票、超过付款提示期间的票据都可向法院申请公示催告。

（三）诉讼

向法院提起诉讼也是失票人独立的法律救济方式之一，但适用该程序应满足如下的条件：

1. 票据丧失后，失票人在票据权利时效届满以前请求出票人补发票据，或者请求债务人付款，在提供相应担保的情况下因债务人拒绝付款或者出票人拒绝补发票据；

2. 诉讼的被告应为与失票人具有票据债权债务关系的出票人、拒绝付款的票据付款人或者承兑人；

3. 失票人为行使票据所有权，向非法持有票据人请求返还票据的；

4. 失票人能够向人民法院说明曾经持有票据及丧失票据的情形。

二、银行受理票据时的审查职责

最高人民法院《关于审理票据纠纷若干问题的规定》第三十四条规定：“依照《民事诉讼法》第一百九十五条[①]第二款的规定，在公示催告期间，以公示催告的票据质押、贴现，因质押、贴现而接受该票据的持票人主张票据权利的，人民法院不予支持，但公示催告期间届满以后人民法院作出除权判决以前取得该票据的除外。”该规定排除了持票人在公示催告期间的善意取得。因此，银行在受理票据的质押、贴现业务时，应对票据是否被人民法院公示催告进行审查。最高人民法院［2005］72 号通知明确要求，法院公告一律由《人民法院报》统一刊登。受理票据的金融机构应当通过该报核实。

① 该条现已被新《民事诉讼法》修改为第二百二十一条。

第十二节　除权判决

案例 38：法院除权判决致票据无效，持票人行使票据权利受阻

摘要： 票据被人民法院除权后，票据归于无效。票据权利由公示催告的申请人行使，持票人不能行使票据权利。

1997 年 5 月 21 日，湖北大业物资贸易有限责任公司（以下简称大业公司）和河南中岳实业公司（以下简称中岳公司）签订了两份互为购销双方的工矿产品购销合同。中岳公司持其为需方的购销合同，并以自己的一张 1000 万元定期大额特种存单作保证金质押，申请交通银行郑州分行营业部（以下简称郑州交行营业部）开具银行承兑汇票。该营业部签发票面总金额共计 1500 万元，出票人均为中岳公司，收款人均为大业公司的四张银行承兑汇票。汇票上标明“本汇票已经承兑，到期日由本行付款”，并加盖有交通银行汇票专用章。同年 7 月 10 日，大业公司持该四张银行承兑汇票向中国投资银行武汉硚口办事处（以下简称武汉投行硚办）申请贴现，次日，武汉投行硚办、大业公司及中岳公司人员到郑州交行营业部照票，该营业部当即出具四份银行承兑汇票确认书，武汉投行硚办与大业公司将四张银行承兑汇票留存在中岳公司处。同年 7 月 14 日，武汉投行硚办为大业公司办理了贴现手续。后武汉投行硚办、大业公司及中岳公司因该四张汇票的交付发生争执，但最终该四张汇票被武汉投行硚办工作人员带回。

同年 7 月 18 日，中岳公司向河南郑州市中原区人民法院提出公示催告申请，申请宣告被抢的四张银行承兑汇票无效，并附有四张汇票的票号及汇票复印件两张。郑州市中原区人民法院在公告期满，无人申报权利时，对该四张银行承兑汇票作出除权判决。郑州交行营业部收到郑州市中原区人民法院的除权判决后，将中岳公司的 1000 万元大额定期存单退回。

1998 年 5 月 20 日，武汉投行硚办向郑州市中原区人民法院提起诉讼，请求判令郑州交行营业部支付票款 1500 万元和迟延兑付利息 353925 元，支付为实现票据权利发生的差旅费、律师费 20 万元，并承担本案诉讼费用。按级别管辖规定，

郑州市中原区人民法院将该案移送河南省高级人民法院审理。河南省高级人民法院审理期间，应郑州交行营业部的请求，追加中岳公司和大业公司为本案第三人参加诉讼。

◎ 裁判要旨

河南省高级人民法院经审理认为：中岳公司和大业公司于1997年5月21日互为购销方签订的两份购销合同，是根本不准备履行的虚假合同。武汉投行硚办起诉所依据的四份银行承兑汇票，确属郑州交行营业部签发，但签发该四份银行承兑汇票的基础是中岳公司和大业公司签订的虚假合同。中岳公司依据虚假合同向郑州交行百花路支行申请开具承兑汇票，其目的在于利用银行票据套取银行资金。大业公司持郑州交行营业部签发的银行承兑汇票在武汉投行硚办贴现后，当即将贴现款中的1366.5万元转汇给出票人中岳公司，并参与订立虚假合同，参与票据丢失报案，足以证明其与中岳公司的串通。1997年7月17日，中岳公司已经得到了武汉投行硚办的两张汇票款项，且已将4份银行承兑汇票票据交换给武汉投行硚办，然其又假以武汉投行硚办工作人员所持票据遭抢劫为由报警，并向郑州市中原区人民法院申请公示催告，在该法院作出除权判决后，向郑州交行营业部索走其用作保证金的1000万元存单，其行为明显属于欺诈。武汉投行硚办在本案纠纷过程中，在自己未实际取得票据的情况下，即向大业公司划付贴现款，同时按贴现申请人要求将贴现款中的95%以上款额转汇给出票人，并在贴现后第三日将转汇给出票人款项的汇票，直接送往郑州出票人中岳公司办公地换取已贴现的银行承兑汇票，属违规操作。1997年7月17日，武汉投行硚办派往郑州换票的工作人员自己携带着票据，在同中岳公司和大业公司人员一起就餐时，中岳公司人员以武汉投行硚办客人承兑汇票被抢为由报警，执勤民警赶到时，其工作人员在场，并自称曾乘民警车辆沿街追寻抢劫犯，故其又说对票据丢失报案之事实不知情不能成立。郑州交行营业部受委托开具银行承兑汇票，武汉投行硚办要求照票，该营业部即出具确认书，后其依据郑州市中原区人民法院止付通知和除权判决而止付和拒付，具有法律规定的事由，并无过错，且其已依据法院除权判决，将中岳公司申请开具票据时交付的1000万元保证金返还，故判令该营业部承担票据付款责任，明显不公。综上，武汉投行硚办在本案纠纷过程中具有明显过错，其请求没有过错的郑州交行营业部支付票面金额、承担违约责任于法无据，该院不予支持。中岳公司、大业公司具有明显的欺骗行为，其以没有过错为自己抗辩，显然不能成立，其以不正当手段获取的款项，应予返还。

武汉硚口支行不服河南省高级人民法院上述判决，向最高人民法院提起上诉。最高人民法院在二审审理期间，经主持当事人调解，中岳公司与武汉硚口支行自愿达成调解协议。①

◎法条链接

1.**《民事诉讼法》第二百二十一条**　利害关系人应当在公示催告期间向人民法院申报。

人民法院收到利害关系人的申报后，应当裁定终结公示催告程序，并通知申请人和支付人。

申请人或者申报人可以向人民法院起诉。

第二百二十二条　没有人申报的，人民法院应当根据申请人的申请，作出判决，宣告票据无效。判决应当公告，并通知支付人。自判决公告之日起，申请人有权向支付人请求支付。

第二百二十三条　利害关系人因正当理由不能在判决前向人民法院申报的，自知道或者应当知道判决公告之日起一年内，可以向作出判决的人民法院起诉。

2.**最高人民法院《关于适用〈中华人民共和国民事诉讼法〉的解释》第四百五十九条**　依照民事诉讼法第二百二十三条的规定，利害关系人向人民法院起诉的，人民法院可按票据纠纷适用普通程序审理。

◎重要提示

一、除权判决

系指公示催告期满（不少于60日），没有人申报权利，法院根据申请人的申请，作出票据无效的判决。该判决一经作出，持有该票据的人不能行使票据权利，丧失票据的人享有了票据权利，并可据此判决向付款人请求付款。

二、正当理由

如何理解《民事诉讼法》第二百二十三条规定的“正当理由”。最高人民法

---

① 李国光主编：《经济审判指导与参考》第4卷，法律出版社2001年版，第188~195页。

院《关于适用〈中华人民共和国民事诉讼法〉的解释》第四百六十条规定,《民事诉讼法》第二百二十三条规定的正当理由，包括：

（一）因发生意外事件或者不可抗力致使利害关系人无法知道公告事实的；

（二）利害关系人因被限制人身自由而无法知道公告事实，或者虽然知道公告事实，但无法自己或者委托他人代为申报权利的；

（三）不属于法定申请公示催告情形的；

（四）未予公告或者未按法定方式公告的；

（五）其他导致利害关系人在判决作出前未能向人民法院申报权利的客观事由。

◎风险规避

一、除权判决的撤销

（一）除权判决能否撤销

最高人民法院《关于适用〈中华人民共和国民事诉讼法〉的解释》第四百六十一条规定：根据《民事诉讼法》第二百二十三条的规定，利害关系人请求人民法院撤销除权判决的，应当将申请人列为被告。

利害关系人仅诉请确认其为合法持票人的，人民法院应当在裁判文书中写明，确认利害关系人为票据权利人的判决作出后，除权判决即被撤销。

该条第一款规定了利害关系人请求人民法院撤销除权判决的当事人如何确定。即利害关系人为原告，申请人为被告。该条第二款规定了利害关系人仅诉请确认其为合法持票人的，人民法院经审理作出确认利害关系人为票据权利人的判决后，之前的除权判决视为撤销。

（二）撤销除权判决之司法实践

在最高人民法院《关于适用〈中华人民共和国民事诉讼法〉的解释》实施前，关于撤销除权判决所适用的程序，在司法实践中非常混乱。由于缺少法律依据，主要通过启动审判监督程序、提起撤销除权判决诉讼、通过普通程序撤销除权判决等方式来撤销除权判决。最高人民法院《关于适用〈中华人民共和国民事诉讼法〉的解释》第四百五十九条规定，依照民事诉讼法第二百二十三条的规定，利害关系人向人民法院起诉的，人民法院可按票据纠纷适用普通程序审理。该条对程序的适用及案件的类型均予以明确，撤销除权判决所适用的程序为普通程序，案件类型属于票据纠纷。

二、银行对经除权的票据如何行使诉权

（一）管辖

依据《民事诉讼法》第二百二十三条之规定，银行未在除权判决前申报权利的，应向作出除权判决的人民法院起诉。

（二）诉讼请求

根据最高人民法院《关于适用〈中华人民共和国民事诉讼法〉的解释》第四百六十一条第二款“利害关系人仅诉请确认其为合法持票人的，人民法院应当在裁判文书中写明，确认利害关系人为票据权利人的判决作出后，除权判决即被撤销”之规定，银行持有票据被除权后，其诉请应当包括确认其为合法持票人。

在撤销除权判决的诉讼中，因公示催告程序给真正的票据权利人造成损失的，票据权利人可诉请赔偿损失。

（三）争议焦点

持票人如未在公示催告期间申报权利，应依据《民事诉讼法》第二百二十一条的规定提起票据纠纷诉讼。在票据纠纷中，当事人争议的焦点及人民法院审查的重点仍是票据权利的归属，即谁真正享有票据权利。银行应针对该焦点准备诉讼材料，包括：其是票据的最后持有人，取得票据的手段、时间合法，无重大过失，已给付对价，背书连续等。

第四章

担保业务中的法律风险与规避

担保是为了保证债权的实现而设立的一项法律制度，也是金融机构防范风险的重要手段。

与其他部门法相比较，调整担保的法律有一个渐进的过程。在不同时期适用的法律主要有1986年《民法通则》及1988年最高人民法院《民法通则意见》；1994年最高人民法院《关于审理经济合同纠纷案件有关保证的若干问题的规定》；1995年《担保法》及2000年最高人民法院《关于适用〈中华人民共和国担保法〉若干问题的解释》（以下简称《担保法司法解释》）和2007年《物权法》。依据法不溯及既往原则，因担保行为发生的纠纷，一般适用担保行为发生时的法律法规和有关司法解释。所谓担保行为发生时，是指当事人缔结担保合同的时间，而不是担保合同的生效时间或履行时间。

金融机构涉及担保合同纠纷的主要类型有保证合同纠纷、抵押权纠纷、质权纠纷、定金合同纠纷、担保追偿权及无效担保的过错赔偿纠纷等。

第一节　保证合同的成立

案例 39：保证合同因不是当事人真实意思表示而不成立

摘要： 保证合同上法定代表人的签字系伪造，而对于加盖的变造公章，不能证明是当事人自己加盖或者授意他人加盖的，不能证明当事人明知该担保书的存在而不作否认表示，也不能证明当事人自己在其他业务活动中使用了该变造的公章或者明知他人使用该变造的公章而不作否认表示，不能认定或者依法推定提供保证系当事人真实意思表示，该保证合同不成立，当事人不承担保证责任。

1996 年 8 月 19 日，中国建设银行上海市浦东分行（以下简称建行浦东分行）与上海 ZY 国际贸易发展有限公司（以下简称上海 ZY 公司）签订一份外汇借款合同。中国出口商品基地建设总公司（以下简称中基公司）为本案系争贷款向建行浦东分行出具《不可撤销担保书》一份。该担保书上有薛钊的签章并且加盖有中基公司的公章。上述担保书上所盖的中基公司公章与中基公司预留在国家工商局备案的公章印文样式不相一致。上海 ZY 公司系中基公司与案外人 ZY 国际经济集团有限责任公司（以下简称 ZY 集团）于 1995 年共同投资设立。在办理上海 ZY 公司设立登记手续时，中基公司作为投资股东之一，在向上海市浦东新区工商行政管理局（以下简称浦东工商局）递交的有关设立登记材料上多处使用了本案系争担保章。

最高人民法院二审期间委托中华人民共和国公安部对《不可撤销担保书》上印文内容为“中国出口商品基地建设总公司”的印章以及“薛钊”签名的真实性进行司法鉴定。该部向本院出具了（2002）公物证鉴字 0331 号《物证鉴定书》。该《物证鉴定书》载明：1.《不可撤销担保书》上“中国出口商品基地建设总公司”印文与“中国出口商品基地建设总公司贸易发展部”印文是同一枚印章盖印形成的。2.《不可撤销担保书》“薛钊”签名与中基公司法定代表人薛钊当庭留取的签名不是同一人书写的。据此可以认定，《不可撤销担保书》上“薛钊”签名不是中基公司法定代表人薛钊本人的签字，该担保书上所盖“中国出口商品基地建设总公司”印文系由“中国出口商品基地建设总公司贸易发展部”印章遮盖“贸易发展部”进行变造盖印形成的。

对于上述使用变造的中基公司印章的事实，建行浦东分行在接受《不可撤销担保书》时，并不知道。直至本案发生争议时，建行浦东分行通过调查取证，方获悉。

◎ 裁判要旨

本案二审争议的焦点是《不可撤销担保书》是否成立。《合同法》第三十二条规定：“当事人采用合同书形式订立合同的，自双方当事人签字或者盖章时合同成立。”该条规定表明，当事人的签字或盖章都可以使合同成立。

当事人的签字，包括自然人本人或其委托代理人签字，企业法人或者其他经济组织的法定代表人、负责人或其委托代理人签字。《民法通则》第三十八条规定：“依照法律或者法人组织章程规定，代表法人行使职权的负责人，是法人的法定代表人。”第四十三条规定：“企业法人对它的法定代表人和其他工作人员的经营活动，承担民事责任。”企业的法定代表人签字的合同代表了企业的意思表示，可以产生合同成立的法律效果。本案讼争《不可撤销担保书》系法定代表人的签字，不存在委托代理人代理行为，但是对该法定代表人薛钊的签字系他人伪造，薛钊不应对不是由其签名的行为负责，也不能据此认定《不可撤销担保书》的内容反映了中基公司的意思。因此，伪造的签名不能使本案讼争的《不可撤销担保书》成立生效，中基公司不因伪造的法定代表人签字而产生民事责任。

盖章也可以产生合同成立的效果。合同书上盖章的意义在于证明该合同书的内容是印章记载当事人的意思表示，此时合同书上的印模具有证据的作用。加盖真实印章的合同，其权利义务由该当事人承受。本案讼争的《不可撤销担保书》，加盖的是以中基公司贸发部的印章变造后的中基公司印章，不是中基公司的正式印章，《不可撤销担保书》并不当然代表中基公司的意思，当然也不代表中基公司贸发部的意思。

中基公司是否应当依据该《不可撤销担保书》承担担保责任，需要根据本案的相关事实综合判定。如果加盖变造印章的行为是中基公司本人所为，则该印章虽为变造，但仍能代表中基公司的意思表示，中基公司应当承担担保责任。但是，中基公司贸发部的印章在出具《不可撤销担保书》时为ZY集团持有，建行浦东分行经办业务人员虽称《不可撤销担保书》是交给中基公司办公室主任章志忠，由该公司盖章，但在原审庭审过程中不能辨认，其所称的《不可撤销担保书》上的变造印章系由中基公司加盖的事实不能得到印证。因此，建行浦东分行所称《不可撤销担保书》加盖变造印章系中基公司所为没有证据佐证。

原审判决在无证据证实的情况下，认定中基公司在其他业务活动中多次使用了变造后的中基公司公章不当。中基公司贸发部向荷兰银行申请打包贷款的时间发生在中基公司贸发部由ZY集团公司经营管理期间，该打包贷款系以中基公司贸发部的名义申请的，该笔贷款后来汇入的14801103019账户也是由中基公司贸发部申请开立的，而且在该贷款转账凭证上加盖的也是中基公司贸发部财务章。无证据表明该笔打包贷款申请和划转过程与中基公司有直接联系。虽然在上述14801103019账户开户资料中包含有一份中基公司企业法人营业执照复印件，但由于一个企业的营业执照复印件可以从工商部门、税务部门以及企业本身等多个渠道获取，因此，单就中基公司贸发部持有中基公司企业法人营业执照复印件这一事实，不能认定该复印件就是由中基公司向中基公司贸发部提供的。而且，即使认定该复印件是由中基公司提供的，因当时中基公司贸发部由ZY集团公司独立经营管理，仍不能认定中基公司对中基公司贸发部设立该14801103019账户是知情的，也不能认定中基公司对中基公司贸发部向荷兰商业银行上海分行申请710990美元打包贷款是知情的，更不能认定中基公司对上述打包贷款申请文件中使用了变造的中基公司章一事是知情的。即使中基公司知道在某一交易中他人使用变造印章，并对该交易行为予以认可，也是就该交易中他人的代理行为予以认可，其效力仅及于该项代理事务。中基公司在转让上海ZY公司部分股权时，使用了合法的印章，该行为可以认为是对成立上海ZY公司的行为的追认。如果无此行为或其他追认行为，该变造印章仍不能代表中基公司的意思。而在农行北京分行的开户和与荷兰银行上海分行的信用证交易中，无证据表明中基公司知道变造印章的使用并且追认上述行为。因此，他人多次使用变造中基公司的印章，并不产生该变造印章在每项交易中均能代表中基公司意思的效果。建行浦东分行辩称中基公司用所谓假公章向荷兰商业银行上海分行申请的贷款已经打入中基公司在中国农业银行北京市分行的账户，中基公司不但使用了这笔贷款，并且还归还了这笔贷款，与事实不符，本院不予采信。

建行浦东分行主张其相信变造印章可以代表中基公司的理由一是盖章的过程，二是该变造印章的多次使用。如上所述，建行浦东分行不能证明系中基公司加盖的变造印章，而变造印章的多次使用本身并不产生当然代表中基公司意思表示的效果，况且，建行浦东分行在接受《不可撤销担保书》时，并不知道该印章曾多次被使用，该行是在争议发生后，才收集到有关证据。可见，建行浦东分行在接受《不可撤销担保书》时，并未将该印章的多次使用作为其相信该印章可以代表中基公司意思表示的理由。建行浦东分行作为专业性的金融机构，在从事金融业务时，本应尽到谨慎的注意义务，但其经办人员疏于履行职责，接受加盖变造印章的担保，对此，中基公司无过错，不应承担《不可撤销担保书》项下的义务。

综上所述，经本院委托司法鉴定认定建行浦东分行《不可撤销担保书》上中基公司法定代表人签名系伪造、公章系由其他公章变造盖印形成的，且经当事人举证和本院查证均不能证明该变造的中基公司章系中基公司自己加盖或者授意他人加盖的，不能证明中基公司明知该担保书的存在而不作否认表示，也不能证明中基公司自己在其他业务活动中使用了该变造的中基公司章或者明知他人使用该变造的中基公司章而不作否认表示，《不可撤销担保书》上的签名和变造的中基公司章均不能认定或者依法推定为中基公司真实意思表示，因此该《不可撤销担保书》不成立，中基公司不应承担上海 ZY 公司对建行浦东分行 450 万美元借款本息的担保责任。中基公司关于其不应承担本案担保责任的上诉有理，本院依法予以支持。原审判决关于上海 ZY 公司应承担民事责任的判决事实清楚、适用法律正确，应予维持；但关于中基公司应承担连带保证责任的判决事实不清，适用法律错误，应予撤销。遂判决驳回中国建设银行上海市浦东分行要求中国出口商品基地建设总公司承担担保责任的诉讼请求。[1]

◎法条链接

1.**《合同法》第三十二条** 当事人采用合同书形式订立合同的，自双方当事人签字或者盖章时合同成立。

2.**《担保法》第六条** 本法所称保证，是指保证人和债权人约定，当债务人不履行债务时，保证人按照约定履行债务或者承担责任的行为。

3.**最高人民法院《关于适用〈中华人民共和国担保法〉若干问题的解释》第二十二条** 第三人单方以书面形式向债权人出具担保书，债权人接受且未提出异

---

① 《最高人民法院公报》2004 年第 7 期。

议的，保证合同成立。主合同中虽然没有保证条款，但是，保证人在主合同上以保证人的身份签字或者盖章的，保证合同成立。

◎重要提示

一、保证合同的成立方式

1. 签订书面保证合同：保证人和债权人以合同书的形式，就保证合同的主要条款协商一致，保证合同成立。

2. 单独出具保函：保证人以书面信函、传真等形式向债权人表示，当被保证人不履行债务时，由其代为履行或承担责任的，债权人接受且未提出异议的，保证合同成立。

3. 在主合同中订有保证条款或在保证人栏内签字或者盖章：保证人在债权人与被保证人签订有保证条款的主合同上，以保证人的身份签字或者盖章，保证合同成立；或者主合同中虽未订有保证条款，保证人以保证人身份或者在合同的保证人栏内签字或者盖章的，保证合同成立。

二、保证合同的成立条件

（一）形式要件

保证合同作为合同的一种，受《合同法》的调整。其成立除须满足《合同法》规定的条件外，还应以书面形式作出。《合同法》第十条第二款规定："法律、行政法规规定采用书面形式的，应当采用书面形式。当事人约定采用书面形式的，应当采用书面形式。"《担保法》第十三条规定："保证人与债权人应当以书面形式订立保证合同。"

（二）实质要件

1. 合同以其内容而不是合同名称确定其法律性质

保证合同的成立尚需有当事人提供保证的内容，即必须有"履行债务或承担责任"的明确约定，否则不能要求当事人承担保证责任。**佛山市人民政府与交通银行香港分行担保纠纷案：**最高人民法院（2004）民四终字第5号民事判决书认为：本案首要的焦点问题是佛山市政府向香港交行出具的《承诺函》是否构成我国《担保法》规定的担保。本案中佛山市政府先后向香港交行出具了三份《承诺函》，函中均有相同的表述："本政府愿意督促该驻港公司切实履行还款责任，按时归还贵行贷款本息。如该公司出现逾期或拖欠贵行的贷款本息情况，本政府负责解决，不让贵行在经济上蒙受损失。”首先，从名称来看，《承诺函》并非担保函，对于其是否能构成担保应根据其内容来认定。其次，从《承诺函》的内容来看，“负责解决”、“不让贵行在经济上蒙受损失”并无明确的承担保证责任或代为还款的意思表示。再次，在香港交行向中亚公司和景山公司出具的授信函中，在“抵押品及法律文件”项下，除了佛山市政府的《承诺函》外，还有不动产的抵押、保证及存单质押等，且《承诺函》均在这些授信函中被列入区别于“保证”的“其他”文件项下，这说明香港交行明知《承诺函》并非保证函。最后，为解决包括中亚公司、景山公司在内的佛山市直属企业拖欠香港交行贷款事宜，佛山市政府与香港交行之间有三次座谈会并形成会议纪要。从这三份纪要的记载来看，香港交行从未要求佛山市政府承担保证责任或代中亚公司、景山公司还款，佛山市政府也未作出过承担保证责任或代企业还款的意思表示，而双方谈到的解决途径均是政府在适当时机对企业进行资产重组，以解决原有债务。佛山市政府亦于 1998 年 11 月 12 日以佛经贸发［1998］42 号文件批复同意了佛山市有关企业与香港交行商定的企业重组计划，以解决中亚公司、景山公司等企业拖欠香港交行贷款的问题。综上，佛山市政府从向香港交行出具的书面文件上，到实际的行动上，从未有过承担保证责任或代所属企业还款的意思表示，其向香港交行出具的《承诺函》并不构成我国《担保法》意义上的保证。故香港交行关于佛山市政府应根据《承诺函》承担担保无效的赔偿责任的诉讼请求没有事实和法律依据，本院不予支持。佛山市政府关于《承诺函》不构成保证、其不应承担法律责任的上诉请求应予支持，佛山市政府不应对香港交行承担任何法律上的责任。①

2. 保证合同应按《担保法》的规定约定保证人的保证责任，即是连带责任而非赔偿责任

国泰君安证券股份有限公司郑州花园路证券营业部、国泰君安证券股份有限公司与中国光大银行郑州分行、中国第一汽车集团开封汽车经销有限责任公司和海口建来发展有限公司借款担保合同纠纷案：最高人民法院认为，关于《承诺鉴证书》承诺的是保证责任还是监控责任的认定。《承诺鉴证书》第二条约定：“营业部对申请人或出质人的国债交易负责监控，保证申请人或出质人国债账户市值与资金账户余额之和在质押期间不低于某数额。”《合同法》第一百二十五条第一

① 《最高人民法院公报》2005 年第 11 期。

款规定："当事人对合同条款的理解有争议的，应当按照合同所使用的词句、合同的有关条款、合同的目的、交易习惯以及诚实信用原则，确定该条款的真实意思。"根据这一合同解释规则，上述约定应理解为：营业部应当保证监控出质人或质权人的国债交易过程，如果其操作可能导致国债账户市值与资金账户余额之和在质押期间低于某数额，则营业部应当停止其交易行为。亦即营业部此项义务应理解为监控义务而非保证义务。另根据《承诺鉴证书》第九条关于"营业部如未遵守上述承诺鉴证造成损失，同意承担赔偿责任"的约定，营业部承担责任的前提是营业部有违约行为且该行为造成了损失，而《担保法》规定保证人承担的不是赔偿责任而是连带还款责任，其前提是主债务人不履行债务，与保证人是否违约无关。因此，《承诺鉴证书》所承诺的责任应当认定为监控责任而非保证责任。①

3. 保证方式的司法认定

依据《担保法》的规定，保证方式分为一般保证和连带责任保证。其区别在于保证人承担保证责任的程序不同。债权人在保证合同中应当明确约定保证人的保证方式。当未明确约定的，人民法院只有通过合同内容的表述进行推定。**中国信达资产管理公司贵阳办事处与贵阳开磷有限责任公司借款合同纠纷案**：最高人民法院（2008）民二终字第 106 号民事判决书认为，本案中，开磷公司提供的保证在借款合同中有两种表述：一是黔信字第 4 号《借款合同》的表述是："全部贷款到期，贷款方发出逾期通知三个月后，仍未归还，贷款方可以直接从借款方或担保方的各项投资和存款中扣收。"二是黔信字第 5 号、（91）贷字第 009 号、（92）建贷字第 2 号、（93）匀建贷字第 2 号《借款合同》的表述是："贷款到期，借款方如不能按期偿还，由担保单位代为偿还，担保单位在接到黔南中心支行还款通知三个月后仍未归还，黔南中心支行有权从借款方或担保单位的投资或存款户中扣收，或委托其他金融机构扣收。"此外，开磷公司还就（93）匀建贷字第 2 号《借款合同》向黔南中心支行出具《借款担保书》，承诺："当借款单位不能履行借款合同如期偿还借款本息条件时，本公司（厂）将无条件承担责任，保证按照借款合同的规定，代借款单位偿还所欠借款本息。本担保书不可撤销。本担保书作为（93）年匀建贷字第 2 号借款合同的附属文件，其有效期直至全部还清借款单位应归还借款本息为止。"区分连带责任保证和一般保证的重要标志就是保证人是

① 奚晓明主编：《民商事审判指导》2008 年第 1 辑，人民法院出版社 2008 年版，第 264 页。

否享有先诉抗辩权，即债权人是否必须先行对主债务人主张权利并经强制执行仍不能得到清偿时，方能要求保证人承担保证责任。上述借款合同中的第一种表述，只要贷款达到约定期限仍未归还，即将担保方与借款方的责任一并对待，并未区分保证人应否在主债务人客观偿还不能，即先向主债务人主张权利不能后，方承担保证责任，因此，此处保证责任约定是清楚的，为连带责任保证。上述借款合同中的第二种表述有"不能"字样，如单纯使用"不能"字样，则具有客观上债务人确无能力偿还借款的含义，此时保证人方承担保证责任可以认定为一般保证责任。但是，该"不能"字样是与"按期"结合在一起使用，则不能将其理解为确实无力偿还借款的客观能力的约定，仅是表明到期不能偿还即产生保证责任。因此，第二种表述亦应认定为连带保证责任。至于开磷公司为（93）年匀建贷字第2号借款合同提供的《借款担保书》则更为明确地将保证责任界定为无条件承担，亦为约定清楚的连带责任保证。综上，本案讼争的保证责任为连带责任保证。由于本案讼争借款的主债务人贵州剑江化肥厂已经破产，且破产程序已经终结，即使借款合同约定为一般保证责任，此时保证人的责任因主债务人的破产也已经产生。[①]

三、对已到期债务提供保证的法律性质

依据《担保法》第六条之规定，保证是债权人为防止债务人不履行债务而设定的担保方式，因此，在设定保证时，债权尚未到期。而实务中存在为已到期债务提供保证的行为，其效力及法律性质如何？**北京地鑫房地产开发有限责任公司与中国华融资产管理公司北京办事处、中国机床总公司、中国轻工集团公司、北京正一机电技术公司借款担保合同纠纷上诉案：**最高人民法院经审理认为，地鑫房地产公司在华融公司北京办与机床总公司的债务到期后，与华融公司北京办签订还息协议书，承诺为机床总公司的4.373亿元债务承担连带保证责任。该协议书系当事人双方的真实意思表示，不违反法律禁止性规定，应为有效。根据《合同法》第八条第一款的规定，依法成立的合同，对当事人具有法律约束力。当事人应当按照约定履行自己的义务，不得擅自变更或者解除合同。尽管该协议书字面上记载地鑫房地产公司与华融公司北京办建立了保证法律关系，但鉴于其签订还息协议书时，机床总公司的债务均已到期，已为实际发生的债务，地鑫房地产

① 《最高人民法院公报》2009年第10期。

公司向华融公司北京办作出的承担连带保证责任的承诺，实际上是对到期债务承担偿还责任的承诺，而非一般意义上的提供担保。地鑫房地产公司与华融公司北京办之间形成了新的债权债务关系，即地鑫房地产公司代机床总公司向华融公司北京办偿还4.373亿元债务的法律关系。鉴于该协议书对地鑫房地产公司偿还债务的履行期限没有作出明确约定，对于诉讼时效的起算应从债权人向债务人主张权利时起算，即华融公司北京办向地鑫房地产公司主张偿还责任的诉讼时效应自华融公司北京办向北京市高级人民法院提起诉讼时起算，故本案不存在华融公司北京办向地鑫房地产公司主张权利超过诉讼时效问题。地鑫房地产公司以"华融公司北京办向其主张权利超过保证期间，其依法应当免责"为上诉理由，于法无据，本院不予支持。同时，原审法院以华融公司北京办向其提起诉讼时起算保证期间，判决地鑫房地产公司承担保证责任亦不当，本院依法予以纠正。关于众鑫律师事务所向机床总公司发出的律师函问题，鉴于地鑫房地产公司未向法院举证证明该律师函系众鑫律师事务所经华融公司北京办授权出具，同时该律师函的出具亦不符合表见代理的构成要件。故地鑫房地产公司以律师函为据主张"保证期间应自律师函载明的最后还款期限起算"的上诉理由，缺乏法律和事实依据，本院亦不予支持。[①]

◎风险规避

一、保证合同签署过程中的风险控制

（一）当事人在合同上签字、盖章

1. 签字、盖章的效力

河北胜达永强新型建材有限公司与中信银行股份有限公司天津分行、河北宝硕股份有限公司银行承兑汇票协议纠纷案：其裁判摘要指出：《合同法》第三十二条规定："当事人采用合同书形式订立合同的，自双方当事人签字或者盖章时合同成立。"因此，当事人在合同书上的签字、盖章的效力，是表明合同内容为当事人的真实意思表示，当事人据此享有合同权利、履行合同义务。同时，当事人在合同书上的签字、盖章，还具有使合同相对人确信交易对方，从而确定合同当事人的作用。[②]

① 奚晓明主编：《民商事审判指导》2004年第1辑，人民法院出版社2004年版，第169页。
② 《最高人民法院公报》2008年第1期。

2. 自然人签字

自然人包括单位的法定代表人、负责人及委托代理人的签字须本人亲自所为。自然人签字被伪造、盗用、冒用的情形在金融实务中时有发生，其根本原因在于银行员工的违规操作。

对于法定代表人的签字，还应审查其权限。《合同法》第五十条规定："法人或者其他组织的法定代表人、负责人超越权限订立的合同，除相对人知道或者应当知道其超越权限的以外，该代表行为有效。"在合同一方当事人明知对方的法定代表人超越权限而仍与其签订合同的情况下，只有法定代表人签名而没有盖章的合同对该法定代表人代表的单位没有约束力。

银行应要求自然人现场签字，而不能在脱离银行员工视野的范围外进行。在签字前，要求自然人出示身份证件进行比对，并对身份证件进行复印存档，该复印件由本人签字确认与原件一致。

3. 单位盖章

盖章须是该单位备案的行政公章及合同专用章。如加盖的印章系伪造、变造，且不能证明是当事人所为的，因该盖章不是当事人的真实意思表示，导致合同不能成立。

（1）合同盖章一般应在其单位进行，并核对与其在先使用的印章（如申请书、法定代表人身份证明书等）是否一致。

（2）一般应在签字、盖章时进行拍照存档。

（3）对签字、盖章的真实性调查：银行对签字、盖章的主体或签字、盖章的真实性存有疑虑的，应进行专项调查、核实。对于自然人，应让其提供其他证明身份的辅助证明（如结婚证、房产证、工作单位、居委会证明等）；对于单位，应向登记机关调查其工商登记情况。

二、合同文本的审查

虽然各商业银行针对不同的贷款种类制定了相应的格式合同，一般都能保证合同文本对保证意思的准确表达。但涉及复杂的贷款安排或在借款合同履行过程中对担保的另行安排及贷款资产处置过程中有关商务文本的形成，如承诺函、会议纪要等，银行应就保证的方式、期限、责任的范围等进行明确、具体的约定，且应保证主合同内容与从合同及其他商务文件、附件内容的一致性。

第二节 保证合同的效力

案例 40：企业法人联合体的担保行为无效

摘要：企业集团只是具有一定规模的企业法人联合体，并不拥有独立承担民事责任的资产，不具有法人资格，不具备作为担保主体的资格。如果其出具最高额保证，则违反了《企业集团登记管理暂行规定》关于“经核准的企业集团名称可以在宣传和广告中使用，但不得以企业集团名义订立经济合同，进行经营活动”的规定，该担保行为应认定为无效。

中国工商银行哈尔滨市融汇支行（以下简称融汇支行）与哈尔滨新泰工程机械有限公司（以下简称新泰公司）签订多份人民币借款合同，由黑龙江省中植企业集团（后更名为中植企业集团，以下简称中植企业集团）提供最高额连带责任担保。

1995 年 3 月 12 日，伊春市五营区人民政府向伊春市人民政府请示，拟组建以地方企业联合开发公司为核心层企业，以伊春宏源有限公司等 6 个企业为紧密层企业，以光华木制品厂等 31 个企业为松散层企业的内部联合、外部开发、综合性经营联合体黑龙江中植企业集团。

1995 年 4 月 25 日，黑龙江省经济体制改革委员会以黑体改复（1995）21 号文件，批复伊春市体改委、乡企局：“同意组建黑龙江中植企业集团。企业按核心层、紧密层、松散层三个层次企业组建。核心企业为原伊春五营地方企业联合开发公司，可更名为黑龙江中植企业集团公司；紧密层企业由伊春宏源有限公司、宏业矿产开发有限公司、五营第二建筑安装工程公司、伊美达有限公司、兴隆实业公司、强力包装材料公司构成；松散层企业由生产经营相关的工商企业构成。集团企业法人地位不变。”

1995 年 5 月 17 日，伊春市工商行政管理局为黑龙江省中植企业集团颁发了《企业法人营业执照》。同日，伊春市工商行政管理局为黑龙江中植企业集团公司颁发了《企业法人营业执照》。

1997年12月29日，黑龙江省民建会计师事务所出具（1997）第169号验资报告，对黑龙江中植企业集团截至1997年11月20日的注册资本、投入资本变更情况进行了审验。验资证实，黑龙江中植企业集团增加投入资本5000万元，变更后的投入资本总额为1亿元。

1999年7月2日，黑龙江省工商行政管理局为黑龙江中植企业集团颁发了《企业集团登记证》，登记证载明：企业集团名称黑龙江中植企业集团，母公司名称黑龙江中植企业集团有限公司，母公司住所地黑龙江省伊春市五营区工商路30号。

2000年7月18日，黑龙江省工商行政管理局又为中植企业集团颁发了《企业集团登记证》，登记证载明企业集团名称为中植企业集团。

融汇支行向黑龙江省高级法院起诉，要求新泰公司还贷，要求中植企业集团承担保证义务。

◎ 裁判要旨

最高人民法院认为：融汇支行与新泰公司签订的13份借款合同以及双方签订的6份贷款展期协议书，双方当事人的意思表示真实，不违反法律规定，均应认定为合法有效。新泰公司未按合同约定偿还借款属违约行为，应偿还借款并承担违约责任。

在1995年5月17日伊春市工商行政管理局为中植企业集团颁发企业法人营业执照之时，中植企业集团公司及伊春宏源有限公司、伊春宏业矿产开发有限公司、五营区第二建筑工程公司、伊春市强力包装有限公司、五营兴隆实业公司都早已独立存在，并且均为企业法人；1998年4月8日，中植企业集团年检登记时，黑龙江中植企业集团公司及其5个紧密层企业也都同时存在。伊春市注册审计师事务所1995年3月20日出具的验资证明以及1995年5月17日伊春市工商行政管理局核发的《企业法人营业执照》中虽载明中植企业集团的注册资金为5000万元，但事实上所谓中植企业集团的注册资金5000万元，就是黑龙江中植企业集团公司及5个紧密层企业的资产。由此可见，虽然伊春市工商行政管理局为其办理了《企业法人营业执照》，但中植企业集团并不拥有独立承担民事责任的资产，其只是具有一定规模的企业法人联合体，不具有法人资格，也不具备作为担保主体的资格。所以，中植企业集团与融汇支行于1999年6月14日签订的99110号最高额保证合同、1999年6月22日签订的99019号最高额保证合同因其不具有担保主体资格，而应认定为无效；中植企业集团与融汇支行于 2000 年 2 月 1 日签订的 2000046 号最高额保证合同、2002 年 2 月 2 日签订的 200003 号最高额保证合同以及 1999 年 12 月 25 日、12 月 22 日、12 月 29 日、2000 年 1 月 7 日、1 月 19 日签订的 99110 号、99019 号、99149 号、99019 号、99024 号、99026 号 6 份保证贷款展期协议书，违反了《企业集团登记管理暂行规定》关于“经核准的企业集团名称可以在宣传和广告中使用，但不得以企业集团名义订立经济合同，进行经营活动”的规定，中植企业集团的担保行为也应认定为无效。对造成以上保证合同和协议无效，融汇支行和中植企业集团均有过错，均应承担相应民事责任。原审判决中植企业集团应对新泰公司的债务不能清偿部分承担 50% 的赔偿责任、其余损失由融汇支行自行承担并无不当，应予维持。

如上所述，1999 年 7 月 2 日之前，中植企业集团虽然持有伊春市工商行政管理局颁发的《企业法人营业执照》，但实质上其仍属于企业法人联合体；1999 年 7 月 2 日，黑龙江省工商行政管理局为黑龙江中植企业集团颁发《企业集团登记证》，只是依照《关于国家试点企业集团登记管理实施办法（试行）》、《企业集团登记管理暂行规定》对该公司进行规范并办理了重新登记，并非法人向非法人企业联合体过渡。由此，对上诉人融汇支行关于“在中植企业集团从法人向非法人的企业联合体转变过程中，依照我国法律对法人制度的规定，发起人对原法人资产、债权、债务具有组织清算的义务，否则，应当对其债务承担连带责任。中植企业集团 1 亿元注册资金的清算情况在工商档案中没有任何体现，中植企业集团的发起人并未进行任何清算活动。中植企业集团的发起人对中植企业集团的担保责任也应承担连带责任”的上诉主张，不予支持。

中植公司、宏源公司、宏业公司、二建公司、强力公司、兴隆公司均是独立的企业法人，与新泰公司借款没有直接的关系，也不曾为新泰公司借款提供担保，因此融汇支行请求中植公司、宏源公司、宏业公司、二建公司、强力公司、兴隆公司对新泰公司的债务承担连带保证责任的理由无事实和法律依据，也不予支持。遂判决驳回上诉，维持原判。即一、哈尔滨新泰工程机械有限公司于判决生效后十日内偿还中国工商银行哈尔滨市融汇支行人民币借款本金 1760 万元及人民币借款利息 2634844.22 元（计算至 2002 年 5 月 31 日）、美元借款本金 268.77 万元及美元借款利息 428667.77 元（计算至 2002 年 5 月 31 日）。至判决生效后十日内的利息按中国人民银行规定的逾期贷款利率计算。二、中植企业集团对哈尔滨新泰工程机械有限公司不能清偿的债务部分承担 50% 赔偿责任。三、驳回中国工商银行哈尔滨市融汇支行对中植企业有限公司、伊春宏源有限公司、伊春宏业矿产开发有限责任公司、五营区第二建筑工程公司、伊春市强力包装有限公司、五营兴隆实业公司的诉讼请求。二审案件受理费241760元，由上诉人中国工商银行哈尔滨市融汇支行承担。[①]

◎法条链接

1.**《担保法》第七条** 具有代为清偿债务能力的法人、其他组织或者公民，可以作保证人。

2.**国家工商行政管理局《企业集团登记管理暂行规定》第十四条** 经核准的企业集团名称可以在宣传和广告中使用，但不得以企业集团名义订立经济合同，从事经营活动。

3.**最高人民法院《关于企业开办的企业被撤销或者歇业后民事责任承担问题的批复》** 人民法院在审理案件中，对虽然领取了《企业法人营业执照》，但实际上并不具备企业法人资格的企业，应当依据已查明的事实，提请核准登记该企业法人的工商行政管理部门吊销其《企业法人营业执照》。工商行政管理部门不予吊销的，人民法院在审理案件中对该企业的法人资格可不予认定。

◎重要提示

一、保证合同无效的情形

（一）下列主体提供的保证无效

1.国家机关。

2.以公益为目的的事业单位、社会团体。但依据《担保法司法解释》第十六条的规定，从事经营活动的事业单位、社会团体为保证人的，如无其他导致保证合同无效的情况，其所签订的保证合同应当认定为有效。具有一定公共服务性质的企业法人所签订的保证合同应为有效。**长乐自来水公司与工行五四支行借款担保纠纷案**：最高人民法院（2004）民二终字第262号民事判决书认为，自来水公司领取的是企业法人执照，属于以营利为目的的企业法人，其经营活动虽具有一定的公共服务性质，但不属于以公益为目的的事业单位。自来水公司关于其不符

① 《人民法院报》2005年10月25日。

合保证主体资格的上诉主张没有事实依据，本院不予支持。[①]

3. 企业法人的分支机构未经法人书面授权。

4. 企业法人的职能部门。

5. 境内机构未经国家外汇管理局批准或登记，对外提供担保的。

6. 无民事行为能力人。

7. 限制行为能力人的保证行为未被追认的。

8. 公司董事、经理违反公司法规定，以公司资产为本公司的股东或者其他个人债务提供担保的。

9. 法人的法定代表人或其他组织的负责人超越权限订立的担保合同，若相对人知道或者应当知道其超越权限。

10. 代理人超越代理权限签订担保合同或者以被代理人名义同自己或自己代理的其他人签订担保合同，被代理人不予追认，也不能构成表见代理的，其担保合同对被代理人不生效力，由行为人承担责任。

（二）主合同无效的

（三）主合同当事人双方串通，骗取保证人提供保证的

最高人民法院《关于上海三泷房地产开发有限公司与中国建设银行上海市浦东分行、上海申浦对外技术投资总公司借款合同纠纷一案的复函》：本案浦东分行和申浦公司签订《外汇借款合同》，是双方真实意思表示，不违背法律、法规的禁止性规定，可认定为有效。申浦公司以开展进出口业务为名，骗取三泷公司为其借款担保，将短期外汇借款用于向浦东分行偿还为案外人巨龙公司的担保之债；浦东分行明知该项贷款的实际用途，但其签订担保合同时没有告知保证人三泷公司，亦不能举证三泷公司明知借贷双方“以贷还债”，应认定主合同双方当事人恶意串通，欺骗保证人。根据《担保法》第三十条第一款的规定，三泷公司对申浦公司偿还浦东分行的担保债务部分，不承担民事责任。

（四）主合同债权人一方采取欺诈、胁迫等手段，使保证人在违背真实意思的情况下提供保证的

河南兴豫房地产开发公司与郑州城市合作银行城东路支行、河南太阳保健品有限公司借款担保合同纠纷申请再审案：最高人民法院审查认为，兴豫公司提供的新证据证明的是太阳保健品公司违反借款合同的约定，改变借款用途，将借款

① 《最高人民法院公报》2005 年第 9 期。

用于归还其及其关联单位在仁达信用社的贷款，但不能证明城东路支行与太阳保健品公司事先恶意串通，骗取兴豫公司提供保证，也不能证明城东路支行有欺诈、胁迫行为，使兴豫公司在违背真实意思表示情况下提供保证。因此，兴豫公司提供的新证据不能证明存在《担保法》第三十条规定的担保人不承担保证责任的情况。①

（五）主合同债务人一方采取欺诈、胁迫等手段，使保证人在违背真实意思的情况下提供保证的，债权人知道或者应当知道欺诈、胁迫事实的

（六）保证合同具有《合同法》第五十二条规定的情形的

二、保证合同无效后的责任承担

（一）主合同有效而担保合同无效的

债权人无过错的，担保人与债务人对主合同债权人的经济损失，承担连带赔偿责任；债权人、担保人有过错的，担保人承担民事责任的部分，不应超过债务人不能清偿部分的二分之一。

（二）主合同无效而导致担保合同无效的

担保人无过错的，担保人不承担民事责任；担保人有过错的，担保人承担民事责任的部分，不应超过债务人不能清偿部分的三分之一。**中国银行重庆江北支行与中国农业银行襄樊市樊东支行等信用垫款纠纷案**：针对樊东支行为开证申请人提供的保证担保，最高人民法院（2003）民四终字第21号民事判决书认为：关于樊东支行是否存在过错的问题。在主合同无效导致担保合同无效的情形下，担保人并非主合同的当事人，主合同无效不应当要求非合同当事人的担保人承担无效结果。因此，担保人的过错不应是指担保人在主合同无效上的过错。担保人的过错应当包括：担保人明知主合同无效仍为之提供担保、担保人明知主合同无效仍促使主合同成立或为主合同的签订作中介等。就本案而言，开证法律关系无效是由于外贸公司欺诈开证行开立没有贸易背景的信用证造成的，担保人从申请开证环节上无法获知合同的违法性。因此，应认定樊东农行无过错，根据前述规定，樊东农行不承担民事责任。②

---

① 沈德咏主编：《审判监督指导与研究》2003年第1卷，人民法院出版社2003年版，第174页。

② 《最高人民法院公报》2006年第3期。

（三）担保人明知主合同效力有重大瑕疵，仍提供担保的，其担保责任不能免除

汕头日报社与中国（福建）对外贸易中心集团、汕头日报新闻器材总公司外贸代理合同纠纷案：该案中，不排除主合同双方当事人串通骗购国家外汇的事实存在。法官认为：担保合同是指担保人和债权人约定，当债务人不履行债务时，保证人按照约定履行债务或者承担责任的行为。担保合同是主合同的从合同，主合同无效，担保合同无效，担保合同另有约定的，按照约定。1998 年 1 月 15 日，福建外贸集团与新闻公司、汕头日报社签订了一份担保合同，该担保合同约定：汕头日报社自愿为新闻公司委托福建外贸集团进口总额为 500 万美元的各类商品（以纸张为主）提供担保；保证方式为连带责任；保证范围为新闻公司偿还福建外贸集团全部货款以及延期付款利息提供全额保证，如有延付货款产生的延期罚息等，汕头日报社对此无条件负担保义务，并对延期罚息做了约定。在签订这份担保合同时，汕头日报社并没有对代理进口合同的履行情况进行审查就出具了担保，并在 1998 年 4 月 28 日，福建外贸集团公司为甲方，新闻公司为乙方，汕头日报社为丙方又签订了一份协议书：认可甲乙双方签订的 1997 年进字第 004 号合同编号为 97AVNT-917-51、52、53、54、55、56、57、58、59 项下的甲方义务均已履行完毕，乙方至 1998 年 4 月 28 日共结欠甲方货款本金及利息计 29147459.38 元（利息计算至 1998 年 4 月 24 日）；并就还款方式、期限、费用等重新进行了确认，汕头日报社对上述约定的乙方义务承担保证责任，保证范围包括欠款本金、利息、违约金及甲方为实现债权而支付的必要费用，保证期限至甲方实现全部债权止。除非甲方债权已经因实际处理质押物而减少，前款约定的质押不影响丙方的保证责任；乙方、丙方违反本协议约定，甲方有权随时就乙方拖欠债务的总额主张债权。这一事实说明，汕头日报社并没有对前述债权债务提出有违法行为存在，反而再次同意为新闻公司承担连带保证责任，因此，汕头日报社的担保责任不能免除。①

（四）债权人知道或者应当知道保证人为企业法人的职能部门的，造成的损失由债权人自行承担

① 陈佳："担保人明知合同效力有重大瑕疵，仍提供担保，不能免除其担保责任"，载沈德咏主编：《审判监督指导》2004 年第 1 辑，第 83~84 页。

三、格式合同中未按使用说明加注的条款效力

银行作为对公企业，为减少交易成本、使用方便而大量使用格式合同。格式合同是一方当事人将对所有相对人采用的交易条件预先拟定，由相对人决定是否承诺的合同。在格式合同中相对人丧失了选择合同条款的权利，但这并不排除双方对格式合同中的条款进行变更和补充。因此，从探究合同双方的真实意思出发，格式合同的补充条款较之格式合同的原来条款更加符合双方订立合同的本意。尽管有的格式合同大都附有使用说明，但相对人的加注条款不能因为不符合使用说明而否定其效力。**中国银行重庆渝北支行与重庆富源数码广告印务公司、重庆市渝北区水电建设总公司借款合同纠纷抗诉案**：该案中，银行提供的保证合同系格式合同书，该《保证合同使用说明》第五条规定："合同当事人认为应当在合同中约定的其他事项，而本合同条款未涉及的，由各方协商一致后在第十二条中填写。"而水电总公司在保证合同的盖章处加注："根据1994年9月7日县政府领导召开的座谈会议精神，公司同意再为甲方担保借款400万元，时间至1997年9月底。"最高人民法院再审认为：水电总公司在96年保字第12号保证合同上加注保证期限条款，虽查明该加注是盖章后加注的，但渝北中行签章日期晚于水电总公司签章日期29天，且渝北中行向法院提供的96年保字第12号保证合同原件上即有该加注，渝北中行对此没有提出过异议。本案保证合同是渝北中行提供的格式合同书。其使用说明只是对填加合同内容的一般要求，不具有强制力。水电总公司在保证合同签章处加注保证期限条款虽不规范，但不违背当事人的真实意思表示，且该保证期限长于借款合同还款期限约定，应认定该保证期限条款有效。渝北中行于1997年11月7日对债务人印务公司起诉，已超过保证合同约定的保证期限。根据《担保法》第二十五条第二款的规定，水电总公司免除保证责任。①

四、《物权法》解读：担保合同的独立性效力

《担保法》第五条第一款规定："担保合同是主合同的从合同，主合同无效，担保合同无效。担保合同另有约定的，按照约定。"我国《物权法》第一百七十二条第一款规定："设立担保物权，应当依照本法和其他法律的规定订

---

① 沈德咏主编：《审判监督指导与研究》2002年第1卷，人民法院出版社2002年版，第174页。

立担保合同。担保合同是主债权债务合同的从合同。主债权债务合同无效，担保合同无效，但法律另有规定的除外。”通过对比可知，物权法施行后，除非全国人大及其常委会颁布的法律对独立担保另有规定，法规、规章、规范性文件规定及当事人约定“担保合同的效力独立于主合同”的均属无效。

独立担保的实质是否定担保合同的从属性，不再适用担保法律中为担保人提供的各种保护措施，因此独立担保是一种担保责任非常严厉的的担保。最高人民法院副院长奚晓明2007年5月在全国民商事审判工作会议上讲话指出：考虑到独立担保的责任的异常严厉性，以及适用该制度可能产生欺诈和滥用权利的弊端，尤其是为了避免严重影响和动摇我国担保法律制度体系的基础，目前独立担保只能在国际商事交易中使用。《物权法》第一百七十二条第一款关于“但法律另有规定的除外”之规定，进一步表明当事人不能约定独立性担保物权的立场。因此，对于独立担保的处理，应当坚持维护担保制度的从属性规则，在主合同有效的前提下，若当事人在非国际商事交易领域约定独立保证或独立担保物权，应当否定担保的独立性，并将其转换为有效的从属性连带保证或担保物权。[①]

湖南机械进出口公司、海南国际租赁公司与宁波东方投资公司代理进口合同纠纷案：最高人民法院（1998）经终字第184号民事判决认为，海南公司的担保合同中虽然有“本担保函不因委托人的原因导致代理进口协议书无效而失去担保责任”的约定，但在国内民事活动中不应采取此种独立担保方式，因此该约定无效，对此应当按照《担保法》第五条第一款的规定，认定该担保合同因主合同无效而无效。虽然海南公司对本案的损失并无直接过错，但其提供的担保函却为东方公司对外开证付款起到了一定的作用，因此应当承担相应的赔偿责任，该责任应为湖南公司不能偿还欠款部分的50%。[②]

最高人民法院通过上述终审判决，表明独立担保只能在国际商事交易中使用的立场。但独立担保的适用仍然面临着诸多法律问题。如果当事人在国内市场中约定了独立担保，是否要绝对地认定该约定无效并判令独立担保人承担缔约过失责任呢？在主债权合同无效和存在无效的情形下，应当如何分别处理呢？如何根据“无效民事法律行为效力转换”的原理，通过“裁判解释转换”的方法来实现

---

① 《法律适用》2007年第7期。

② 肖扬总主编：《中华人民共和国最高人民法院判案大系》（民商事卷·1998年卷），人民法院出版社2003年版，第431~435页。

转换？对于国内商业银行已经普遍使用独立担保条款的合同，这种转换是否符合当事人的合同预期？①

在最高人民法院对独立担保未出台新的司法解释之前，商业银行应避免在其贷款合同或担保合同中使用独立担保的条款，纠正无论借款合同、最高额借款合同等主合同是否有效，担保人都要承担担保责任的错误认识，防止因设立独立担保而放弃履行对主合同效力的审查之责。

◎风险规避

一、加强对保证人主体资格的审查

债权人设立保证的目的是为了债权的实现，而主合同与保证合同的同时有效是达到这一目的的前提条件。

1. 审查事业单位、社会团体是否从事经营活动；

2. 审查法人分支机构提供法人书面授权的真实性和合法性；

3. 审查保证人的注册登记，以确定保证人的企业性质，即确定其为法人，还是法人分支机构或职能部门；审查其经营资格，即营业执照是否被吊销，是否尚在合法的经营期限内，是否属于不得从事经营的企业集团等；

4. 审查自然人的身份证件，据以确定其民事行为能力。

二、违反公司法规定进行担保的效力及担保审查

公司是市场经济中最活跃、最重要的经济组织，也是为银行提供保证的主力军。因而，熟悉《公司法》关于担保的有关规定，尤为重要。

《担保法司法解释》依据1993年《公司法》第六十条，规定董事、经理以公司资产为本公司的股东或者其他个人债务提供担保的，担保合同无效。**中国进出口银行与光彩事业投资集团有限公司、四通集团公司借款担保合同纠纷案**：针对光彩集团为股东四通集团担保的合同效力，最高人民法院（2006）民二终字第49号民事判决书认为：本案光彩集团为四通集团的债务进行担保的行为发生在《公司法》修订前，故本案适用修订前《公司法》及《担保法》、《担保法司法解释》。修订前《公司法》第六十条第三款规定“董事、经理不得以公司资产为

① 2008年4月29日宋晓明“在物权法担保物权国际研讨会上的讲话”，载奚晓明主编：《民商事审判指导》2008年第2辑，第6页。

本公司的股东或者其他个人债务提供担保。”该条规定是对公司董事、高管人员未经公司批准，擅自为公司股东及其他个人债务提供担保的禁止性规定。但该规定并非一概禁止公司为股东担保，对有限责任公司而言，符合公司章程，经过公司股东会、董事会批准，以公司名义进行关联担保，修订前《公司法》并未明确加以禁止。上述条款的立法目的是为了限制大股东、控股股东操纵公司与自己进行关联交易，损害中小股东的利益，以维护资本确定原则和保护中小股东权益。对经公司股东会、董事会同意以公司资产为小股东进行担保当不属禁止和限制之列。从价值取向的角度考量，在平衡公司债权人与公司股东利益冲突时，应优先保护公司债权人的利益。……即使董事会决议有瑕疵，也属其公司内部行为，不能对公司的对外担保行为效力产生影响。故光彩集团在本案诉讼中提出的董事会决议无效、公司为其股东担保无效的主张没有事实和法律依据，且违反民事诉讼中的“禁止反言”规则，本院不予支持。进出口银行关于光彩集团为四通集团提供担保不违反法律的禁止性规定，是有效担保，光彩集团应对四通集团的本案债务承担连带责任的上诉理由成立，本院予以支持。①

2013年《公司法》第十六条规定：“公司向其他企业投资或者为他人提供担保，依照公司章程的规定，由董事会或者股东会、股东大会决议；公司章程对投资或者担保的总额及单项投资或者担保的数额有限额规定的，不得超过规定的限额。公司为公司股东或者实际控制人提供担保的，必须经股东会或者股东大会决议。前款规定的股东或者受前款规定的实际控制人支配的股东，不得参加前款规定事项的表决。该项表决由出席会议的其他股东所持表决权的过半数通过。”**中建材集团进出口公司诉北京大地恒通经贸有限公司、北京天元盛唐投资有限公司、天宝盛世科技发展（北京）有限公司、江苏银大科技有限公司、四川宜宾俄欧工程发展有限公司进出口代理合同纠纷案**：其裁判摘要指出：公司违反前述条款的规定，与他人订立担保合同的，不能简单认定合同无效。第一，该条款并未明确规定公司违反上述规定对外提供担保导致合同无效；第二，公司内部决议程序，不得约束第三人；第三，该条款并非效力性强制性的规定；第四，依据该条款认定担保合同无效，不利于维护合同的稳定和交易的安全。②

---

① 奚晓明主编：《民商事审判指导》2006年第1辑，人民法院出版社2006年版，第312~313页。

② 《最高人民法院公报》2011年第2期。

银行为避免法律风险，应按《公司法》的上述规定履行审查义务，毕竟，未履行审查义务接受担保具有过错。

1. 审查工商登记备案的公司章程中规定的担保限额及担保决议机关。如公司章程对担保没有相应的规定时，尽管《公司法》也没有作出规定，银行仍应要求担保人提供股东会决议。**上海农村商业银行股份有限公司吴淞支行与上海创宏建筑材料有限公司、上海宏艺钢铁物资有限公司借款担保合同纠纷案**：其裁判要旨认为：《公司法》第十六条第一款并非强制性条款，当章程就公司为股东和实际控制人以外的人提供担保予以"沉默"时，法院首先要根据不同案情判断涉讼担保的决定权系自然授予董事会还是复归于股东会，进而认定担保行为的效力。公司担保行为本质上属于经营行为，当不具有负外部风险时担保决定权自然授予董事会；当担保行为产生负外部性风险时，则该担保决定权应复归于股东会，即使担保决定权属于股东会，债权人对担保人提供的同意担保的股东会决议只负形式审查之责。[①]

2. 审查担保是否经过董事会或股东（大）会的决议，决议上的签字、盖章是否完备。债权人对决议内容及董事签字的真实性不负有实质审查义务。**中国光大银行深圳分行与创智信息科技股份有限公司、深圳智信投资有限公司、湖南创智集团有限公司借款保证合同纠纷上诉案**：最高人民法院认为，本案二审期间，光大银行向法庭提交了创智股份董事会同意担保的决议。创智股份对该份董事会决议提交的反驳证据，证明的主要内容是作出声明的董事个人没有签署过该份董事会决议。根据创智股份与光大银行签订的保证合同第六条约定"保证人应确保债权人收到以下文件：……4. 保证人的董事会或有权决定本保证事宜的其他保证人内部机构同意保证人按照本合同提供保证担保的文件"，创智股份应当提交给光大银行同意担保的董事会决议，现光大银行提交出一份创智股份同意担保的董事会决议，且该董事会决议上加盖了创智股份的公章，在没有相反证据证明这份决议是光大银行自行伪造的情况下，可以认定该决议是为签订担保合同的目的，以创智股份的名义提交给光大银行的。对于该份董事会决议，光大银行仅负有形式审查的义务，即只要审查董事会决议的形式要件是否符合法律规定，银行即尽到了合理的注意义务。董事会决议记载的是出席会议的董事依职权作出的特定意思表示，其形式要件只需出席会议的董事签名即可。该份董事会决议上有丁某等7

---

① 《人民司法·案例》2009年第14期。

位董事签名，符合董事会决议形式要件的要求，并加盖了创智股份的印章。决议上的签名是否为董事亲笔所签，则属于实质审查的范畴，光大银行对此并无法定义务。创智股份公开披露本案担保未经董事会决议及深圳证券交易所出具谴责报告的时间都在担保合同签订之后，不能证明光大银行在签订担保合同时明知该董事会决议存在瑕疵。在创智股份没有证据证明光大银行存在恶意的情况下，应当认定光大银行对该份董事会决议已履行了合理审查的义务。[①]

3. 尽职调查公司对外担保的数额是否超过了公司章程的限额。

4. 由公司出具承诺，保证其担保未超出限额，保证在公司决议时没有依法应予回避的关联股东，或保证应予回避的股东在决议时予以了回避。

5. 接受上市公司担保时，应注意：

（1）对上市公司公开披露的信息（如向社会公布的公司章程）应进行了解与审查。因为，公开披露的信息视为对社会公众的告知，银行在接受担保时，未尽审查义务，导致担保合同无效时，具有过错。

（2）依据《公司法》第一百二十一条的规定，银行应履行审查义务，并要求上市公司出具相应的法律文件。

---

① 奚晓明主编：《民商事审判指导》2008 年第 2 辑，人民法院出版社 2008 年版，第 177~178 页。

第三节 保证责任的免除

案例 41：保证期间届满后，担保人在催款通知书上签字、盖章也不再承担保证责任

摘要： 保证期间届满后，保证人如无其他明示，仅在债权人发出的催收到期贷款通知单上签字或盖章的行为，不能成为重新承担保证责任的依据。

锦州市商业银行与锦州市华鼎工贸商行（以下简称华鼎商行）签订借款合同，还款期限截止为1996年12月20日。锦州市经济技术开发区实华通信设备安装公司（以下简称实华公司）为每笔贷款提供了担保，并出具了《偿还借款担保书》。实华公司在三份借款合同中均明示："当借款方不履行合同时，保证方负有不可撤销的连带承担偿还借款本息的责任；保证方同意贷款方从其存款账户内扣收借款方贷款本息。"并加盖了单位公章及法定代表人个人名章。实华公司在单独出具的《偿还借款担保书》中亦承诺："如借款方不能按期归还贷款，我单位负责偿还贷款本息。并同意你行从我单位所有存款账户中扣收上述贷款本息。"但是，合同均未约定保证期间。

贷款到期后，华鼎商行未予偿还。锦州市商业银行给借款人华鼎商行、担保人实华公司发出了《催收贷款通知书》。该通知书明示："你单位于1996年5月20日、15日、13日，在我行借款120万元，截至1997年11月25日已逾期，尚欠贷款本金120万元，贷款利息、罚息、复息122120元。该贷款由开发区实华通信设备安装公司担保。接到通知后，请借款单位和担保单位抓紧筹措资金，于近日内归还我行贷款本息。"贷款单位、借款单位、保证单位均在催收贷款通知书中加盖单位公章，借款单位、担保单位还加盖了法定代表人名章。

案经辽宁省锦州市中级人民法院一审和辽宁省高级人民法院二审终审后，最高人民检察院对该案提起抗诉。其主要理由之一为：本案主债权到期日是1996年12月20日，当事人在保证合同中没约定保证期间，则保证期间应依法确定为自1996年12月20日起的6个月，6个月保证期间内，商业银行一直没有向保

证人实华公司行使权利，所以商业银行对实华公司享有的债权已经消灭，实华公司应免责。终审判决将保证期间认定为诉讼时效，在除斥期间届满，实体权利已经消灭的情况下，判决实华公司承担保证责任，适用法律确有错误。

辽宁省高级人民法院在再审中向最高人民法院请示，请示的主要问题是：实华公司在本案中应否承担连带保证责任。

◎裁判要旨

最高人民法院于2003年2月25日以（2002）民监他字第14号函答复：保证期间届满后，保证人如无其他明示，仅在债权人发出的催收到期贷款通知单上签字或盖章的行为，不能成为重新承担保证责任的依据。本院法释［1999］7号《关于超过诉讼时效期间借款人在催款通知单上签字或者盖章的法律效力问题的批复》，不适用于保证人。（沈德咏主编：《审判监督指导与研究》2003年第2卷，人民法院出版社2003年版，第137~145页）

◎法条链接

1.**《担保法》第二十六条**　连带责任保证的保证人与债权人未约定保证期间的，债权人有权自主债务履行期届满之日起六个月内要求保证人承担保证责任。

在合同约定的保证期间和前款规定的保证期间，债权人未要求保证人承担保证责任的，保证人免除保证责任。

2.**最高人民法院《关于超过诉讼时效期间借款人在催款通知单上签字或者盖章的法律效力问题的批复》**　根据《中华人民共和国民法通则》第四条、第九十条规定的精神，对于超过诉讼时效期间，信用社向借款人发出催收到期贷款通知单，债务人在该通知单上签字或者盖章的，应当视为对原债务的重新确认，该债权债务关系应受法律保护。

3.**最高人民法院《关于人民法院应当如何认定保证人在保证期间届满后又在催款通知书上签字问题的批复》**　根据《中华人民共和国担保法》的规定，保证期间届满债权人未依法向保证人主张保证责任的，保证责任消灭。保证责任消灭后，债权人书面通知保证人要求承担保证责任或者清偿债务，保证人在催款通知书上签字的，人民法院不得认定保证人继续承担保证责任。但是，该催款通知书内容符合合同法和担保法有关担保合同成立的规定，并经保证人签字认可，能够认定成立新的保证合同的，人民法院应当认定保证人按照新保证合同承担责任。

◎重要提示

一、催收贷款通知书的性质

催收贷款通知书是商业银行单方制作的文书，是为实现权利而采取的一种方式，并非协议。保证期间届满后，保证人的保证责任消灭。如要重新设定保证合同并由原保证人继续承担保证责任，须由双方重新签订保证合同而不能由单方设定。

二、保证责任的免除事由

保证责任免除，是指对已经有效存在的保证责任基于法律的规定或当事人的约定加以除去、保证人不再承担保证责任的情形。无效的保证合同不应成为保证责任免除的事由，无效的保证合同自始无效，不可能产生保证责任，因而也就不存在免除的问题。另外，在《担保法》及《担保法司法解释》中，“不再承担保证责任”的表述应理解为：保证人本应承担保证责任。但由于出现了法定事由或当事人约定事由而不再承担保证责任，因而，据以发生“不再承担保证责任”的事由也应属于保证责任的免除事由。

（一）保证责任免除的法定事由

1. 涉外保证合同已经国家有关主管部门批准后，主合同变更或者债权人将对外担保合同项下的权利转让，未经担保人同意和国家有关主管部门批准的，担保人不再承担担保责任。

2. 保证期间，债权人许可债务人转让债务，但未经保证人同意的，保证人对未经其同意转让部分的债务不再承担保证责任。

3. 在一般保证的情况下，保证期间届满，债权人未对债务人提起诉讼或者申请仲裁的，保证人免除保证责任。在连带责任保证的情况下，保证期间届满，债权人未要求保证人承担保证责任的，保证人免除保证责任。

4. 一般保证的保证人在主债权履行期间届满后，向债权人提供了债务人可供执行财产的真实情况，债权人放弃或者怠于行使权利致使该财产不能被执行的，保证人可以请求人民法院在该可供执行财产的实际价值范围内免除其保证责任。

5. 主合同双方当事人协议以新贷偿还旧贷，除保证人知道或者应当知道的外，保证人不承担民事责任。但新贷与旧贷系同一保证人的除外。

6. 债权人知道或者应当知道债务人破产，既未申报债权也未通知保证人，致使保证人不能预先行使追偿权的，保证人在该债权在破产程序中可能受偿的范围内免除保证责任。

7. 债权人与债务人协议变更主合同，但未经保证人同意，如果加重债务人债务的，保证人对加重的部分不承担保证责任

实务中，银行与借款人对借款合同内容的重新约定，其性质是对原借款协议的变更，还是重新签订的借款合同，将直接涉及保证人保证责任的承担。如是重新签订借款合同，保证人未对重新签订的借款合同提供担保的，就不存在承担担保责任的问题，如是协议变更，则保证人只是对加重的部分不承担保证责任。**中国农业银行南昌市顺化门支行与江西省远大实业发展公司、江西省棉麻集团公司借款担保合同纠纷案**：最高人民法院针对该案的请示，同意江西省高级人民法院的第二种意见，即本案700万元借款合同已生效，在合同约定的履行期限之前改变借款合同履行期限和借款金额，不应视为重新订立合同，而是对合同的变更。法官认为：判断借贷双方对借款合同内容的协议修改是否属于合同的变更，关键应当审查两个方面的事实：一是当事人对变更及其内容是否协商一致。就本案而言，将原约定的700万元借款数额和一年的履行期，变更为100万元和65天的内容是农行与远大公司协商一致的结果，且已部分履行，因此，借贷双方协商一致的变更是符合法律要求的，也是符合当事人意志的。二是借贷双方协商变更的内容是否改变了原合同的实质内容。也就是说如果变更后的内容，并没有改变作为本约的原合同成立的主要条款或者基本条款，也没有改变合同性质的话，那么这种改变只能是对合同有关内容的变更，而不是重新订立了一份新的合同。依照国务院1985年2月28日发布的《借款合同条例》第六条的规定，贷款的种类、借款的用途、金额、利率、期限，还款的资金来源及还款方式、违约责任、保证条款构成了借款合同的基本条款。如果借款合同缺乏上述主要条款的，或者其中部分条款内容违背了法律规定以致合同不能成立的，借贷双方协商补订使之成立的，这实际上是重新订立合同。如果合同在已经依法成立的情形下，借贷双方对借款合同的基本条款的变更，使得合同发生合同性质或者当事人等的实质变化，那么这种协商变更实际上也是重新订立合同。因此，农行与远大公司在700万元借款合同成立后，双方在不改变借款的合同性质、不改变借款的用途、利率、还款方式、违约责任的基础上，仅对借款金额、期限所做的变更，应当认为双方这种重新约定是对本约的变更，并未改变原合同的实质内容，故不属于签订的新合

同。因此，农行关于该100万元是对700万元借款和还款期限予以变更的理由成立。[①]

8. 同一债权既有保证又有物的担保的，如果物的担保是由主债务人提供的，保证人对物的担保以外的债权承担保证责任；如果物的担保是由第三人提供的，债权人可以请求保证人对其担保的全部债权承担责任。

在债权人放弃担保物权的情形下，因物的担保提供人不同，保证人的责任范围亦有所不同。在物的担保是由第三人提供的情形下，债权人有权选择行使担保物权或者保证债权，如当事人没有特殊约定，物的担保人与保证人处于同等的清偿地位，均有责任首先清偿全部债务。此时，债权人是否放弃担保物权，对保证人的责任承担并无影响。在债权人就全部债权向保证人主张时，保证人仍有义务予以清偿。当物的担保由主债务人提供时，因保证人只对物的担保以外的债权部分承担保证责任，债权人放弃物的担保的，保证人在其放弃权利的范围内免责。

债权人在主合同履行期届满后怠于行使担保物权，致使担保物的价值减少或者毁损、灭失的，视为债权人放弃部分或者全部物的担保。保证人在债权人放弃权利的范围内减轻或者免除保证责任。

《物权法》第一百七十六条规定："被担保的债权既有物的担保又有人的担保的，债务人不履行到期债务或者发生当事人约定的实现担保物权的情形，债权人应当按照约定实现债权；没有约定或者约定不明确，债务人自己提供物的担保的，债权人应当先就该物的担保实现债权；第三人提供物的担保的，债权人可以就物的担保实现债权，也可以要求保证人承担保证责任。提供担保的第三人承担担保责任后，有权向债务人追偿。"

值得注意的是，《物权法》继续沿用了最高人民法院《担保法司法解释》关于物的担保与保证并存时保证责任的承担原则，不同的是增加了当事人对于责任顺序意思自治的内容。根据该条规定，如果当事人在担保合同中约定了担保人承担责任的顺序，则债权人应当受该约定顺序之约束；如果没有约定或者约定不明确，则按物的担保与保证并存时责任顺序的一般原则处理。

（二）保证责任免除的约定事由

1. 保证期间，债权人依法将主债权转让给第三人，而保证人与债权人事先约

---

① 张新民："债权人与债务人就借款合同中某项条款的重新约定是合同的重新签订，还是协议的变更"，载沈德咏主编：《审判监督指导》2004年第1辑，第38~46页。

定仅对特定的债权人承担保证责任或者禁止债权转让的，保证人不再承担保证责任。

2. 主合同依法解除或协议解除，保证合同约定担保责任随之解除的，保证人在主合同解除后，免除保证责任。

3. 债权人与保证人协议解除保证合同的，保证人免除保证责任。**信达公司石家庄办事处与中阿公司等借款担保合同纠纷案**：其裁判摘要指出：保证合同是当事人之间意思表示一致的结果，保证人的变更必须经债权人同意。债权人和保证人之间没有形成消灭保证责任的合意，即使债务人或第三人为债权人另外提供了相应的担保，债权人亦表示接受，也不能因此免除保证人的保证责任。[①]

◎风险规避

一、积极行使权利，防止权利灭失

依据保证责任免除的事由，银行应有针对性的采取相应的措施：

1. 履行必要的法律程序：及时提起诉讼、申请仲裁、财产保全、申请强制执行和申报债权；

2. 通知保证人：债务人破产、借新还旧；

3. 征得保证人同意：债务转让、协议变更主合同；

4. 在保证期间届满前向保证人主张权利。

二、保证人的保证责任消灭后的补救措施

（一）与保证人重新签订担保合同

1. 保证合同应明确约定保证人对保证责任解除前的利息、罚息及实现债权的费用承担责任。否则，保证人只对保证合同生效以后产生的债务承担责任。

2. 重新签订的保证合同应明确约定保证方式及保证期间，未约定保证期间的，涉及主债务履行期届满日期的确定，则该日期的确定会因个案情况的不同而有所区别。**上诉人广州珠江广场房地产开发有限公司与被上诉人中国信达资产管理公司北京办事处、中基嘉发进出口公司借款担保合同纠纷案**：最高人民法院（2007）民二终字第86号民事判决书认为，2002年7月8日中国银行、中基嘉发

---

① 《最高人民法院公报》2006年第3期。

公司和珠江公司三方签订的《会谈纪要》确立的珠江公司的保证责任认定是本案各方当事人争议的焦点。根据一审查明的事实，上述《会谈纪要》签订时，(00)字第058号保证合同约定的2年保证期间已过，保证人珠江公司已经免除担保责任。但在2002年7月8日中国银行与中基嘉发公司、珠江公司三方会谈中，珠江公司明确表示同意承担（00）字第058保证合同项下的担保责任，不同意承担（00）中营信保字第001号保证合同项下保证责任。中国银行亦明确表示，鉴于（00）中营信保字第001号保证合同系历史遗留问题，如保证人珠江公司履行了（00）字第058号保证合同项下的担保责任，中国银行可以不再要求其履行（00）中营信保字第001号保证合同项下的保证责任。据此，中国银行与珠江公司已就珠江公司继续承担（00）字第058号保证合同项下的担保责任达成新的合意，符合《合同法》与《担保法》中有关合同成立的法律规定，双方形成了新的保证合同法律关系。

本案各方虽就继续承担（00）字第58号保证合同项下担保责任进行了约定，但对担保方式和保证期间并未具体明确。原审法院将（00）字第058号合同的保证期间作为新的保证合同的保证期间的认定错误，本院予以纠正。根据担保法第十九条关于"当事人对保证方式没有约定或者约定不明确的，按照连带责任保证承担保证责任"的规定，《会谈纪要》所确立的保证责任方式应认定为连带责任保证。依据《担保法》第二十六条规定，连带责任保证的保证人与债权人未约定保证期间的，保证期间为主债务履行期届满之日起六个月。案涉（00）字第058号保证合同约定的主债务履行期限为1999年5月5日至2000年5月5日。在《会谈纪要》中债务人认可债权人此前不断向其追索，因此，该《会谈纪要》构成主债务诉讼时效中断，在《会谈纪要》之前的时间应视为主债务履行的宽限期，《会谈纪要》构成主债务诉讼时效中断同时亦应视为主债务履行期限届满。因此，新的保证合同的保证期间应自《会谈纪要》签订时间即2002年7月8日起算至2003年1月8日。根据已经查明的事实，债权人中国银行于2003年8月15日向珠江公司公证送达《关于要求履行担保责任的函》，已超过保证期间，依照《担保法》第二十六条第二款之规定，应认定保证人珠江公司免除保证责任。原审关于珠江公司保证期间应为其承诺之日即2002年7月8日至2004年7月7日的认定，缺乏事实根据，本院予以纠正。①

---

① 奚晓明主编:《商事审判指导》2009年第3辑，人民法院出版社2010年版，第236~237页。

（二）最高人民法院法释［2004］4号批复的实务运用

1. 实务中，催款通知书在何种情形下可被认定为成立了新的保证合同，即如何理解最高人民法院法释［2004］4号批复

中国东方资产管理公司广州办事处与广州万宝集团有限公司、万宝冷机集团有限公司借款担保合同纠纷案：本案中，保证人广州万宝集团有限公司因超过保证期间免除保证责任后，在银行到、逾期贷款催收通知书回执上盖章，核对借款本息数字无误，并承诺按合同（协议）规定履行全部义务，尽早归还所欠借款本息。法院据此认定成立新的保证合同。[①]

中国长城资产管理公司广州办事处与广东省新会市会城建设发展总公司、新会市长江贸易总公司借款担保合同纠纷上诉案：2000年6月7日，新会农行和长城公司广州办事处共同向长江公司和建设公司发出《债权转移确认通知书》，主要内容为：根据中国农业银行广东省分行与长城公司广州办事处于2000年5月15日签订的《剥离收购不良资产协议书》长江公司所欠中国农业银行的债权于2000年5月15日起转移给中国长城资产管理公司。债权转移后，中国长城资产管理公司行使债权人的一切权利，中国农业银行不再行使债权人的权利。特通知长江公司及担保人，并请确认以下事项：（1）主债权转移事项。长江公司所欠债务数额为人民币贷款本息73181487.68元，其中本金44769000元，利息28412487.68元。具体如附表。（2）从债权转移事项。中国农业银行为上述主债权所设置的保证担保合同项下的担保的从权利依法全部转移和委托给中国长城资产管理公司，原担保合同内容不变。按照国务院规定，此次担保权利转让保证人对担保权人主体变更所持异议无效。（3）上述贷款已经全部逾期，请贵企业及其担保人在接到本确认书后，主动向中国长城资产管理公司归还全部债务或制订还款计划。长江公司和建设公司分别在《债权转移确认通知书回执》的债务人和担保人栏盖章确认。该回执的内容为：我企业对《债权转移确认通知书》所列中国农业银行与中国长城资产管理公司贷款本息73181487.68元债权转移不持任何异议，借款人和保证人继续履行借款合同、担保合同或协议规定的各项义务。

最高人民法院认为，本案二审的焦点是建设公司应否对长江公司的清偿义务承担保证责任。长城公司广州办事处承继上述债权后，于2000年6月7日向长江公司、建设公司发出《债权转移确认通知书》，主张上述债权。同年6月9日，

---

① 《人民司法·案例》2008年第12期。

长江公司、建设公司分别在该《债权转移确认通知书回执》上确认：借款人长江公司和保证人建设公司继续履行借款合同、担保合同或协议规定的各项义务。同年9月10日，长江公司再次向债权人长城公司广州办事处承诺偿还上述债务，建设公司同意承担连带保证责任。依照本院《关于人民法院应当如何认定保证人在保证期间届满后又在催款通知书上签字问题的批复》规定，应认定长城公司广州办事处与建设公司之间成立了新的保证合同。

针对本案，最高人民法院法官认为，法释[2004]4号批复“但书”的前部分，即“根据《担保法》的规定，保证期间届满债权人未依法向保证人主张保证责任的，保证责任消灭。保证责任消灭后，债权人书面通知保证人要求承担保证责任或者清偿债务，保证人在催款通知书上签字的，人民法院不得认定保证人继续承担保证责任。”是针对“一般性债权催收通知”而言，所谓一般性债权催收通知，即商业银行日常所用的，载明“债务人向我单位借款，由你单位提供保证，现债务人仍未清偿债务，请你单位督促其履行债务，并承担保证责任”等类似内容的。认定催款通知书成立新的保证合同，适用该司法解释的“但书”部分，即“但是，该催款通知书内容符合《合同法》和《担保法》有关担保合同成立的规定，并经保证人签字认可，能够认定成立新的保证合同的，人民法院应当认定保证人按照新保证合同承担责任”。保证人在收到催款通知书后，明确承诺“债权转移不持任何异议”、“继续履行借款合同、担保合同或协议规定的各项义务”等内容的，不同于在“一般性催收通知书”上签字的情形，应当认定当事人之间成立了新的保证合同关系。王宪森：“保证期间届满后债权人与保证人之间是否成立了新的保证合同的认定及法律适用。”①

2. 保证人承担保证责任的保证期间

设立保证合同，一般应要求约定保证期间。但依据最高人民法院法释[2004]4号批复认定为成立新的保证合同中，实务中很难约定保证期间。因为超过保证期间的保证人，如无其他特殊事由，保证人很难在约定明确、详细，具有保证内容的催款通知书上签字、盖章，而主要是由人民法院根据个案情况进行认定。而且在此情形下，主债务履行期限往往已经届满。如果超过保证期间的保证人在催款通知书上签字，且没有约定保证期间的，保证期间为主债务履行期限届满之日起6个月，银行应在该期间内向保证人主张权利。否则，法院虽然认定成立新的

① 载奚晓明主编：《民商事审判指导》2005年第1辑，第160~169页。

保证合同，但因银行未在保证期间主张权利而免除了保证人的保证责任。

中国东方资产管理公司广州办事处与广州万宝集团有限公司、万宝冷机集团有限公司借款担保合同纠纷案：广东省高级人民法院（2007）粤高法民二终字第44号判决书认为，广州万宝集团有限公司在到、逾期贷款催收通知回执上盖章，应认定为成立新的保证合同。根据《担保法》第十九条、第二十六条之规定，当事人对保证方式没有约定的，按照连带责任保证承担保证责任，连带责任保证的保证人与债权人未约定保证期间的，债权人有权自主债务履行期限届满之日起6个月内要求保证人承担保证责任。因本案主债务履行期限早已届满，保证期间应为自万宝冷机集团有限公司在到、逾期贷款催收通知书回执上盖章之日即2003年10月21日起6个月，至2004年4月21日保证期间届满，在此期间债权人未要求保证人承担保证责任，保证人广州万宝集团有限公司免除保证责任。①

中国长城资产管理公司广州办事处与广东省新会市会城建设发展总公司、新会市长江贸易总公司借款担保合同纠纷上诉案：依照本院《关于人民法院应当如何认定保证人在保证期间届满后又在催款通知书上签字问题的批复》规定，应认定长城公司广州办事处与建设公司之间成立了新的保证合同。因该合同没有约定保证期间，根据《担保法》第二十六条第一款关于“连带责任保证的保证人与债权人未约定保证期间的，债权人有权自主债务履行期届满之日起6个月内要求保证人承担保证责任”的规定，本案新保证合同的保证期间应自主债务还款计划届满日（2003年12月31日）之次日起算六个月内，即2004年1月1日至6月30日。本案长城公司广州办事处于2004年4月8日起诉建设公司承担保证责任时，未超过上述保证期间，故保证人建设公司应当对本案主债务承担连带保证责任。

3. 银行通过催款通知书设立新的保证应注意事项

（1）催款通知书至少应包含“保证人同意继续承担保证责任”、“承诺继续履行担保合同的义务”等内容，否则仅有保证人在一般性催款通知书上签字、盖章，不成立新的保证合同。

（2）如新的保证未约定保证期限，应注意与主债权履行期限的衔接。若主债权履行期限届满已超过6个月，设立新的保证将无任何意义。

（3）主债权已超过诉讼时效的，在设立新的保证前，应通过债权人在催收通知书上签字盖章，成立新的债权债务关系。

---

① 《人民司法·案例》2008年第12期。

第四节 保证期间

案例 42：保证期间约定不明，银行应在两年内主张权利

摘要：《担保法》实施前，保证期间约定不明，在被保证人承担责任的两年诉讼时效期间，债权人未向保证人主张权利，保证人保证责任免除。

1995 年 6 月 9 日，哈尔滨市商业银行中关支行（以下简称中关支行）与哈尔滨市隆辉出租汽车有限公司（以下简称隆辉公司）签订借款合同，约定隆辉公司向中关支行借款 500 万元，期限 5 个月。保证方栏内加盖有黑龙江省油田开发股份有限公司（以下简称油田公司）的公章和法定代表人私章。同时，中关支行持有一份加盖有油田公司公章及法定代表人私章的不可撤销担保函，该担保函载明，油田公司为隆辉公司借款本息提供担保。若借款方不能按期还款，担保人在收到中关支行书面通知 5 日内无条件偿还借款本息。该担保函第五条承诺，本担保函从即日起生效，有效期直至借款人偿还全部本金和利息后为止。同日，中关支行向隆辉公司发放 500 万元贷款。

1995 年 8 月 22 日，中关支行在油田公司提供担保和出具不可撤销担保函的情况下，又向隆辉公司发放 800 万元贷款，期限 6 个月。担保函内容同上。

隆辉公司逾期未能偿还全部贷款本息，中关支行向黑龙江省高级人民法院提起诉讼，请求判令隆辉公司偿还所欠借款本息，油田公司承担连带清偿责任。

◎ 裁判要旨

最高人民法院复查认为：中关支行与隆辉公司签订的两份借款合同，除借款利率的约定高于中国人民银行的规定应认定无效外，其余条款均应认定为有效。隆辉公司负有偿还中关支行借款本息的责任。油田公司为隆辉公司向中关支行借款出具了担保，并承诺在收到债权人书面通知超过五日不能按期还款，债权人有权从担保人在银行的任何账户上扣款，因此，油田公司对隆辉公司借款的保证为连带责任保证。油田公司加盖公章的格式担保函第五条有关“本担保函自即日

起生效，有效期直至借款人偿还全部本金和利息后为止”的约定，属对保证责任期间的约定不明。根据最高人民法院《关于审理经济合同纠纷案件有关保证的若干问题的规定》第十一条之规定，保证人应当在被保证人承担责任的期限内承担保证责任，即应在民事诉讼时效期间即两年内承担民事责任。本案第一笔借款届满之日为1995年11月8日，第二笔借款届满之日为1996年2月21日，诉讼时效届满之日亦即油田公司承担保证责任的最后期限，分别为1997年11月8日、1998年2月21日。在此期间，虽然中关支行在起诉前曾向隆辉公司主张过权利，引起主债务诉讼时效的中断，但在本案所涉保证合同的保证责任期间内，并无证据表明中关支行向油田公司主张过权利，油田公司的担保义务应予免除。[①]

◎法条链接

1.最高人民法院《关于认真学习、贯彻票据法、担保法的通知》 三、对在《票据法》《担保法》施行前发生的票据行为、担保行为，应当适用该行为发生时的有关规定；如果行为发生时没有规定的，可参照《票据法》《担保法》的规定。当事人对《票据法》《担保法》施行前已经发生法律效力的裁决申请再审或者按照审判监督程序决定再审的票据纠纷案件、担保纠纷案件，仍应适用当时的有关规定。

2.最高人民法院《关于处理担保法生效前发生保证行为的保证期间问题的通知》 一、对于当事人在担保法生效前签订的保证合同中没有约定保证期限或者约定不明确的，如果债权人已经在法定诉讼时效期间内向主债务人主张了权利，使主债务没有超过诉讼时效期间，但未向保证人主张权利的，债权人可以自本通知发布之日起6个月（自2002年8月1日至2003年1月31日）内，向保证人主张权利。逾期不主张的，保证人不再承担责任。三、本通知发布时，已经终审的案件、再审案件以及主债务已超过诉讼时效的案件，不适用本通知。

3.最高人民法院《关于审理经济合同纠纷案件有关保证的若干问题的规定》 11.保证合同中没有约定保证责任期限或者约定不明确的，保证人应当在被保证人承担责任的期限内承担保证责任。保证人如果在主合同履行期限届满后，书面要求债权人向被保证人为诉讼上的请求，而债权人在收到保证人的书面请求后一个月内未行使诉讼请求权的，保证人不再承担保证责任。

4.最高人民法院《关于债权人在保证期间以特快专递向保证人发出逾期贷款

① 沈德咏主编：《审判监督指导》2004年第1辑，人民法院出版社2004年版，第73~76页。

催收通知书但缺乏保证人对邮件签收或拒收的证据能否认定债权人向保证人主张权利的请示的复函》 债权人通过邮局以特快专递的方式向保证人发出逾期贷款催收通知书，在债权人能够提供特快专递邮件存根及内容的情况下，除非保证人有相反证据推翻债权人所提供的证据，应当认定债权人向保证人主张了权利。

◎重要提示

一、保证期间与诉讼时效

保证期间又称保证责任的期限，属于《担保法》上一个很重要的概念，是指依照法律规定或者当事人的约定，保证人仅在一定期限内承担保证责任，超过该期限保证人不承担保证责任。即，保证期间是保证人对已确定的主债务承担保证责任的期间，债权人只能在此期间内向保证人行使请求权。保证期间，属于法律上的除斥期间或不变期间，当法律预定的某种权利存续的期间届满时，该权利自然消灭。该期间不因任何事由而中断、中止、延长。保证期间既可以是约定期间，又可以是法定期间，但约定期间具有优先效力。只有在约定的期间早于或等于主债务履行期限时或者没有约定时，才适用法定期间。

诉讼时效是指权利人在法定期间内不行使权利，持续达到一定期间而致使其请求权消灭的法律事实。诉讼时效期间届满时，权利人丧失的是胜诉权，而非消灭的实体权利和程序上的起诉权。超过诉讼时效的案件，如果当事人不主动抗辩，司法机关不会以超过诉讼时效期间为由，驳回当事人的诉讼请求。

在担保法律关系中，诉讼时效与保证期间密切相关。具体体现在：

（一）主债权诉讼时效与保证期间的关系

1. 依据《担保法司法解释》第三十六条的规定，一般保证中，主债务诉讼时效中断，保证债务诉讼时效中断；连带责任保证中，主债务诉讼时效中断，保证债务诉讼时效不中断。一般保证和连带责任保证中，主债务诉讼时效中止的，保证债务的诉讼时效同时中止。

2. 主债权超过诉讼时效的，一般保证人有权提出抗辩，人民法院不能强制执行保证人的财产向债权人清偿。连带责任保证人不能提出抗辩，因为连带责任保证的诉讼时效与主债权诉讼时效分别计算，主债权超过诉讼时效，而连带责任保证没有超过诉讼时效的，连带责任保证人不能免责。

3. 保证人对已经超过诉讼时效期间的债务承担保证责任或者提供保证的，又以超过诉讼时效为由抗辩的，人民法院不予支持。

（二）保证期间向诉讼时效的转换

依据《担保法司法解释》第三十四条的规定，一般保证的债权人在保证期间届满前对债务人提起诉讼或者申请仲裁的，从判决或者仲裁裁决生效之日起，开始计算保证合同的诉讼时效。连带责任保证的债权人在保证期间届满前要求保证人承担保证责任的，从债权人要求保证人承担保证责任之日起，开始计算保证合同的诉讼时效。

二、保证期间的约定

1. 法律对保证期间没有强制性的规定，保证期间的时间长短，属合同当事人意思自治的范畴。

2. 未约定保证期间的，保证期间为主债务履行期届满之日起六个月。

3. 保证合同约定的保证期间早于或者等于主债务履行期限的，视为没有约定，保证期间为主债务履行期届满之日起六个月。

4. 保证合同约定保证人承担保证责任直至主债务本息还清时为止等类似内容的，视为约定不明，保证期间为主债务履行期届满之日起二年。

5. 主合同对主债务履行期限没有约定或者约定不明的，保证期间自债权人要求债务人履行义务的宽限期届满之日起计算。

6. 保证人概括性约定保证期间，保证期间的起始日如何计算？

中国信达资产管理公司郑州办事处与河南省郸城县生物化工厂、郸城金丹乳酸实业有限公司、郸城县技术改造资金开发中心、河南金丹乳酸有限公司、河南省郸城县化肥厂借款担保合同纠纷上诉案：最高人民法院（2005）民二终字第185号民事判决书认为，在本案所涉担保合同中，担保人承诺“保证期限自主合同生效开始至主合同失效时止”，对本案债务期限作出了概括性承诺，因此，本案分期偿还的债务的保证期间应当从合同债务最后到期日开始起算。[1]

7. 最高额保证的保证期间

最高额保证合同对保证期间没有约定或者约定不明的，如最高额保证合同约定有保证人清偿债务期限的，保证期间为清偿期限届满之日起六个月。没有约定债务清偿期限的，保证期间自最高额保证终止之日或自债权人收到保证人终止保

① 奚晓明主编：《民商事审判指导》2006年第2辑，人民法院出版社2007年版，第309页。

证合同的书面通知到达之日起六个月。

最高额保证较之普通保证最大的区别，即在于最高额保证与主债务的关系具有更强的独立性。最高额保证人的责任是在订立合同时确立的，通过最高额保证期间和最高限额限定保证责任，即只要是发生在最高额保证期间内、不超过最高限额的债务余额，最高额保证人均应承担保证责任。在最高额保证的情形下，即使主债务无效，基于主债务无效而确定的债务额也要作为最高额保证计算债务余额的基数。

风神轮胎股份有限公司与中信银行股份有限公司天津分行、河北宝硕股份有限公司借款担保合同纠纷案：最高人民法院（2007）民二终字第36号民事判决书认为：关于单笔交易与最高额保证的关系。最高额保证较之普通保证最大的区别就在于其与主债务的关系具有更强的独立性。《担保法》第十四条规定："保证人与债权人可以就单个主合同分别订立保证合同，也可以协议在最高债权额限度内就一定期间连续发生的借款合同或者某项商品交易合同订立一个保证合同。"最高额保证通常是为将来一定期间连续发生的债务提供保证，其中某一笔交易的效力并不影响最高额保证合同的效力。而普通保证则因主合同无效而无效。在最高额保证的情形下，即使主债务无效，基于主债务无效而确定的债务额也要作为最高额保证计算债务余额的基数。最高额保证人的责任是在订立合同时确立的，通过最高额保证期间和最高限额限定保证责任，不因为最高额保证期间发生的债务余额之增加而加重最高额保证人的保证责任。因此，只要是发生在最高额保证期间内，不超过最高限额的债务的余额，最高额保证人均应承担保证责任。

对于HD0071号《人民币借款合同》项下2170万元贷款，上诉人风神公司是否可以超过《最高额保证合同》决算期为由免于承担保证责任的问题。风神公司上诉称，《最高额保证合同》的决算期为2005年5月16日至2006年5月16日，而中信银行主张的该笔贷款到期时已超过了2006年5月16日，即《最高额保证合同》的最后决算期，不应归为该《最高额保证合同》项下。此问题涉及对《担保法司法解释》第二十三条的理解。该条规定："最高额保证合同的不特定债权确定后，保证人应当对在最高债权额限度内就一定期间连续发生的债权余额承担保证责任。"其规定了最高额保证范围为发生的债权余额，该余额为最高额保证期间已经发生的债权和偿还债务的差额，并非指最高额保证期间已到期的债权余额。从此意义上讲，本案讼争的2170万元贷款系发生于最高额保证期间，虽然其到期日超过最高额保证期间，仍应属最高额保证人应当承担保证责任的范围。

此外，从《最高额保证合同》中上诉人风神公司向中信银行承诺看，对2005年5月16日至2006年5月16日期间中信银行向宝硕公司授信而发生的一系列债权提供最高额7000万元的最高额保证。而本案所有债务都形成于最高额担保合同约定的期间之内，包括该笔贷款，并未超出担保合同约定的期间，所以不能认为该笔贷款超过了决算期；《最高额保证合同》约定保证期间为宝硕公司“依具体业务合同约定的债务履行期限届满之日起两年，每一具体业务合同项下的保证期间单独计算”，依此约定，2170万元贷款的保证期间应为债务履行期届满之日起两年，即2006年10月20日至2008年10月20日。被上诉人中信银行向风神公司主张承担保证责任亦未超过保证期间。综上，上诉人风神公司提出“该笔贷款超过《最高额保证合同》决算期因而不应承担责任”的主张不能成立，本院不予支持。[1]

三、保证期间的权利主张

1. 对于一般保证，债权人应在保证期间对债务人提起诉讼或者申请仲裁，否则，保证人免除保证责任；

2. 对于连带责任保证，债权人应在保证期间要求保证人承担保证责任，否则，保证人免除保证责任；

3. 债权人在保证期间主张权利后，保证期间即转化为诉讼时效，适用诉讼时效关于中断、中止、延长的规定。关于主张权利的方式，最高人民法院《关于担保期间债权人向保证人主张权利的方式及程序问题的请示的答复》指出：本院2002年8月1日下发的《关于处理担保法生效前发生保证行为的保证期间问题的通知》第一条规定的“向保证人主张权利”和第二条规定的“向保证人主张债权”，其主张权利的方式可以包括“提起诉讼”和“送达清收债权通知书”等。其中“送达”既可由债权人本人送达，也可以委托公证机关送达或公告送达（在全国或省级有影响的报纸上刊发清收债权公告）。

四、主债务人进入破产程序后对保证人的权利主张

主债务人进入破产程序后，债权人可以向人民法院申报债权，也可以向保证人主张权利。因此，对于债权人申报了债权，同时又起诉保证人的保证纠纷案件，人民法院应当受理。在具体审理并认定保证人应承担保证责任的金额时，如需等

① 奚晓明主编：《民商事审判指导》2008年第1辑，人民法院出版社2008年版，第281~296页。

待破产程序结束的，可依照《民事诉讼法》第一百五十条第一款第（五）项的规定，裁定中止诉讼。人民法院如径行判决保证人承担保证责任，应当在判决中明确应扣除债权人在债务人破产程序中可以分得的部分。

◎ 风险规避

一、保证期间的约定

在设定保证时，应约定具体的保证期限，具体应表述为："主借款合同履行期限届满之日起 × 年。"担保的方式应设定为连带责任保证。如为一般保证，则贷款人须通过诉讼或仲裁方能中断时效。

二、未约定保证期间的，银行可与保证人重新约定

林州市锦丰纺织有限公司与中国华融资产管理公司郑州办事处、河南省林州市东方红机械制造有限公司、河南省华星照明电器总厂借款担保合同纠纷案：最高人民法院认为，工行安阳分行与华星照明厂、锦丰纺织公司签订的借款担保合同中没有约定保证责任期间，但在 1999 年 5 月 10 日工行安阳分行向债务人华星照明厂和保证人锦丰纺织公司发出的逾期贷款催收通知书担保人意见栏内却写有"保证期间为本催收通知之日起两年"的内容。鉴于各方当事人对该逾期贷款催收通知书的真实性均无异议，保证人锦丰纺织公司二审中又自认是其填写并盖章予以确认，工行安阳分行在收到通知书回执后并未提出异议的情况，可以视为该内容为本案各方当事人重新约定了保证责任期间。①

三、及时主张权利

银行应在保证期间向连带责任的保证人主张权利，如未在保证期间向保证人主张权利，则保证诉讼时效尚未产生，不存在时效中断的问题，保证人将不再承担保证责任。**河南省安阳灵锐热电有限责任公司与中国信达资产管理公司郑州办事处、安阳市建设委员会、安阳市热电厂和河南省第七建筑工程公司借款担保合同纠纷上诉案：**最高人民法院（2007）民二终字第 208 号民事判决书审理认定，安阳市热电厂与建行安阳郊区支行建行于 1996 年 12 月 31 日签订 96602 号

① 奚晓明主编：《民商事审判指导》2006 年第 1 辑，人民法院出版社 2006 年版，第 161 页。

合同，借款期限约定为1996年12月31日至1997年12月30日。兴安电力公司提供了连带保证担保，保证合同约定保证期间为主借款合同履行期限届满之日后两年止，即保证期间截止日为1999年12月30日。根据《担保法司法解释》第三十四条第二款“连带责任保证的债权人在保证期间届满前要求保证人承担保证责任的，从债权人要求保证人承担保证责任之日起，开始计算保证合同的诉讼时效”，债权人建行安阳郊区支行应当在1999年12月30日之前要求保证人兴安电力公司承担保证责任，并从债权人要求保证人承担保证责任之日起，开始计算保证合同的诉讼时效。后来，建行安阳郊区支行于1999年12月12日与信达公司郑州办事处签订了债权转让协议，建行安阳郊区支行将本笔借款合同项下的债权转让给信达公司郑州办事处。至此，信达公司郑州办事处取代了建行安阳支行的债权人地位。根据原审人民法院查明的事实，信达公司郑州办事处受让债权后，于2000年4月19日、2000年10月25日、2001年4月19日、2001年10月16日、2002年4月12日、2002年10月12日、2002年11月28日向兴安电力公司发出催收电报。2003年11月13日、2005年1月11日又在《河南日报》刊登了对保证人安阳建委、河南七建公司和兴安电力公司的催收公告。但是信达公司郑州办事处并未提供证据证明其于保证期间，即1997年12月30日至1999年12月30日之间向保证人主张过权利，其于2000年至2005年之间向兴安电力公司发出的催收电报和催收公告不能对本案催收事实产生实质性影响。

另外，虽然原审人民法院在一审中查明：信达公司郑州办事处在受让债权后，于1999年11月4日、2001年3月、2002年12月、2003年1月18日、2003年11月13日以及2005年1月11日通过债权转让通知、催收贷款通知书、公告送达等多种形式向主债务人安阳市热电厂主张权利，构成了主债务诉讼时效的中断。但根据我国《担保法司法解释》第三十六条第一款的规定“一般保证中，主债务诉讼时效中断，保证债务诉讼时效中断；连带责任保证中，主债务诉讼时效中断，保证债务诉讼时效不中断”，由于债权人和保证人签订的是连带保证合同，因此主债务诉讼时效中断，并不会引起连带保证债务诉讼时效中断的效果。更何况由于债权人没有在保证期间内向保证人主张权利，保证合同的诉讼时效尚未产生。

因此，上诉人关于“信达公司郑州办事处在保证期间没有主张权利，上诉人应免除保证责任”的主张，本院予以支持。[①]

① 奚晓明主编:《民商事审判指导》2008年第1辑，人民法院出版社2008年版，第307页。

第五节 借新还旧

案例43：银行转嫁贷款风险以新贷扣还旧贷，担保人不负保证责任

摘要： 银行以新贷偿还旧贷款，未在借款合同和担保合同中明示，为新贷提供担保的担保人对新贷的真实用途不知道或不应当知道，其担保责任免除。

1997年12月11日，中国工商银行上海市虹桥开发区支行（以下简称虹桥工行）与上海国货房地产开发有限公司（以下简称国货公司）签订了一份最高额抵押合同。约定由国货公司以其所有的期房提供抵押担保，以保证虹桥工行向国货公司提供最高额度1000万元、上海燊裕家俬装饰有限公司（以下简称燊裕公司）最高额度900万元债权的实现。抵押期限二年，双方办理了抵押登记手续。

1997年12月24日，虹桥工行与国货公司签订了1000万元人民币短期借款合同。借款期限：自1997年12月26日至1998年7月20日止。

1997年12月，国货公司与燊裕公司签订借款协议，约定：国货公司向虹桥工行抵押借款1900万元，由于银行贷款额度关系，1000万元入国货公司账户，900万元入燊裕公司账户，经燊裕公司要求，国货公司同意借给其300万元。

1997年4月18日虹桥工行贷给燊裕公司人民币900万元，期限为6个月，上海康锦工贸发展有限公司提供连带责任担保。燊裕公司逾期未偿还贷款。1997年12月24日虹桥工行在燊裕公司贷新款900万元的审批表中的审查意见是：企业信用等级为3B。该企业信誉状况不佳，贷款不归还。本笔贷款属化解风险，为保证贷款安全，采用第三方抵押期房。同日，虹桥工行与燊裕公司签订了借款合同，借款用途为流动资金，期限为1997年12月24日至1998年7月20日止。合同第六条明确规定用下列资金归还本合同项下借款本息：（1）销售货款回笼归贷；（2）房产抵押变现归贷。第十九条约定：变更本合同内容，应征得担保人书面同意。当日，虹桥工行向燊裕公司放贷900万元。次日，虹桥工行用特种转账传票划转该款归还原逾期贷款900万元，并在特种转账传票的转款原因上注明：原逾期贷款900万元。虹桥工行1997年12月25日的对账单载明：燊裕公司贷

方一栏和借方一栏内的金额均为900万元。

1998年1月22日，国货公司知道其为桑裕公司抵押担保的借款900万元被虹桥工行扣划归还逾期贷款，遂书面申请虹桥工行解除其对900万元的抵押担保。理由是：虹桥工行出尔反尔，将答应以桑裕公司名义贷款而实际是贷给国货公司的900万元作为扣回桑裕公司的另一笔900万元的逾期贷款，虹桥工行和桑裕公司均未将这一借新贷还旧贷的真相告知抵押担保人。1998年3月6日，国货公司又书面申请虹桥工行，要求撤保。同日，虹桥工行向桑裕公司及国货公司发出通知，要求归还贷款本金及利息。同月25日虹桥工行向法院提起诉讼，要求桑裕公司归还借款本金900万元及利息、滞纳金，国货公司承担抵押担保责任。

◎裁判要旨

最高人民法院再审认为，虹桥工行与桑裕公司签订本案诉争的900万元借款合同时，桑裕公司已处于歇业状态，虹桥工行明知该企业“信用等级为3B，企业信誉状况不佳，贷款不归还”，为转嫁贷款风险，促成国货公司为桑裕公司贷新款作担保。国货公司在为桑裕公司提供900万元抵押担保时，虹桥工行、桑裕公司未告知国货公司关于桑裕公司在该行有逾期贷款900万元这一事实，也未告知“本笔贷款属化解风险”的贷款，银行拟作借新贷还旧贷处理，构成欺诈。国货公司知道其为桑裕公司抵押担保的借款900万元被虹桥工行扣划作归还逾期贷款，先后于1998年1月22日、3月6日书面向虹桥工行申请，要求撤保，理由正当。虹桥工行改变主合同约定的流动资金周转的借款用途以及还贷资金来源，用新贷还旧贷，变更了主合同的内容，未征得保证人的同意。综上，保证人不应承担民事责任。①

◎法条链接

1.**《民法通则》第五十八条**　下列民事行为无效：……（三）一方以欺诈、胁迫的手段或者乘人之危，使对方在违背真实意思的情况下所为的。……

2.**《担保法》第三十条**　有下列情形之一的，保证人不承担民事责任：（一）主合同当事人双方串通，骗取保证人提供保证的；（二）主合同债权人采取欺诈、胁迫等手段，使保证人在违背真实意思的情况下提供保证的。

---

① 沈德咏主编：《审判监督指导》2004年第1辑，人民法院出版社2004年版，第68~72页。

3. **最高人民法院《关于贯彻执行〈中华人民共和国民法通则〉若干问题的意见(试行)》第六十八条** 一方当事人故意告知对方虚假情况，或者故意隐瞒真实情况，诱使对方当事人作出错误意思表示的，可以认定为欺诈行为。

4. **最高人民法院《关于适用〈中华人民共和国担保法〉若干问题的解释》第三十九条** 主合同当事人双方协议以新贷偿还旧贷，除保证人知道或者应当知道的外，保证人不承担民事责任。新贷与旧贷系同一保证人的，不适用前款的规定。

◎重要提示

一、关于民事欺诈

在法治社会，市场主体应当按照自己的意愿，根据自己的认识与判断，自主参与民事活动，并对自己的行为负责。意思自治是民事主体参与市场的基础，诚实信用是对民事主体的最基本要求。民事主体由于遭受民事欺诈而作出错误的认识判断，并形成错误的意思表示，并非当事人真实的意思表示，因而，其行为后果不应当由其承担，而由实施欺诈的一方承担。

依据《担保法》第三十条的规定，欺诈与恶意串通均将导致保证人保证责任的免除。

临安农行诉临安玻璃厂等借款担保案：最高人民法院［2003］民二提字第28号民事判决认为，三方协议上明确载明贷款用途是流动资金贷款，购买原材料，而事实是该500万元的贷款中的450万元进入玻璃厂的账户后，玻璃厂当天就用以归还其原欠临安农行的贷款。债权人临安农行与债务人玻璃厂恶意串通实际变更主合同的贷款用途，未征得保证人宏广达杭州分公司的同意，违背保证人的真实意思表示。根据最高人民法院《关于审理经济合同纠纷案件有关保证的若干问题的规定》第十九条规定，宏广达杭州分公司不承担民事责任。

关于裕盛造纸有限公司为宏广达杭州分公司提供反担保的问题，从宏广达杭州分公司事后依据反担保协议起诉裕盛造纸有限公司的行为看，宏广达杭州分公司是在努力寻求自己的救济途径，但不能得出宏广达杭州分公司明知玻璃厂与临安农行贷款真实用途的结论。

综上，本案临安农行与玻璃厂恶意串通，改变贷款的真实用途，损害了保证人宏广达杭州分公司的合法权益，临安农行主张宏广达杭州分公司知道其与玻璃厂的贷款是用以偿还玻璃厂的“旧贷”，证据不足。对玻璃厂用以返还旧贷的

450万元，宏广达杭州分公司不应承担民事责任。[①]

二、借新还旧的构成要件

借新还旧（又称以贷还贷）是指金融机构与借款人约定以新贷款偿还旧贷款的行为。其应具备以下三个特征：1.债权、债务主体同一，不发生变化；2.债权人、债务人具有以新贷偿还旧贷的共同意思表示；3.新的债权、债务关系代替旧的债权债务关系。该方式作为一种贷款重组方式，在金融机构普遍采用。在《担保法司法解释》出台前，由于没有相应的法律规定，其法律效力处于不确定状态，审判标准也不统一。随着《担保法司法解释》的出台，商业银行的借新还旧受到法律的保护，只要借贷双方自愿，完全可以通过合同予以安排。

三、借新还旧的法律性质

一般认为，借新还旧系新的债权债务关系消灭了旧的债权债务关系。由于前一个贷款合同的欠款已经由新贷出的款项偿还，对前一份借款合同进行担保的保证人，由于主合同已经履行完毕，其保证责任自然解除。[②]但最高人民法院的判例却持相反的观点。**中国工商银行股份有限公司三门峡车站支行与三门峡天元铝业股份有限公司、三门峡天元铝业集团有限公司借款担保合同纠纷案**：最高人民法院（2008）民二终字第81号民事判决书认为：借新还旧系贷款到期不能按时收回，金融机构又向原贷款人发放贷款用于归还原贷款的行为。借新还旧与贷款人用自有资金归还贷款，从而消灭原债权债务的行为有着本质的区别。虽然新贷代替了旧贷，但贷款人与借款人之间的债权债务关系并未消除，客观上只是以新贷的形式延长了旧贷的还款期限，故借新还旧的贷款本质上是旧贷的一种特殊形式的展期。[③]

针对商业银行作为债权人与新贷款人约定以新贷偿还新贷款人关联公司的旧贷款的性质，**湖州市八里店镇资产经营公司与中国长城资产管理公司杭州办事处、湖州市升山建筑工程有限公司等借款合同纠纷提审案**：其裁判摘要指出：金融机构作为债权人与新贷款人约定以新贷偿还新贷款人关联公司的旧贷款，其性

---

① 《人民法院报》2006年1月17日。

② 李国光等著：《关于适用〈担保法若干问题的解释〉理解与适用》，吉林人民出版社2000年版，第165页。

③ 《最高人民法院公报》2008年第11期。

质仍然是“以贷还贷”。

四、保证人对借新还旧承担保证责任的条件

依照《担保法司法解释》，保证人对借新还旧承担保证责任的前提是对借新还旧“知道或应当知道”。“知道”由证据直接表明，而“应当知道”则没有证据直接表明当事人知道，但根据一般规律能够推定当事人知道。而事实推定则是由“审判人员遵循法官职业道德，运用逻辑推理和日常生活经验，对证据有无证明力和证明力大小独立进行判断”。因此，依赖推定保证人“应当知道”以使保证人承担责任，法官享有很大的自由裁量权，存在诉讼风险。金融机构在办理此项业务时，应通过规范的合同安排确保保证人“知道”。**湖州市八里店镇资产经营公司与中国长城资产管理公司杭州办事处、湖州市升山建筑工程有限公司等借款合同纠纷提审案**：本案中，湖州农行与光耀公司协商，由光耀公司向湖州农行贷款，替制品公司偿还贷款，经营公司就该笔贷款为光耀公司提供了担保。就经营公司是否应该承担担保责任，最高人民法院再审认为：制品公司旧贷的担保人不是经营公司和钢管厂，在主合同上的贷款用途明确是周转资金，根据《担保法司法解释》第三十九条第一项的规定，经营公司、钢管厂如果知道或应当知道湖州农行和光耀公司进行以贷还贷，则其担保责任不能免除。但证明经营公司知道或应当知道湖州农行和光耀公司进行“以贷还贷”的举证责任应该由中国农业银行湖州市分行（具体到本案应该是长城杭办）和光耀公司承担。……原审认定经营公司不能免除担保责任的理由是经营公司应当知道担保行为产生的风险和其与光耀公司的关联关系使它具有了解光耀公司、制品公司经营及负债情况的便利条件。从法律上讲，是否知道是一种事实状态，而是否应该知道是一种对义务人认知的推定。应当知道风险和应当知道“以贷还贷”是完全不同的两个问题。认定经营公司是否应当知道农行给光耀公司贷款是为了“以贷还贷”，应该结合本案的证据、事实和担保人与被担保人之间的相互关系等情况进行综合分析。经营公司担保的贷款用途虽然载明是“周转资金”，但并不意味着光耀公司将贷来的款无偿划转给制品公司还债包括在经营公司担保的真实意思表示中。因为，光耀公司与制品公司的划转款项的行为是违法的，作为民事法律关系的当事人，基于诚信原则，经营公司不可能将光耀公司违法使用贷款的行为事先考虑到。从关联关系上看，经营公司和光耀公司是各自独立的企业法人。……至于经营公司是否有条件了解案外人制品公司的资产负债情况与经营公司为光耀公司提供保证更是没

有关系。而湖州农行本身作为债权人和金融机构，监督和了解借款人资金使用情况既是其权利又是其义务，但其为了达到救活无法收回的旧贷的目的，却与光耀公司商议实施“以贷还贷”行为。在这种情况下，原审仅以担保人有条件了解光耀公司、制品公司的经营情况为由，推定经营公司应当知道湖州农行和光耀公司搞“以贷还贷”，并判令经营公司承担担保责任，缺乏事实依据并显失公平。[①]

大柱县农村信用合作联社与西藏华西药业集团有限公司保证合同纠纷案：其裁判摘要指出：判断是否属于“保证人知道或者应当知道”的情形，应当根据案情全面分析。保证人与借款人具有关联关系，在保证合同中承诺对借款人转移贷款用途等违反合同的行为承担连带责任，并实际履行了部分主债务的，可以认定保证人知道或者应当知道主债务系以新贷偿还旧贷。[②]

五、借贷双方连续借新还旧，后几笔贷款的担保人与最初一笔贷款不是同一人的，担保责任如何确定？

抚宁县新兴包装材料厂、抚宁公有资产经营有限公司与抚宁县农村信用联社借款担保合同纠纷申请再审案：最高人民法院（2007）民二监字第154号驳回再审通知，驳回新兴材料厂的再审申请。其裁判摘要指出：根据《担保法司法解释》的规定，主合同当事人双方协议以新贷偿还旧贷，新贷与旧贷系同一保证人的，保证人应当承担责任。对此，应当以最后两笔贷款的担保人是否为同一担保人来判断，而不宜上溯到最后两笔之前的担保情况。借贷双方连续将两笔贷款归还了旧贷，该两笔贷款的担保人与旧贷担保人不是同一人的，后两笔贷款的担保人应当承担担保责任。[③]

◎风险规避

借新还旧涉及的法律风险主要是：在办理贷款手续时，如何避免或防止担保人免责。

一、针对保证人的借新还旧

对于新贷与旧贷不是同一保证人或旧贷没有保证人而新贷有保证人的，贷款

① 江必新主编：《审判监督指导》2008年第2辑，人民法院出版社2008年版，第140页。
② 《最高人民法院公报》2012年第4期。
③ 江必新主编：《审判监督指导》2008年第2辑，人民法院出版社2008年版，第125页。

合同中的贷款用途应明确表述为“借新还旧”或“用于偿还 ×× 借款合同项下贷款本金、利息、违约金、罚金”等。在独立的保证合同中亦应如此，以确保保证人对借款用途的知晓。

二、针对抵押人（出质人）的借新还旧

对于新贷上存在质押或抵押的，如抵押物（质押物）为借款人自己提供的，由其承担担保责任自无疑义。但新贷与旧贷系第三人提供且为同一抵押人（出质人）时，是否适用《担保法司法解释》第三十九条第二款的规定，无须抵押人（出质人）知道或应当知道借新还旧的事实，现行法律未作规定。**中国长城资产管理公司哈尔滨办事处与黑龙江华夏造纸有限公司、佳木斯金地造纸股份有限公司借款担保合同纠纷案：**最高人民法院（2010）民二终字第 72 号民事判决书认为，抵押是担保的法定方式之一。在以第三人财产设定抵押的情形下，抵押担保法律关系在主体、内容、目的、效果等方面与保证担保的特征相近似。借贷关系的双方关于借款用途的约定，亦是担保人判断其风险责任所考虑的重要因素。无论对保证担保还是抵押担保，主债务双方在以固定资产投资为借款用途而设定担保后，又以借新还旧的真实用途发放并收回贷款，同样会改变担保人在提供担保时对担保风险的预期，加重其担保责任，同样会导致对担保人不公平的结果。据此，原审法院根据《担保法司法解释》关于保证章的相关规定对本案判决并无不当，本院予以维持。长城公司哈尔滨办事处关于一审判决对最高额抵押适用保证的规定属于适用法律错误的上诉主张不能成立，本院不予支持。[①]

但值得注意的是，如果抵押人（出质人）与旧贷并非同一人，或旧贷没有抵押（质押），而新贷设立的，应当保证抵押人（出质人）对借新还旧事实的知道。如旧贷有物的担保的，银行应就新贷与物的担保人重新签订担保合同并重新办理抵押（质押）登记。在设立担保时，应对抵押物重新进行评估，防止抵押物价值的减损；注意旧贷抵押的解除与新贷抵押设立登记时的衔接，防止在此期间发生抵押登记顺位的改变及产生恶意抵押的情形。

---

① 刘德权主编：《最高人民法院司法观点集成·商事卷》，人民法院出版社 2014 年版，第 1368~1370 页。

第六节　抵押担保

案例 44：未经房屋所有权人同意，抵押贷款合同无效

摘要： 抵押合同未与抵押人订立，违背了《担保法》关于抵押人和抵押权人应当以书面形式订立抵押合同的规定。抵押合同因不是抵押人的真实意思表示而无效。商业银行在签订抵押合同时未尽严格审查义务，存在过错。

1996 年年初，周贤高的街坊宋楚桥得知周贤高要将位于淅水镇正北街 131 号的私房出售，便以帮助介绍买主为名，从周贤高的妻子手中骗取了周的身份证和房产证。同年 4 月 5 日，宋楚桥用周的房产证和自家的房产证在安陆市房地产产权登记交易中心办理了各 1.5 万元的抵押登记手续，随即从安陆市淅水镇农村信用合作社借款 3 万元，借款期限至当年 12 月 20 日。

◎裁判要旨

安陆市法院判决以宋、周二人的房产折价或以拍卖、变卖的价款优先偿付信用社贷款。后通过检察院抗诉，安陆市法院依法对该案进行再审并判决：周贤高不承担房产担保抵押责任；周贤高的房产在信用社抵押贷款抵押行为无效。[①]

◎法条链接

1.**《担保法》第三十八条**　抵押人和抵押权人应当以书面形式订立抵押合同。

2.**《商业银行法》第三十六条第一款**　商业银行贷款，借款人应当提供担保。商业银行应当对保证人的偿还能力，抵押物、质物的权属和价值以及实现抵押权、质权的可行性进行严格审查。

3.**《贷款通则》第二十七条**　贷款调查：贷款人受理借款人申请后，应当对借款人的信用等级以及借款的合法性、安全性、盈利性等情况进行调查，核实抵

① 《检察日报》2005 年 11 月 1 日。

押物、质物、保证人情况，测定贷款的风险度。

4. **中国人民银行《贷款风险分类指导原则》第十六条** 商业银行应制定明确的抵押、质押品管理和评估的政策和程序。对于抵押品的评估，在有市场的情况下，按市场价格定值；在没有市场的情况下，应参照同类抵押品的市场价格定值。

◎重要提示

一、关于企业法人分支机构的财产抵押

最高人民法院《关于企业法人分支机构未经授权以登记在其名下的房地产为他人提供的抵押合同效力应如何认定问题请示之答复》根据我国房地产法律关于登记确权规定之精神，企业法人的分支机构以登记在其名下的房地产为他人债权设定抵押，该抵押设定行为符合《担保法》规定的抵押权生效条件的，人民法院应当认定有效。

二、关于国有企业机器、设备抵押的效力

最高人民法院《关于国有工业企业以机器设备等财产为抵押物与债权人签订的抵押合同的效力问题的批复》根据《担保法》第三十四条和最高人民法院《关于适用〈中华人民共和国合同法〉若干问题的解释（一）》（以下简称《合同法司法解释（一）》）第九条规定的精神，国有工业企业以机器设备、厂房等财产与债权人签订的抵押合同，如无其他法定的无效情形，不应当仅以未经政府主管部门批准为由认定抵押合同无效。最高人民法院《关于当前人民法院审理企业破产案件应当注意的几个问题的通知》对“国有企业以已确认为关键设备、成套设备或重要建筑物设立抵押而未经政府主管部门批准的，应认定抵押合同无效”的规定，应仅适用于审理试点城市国有工业企业破产案件及国务院确定的试点城市的国有工业企业破产案件。随着2007年6月1日《企业破产法》的施行，该解释也已完成了其自身的使命。

三、关于重复抵押

《担保法》第三十五条规定：“抵押人所担保的债权不得超出其抵押物的价值。财产抵押后，该财产的价值大于所担保债权的余额部分，可以再次抵押，但不得超出其余额部分。”该条第一款规定禁止重复抵押，与最高人民法院民法通则的

司法解释相一致，该司法解释第一百一十五条规定："抵押物如由抵押人自己占有并负责保管，在抵押期间，非经债权人同意，抵押人将同一抵押物转让他人，或就抵押物价值已设置抵押部分再作抵押的，其行为无效。"而最高人民法院《担保法司法解释》第五十一条规定："抵押人所担保的债权超出其抵押物价值的，超出的部分不具有优先受偿的效力。"该条规定肯定了重复抵押的效力，只是不具有优先受偿权。基于此，商业银行在设定抵押时，应注意：

1. 防止重复抵押。因为重复抵押不具有优先受偿权，将使银行债权沦为普通债权，有不能收回的风险；

2. 对于已设定抵押但未进行抵押登记的抵押物，银行可以设定抵押，依据物权公示原则，抵押权已登记的先于未登记的受偿。

四、最高额抵押

最高额抵押，是指抵押人与抵押权人协议，在最高债权限额内，以抵押物对一定期间内连续发生的债权作担保。在最高额抵押中，债权特定是银行行使抵押权及债权转让的前提。**石家庄建工集团有限公司与被上诉人中国东方资产管理公司石家庄办事处最高额抵押借款合同纠纷上诉案：**最高人民法院（2007）民二终字第240号民事判决书认为：本案所涉两份最高额抵押合同并没有约定决算期，虽然其约定最高额抵押权的存续期为至担保债权诉讼时效届满之日后的2年，也就是说，本案债权转让发生之日即由新华支行将本案四笔贷款及从权利转让给信达石办时，仍在本案最高额抵押合同的存续期间；本案所涉四笔借款合同虽然其中三笔贷款的履行期限已经届满，即三笔债务已达清偿期，但另有一笔即2003年12月26日金额为2440万元的2003-16号借款合同因其借款期限为2003年12月29日至2004年12月28日而未届清偿期，但是，判断最高额抵押合同项下的借款合同债权是否已经确定的标准并非完全在于上述因素，仍需要结合其他因素综合判断。鉴于本案四笔贷款合同金额已达最高额抵押合同约定的债权的最高额限度，事实上不可能发生新的债权；且本案四笔贷款合同是借新还旧的借款合同，是为到期的八笔旧贷款进行的转贷而重新签订的四份借款合同；该四笔借款合同其中三笔贷款的履行期限已经届满，即三笔债务已达清偿期；同时，根据本案两份最高额抵押合同第十条抵押权实现（一）"主合同项下全部或部分债务本金或利息履行期限届满，乙方（指新华支行）未受清偿的，新华支行有权依法处分抵押物"的约定，应当认为新华支行于2004年6月28日将本案所涉的四笔借款债权及担保债权转让给信达石办时，本案最高额合同项下的借款合同债权实际已经确定或特定，不可能发生新的债权，即使发生新的借贷关系也与本案最高额抵押合同无关，不属其所担保的债权范围。本案最高额抵押担保债权已经特定，本案债权可以依法转让。[1]

五、不规范抵押行为的效力认定

西安市第三奶牛场与咸阳市中陆城市信用社、西安新业工贸有限责任公司抵押借款合同纠纷案：1996 年 7 月 18 日，西安新业工贸有限责任公司（以下简称新业公司），与咸阳市中陆城市信用社（以下简称中陆信用社）签订《抵押借款合同》时，西安市第三奶牛场（以下简称第三奶牛场）未在该合同上盖章，但在新业公司借款申请书担保单位栏内加盖了公章和法定代表人李瑞峰的私章，并注明：新业公司 2500 万元贷款，第三奶牛场愿意担保，新业公司如不能按期偿还时，由第三奶牛场负责偿还或在第三奶牛场银行账户代扣。当日，第三奶牛场也未在新业公司与中陆信用社签订的《房地产抵押合同》上盖章。第三奶牛场经其主管机关西安市农垦管理局同意，向西安市房地产交易管理中心出具《房地产抵押担保书》，该担保书载明："愿以自有房地产为抵押物为新业公司提供银行贷款担保，如被担保方不能按期归还借款，我方自愿将该宗房地产拍卖，所获价款银行优先受偿。"委托该中心对抵押担保物进行登记，同时提供了西安市市地征字第 171 号土地使用证。同月 26 日，西安市房地产交易管理中心根据第三奶牛场出具的函为新业公司在中陆信用社贷款办理了房地产抵押登记，第三奶牛场将西安市房地产管理局颁发的国有土地使用证原件抵押于房产交易中心。在办理抵押登记过程中，未对土地使用权进行评估立项及确认等工作，而是借用了两个月前第三奶牛场拟为他人提供抵押担保而已经作出的《资产评估报告》和《资产评估确认通知》。西安市土地局于 1995 年 3 月起就行使国有土地使用权抵押担保登记职能。中陆信用社也未取得《土地他项权利证》。

陕西高院针对第三奶牛场的再审申请，形成两种意见，最高人民法院答复：原则同意陕西高院请示报告中的第二种意见。西安市第三奶牛场与咸阳市中陆城市信用社、西安新业工贸有限责任公司在抵押关系的设立上，虽有不规范之处，但基本具备抵押成立的法定要件，以认定抵押关系成立为宜。原审处理并无不当，

---

① 奚晓明主编：《民商事审判指导》2008 年第 3 辑，人民法院出版社 2008 年版，第 234~236 页。

不应启动再审程序。[①]

六、划拨土地使用权之上的房屋抵押合同的效力问题

《担保法》遵循《城市房地产管理法》房产与地产主体相一致的原则，规定房地产应一并抵押，以便于对抵押物的处置实现债权。但在实际生活中，房地产主体不一致的现象仍然存在；在金融实务中，因抵押物价值远远大于贷款数额及抵押人出于用房产与地产分别抵押多次贷款的考虑；再加上房产与地产的抵押登记不在同一部门，上述因素都导致了金融实务中房产与地产分别抵押的情形。

中国长城资产管理公司济南办事处与济南金冠毛纺集团有限责任公司借款担保合同纠纷上诉案：最高人民法院认为，本案争议的焦点是2000年抵字第0001号抵押合同的效力，即划拨土地使用权之上的房产抵押合同的效力问题。根据《担保法》第三十六条第一款的规定，以依法取得的国有土地上的房屋抵押的，该房屋占用范围内的国有土地使用权同时抵押。依据该规定以及房地产交易中房随地走、地随房走，即房地产主体一致的原则，本案双方当事人应对金冠公司提供抵押的房产及其占用范围内的土地使用权一并抵押。双方签订的2000年抵字第0001号抵押合同仅就金冠公司自有的房产设定了抵押，未对该房屋占用范围内的土地使用权一并抵押，但该单独抵押的行为并不必然导致本案房产抵押合同无效的法律后果。对于划拨土地使用权之上的房产抵押，法律并无禁止性规定。如果因为划拨土地使用权未履行抵押审批手续并办理抵押登记，进而否定房产抵押合同的效力，则与房产抵押合同订立的根本目的相悖。最高人民法院《关于破产企业国有划拨土地使用权应否列入破产财产等问题的批复》有其明确的适用范围，与本案的情形并不相同。原审法院据此认定房产抵押合同无效属适用法律错误，本院予以纠正。

本案借款合同真实合法有效，不存在影响房产抵押合同效力的事由。根据《担保法》第四十一条、第四十二条第一款第（二）项的规定，以城市房地产设定抵押的，应在县级以上地方人民政府规定的登记部门进行登记，抵押合同自登记之日起生效。根据《山东省人民政府关于对企业房产等建筑物抵押登记主管机关调整的通知》，济南市房产管理局是有权进行房产抵押登记的职能部门。由于

---

① 沈德咏主编：《审判监督指导与研究》2002年第1卷，人民法院出版社2002年版，第83~91页。

涉案房产在济南市房产管理局办理了抵押登记，并取得了编号为《济房历城他字第 001587 号》的房屋他项权证，故该房产抵押合同自办理登记之日起已经生效。被上诉人金冠公司认为长城公司济南办事处对抵押房产没有优先受偿权的抗辩于法无据，本院不予支持。[①]

◎ 风险规避

一、对抵押人的审核

抵押权人应通过审查，确保在抵押合同签字的为抵押人本人。抵押合同可能涉及对抵押物的处置，因此，法律要求订立抵押合同的主体应当是抵押人和抵押权人。

二、对抵押物的审核

核实抵押物及对抵押物进行评估是抵押贷款活动中很重要的环节，该环节不仅是法律的要求，也是金融机构防范风险的重要程序。该程序可有效地防止物证分离、重复抵押、被有关机关查封及抵押物价值低于贷款额的现象。

1. 核实抵押物是否为法律禁止或限制抵押的

2. 审查抵押物产权证书的真实、有效性

《担保法司法解释》第四十八条规定："以法定程序确认为违法、违章的建筑物抵押的，抵押无效。"由于违法违章建筑物土地管理部门尚未办理土地使用权和房屋产权证书，属于所有权或者使用权不明的财产，因此，该建筑物既不能进入市场进行转让，当事人也不能进行处分，所以不能成为抵押合同的标的物。在设定抵押时，银行应首先审查抵押物有无相应的权利证书，其次审查权利证书的真实性。抵押权人对抵押物产权证的审查标准为程序性审查，即审查是否为有关行政机关颁发，产权证书上的记载内容与不动产登记簿上的记载内容是否一致。至于产权证书所记载内容是否真实、准确，抵押权人没有实质审查的义务。**中国大连国际经济技术合作集团有限公司与大连中大集团公司借款担保纠纷上诉案：**最高人民法院（2004）民二终字第 70 号民事判决书认为，关于友好支行的过错责任问题。首先，关于抵押权人是否应对产权证作实质性审查的问题。本院认为，

① 奚晓明主编：《民商事审判指导》2008 年第 2 辑，人民法院出版社 2008 年版，第 189~190 页。

产权证所记载的内容是否真实、准确，系由国家行政机关依法定程序审查后作出确认，该行政行为一旦作出，即具有物权公示公信的效力，非依法定程序不得撤销。无论其记载的内容是否与实际相符，相对人均有理由相信该产权证的真实性。与产权证上的权利人进行交易的第三人，其所取得的权利仍受法律保护。我国法律、行政法规并未规定抵押权人在接受抵押时负有对抵押物的产权证做实质性审查的义务，故不能以友好支行可能明知产权证存在权利瑕疵而未对产权证项下的产权真实性做进一步核实为由而认定其接受抵押时存在过错。尤其明确的是友好支行接受抵押时，抵押物中大大厦的产权问题并不存在争议，友好支行基于对产权证记载内容的信任而接受抵押，其主观上并无过错。同时，大连国际所提交的证人证言等数份证据均不能证明友好支行在接受抵押时明知中大大厦 9~15 层属大连国际所有，亦不能证明友好支行与中大集团恶意串通，共同以欺诈的方式去办理中大大厦产权证，故不能认定友好支行接受抵押时存在过错。本案抵押合同系各方当事人真实的意思表示，且不违反法律及行政法规的规定，应认定抵押合同有效。依据抵押合同及双方办理的抵押登记情况，友好支行可以对抵押物中大大厦的 9~15 层行使抵押权。①

3. 审查抵押物是否属抵押人所有或有权处置

《民法通则意见》第一百一十三条规定："借款人以自己不享有所有权或经营权的财产作抵押的应当认定抵押无效。"但依据《合同法》第五十一条之规定，无处分权人处分他人财产，属于效力待定合同，未经权利人追认的，该合同无效。**中国信达资产管理公司西安办事处与陕西省粮油食品进出口公司西安中转冷库、陕西省粮油食品进出口公司借款担保合同纠纷案**：最高人民法院（2007）民二终字第 222 号民事判决书认为：陕中营抵字 022 号抵押合同中约定了抵押物名称为"土地、房产"，中转冷库 2003 年向西安市国土资源和房屋管理局报送的也为《关于同意继续用土地及地面建筑物进行贷款抵押的函》。因此，虽然抵押登记只针对西未国用（2000）字第 979 号国有土地使用权，但应视为当事人约定土地使用权与地面建筑物所有权一并抵押。然而地上建筑物中职工住宅楼的所有权已经移转给购房职工所有，中转冷库并无权利处分。根据《合同法》第五十一条之规定"无处分权的人处分他人财产，经权利人追认或者无处分权的人订立合同后取得处分权的，该合同有效"，该抵押合同未经地上建筑物所有权人购房职工

---

① 奚晓明主编：《民商事审判指导》2006 年第 2 辑，人民法院出版社 2007 年版，第 321 页。

追认；且西未国用（2000）字第979号土地使用权证书中已经标明该宗土地上存有地上建筑物，并标明为中转冷库的福利区，地上建筑物中职工住宅楼所有权已经登记移转至购房职工名下，而原债权银行却未查明地上建筑物实际权属即接受抵押，也存在过错，因此抵押合同无效，依据该合同设立的抵押权也相应无效。

本案中职工住宅楼虽然没有占用西未国用（2000）字第979号全部13.265亩土地，但于该土地使用权上设定的抵押权无效及于该宗土地全部，西未国用（2000）字第979号国有土地使用权抵押无效。信达西安办关于其对上述国有土地使用权享有抵押权的上诉理由不能成立，本院不予采纳。①

但是，并非抵押人的无权处分行为均归于无效，这就涉及抵押权人在接受抵押时是否属于善意，有无过错。

最高人民法院（2003）民二他字第26号《关于中国农业银行大连市分行友好支行诉大连中大集团公司、第三人中国大连国际经济技术合作集团有限公司借款合同抵押担保纠纷一案请示的答复》：从你院请示材料看，依据大连市中级人民法院（1999）大民初字第160号民事调解书、大连市房地产管理局大房局管字（2000）16号文件以及大连市中级人民法院（2002）大行再字第21号行政判决书，中大大厦9–15层的产权确系中国大连国际经济技术合作集团有限公司（以下简称大连国际）所有，大连中大集团公司（以下简称中大集团）未经大连国际的同意将中大大厦整体抵押给债权人中国农业银行大连市分行友好支行（以下简称友好支行）的行为，属于无权处分行为，依照《合同法》第五十一条的规定，抵押合同涉及无权处分部分无效。但鉴于中大大厦在抵押时的全部产权登记在中大集团名下，不动产登记具有权利推定效力，因此，如无证据证明友好支行在接受抵押时对中大大厦9–15层产权的真实状况为明知或应知的，友好支行可以善意取得对中大大厦9–15层的抵押权。你院应当在查明案件事实，尤其是债权人在接受抵押时是否属于善意的基础上，妥善处理该案。

4. 审查抵押物上是否存在其他在先权利

如在建工程抵押让位于工程承包人的工程款及国家税收等；是否可被法院强制执行，如最高人民法院《关于人民法院执行设定抵押的房屋的规定》第六条规定："被执行人属于低保对象且无法自行解决居住问题的，人民法院不应强制迁出。"

---

① 《最高人民法院公报》2009年第12期。

三、依法对抵押物进行评估

应保证抵押物价值评估的程序、方法合法、评估的结果客观、公正。银行在办理抵押贷款过程中，违反行政规章的规定及程序发放贷款的，虽然对借款合同及抵押合同的效力不产生影响，但在涉及损害赔偿的案件中，将被认定具有过错责任。**中国银行江西分行诉南昌市房管局违法办理抵押登记案**：最高人民法院（2002）行终字第 6 号行政赔偿决定书认为，信托公司在办理抵押贷款过程中，没有按照项目调查、项目评估程序规定的要求认真审查天龙公司的资信情况和履约能力，所发贷款额度亦不符合与抵押物市值比例的规定，对于造成财产损失负有一定的过错责任，信托公司主张其在贷款过程中没有过错不应承担责任的理由不能成立。①

四、防止恶意抵押的设定

（一）恶意抵押的构成要件

最高人民法院《担保法司法解释》第六十九条规定："债务人有多个普通债权人的，在清偿债务时，债务人与其中一个债权人恶意串通，将其全部或者部分财产抵押给该债权人，因此丧失了履行其他债务的能力，损害了其他债权人的合法权益，受损害的其他债权人可以请求人民法院撤销该抵押行为。"该条款是对可撤销抵押的一种特殊规定，这种被撤销的抵押称之为恶意抵押，是对当事人之间自愿设置抵押权的限制。

由于《担保法司法解释》第六十九条的规定是特殊规定，所以适用该条有较为严格的要求，恶意抵押的构成要件为：

1. 债务人存在多个普通债权人；

2. 债务人将其全部或者部分财产抵押给其中一个债权人；

3. 债务人将其全部或者部分财产抵押给一个债权人发生在清偿债务时，即有多个债权履行期届满，债务人对多个债权均有清偿义务时；

4. 债务人与债权人之一有恶意串通行为；

5. 债务人因设定抵押丧失了履行其他债务的能力。

（二）恶意串通的认定

《担保法司法解释》第六十九条要求以"债务人与债权人恶意串通"为要件，

---

① 《最高人民法院公报》2004 年第 2 期。

因此在适用该条时，认定“债务人与债权人是否有恶意串通”成为关键。“恶意串通”指债权人对债务人有其他债权人并且该债务人已陷入支付危机的状况为知悉的情况下，仍然与债务人订立抵押协议的情形。债务人陷入支付危机属于有破产原因出现，依照《破产法》的一般规定，债务人不得为他人的一般债权设定抵押担保，而债权人对债务人支付危机为知悉的，该债权人对在债务人财产上设定抵押对其他债权人的影响为明知，因此，构成恶意串通。“恶意串通”的构成有两个要件：一是债务人陷入支付危机，二是债权人知悉债务人陷入支付危机。证明恶意串通的举证责任在于行使撤销权的其他债权人，但在实践中，如果债务人将全部财产为债权人之一设定事后的抵押，可以直接推定债务人与债权人之间存在“恶意串通”，不再需要证据证明。

（三）不能单方面认定为“恶意抵押”的情形

1. 债务人在被担保债权发生之初即为该债权设定抵押，而非事后设定抵押的。**中国光大银行与内蒙包头华达合资卧具装饰厂、中国农业银行包头市青山区支行、包头市青山区人民政府自由路办事处侵权纠纷案**：其裁判摘要指出：所谓事后抵押，一般是指债务人有多个普通债权人，在清偿债务时，债务人与其中一个债权人恶意串通，将其全部或者部分财产抵押给该债权人。这种事后抵押的设定通常发生在债务人业已陷入支付危机、濒临破产、其财产已经不足以清偿全部债务的情况下。设定事后抵押必然导致其降低或者丧失了履行其他债务的能力，损害了其他债权人的合法利益。因此，这种事后抵押应认定为无效，抵押权人对于行使抵押权获得的价款没有优先受偿权，已经取得该价款的，应当依法予以返还。[①]

2. 债务人将部分财产在事后为债权人设定抵押，但仍有余力清偿其他债务人的债务的。

3. 债务人为债权人之一设定抵押之时，其他债务未到期，债务人清偿义务尚未产生的。[②]

（四）恶意抵押的撤销

金融实务中，银行为保证债权的实现而设定抵押或债务人为损害银行利益而

---

① 《最高人民法院公报》2010 年第 2 期。

② 曹士兵：“关于恶意抵押的认定”，载李国光主编：《民商审判指导与参考》2002 年第 1 卷，第 80~82 页。

对其财产抵押时，都有可能涉及恶意抵押的问题。前者是银行在设定抵押过程中，需尽到注意和核查义务，防止形成恶意抵押；后者是银行对债务人形成恶意抵押的认定及对撤销权的行使，其目的都是为了保护银行的债权。银行在行使撤销权时，应当与《合同法》规定的撤销权结合起来。**东方资产公司诉永德信水泥公司、李云孝抵押撤销权纠纷案：**被告永德信水泥公司曾就其他公司向原告中国东方资产管理公司福州办事处的三笔借款提供担保，后福州市中级人民法院判决被告永德信水泥公司向原告承担连带保证责任。判决生效后，三个主债务人未履行还款义务，保证人亦未承担保证责任。原告于2003年12月向福州市中级人民法院申请强制执行。福州市中级人民法院于2004年2月26日作出裁定，查封被执行人永德信水泥公司的机器设备。执行中发现被告永德信水泥公司与被告李云孝于2004年2月12日签订了一份《借款合同》，永德信水泥公司确认共欠李云孝借款本金人民币8753240元及相应利息。同日，两被告还签订了一份《抵押合同》，合同约定永德信水泥公司以其所有的机器设备余额抵押给李云孝作为偿还上述借款的担保。此后，双方到尤溪县工商局办理了动产抵押登记手续，尤溪县工商局颁发了（2004）尤工商抵押登字第003号《抵押物登记证》。福建省福州市中级人民法院经审理认为：《担保法司法解释》第六十九条规定："债务人有多个普通债权人的，在清偿债务时，债务人与其中一个债权人恶意串通，将其全部或者部分财产抵押给该债权人，因此丧失了履行其他债务的能力，损害了其他债权人的合法权益，受损害的其他债权人可以请求人民法院撤销该抵押行为。"首先，依文义解释，该条款所称的"抵押行为"并无是否经过登记的语义限制，应理解为不论抵押行为是否经过登记，只要具备了该条款中规定的情形，受损害的债权人就可以请求人民法院予以撤销，并无需要先通过行政诉讼撤销抵押登记行为的限制。其次，依目的解释，该条款的立法目的是为防止债务人与某个普通债权人串通，利用抵押制度诈害其他普通债权人。为贯彻此立法目的，该条款中的"抵押行为"也不应有任何限制性的理解，以避免给债权人行使撤销权设置前置性的程序或其他障碍，实现保护诚实守信的普通债权人的立法目的。最后，依体系解释，《担保法司法解释》属民事实体法范畴，第六十九条规定针对的是债务人与某个债权人的恶意抵押行为，亦属民事法律关系，受损害的债权人享有的撤销权当属民事诉权，人民法院应当依据民事诉讼程序进行审理。因此，两被告将该条款中的"抵押行为"自行划分为未经登记的抵押行为和经过登记的抵押行为两种情况分别适用不同的规则，系对法律条文作出的不合理的解释，缺乏法律和学理依据，以此认为本案属于《行政诉讼法》规定的行政诉讼受案范围的抗辩理由不成立。

抵押登记作为一种行政登记行为，其所具有的行政行为公定力应予尊重，但更应全面理解其效力内涵和表现形式。本案讼争抵押虽经由尤溪县工商行政管理局登记并颁发《抵押物登记证》，但该抵押登记并不具有绝对效力，仅具有权利推定效力，即推定记载在《抵押物登记证》上的抵押权人是真实的，至于该记载是否实质上是真实有效的，则应通过民事诉讼程序作出司法判断。行政行为公定力理论不应成为民事诉讼中对行政登记证书及所涉民事权利效力认定的障碍。两被告关于本案应通过行政诉讼程序解决的抗辩理由均不成立，不予采纳。

纵观本案现有证据，原告为被告永德信水泥公司的普通债权人，在申请法院强制执行期间，被告永德信水泥公司将其所有的机器设备抵押给债权人被告李云孝，使其丧失了履行对原告债务的能力，损害了原告作为债权人的合法权益。被告李云孝作为被告永德信水泥公司的法定代表人，对上述事项均属明知，应认定两被告之间存在恶意串通。两被告的抵押行为符合《担保法司法解释》第六十九条规定的债权人可以行使撤销权的构成要件。

综上所述，福州市中级人民法院认为，原告请求法院撤销两被告之间的抵押行为，于法有据，予以支持。两被告在程序上和实体上的抗辩理由均缺乏法律依据，不予采纳。但《担保法司法解释》仅是规定恶意抵押行为属于可撤销行为，该行为仅在被撤销后发生自始无效的法律后果，并非当然无效行为，因此原告要求确认两被告之间抵押行为无效的诉讼请求缺乏法律依据，不予支持。依据最高人民法院《担保法司法解释》第六十九条之规定，判决：撤销被告永德信水泥有限公司和被告李云孝基于2004年2月12日双方抵押合同所作的抵押行为。[①]

① 《人民法院报》2006年9月25日。

第七节 抵押登记

案例 45：未作抵押物登记的抵押合同不生效

摘要：物权法施行前，抵押合同双方当事人仅交付和控制抵押物的权利凭证，而不办理抵押物登记，抵押合同依法不能生效，不能产生抵押登记的效果。该行为是双方的共同过错造成的，应各自承担相应的责任。

1998 年 9 月 28 日至 2001 年 1 月 12 日，长沙市商业银行华夏支行（以下简称华夏支行）与湖南美罗银河生化制药有限公司（以下简称美罗银河公司）之间先后签订了 11 份借款合同及相应的抵押合同，约定由华夏支行向美罗银河公司提供中长期借款共计 7150 万元整。美罗银河公司以其位于浏阳市洞阳乡工业园小区的 133400 平方米土地使用权及三栋房屋产权为上述借款提供抵押担保，并在浏阳市地产交易局、房地产管理局办理了上述抵押物的国有土地使用权抵押许可证及房屋他项权证。1999 年 3 月 16 日，湖南爱克制药有限责任公司（以下简称爱克公司）在上述华夏支行与美罗银河公司同日所签订的一份借款合同及抵押合同上以抵押人的身份签章并向华夏支行出示了经其签章的空白抵押物清单。同时，爱克公司将其所有的 13 幢房屋所有权证、34180 平方米的国有土地使用证原件交付华夏支行。上述合同签订后，华夏支行按照约定分期向美罗银河公司支付了 7150 万元贷款，美罗银河公司未能依据合同约定的期限按时足额向华夏支行偿还贷款本息。华夏支行为追索美罗银河公司所欠借款，向湖南省高级人民法院提起诉讼。以美罗银河公司经营混乱，且自股权转让后生产停滞，已无力偿付债务，严重危及债权人的利益为由，请求判令美罗银河公司归还已到期之债务本金及利息，解除未到期之合同，判令其归还相应本金及利息。以爱克公司对华夏支行与美罗银河公司的 800 万元借款合同提供了抵押担保为由，请求判令爱克公司在 800 万元内承担抵押担保或保证担保责任。

◎ 裁判要旨

最高人民法院认为，本案的抵押合同虽然首部记载的抵押人为银河生化公司，但是爱克公司在该抵押合同抵押人栏处盖章，该公司法定代表人刘方亦签字并盖章，在合同所附的空白抵押物清单上亦有相同的签字盖章，表明该抵押合同是爱克公司真实意思表示。根据该抵押合同约定的内容和爱克公司向华夏支行交付由该公司所有的位于汉寿县蒋家嘴镇的 13 幢房屋所有权证、34180 平方米国有土地使用证原件的行为分析，爱克公司与华夏支行签订抵押合同的目的是以爱克公司所有的房屋和国有土地使用权为银河生化公司向华夏支行的负债提供抵押担保。该合同的性质系属第三人抵押担保，而非以人的信用为前提的保证。

抵押担保合同生效须具备法律规定的要件，即《担保法》第四十一条的规定："当事人以本法第四十二条规定的财产抵押的，应当办理抵押物登记，抵押合同自登记之日起生效。"该规定将抵押物登记作为抵押合同生效的必要条件，担保法不承认有独立于抵押合同的物权行为的存在，未将交付约定抵押财产的权利证书作为抵押合同生效的充分条件，因此，未作抵押物登记的抵押合同不生效。本案中爱克公司用于抵押的财产，恰恰被《担保法》第四十二条所涵盖，以该财产为抵押物的抵押合同须就抵押的财产进行登记方能生效。爱克公司仅将用于抵押财产的权利证书交给华夏支行，并不产生抵押物登记的效果，因此，爱克公司与华夏支行签订的抵押合同不生效。华夏支行抗辩称由于控制了财产的权利证书即产生了排他的优先权，不符合《担保法》规定的抵押担保形式，其所称优先权缺乏法律根据，华夏支行的抗辩理由不成立。

关于本案讼争的抵押合同不生效的缔约责任。抵押登记的义务应当由抵押人和抵押权人共同完成。从本案讼争的抵押合同订立和履行的过程分析，爱克公司和华夏支行均未提及抵押物登记的问题，认为只要抵押财产的权利证书交付给抵押权人抵押合同即告成立生效，实属对法律的错误理解，爱克公司称既然已将财产的权利证书交给华夏银行，即应由该行办理抵押登记，将办理抵押登记的义务归于抵押权人华夏支行没有依据。因此，爱克公司与华夏银行订立的抵押合同不生效是由双方的共同过错造成的。由于抵押合同不生效，在美罗银河公司不能偿还的情况下，华夏支行可能产生 800 万元本金及利息的损失，对该部分损失，华夏支行和爱克公司应各半承担。爱克公司应在美罗银河公司不能清偿的范围内，向华夏支行赔偿不超过400万元本金及从1999年3月16日起至实际给付之日止的利息，利息按人民银行规定的同期流动资金贷款利率计算。[①]

◎法条链接

1.**《物权法》第一百八十七条**　以本法第一百八十条第一款第一项至第三项规定的财产或者第五项规定的正在建造的建筑物抵押的，应当办理抵押登记。抵押权自登记时设立。

第一百八十八条　以本法第一百八十条第一款第四项、第六项规定的财产或者第五项规定的正在建造的船舶、航空器抵押的，抵押权自抵押合同生效时设立；未经登记，不得对抗善意第三人。

第一百八十九条　企业、个体工商户、农业生产经营者以本法第一百八十一条规定的动产抵押的，应当向抵押人住所地的工商行政管理部门办理登记。抵押权自抵押合同生效时设立；未经登记，不得对抗善意第三人。

依照本法第一百八十一条规定抵押的，不得对抗正常经营活动中已支付合理价款并取得抵押财产的买受人。

2.**《担保法》第三十六条第一款**　以依法取得的国有土地上的房屋抵押的，该房屋占用范围内的国有土地使用权同时抵押。

第二款　以出让方式取得的国有土地使用权抵押的，应当将抵押时该国有土地上的房屋同时抵押。

第四十一条　当事人以本法第四十二条规定的财产抵押的，应当办理抵押物登记，抵押合同自登记之日起生效。

第四十二条　办理抵押物登记的部门如下：

（一）以无地上定着物的土地使用权抵押的，为核发土地使用权证书的土地管理部门；

（二）以城市房地产或者乡（镇）、村企业的厂房等建筑物抵押的，为县级以上地方人民政府规定的部门；

（三）以林木抵押的，为县级以上林木主管部门；

（四）以航空器、船舶、车辆抵押的，为运输工具的登记部门；

（五）以企业的设备和其他动产抵押的，为财产所在地的工商行政管理部门。

---

①　奚晓明主编：《民商事审判指导》2004年第1辑，人民法院出版社，第264~273页。

3. 最高人民法院《关于适用〈中华人民共和国担保法〉若干问题的解释》第六十条 以担保法第四十二条第（二）项规定的不动产抵押的，县级以上地方人民政府对登记部门未作规定，当事人在土地管理部门或者房产管理部门办理了抵押物登记手续，人民法院可以确认其登记的效力。

4. 建设部《城市房地产抵押管理办法》第三十条 房地产抵押合同自签订之日起三十日内，抵押当事人应当到房地产所在地的房地产管理部门办理房地产抵押登记。

5. 国家土地局《关于土地使用权抵押登记有关问题的通知》 土地使用权设立抵押权的，抵押人和抵押权人应在抵押合同签订后十五日内，持被抵押土地的土地使用证、抵押合同、地价评估及确认报告、抵押人和抵押权人的身份证件共同到土地管理部门申请抵押登记。一方到场申请抵押登记的，必须持有对方授权委托文件。

◎重要提示

一、抵押登记效力

抵押登记是抵押权人对抵押物享有优先受偿权的前提。因此，商业银行应重视抵押登记的效力。只有合法有效的抵押登记才能对抗第三人，享有优先受偿权，保证债权的实现。**吉林华阳股份有限公司与东方资产管理公司长春办事处、吉林东市商场等借款合同纠纷案：**最高人民法院认为，东市商场与工行南京路办事处签订0232号房产抵押合同并经建业集团公司认可，则东方长春办持有的吉房昌权字第0232号房屋所有权证书，应认定为建业集团公司为实现该抵押权而交付。依据《担保法司法解释》第五十九条之规定：“当事人办理抵押物登记手续时，因登记部门的原因致使其无法办理抵押物登记，抵押人向债权人交付权利凭证的，可以认定债权人对该财产有优先受偿权。但是，未办理抵押物登记的，不得对抗第三人。”据此，工行南京路办事处没有完成抵押登记的行为如果确因登记部门的原因所致，则可以认为债权人东方长春办对0232号房产享有优先受偿权，但当建业集团公司将0232号房产所有权转移给第三人华阳公司后，该项优先受偿权不能对抗华阳公司。《担保法司法解释》第六十七条规定：“抵押权存续期间，抵押人转让抵押物未通知抵押权人或者未告知受让人的，如果抵押物已经登记的，抵押权人仍可以行使抵押权；取得抵押物所有权的受让人，可以代替债务人清偿其全部债务，使抵押权消灭。受让人清偿债务后可以向抵押人追偿。如果抵押物未经登记的，抵押权不得对抗受让人，因此给抵押权人造成损失的，由抵押人承担赔偿责任。”据此，如果抵押物没有登记，即使工行南京路办事处对吉房昌权字第 0232 号房产享有抵押权也不能对抗受让人，华阳公司无须对东市商场借款承担责任。①

二、抵押登记与抵押合同效力

未经登记的抵押合同是否有效，在《物权法》施行前，国内无论是法学界还是实务界，存在着不同的认识。有的认为，未办理抵押物登记的抵押合同并非无效，更非违法，只是合同生效的要件尚不具备，双方当事人应补办登记手续，使合同生效的条件具备。有的认为抵押合同订立后，抵押人将不动产权属证书交付给债权人，表明双方之间已经形成抵押担保关系。而最高人民法院在判例中将《担保法》第四十一条、四十二条规定的抵押物登记作为抵押合同生效的必要条件，并据此认为未作抵押物登记的抵押合同不生效。

上述理论分歧与司法认定不一的局面随着《物权法》的施行而宣告终结。《物权法》第一百七十八条规定，《担保法》与本法的规定不一致的，适用本法。第十五条规定：“当事人之间订立有关设立、变更、转让和消灭不动产物权的合同，除法律另有规定或者合同另有约定外，自合同成立时生效；未办理物权登记的，不影响合同效力。”据上规定，我国《物权法》摒弃了《担保法》将“基础关系（合同）与物权变动的效力混为一谈”的观念，将基础关系（合同）与物权变动的效力区分开来。针对动产，由于实施登记对抗主义的物权变动模式，则不登记不能免除担保责任；不动产，由于实行登记生效主义的物权变动模式，未经登记，不发生物权变动效力，则不产生保证责任，此时只产生违约责任。因此，对于不动产抵押，银行必须办理抵押登记。

三、《物权法》施行后与相关法律的衔接及适用

最高人民法院副院长奚晓明在 2007 年 5 月召开的全国民商事审判工作会议上指出：《物权法》施行后将出现《民法通则》、《担保法》、《物权法》、《海商法》等规定有担保物权内容的诸法并行的局面。在处理《担保法》等法律与《物权法》

---

① 奚晓明主编：《商事审判指导》2009 年第 3 辑，人民法院出版社 2010 年版，第 202 页。

衔接问题时，人民法院应坚持“法不溯及既往”的法律原则，凡是发生在《物权法》施行之前的担保物权行为，应当适用《担保法》及司法解释的规定。《物权法》实施后，在处理《担保法》等法律与《物权法》的冲突时，应当按照《立法法》第九十二条与《物权法》第一百七十八条规定的原则和精神，根据“上位法优于下位法”、“新法优于旧法”、“特别法优于一般法”的原则解决法律冲突问题。《民法通则》与《物权法》虽为同位法，但《物权法》是新法；《担保法》与《物权法》虽皆规定有担保物权，但《物权法》是上位法；《物权法》与《海商法》、《民用航空法》虽都规定有船舶、航空器抵押权等担保物权，但《海商法》、《民用航空法》是特别法。

四、抵押未成立与保证的关系

《担保法司法解释》第三十八条规定：“债权人在主合同履行期届满后怠于行使担保物权，致使担保物的价值减少或者毁损、灭失的，视为债权人放弃部分或者全部物的担保。保证人在债权人放弃权利的范围内减轻或者免除保证责任。”《物权法》第一百九十四条第二款规定：“债务人以自己的财产设定抵押，抵押权人放弃该抵押权、抵押权顺位或者变更抵押权的，其他担保人在抵押权人丧失优先受偿权益的范围内免除担保责任，但其他担保人承诺仍然提供担保的除外。”但对于已签订抵押合同未进行登记的，尽管《担保法》规定是抵押合同不生效，《物权法》规定是抵押权不成立，但都存在对保证人保证责任的影响，即，债权人与债务人签订了抵押合同但未对抵押物进行登记，导致债权人不能通过该抵押物实现债权的，能否成为保证人减轻、免除保证责任的理由。**中国信达资产管理公司与九江化工厂、九江化学纤维总厂等借款担保合同纠纷上诉案**：最高人民法院认为，对于没有办理抵押登记的责任，化纤厂认为属于九江建行怠于履行抵押登记义务所致，应当承担抵押合同不能生效的责任，由此推论九江建行故意放弃物的担保，化纤厂应在此范围内免除保证责任。根据本案保证合同记载的保证事项，保证人提供保证均没有以抵押担保成立为前提。而抵押物的登记属于法律强制性规定，抵押物没有登记，抵押合同不能生效，受损失的应当是权利人，是否设立抵押权也是权利人选择的结果。这与保证人无关。《担保法》规定，只有抵押物登记抵押合同生效后，抵押权人放弃了抵押担保，保证人才能在其放弃的范围内免除保证责任，在法律有明文规定的情况下，不可以作扩大解释。因此，抵押权既不成立也就不存在权利人放弃的事实。作为保证人的化纤厂属于无条件担保，没有理由要求九江建行对抵押物进行登记。……化纤厂上诉所称保证合同应当因此免除保证责任的理由缺乏事实依据，本院不予支持。[1]

五、单独设定抵押的房产，其附着的划拨取得国有土地使用权是否仍需履行审批手续

中国长城资产管理公司济南办事处与山东省济南医药采购供应站、山东省医药集团有限公司和山东省医药公司借款担保合同纠纷上诉案：该案涉及最高人民法院《关于破产企业国有划拨土地使用权应否列入破产财产等问题的批复》的适用问题。最高人民法院（2006）民二终字第153号民事判决书认为：本案系借款担保纠纷。二审中当事人的争议焦点为：如何确认涉案的《最高额抵押合同》的效力，债权人是否有优先受偿权。本案中，医药采购供应站于2003年2月20日与槐阴工行签订《最高抵押合同》，明确约定医药采购供应站仅以自有房产设定抵押，随后亦仅在当地房屋管理部门办理抵押登记，这些行为均发生在《物权法》施行之前，应当适用当时的法律法规规定。上述《最高额抵押合同》系各方当事人真实意思表示，其内容不违反我国法律和行政法规的禁止性规定，且该合同抵押人医药采购供应站所抵押的房屋系该供应站的自有房屋，所抵押登记的部门为济南市房产管理局，符合《担保法》第四十一条“当事人以本法第四十二条规定的财产抵押的，应当办理抵押物登记，抵押合同自登记之日起生效”之规定，故抵押人医药采购供应站是否就国有土地使用权另行办理抵押登记手续不影响该《最高额抵押合同》的效力，本院认定该《最高额抵押合同》合法有效，抵押权成立。长城公司济南办事处有关“抵押合同有效、抵押权应予实现的”上诉理由具有事实和法律依据，本院予以支持。《批复》第三条规定“如果建筑物附着于以划拨方式取得的国有土地使用权之上，将该建筑物与土地一并设定抵押的，对国有土地使用权的抵押须履行法定的审批手续，否则，应认定抵押无效”。该《批复》中所规定的“将该建筑物与土地一并设定抵押的”系指当事人约定将建筑物与土地一并设定抵押的情形。当事人在订立合同时如果约定将建筑物与以划拨方式取得的国有土地使用权一并设定抵押的，则抵押人应对抵押国有土地使用权履行法定审批手续。本案当事人签订合同约定仅以自有房产设定抵押并办理房屋抵押登记，并未涉及土地使用权一并抵押的情况，该事实与上述《批复》规定的情

① 奚晓明主编：《民商事审判指导》2004年第1辑，人民法院出版社2004年版，第219页。

形不符，原审判决以该《批复》为依据认定本案《最高额抵押合同》无效不妥，本院予以纠正。鉴于医药采购供应站已被人民法院裁定进入破产程序，依照《企业破产法》第二十条“人民法院受理破产申请后，已经开始而尚未终结的有关债务人的民事诉讼或者仲裁应当中止；在管理人接管债务人的财产后，该诉讼或者仲裁继续进行”之规定，本案诉讼应当继续进行，医药公司答辩中提出本案应当中止审理的主张，本院不予支持。在本院认定上述《最高额抵押合同》有效后，抵押权人长城公司济南办事处可以依据《破产法》的有关规定向医药采购供应站破产案件管理人提出行使优先权的申请，但该权利应当在医药采购供应站所抵押的涉案房屋被变卖或拍卖的价款（不含房屋所占用的土地使用权价款）范围内予以实现，且最高限额不得超过该抵押合同所约定的最高限额。①

◎风险规避

一、办理抵押登记时应注意事项

1. 到法定的登记部门办理。

抵押权人应到法定的登记部门办理登记，而不能自由选择。未到法定部门办理登记的，将导致抵押不生效或不能对抗善意第三人的法律后果。《物权法》第一百八十九条第一款规定：“企业、个体工商户、农业生产经营者以本法第一百八十一条规定的以动产抵押的，应当向抵押人住所地的工商行政管理部门办理登记。抵押权自抵押合同生效时设立；未经登记，不得对抗善意第三人。”四平市城市信用合作社与中共四平市委农村工作委员会、四平市农业科学院、四平市农业科学院玉米研究所借款合同纠纷案。吉林高院再审认为：四平信用社对玉米种办理抵押登记，在四平市工商局办理，违反了国家工商行政管理局《企业动产抵押物登记管理办法》关于“企业动产抵押物登记，由抵押物所在地的工商行政管理局办理”的规定，属于程序违法，该抵押登记并未生效，不能享有优先受偿权。②

2. 银行员工应参与办理登记手续，防止登记过程中的虚假和程序瑕疵。

3. 应保证抵押合同与登记内容的一致性，变更抵押合同内容的，应相应办理

① 奚晓明主编：《民商事审判指导》2008 年第 1 辑，人民法院出版社 2008 年版，第 276~277 页。

② 沈德咏主编：《审判监督指导》2004 年第 1 辑，人民法院出版社 2004 年版，第 91~94 页。

变更登记。《担保法司法解释》第六十一条规定："抵押物登记记载的内容与抵押合同约定的内容不一致的，以登记记载的内容为准。"

4. 要求登记部门进行抵押的文字记载，以确保抵押登记的公示效力。**狄某诉建设银行张江支行抵押撤销权纠纷案**：狄某购买诉争房屋，取得房地产权证，其中房地产其他权利摘要一栏为空白。后在转卖时，才知道该房屋已由原出卖人抵押给建设银行，该行持有《房地产其他权利证明》。上海市第一中级人民法院二审认为，当事人以房产作为抵押的，应当办理抵押物登记公示手续，以取得对外的公示效力。此案中，银行对于系争房屋虽持有他项权利证明，但该房屋在房地产登记管理部门的记载中，并无有关抵押记载，故银行对系争房屋的抵押权，缺乏公示、公信力，即不具有对抗第三人之效力。现狄先生在无从得知设定抵押的情况下已经善意取得系争房屋之产权，建行张江支行的抵押权再存在于系争房屋之上，已缺乏合法依据。判决：撤销相关《房地产其他权利证明》上对房屋设定的抵押。[①]

5. 对于因政府部门或登记部门的原因无法办理登记的，尽管《担保法司法解释》第五十九条规定，在债权人取得权利凭证后可对抵押物享有优先受偿权，但仍然不得对抗第三人。因此，银行应停止办理无法登记的抵押贷款业务，由借款人提供其他的担保方式。

二、抵押登记后的注意事项

办理了抵押登记，并不意味着贷款回收的安全和风险的降低，抵押物本身的风险、法律风险及抵押人的道德风险等，都是导致贷款风险的因素。

1. 对抵押物的动态管理：即使办理了抵押登记，仍应关注抵押物的物权变化和物理变化。尽管抵押后的物权变动无效，但如果抵押权人不及时阻止，将有可能导致物的贬值，影响债权的实现，或陷入诉讼，徒增实现债权的成本。适时行使诉讼权利，如提起诉讼，案外人异议等，以保障债权的安全和实现。

2. 最高额抵押贷款合同履行过程中的法律风险：如出现抵押物被人民法院查封的情形，应及时中止或解除合同或由借款人另行提供担保。最高人民法院《关于人民法院民事执行中查封、扣押、冻结财产的规定》第二十七条规定："人民法院查封、扣押被执行人设定最高额抵押权的抵押物的，应当通知抵押权人。抵

---

① 《人民法院报》2006年6月21日。

押权人受抵押担保的债权数额自收到人民法院通知时起不再增加。人民法院虽然没有通知抵押权人，但有证据证明抵押权人知道查封、扣押事实的，受抵押担保的债权数额从其知道该事实时起不再增加。”

三、因登记部门原因致使银行遭受财产损失的，可诉请该部门承担相应的赔偿责任

中国银行江西分行诉南昌市房管局违法办理抵押登记案：最高人民法院（2002）行终字第6号行政赔偿决定书认为，根据《城市房地产管理法》和《担保法》的有关规定，办理房地产抵押登记是抵押合同生效的前提条件。南昌市房管局作为负责办理房产抵押登记的行政主管部门，在办理房产抵押登记过程中，对当事人的申请应当以高度负责的态度认真履行必要的注意义务，对于抵押房产及其权属证书的真伪有条件加以核对与识别。然而，南昌市房管局在本案中违反职业规范，未尽必要的注意义务，为持有假房产证实施诈骗的天龙公司办理抵押登记手续，并明示信托公司可以办理贷款。信托公司基于对房产登记机关所办抵押登记行为的信赖，为天龙公司发放贷款，致使信托公司遭受了财产损失。虽然本案贷款人天龙公司是造成信托公司财产损失的直接责任人，但是南昌市房管局的违法行为客观上为天龙公司骗取贷款提供了条件，其违法出具他项权利证明的行为与信托公司财产损失之间存在法律上的利害关系和因果关系。根据《国家赔偿法》第四条第（四）项、第七条第四款、第二十八条第（七）项[①]和最高人民法院《关于审理行政赔偿案件若干问题的规定》第二十九条的规定，南昌市房管局对其违法办理抵押登记而酿成信托公司财产损失的后果，在天龙公司无法偿还贷款的情况下，应当承担相应的过失赔偿责任。一审判决认定南昌市房管局应当承担补充赔偿责任不当，应予纠正。南昌市房管局承担行政赔偿责任后，有权就其承担的数额向天龙公司行使追偿权。[②]

四、抵押合同未登记，银行如何向抵押人主张权利

《担保法司法解释》第六十七条第二款规定：“如果抵押物未经登记的，抵押权不得对抗受让人，因此给抵押权人造成损失的，由抵押人承担赔偿责任。”在

---

① 该项现已被新《国家赔偿法》修改为第三十六条第（八）项。

② 《最高人民法院公报》2004年第2期。

该情形下，抵押人的过错赔偿责任适用普通诉讼时效的规定，即银行应在主债务履行期届满之日起两年内向有过错的抵押人主张权利。针对“抵押合同未登记，抵押人是否承担责任”，《司法信箱》认为：根据《担保法》第四十一条、第四十三条规定，抵押权分为两种情形，一是必须经登记始能生效的抵押权，一是合同生效时抵押成立，但经登记始得对抗第三人的抵押权。房地产抵押属于前一种情形，即只有在办理抵押登记后抵押权才成立。本案中，1997年抵押人与债权人签订房产抵押合同后，无故拒绝办理抵押登记，所以该抵押权未成立。主债务履行期于1998年9月5日届满，2001年10月10日债务人签收了债权人的催款通知书。2002年6月5日债权人向法院起诉要求债务人清偿债务，并要求抵押人承担担保责任。根据最高人民法院《关于超过诉讼时效期间借款人在催款通知单上签字或者盖章的法律效力问题的批复》的规定，债务已过诉讼时效后，债务人在债权人发出的催款通知书上签字或者盖章的，视为对原债务的重新确认，债务人应对该债务负清偿责任。所以，本案中债务人仍应承担清偿责任。木案中抵押合同因未办理抵押物登记，所以未生效，抵押权未成立，所以不适用《担保法司法解释》第十二条第二款的规定，但可以适用《担保法司法解释》第七条的规定：“主合同有效而担保合同无效，债权人无过错的，担保人与债务人对主合同债权人的经济损失，承担连带赔偿责任；债权人、担保人有过错的，担保人承担民事责任的部分，不应超过债务人不能清偿部分的二分之一。”本案抵押合同未生效是因为抵押人的过错造成的，主债权人无过错，所以抵押人与债务人应当承担连带赔偿责任。但抵押人承担的赔偿责任的诉讼时效应当自主债务人履行期间届满之日起计算，到2000年9月6日诉讼时效届满。因此，抵押人不再对债权人承担民事责任。[①]

---

① 《人民司法·应用》2007年第6期。

第八节　担保审查

案例46：冒名顶替行为不构成表见代理

摘要： 表见代理是我国《合同法》确立的一项法律制度，其构成要件之一必须以无权代理人和被代理人之间存在特殊的关系。冒名顶替属于欺诈行为，不构成表见代理。

聂翠玲和张治来系夫妻关系，婚后购买了属于自己的房子，房屋所有权证登记的所有权人为聂翠玲。1998年张治来因经营一家饭店向安阳三官庙信用社贷款70000元，到期不能清偿，张治来要求续贷，信用社要求提供抵押担保。张治来便用其妻聂翠玲的房产证进行了抵押。贷款到期后，张治来不能清偿，信用社向河南省安阳市龙安区法院起诉，请求张偿还贷款本息，以房产相抵。安阳市龙安区法院经再审查明：张治来在其妻聂翠玲不知情的情况下将其房产证及身份证偷出，让食堂服务员王艳冒名顶替其妻子聂翠玲。二人到安阳某信用社重新办理了70000元的抵押贷款合同，需要聂翠玲本人签字的地方，都是王艳签的字。整个贷款抵押过程，聂翠玲根本未到安阳某信用社和房产部门办理任何手续。

◎ 裁判要旨

安阳市中级人民法院二审认为，表见代理作为无权代理的一种，是指对于无权代理人所为的民事行为，善意且无过错的第三人有某种事由确信行为人有代理权，因而该民事行为由被代理人承担有权代理的法律后果。其构成要件有四：一是行为人（即无权代理人）没有代理权；二是无权代理人与被代理人之间存在着特殊关系，客观上存在着使第三人确信无权代理人有代理权的某种事由，如夫妻关系、雇佣关系等；三是第三人主观上并不知道无权代理人的代理行为欠缺代理权，而且第三人对于这种不知情没有疏忽或者懈怠等过错；四是无权代理人同第三人之间所实施的民事行为具备民事法律行为的一般生效要件和代理行为的表面特征。本案中，抵押合同和贷款合同书中申请人聂翠玲的签名既非聂翠玲本人所签，也非聂翠玲的丈夫张治来所签，已查明是食堂服务员王艳所签，所以张治来的行为不符合表见代理的特征。王艳的冒名顶替行为只是一种欺诈行为，况且王艳是在张治来的指使授意下才冒名顶替，同样不符合表见代理的行为特征。因为王艳与聂翠玲之间根本不存在可形成表见代理的特殊关系，王艳即不是聂翠玲的丈夫，也不是聂翠玲的直系亲属。第三人没有充足的理由相信王艳有代理权，无法确信王艳享有代理权的事由。而在此情况下，上诉人三官庙信用社作为贷款人，在与被上诉人张治来、聂翠玲签订贷款合同和抵押合同时有义务按照有关贷款手续进行严格审查，仅凭张治来提交的房产证及聂翠玲的身份证，上诉人就与被上诉人签订借款合同及抵押合同，严重违反了《合同法》及《担保法》的相关规定。其辩称张治来的代理为表见代理的理由，因聂翠玲的签名是表见代理关系范围之外的人冒名顶替，而且上诉人本身也存在重大过错，不符合表见代理的构成要件而不能成立，其与张治来签订的借款合同涉及聂翠玲的部分无效。遂判决维持龙安区人民法院民事判决。即（一）由被告张治来偿还三官庙信用社借款70000元及利息；（二）撤销原判决中由聂翠玲偿还原告70000元及利息的内容；（三）撤销房产抵押担保合同。[①]

◎法条链接

1.**《合同法》第四十九条**　行为人没有代理权、超越代理权或者代理权终止后以被代理人名义订立合同，相对人有理由相信行为人有代理权的，该代理行为有效。

2.**最高人民法院《关于当前形势下审理民商事合同纠纷案件若干问题的指导意见》**　13.合同法第四十九条规定的表见代理制度不仅要求代理人的无权代理行为在客观上形成具有代理权的表象，而且要求相对人在主观上善意且无过失地相信行为人有代理权。合同相对人主张构成表见代理的，应当承担举证责任，不仅应当举证证明代理行为存在诸如合同书、公章、印鉴等有权代理的客观表象形式要素，而且应当证明其善意且无过失地相信行为人具有代理权。

14.人民法院在判断合同相对人主观上是否属于善意且无过失时，应当结合合同缔结与履行过程中的各种因素综合判断合同相对人是否尽到合理注意义务，此外还要考虑合同的缔结时间、以谁的名义签字、是否盖有相关印章及印章真伪、

① 《人民法院报》2005年12月20日。

标的物的交付方式与地点、购买的材料、租赁的器材、所借款项的用途、建筑单位是否知道项目经理的行为、是否参与合同履行等各种因素，作出综合分析判断。

3.**《贷款通则》第二十五条** 贷款申请：借款人需要贷款，应当向主办银行或者其他银行的经办机构直接申请。借款人应当填写包括借款金额、借款用途、偿还能力及还款方式等主要内容的《借款申请书》并提供以下资料：……二、财政部门或会计（审计）事务所核准的上年度财务报告，以及申请借款前一期的财务报告……四、抵押物、质物清单和有处分权人的同意抵押、质押的证明及保证人拟同意保证的有关证明文件。

第二十七条 贷款调查：贷款人受理贷款人申请后，应当对借款人的信用等级以及借款的合法性、安全性、盈利性等情况进行调查，核实抵押物、质物、保证人情况，测定贷款的风险度。

◎ 重要提示

一、表见代理的主观要件

《合同法》第四十九条的规定表明我国立法上确认了表见代理制度。对于表见代理的法律特征，理论界有多种观点。但依《合同法》第四十九条的规定，构成表见代理，至少应满足如下两个要件。1. 客观要件：行为人没有获得本人的授权就与第三人签订合同；2. 主观要件：合同的相对人在主观上必须是善意、无过失。善意，是指相对人不知道或不应当知道行为人实际上无代理权。无过失，是指相对人的这种不知道不是因为其大意造成的。司法实践中，对于客观要件容易认定，一般就是《合同法》第四十九条规定的"行为人没有代理权、超越代理权或者代理权终止后以被代理人名义订立合同"三种情形，而对于主观要件，即相对人善意且无过错，没有统一的认定标准，由法官综合考虑法律行为发生的原因、条件、环境因素、行为人的职业特征、假象的掩蔽程度和普通人对假象的认知程度等多种因素予以分析认定。商业银行在签订合同过程中，由于其职业特点，应有较一般人更高的注意义务。其违反法律法规及内部的操作规程时，更容易被司法机关认定为具有过失，特别是当讼争合同无效时，表见代理的诉求则更难成立。**兴业银行广州分行与深圳市机场股份有限公司借款合同纠纷案**：最高人民法院（2008）民二终字第124号民事判决书认为，关于兴业银行广州分行上诉所称"本案崔绍先的行为构成表见代理，本案授信合同和与之相关的一系列贷款合同为有效合同，深圳机场公司应依贷款合同返还贷款本息（包括罚息）”的上诉请求。本院认为，表见代理是行为人没有代理权、超越代理权或者代理权终止后继续以代理人名义订立合同，而善意相对人客观上有充分的理由相信行为人具有代理权，则该代理行为有效，被代理人应按合同约定承担其与相对人之间的民事责任。但是，在相对方有过错的场合，不论该种过错是故意还是过失，无表见代理适用之余地。因本案基本授信合同及相关贷款合同，均为以合法的形式掩盖非法目的的无效合同，且兴业银行广州分行在本案所涉贷款过程中具有过错，故本案不适用合同法关于表见代理的规定，深圳机场公司和兴业银行广州分行应根据各自的过错程度承担相应的民事责任。①

二、表见代理与职务行为

（一）观点分歧

职务行为区分为职务代表和职务代理。法人机关或法定代表人、其他组织负责人以法人或其他组织名义所为的行为构成职务代表，该行为视同为法人或其他组织自身的行为，行为后果自应由法人或其他组织自己承担。职务代理是指根据代理人所担任的职务而产生的代理。法人或其他组织工作人员就其职权范围内的事项进行的法律行为，无须法人或其他组织的特别授权，其法律效果应当参照委托代理的规定，由法人或其他组织承担。

表见代理与职务行为的关系是当前审理表见代理案件中的一个难点问题，争议颇大。主要有两种观点：一种观点认为，只要是法人工作人员正常职权范围内的行为，均构成职务行为，既是职务行为，则表明代理人的行为与法人的行为是一体的，代理人的行为视为法人自为的行为，不存在代理问题，法人工作人员的职务行为的后果直接由法人承受。另一种观点认为，法人或者其他组织成员的职务行为限于法人机关、法定代表人或其他组织负责人的行为，其他人员以法人名义从事的行为不属于职务行为，除非构成表见代理，否则行为后果不应由法人承受。②

上述观点的分歧体现在司法实务中，将导致的结果是：银行工作人员职权范

① 《最高人民法院公报》2009年第11期。

② 宋晓明等：“合同纠纷案件审理中的疑难问题”，载《民商事审判指导》2007年第1辑，人民法院出版社2007年版，第152页。

围内的行为有可能被认定为职务行为而由其法人或其分支机构直接承担责任，也有可能从表见代理的构成要件分析其是否构成表见代理。相对而言，职务行为的认定要比表见代理的认定较为容易。

（二）司法认定

1. 法定代表人与职务行为

（1）企业法定代表人的行为首先涉及对法定代表人身份的确认，其资格的认定一般应以工商登记为准

企业法定代表人虽已免职但尚未在政府企业登记机关办理变更登记前，如不违反企业利益，仍可对外行使相应职权。**香港新建业有限公司等诉上海新建业有限公司等欠款担保纠纷案**：最高人民法院（2001）民四终字第13号民事判决书认为，保证合同是沈柱邦代表上海新建业公司于1997年2月25日与相关当事人签订的，而沈柱邦本人确实于1997年1月18日被上海新建业公司董事会决议免去上海新建业公司董事长职务，同年6月27日，经工商核准登记，上海新建业公司的法定代表人由沈柱邦变更为尹军。经国务院批准的由国家工商行政管理局于1998年4月7日发布的《企业法人法定代表人登记管理规定》第三条规定“企业法人的法定代表人经企业登记机关核准登记，取得法定代表人资格”。因此，在企业登记机关未对上海新建业公司的法定代表人作出变更登记前，沈柱邦仍然是上海新建业公司的法定代表人，其有权代表上海新建业公司对外签订相关文件。[①]

（2）法定代表人的行为并非都是职务行为

河南周口中院判决谢四华诉赵元方借款案：赵元方在担任机械厂厂长期间向谢四华借款两笔，赵元方借款后未将该两笔款存入该厂的账户中，2004年，新、老厂长交接时账目中未显示该两笔账；2006年，机械厂进入破产程序，破产清算组也未通知谢四华为该厂的债权人申报债权。2007年，谢四华向法院起诉要求赵元方偿还借款及其利息。赵元方辩称，当时借款系职务行为，所借的款项给职工发放工资了，应由机械厂偿还这两笔借款，现该厂已进入破产程序，应追加该厂破产清算组为当事人。

周口中院（2008）周民终字第802号民事判决书认为：上诉人赵元方系完全民事行为能力人，两次分别向被上诉人谢四华借款现金共计4万元，并出具有借

---

① 《最高人民法院公报》2004年第1期。

条；2004 年 8 月 31 日，上诉人在原借条上签上“续签”的字样。上诉人作为债务人，被上诉人有权要求上诉人履行还款义务。上诉人称其向被上诉人借款 4 万元用于道北机械厂发放工资，该笔借款应由道北机械厂偿还的理由，因上诉人借款是个人签字，故应认定为个人行为，即使该款用于了道北机械厂，也应为该厂的内部事务，不能对抗上诉人给予被上诉人出具欠条的效力。故上诉人上诉的理由不能成立，法院不予支持。上诉人还诉称原审应追加道北机械厂清算组为当事人的理由，因本案道北机械厂清算组不是必要的共同诉讼参与人，故上诉人上诉的此条理由也不能成立。①

（3）法定代表人的行为系职务行为

广东黄河实业集团有限公司与北京然自中医药科技发展中心一般股权转让侵权纠纷案：最高人民法院（2008）民二终字第 62 号民事判决书认为，刘先其作为然自中心的法定代表人，以然自中心的名义，采取欺诈手段与黄河公司签订民事合同，所获取的款项被然自中心占有。上述事实产生的法律后果是除刘先其个人涉嫌诈骗犯罪外，然自中心与黄河公司之间亦因合同被撤销形成了债权债务关系，然自中心依法应当承担相应的民事责任。②

2. 法人工作人员与职务行为

由法人的工作人员的行为而引起的民事责任，并非都由法人来承担。在此类案件中，法人工作人员的行为是否为职务行为或表见代理往往成为诉讼的焦点之一。银行应从职务行为或表见代理的构成要件上搜集证据，并向法院充分举证，以证明其工作人员的行为系个人行为。**广发证券股份有限公司与兴业银行北京中轴路支行证券登记、托管和结算纠纷上诉案：**最高人民法院（2006）民二终字第 45 号民事判决书认为：因阜成门营业部向裕大兴公司转款时，兴业中轴路支行与阜成门营业部、广发证券之间的资金存管协议没有生效，双方事实上的存储关系没有约定特别义务，兴业中轴路支行根据阜成门营业部转账指令划转资金，也未违反一般存储合同义务。故广发证券依据双方资金存管协议诉请兴业中轴路支行承担民事责任，无事实依据，本院不予支持。姚朝晖的过错行为由于：第一、其仅是兴业中轴路支行客户部经理而非该行经理，其行为不足以认定为银行的行为；第二、金融机构相关法律规定和规章制度禁止姚朝晖这种行为的发生，这证

① 《人民法院报》2009 年 12 月 20 日。

② 《最高人民法院公报》2009 年第 1 期。

明姚朝晖的行为不是兴业中轴路支行的授权范围，事后也不可能获得追认；第三、姚朝晖的过错行为发生在阜成门营业部向裕大兴公司划款之后，即13995万元已经不属于阜成门营业部所有之后。所以，姚朝晖的过错行为不是兴业中轴路支行的行为，不能以姚朝晖的过错行为而认定兴业中轴路支行与阜成门营业部的损失具有因果关系，兴业中轴路支行不应承担本案民事责任。故广发证券关于姚朝晖的行为即是兴业中轴路支行的行为并且与阜成门营业部的损失具有因果关系的主张以及兴业中轴路支行应当承担阜成门营业部损失的上诉请求，因无事实和法律依据，本院不予支持。[①]

◎风险规避

一、严格担保审查程序，履行担保审核义务

严格按照法律、法规、规章及银行内部操作程序的规定履行担保审核义务，规范操作程序，防止无权代理情形的出现。即使出现无权代理的情形，由于贷款人在合同签订及履行过程中无过错，银行可通过主张表见代理要求被代理人承担责任。

二、担保合同存在无权代理主要情形

1. 在担保合同上签字的不是保证人本人，包括行为人冒名、盗名贷款及贷款诈骗。

2. 抵押合同未经全体共有人书面签字、同意。

3. 在抵押合同签字、盖章的抵押人对抵押物不享有所有权或处分权。

4. 银行知道或应当知道法人的法定代表人或其工作人员超越权限、滥用职权而与之签订担保合同的。

上述情形都是银行未尽审核职责所致，具有过错，不能通过主张表见代理或职务代理要求被代理人承担合同责任，其无权代理的法律后果由行为人自行承担。

---

① 奚晓明主编：《民商事审判指导》2007年第2辑，人民法院出版社2008年版，第271页。

第九节　抵押权的行使

案例 47：逾期行使抵押权，导致抵押权消灭

摘要：抵押权人应当在抵押权存续期间行使抵押权，逾期行使将导致抵押权消灭。

中国农业银行南阳市卧龙区支行（以下简称卧龙农行）与南阳市硫磷化工有限公司（以下简称化工公司）经协商签订了最高额抵押担保借款合同。合同约定：1999 年 3 月 30 日至 2001 年 3 月 30 日，卧龙农行向化工公司提供最高贷款限额不超过 103 万元的贷款，借期、利率以借据为准，化工公司以评估价值 368 万元的房地产作贷款抵押，抵押担保期间自设定之日起至担保范围内的全部贷款清偿完毕止。合同签订后，化工公司以其宛市房字第 D010010 号等房产证及宛市国土用（98）第 02859 号土地使用权证作抵押，在 1999 年 6 月 25 日贷出借款 103 万元，借期自 1999 年 6 月 25 日至 2000 年 6 月 25 日。借款期满，化工公司未能还本结息，卧龙农行未对主债权提出主张，亦未行使抵押权。化工公司遂诉至法院，请求确认所设定的抵押权消灭，判令卧龙农行返还土地使用证及房产证等。

◎ 裁判要旨

河南省南阳市卧龙区人民法院一审经审查认为，该 103 万元贷款期满日为 2000 年 6 月 25 日，自期满日至今已 8 年。8 年的时间内，在没有诉讼时效中止、中断事由的情况下，卧龙农行一直未依法主张债权，也未行使担保物权。其怠于行使担保物权的行为，使化工公司对抵押物的使用和转让受到了限制，严重妨碍了抵押物的流转和效能、效用的发挥，该行为与我国法律既保护担保物权又充分发挥物的所有权、使用权的精神相悖。《担保法司法解释》第十二条规定，担保物权所担保的债权的诉讼时效结束后，担保权人在诉讼时效结束后的二年内行使担保物权的，人民法院应当予以支持。《物权法》第二百零二条规定：抵押权人应当在主债权诉讼时效期间行使抵押权；未行使的，人民法院不予保护。本案卧龙农行在主债权诉讼时效期间没有向化工公司依法行使抵押权，在诉讼时效结束

后2年内也未行使担保物权，据此，卧龙农行的抵押权已不受法律保护，即抵押权已丧失胜诉权，抵押权在事实上已归于消灭。为了促进经济的发展，便于物的流转和效用的发挥，故对于化工公司要求确认卧龙农行的抵押权消灭的诉讼请求，予以支持。判决：卧龙农行对宛市国土用（98）第02859号土地使用权证及宛市房字第D010010号等房屋所有权证所设定的抵押权消灭；自判决生效之日起10日内，卧龙农行向化工公司返还宛市国土用（98）第02859号土地使用权证及宛市房字第D010010号等房屋所有权证。卧龙农行不服判决，提起上诉。南阳市中级人民法院二审认为，原判认定事实清楚，处理适当，但应适用最高人民法院《担保法司法解释》第十二条规定认定抵押权人丧失了胜诉权，从而认定抵押权消灭，遂判决驳回上诉，维持原判。①

◎法条链接

1.**《物权法》第一百七十七条** 有下列情形之一的，担保物权消灭：

（一）主债权消灭；

（二）担保物权实现；

（三）债权人放弃担保物权；

（四）法律规定担保物权消灭的其他情形。

第一百七十八条 担保法与本法的规定不一致的，适用本法。

第二百零二条 抵押权人应当在主债权诉讼时效期间行使抵押权；未行使的，人民法院不予保护。

2.**最高人民法院《关于适用〈中华人民共和国担保法〉若干问题的解释》第十二条第二款** 担保物权所担保的债权的诉讼时效结束后，担保权人在诉讼时效结束后的二年内行使担保物权的，人民法院应当予以支持。

◎重要提示

一、抵押权行使期间

依据《物权法》及《担保法司法解释》的规定，抵押权人行使抵押权的期间为除斥期间。权利人如不在此期间内行使抵押权，将导致抵押权的消灭。值得注

① 《人民司法·案例》2009年第14期。

意的是：

1.《担保法》与《物权法》对抵押权行使期间的规定不同，应根据设立抵押的时间确定适用的法律。只有在《物权法》实行以后设立的抵押，才适用《物权法》的规定。

2. 虽然《担保法》与《物权法》对抵押权行使期间的规定都与主债权诉讼时效挂钩，但并不意味着抵押权的行使期间性质为诉讼时效期间，并适用诉讼时效的规定。

《物权法》第二百零二条的规定仍面临着抵押权人未在主债权诉讼时效期间行使抵押权，抵押权是归于消灭，还是罹于诉讼时效，抑或是抵押人根据从属性规则行使免责抗辩权，有待司法解释予以明确。①

二、抵押权行使期间的排斥约定

抵押权属于担保物权，依据物权法定原则，当事人不能创设物权，也不能自行消灭物权的设定方式。因此，当事人不能约定抵押权的行使期间。《担保法司法解释》第十二条第一款规定："当事人约定的或者登记部门要求登记的担保期间，对担保物权的存续不具有法律约束力。"

三、对抵押物的代位物行使优先受偿权的条件

抵押物的物理状态与价值不会一成不变，其价值会随着时间的推移而减损，其存在形态也会因灭失、毁损或被征用而不复存在。这就涉及债权人对抵押物的代位物行使优先受偿权的问题。**上诉人中国信达资产管理公司哈尔滨办事处与被上诉人哈尔滨市城市建设投资有限公司、黑龙江雅美食品加工有限公司、原审被告哈尔滨大地农业有限公司借款合同纠纷上诉案**：最高人民法院认为，信达公司哈办通过受让债权，依法取得了抵押权。因大地公司享有土地使用权项下的土地被征收、地上房屋被拆迁，拆迁补偿金即成为抵押物的代位物。根据《担保法司法解释》第八十条第一款关于"在抵押物灭失、毁损或者被征用的情况下，抵押权人可以就该抵押物的保险金、赔偿金或者补偿金优先受偿"之规定，信达公司

---

① 2008年4月29日宋晓明"在物权法担保物权国际研讨会上的讲话"，载奚晓明主编：《民商事审判指导》2008年第2辑，第7页。但商业银行仍应依照《担保法》及《物权法》的规定及时行使抵押权，避免法律风险。

哈办有权对拆迁补偿金行使优先受偿权。但由于该项补偿金已经支付给抵押人，且其中绝大部分补偿金已被抵押人转移，从而失去了行使担保物权所必需的财产的特定性，抵押权人对拆迁补偿金行使优先受偿权，客观上已无实现的可能，因此，原审法院驳回信达公司哈办对拆迁补偿金行使优先受偿权的主张，并无不当，本院予以维持。①

四、担保物权优先受偿的除外规则

《物权法》第一百七十条规定：“担保物权人在债务人不履行到期债务或者发生当事人约定的实现担保物权的情形，依法享有就担保财产优先受偿的权利，但法律另有规定的除外。”显然，如法律另有规定，担保权人将不能就担保物优先受偿。这就要求银行在设定担保物权时，要充分重视、调查担保物是否存在或是否可能发生的优先受偿权，并要求债务人提供其他担保品种；在实现担保物权时，对担保物上已经存在的优先受偿权，应主动放弃追偿，防止实现债权费用的浪费。我国现行有效法律对担保物权优先受偿权限制的规定主要有：

1.《企业破产法》第一百三十二条规定：本法施行后，破产人在本法公布之日前所欠职工的工资和医疗、伤残补助、抚恤费用，所欠的应当划入职工个人账户的基本养老保险、基本医疗保险费用，以及法律、行政法规规定应当支付给职工的补偿金，依照本法第一百一十三条的规定清偿后不足以清偿的部分，以本法第一百零九条规定的特定财产优先于对该特定财产享有担保权的权利人受偿。

2.《合同法》第二百八十六条规定：发包人未按照约定支付价款的，承包人可以催告发包人在合理期限内支付价款。发包人逾期不支付的，除按照建设工程的性质不宜折价、拍卖的以外，承包人可以与发包人协议将该工程折价，也可以申请人民法院将该工程依法拍卖。建设工程的价款就该工程折价或者拍卖的价款优先受偿。

最高人民法院《关于建设工程价款优先受偿权问题的批复》规定：人民法院在审理房地产纠纷案件和办理执行案件中，应当依照《合同法》第二百八十六条的规定，认定建筑工程的承包人的优先受偿权优于抵押权和其他债权。建筑工程价款包括承包人为建设工程应当支付的工作人员报酬、材料款等实际支出的费

① 奚晓明主编：《民商事审判指导》2009年第2辑，人民法院出版社2009年版，第138页。

用，不包括承包人因发包人违约所造成的损失。

建设工程价款是否包括承包人的应得利润？即享有优先权保护的建筑工程价款范围如何界定？对此，《民事审判信箱》认为，享有优先保护的建筑工程价款的范围可以界定为，如指已竣工工程，应指竣工结算价，未竣工工程则应以施工预算价为基础进行评估确定工程价款；包含承包人的正常利润，也包括承包人的垫资款，但不包括承包人因发包人违约造成的损失。①

3.《合同法》第二百三十条规定：出租人出卖租赁房屋的，应当在出卖之前的合理期限内通知承租人，承租人享有以同等条件优先购买的权利。最高人民法院《关于人民法院民事执行中拍卖、变卖财产的规定》第十四条规定：人民法院应当在拍卖五日前以书面或者其他能够确认收悉的适当方式，通知当事人和已知的担保物权人、优先购买权人或者其他优先权人于拍卖日到场。优先购买权人经通知未到场的，视为放弃优先购买权。

对设立抵押权的房屋买卖还涉及抵押房屋上设立的租赁关系，即买卖能否击破租赁？《合同法》第二百二十九条规定："租赁物在租赁期间发生所有权变动的，不影响租赁合同的效力。"但最高人民法院《担保法司法解释》第六十六条第一款规定："抵押人将已抵押的财产出租的，抵押权实现后，租赁合同对受让人不具有约束力。"《物权法》第一百九十条规定："订立抵押合同前抵押财产已出租的，原租赁关系不受该抵押权的影响。抵押权设立后抵押财产出租的，该租赁关系不得对抗已登记的抵押权。"依据上述规定，基于实现抵押权的房屋买卖，其击破租赁应具备如下条件：（1）有效的抵押权；（2）抵押权已合法登记；（3）抵押权生效先于租赁合同的生效。

4.《海商法》第二十五条第一款规定：船舶优先权先于船舶留置权受偿，船舶抵押权后于船舶留置权受偿。

5.《民用航空法》第二十一条规定：为了债权人的共同利益，在执行人民法院判决以及拍卖过程中产生的费用，应当从民用航空器拍卖所得价款中先行拨付。第二十二条规定：民用航空器优先权先于民用航空器抵押权受偿。

6.《税收征收管理法》第四十五条第一款规定：税务机关征收税款，税收优先于无担保债权，法律另有规定的除外；纳税人欠缴的税款发生在纳税人以其财产设定抵押、质押或者纳税人的财产被留置之前的，税收应当先于抵押权、质权、

① 奚晓明主编：《民事审判指导与参考》2009年第2集，法律出版社2009年版，第307页。

留置权执行。

7.《担保法》第五十六条规定：拍卖划拨的国有土地使用权所得的价款，在依法缴纳相当于应缴纳的土地使用权出让金的款额后，抵押权人有优先受偿权。

8《民事诉讼法》第二百四十四条第一款规定：被执行人未按执行通知履行法律文书确定的义务，人民法院有权查封、扣押、冻结、拍卖、变卖被执行人应当履行义务部分的财产。但应当保留被执行人及其所扶养家属的生活必需品。

◎风险规避

一、主债权诉讼时效的保护

由于抵押权的行使期间与抵押权所担保的主债权诉讼时效挂钩，因此，债权人应在主债权诉讼时效内及时通过各种有效的方式积极主张债权。否则，主债权不仅丧失胜诉权，而且保证主债权实现的抵押权也将归于消灭。

二、抵押权的实现方式

《物权法》第一百九十五条规定："债务人不履行到期债务或者发生当事人约定的实现抵押权的情形，抵押权人可以与抵押人协议以抵押财产折价或者以拍卖、变卖该抵押财产所得的价款优先受偿。协议损害其他债权人利益的，其他债权人可以在知道或者应当知道撤销事由之日起一年内请求人民法院撤销该协议。抵押权人与抵押人未就抵押权实现方式达成协议的，抵押权人可以请求人民法院拍卖、变卖抵押财产。抵押财产折价或者变卖的，应当参照市场价格。"

上述法条规定了抵押权人实现抵押权的方式，抵押权人不能以其他方式行使抵押权。**中国长城资产管理公司济南办事处与中国重汽集团济南卡车股份有限公司、山东小鸭集团有限责任公司借款抵押合同纠纷案**：其裁判摘要指出：抵押担保是物的担保。在抵押人不是主债务人的情况下，抵押权人可以请求拍卖、变卖抵押财产优先受偿，但不得请求抵押人直接承担债务人的债务。①

（一）协议方式

1.债权人与抵押人协商，将抵押物折价由债权人取得抵押物

该方式在实务中的风险在于：其一，折价的公平性，如果折价不公平，可能

① 《最高人民法院公报》2008年第3期。

损害顺序在后的担保物权人和其他债权人的利益，有被人民法院撤销的风险。因此折价的依据最好以有资质的评估机构的评估价为参考。抵押物属于国有资产的，进行资产评估则属于法定程序，应予履行。**东风汽车贸易公司、内蒙古汽车制造厂与内蒙古环成汽车技术有限公司、内蒙古物资集团有限责任公司、赫连佳新、梁秋玲及第三人内蒙古东风汽车销售技术服务联合公司侵权纠纷案：**其裁判摘要指出：根据《国有资产评估管理办法》第三条的规定，国有资产占有单位进行资产转让的，应当进行资产评估。该规定属于强行性规定，而非任意性规定。国有资产占有单位进行资产转让时未依照上述规定进行资产评估的，转让合同无效；受让人在知道或者应当知道所受让的资产属于国有资产，且未依法进行报批和评估的情况下，仍以明显不当的低价受让该国有资产的，不属于善意受让人。[①]其二，在抵押财产不转移占有的情况下，债权人与抵押人就折价价格很难协商一致。即使双方就价格、履行、交付等协商一致的情况下，债权人仍无法预料和避免抵押人履约中的违约行为。其三，协议方式增加了暗箱操作的空间，容易滋生不法现象，或导致国有资产的流失，且操作不当容易引起法律层面的风险。

2. 对抵债资产的处置

银行协议取得抵押物后，往往通过对抵债资产进行处置变现。在处置时，应注意《物权法》对物权变动中的原因关系与物权关系的区分，保证原因关系与物权关系的合法有效，抵债协议与物的交付有效地衔接。**祁某与某银行张掖市分行房地产转让合同纠纷再审案：**最高人民法院再审认为，关于张掖分行与祁某签订的《抵债资产处置合同》是否有效的问题。本案事实表明，为了将回风楼变现，及时收回贷款，张掖分行与祁某于2003年9月26日签订《抵债资产处置合同》，约定张掖分行将其拥有的抵债资产回风楼的房地产以82万元的价款转让给祁某，由祁某办理房产、土地使用权过户手续，张掖分行提供原供销公司房产证、土地使用权证和新墩供销社的《以资抵债协议》等。上述约定涉及张掖分行与祁某之间买卖回风楼的债权关系。张掖分行与祁某之间买卖回风楼形成的债权关系，系当事人之间的真实意思表示，没有证据证明这种行为损害国家利益和社会公共利益，故应当认定该债权关系合法有效。关于物权关系，本案事实表明，祁某向张掖分行交付82万元购房款后实际占有了回风楼，且已将回风楼的房屋产权过户到自己名下，但张掖市房产管理局后于2006年3月12日专门发文注销了祁某

① 《最高人民法院公报》2009年第2期。

对回风楼的《房屋所有权证》；至于回风楼划拨土地使用权则自始没有发生变动。因此，本案回风楼的房产权和土地使用权即物权关系事实上已经不可能发生变动。上述债权关系和物权关系是两个不同的法律关系，不能以物权关系变动不能进而否定债权关系的合法效力。

综上，祁某申请再审要求确认《抵债资产处置合同》合法有效的理由成立，本院予以支持。基于回风楼被拆除，以及由于回风楼的物权不能发生变动给祁某造成的损失，由于一、二审对此未作处理，本案再审亦不宜一并处理。祁某有权依法另行解决。二审判决认定"祁某有权另行主张其支付的价款及其他损失"并无不当。但二审判决以回风楼的物权不能发生变动为由，认定《抵债资产处置合同》无效并判令祁某向张掖分行返还回风楼，属于适用法律错误，本院予以纠正。判决：（1）撤销甘肃省高级人民法院（2007）甘民一终字第268号民事判决和甘肃省张掖市中级人民法院（2006）张中民初字第43号民事判决；（2）驳回张掖分行的诉讼请求。[①]

（二）直接请求人民法院拍卖、变卖

为了简便抵押权的实现程序，避免通过复杂、漫长的诉讼程序实现抵押权的弊端，《物权法》规定了抵押权人可通过非诉执行程序直接申请人民法院执行。但由于该程序现在尚没有具体的配套措施，且债务人、抵押人一旦提出异议，如借款数额、合同效力、诉讼时效等案件实体方面的异议时，仍需通过人民法院进行实体审理。因此，银行直接请求人民法院拍卖、变卖抵押物在目前尚不能成为实现抵押权的主要方式。

（三）通过诉讼程序由人民法院拍卖、变卖

该程序是行之多年，比较成熟的方式，也是债权人实现抵押权的主要方式。由人民法院主持拍卖、变卖，可保证程序的公正性和价款的合理性，也可避免因当事人协商拍卖、变卖过程中发生新的纠纷或协商未果引起抵押权行使期间届满，导致抵押权消灭的法律风险。

三、对第三人造成抵押物灭失及代位物流失的权利主张

因第三人原因造成抵押物灭失、毁损及代位物流失的，债权人可向第三人主张权利，要求其承担连带赔偿责任，但承担该责任的前提是第三人具有过错。上

① 奚晓明主编：《民事审判指导与参考》2009年第4集，法律出版社2010年版，第142页。

诉人中国信达资产管理公司哈尔滨办事处与被上诉人哈尔滨市城市建设投资有限公司、黑龙江雅美食品加工有限公司、原审被告哈尔滨大地农业有限公司借款合同纠纷上诉案：最高人民法院认为，本案所涉拆迁属于市政改造工程项目，拆迁范围广，地处交通要道，受到当地社会的关注。自2007年5月起，城建投资公司作为本次城市改造的拆迁部门，多次在当地有影响的报刊上发布拆迁通知和拆迁公告，在拆迁现场张贴拆迁通告，履行了必要的告知义务。在向被拆迁单位大地公司核实土块权属情况中，查验了大地公司土地使用权证原件，了解到大地公司土地使用权设定了为期一年的抵押权（抵押期限为2003年7月3日至2004年6月25日）。虽然大地公司谎称债务已经清偿，抵押权已不存在，但城建投资公司仍到市服务中心国土资源局窗口做进一步的调查核实，取得了由市国土资源局动力区分局盖章确认的《土地权属情况调查表》复印件，该《土地权属情况调查表》复印件第3项大地公司查封、抵押、未登记等情况一栏内为空白。该《土地权属情况调查表》复印件已经原审法院核实与原件无异，确认为有效证据。城建投资公司据此与被拆迁人签订了《房屋拆迁补偿协议》，并支付了拆迁补偿金。城建投资公司作为拆迁人已经履行了法定的拆迁程序，尽到了必要的注意义务。对信达公司哈办的抵押权和债权的无法实现，没有过错，不应当对大地公司的全部债务承担连带赔偿责任。信达公司哈办主张城建投资公司对大地公司的全部债务承担连带赔偿责任，缺乏事实和法律依据，本院不予支持。①

四、抵押物追及效力及权利主张

（一）抵押物追及效力

抵押物追及效力，是指抵押权一经设立，抵押物所有权的变动，不影响抵押权的效力，抵押权的效力及于抵押物的受让人。就对被执行人转让抵押物的行为效力，《司法信箱》认为：抵押权具有物上追及效力，作为执行标的物的抵押财产在执行程序中被转让的，如果抵押财产已经依法办理了抵押登记，则不论该转让行为是有偿还是无偿，也无论是否通知了抵押权人，只要抵押权人没有放弃抵押权，人民法院均可以直接对该抵押物进行执行，受让人可以追加为被执行人。②

---

① 奚晓明主编：《民商事审判指导》2009年第2辑，人民法院出版社2009年版，第139~140页。
② 《人民司法》2006年第12期。

（二）抵押物转让后权利主张的主体资格

百花公司诉浩鑫公司买卖合同纠纷案：该案诉讼中，百花公司变更为雪清公司。贵州省高级人民法院二审认为，法律确立公民、法人和其他组织的权利与义务，建立和规范社会秩序，最终体现的是国家整体利益。公民、法人和其他组织在法律面前一律平等。任何公民、法人和其他组织都享有法律规定的权利，同时必须履行法律规定的义务，都应当从立法本意上去理解和遵守法律，不能断章取义地利用法律。能够援引《担保法》第四十九条第一款的规定来主张转让行为无效的，应当是合法权益受到损害的抵押权人或者受让人。是否行使这一权利，应当由抵押权人或者受让人决定。在《担保法》第四十九条中，抵押人只有通知、告知、提供相应担保、清偿担保债权等义务，没有据以起诉抵押权人或者受让人的权利。只要抵押人本着诚信原则，依法履行这些义务，他人合法权益就不会受到侵害，从而也不会发生纠纷。作为抵押人，上诉人雪清公司在转让抵押财产时不履行法定的通知、告知义务，转让抵押财产后，仍然不履行清偿债权的义务，却执意援引《担保法》第四十九条第一款来主张转让无效，以达到依法不应达到的毁约目的，其行为不是维护法律。只要抵押权能消灭，无论是在消灭前还是消灭后提起本案诉讼，雪清公司的诉讼请求均不应满足。[①]

（三）权利主张的方式

抵押物在抵押期间被转让后，抵押权人在诉讼中如何主张权利，即如何表述诉讼请求，直接关系到其权利能否得到有效保护。**中国华融资产管理公司哈尔滨办事处与牡丹江市无线电六厂、牡丹江欧地希焊接机有限公司、牡丹江无线电厂、牡丹江电站辅机总厂借款合同纠纷上诉案：**无线电六厂通过出资的方式将抵押物转移至欧地希公司，华融公司向欧地希公司主张权利。最高人民法院认为，华融公司关于要求欧地希公司对无线电六厂的债务在其接受的已为其设定抵押的财产及其利息范围内承担偿还责任的诉讼请求能否得到支持问题。华融公司在起诉书和庭审中表述的诉讼请求均是要求“欧地希公司在其接受的已为其设定抵押权的664万元财产及其利息范围内向其承担偿还责任”，根据《担保法》的规定，抵押权的行使是指当债务人无法清偿其到期债务时，抵押人（或抵押物的受让人）以抵押财产折价，或者以变卖、拍卖的价款优先偿还债务。因华融资产哈尔滨办事处基于抵押权的行使，仅有权要求“欧地希公司以接受的抵押财产通过折价或

① 《最高人民法院公报》2006年第3期。

者变卖、拍卖的价款偿还债务实现抵押权”，而无权要求“欧地希公司在设定抵押权的664万元财产及其利息范围内向其承担偿还责任”。从最大化保护权利人权利的角度出发，最高人民法院专门就华融公司哈尔滨办事处的诉讼请求问题向其行使释明权，明确问其诉请究竟是要求欧地希公司以接受的抵押财产通过折价或者变卖、拍卖的价款偿还债务以消灭抵押权，还是就是要求欧地希公司在664万元及其利息范围内承担偿还责任？华融公司哈尔滨办事处明确表示不是要其将抵押物返还通过折价或变卖、拍卖价款的方式偿还债务，而是就要求其在664万元及其利息范围内承担偿还责任。对此，本案承办人认为，因华融资产哈尔滨办事处的诉请非为抵押权行使的内容，且现无证据证明华融资产哈尔滨办事处与欧地希公司之间存在事实上的债权债务关系，故对其该诉讼请求不应予以支持。且因华融资产哈尔滨办事处在该案中未明确提出行使抵押权的诉讼请求，故本案对抵押担保的基本事实，以及无线电六厂、欧地希公司是否应以抵押物承担偿还债务的责任等有关问题，不予审查。[①]

（四）行使抵押权应以无过错为前提

抵押期间，抵押人对抵押物产权的转移，如抵押权人无过错，并不影响抵押权的行使。**中国大连国际经济技术合作集团有限公司与大连中大集团公司借款担保纠纷上诉案**：最高人民法院（2004）民二终字第70号民事判决书认为，中大公司与住宅公司之间是房屋买卖关系，与大连国际之间是联建关系。中大公司与大连国际之间基于对中大大厦产权的约定以及由此产生的权属争议系该双方当事人之间的纠纷，对于因此产生的诉讼，大连市中级人民法院（1999）大民初字第160号民事调解书已作出确认，确认大连国际对中大大厦9~15层拥有产权。但是，该产权确认行为发生在本案抵押合同签订之后，根据法律事实发生的前后顺序，本案抵押登记行为在先，法院出具的调解书行为在后，因抵押行为无瑕疵，抵押权人无过错，参照《担保法司法解释》第六十七条关于“抵押权存续期间，抵押人转让抵押物未通知抵押权人或者未告知受让人的，如果抵押物已经登记的，抵押权人仍可以行使抵押权”之规定，即使抵押物已确权为他人所有，抵押权人仍可就转让后的抵押物追及行使抵押权，故大连市中级人民法院以调解书确认中大大厦9~15层产权的情节并不能影响本案抵押合同的效力。[②]

---

① 奚晓明主编:《民商事审判指导》2006年第2辑，人民法院出版社2007年版，第225页。
② 奚晓明主编:《民商事审判指导》2006年第2辑，人民法院出版社2007年版，第321页。

（五）抵押期间抵押物转让的法律效力

1. 以征得抵押权人同意为原则，否则转让无效。

彭先明与贵阳市商业银行、贵州龙里大地房地产开发有限公司借款担保合同纠纷上诉案：针对彭先明上诉主张购买讼争房屋时，不知道已设定抵押，属于善意取得的争议焦点，最高人民法院认为：彭先明在购买讼争房屋前，应当认真了解购买的标的物是否存在他项权利的状况，并清楚预见房屋交易过程中可能出现的风险。但彭先明不清楚讼争房屋已设定抵押的事实，其关于到当地房地产管理局查证该抵押合同档案的主张，庭审中亦未能证明该事实的存在。

事实证明，大地公司没有告知彭先明讼争房屋已设定抵押的事实，彭先明自己行使购买讼争房屋的权利亦未尽足够的注意义务。大地公司在未征得贵阳市商业银行同意的情况下，再行转让讼争抵押物给彭先明的行为，属于《城市房地产抵押管理办法》第四十九条“抵押人擅自出售、出租、交换、赠与或者以其他方式处分抵押房地产的，其行为无效，造成第三人损失的，由抵押人予以赔偿”的规定情形，依据《担保法》第四十九条第一款“抵押期间，抵押人转让已办理登记的抵押物的，应当通知抵押权人并告知受让人转让物已经抵押的情况；抵押人未通知抵押权人或者未告知受让人的，转让行为无效”的规定，大地公司将讼争抵押物转让给彭先明的行为，损害了抵押权人贵阳市商业银行的利益，应认定无效。彭先明关于其不清楚讼争房屋已设定抵押的事实，属于善意取得的上诉主张，没有依据，本院不予支持。①

2. 以涤除抵押权负担为目的，受让人代为清偿债务消灭抵押权的，转让有效。

重庆索特盐化股份有限公司与重庆新万基房地产开发有限公司土地使用权转让合同纠纷案：最高人民法院（2008）民一终字第122号民事判决书认为：关于《联合开发协议》及其《补充协议》的效力问题。根据《担保法》第四十九条的规定，抵押期间抵押人转让抵押物应当通知抵押权人，否则转让行为无效；《物权法》第一百九十一条亦规定抵押期间转让抵押物须经抵押权人同意。其立法目的是确保抵押权人的利益不受侵害。但《担保法司法解释》第六十七条和《物权法》第一百九十一条也规定，未经通知或者未经抵押权人同意转让抵押物的，如受让方代为清偿债务消灭抵押权的，转让有效。即受让人通过行使涤除权涤除转让标的物上的抵押权负担的，转让行为有效。上述法律和司法解释的规定体现了

---

① 奚晓明主编：《民事审判指导与参考》2008年第3集，法律出版社2009年版，第215~216页。

相关立法和司法解释的指导思想是要在抵押权人和抵押人、受让抵押标的物的第三人之间实现利益平衡，既充分保障抵押权不受侵害，又不过分妨碍财产的自由流转，充分发挥物的效益。本案双方当事人在《联合开发协议》中约定由索特公司在不影响开发进度的前提下办理解除抵押的相关手续，即以约定的方式将先行解除本案所涉土地上的抵押权负担的义务赋予了索特公司。该约定既保障了抵押权人的利益，也不妨害抵押人和受让土地的第三人的利益，与《担保法》、《物权法》以及《担保法司法解释》保障各方当事人利益平衡的立法精神并不相悖，不违反法律规定。从《合同法》的角度看，转让方对转让标的负有权利瑕疵担保责任，其主动告知转让土地上的权利负担，并承诺由其在不影响开发进度的前提下先行解除抵押，该承诺构成合同中的负担行为，即承担义务的行为，符合意思自治和合同自由原则，且确保了抵押权人的利益不受侵害，与《担保法》、《物权法》和《担保法司法解释》的立法本意和制度设计不相抵触。因此，应当确认该《联合开发协议》及《补充协议》有效，双方应按照合同诚信履行，索特公司有义务根据双方商定的开发进度清偿银行债务，从而解除该转让土地上的抵押权负担。其次，根据《物权法》第十五条的规定，当事人之间订立有关设立、变更、转让和消灭不动产物权的合同，除法律另有规定或者合同另有约定外，自合同成立时生效；未办理物权登记的，不影响合同效力。该规定确定了不动产物权变动的原因与结果相区分的原则。物权转让行为不能成就，并不必然导致物权转让的原因即债权合同无效。双方签订的《联合开发协议》及《补充协议》作为讼争土地使用权转让的原因行为，是一种债权形成行为，并非该块土地使用权转让的物权变动行为，相关法律关于未经通知抵押权人而导致物权转让行为无效的规定，其效力不应及于物权变动行为的原因行为，因为当事人可以在合同约定中完善物权转让的条件，使其转让行为符合法律规定。本案即属此种情形。

综上，双方当事人签订的《联合开发协议》未违反法律强制性规定，应为有效合同。一审判决对此问题的认定适用法律不当，应予纠正。[①]

（六）抵押人权利的保护

银行作为抵押权人，依据法律规定，就抵押物享有优先受偿权，而非所有权、占有权。为保护债权人的抵押权，虽然抵押人对抵押物的处置受到一定的限制，但银行不得干涉抵押人对抵押物的正常交易，如交付、出租等，否则，银行

① 奚晓明主编：《民事审判指导与参考》2009年第1集，法律出版社2009年版，第218~219页。

将要承担相应的法律责任。**广东省中振投资有限公司与武汉泰合房地产开发有限公司、中国工商银行湖北宝丰支行预售商品房纠纷案：**中振公司为购买泰合公司开发的商品房，与中国工商银行湖北宝丰支行（以下简称宝丰支行）签订楼宇按揭（抵押）贷款合同，约定中振公司自愿将其同泰合公司签订的房地产买卖合同之全部权益抵押给宝丰支行，由宝丰支行提供人民币8438万元作为购置房地产买卖合同项下之楼花或现楼之部分楼款。该款以转存方式划入购房合同或协议指定的开发商在宝丰支行处开立的售楼款专户。上述合同签订后，宝丰支行按约向泰合公司支付人民币8438万元。后宝丰支行书面通知泰合公司，要求泰合公司在中振公司归还宝丰支行贷款问题未解决、宝丰支行未予认可前，不得向中振公司交楼，以确保宝丰支行作为抵押权人的利益。中振公司向湖北省高级人民法院提起诉讼，要求被告泰合公司及第三人宝丰支行承担逾期交房的违约责任。

最高人民法院（1998）民终字第25号民事判决书认为：由于中振公司没有按期偿还宝丰支行贷款，宝丰支行于1995年12月22日通知泰合公司不予交付房屋给中振公司，客观上使泰合公司没有积极履行房屋交付义务，宝丰支行有一定过错，故对泰合公司逾期交房应承担相应责任。由于武汉市中级人民法院已于1996年11月13日查封本案中振公司所购房屋，故逾期交房的时间应自1996年1月起至1996年11月13日止，扣除中振公司在合同履行期间改变设计导致工程延误的一个月，本案应按逾期9个月、按中振公司已付购房款98447200元的月15‰为标准计算违约利息赔偿金，由泰合公司和宝丰支行按9:1比例承担。判决：宝丰支行于本判决生效之日起三十日内支付中振公司人民币1329037元。[①]

（七）抵押权追及效力的限制

最高人民法院《关于申请执行人中国工商银行铁岭市清河支行西丰分理处与被执行人西丰百货公司借款合同纠纷请求案的复函》认为：第三人通过执行拍卖取得的财产为合法取得，原物权人不得对该第三人主张执行回转。由于抵押权追及效力属于物权追及效力的一种，且抵押权的追及效力不能高于物权追及效力，所以，抵押权人不能向通过法院拍卖裁定取得抵押物的第三人主张权利。

---

① 唐德华主编：《民事审判指导与参考》2000年第2卷，法律出版社2000年版，第229~234页。

第十节　权利质押

案例 48：票据基础关系不能对抗银行汇票的质权人行使票据权利

摘要：作为银行汇票的出票人，银行不能以申请人具有恶意对抗已经质押的质权人行使票据权利。申请人与出票人系票据基础关系，其抗辩事由只能在彼此之间进行。

1997 年 5 月，滕州市金利来洗煤厂（以下简称洗煤厂）的业务员张宗乾请求中国建设银行枣庄市薛城区支行陶庄办事处副主任渠继东为其提供贷款担保。5 月 28 日，渠继东利用担任陶庄办事处副主任之便，在没有收到任何款项的情况下，签发了编号为 VIV00316605 的银行汇票（以下简称 5 号汇票），次日收到洗煤厂法定代表人刘宝廷和业务员张宗乾出具的借条一张，内容为：借薛城区建行陶庄办事处汇票一张 75 万元，借款人刘宝廷、张宗乾，并加盖洗煤厂财务专用章。该银行汇票记载的出票单位为陶庄办事处、收款人为洗煤厂、金额为 75 万元。同日，洗煤厂与滕州市城郊信用社（以下简称城郊信用社）签订了一份质押合同，约定：洗煤厂向信用社借款 75 万元，期限一个月，质物为“汇票”。合同签订后，洗煤厂向信用社交付 5 号汇票和一份《权利质物质押声明书》，其上加盖了汇票签发行陶庄办事处和汇票收款人洗煤厂的印章，载明的主要内容为洗煤厂以其所有的 5 号汇票作为向信用社借款的权利质押凭证。信用社据此向洗煤厂发放贷款 75 万元。同年 6 月 26 日，借款期限即将届满时，渠继栋又签发了编号为 VIV00316608 号的银行汇票（以下简称 8 号汇票）。洗煤厂持 8 号汇票向信用社换回 5 号汇票，同时交付信用社一份注明权利质押凭证为 8 号汇票的《权利质物质押声明书》。该声明书载明：本人（出质人）对下列有价证券滕州金利来洗煤厂汇票金额柒拾伍万元 VIV00316608 有所有权，现已向城郊信用社办理质押担保贷款。借款人滕州金利来洗煤厂，贷款金额柒拾伍万元整，期限从 1997 年 6 月 26 日至 1997 年 7 月 25 日。自即日起，对上述有价单证停止挂失。贷款偿清后，请凭贷款社背书办理支付。如贷款到期借款人不能清偿，贷款社可凭抵押协议、催收贷款通知及本声明支本息（或办理转让手续）。请予认定。陶庄办事处与洗煤厂均在上述声明书上盖章。8号汇票记载的出票单位亦为陶庄办事处，收款人为洗煤厂，金额为75万元，出票日期为1997年6月26日。该汇票的背书栏内加盖了洗煤厂的财务专用章及法定代表人刘宝廷的印章，但被背书栏内空白。该汇票的“持票人向银行提示付款签章”处加盖了“滕州市金利来洗煤厂财务专用章”和法定代表人“刘宝廷”的印章，并书写有“委托城郊信用社收款”。洗煤厂在借款到期后未能偿还借款，信用社于1997年7月17日将8号汇票提交滕州市人民银行，通过票据交换系统向薛城区建行收取75万元票款。薛城区建行拒付票款。其退票理由书载明：一是洗煤厂以恶意取得票据，二是该票据实际结算金额没有套写。

◎ 裁判要旨

山东省高级人民法院二审认为：双方当事人争议的焦点问题为：城郊信用社与洗煤厂之间是否就8号汇票形成有效的质押关系，薛城区建行应否向城郊信用社支付票款。

洗煤厂既在8号银行汇票的背面作了委托收款背书，又在该汇票上设定了质押，因其是票据权利人，其在票据上进行了委托收款背书之后，在委托收款行为完成之前，其有权取消委托而再对汇票进行质押处分。因此，上诉人关于“票据作了委托收款背书之后不能再为质押”的上诉理由不能成立。

关于城郊信用社与洗煤厂之间是否形成有效的质押关系，既应适用《票据法》、《担保法》，也应适用《担保法司法解释》和最高人民法院《关于审理票据纠纷案件若干问题的规定》。《票据法》第三十五条第二款规定，汇票质押时应当以背书记载“质押”字样。但并未规定如果未记载“质押”字样的，质押不生效或无效。《担保法》第七十六条规定：“以汇票、支票、本票、债券、存款单、仓单、提单出质的，应当在合同约定的期限内将权利凭证交付质权人。质押合同自权利凭证交付之日起生效。”因此，背书质押不是设定票据质权的唯一方式，订立质押合同、交付票据也可以设定票据质权。《票据法》第三十一条第一款规定：“以背书转让的汇票，背书应当连续。持票人以背书的连续，证明其汇票权利；非经背书转让，而以其他合法方式取得汇票的，依法举证，证明其汇票权利。”以票据出质的，质押背书是表明票据持有人享有票据质权的直接证据，如果无质押背书，书面的质押合同就是票据持有人证明其享有票据质权的合法证据。在票据持有人持有票据，并有书面质押合同的情况下，应当认定持有人享有票据质权。《担保法司法解释》第九十八条规定："以汇票、支票、本票出质，出质人与质权人没有背书记载'质押'字样，以票据出质对抗善意第三人的，人民法院不予支持。"由此，背书"质押"字样不是票据质权的取得要件，仅是票据质权的对抗要件。

虽然最高人民法院《关于审理票据纠纷案件若干问题的规定》第五十五条规定"依照《票据法》第三十五条第二款的规定，以汇票设定质押时……或者出质人未在汇票、粘单上记载'质押'字样而另行签订质押合同、质押条款的，不构成票据质押"，但因该规定的颁布时间早于《担保法司法解释》，故对本案应适用《担保法司法解释》中的规定。综上，本案城郊信用社与洗煤厂间订有质押合同、洗煤厂将银行汇票交付城郊信用社占有，双方在8号银行汇票上成立了有效的票据质押关系，城郊信用社取得票据质权。

洗煤厂未支付对价而取得银行汇票，作为出票人的薛城区建行可以对洗煤厂进行抗辩，城郊信用社以签订质押合同、交付权利凭证的方式取得的票据质权，本应继受出质人洗煤厂的票据权利瑕疵。薛城区建行本可以将抗辩权向城郊信用社行使，但因陶庄办事处在载有"如贷款到期借款人不能清偿，贷款社可凭抵押协议，催收贷款通知书及本声明书支取本息"内容的《权利质物质押声明书》上签章，该签章行为表明其已以明示的方式放弃抗辩权，是对城郊信用社质权实现的承诺，所以薛城区建行在城郊信用社向其行使质权时，应按照其承诺向城郊信用社支付票款本息。薛城区建行关于城郊信用社无权请求其支付票款的上诉理由不能成立。遂判决：驳回上诉，维持原判。即被告薛城区支行于判决生效后十日内向原告城郊信用社支付票款75万元及相应利息（利息按中国人民银行规定的同期贷款利率从1997年7月17日计算至本判决生效之日）。[①]

◎法条链接

1.**《物权法》第二百二十四条** 以汇票、支票、本票、债券、存款单、仓单、提单出质的，当事人应当订立书面合同。质权自权利凭证交付质权人时设立；没有权利凭证的，质权自有关部门办理出质登记时设立。

2.**《担保法》第七十六条** 以汇票、支票、本票、债券、存款单、仓单、提单出质的，应当在合同约定的期限内将权利凭证交付质权人。质押合同自权利凭

① 《最高人民法院公报》2004年第11期。

证交付之日起生效。

3.**《票据法》第三十五条第二款** 汇票可以设定质押；质押时应当以背书记载“质押”字样。被背书人依法实现其质权时，可以行使汇票权利。

4.**最高人民法院《关于适用〈中华人民共和国担保法〉若干问题的解释》第九十八条** 以汇票、支票、本票出质，出质人与质权人没有背书记载“质押”字样，以票据出质对抗善意第三人的，人民法院不予支持。

5.**最高人民法院《关于审理票据纠纷若干问题的规定》第五十五条** 依照票据法第三十五条第二款的规定，以汇票设定质押时，出质人在汇票上只记载了“质押”字样未在票据上签章的，或者出质人未在汇票、粘单上记载“质押”字样而另行签订质押合同、质押条款的，不构成票据质押。

◎重要提示

一、关于权利质押的法定原则

法定原则即何种权利可以质押，须由法律规定，而不能由当事人约定。《担保法》第七十五条第（四）项规定“依法可以质押的其他权利”，《担保法》对于权利质押的法定原则，其“法”的范围比《物权法》的范围宽，包括国务院各部委或地方人大、政府制定的规范性法律文件。而《物权法》第二百二十三条第（七）项仅规定了“法律、行政法规规定可以出质的其他财产权利”。根据《物权法》第一百七十八条的规定，《担保法》与《物权法》的规定不一致的，适用《物权法》。

二、票据法与最高人民法院司法解释的冲突：关于汇票未记载“质押”字样，票据质押关系的效力

《票据法》第三十五条第二款规定，汇票质押时应当以背书记载“质押”字样。但并未规定如果未记载“质押”字样的，质押不生效或无效。最高人民法院《关于审理票据纠纷案件若干问题的规定》第五十五条规定：“依照《票据法》第三十五条第二款的规定，以汇票设定质押时，出质人在汇票上只记载了‘质押’字样未在票据上签章的，或者出质人未在汇票、粘单上记载‘质押’字样而另行签订质押合同、质押条款的，不构成票据质押。”依据《担保法》第七十六条的规定，背书质押不是设定票据质权的唯一方式，订立质押合同、交付票据也可以

设定票据质权。依据《票据法》第三十一条第一款的规定，以票据出质的，质押背书是表明票据持有人享有票据质权的直接证据，如果无质押背书，书面的质押合同就是票据持有人证明其享有票据质权的合法证据。在票据持有人持有票据，并有书面质押合同的情况下，应当认定持有人享有票据质权。依据最高人民法院《担保法司法解释》第九十八条之规定，背书“质押”字样不是票据质权的取得要件，仅是票据质权的对抗要件。

中国银行唐山分行与唐山市古冶区信用合作社联合社汇票付款纠纷再审上诉案：针对汇票“质押”字样涉及的票据权利问题，河北省高级人民法院经请示最高人民法院后认为：《票据法》与《担保法》对汇票设定质押的要求不尽一致，应着重审查持票人是否以欺诈、胁迫等手段取得汇票，是否出于恶意或因重大过失取得汇票，在此基础上确定持票人是否享有票据权利。[①]

显然，最高人民法院认为，汇票是否记载“质押”字样，不是持票人是否享有票据权利、取得票据质权的实质要件，持票人是否享有票据权利，仍应按《票据法》的规定审查持票人取得票据的合法性。

对于《物权法》施行以后的票据质押行为，应依据《物权法》第二百二十四条的规定，订立书面质押合同，并在取得权利凭证后质押关系才有效成立。

三、委托收款背书与质押能否同时存在于一张银行汇票上

票据是无因证券。票据所创设的权利义务内容，完全依照票据上所载文义而定，而不能进行任意解释或者根据票据以外的任何其他文件确定。即使票据上记载的文义有错，也要以该文义为准。质押与委托收款是两个不同的票据行为，不能由同一人在同一票据上行使。但作为票据权利人在委托行为完成之前，其有权取消委托而再对汇票进行质押。

四、票据债务人能否以汇票申请人未支付对价而对质权人进行抗辩

抗辩系指票据债务人依据《票据法》的规定对票据权利人拒绝履行义务的行为。如果申请人未支付对价而取得票据，申请人在行使票据权利要求出票人付款时，票据债务人可以抗辩。但汇票经背书转让后，出票人不得以申请人未支付对价而对持票人进行抗辩，除非持票人明知该抗辩事由而取得票据。但如果票据债

---

① 沈德咏主编：《审判监督指导》2004年第4辑，人民法院出版社2005年版，第63页。

务人以明示或书面方式同意到期无条件履行票据义务，则视为放弃抗辩，即使存在抗辩事由，也得不到法院的支持。在银行票据质押贷款的情况下，如票据记载“质押”字样、背书连续、银行通过向出质人贷款已给付对价，则票据债务人不能以“申请人未支付对价取得票据”对抗质权人，相反，如果票据未记载“质押”字样的，则不得对抗善意第三人，票据债务人可以抗辩。

◎ 风险规避

一、签订书面质押合同

书面质押合同是办理相关质押手续的必经环节，不能因为有登记手续而疏忽书面质押合同。

二、办理登记

1. 以有限责任公司和股份有限公司股权质押的，登记机构为出质股权所在公司登记的工商行政管理机关，按照《工商行政管理机关股权出质登记办法》的规定办理登记。

2. 以应收账款质押的，登记机构为中国人民银行征信中心，按照《应收账款质押登记办法》的规定办理登记。

3. 以专利权质押的，登记机构为国家知识产权局，按照《专利权质押登记办法》的规定办理登记。

4. 以著作权质押的，登记机构为中国版权保护中心，按照《著作权质押合同登记办法》的规定办理；自 2011 年 1 月 1 日起施行的《著作权质权登记办法》规定著作权质权登记部门为国家版权局。

5. 以商标专用权质押的，登记机构为国家工商行政管理局商标局，按照《商标专用权质押登记程序》的规定办理。

6. 以国债、政策性金融债、中央银行债质押的，登记机构为中央国债登记结算有限责任公司，按照《债券质押业务操作流程（试行）》的规定办理。

7. 以基金份额、股权、国债、上市公司可转换债券质押的，登记机构为中国证券登记结算有限责任公司上海分公司和中国证券登记结算有限责任公司深圳分公司，按照各分公司制定的业务规则规定办理。

对于《物权法》规定的新型权利质押的登记，如无权利凭证，且国家尚未确定登记机关的，应暂不受理该权利质押。

三、应收账款的质押

（一）应收账款质押面临的法律问题

《物权法》第二百二十三条规定允许应收账款设定权利质押。但这一规定无论在理论解释上还是实务操作中，皆面临棘手的问题。第一，应收账款范围是否应当有所限制？（公益服务领域中例如医院对患者的医疗收费等应收账款，直接关涉这类公益机构的利益与国民基本权益之间的“公平与效率”方面的价值权衡，事关公共政策选择，触及社会稳定，是否适合设定抵押？）第二，登记是应收账款质权的成立要件还是对抗要件？第三，信贷征信机构对登记是进行形式审查还是实质审查？第四，第三债务人是否属于当事人？第五，应收账款设质是否需要交付债权凭证？第六，如何区分应收账款质押与附追索权的应收账款转让以及保理？[①]

（二）应收账款质押应注意的问题

上述法律问题，银行在设定质押上应予关注，或者在有关的司法解释出台以前暂不受理此类质押，以免引起法律风险。此外，银行应建立配套的内部管理制度和相应的格式质押合同，因为此类权利的质押的合法有效和足值问题与其他权利的担保存在一定的差异。“应收账款”既有具有物权属性的各类收费权，也包括了“债权”类的应收账款，其表现形式复杂多样。银行不仅应当关心应收账款自身的合法有效性，而且应该合理地评估其价值，以确保未来担保权益实现中变现的及时性和充分性。基于此，银行适当审查应收账款背景交易的合法合规性以及有关当事人的信用、信誉等，这些都关系到应收账款担保的可执行性。

由于应收账款质押涉及还款的债务人并非质押合同当事人，质权的实现需要债务人以及时履行债务为前提，因此质权受到债务人的制约，而质权人却无法对债务人采取任何措施。对质权人银行而言，可通过控制债权人的某一特定账户从而实现对付至该账户的应收账款的控制，但债权人如果背着银行变更付款账户或通过其他方式实现债权时，如债权转移、现金支付、债务抵销等情形，将有可能导致质权落空。因此，应收账款质押不应成为独立的债权担保方式，而应成为其

---

① 2008年4月29日宋晓明“在物权担保物权国际研讨会上的讲话”，载奚晓明主编：《民商事审判指导》2008年第2辑，第5页。

他担保方式的辅助担保方式。

（三）应收账款质押的性质

江苏苏州中院二审维持的亨通公司诉炀明公司等担保追偿权纠纷案。吴江市人民法院经审理认为，应收账款系债务人的债权，以应收账款出质的情形，属于权利质权，只有债务人自己提供物的担保的，债权人才应当先就该物的担保实现债权，应收账款质押不属于物的担保的范畴，应收款质押并不优先于保证。①

四、出质权利的转让

由于《物权法》肯定了“经出质人与质权人协商同意”，出质人可以转让应收账款、基金份额或股权，银行在操作中应重点防范该项规定可能带来的操作风险，防止出质权利转让价款的流失。

五、汇票、支票、本票、债券、存款单、仓单、提单质押

（一）《物权法》与《担保法》的不同规定

《物权法》第二百二十四条规定：“以汇票、支票、本票、债券、存款单、仓单、提单等出质时，质权自权利凭证交付质权人时设立；没有权利凭证的，质权自有关部门办理出质登记时设立。”与《担保法》及其司法解释相比，《物权法》有如下变化：第一、《担保法》规定“质押合同自权利凭证交付之日起生效”并没有解决无权利凭证质押问题，《物权法》对于没有权利凭证的，明确规定质权自有关部门办理出质登记时设立，因此，如果无权利凭证，银行应注意选择适当的登记部门；第二、汇票、支票、本票和公司债券出质的，《担保法解释》规定未背书记载“质押”字样的，不得对抗善意第三人，而《物权法》没有背书规定。

（二）权利的真实存在

质押的权利无论是否存在权利凭证，应以该权利的真实存在为前提。以不存在的权利质押的，不构成权利质押，双方应根据其过错程度承担民事责任。

中国银河证券有限责任公司深圳宝安路证券营业部与中国工商银行郑州市经三路支行、河南省龙浩实业有限公司、深圳市龙浩世纪实业有限责任公司借款担保合同纠纷上诉案：最高人民法院（2005）民二终字第75号民事判决书认为：2003年6月9日、10日、11日，经三路工行与深圳龙浩公司分别签订的三份《国

---

① 《人民法院报》2009年11月13日。

债权利质押合同》，约定以深圳龙浩公司在宝安路营业部开立的证券账户及账上国债，资金账户和账上资金为河南龙浩公司与经三路工行签订的12份《银行承兑协议》提供质押担保，承兑汇票到期前10天，如果承兑申请人未按约定交付汇票款，经三路工行可以变卖国债，用于清偿汇票款等内容。为保证《国债权利质押合同》的履行，宝安路营业部向经三路工行出具承诺书，保证上述证券账户和资金账户由经三路工行占有和控制，由经三路工行设立和保留使用上述资金账户的唯一提款密码，并承诺如果经三路工行损失，其承担连带赔偿责任。宝安路营业部还向经三路工行出具资金对账单，确认深圳龙浩公司账上国债的存在。根据本案查明的事实，出质人深圳龙浩公司虽然向质权人经三路工行移交了证券和资金账户的占有和控制手续，确保了经三路工行对账户的有效控制，但宝安路营业部向经三路工行出具的对账单是虚假的，《国债权利质押合同》中所约定的国债，在深圳龙浩公司的证券账户中自始不存在。根据《担保法》第六十四条关于“质押合同自质物移交于质权人占有时生效”的规定，本案深圳龙浩公司向债权人经三路工行交付的账户中质押标的物没有真实存在，应视为出质人没有向质权人交付质物，《国债权利质押合同》不发生法律效力，经三路工行不能依据《国债权利质押合同》向深圳龙浩公司行使质权。原审法院认定深圳龙浩公司向经三路工行提供的质押为账户质押，且质押合同有效不妥，应当予以纠正。《国债权利质押合同》虽然约定用证券账户及账上国债、资金账户及账上资金提供质押担保，但同时又约定质押期满，经三路工行变卖国债的资金用于清偿汇票款项，从合同名称及对质权实现方式的约定内容看，质押标的物应为证券账户中确定数额的国债，移交账户的控制和占有的目的是为了保证质权人对账户中国债的占有和质权的实现。宝安路营业部上诉主张“原审判决认定账户质押且质押合同有效是错误的”观点成立，本院予以采纳。

根据2003年6月3日、5日，深圳龙浩公司分别与河南龙浩公司、宝安路营业部签订约定有融资和担保内容的协议，以及深圳龙浩公司为本案所融资金的约定用资人，本院认定深圳龙浩公司对其证券账户中没有国债是明知的，其为达到融资目的，向经三路工行实施了民事欺诈行为，根据《合同法》第四十二条的规定，深圳龙浩公司在订立合同的过程中，违背诚实信用原则，故意提供虚假情况，致使经三路工行的质押权利落空，其应对经三路工行因此造成的损失承担赔偿责任。宝安路营业部向经三路工行出具承诺书和虚假对账单，帮助深圳龙浩公司隐瞒证券账户中没有质押标的物的事实，参与完成虚假质押关系，属于与深圳龙浩公司共同实施民事欺诈行为，应当与深圳龙浩公司对经三路工行的损失承担连带赔偿责任。[①]

六、以国债为标的物的账户质押

银行应了解国债是处于回购状态，还是国债现券。如在质押开始前已处于回购状态，根据交易规则，处于回购状态的国债，只有在回购期满后，融资方从融券方将国债购回，方能保证银行的质押受偿权；如果回购期满未能购回，则质押物本身存在的这一风险将可能导致优先受偿权无法实现。而且，处于回购状态的国债，其价值可能存在极大的波动，致使质权人实现质权存在潜在的风险。**国泰君安证券股份有限公司郑州花园路证券营业部、国泰君安证券股份有限公司与中国光大银行郑州分行、中国第一汽车集团开封汽车经销有限责任公司和海口建来发展有限公司借款担保合同纠纷案：**最高人民法院认为：关于质押关系成立及质押物瑕疵的分析与认定。(1)本案质押账户内的国债在出质时已经处于回购状态，而不是国债现券。国债是否处于回购状态，是由账户内标准券的数额反映的。根据《上海、深圳证券交易所交易规则》对标准券的定义，标准券是指在证券交易所指定的登记结算机构托管而用于回购交易并按交易所规定的折算率计算出的回购抵押券。债券持有人可卖出债券的数量，根据其在交易所指定的登记结算机构库存债券数量，以交易所公布的标准券（综合券）折算率计算出的标准券（综合券）量为限。这说明，回购交易中，国债不是一般意义上的交易物，而是抵押（质押）物。回购具备专卖和质押两种性质，形式上是国债两次专卖，实质上是质押融资。以标准券来确定融资量，以现券作为最终的担保，两者合二为一。根据郑州分行提供的证据之《对账单》以及营业部提供的证据之《国泰君安证券股票明细对账单（合并）及郑州花园路余额总汇》，可以看出：在本案质押开始之前，国债市值很高但是资金余额不高，标准券可用余额也很少，因此，本案质押开始前国债账户的状态为：账户内国债已经大部分处于回购状态而未购回，且账户没有足够的购回国债资金。作为质权人的郑州分行，应当核实质押国债的真实性、有效性以及可支配性，以确保质押物对质权实现的担保，减少自身开出票据的风险。郑州分行作为专业金融机构，其关于对国债处于回购状态的情况“不知情、

---

① 奚晓明主编：《民商事审判指导与参考》2007年第1辑，人民法院出版社2007年版，第285~286页。

看不懂对账单”的观点不能成立，其应当知道质押物的状态并且应当预见到接受该种具有瑕疵的质押物存在的风险。（2）质押物本身存在瑕疵导致质押方式存在潜在的风险。根据交易规则，处于回购状态的国债，只有在回购期满时，融资方（海口建来）从融券方将质押物（国债）购回，方能保证郑州分行的质押受偿权。如果回购期满未能购回，则质押物本身存在的这一风险将可能导致优先受偿权无法实现。因此，这种质押方式与质权的优先受偿权存在冲突，使得质押方式存在潜在的风险。郑州分行明知质押物处于回购状态，质押物的价值可能出现极大波动，质押方式存在巨大风险，但是仍然愿意接受该种质押方式，且未要求出质人提供其他担保，其应当对质押物的价值减少带来的损失自行承担责任。[①]

七、注册商标专用权、专利权、著作权等知识产权中的财产权质押

与《担保法》相比，《物权法》扩大了可质押的范围，《担保法》仅列举了可以转让的商标专用权，专利权、著作权。《物权法》在列举了这三项之后用了个兜底性词语“等知识产权”，表明属于知识产权中的财产权都可以依法质押。但金融实务中，未有明确的法律规定，银行仍应对商标专用权，专利权、著作权之外的知识产权财产权进行质押持审慎态度。

八、股权质押

《担保法司法解释》第一百零三条规定：“以股份有限公司的股份出质的，适用《中华人民共和国公司法》有关股份转让的规定。以上市公司的股份出质的，质押合同自股份出质向证券登记机构办理出质登记之日起生效。以非上市公司的股份出质的，质押合同自股份出质记载于股东名册之日起生效。”因此，银行在接受公司股权质押时，应注意《公司法》对股份转让的有关法律规定。

（一）有限公司股权质押

1. 依据《公司法》第七十一条之规定，取得其他股东过半数同意或出质股东已将股权出质事项书面通知其他股东征求同意，其他股东自接到该书面通知之日起满 30 日未答复或未明确反对。

2. 依据《公司法》第七十一条第三款“公司章程对股权转让另有规定的，从其规定”的规定，银行应认真审查、核实公司章程是否对股权转让及质押作出特

---

① 奚晓明主编:《民商事审判指导》2008 年第 1 辑，人民法院出版社 2008 年版，第 263 页。

别的规定，其质押程序及质押合同内容应符合该特别规定的要求。

3. 依据《公司法》第三十二条、第七十三条关于未经登记不得对抗第三人及股权转让应进行相应记载的规定，银行在接受股权质押时，应首先审核该股东股权与出资证明书、股东名称及工商登记的一致性并将股权质押登记于公司股东名册。

（二）股份有限公司股份质押

1.《公司法》第一百四十一条规定："发起人持有的本公司股份，自公司成立之日起一年内不得转让。公司公开发行股份前已发行的股份，自公司股票在证券交易所上市交易之日起一年内不得转让。"据此，银行不得接受公司成立一年内发起人股份的质押及股票上市一年内股票的质押。

2. 依据《公司法》第一百四十一条第二款的规定，银行不得接受公司董事、监事、高级管理人员超过其所持有本公司股份总数的百分之二十五的股份质押；不得接受离职后半年内对其股份的质押；公司章程对公司董事、监事、高级管理人员股份转让有限制性规定的，银行应从其规定。

九、大学生公寓经营收益权质押

大学生公寓经营收益权作为一种新兴权利，我国现行法律法规中对其属性及法律地位尚无明确规定。根据中国人民银行、教育部《关于进一步解决学生公寓等高等学校后勤服务设施建设资金问题的若干意见》第一条的规定，商业银行要积极开展学生公寓收费权质押贷款业务，应与借款人签定书面质押合同。质押合同必须经省级教育行政部门审批和统一登记，自登记之日起生效。**中国建设银行股份有限公司北京丰台支行与北京市建雄建筑集团有限公司、北京育联科大学生公寓开发有限公司等借款担保合同纠纷案：**北京市高级人民法院（2007）高民终字第362号民事判决书认为，关于质押协议的效力。权利质押应遵守相关法律规定，在法律未明确规定本案所涉大学生公寓的经营收益权可质押的情况下，为落实国务院相关规定所制定的银发［2002］220号文件，应作为本案权利质押的依据。该文件中明确规定，商业银行与借款人就学生公寓收费权质押签订的质押合同须经省级教育行政部门审批和统一登记，自登记之日起生效。而本案所涉经营收益权既未登记，也未转移占有，故育联科公司无须承担质押责任。[①]

① 《人民司法·案例》2009年第6期。

第十一节　存单质押

案例 49：设质人未以存单原件质押的，质权人不享有质押权

摘要：以存在权利凭证的有价证券设定权利质押的，权利凭证的交付为质权设立的生效要件。设质人未向质权人交付权利凭证原件的，质权未生效，质权人不享有质权。

1996 年初，为了发展地方经济，河南省通许县玉皇庙乡将引进 1000 万元资金的任务交给了开封市通玉企业（集团）公司（以下简称通玉公司）总经理张朴实。同时，中国农业银行通许县支行（以下简称通许农行）实行资产负债经营管理，即引进资金帮助农行增加储蓄额度后，农行可出贷 74%。

河南省粮油食品进出口公司（以下简称粮油公司）因中介人请求帮助解决 1000 万元借款，但粮油公司只同意将该公司的 1000 万元存入有关银行。后粮油公司将金额分别为 300 万元、700 万元的银行汇票在通许农行解付，通许农行出具 300 万元、700 万元无记名定期存单，该存单由粮油公司持有。

通许农行据此向通玉公司发放了两笔贷款，通许农行在办理上述两份借款时，以存单底联复印件在通许县公证处办理了质押借款公证。

通许农行就通玉公司抵押借款合同纠纷向河南省开封市中级人民法院起诉，请求判令通玉公司返还借款，张朴实承担保证责任。1997 年 8 月 22 日，河南省开封市中级人民法院制作（1997）汴民初字第 71 号民事调解书，确认原告通许农行与被告通玉公司达成协议有效，通玉公司偿还通许农行借款本金 210 万元及利息，由通许农行从 4364209 号存单上直接划拨。同年 8 月 28 日，河南省开封市中级人民法院制作（1997）汴民字第 72 号民事调解书，确认原告通许农行与被告通玉公司达成协议有效，通玉公司偿还农行借款本金 450 万元及利息，由通许农行从通玉公司 4364282 号存单上直接划拨。同年 8 月 25 日、9 月 3 日，通许农行从存单上划拨款项，对通玉公司上述两笔贷款进行清结。1997 年 10 月 14 日，通玉公司用转账支票在通许农行支取人民币 224390.15 万元；同年 10 月 15 日、

17日两次以现金支票在通许农行支取现金191731.9万元和100万元。通许农行对上述两张存单作了清户处理。

1997年10月16日，粮油公司向河南省高级人民法院起诉，请求判令通许农行支付存款本息。

◎裁判要旨

最高人民法院认为，粮油公司分别将面额为300万元、700万元的两张银行汇票交给中介人王中、张以文，并委托其到通许农行办理存款业务。该两张汇票的汇款人为粮油公司，收款人为杜文新，收款人账号为通玉公司在通许农行国际业务部开立的874000117账号。通许农行收到王中、张以文交来的两张汇票后，即将该两张汇票上的1000万元解付到该行1130242000106账号，后又将该笔款项解付到非汇票收款人的通玉公司874000117的账号。尔后，通许农行为通玉公司办理了现金支票，并将该笔款项划入张朴实的个人名下，在该笔款项进入张朴实个人名下后，通许农行出具了两张真实的无记名存单。上述事实表明，粮油公司通过委托人将面额为300万元、700万元的两张汇票交给了通许农行，通许农行也为其出具了真实的存单。粮油公司持有该两张存单，是该两张存单项下款项的合法所有权人。该两张存单是否记名，并不影响存单的合法性、有效性。存单项下的款项依然为存单合法持有人所有。粮油公司有权依据该两张存单向通许农行主张权利。在该笔款项进入张朴实个人名下后，通许农行与通玉公司又签订了两份抵押担保借款合同，并依据该两份合同，向通玉公司发放了贷款共计660万元。上述事实表明，通玉公司所获款项并非粮油公司直接交付或通过通许农行交付的，而是通许农行依据与通玉公司签订的抵押担保借款合同，向通玉公司发放的贷款。虽然质押行为并未生效，但不影响通玉公司与通许农行借款民事法律关系的成立。通玉公司以奖金形式支付了217.03万元高额息差，但是该高息分别为中间人协联公司和张以文所得，粮油公司既没有取得高息的动机，对中间人获得的高息在案发前也不知情。

综上，粮油公司将本案所涉1000万元款项存入通许农行后，通许农行出具了无记名存单，并通过以存单底联质押的方式，将660万元资金贷给通玉公司使用。粮油公司合法持有存单，有权主张存单项下的权利，并且粮油公司既没有指定通玉公司为用资人，也没有从通玉公司或通许农行取得高额息差。故本案不符合以存单为表现形式借贷纠纷的特征，应当按照一般存单纠纷处理。通许农行关于粮油公司与通玉公司之间属借款关系，与通许农行不存在存款关系，通许农行不应承担责任的主张，因与事实不符，本院不予支持。原判认定本案为以存单为表现形式借贷，属于定性不当；认定粮油公司虽未实际取得217.03万元高息，但已通过其他途径主张权利与事实不符；判处217.03万元高息充抵本金，以及通许农行对通玉公司不能偿还的本金承担百分之七十的赔偿责任，属适用法律错误，均应予纠正。1996年8月20日、26日，通许农行国际业务部分别与通玉公司签订的两份抵押担保借款合同，当事人意思表示真实，内容亦不违反法律规定，该两份借款合同均应认定为合法有效。但因合同签订后，通玉公司并未将上述两张存单交给质权人通许农行，通许农行不持有质押物，根据《担保法》第七十六条的规定，上述两份抵押贷款合同中有关质押的条款并未生效。因此，虽然通许农行用存单底联复印件已在通许县公证处办理了公证，并与通玉公司达成民事调解协议，但因质押条款并未生效，通许农行不享有质押权。所以，通许农行从上述两张存单上直接扣款还贷及处分其余款项的行为，因没有法律依据，而应认定为无效民事行为。通许农行应将该两张存单项下的款项返还给存单所有人粮油公司。通许农行与通玉公司之间的债权债务关系，应另行解决。[①]

◎ 法条链接

1.《担保法》第七十六条 以汇票、支票、本票、债券、存款单、仓单、提单出质的，应当在合同约定的期限内将权利凭证交付质权人。质押合同自权利凭证交付之日起生效。

2. 最高人民法院《关于适用〈中华人民共和国担保法〉若干问题的解释》第一百条 以存款单出质的，签发银行核押后又受理挂失并造成存款流失的，应当承担民事责任。

3. 最高人民法院《关于审理存单纠纷案件的若干规定》第八条 对存单质押的认定和处理

存单可以质押。存单持有人以伪造、变造的虚假存单质押的，质押合同无效。接受虚假存单质押的当事人如以该存单质押为由起诉金融机构，要求兑付存款优先受偿的，人民法院应当判决驳回其诉讼请求，并告知其可另案起诉出质人。

---

① 李国光主编：《民商审判指导与参考》2002年第1卷，人民法院出版社2002年版，第173~180页。

存单持有人以金融机构开具的、未有实际存款或与实际存款不符的存单进行质押，以骗取或占用他人财产的，该质押关系无效。接受存单质押的人起诉的，该存单持有人与开具存单的金融机构为共同被告。利用存单骗取或占用他人财产的存单持有人对侵犯他人财产权承担赔偿责任，开具存单的金融机构因其过错致他人财产权受损，对所造成的损失承担连带赔偿责任。接受存单质押的人在审查存单的真实性上有重大过失的，开具存单的金融机构仅对所造成的损失承担补充赔偿责任。明知存单虚假而接受存单质押的，开具存单的金融机构不承担民事赔偿责任。

以金融机构核押的存单出质的，即便存单系伪造、变造、虚开，质押合同均为有效，金融机构应当依法向质权人兑付存单所记载的款项。

◎重要提示

一、质权人扣划出质项下存款应以质押合同有效为前提

武汉市经济适用住房发展中心与中国建设银行股份有限公司湖北省分行营业部、中国建设银行股份有限公司武汉长江支行侵权纠纷案：1996年，住房中心以其200万元定期存单为其下属单位向建行省分行营业部借款200万元提供担保。抵押协议约定抵押所保证的借款合同期满，抵押权人有权依照国家有关法律、法规采取兑付方式处分抵押物。该200万元定期存单的开出行为长江支行。借款人逾期不能还款，2003年，应建行省分行营业部的要求，长江支行直接使用银行特种传票将该定期存单200万元及利息兑付给建行省分行营业部。上述存款扣划后，建行省分行营业部、长江支行均未通知住房中心。住房中心于2004年知悉后，起诉上述两行侵权并赔偿本金及利息损失。案经湖北省高级人民法院请示最高人民法院。最高人民法院民二庭认为：因《担保法》对存单质押的质权人实现其质权的方式没有作出明确的规定，如果出质人与质权人约定债务履行期届满质权人未受清偿质权人可以直接兑付、扣划存款，则开具出质存单的银行应质权人的要求兑付存单后，在无其他导致质押合同无效因素的情况下，出质人请求认定兑付行为构成侵权的，人民法院不予支持。据此，该庭的答复意见为：如无其他导致质押合同无效的因素，本案中建行省分行营业部和建行长江支行的兑付行为不构成侵权。①

---

① 雷继平："质权人未通知出质人直接扣划出质存单项下的存款是否构成侵权"，载奚晓明主编：《民商事审判指导》2008年第2辑，第40~44页。

存单质押合同有效的条件：

1. 签订书面抵押协议或出质人的质押承诺；

2. 经核押或核实存单的真实性；

3. 实际取得存单原件。

二、核押

（一）关于核押的法律意义

核押系在存单质押关系中，债权人持存单到开出存单的银行核实存单的真实性，存单开出行据以对真实性予以承诺并保证向质权人履行义务的行为。依照《担保法》的规定，质权的成立并不以核押为必经程序，因此，核押是独立于储蓄存款法律关系的另一法律关系，不受存款法律关系效力的影响。由于最高人民法院《关于审理存单纠纷案件的若干规定》及《担保法司法解释》对核押的责任认定作出了具体的规定，银行无论是作为债权人，还是存单开出行，就核押行为需予谨慎。

（二）核押的程序

核押作为一种民事行为，其有效成立应遵循一定的规则。但很久以来，有关部门并未出台有关核押的规定，导致金融机构各行其是。

中国建设银行青岛市四方区支行与青岛高科技工业园联成实业总公司、青岛市商业银行热河路支行质押贷款纠纷再审案：最高人民法院审理认为，科技信用社与联成公司签订的借款、质押合同及四方建行为联成公司出具的存款单为有效合同。科技信用社依照合同约定时间内贷出款项是履约行为，质押合同是从交付权利凭证时起生效，不能以交付时间先后判断双方恶意串通。1995 年 3 月 21 日存单已因该款转存而收回，该款转回存入四方建行，联成公司取得四方建行出具的 0004 号存单，将该存单质押给科技信用社，且该存单与经四方建行盖章确认作为保付函的委托书上的金额、到期日一致，四方建行以 0004 号存单不是质押物的抗辩没有道理。至于核押问题，科技信用社既取得真实存单，又有经四方建行盖章确认“凭存款单取款”的委托书，实际上具有核押性质。四方建行在没有将存单收回的情况下，即按照其与联成公司的委托贷款合同，将 800 万元贷给乐丰商贸公司，该贷款风险应由甲方建行自行承担。

综上，联成公司应依约偿还科技信用社贷款；四方建行在联成公司将存单交科技信用社质押后，又与联成公司签订委托贷款合同，不能对抗科技信用社善意取得存单的质押权，科技信用社持有效到期存单主张质押权应予支持。[①]

太原市商业银行北大街支行与山西省娄烦县信用合作社联合社、山西省中孚租赁有限公司借款担保合同纠纷再审案： 本案中，商业银行两次书面向信用社核押存单，信用社签注“保证按期支付”的意见并签章。山西省高级人民法院再审判决认为，信用社作为本案质押存单的出具人和核押人依法应向商业银行兑付存单所记载存款本息。其拒绝兑付存款的行为，导致借款逾期，给商业银行造成损失，也应承担相应的赔偿责任。[②]

2007年7月3日，中国银行业监督管理委员会出台《个人定期存单质押贷款办法》和《单位定期存单质押贷款管理规定》，对存单质押贷款的核押作出了具体的规定。

1. 个人定期存单质押：贷款行依出质人的委托向存款行申请办理存单确认和登记止付手续。存款行应根据出质人的申请及质押合同办理存单确认和登记止付手续，并妥善保管有关文件和资料。

2. 单位定期存单质押：贷款人应将开户证实书和开具单位定期存单的委托书一并提交给存款行，向存款行申请开具单位定期存单和确认书。存款行在开具单位定期存单的同时，应对单位定期存单进行确认，确认后认为存单内容真实的，应出具单位定期存单确认书。确认书应由存款行的负责人签字并加盖单位公章，与单位定期存单一并递交给贷款人。存款行对单位定期存单进行确认的内容包括：（1）单位定期存单所载开立机构、户名、账号、存款数额、存单号码、期限、利率等是否真实准确；（2）借款人提供的预留印鉴或密码是否一致；（3）需要确认的其他事项。

3. 其他存款质押：上述两个规定虽仅规定了定期存单的核押程序及内容，但对定期存单以外的其他存款种类质押贷款也具有规范意义。在核押形式上，要求贷款行的申请核押与存款行的核押回复须以书面形式作出；在核押内容上，贷款行申请核押的内容为储蓄存款凭证的真实性和要求存款行止付，存款行核押的内容为核实并确认储蓄存款凭证的真实性，并承诺止付，不接受非经存款行同意的任何挂失。在质押贷款的存款性质，应要求有确定的存款数额、贷款行和存款行

---

① 沈德咏主编：《审判监督指导与研究》2003年第3卷，人民法院出版社2003年版，第136页。

② 苏泽林主编：《审判监督指导》2006年第1辑，人民法院出版社2007年版，第122页。

能够控制及取款方式的唯一性，即出质人不能通过其他方式如网银、自动取款机等支取存款。

（三）对加盖假核押章的核押效力的认定

存单上加盖的核押章为假的，如系银行有权部门的有权人员加盖的，则核押有效。

存单上的假核押章如系银行法定代表人或负责人加盖的，如该法定代表人或负责人超越权限，则以当事人是否知道或应当知道据以判断：当事人知道或应当知道超越权限的，核押无效。

如当事人向银行的非授权人员提出核押，则无论核押章的真假，均导致核押无效。①

（四）核押的法律后果

金融机构对出质的存单进行核押，即意味着对存单真实性的负责和对质押协议的履行。当质权人行使质权时，即便存单系伪造、变造、虚开，质押合同均为有效，金融机构应当依法向质权人兑付存单所记载的款项。**运输公司与某信用社存单纠纷案**：运输公司、刘某和某信用社签订了关于把刘某的存单用于抵押的反担保协议书，约定将刘某在某信用社的存款32万元抵押给运输公司。该定期存单到期后，运输公司主张反担保债权，某信用社以“这张用某信用社名义出具的存单系伪造，检察机关正对刘某、某信用社工作人员贾某涉嫌伪造有价证券案进行审理”为由拒绝兑付。法院认为，刘某伙同被告某信用社工作人员贾某伪造有价证券一案，已经另案处理。用于出质的存单和质押协议上都盖有真实的某信用社公章，因此应当视为某信用社的行为，某信用社应当承担其工作人员职务行为所引起的民事责任，而不能认为这是某信用社工作人员的个人行为。遂判决某信用社兑现存单本金32万元及利息给运输公司。②

◎ 风险规避

1.《物权法》第二百二十四条规定“质权自权利凭证交付质权人时设立”，并未规定以存单质押的，必须通知存单开出行。因此，以存单设质的风险在于，

① 曹士兵：“关于核押的法律意义及构成要件”，载李国光主编：《民商审判指导与参考》2002年第1卷，第86页。

② 《人民法院报》2004年12月16日。

虽然质押合同和质权有效成立，银行占有存单，却难以防止出质人即存款人以挂失方式取走存款而使质权落空。银行在不能取得存款银行核押的情况下，不应接受存单质押。

2. 存单开出行对出质存单进行核押时，应认真审核存单的真实性，防止对伪造、变造、虚开的存单进行盖章核押。依照规定，银行即使对伪造、变造、虚开的存单进行核押的，仍应承担兑付责任。

3. 存单开出行核押后，不得接受针对该存单的挂失申请。因挂失致使存款流失而致质权人损失的，银行仍应承担兑付责任。《个人定期存单质押贷款办法》第十八条第六款规定："质押期间，未经贷款人同意，存款行不得受理存款人提出的挂失申请。"

4. 存单开出行核押、兑付质押存单时，应审查质押合同的有效性。存款行如依据无效的质押合同向贷款行支付存款的，其支付无效仍应履行存单项下的存款支付义务。

第十二节 对外担保

案例 50：违背我国强制性规定的对外担保无效

摘要：我国法律强制性规定对外担保应在行政管理机关办理批准登记手续，违背该规定的对外担保合同无效。对于造成合同无效，主债权人及担保人均有过错的，应各自承担相应的责任。涉外合同当事人选择解决合同争议所适用的法律规避该规定的，其约定不发生法律效力；

汕头经济特区新业发展有限公司（以下简称新业公司）、汕头宏业（集团）股份有限公司（以下简称宏业公司）分别致国华商业银行香港分行（以下简称国华银行）《不可撤销担保契约》，为达利丰集团有限公司在该行贷款、透支或其他银行授信，提供无条件的及不可撤销担保。

1998 年 9 月 2 日，国华银行向达利丰集团发出档号 P/113/98HKL《一般授信函》。

2003 年 11 月 24 日，香港达利丰集团有限公司清盘人廖耀强以档案编号 SLIU/GH/st/0311–L31854 函，再次确认国华银行对达利丰公司的债权数额为本金港币 44082157.07 元，美元 25771093.15 元，利息港币 1443383.13 元、美元 708517.61 元；宏业公司、新业公司均为上列贷款之国内担保人，各担保人于其个别担保契约之责任均不超越港币 31300 万元。

自 2001 年 10 月 1 日起，国华银行的全部资产、负债、权责及所有权利义务均由中国银行（香港）有限公司享有及承担。

◎ 裁判要旨

最高人民法院经审理认为：本案为担保合同纠纷，所涉担保系内地的公司作为担保人，为香港公司的外币借款进行担保，该担保属于对外担保。当事人虽然在担保契约中约定适用香港的法律，但由于香港特别行政区与我国内地分属于不同的法域，根据最高人民法院《民法通则意见》第一百九十四条规定所确立的原则，涉外合同当事人选择法律适用时，不得规避我国强制性或者禁止性法律规范。我国内地对于对外担保有强制性的规定，本案担保契约如果适用香港法律，显然规避了上述强制性规定，故本案当事人关于担保契约适用香港法律的约定不发生法律效力，本案纠纷应适用我国内地的法律作为准据法。

宏业公司和新业公司是为香港公司向香港银行的外币借款进行担保，该担保属于对外担保。根据我国内地关于对外担保的有关规定，此类担保应该到外汇管理部门办理有关批准登记手续。而本案宏业公司和新业公司出具的担保契约未办理上述手续，根据《担保法司法解释》第六条第（一）项的规定，该担保契约应认定无效。原审法院对于本案担保契约效力的认定是正确的。但原审法院认定担保契约无效的责任完全由宏业公司和新业公司承担，属于划分责任不当。对于造成担保契约无效，债权人国华银行同样具有过错。国华银行作为债权人在接受担保时，有义务了解担保人宏业公司和新业公司是否具有出具此类担保的资格，出具此类担保是否需要由有关部门批准，担保人是否履行了批准手续，如果有关担保手续不完备，国华银行有义务督促担保人予以补正，从而取得一份完备有效的担保，使自己的权益得到更好的保障。但本案中在宏业公司和新业公司出具的担保未经有关外汇管理部门批准登记的情况下，国华银行未履行上述其应尽的义务而予以接受，因此对于本案所涉两份担保契约因缺乏法定审批登记手续而导致无效，宏业公司、新业公司及国华银行均存在过错。宏业公司关于对于造成担保契约国华银行存在过错的上诉请求，本院予以支持。原审法院认为担保契约无效的责任完全由担保人宏业公司和新业公司承担，划分责任不当，本院应予纠正。根据《民法通则》第六十一条第一款、《担保法》第五条第二款的规定，宏业公司和新业公司应当分别对主债务人不能清偿的部分承担相应赔偿责任。即使宏业公司和新业公司承诺如果因未办理法律规定的手续导致担保无效，其将承担一切责任，但该承诺应认定无效。如上所述，对于造成担保契约无效，宏业公司、新业公司及债权人国华银行均有过错，根据有关法律规定，宏业公司、新业公司只应当对主债务人不能清偿部分承担相应的赔偿责任。如果认定宏业公司和新业公司作出的承担一切责任的承诺有效，不仅违反上述规定，而且规避了我国关于外汇管理的有关规定，使得债权人在对外担保契约因未经我国外汇管理部门批准登记而无效的情况下，却取得了同担保契约有效时相同的结果，因此宏业公司和新业公司上述承诺应认定无效。新业公司虽然未提起上诉，但根据最高人民法院《关于民事经济审判方式改革问题的若干规定》第三十五条的规定，对于原审判决划分责任不当部分，本院亦应予以纠正。判决：一、撤销广东省高级人民法院（2000）粤法经二初字第5号民事判决；二、对于达利丰集团有限公司所欠中国银行（香港）有限公司款项本金港币44082157.07元、美元25771093.15元，利息港币1443383.13元、美元708517.61元，由汕头宏业（集团）股份有限公司对达利丰集团有限公司不能偿还部分的三分之一向中国银行（香港）有限公司承担赔偿责任；三、对于达利丰集团有限公司所欠中国银行（香港）有限公司款项本金港币44082157.07元、美元25771093.15元，利息港币1443383.13元、美元708517.61元，由汕头经济特区新业发展有限公司对达利丰集团有限公司不能偿还部分的三分之一向中国银行（香港）有限公司承担赔偿责任。[①]

◎法条链接

1.**《合同法》第一百二十六条第一款**　涉外合同的当事人可以选择处理合同争议所适用的法律，但法律另有规定的除外。涉外合同的当事人没有选择的，适用与合同有最密切联系的国家的法律。

2.**最高人民法院《关于贯彻执行〈中华人民共和国民法通则〉若干问题的意见（试行）》第一百九十四条**　当事人规避我国强制性或禁止性法律规范的行为，不发生适用外国法律的效力。

3.**最高人民法院《关于适用〈中华人民共和国担保法〉若干问题的解释》第六条**　有下列情形之一的，对外担保合同无效：

（一）未经国家有关主管部门批准或者登记对外担保的；

（二）未经国家有关主管部门批准或者登记，为境外机构向境内债权人提供担保的；

（三）为外商投资企业注册资本、外商投资企业中的外方投资部分的对外债务提供担保的；

（四）无权经营外汇担保业务的金融机构、无外汇收入的非金融性质的企业法人提供外汇担保的；

（五）主合同变更或者债权人将对外担保合同项下的权利转让，未经担保人同意和国家有关主管部门批准的，担保人不再承担担保责任。但法律、法规另有

① 《最高人民法院公报》2005年第7期。

规定的除外。

4.**《外汇管理条例》第十九条第一款** 提供对外担保，应当向外汇管理机关提出申请，由外汇管理机关根据申请人的资产负债等情况作出批准或者不批准的决定；国家规定其经营范围需经有关主管部门批准的，应当在向外汇管理机关提出申请前办理批准手续。申请人签订对外担保合同后，应当到外汇管理机关办理对外担保登记。

5. **最高人民法院《关于审理和执行涉外民商事案件应当注意的几个问题的通知》** 严格依照冲突规范适用处理案件的民商事法律，切实做到依法公开、公正、及时、平等地保护国内外当事人的合法权益。各级人民法院审理涉外民商事案件时，要坚持国家主权原则和依法独立审判原则，保证案件处理的程序公正和实体公正。涉外民商事案件除法律另有规定的以外一律公开审理，允许新闻媒体自负其责地进行报道。审理案件必须做到认定事实客观、全面，适用法律准确、适当，实体处理公正、合法，除《合同法》第一百二十六条第二款规定的三类合同必须适用中国法律外，均应依照有关规定或者当事人约定，准确选用准据法；对我国参加的国际公约，除我国声明保留的条款外，应予优先适用，同时可以参照国际惯例。制作涉外法律文书应文字通畅，逻辑严密，格式规范，说理透彻。

◎重要提示

一、对外担保

对外担保指中国境内机构以保函、备用信用证、本票、汇票等形式出具对外保证，以《担保法》规定的财产或者权利对外抵押或者质押，向中国境外机构或者境内的外资金融机构承诺，当债务人未按照合同约定履行义务时，由担保人履行义务。

二、对外担保的法律适用

1. 优先使用我国参加的国际公约，但我国声明保留的条款除外。

2. 适用当事人约定的准据法，但适用外国法律不得规避我国的强制性或禁止性规范，不得违背我国的社会公共利益。

3. 适用与合同有最密切联系的国家的法律。**中国银行（香港）公司诉陕西纺织公司保证合同纠纷案**：陕西省西安市中级人民法院认为：本案属于涉港保证合同纠纷，中国银行、纺织公司没有约定发生争议处理时适用的法律，与本案保证合同有最密切联系的国家是中国内地，应适用中国内地法律作为处理本案争议的法律。[①]

4. 我国法律和中华人民共和国缔结或者参加的国际条约没有规定的，可以适用国际惯例，但不得违背我国的社会公共利益。

5. 适用我国的法律。依据《合同法》第一百二十六条第二款之规定，在中华人民共和国境内履行的中外合资经营企业合同、中外合作经营企业合同、中外合作勘探开发自然资源合同，适用中华人民共和国法律。

三、担保合同无效后的过错认定及责任承担

农银财务有限公司与广东三星企业（集团）公司车桥股份有限公司担保合同纠纷案：最高人民法院（2004）民四终字第23号民事判决书认为，本案的抵押担保行为发生在《担保法》施行之后，抵押合同被认定无效后应当适用担保法及《担保法司法解释》的规定来确定当事人各方的责任。

根据担保法司法解释的规定，抵押合同被确认无效后，当事人之间责任的承担应当根据其过错程度来确认。由于我国实行的是外汇管制制度，关于外汇担保的管理办法也是向社会公开的，因此各方当事人都应当知道我国的法律规定。上诉人以批准手续应当由被上诉人办理为由，认为自己没有过错的主张是不成立的。如果仅以批准手续的办理来确定担保合同无效后的责任，则境外债权人就可以不顾我国的外汇管制政策和规定，可以因没有过错而不承担责任，最终将导致虽然抵押担保无效，但是实体处理与有效合同一致的后果。原审法院认为三星车桥公司和农银公司未经内地外汇管理部门批准提供和接受担保，对担保合同的无效均具有过错是正确的。根据《担保法司法解释》第七条的规定，在主合同有效而担保合同无效的情形下，“债权人和担保人都有过错的，担保人承担民事责任的部分，不应超过债务人不能清偿部分的二分之一”，据此，原审法院判决担保人三星车桥公司应对债务人俊兴公司不能清偿部分的二分之一向债权人农银公司承担赔偿责任并无不当。[②]

① 《人民法院报》2009年11月20日。

② 《最高人民法院公报》2007年第2期。

◎风险规避

一、按规定履行报批、备案程序

对外担保应依据中国人民银行、国家外汇管理局的规定进行报批、备案，这不仅是国家对涉外担保的强制性要求，对担保人来说，也是通过国家审查而防范风险的一道屏障。违反该规定的，不仅对外担保无效，而且还要受到行政处罚。值得注意的是，依据《担保法司法解释》第六条之规定，主合同变更或者债权人将对外担保合同项下的权利转让，仍需取得国家有关主管部门批准，否则担保人将免除担保责任。

二、认真审查担保文本的有关条款

担保文本是担保人承担责任、受益人索赔的依据。对于担保合同条款，特别是对于主债权人提供的格式合同文本中涉及的承担担保责任的条件、范围、担保的期限等条款应认真审查。防止签订程序复杂、难以操作、责任不确定、权利义务严重失衡的合同。

三、由被担保人提供反担保

提供反担保是有效防范对外担保风险的方法。其一，反担保可敦促被担保人积极履行合同，杜绝其转移风险的企图。其二，当对外担保人承担了担保责任后，可通过反担保及时、有效地进行追索。其三，反担保一般设定在国内，按照中国法律更具操作性、简便性，且不会承担过高的追索成本。

四、涉外合同谨慎选择准据法

选择适用外国法律应以熟悉该法律为前提。一般应尽量争取适用中国法律，或与受益人协商适用国际认可度较高的第三国（地）法律。

第十三节　定　金

案例 51：以单位名义出具虚假保函，单位有过错承担赔偿责任

摘要： 银行工作人员在银行营业场所利用私刻单位公章对外提供担保，造成被担保人损失的，银行因对其工作人员监督不力，对其工作场所管理不严而具有过错，尽管银行工作人员的行为系犯罪行为，银行的民事责任也不能免除。

1997 年 10 月 28 日，安徽省蚌埠市城南油厂（以下简称城南油厂）与防城港永业有限责任公司（以下简称永业公司）签订了购销进口毛豆油合同。其中约定：永业公司供给城南油厂进口毛豆油，需方城南油厂按供方指定银行开出 1200 万元人民币现金汇票或半年期银行承兑汇票作为定金，其余货款在提货时再开出半年期承兑汇票或现金汇票，按实际批货批款结算；供方收到需方开出的汇票，必须由供方提供银行担保，并能够确保合同的履行责任。合同签订当日，城南油厂派员携 1000 万元银行承兑汇票到南宁市，要求永业公司提供银行担保后再交付汇票。当天下午，防城港人李国成领城南油厂人员到中国工商银行广西壮族自治区武鸣县支行（以下简称武鸣工行）副行长甘毅强办公室，该副行长指使银行工作人员向城南油厂出具了一份盖有武鸣工行公章及行长私章的保函。保函载明：安徽蚌埠市城南油厂：我行保证贵司与防城港永业有限责任公司签订的 97YB001 号合同项下，贵司所预付的壹仟贰佰万元整人民币定金的安全，我行保证，如果贵司提不到货，我行负责在 1997 年 12 月 10 日退回壹仟贰佰万元整人民币。如供方不能按时供货，我行负责赔偿供方所需赔付需方的违约金。后城南油厂与永业公司又签订了一份购买毛豆油协议，也收到盖有武鸣工行公章及行长私章的保证履行该协议的保函。城南油厂收到两份保函后，总计支付永业公司定金 1350 万元。合同约定的供货期限届满后，永业公司没有按约供货。1997 年 11 月 17 日，城南油厂持保函到武鸣工行查询时，方知保函系伪造并进行报案。后经多次退款，永业公司尚有 310 万元定金未返

还城南油厂。

经一审委托有关部门鉴定，保函上的一枚“武鸣工行”印文和行长印文与武鸣工行提供的样本印文均不是同一枚印章所盖。

◎ 裁判要旨

最高人民法院经审理认为，城南油厂与永业公司签订的购销进口毛豆油合同及追加协议中，有“供方收到需方开出的汇票，必须由供方提供银行担保并承担确保合同履行责任”的约定，虽然参与本案活动的当事人对出具保函的情况说法不一，保函经公安部门鉴定也是伪造的，但城南油厂工作人员在交付定金前，曾到当时任武鸣工行副行长的办公室向其核实，并在武鸣工行拿到了盖有武鸣工行公章及行长私章的保函，因此，作为城南油厂已经做到了自己应尽的注意义务。且武鸣工行是否出具保函是城南油厂向永业公司交付定金的前提，城南油厂之所以相信保函的真实性并将汇票交付给永业公司，是基于在银行的办公地点拿到了保函和对国有商业银行的信任，故城南油厂按约履行了义务，在本案中并无过错。甘毅强、邓建华系武鸣工行的工作人员，且多次利用武鸣工行名义，在武鸣工行营业场所长期实施诈骗犯罪活动并屡屡得逞，说明武鸣工行存在对工作人员监督不力，对其工作场所管理不严问题，与城南油厂的经济损失具有因果关系，过错行为明显。根据《担保法》第五条第二款“担保合同被确认无效后，债务人、担保人、债权人有过错的，应当根据其过错各自承担相应的民事责任”和本院《关于在审理经济纠纷案件中涉及经济犯罪嫌疑若干问题的规定》第五条第二款“行为人私刻单位公章或者擅自使用单位公章、业务介绍信、盖有公章的空白合同书以签订经济合同的方法进行的犯罪行为，单位有明显过错，且该过错行为与被害人的经济损失之间具有因果关系的，单位对该犯罪行为所造成的经济损失，依法应当承担赔偿责任”的规定，武鸣工行对城南油厂的经济损失依法应当承担赔偿责任。武鸣工行认为本案城南油厂货款被骗的原因是他人制作和提供了虚假保函，以及城南油厂轻信所致，武鸣工行没有任何过错的理由不能成立，本院不予支持。

综上，安徽省高级人民法院再审判决程序合法，认定事实清楚，责任划分正确，但判令武鸣工行在永业公司不能返还城南油厂 310 万元定金的双倍即人民币 620 万元的范围内承担赔偿责任，属适用法律不当。因为承担定金罚则的责任只及于收取定金的当事人。故武鸣工行的赔偿范围应在城南油厂未收回的定金损失

310万元及利息范围内，承担赔偿责任。[①]

◎法条链接

1.**《担保法》第八十九条**　当事人可以约定一方向对方给付定金作为债权的担保。债务人履行债务后，定金应当抵作价款或者收回。给付定金的一方不履行约定的债务的，无权要求返还定金；收受定金的一方不履行约定的债务的，应当双倍返还定金。

第九十条　定金应当以书面形式约定。当事人在定金合同中应当约定交付定金的期限。定金合同从实际交付定金之日起生效。

第九十一条　定金的数额由当事人约定，但不得超过主合同标的额的百分之二十。

2.**最高人民法院《关于适用〈中华人民共和国担保法〉若干问题的解释》第一百一十八条**　当事人交付留置金、担保金、保证金、订约金、押金或者订金等，但没有约定定金性质的，当事人主张定金权利的，人民法院不予支持。

◎重要提示

一、定金与保证金

依据《担保法司法解释》第一百一十八条之规定，定金与保证金等不属同一法律概念，所产生的法律后果也不相同。

定金与保证金同属金钱质，都是担保的方式。但定金属于担保法所规定的担保方式，其担保形式是为合同双方当事人提供担保，对支付定金的一方和接受定金的一方均有约束力，即给付定金的一方不履行约定的债务的，无权要求返还定金；收受定金的一方不履行约定的债务的，应当双倍返还定金。而保证金作为商务活动中的一种保证方式，并未被《担保法》所规范。其担保的作用是针对合同的一方当事人，如债权人的债权，在合同履行中，保证金一般作为债务人应当履行债务的组成部分予以充抵。收取保证金的一方无权扣押。

二、债务人提供的保证金与第三人提供的担保

太原电子厂与中国银行山西省分行、山西省国际贸易广告公司开立信用证及

---

① 苏泽林主编:《审判监督指导》2005年第2辑，人民法院出版社2006年版，第159~166页。

抵押担保合同纠纷申请再审案：最高人民法院法官认为，开证保证金是银行为规避金融风险要求开证申请人对其提供的反担保，该保证金为专户管理，不得挪作他用（但可冲抵开证申请人向银行的付款），该项保证与第三人向银行提供的担保属两个法律关系。[①]

三、私盖单位公章与担保合同效力及民事责任承担

银行在担保合同纠纷中涉及担保合同上的公章系未经单位同意，行为人私盖的情形时，应着重从以下两个方面进行抗辩：1. 银行未与行为人恶意串通，且对其私盖行为并不明知。该事实方面的举证责任在担保人一方；2. 银行履行了一定的注意义务，不知道也不应当知道私盖公章的行为。该事实方面的举证责任在银行一方。在满足以上两个条件时，担保人的担保责任不能免除。

武汉市商业银行民主路支行与中国经济开发信托投资公司武汉证券业务部等确认担保效力纠纷案：武汉四星旅业娱乐实业发展有限公司（以下简称四星公司）与民主路支行签订《武汉金专实验银行借款合同》。四星公司法定代表人与民主路支行的工作人员找到国投证券部办公室主任史法军，要求国投证券部为上述借款合同提供担保。史法军将其管理的单位公章和法定代表人名章盖在《武汉金专实验银行借款合同》上的担保方项下。民主路支行拿到盖有国投证券部的公章及其法定代表人名章的借款合同后，派工作人员到国投证券部核实，史法军确认借款合同上的公章和名章是国投证券部的公章和国投证券部法定代表人的名章。经公安机关鉴定，借款合同上的公章和名章是国投证券部的公章和国投证券部法定代表人的名章。国投证券部和民主路支行对公章和名章的真实性没有异议。后国投证券部向民主路支行和四星公司发出《郑重声明》，称从未同意对上述借款合同提供担保，没有授权任何人在该合同上作为保证人签字盖章，不承担任何法律责任。同时，国投证券部向武汉市公安局报案。武汉市公安局七处出具证明称，国投证券部及其法定代表人的印鉴，确系史法军盗盖。国投证券部向湖北省高级人民法院起诉，请求确认担保行为无效。另查明：民主路支行不知道史法军私盖国投证券部公章和法定代表人名章。

最高人民法院（1999）民终字第 52 号民事判决书认为，民生路支行依据在

---

① 贺禔："对银行授信额度和在单据不符时银行责任的认定"，载沈德咏主编：《审判监督指导与研究》2003 年第 2 卷，第 196 页。

担保方项下盖有国投证券部公章和法定代表人名章的合同请求国投证券部承担保证责任，依据充分。国投证券部没有证据证明民生路支行与史法军恶意串通，没有证据证明民生路支行明知史法军私盖国投证券部的公章。民生路支行拿到国投证券部盖完公章的合同之后，派人到国投证券部进行了核实，合同上的公章及名章均系国投证券部的印鉴。民生路支行尽到了注意义务，行为没有过错。史法军利用管理公章及法定代表人名章的便利，未经国投证券部同意，私自实施国投证券部的担保行为，是国投证券部内部管理问题，不属于盗盖公章的行为，国投证券部不能免责。其自身过错造成的损失，不能转移给无过错的一方。国投证券部认为史法军私盖公章，未经该部同意，担保行为无效的主张不成立。上诉人民生路支行上诉有理，应予支持。一审判决认定事实错误，适用法律不当，应予改判。判决：一、撤销湖北省高级人民法院（1998）鄂民初字第35号民事判决书；二、国投证券部的担保行为有效。最高人民法院审判委员会在研究该案时认为：担保人只有在以下两种情况下才可免除责任，一是债权人与盗用公章人恶意串通，明知该盗用公章人未经单位同意而盖单位的公章，损害单位的利益；二是债权人没有认真审查担保人的行为，疏于对自己权利的注意，应当知道或能够知道盗用公章人的盖章行为没有经法定代表人准许。在以上两种情况下，均因债权人有过错，盗用公章人的表见代理行为不成立，而免除担保人的责任。[①]

◎风险规避

定金罚则应在合同中进行明确、具体的约定。

实务中，审查担保方式是定金，还是保证金，不仅要看其合同的名称，更要注重合同内容的规定，如果符合定金的法律规定，就要适用《担保法》的定金规则确定合同当事人的责任。因此，在涉及金钱质的担保方式时，应适用规范的词语、依照《担保法》的规定签订合同，以吻合签约人的真实意思。**中国农业银行、内蒙古乾坤金银精炼股份有限公司与中国农业银行个人业务部代销合同纠纷上诉案**：该案涉及定金性质、担保对象的认定及定金罚则在个案中的具体运用。最高人民法院（2006）民二终字第226号民事判决书认为：本案中的《金杯代销合同》约定了定金条款，该合同第六条约定："在本合同签订后两个工作日内，乙方向甲方预付保证定金1500万元。自'大力神'杯发售始，由乙方分次将销售款项

---

① 唐德华主编：《民事审判指导与参考》2000年第2卷，法律出版社2000年版，第281~285页。

汇入甲方指定账户；甲方则在最后一次款项结算时一次性向乙方支付代销手续费和返还定金。”该约定的内容具有明确的定金条款性质，不违反法律的禁止性规定，应为有效。乾坤公司关于本条规定应当认定为定金条款的上诉请求，本院予以支持，原审法院将上述 1500 万元认定为代销保证金，并按预付货款处理不妥，本院予以纠正。但双方约定的定金为 1500 万元，违反《担保法》第九十一条规定的定金不得超过主合同标的额 20% 的规定。双方《代销金杯合同》约定的 9999 个金杯的总计价款为 4999.5 万元，故农业银行支付的 1500 万元中不超过合同价款 20% 的部分，即 999.9 万元应作为定金，其余款项 500.1 万元应作为预付货款。

《担保法》第八十九条规定：“当事人可以约定一方向对方给付定金作为债权的担保。债务人履行债务后，定金应当抵作价款或者收回。给付定金的一方不履行约定的债务的，无权要求返还定金；收受定金的一方不履行约定的债务的，应当双倍返还定金。”该条款关于定金罚则的规定适用于不履行，也适用于不完全履行。对担保的对象，乾坤公司与农业银行在《金杯代销合同》中没有明确约定，但根据该合同条款的内容，结合农业银行给乾坤公司出具的三份应收账款证明所作出的意思表示，应当认定定金担保的对象是农业银行销售全部代销商品，即农行承诺以合同定金担保销售全部 9999 个金杯。但至合同终止日农行只销售 2655 个，其应承担部分不履行的担保责任，农业银行无权要求乾坤公司全部返还定金 999.9 万元。农业银行未履行部分占应履行部分的比率为 73.45%，故其丧失定金的比率亦为 73.45%，即农业银行丧失定金返还请求权的数额为 734.4266 万元，余款 65.4734 万元，连同前述作为预付款处理的 500.1 万元，共计 765.5734 万元，冲抵已售金杯货款。[①]

---

① 奚晓明主编：《民商事审判指导》2007 年第 2 辑，人民法院出版社 2008 年版，第 231~231 页。

第五章

贷款业务中的法律风险与规避

贷款作为银行传统业务和主导业务，是以商业银行为主体的货币资金的发放行为。贷款业务中的法律纠纷主要体现为借款合同纠纷，系因借贷双方当事人因合同的成立、效力、履行、变更或者解除而引起。其纠纷类型有金融借款合同纠纷、同业拆借纠纷、委托贷款纠纷、以存单为表现形式的借贷纠纷及银行为实现债权而与借款人或与借款人有关联的人产生的纠纷。银行在贷款业务中还可能因缔结合同产生缔约过失纠纷，因主张权利、实现债权产生侵权纠纷等。而近年来出现较多的是因企业改制、债权转让所引起的借款合同纠纷。

规范贷款业务及借款合同纠纷的法律较为规范，且长期以来也相对稳定。适用的法律主要有《合同法》、《商业银行法》、《民法通则》、《贷款通则》、《同业拆借管理办法》及最高人民法院《关于审理存单纠纷案件的若干规定》、《关于审理与企业改制相关民事纠纷案件若干问题的规定》等司法解释。

第一节 合同的生效

案例52：合同生效应满足当事人协议约定的生效条件

摘要： 法律不禁止合同当事人就合同的成立、生效设立特别约定，该约定一经依法成立，即对当事人产生法律约束力。合同当事人未满足该特别约定的，合同不成立、不生效。

2001年12月29日，深圳发展银行宁波分行（以下简称宁波分行）与浙江顺风集团有限公司（以下简称顺风公司）签订一份贷款合同，约定顺风公司向宁波分行贷款人民币5亿元，并约定了其他条款。同日，宁波分行与顺风公司的法定代表人李可壬签订了一份为深发甬贷款保字第010173号《贷款保证担保合同》，约定：李可壬自愿为顺风公司的债务承担连带偿还责任，保证范围为本金、利息及罚息、实现债权的费用，保证期限为主合同履行期限届满之日起2年。合同签订后，宁波分行于2001年12月30日、2002年1月4日先后向顺风公司发放贷款1亿元、4亿元。此后，顺风公司多次向宁波分行出具还款承诺书或函件。2004年5月17日顺风公司法定代表人李可壬出具承诺书承诺：顺风公司以前承诺的还款，因种种原因没有履行，现承诺在2004年6月10日前归还贷款1亿元，如6月10日不能偿还，我公司同意将公路收费权全部交予你行接受管理处置或申请法院执行解决。2004年10月26日，宁波分行与顺风公司法定代表人李可壬签订《还款协议》约定，顺风公司积极配合宁波分行对37、39省道收费资金的监管，保证收费资金专款专用；顺风公司承诺在2004年12月20日之前，除按合同约定支付贷款利息外，归还宁波分行贷款本金1.2亿元。在此之前，在顺风公司积极配合监管37、39省道收费资金的前提下，宁波分行同意不对顺风公司提起诉讼；如顺风公司未按本协议约定在2004年12月20日前归还1.2亿元，则宁波分行有权对顺风公司所欠的所有债务提起诉讼。顺风同意宁波分行提起归还贷款的要求，并不向宁波分行收取提前还款的补偿金。期间，顺风公司除按时支付贷款利息外，未归还本金。2005年6月16日宁波分行向浙江省高级人民法院起诉，请求顺风公司归还贷款本金1.2亿元；李可壬对顺风公司的债务承担连带清偿责任。

◎裁判要旨

关于2004年10月26日宁波分行与顺风公司签订的《还款协议》的效力问题，最高人民法院认为宁波分行与顺风公司对还款协议的生效条件作出特别的约定，即协议在双方当事人签字、盖章时生效。关于该协议中“签字、盖章”之间的顿号应如何理解，即签字与盖章应同时具备还是具备其一即可认定协议生效。认为双方当事人签订的协议中所表述的“签字、盖章”中一顿号，是并列词语之间的停顿，其前面的“签字”与后面的“盖章”系并列词组，它表示签字与盖章是并列关系，只有在签字与盖章均具备的条件下，该协议方可生效。另从双方当事人签订的《还款协议》内容看，其专门设定了双方加盖公章与负责人签字栏目，在该协议中宁波分行既签署了负责人姓名也加盖了单位印章，而顺风公司仅有法定代表人签名未加盖单位印章。由于顺风公司未在《还款协议》上加盖单位印章，不具备双方约定的生效条件，因此，宁波分行依据该协议主张权利，事实依据不足，二审法院不予支持。一审判决认定《还款协议》已生效，并依据该协议约定的数额判决顺风公司返还贷款本金不妥，应予纠正。顺风公司除依照《承诺书》中的承诺，返还给宁波分行1亿元贷款本金外，对于剩余贷款本金，应依据双方当事人签订的贷款协议约定，予以返还。[①]

◎法条链接

1.**《合同法》第三十二条**　当事人采用合同书形式订立合同的，自双方当事人签字或者盖章时合同成立。

第四十五条第一款　当事人对合同的效力可以约定附条件。附生效条件的合同，自条件成就时生效。附解除条件的合同，自条件成就时失效。

2.**《标点符号用法》**　标点符号是书面语中不可缺少的部分，用来表示停顿、语气以及词语的性质和作用。因此，必须重视标点符号的使用。

五、顿号（、）顿号表示句子内部并列词语之间的停顿。

3.**《广告语言文字管理暂行规定》第七条**　广告中数字、标点符号的用法和

---

① 黄松有主编:《民事审判指导与参考》2006年第3集，法律出版社2006年版，第221~227页。

计量单位等，应当符合国家标准和有关规定。

◎重要提示

一、合同的成立、生效与有效

最高人民法院副院长奚晓明在2007年5月30-31日召开的全国民商事审判工作会议上的讲话提出：审判实践中经常存在将合同成立、有效、生效等相互混淆的问题，其根源产生于对这些法律概念之间的联系与区别认识不清。合同的生效与有效，皆以合同成立为前提，若合同根本不成立，则谈不上生效或无效的问题。合同成立和生效属于事实判断，合同有效则属法律价值判断，不能将“有效”和“生效”等同。①

黑龙江省高级人民法院《审理民商事纠纷案件有关合同的若干法律问题》就合同的成立、生效作了较为详细的规定：除法律有规定外，当事人就合同权利义务协商一致，合同即成立。如果合同未成立，双方不存在合同关系，不能把未成立的合同认定为有效合同。在处理上，对要求履行未成立的合同的请求，应判决驳回，主张签订合同过程中的损失，应按各自缔约过错处理。当然，在审理中可以通过调解促成合同成立。合同一经依法成立，原则上即生效。但有两个例外：一是当事人在合同中约定了合同生效的条件和期限，合同自条件成就或期间届满时生效。二是法律行政法规规定办理批准手续，或者办理批准、登记生效的，自办理批准手续，或者批准、登记时生效。未生效的合同不等于无效合同，不能按无效处理，更不能以违约处理。审理中要注意一是当事人主张履行合同或要求对方承担违约责任的，应判决驳回。二是因当事人不办理批准、登记使合同不生效，因而造成相对方损失的，原则上应按各自在办理批准、登记中应当承担的义务大小，并结合案件实际情况，确定当事人的缔约过错。三是在审理中可以适当等待或促成合同当事人办理批准、登记手续以使合同生效。②

2009年5月13日起施行的最高人民法院《合同法司法解释（二）》就经批准或者登记才能生效的合同的有关法律问题作出了具体规定。该解释第八条规定：依照法律、行政法规的规定经批准或者登记才能生效的合同成立后，有义务办理申请批准或者申请登记等手续的一方当事人未按照法律规定或者合同约定办

---

①《法律适用》2007年第6期。

② 奚晓明主编：《民商事审判指导》2007年第2辑，人民法院出版社2008年版，第101页。

理申请批准或者未申请登记的，属于《合同法》第四十二条第（三）项规定的“其他违背诚实信用原则的行为”，人民法院可以根据案件的具体情况和相对人的请求，判决相对人自己办理有关手续；对方当事人对由此产生的费用和给相对人造成的实际损失，应当承担损害赔偿责任。

二、标点符号在合同文本中的作用

标点符号是书面语中用来表示停顿、语气以及词语性质和作用的符号，是书面语的有机组成部分。每个标点符号都有特定的作用，与汉字结合在一起，对外表达特定的含义。实务中，人们一般不注意对标点符号的准确运用，而更在意对词语的推敲。当合同中的标点符号运用不当造成部分合同文本的字面意思与当事人签订合同时的真实意思相左时，就会形成歧义。法官按照不利于格式合同提供一方的原则进行解释，将使在业务中大量使用格式合同的银行陷入被动，这就要求银行在对外出具的商务合同、承诺、广告宣传中规范使用标点符号。

◎风险规避

一、规范合同用语

（一）准确使用法律术语

如果说标点符号在书面语中所起的作用，所表达的意思是一致的，那么合同中的遣词造句则相反。法律语言或法律术语不同于文学用语和日常用语，它在法律条款中往往具有特定的含义，蕴含着当事人行为的法律性质和责任的承担。当事人既不能滥用，也不能按照自己的理解随意解释。因此，若要通过某一法律条款的本意来制订合同时，或合同的条款要表达某一法律条款的意思时，最好直接引用该法律条款本身（包括标点符号本身）。当无法引用时，应在全面理解条款含义的基础上进行变通使用。如最高人民法院《关于涉及担保纠纷案件的司法解释的适用和保证责任方式认定问题的批复》规定：“担保法生效之前订立的保证合同中对保证责任方式没有约定或者约定不明的，应当认定为一般保证。保证合同中明确约定保证人在债务人不能履行债务时始承担保证责任的，视为一般保证。保证合同中明确约定保证人在被保证人不履行债务时承担保证责任，且根据当事人订立合同的本意推定不出为一般保证责任的，视为连带责任保证。”故保证合同中采用“不能履行”还是“不履行”是确认保证人承担一般保证还是连带保证的依据。**沈阳沈抚石油化工联营公司与沈阳市商业银行滨河支行、沈阳市沈河工业科学技术第二研究所借款担保合同纠纷案**：辽宁省高级人民法院二审认为：关于石化公司提出，其在这笔借款合同中的保证为一般保证，应负赔偿责任而不应承担连带保证责任的上诉理由，因借款合同中明确约定："当借款方不履行合同、不能按期偿还贷款本息时，担保方无条件承担偿还借款全部本息的责任……"该担保合同的意思表示非常清楚，根据合同的本意不能视为一般保证责任，应视为连带保证责任。故石化公司的上诉理由，无事实及法律依据。①

（二）合同用语应前后一致

合同实务中，经常出现在同一合同文本中，对同一事项的表述，使用不同的词语。这种情况不利于合同的正常履行，增加了出现纠纷的概率与合同履行的不可预期。对此，法院一般会通过自由裁量进行认定。**厦门东方设计装修工程有限公司与福建省实华房地产开发有限公司商品房包销合同纠纷案**：其裁判摘要指出，当事人签订的合同中，对某一具体事项使用了不同的词语进行表述，在发生纠纷后双方当事人对这些词语的理解产生分歧的，人民法院在审判案件时应当结合合同全文、双方当事人经济往来的全过程，对当事人订立合同时的真实意思表示作出判断，在此基础上根据诚实信用的原则，对这些词语加以解释。不能简单、片面地强调词语文义上存在的差别。②

二、根据合同的性质慎重约定合同的生效条件

合同的成立、生效条款是合同的重要组成部分，虽然一般是将该条款安排在合同的尾部，但并不意味着它可有可无、无关紧要。银行应按照合同的性质或本着对己方有利的原则与合同当事人协商设立合同的生效条件。但一旦约定，就应按约履行。**中国工商银行湛江分行与中国进出口银行借款合同纠纷案**：最高人民法院（2000）经终字第232号民事判决书认为，中国进出口银行在本案二审时提出了委托代理协议，并以此为依据认为工行湛江分行未尽其已承诺的对上述借款监督使用的义务，故应承担赔偿责任。工行湛江分行则认为该协议因中国进出口银行未履行提交约定的文件，且未在协议上签章而未生效，不存在工行湛江分行违约的问题。就该协议内容而言，该协议设定了各方的权利义务，是双务合

---

① 苏泽林主编：《审判监督指导》2005年第2辑，人民法院出版社2006年版，第121页。
② 《最高人民法院公报》2006年第3期。

同，且该协议还特别约定了生效条件，即"本协议自甲乙丙三方共同签署之日起生效"，中国进出口银行未在该协议上签章，亦不能举证证明该协议已实际履行。因此该委托代理协议并未生效，对各方当事人没有约束力，工行湛江分行对中国进出口银行给三星公司的贷款没有监督管理的义务。中国进出口银行此主张缺少事实和法律依据，本院不予支持。①

三、合同约定以一方内部因素为生效条件的，负有促使协议生效义务的一方应积极履行义务，促使协议生效

由于商业银行实行授权、授信制的管理模式，在涉及调整授信、超越权限时，均应通过上级行审批。银行应注意与客户就协议生效条件的约定。**中国信达资产管理公司兰州办事处与甘肃亚盛盐化工业（集团）有限责任公司借款合同纠纷案：**其裁判摘要指出，双方当事人签订合同，约定以一方当事人的上级主管部门批准作为合同生效条件的，该方当事人即负有及时报请其上级主管部门审批、促使合同生效的义务。如果该方当事人怠于履行上述约定义务，在合同业经双方当事人签字盖章成立，合同内容不违反法律禁止性规定、不损害他人利益且已部分履行的情况下，应当认定合同已经生效。

该案还涉及能否以部门规章为依据确认协议是否生效。最高人民法院（2006）民二终字第159号民事判决书认为，《不良贷款债权转让协议》虽然将盐化总厂的债务从已经批准的《债务重组协议》确定的1600万元减少到1120万元，所降幅度达到了《资产处置管理办法》规定的100万元报批额度，但因该《资产处置管理办法》是财政部对资产管理公司作出的部门规章，而非对市场经济中所有主体作出的规定，也非法律禁止性的规定，故不能仅以该规定而当然确认《不良贷款债权转让协议》未生效，还必须以资产管理公司是否履行了内部审批手续或者应当履行审批程序而认定。②

四、所约定条件不应是法定的

崂山国土局与南太置业公司国有土地使用权出让合同纠纷案：最高人民法院（2004）民一终字第106号民事判决书认为，根据《合同法》第四十五条规定，

---

① 李国光主编：《民商审判指导与参考》2002年第1卷，人民法院出版社2002年版，第411页。

② 《最高人民法院公报》2007年第10期。

当事人对合同的效力可以约定附条件。附条件的合同，自条件成就时生效。所谓附条件的合同，是指当事人在合同中特别约定一定的条件，以条件是否成就作为合同效力发生的根据。合同所附条件，必须是将来发生的、不确定的事实，是当事人约定的而不是法定的，同时还必须是合法的。在我国，政府机关对有关事项或者合同审批或者批准的权限和职责，源于法律和行政法规的规定，而不属于当事人约定的范围。当事人将法律和行政法规规定的政府机关对有关事项或者合同的审批权或者批准权约定为附条件的合同中的条件，不符合《合同法》有关附条件的合同的规定。当事人将法律和行政法规没有规定的政府机关对有关事项或者合同的审批权或者批准权约定为附条件的合同中的条件，同样不符合《合同法》有关附条件合同的规定。根据《合同法》规定精神，当事人在订立合同时，将法定的审批权或者批准权作为合同生效条件的，视为没有附条件。将法律未规定为政府机关职责范围的审批权或者批准权作为包括合同在内的民事法律行为生效条件的，同样视为没有附条件，所附的“条件”不产生限制合同效力的法律效果。[①]

五、当事人对合同条款是否属于附条件条款产生争议的，应当根据合同所使用的词句、合同的有关条款、合同的目的、交易习惯以及诚实信用原则确定该条款的真实意思

广州珠江铜厂有限公司与佛山市南海区中兴五金冶炼厂、李烈芬加工合同纠纷案：关于中兴冶炼厂、李烈芬是否应当偿还珠铜公司紫杂铜锭（含铜84%）共943.52吨（折算金属铜792.56吨），这涉及合同条款的理解问题，即中兴冶炼厂的943.52吨欠铜债务“只能在长白长顺有色金属冶炼厂和朝鲜惠山青年铜矿合作项目成功投产盈利后在乙方股份盈利中偿还”的约定如何理解。本院认为，对于合同的解释，应当严格按照合同法的规定和当事人的约定。广东省高级人民法院二审判决将“只能在长白长顺有色金属冶炼厂和朝鲜惠山青年铜矿合作项目成功投产盈利后在乙方股份盈利中偿还”理解为双方对返还欠铜方式的约定，其理由在于认为双方没有约定该项目未能成功投产和盈利时中兴冶炼厂应否偿还欠铜属于约定不明确。该认定并不符合合同解释的规则。因为，本案合同双方只是对合同条款内容的理解产生了争议，并不属于合同没有约定或者约定不明的情形。当事人对合同条款的理解有争议的，应当按照合同所使用的词句、合同的有

① 《最高人民法院公报》2007年第3期。

关条款、合同的目的、交易习惯以及诚实信用原则，确定该条款的真实意思。在2003年5月19日《补充协议》中，“只能在长白长顺有色金属冶炼厂和朝鲜惠山青年铜矿合作项目成功投产盈利后在乙方股份盈利中偿还”所要表达的意思是明确的。即使把“在长白长顺有色金属冶炼厂和朝鲜惠山青年铜矿合作项目成功投产盈利后在乙方股份盈利中偿还”理解为返还方式的约定，也仅限于“只能以这种方式”，而没有约定其他的替代方式。从合同文义来看，“只能”的约定，具体限定了欠铜债务履行的条件和范围，该条件就是中兴冶炼厂、李烈芬履行其认可的欠铜债务的前提条件。就本案而言，有关补充协议履行中的风险双方都应当能够预见。当事人基于其实际的交易需要而签订合同，在特定的条件会根据其需要作出特定的意思表示，只要其意思表示是真实的、不违背法律的禁止性规定，不存在欺诈与胁迫的情况，即应当予以尊重和保护。[①]

① 《最高人民法院公报》2014年第10期。

第二节　合同的效力

案例53：无权代理导致借款合同无效

摘要：商业银行在签订贷款合同时，在判断行为人是否具有代理权的问题上存在疏忽懈怠的重大过失乃至一定程度的恶意，不能构成表见代理，导致合同无效。商业银行不能依该贷款合同向被代理人主张权利。

1997年7月30日，合利公司以东方公司名义与合肥庐州城市信用合作社（以下简称庐州信用社，后变更为中国银行合肥市桐城路分理处）签订一份抵押借款合同，约定：庐州信用社向东方公司贷款3000万元，东方公司用位于合肥市“翠竹园”小区地号为WO4102土地使用权为3000万元贷款提供抵押担保，并在合同签订后10日内到抵押登记机关办理登记手续，抵押担保的范围为贷款本金、利息、违约金及抵押物估价、拍卖等费用。同日，双方又签订一份500万元的借款合同。上述合同签订后，庐州信用社分4次将3500万元汇入合利公司以东方公司名义开设的账户。1997年8月4日，合肥市土地管理局为合肥市“翠竹园”小区地号为WO4102土地使用权抵押登记颁发了《土地使用权抵押证》。合利公司在收到庐州信用社的3500万元贷款后主要用于归还该公司欠款。借款合同到期后，合利公司未能还款。桐城路分理处起诉至安徽省高级人民法院，请求判令东方公司偿还贷款本息，并承担案件的全部诉讼费。

◎裁判要旨

最高人民法院认为，东方公司于1997年6月6日与合利公司签订“翠竹园”小区整体转让协议后，为办理转让过户手续，东方公司副董事长兼总经理宋芦生于同年6月24日向合利公司副总经理丁华荣出具授权委托书，并提供该公司公章、财务专用章、合同专用章、营业执照副本、土地使用权证以及贷款证等文件。同年7月2日，丁华荣在收条上作出了由其承担一切法律责任的承诺。嗣后，东方公司在得知丁华俊、丁华荣利用该公司印章和土地使用权证与金融机构签订抵押担保贷款合同时，于同年 7 月 15 日函告上述二人，要求收回其公章并取消对丁华荣的委托书。当月 19 日，合肥华侨经济开发公司（法定代表人为丁华俊）针对东方公司来函回复称，我方所拿贵公司印章仅为办理土地变更之用，在办理完土地变更手续后印章完好交还贵司。上述事实表明东方公司出具委托书、公章、营业执照副本、土地使用权证等手续的真实意思表示，系为办理“翠竹园”小区整体转让过户手续之用而非申请贷款。合利公司在没有东方公司授权申请贷款，违背其真实意思表示的情况下，以东方公司名义与庐州信用社签订借款合同和抵押担保合同，且嗣后东万公司未予追认，故依据《民法通则》第六十六条第一款之规定，合利公司的缔约行为系无权代理行为，其所签订的合同对东方公司不应具有法律约束力。

然而，合利公司的无权代理行为是否构成表见代理行为，系本案双方的主要争议焦点。本院认为，根据《合同法》第四十九条关于“行为人没有代理权、超越代理权或者代理权终止后以被代理人名义订立合同，相对人有理由相信行为人有代理权的，该代理行为有效”之规定，构成表见代理应同时具备行为人具有代理权的客观表象和相对人善意无过失两个方面的要件。在本案中，合利公司在以东方公司名义向庐州信用社申请贷款和抵押的过程中，出具了东方公司的授权委托书、该公司的公章、财务专用章、合同专用章、营业执照副本、贷款证以及全套贷款资料，在客观上形成了合利公司具有申请贷款和提供抵押的代理权表象。尽管东方公司在合利公司与庐州信用社签订借款合同和抵押合同之前，曾函告丁华俊和丁华荣收回其授权委托，以及丁华俊回函称其所拿东方公司印章仅为办理土地使用权变更之用，但上述函件往来行为并未对外公示，且东方公司在合利公司以其名义向庐州信用社申请贷款之前也未能实际收回其公章、贷款证等物品，故东方公司的撤销委托授权行为未能改变前述合利公司具有代理权的客观表象，合利公司的申请贷款和抵押行为符合表见代理的客观要件。但是，对于东方公司的首次大额贷款，庐州信用社既未根据《贷款通则》关于对首次贷款的企业应当审查其上年度的财务报告的规定，审查东方公司的财政部门或会计（审计）事务所核准的上年度财务报告等材料，也未依照《城市房地产抵押管理办法》中关于中外合资企业的房地产抵押须经董事会通过之规定，要求合利公司提供东方公司董事会同意抵押贷款的批准文件。该事实表明，庐州信用社在审查东方公司贷款资格时存在疏忽或懈怠。在合利公司以东方公司名义向庐州信用社申请贷款时，向其出具了《“翠竹园”小区整体转让协议》及相关材料，并以该“翠竹园”小区整体转让协议书约定转让的小区土地使用权为3000万元贷款提供抵押，对此，庐州信用社既应当知道东方公司与合利公司之间存在“翠竹园”小区整体转让行为，也应当根据合利公司出具的《“翠竹园”小区整体转让协议》第五条关于合利公司根据东方公司的全权委托书，组建经营、管理、销售财务机构，以保证“翠竹园”小区项目的所有交接之规定，推定出东方公司出具的授权委托书并非全权授权而是有限授权，却仍然同意接受存在权利瑕疵的抵押物并发放抵押贷款，可谓存在重大过失。此外，庐州信用社同意接受丁华荣以该3500万元借款中的500万元偿还合利公司的关联公司即华侨经济开发公司在上诉人处的借款利息行为，不仅违反了《贷款通则》第25条关于“不得发放贷款用于收取利息”禁止性规定，也在一定程度上说明上诉人与丁华荣之间存在主观上恶意串通和客观上损害东方公司利益的行为。综观现有事实和相关证据，虽然本案因存在合利公司具有代理权的客观表象而符合表见代理的客观要件，但由于庐州信用社在审查“翠竹园”小区转让协议和授权委托书以及在缔结抵押贷款和信用贷款合同过程中，在判断合利公司是否具有代理权问题上，存在疏忽懈怠的重大过失乃至一定程度的恶意，并不符合表见代理制度关于相对人须为善意无过失的要件，因此，合利公司的无权代理行为不能构成表见代理，本案系争借款合同和抵押合同为无效合同，对东方公司不具有法律约束力，应由合利公司承担无权代理的法律后果。故上诉人关于“丁华荣以东方公司名义缔结贷款合同和抵押合同构成表见代理”的主张不能成立，本院不予支持。东方公司关于“合利公司的无权代理行为不构成表见代理”的主张有理，本院予以支持。至于东方公司对于借款合同和抵押合同因无权代理而无效的后果，是否存在一定的过错，是否应对庐州信用社承担一定责任的问题，因东方公司的过错与庐州信用社的损失之间系民事侵权法律关系，并不属于无权代理合同范畴，上诉人就此可以另案起诉。[①]

◎法条链接

1.**《合同法》第五十二条** 有下列情形之一的，合同无效：

（一）一方以欺诈、胁迫的手段订立合同，损害国家利益；

（二）恶意串通，损害国家、集体或者第三人利益；

---

① 李国光主编：《民商审判指导与参考》2002年第1卷，人民法院出版社2002年版，第41~52页。

（三）以合法形式掩盖非法目的；

（四）损害社会公共利益；

（五）违反法律、行政法规的强制性规定。

2. 最高人民法院《关于适用〈中华人民共和国合同法〉若干问题的解释（二）》第十四条 合同法第五十二条第（五）项规定的“强制性规定”，是指效力性强制性规定。

◎重要提示

一、关于强制性规定的理解与适用

最高人民法院法院副院长奚晓明指出：关于合同无效的认定问题。鼓励交易是合同法的重要精神，要谨慎正确地认定合同无效，人民法院审理合同纠纷案件不应产生阻碍合法交易的后果，首先，人民法院只能依据全国人大及其常委会制定的法律和国务院制定的行政法规认定合同无效，而不能直接援引地方性法规或者行政规章作为判断合同无效的依据。如果违反地方性法规或者行政规章将导致损害社会公共利益，则可以根据《合同法》第五十二条第（四）项的规定，以损害公共利益为由确认合同无效。其次，只有违反法律和行政法规的强制性规定才能确认合同无效。而强制性规定又包括管理性规范和效力性规范。管理性规范是指法律及行政法规未明确规定违反此类规范将导致合同无效的规范。此类规范旨在管理和处罚违反规定的行为，但并不否认该行为在民商法上的效力。例如《商业银行法》第三十九条即属于管理性的强制规范。效力性规定是指法律及行政法规明确规定违反该类规定将导致合同无效的规范，或者虽未明确规定违反之后将导致合同无效，但若使合同继续有效将损害国家利益和社会公共利益的规范。此类规范不仅旨在处罚违反之行为，而且意在否定其在民商法上的效力。[①]

最高人民法院《关于当前形势下审理民商事合同纠纷案件若干问题的指导意见》第十五条规定：正确理解、识别和适用《合同法》第五十二条第（五）项中的“违反法律、行政法规的强制性规定”，关系到民商事合同的效力维护以及市场交易的安全和稳定。人民法院应当注意根据《合同法司法解释（二）》第十四条之规定，区分效力性强制规定和管理性强制规定。违反效力性强制规定的，人

---

① 奚晓明：“充分发挥民商事审判职能作用为构建社会主义和谐社会提供司法保障”，载《法律适用》2007年第6期。

民法院应当认定合同无效；违反管理性强制规定的，人民法院应当根据具体情形认定其效力。

黑龙江省高级人民法院《审理民商事纠纷案件有关合同的若干法律问题》就强制性规定作了较为详细的解释：不能把有“应当”、“必须”、“不得”内容的法律行政法规都视为强制性规定，因而认定合同无效。要综合以下几个因素判断：一是《合同法》上的强制性规定一般都涉及重大社会利益和公共道德，或者国家重要宏观调控措施、市场经济基本秩序、市场经济主体的基本权利。随着改革的深入，强制性规定的范围越来越小。二是《合同法》上的强制性规定一般都涉及对双方交易行为的禁止，而不是出于行业管理的考虑对行业内一方行为的禁止（如银行超出贷款余额与资本余额的法定比例贷款）。三是《合同法》上的强制性规定一般都有相应的对双方的制裁内容（可能不规定在同一法条，甚至同一法律中）。四是对于一些审判实践中遇到的主要违反强制性规定的交易行为，最高人民法院一般都已通过司法解释和判例予以确定。在适用强制性规定认定合同效力时，要注意只有合同约定的权利义务本身违反强制性规定的，才认定合同无效，当事人以违反强制性规定的行为履行合同的，不能认定合同无效。同时，对于权利义务或合同标的可分的合同，只有违反强制性规定的条款无效。①

二、合同无效后的过错认定

银行在贷款任何环节的疏漏都有可能被认定为过错，包括单位规章制度不健全、用人失察、对其高级管理人员监管不力等都属于单位具有明显过错的具体表现。**兴业银行广州分行与深圳市机场股份有限公司借款合同纠纷案**：最高人民法院（2008）民二终字第124号民事判决书认为，本院《关于在审理经济纠纷案件中涉及经济犯罪嫌疑若干问题的规定》规定：“行为人私刻单位公章或者擅自使用单位公章、业务介绍信、盖有公章的空白合同书以签订经济合同的方法进行的犯罪行为，单位有明显过错，且该过错行为与被害人的经济损失之间具有因果关系的，单位对该犯罪行为所造成的损失，依法应当承担赔偿责任。”崔绍先系深圳机场公司的董事、总经理，在本案发生期间主持深圳机场公司的日常工作。崔绍先伙同张玉明、李振海等人为偿还骗取的其他商业银行的到期贷款，亲自与兴业银行广州分行人员商谈贷款事宜，提供虚假文件和伪造的董事会决议，指使李

① 奚晓明主编：《民商事审判指导》2007年第2辑，人民法院出版社2008年版，第102页。

振海以私刻的公章代表深圳机场公司签订授信合同和贷款合同，并在其后亲自使用私刻的公章与兴业银行广州分行签订了借新还旧的贷款合同，使兴业银行广州分行误以为崔绍先是在履行职务行为，贷款系深圳机场公司所为，使得2.25亿元骗贷最终得逞。上述情形之所以能够发生，崔绍先利用其特殊的身份参与骗贷活动固然系主要原因，但也与深圳机场公司规章制度不健全、用人失察、对公司高级管理人员监管不力密不可分，故深圳机场公司在本案中具有明显过错，应依法对兴业银行广州分行的损失承担主要的赔偿责任。[①]

◎风险规避

一、借款合同违反中国人民银行有关利率规定的约定部分无效

《商业银行法》第三十八条规定：商业银行应当按照中国人民银行规定的贷款利率的上下限，确定贷款利率。该条款属于效力性规范，银行超过贷款利率上限向借款人收取高息的，其超出部分无效。**招商银行与海南中商旅业股份有限公司、中青基业投资发展中心借款合同纠纷上诉案**：招商银行与借款人海南中商旅业股份有限公司（以下简称旅业公司）通过补充协议约定，旅业公司除按合同付息外，另按每月一定的利率向招商银行支付手续费，招商银行据此进行了收取。最高人民法院认为：本案中当事人签订的12份抵押贷款合同均为当事人真实意思表示，除约定收取手续费的补充协议因违反中国人民银行的有关规定应认定无效外，其余内容并不违反法律、法规规定，原审认定其合法有效是正确的，对于招商银行已经向旅业公司收取的手续费即高息，从本院查明的该行具体扣划旅业公司39笔还款情况看，由于该行扣划旅业公司的还款系累计滚动进行，并承认所扣划的利息中包括合同约定的法定利息、复利、逾期罚息和手续费（即高息）；该行未提供证据证明，每笔被扣划款项之具体利息构成、分属于哪一笔借款合同，以及手续费是在该借款合同订立之后直接被扣划，还是在合同履行期届满后被扣划。故原审判决采取将每笔还款中收取的手续费（即高息）冲抵下一笔的借款本金并在此基础上计算相应利息的方法，确定旅业公司实际欠付该行的款项，并无不妥，本院予以维持。据此，最高人民法院判决维持海南省高级人民法院的一审判决，即招商银行在本判决生效之日起10日内返还旅业公司1660.3万元及利息

① 《最高人民法院公报》2009年第11期。

（从1997年11月5日起按中国人民银行同期1年期流动资金贷款利率计付至判决确定的付清之日止）。逾期履行加倍支付迟延履行期间的债务利息。①

二、借款人不得依据《商业银行法》管理性规范进行抗辩

《商业银行法》关于贷款程序、资产负债比例、提供担保及担保审查、向关系人发放贷款、贷款用途及借款合同的书面形式等均属于管理性规范，借款人不得以此为由主张合同无效。**黑龙江辰龙游乐有限公司与中国银行黑龙江省分行借款合同纠纷案**：最高人民法院（2004）民二终字第19号民事判决书认为：辰龙公司上诉称：由于黑龙江分行持有辰龙公司25%的股份，且其法定代表人是辰龙公司的董事会成员，辰龙公司系黑龙江分行的关系人，黑龙江分行向辰龙公司发放贷款违反《商业银行法》第四十条关于"商业银行不得向关系人发放信用贷款"的规定，本案借款合同应当无效，黑龙江分行应承担无效合同的全部法律责任。因《商业银行法》第四十条是对商业银行贷款业务基本规则的规定，其体现中国人民银行更有效地强化对商业银行业务的审慎监管，且《商业银行法》第七十四条明确规定，商业银行有向关系人发放信用贷款等行为的，由国务院银行业务监督管理机构采取责令改正、没收违法所得、罚款、停业整顿或者吊销经营许可证等行政处罚措施，因此，辰龙公司关于向关系人发放信用贷款合同应当无效的主张没有法律依据，本院不予支持。②

建设银行合肥市新站开发区支行诉安徽新长江公司借款合同纠纷案：最高人民法院（2002）民二终字第97号民事判决书认为：新站支行与新长江公司对1993年至1996年期间发生的借款未签订书面借款合同，虽然有违《借款合同条例》第五条的规定，但根据最高人民法院《关于适用〈中华人民共和国合同法〉若干问题的解释》第三条关于"人民法院确认合同效力时，对《合同法》实施以前成立的合同，适用当时的法律合同无效而适用《合同法》合同有效的，则适用《合同法》"的规定，双方在1993年至1996年期间的借款关系应认定有效。新长江公司关于借款合同无效，其不应承担偿还利息责任，其已支付的利息应冲抵尚欠本金的上诉理由不能成立。③

---

① 江必新主编：《民商审判指导与参考》2003年第2卷，人民法院出版社2004年版，第210页。
② 奚晓明主编：《民商事审判指导》2004年第1辑，人民法院出版社2004年版，第298页。
③《最高人民法院公报》2004年第3期。

第三节　违约赔偿

案例54：违反“负责收回贷款”的承诺，应承担赔偿责任

摘要： 银行对贷款人“负责收回贷款”的承诺，不属于《担保法》意义上的保证。但违反该承诺，属于不作为的违约行为，给贷款人造成损失的，应当承担赔偿责任。

2001年1月7日，康庄公司因储备春耕物资的需要，向玉门信用社申请借款550万元；2001年1月8日，玉门信用社、康庄公司和农行玉门支行三方签订一份借款协议书，约定：（1）由于康庄公司因生产经营所需，申请向玉门信用社借款550万元整。农行玉门支行作为康庄公司的贷款主办行，因资金暂时不足，经康庄公司申请，由玉门信用社贷给康庄公司550万元整；（2）借款期限为6个月，到期还本付息，并以康庄公司财产作为抵押；（3）农行玉门支行负责监督康庄公司借款使用情况，并保证负责将康庄公司550万元借款收回付给玉门信用社。同日，玉门信用社授权其所属玉门镇分社（以下简称玉门分社）与康庄公司签订农信借字第09020019号借款合同一份，约定：康庄公司向玉门分社借款550万元，借款用途为经营流动资金。合同签订后，玉门分社于同日向康庄公司发放550万元借款。合同到期后，康庄公司未按约履行还款义务，农行玉门支行于2001年12月31日向玉门信用社还利息款20万元，2003年11月4日还本金款30万元。玉门分社于2002年3月31日、2003年3月10日向康庄公司发出债务逾期催收通知书。康庄公司对上述两份通知均盖章确认。该两份催收通知注明的借款本金为550万元。因康庄公司未按通知要求偿付借款本息，双方酿成纠纷。

一审法院另行查明，2001年1月8日，在玉门信用社与康庄公司、农行玉门支行三方签订借款协议后，康庄公司与农行玉门支行未经玉门信用社同意，在各自所持三方借款协议上增加补充条款，内容为：康庄公司购买花海农场后，在三个月至半年时间内，由农行玉门支行协调将玉门镇农贸市场综合楼出资收购，还清农行全部贷款本息845万元。

◎裁判要旨

最高人民法院认为，本案各方当事人的争议焦点在于农行玉门支行所作的“保证负责收回贷款”的承诺是否属于《担保法》规定意义上的保证，亦即农行玉门支行应当承担何种责任。对此，二审法院认为，农行玉门支行在借款协议书中的承诺具有两层含义：一是负责监督康庄公司借款的使用情况，二是保证负责到期收回贷款偿还给玉门信用社。根据借款合同约定，贷款用途为生产流动资金，而该笔贷款实际用于购买土地使用权，显然与约定不符。况且，购买土地的实际用途是农行玉门支行与康庄公司在借款时背着玉门信用社以补充文字的形式作了私自约定。这足以证明农行玉门支行没有尽到监督专款专用的责任，按照《担保法司法解释》第二十六条规定，应当承担补充赔偿责任。农行玉门支行认为其已尽到监督义务的上诉理由不能成立，本院不予支持。对于农行玉门支行的第二项承诺，本院认为，不宜按照《担保法》上的保证认定责任。理由为：(1)《担保法》意义的保证是保证人提供保证时，以自身财产偿还欠债作为保证内容的，而本案的“保证负责收回”是履行一种行为，二者有所不同。(2) 合同中并没有明确约定农行玉门支行承担的是保证责任，在没有明确约定的情况下，要求农行玉门支行承担保证责任缺乏合同依据。因此，农行玉门支行违反了承诺义务，属于不作为的违约行为，由此给玉门信用社造成了损失，应当承担赔偿责任。[①]

◎法条链接

最高人民法院《关于适用〈中华人民共和国担保法〉若干问题的解释》第二十六条　第三人向债权人保证监督支付专款专用的，在履行了监督支付专款专用的义务后，不再承担责任。未尽监督义务造成资金流失的，应当对流失的资金承担补充赔偿责任。

◎重要提示

一、监督支付与保证行为的主要区别

1. 承担责任的过错因素：监督支付的义务人未按约定履行监督支付义务时，

① 奚晓明主编：《民商事审判指导》2005年第1辑，人民法院出版社2005年版，第295~298页。

具有过错，并根据过错程度承担责任。因此，过错是义务人承担民事责任的构成要件。而在保证法律关系中，保证人承担责任不以是否具有过错为前提，而以债务人是否履行债务为前提，即只要债务人不履行债务，保证人就应依合同的约定承担保证责任，其是否具有过错则在所不问。

2. 义务范围：监督支付的义务，在于对债务人的行为进行监督，如果债务人用款符合规定的用途，即便最后形成资金流失，导致债务人不能归还债务，监督人也不承担任何责任。而保证人的义务在于担保债务人全面履行合同义务，如债务人不能履行义务或者不能全面履行义务，保证人即要承担责任。

二、承诺的法律性质及效力

承诺，特别是商务活动中具有义务承担内容，且能给当事人产生法律后果的承诺，系基于当事人一方的意思表示而成立的单方民事法律行为，该意思表示自到达相对人时生效。除非依《民法通则》第五十八条的规定，该承诺系无效的民事行为。否则，承诺一旦出具，即产生法律约束力。**中国工商银行长沙市司门口支行与中国农业银行汨罗市支行欠款纠纷上诉案**：司门口工行向汨罗农行出具承诺函，其内容为："我行就贵行从户名为临湘市长江物资贸易有限公司的账号转入我行指定账户（户名为湖南万达经贸实业有限公司）的5000万元资金作出如下承诺：（1）保证在贵行将5000万元资金转入我行指定账户四天内向贵行出具并交付真实有效、总金额为5000万元（出票人为湖南万达经贸实业有限公司、收款人为娄底市兴业贸易有限公司，期限为6个月）且由我行承兑的银行承兑汇票。（2）无论什么原因致使我行不能履行前款所述内容，我行将在2003年12月19日无条件将收到的贵行的上述5000万元资金转入你行指定账户。（3）不能履行上述承诺给你行带来资金风险而造成的一切经济损失均由我行无条件承担全部责任。"该《承诺函》由司门口工行行长签名并加盖了单位公章。汨罗农行在收到《承诺函》后，即将5000万元资金转入司门口工行指定的账户，司门口工行未按承诺将银行承兑汇票交给汨罗农行，也未将5000万元资金返还汨罗农行。只是分两次返还汨罗农行1295万元，尚欠本金3705万元。最高人民法院（2005）民二终字第167号民事判决书认为：司门口工行向汨罗农行出具的《承诺函》意思表示真实，不违反法律、行政法规的禁止性规定，应当认定合法有效，汨罗农行依照《承诺函》将5000万元资金转入司门口工行指定的万达公司账户后，司门口工行应当按照《承诺函》履行其应当承担交付银行承兑汇票的义务。司门口工行上诉称，其无权直接出具也没有权利指令万达公司出具出票人为万达公司、收款人为兴业公司的承兑汇票，据此，《承诺函》无效。根据司门口工行出具的《承诺函》第一条约定汨罗农行转入万达公司5000万元后，司门口工行并未交付5000万元承兑汇票，属于司门口工行单方不履行承诺的行为，不能由此认定该《承诺函》违法，亦不能否定整个《承诺函》的效力以及司门口工行所应承担的责任。且该《承诺函》第二条亦明确，无论什么原因致使我行不能履行前述内容，我行将在2003年12月19日无条件将收到贵行的上述5000万元资金转入你行指定账户。据此上诉人主张其不应承担责任的理由不能成立，本院不予支持。[①]

◎风险规避

合同是市场经济运行中的重要纽带，是保证市场规范运行的重要工具，也是明确合同当事人权利义务责任的重要依据。市场经济要求市场主体树立合同观念，合同观念要求：

一、通过合同实施民事法律行为

合同是市场经济条件下民事主体从事商务活动中的重要形式，也是避免产生纠纷的重要措施。如《商业银行法》第三十七条规定："商业银行贷款，应当与借款人订立书面合同。合同应当约定贷款种类、借款用途、金额、利率、还款期限、还款方式、违约责任和双方认为需要约定的其他事项。"

二、重视合同文本的起草与审查

合同条款直接产生权利义务，与合同当事人的利益紧密相连。合同主体、标的、权利义务、违约责任、履行方式及成立生效等都属于合同纠纷发生的关键点，应予关注。银行在制订合同时应注意：1.针对不同行业或受众，制订不同的合同内容，而不能千篇一律地生搬硬套格式合同；2.依据自己的能力谨慎安排自己应承担的义务条款，并要清楚如不履行依据法律要承担的法律后果；3.合同条款的制订应要求合同当事人权利义务的对等性，防止当事人权利义务失衡而显失公平。

---

① 奚晓明主编:《民商事审判指导》2006年第1辑，人民法院出版社2006年版，第298~306页。

三、树立全面履行合同的观念

承诺产生责任，违约产生义务是合同的固有含义。合同一经签订，即对合同当事人产生约束力，不按约履行合同，就构成违约。给合同相对方造成损失的，应承担赔偿责任。比如在贷款发放的具体时间上，若合同约定的贷款发放时间与贷款实际发放时间不一致，将导致贷款人违约。**中国建设银行大庆市分行与大庆市庆莎商城有限公司等借款抵押合同纠纷案**：针对银行贷款的违约行为，最高人民法院认为：关于大庆建行向庆莎公司贷款存在违约行为应否承担民事责任问题。该行在分三次发放其中的500万元贷款过程中，具体放贷的日期均比相应借款合同的约定日期迟延，属于违约行为。[①]

为防止合同约定与实际发放贷款的日期不符，有的银行格式合同约定："如果上述贷款发放时间的约定与借款凭证的记载不一致的，以借款凭证载明的日期为准。"即很好地解决了这一问题，当然利息的计算也应以借款凭证载明的日期为起始时间。

---

① 奚晓明主编：《民商事审判指导》2005年第1辑，人民法院出版社2005年版，第222页。

第四节　企业改制

案例 55：企业兼并协议无效，兼并企业不承担被兼并企业债务

摘要： 兼并企业承担被兼并企业的债务应以兼并协议的合法有效为前提。如兼并协议无效，双方的权利义务均应恢复到兼并协议签订前的状态，对外债权债务的责任承担主体不因兼并协议的签订和履行而发生转移。

1997 年 7 月 10 日，三九企业集团与交通银行太原分行签订人民币借款合同，约定用途为兼并太原洗涤剂厂。同日，交通银行太原分行根据合同将此款一次性划入三九企业集团在河西支行的账户。合同到期后，三九企业集团未能偿还。交通银行太原分行遂向山西省高级人民法院起诉，请求判令三九企业集团偿还 1721 万元及利息。三九企业集团对借款合同不持异议。但认为此款系兼并太原洗涤剂厂之用，应由该厂归还。

最高人民法院二审查明：关于三九企业集团与太原洗涤剂厂确认兼并协议效力纠纷一案，山西省高级人民法院经审理认为：从已经查明的事实看，三九企业集团与太原洗涤剂厂签订的兼并协议，主体有误，且未按国家有关规定的程序进行，在兼并后的资产评估中，对太原洗涤剂厂的资产评估不实，致使双方在违背其真实意思表示的前提下，签订并部分履行了兼并协议。因此，双方签订的兼并协议为无效协议，应予解除。该判决已发生法律效力。

关于三九企业集团与太原洗涤剂厂债务纠纷一案，山西省高级人民法院经审理认为：三九企业集团与太原洗涤剂厂所签订的兼并协议在法律上已被确认为无效，且双方已就该兼并协议无效的后果作了处理并实际履行，故双方的权利义务均应恢复到兼并协议签订前的状态，即原属于被告太原洗涤剂厂的债权债务及在兼并过程中所产生的债权债务，均应由太原洗涤剂厂承担，三九企业集团没有承担该债权债务的责任和义务。该判决亦已发生法律效力。

最高人民法院审理过程中，上诉人三九企业集团提出其未在交通银行太原分行及其下属支行办理开户手续。本院责令交通银行太原分行举证证明三九企业集

团在其所辖银行开户情况，但是，其至今未能举证予以证明。

◎ 裁判要旨

最高人民法院认为，根据三九企业集团与太原洗涤剂厂签订的兼并协议，三九企业集团承接本案 1721 万元借款债务的前提是兼并协议已经生效，该笔债务自然转由三九企业集团承担。在本院庭审质证过程中，三九企业集团称从未在太原交通银行开户，并表示无法从银行调取证据。交通银行太原分行虽一直主张其确实将 1721 万元已经向三九企业集团发放，并提供了贷款凭证。但也未能举出三九企业集团在太原交通银行开户的相关手续的证明，故对交通银行太原分行将贷款已划给三九企业集团的主张，本院不予认定。此后，交通银行太原分行又提出其将款发放给太原洗涤剂厂，由该厂将款归还银行。显然，这种主张的成立，应当有三九企业集团的授权作为支持的依据。但交通银行太原分行不能举证证明三九企业集团同意太原洗涤剂厂接受和代为偿还本案债务。对此种主张本院亦不予支持。由于三九企业集团与太原洗涤剂厂的兼并行为未获成功，根据山西省高级人民法院的两份认定兼并无效的判决，及关于认定兼并之前和兼并过程中发生的债权债务由太原洗涤剂厂承担的判决，亦均证明本案 1721 万元债务仍然应当由太原洗涤剂厂承担，而不是由三九企业集团承担。综上，本案所涉借款合同中的款项，应当认定为系三九企业集团接受太原洗涤剂厂原有的债务，三九企业集团并未得到新的贷款。

鉴于三九企业集团兼并太原洗涤剂厂的行为已经为生效判决确认无效，且交通银行太原分行并未向三九企业集团发放新的贷款，对于三九企业集团向本院上诉称其不应承担还款责任的主张，本院予以支持。交通银行太原分行的诉讼主张不能成立，应当予以驳回，其应依法向太原洗涤剂厂主张权利。本院根据《民事诉讼法》第一百五十三条[①]第一款第（二）、（三）项和第一百五十八条[②]之规定，判决如下：一、撤销山西省高级人民法院晋民一初字第 8 号民事判决。二、驳回交通银行太原分行对三九企业集团的诉讼请求。[③]

---

① 该条现已被新《民事诉讼法》修改为第一百七十条。

② 该条现已被新《民事诉讼法》修改为第一百七十五条。

③ 李国光主编：《最高人民法院关于企业改制司法解释条文精释及案例解析》，人民法院出版社 2003 年版，第 314~320 页。

◎法条链接

1.**《民法通则》第四十四条**　企业法人分立、合并或者有其他重要事项变更，应当向登记机关办理登记并公告。

企业法人分立、合并，它的权利和义务由变更后的法人享有和承担。

2.**《合同法》第九十条**　当事人订立合同后合并的，由合并后的法人或者其他组织行使合同权利，履行合同义务。当事人订立合同后分立的，除债权人和债务人另有约定的以外，由分立的法人或者其他组织对合同的权利和义务享有连带债权，承担连带债务。

3.**最高人民法院《关于审理与企业改制相关的民事纠纷案件若干问题的规定》第三十条**　企业兼并协议自当事人签字盖章之日起生效。需经政府主管部门批准的，兼并协议自批准之日起生效；未经批准的，企业兼并协议不生效。但当事人在一审法庭辩论终结前补办报批手续的，人民法院应当确认该兼并协议有效。

第三十一条　企业吸收合并后，被兼并企业的债务应当由兼并方承担。

第三十二条　企业进行吸收合并时，参照公司法的有关规定，公告通知了债权人。企业吸收合并后，债权人就被兼并企业原资产管理人（出资人）隐瞒或者遗漏的企业债务起诉兼并方的，如债权人在公告期内申报过该笔债权，兼并方在承担民事责任后，可再行向被兼并企业原资产管理人（出资人）追偿。如债权人在公告期内未申报过该笔债权，则兼并方不承担民事责任。人民法院可告知债权人另行起诉被兼并企业原资产管理人（出资人）。

第三十三条　企业新设合并后，被兼并企业的债务由新设合并后的企业法人承担。

◎重要提示

一、企业改制与债权保护

企业改制伴随着我国企业产权制度改革应运而生。以明晰产权，重新分配产权为中心，进而达到调动市场经济主体的积极性和创造性。实践证明，企业改制为我国现代企业制度的形成、经济的发展起到了巨大的促进作用。但同时，不规范乃至违法的改制，导致国有资产的流失，损害债权人、职工利益，并因此产生大量的民事纠纷，成为我国一段时期内亟须解决的社会现象、经济现象和法律现象。企业改制在实践中一般表现为企业的公司化和股份合作制改造、企业兼并与分立、企业产权转让、资产重组、债权转股权等形式。

企业整体改制是企业公司化较为常用的形式之一，企业整体改制是指以企业全部资产为基础，通过资产重组等方式，整体改建为符合现代企业制度的公司。新成立的公司完全吸收了原企业的所有资产，同时也接受了原企业的所有债权债务，债务从原企业到新设立的公司，只是债务的继承，不是债务的转移。**云天化集团有限责任公司与中国华融资产管理公司昆明办事处云南石林轮胎橡胶集团有限公司借款合同纠纷上诉案**：本院认为，本案的争议焦点，是借款人轮胎厂整体改制为石林公司，是债务承继，还是债务转让。

上诉人云天化公司对关于轮胎厂系经过政府批准，整体改制为石林公司的事实认定有异议，认为轮胎厂的法人资格仍然存在，轮胎厂是石林公司的股东，轮胎厂和石林公司是两个独立的实体，因此改制的结果应导致轮胎厂债务的转移。对此，在本院二审中，云天化公司为证明本案债务人和债权人之间存在恶意串通骗取担保的事实，向法庭重申了国家计委、经贸办计原材［1992］258号文件、云南省政府文件审批单等7份原审证据外，还提供了一份新的证据，即中国国际经济贸易仲裁委员会的裁决书。本院认为：鉴于轮胎厂整体改制过程中的不规范行为导致该厂公章、营业执照尚未收回，仲裁裁决书虽将轮胎厂列为第二申请人，但不能据此推翻本案轮胎厂系整体改制的事实。本案原审法院第一次审理和再审过程中，根据双方当事人提供的证据，认定轮胎厂整体改制，发起人与其他法人共同组建石林公司，并由轮胎厂变更其注册登记成立石林公司，石林公司吸收了轮胎厂的资产，接收轮胎厂债权债务的事实清楚，确认债务主体并未实际发生转移，债务关系系承继关系并无不当。云天化公司关于轮胎厂法人主体仍然存在，轮胎厂与石林公司之间系债务转移的上诉主张缺乏事实根据，本院不予支持。[①]

最高人民法院《关于审理与企业改制相关的民事纠纷案件若干问题的规定》（本节以下简称《企业改制司法解释》）中所指的改制是发生在独立的平等民事主体之间，是以变更企业资产的权属、设立改制双方当事人的民事权利和义务、确定企业债权债务归属等为目的所进行的行为，系基于改制双方当事人自觉自愿的

---

① 奚晓明主编：《民商事审判指导》2005年第2辑，人民法院出版社2005年版，第267~276页。

意志，与民法等价有偿原则相联系。该司法解释旨在规范企业改制行为，保护债权人利益。**中国工商银行股份有限公司抚顺分行与抚顺铝业有限公司、抚顺铝厂、抚顺新抚钢有限责任公司借款合同纠纷上诉案：**最高人民法院认为，《企业改制规定》的基本原则就是企业法人财产原则，并不禁止企业改制，而是禁止企业在改制过程中造成企业财产流失，损害债权人的利益。从法律程序看，本案中抚顺铝厂的行为并不符合企业改制的任何一种具体形态，一审判决认为抚顺铝厂设立铝业公司不是企业改制行为这一认定本身并无错误。况且司法干预企业改制的前提必须是在改制过程中，债务人企业的财产发生流失，损害了债权人的利益，而本案中并不存在财产流失的情况。抚顺铝厂得到12亿元现金后，确实没有清偿抚顺工行的债务而是偿还了其他的债权人。但普通债权不具有优先性，法律赋予债权人在获得权利实现时以法人所有财产平等受偿的权利，除享有优先受偿权的债权人外，任何人不享有特权。在企业没有进入破产情况下，不能限制企业的债务清偿顺序或者要求其对所有的债权人按照比例清偿。在铝业公司按照合同约定已经支付了全部价款的情况下，如果再要求铝业公司为抚顺铝厂债务承担责任，不但没有法律依据，而且对铝业公司本身的债权人和现有的股东并不公平。因此，上诉人抚顺工行要求铝业公司承担连带责任的上诉主张不能成立，本院不予支持。①

依法保护金融债权，防止国有资产流失，关系到国家经济安全。1994年中国人民银行、国家经济贸易委员会、国家国有资产管理局《关于防止银行信贷资产损失的通知》，1998年国务院《关于在国有中小企业和集体企业改制过程中加强金融债权管理的通知》，1999年中国人民银行《关于在企业改制过程中加强金融债权管理的通知》，2005年最高人民法院《关于在民事审判和执行工作中依法保护金融债权防止国有资产流失问题的通知》等规范性文件就企业改制过程中如何保护金融债权提供了具体的措施和操作办法，商业银行应据以贯彻落实。

二、企业正常投资与借企业改制逃废债务的司法界定

（一）企业改制与企业出资设立公司

在审判实践中，往往需要将“企业股份制”改造与公司正常的对外投资活动

---

① 奚晓明主编：《民商事审判指导》2008年第2辑，人民法院出版社2008年版，第164~165页。

严格地加以区分。后者中，当投资方不能清偿债务，对其进行清盘时，应将其对外投资而享有的股权一并清理、拍卖，但不能直接取回原已投资入股的“财产”或判令新公司在接收财产范围内承担责任。这是公司人格独立及财产独立理论得以存在的必要前提。

关于《企业改制司法解释》第七条适用的问题。该解释第七条旨在解决企业借公司制改造逃废债务的责任承担问题，但因该条款规定过于原则，与企业出资设立公司的情况容易混同，审判实践中普遍存在扩大适用的情况，为此亟须进一步明确其概念，以及其与企业出资设立公司的区别。企业借公司制改造逃废债务是指企业假借公司制改造之名，将其优质财产转移出去，而将债务留在原企业，导致企业丧失基本生产经营能力和对外偿债能力。其与企业出资设立公司的本质区别在于：债务人企业借公司制改造逃废债务，是一种假借改制之名，行转移优质财产、逃废企业债务之实的违法行为；而企业出资设立公司是一种合法的出资行为，并以企业在新设公司中的股权形式表现出来。若该企业发生偿债问题时，可以通过执行出资企业在新设公司中的股权方式解决，而不能适用《企业改制司法解释》第七条的规定。[①]

（二）企业未取得股权不能视为投资行为

山东信诚化工股份有限公司与中国工商银行山东省分行、滕州市化肥厂、山东鲁南化学工业集团公司、滕州市国有资产经营有限公司借款合同纠纷上诉案：最高人民法院经审理认为，本案上诉争议的主要问题是债务人化肥厂改制成立的信诚公司对化肥厂改制前的债务是否承担民事责任。化肥厂 1999 年与该厂职工持股会及其他几家投资人共同出资设立信诚公司。化肥厂先行投入信诚公司实物资产 7772 万元，并同时转入负债 4812 万元，并以实物资产与负债相抵后的净资产 2960 万元作为其对信诚公司的出资，占信诚公司出资的 74%。随后，其又与信诚公司签订协议，将价值 96531146.46 元的优良财产与等额债务一并转让给信诚公司。双方约定由信诚公司对上述连同实物财产转让的两笔债务共计 144651146.46 元负责偿还。因化肥厂与信诚公司关于上述债务转移的约定不违反法律强制性规定，系各方当事人的真实意思表示，符合意思自治原则，故只要被转让债务的债权人无异议，该约定对转让方、受让方和转让债务的债权人应是有

---

① 奚晓明：“充分发挥民商事审判职能作用为构建社会主义和谐社会提供司法保障”，载《法律适用》2007 年第 6 期。

效的。但是，由于企业的所有财产是对其经营中形成的全部债务的一般担保，任何人不得随意转移。法律赋予债权人在获得权利实现时以法人所有财产平等受偿的权利，除享有优先受偿权的债权人外，任何人不享有特权。即不能以牺牲某一债权人的利益为代价来保障其他债权人债权的实现。故尽管化肥厂与信诚公司和有关债权人达成的相关债务转让协议对合同各方当事人具有法律约束力，但因信诚公司用以作为接收上述债务对等条件的接收相应财产的行为，客观上造成了化肥厂对所有债权人的债权进行担保的法人财产减少，该财产转移行为侵犯了其他债权人的权利。化肥厂与信诚公司之间关于以接收相关财产作为承担等额债务前提的约定对其他债权人不发生法律效力。当未转让债务的债权人山东工行根据法人财产原则，要求信诚公司在接收化肥厂财产范围内对化肥厂改制前债务承担偿还责任时，信诚公司不得以其与化肥厂之间的约定对抗山东工行的诉讼请求。化肥厂采取转让财产和等额债务的方式与他人组建新公司，因其对该笔转让财产并不享有相应的股权，故该行为并不是真正意义上的投资行为，而是对法人财产的变相转移。

化肥厂改制成立新公司是否丧失偿债和进行生产的能力，不是认定信诚公司是否应当承担化肥厂改制前债务的依据。故信诚公司关于化肥厂并未丧失偿债和生产能力，其不应承担化肥厂债务的上诉理由，本院不予支持。化肥厂转移价值144651146.46元的法人财产给信诚公司的行为法律属性明确，故信诚公司关于两笔财产转让行为不属同一性质法律行为的上诉理由，本院不予支持。本院《改制司法解释》第六条关于“企业以其部分财产和相应债务与他人组建新公司，对所转移的债务，债权人认可的，由新组建的公司承担民事责任”等规定，是仅针对转移债务的债权人而言，不包括未转移债务的债权人。即改制企业将债务转移给新成立的公司，转移债务的行为经相关债权人同意的，发生债务有效转移的法律后果，由新成立的公司承担转移的债务。改制企业转移债务，未经转移债务债权人同意，不发生债务转移的法律后果，债务仍由改制企业承担。改制企业如将部分财产转移给新设公司的，按照法人财产原则，由新设公司在所接收财产范围内与改制企业承担连带民事责任。未转移债务的债权人仍有权按照合同相对性原则和法人财产原则，要求改制企业和接收改制企业财产的新公司承担相应的偿还责任。故信诚公司关于其已依法承担化肥厂有关债务，不应再承担山东工行该笔债务的上诉理由，本院亦不予支持。山东工行关于信诚公司应当在其接收化肥厂财产范围内承担本案争议债务的主张，于法有据，本院予以支持。原审法院判决信诚公司在接收化肥厂财产范围内对化肥厂改制前的债务承担连带清偿责任，本院予以维持。信诚公司偿还山东工行的该笔债务后，如导致其权利义务的不对等，其可以另行向化肥厂主张权利。[①]

（三）企业的对外投资行为是否减少责任财产

判定企业的行为是正常投资，还是借改制之名逃废债务，是适用《企业改制司法解释》的前提。如企业的对外投资行为并未减少责任财产，责任能力并未因其投资行为而受损，其行为应受法律保护。**中国工商银行鸡西市分行与鸡西市煤炭公司、黑龙江天源煤炭股份有限公司借款合同纠纷上诉案：**煤炭公司截至本案诉讼时尚欠鸡西工行借款本金2亿余元。1998年8月21日，煤炭公司出资1053.3万元计1053.3万元股，占公司股本总额19.4%，与另外4名股东共同出资5439.9万元，经有关部门批准和鸡西市工商行政管理局核准登记，成立了天源公司。此时，煤炭公司的注册资本为6773万元，经济性质为国有。鸡西工行向黑龙江省高级人民法院提起诉讼，请求判令煤炭公司和天源公司在资产评估的基础上按其有效资产的实际划分比例，承担偿还逾期贷款（部分）6990万元的财产责任；天源公司承担连带责任。最高人民法院认为，关于天源公司是否应当承担本案民事责任的问题，首先，本案借款合同的主体是鸡西工行和煤炭公司，天源公司并非本案借款合同主体，根据合同相对性原则，天源公司不应对本案债务承担民事责任。其次，天源公司是由煤炭公司和案外人五个国有企业共同发起组建的股份制公司，其中，煤炭公司出资1053.3万元股，占公司股本总额19.37%。煤炭公司的上述出资额仅占该公司全部有效资产的2.51%，属于企业正常的投资行为。本案不符合企业在改制过程中，“企业以其优质财产与他人组建新公司，而将债务留在原企业”的情形。故天源公司在本案中不应当承担民事责任。如果煤炭公司现有的财产不足以清偿债务，鸡西工行可以申请执行煤炭公司持有的天源公司的股权。这属于程序中的问题。鸡西工行要求天源公司对本案债务承担连带责任的上诉理由不能成立。本院不予支持。[②]

责任财产的减少即企业对外偿债能力的降低。在企业改制过程中，不论企业之间的资产关系以何种形式置换，关键是要看该行为是否导致企业对外偿债能力

---

① 奚晓明主编：《民商事审判指导》2004年第2辑，人民法院出版社2005年版，第207~208页。

② 奚晓明主编：《民商事审判指导》2004年第1辑，人民法院出版社2004年版，第174~179页。

的降低，以致损害债权人利益。**中国东方资产管理公司南京办事处与江苏汤沟两相合酒业有限公司、江苏汤沟酒业有限公司、灌南压铸机有限公司借款合同纠纷上诉案：**最高人民法院认为，本案系借款担保合同纠纷。二审争议焦点为：两相合公司在本案中是否应当对汤沟酒业公司的借款债务承担连带清偿责任。关于固定资产与土地资产，两相合公司与汤沟公司于2004年9月22日签订《出售合同》以及同年同月26日双方签订的《补充协议》的内容表明，双方由最初的买卖关系变更为租赁关系。而本院查明的事实表明，汤沟公司原有的土地、建筑物等固定资产始终为该公司所有，两相合公司只是在租赁使用这些固定资产，其产权并未发生转移。汤沟公司至今并未被工商部门依法注销。可见，汤沟公司至今仍然享有土地等固定资产以及本案未涉及的资产所有权。因此，就固定资产与土地而言，汤沟公司并未因为其与两相合公司的租赁关系而降低其对外的偿债能力。关于流动资产，上述资产出售合同及补充协议的内容还表明，两相合公司与汤沟公司之间就有关的流动资产形成了买卖法律关系。两相合公司占有、使用着汤沟公司交付的这部分流动资产。在两相合公司支付的相应对价中，4000万元来源于当地政府借款，用于安置汤沟公司原有的职工以及转为两相合公司的职工，用款性质是养老保险金；另外3093万元中有550余万元是以向接收的原汤沟公司职工打借条的形式支付给职工体现的。汤沟公司将部分资产转让给后组建的两相合公司，部分资金由地方财政借给两相合公司作为对价，属于政府支持改制、挽救老国企的举措，我国现行法律、法规并未禁止，不应因资金来源于政府借款而否定当事人实际给付了对价。而两相合公司支付给职工3093万元，用途为职工身份置换金、补发的工人工资、退还职工集资款，其中有550万元属于两相合公司向职工借款，为此，两相合公司与职工均有协议，属于当事人的合意行为，亦同样不违反国家现行法律、法规。东方资产南京办关于两相合公司基本上未支付对价的主张没有事实依据，本院不予支持。综上所述，汤沟公司出租、出售相关资产给两相合公司，两相合公司支付了相应对价，汤沟公司并未因此行为而降低其对外偿债能力，因此，两相合公司在本案中不应当对汤沟公司的借款债务承担连带清偿责任。[1]

---

① 奚晓明主编：《民商事审判指导》2007年第2辑，人民法院出版社2008年版，第221~222页。

三、企业改制与以资抵债

桦林轮胎股份有限公司与金杯汽车股份有限公司、沈阳金杯车辆制造有限公司、沈阳汽车制造厂买卖合同纠纷案：最高人民法院民二庭以（2008）民二他字第20号函复辽宁省高级人民法院：一、金杯股份公司与沈汽厂之间的以资抵债行为以及金杯股份公司将沈汽厂的抵债资产投入到金杯车辆公司作增资扩股的行为，属于公司之间的民商事行为，并非政府行政划转行为。但根据你院请求中反映的情况，即沈汽厂与金杯股份公司之间已经形成的456395260.67元债权债务关系是经审计确认的客观事实，金杯股份公司与沈汽厂签订以沈汽厂的部分资产抵偿其欠金杯股份公司等额债务之协议为合法有效协议，协议的签订和履行并不构成抽逃企业注册资本金，以及根据当地政府指定，沈汽厂已经被沈阳创业投资有限公司整体受让等，显然，沈汽厂与金杯股份公司之间不再存在关联关系。二、根据你院请示中所反映的情况，金杯股份公司将沈汽厂抵债资产作为股本金投入到金杯车辆公司用以其增资扩股，是金杯股份公司的一种投资行为，属于金杯股份公司对其自身财产依法行使处分权，不属于企业改制行为。因此，不受最高人民法院《关于审理与企业改制相关的民事纠纷案件若干问题的规定》的调整。

四、改制企业承担责任以设立时所接收的财产为依据，企业将持有改制企业股权进行转让或改制企业上市，都不影响其对原有债务的承担

中国建设银行山东省分行与山东禹城中农润田化工有限公司、山东兴禹化工集团公司等借款合同纠纷上诉案：兴禹集团公司在保留原企业的基础上实行公司制改造，成立润田公司，兴禹集团公司为润田公司国有法人股股东。后兴禹集团公司将其持有的润田公司股份有偿转给中国农业生产资料集团公司。最高人民法院经审理认为：兴禹集团公司持有的67%的股权转让给农资公司后，尽管其取得了17354854.91元的对价，但该对价并非是润田公司所有的等价值的资产本身，而是该笔股权的市场价格。润田公司所占有、使用、收益及处分的资产总额，不会因此股权变动而发生变化，亦即不会改变因本案改制行为而确定其承担责任限额的物质基础及法律依据。润田公司关于应以兴禹集团公司转让股权后所持有的17.44%股权（现折合约811.69万元资产）确定其应承担兴禹集团公司原债务数额的请求，亦没有法律依据。依据《公司法》第三条规定，兴禹集团公司以其出资额为限对润田公司的债务承担有限责任，这与本案依据改制行为确认润田公司

对原企业承担责任的范围，两者属于不同的制度层面，并不发生联系。综上，润田公司的此项上诉理由不能成立，本院不予支持。①

上诉人中国信达资产管理公司西安办事处与被上诉人阳江市国阳实业发展公司、阳江市长发实业公司和广东华龙集团股份有限公司拖欠借款纠纷上诉案：最高人民法院经审理认为，本案原始债务主体系国阳公司，二审争议的主要问题是华龙公司是否应当承担国阳公司所借5000万元本息的偿还责任。一审法院以国阳公司通过与广发行阳江办签订联营协议成立长发公司的方式，将国阳公司的全部财产转移到长发公司，使国阳公司失去对外偿债的物质基础为由，判决长发公司承担国阳公司的该笔债务。鉴于长发公司未向该院提起上诉，故该院二审对此不再予以审查。该院二审仅就华龙公司是否应当承担长发公司债务问题进行审理。

华龙公司系1993年经广东省企业股份制试点联审小组、广东省经济体制改革委员会［1993］2号批复批准由长发公司、金岛公司和龙江冷冻厂三家企业进行改组设立的股份制企业，其中17522.18万股国家股由长发公司等三家企业法人资产合并后的净资产形成，由阳江市国资办持有；5000万股法人股通过向其他企业法人募集的方式形成；2316万股内部职工股向内部职工集资形成。该批复对华龙公司成立的性质应当说规定的是明确的。同时华龙公司成立之初的1993年章程亦对“华龙公司的国家股系由长发公司等三家企业净资产折价而成，由阳江市国资办持有；长发公司等三家企业的全部资产及债权债务由华龙公司承担”等内容做了明确的规定。因此，从华龙公司的设立看，华龙公司是在长发公司等三家企业合并的基础上通过增资扩股的方式进行股份合作制改制设立的。华龙公司的设立虽然在表面上看是一次性行为完成的，但从法律意义上看，其设立行为包括了企业合并和股份合作制改制两个法律行为，即首先是长发公司、金岛公司和龙江冷冻厂三家企业法人的合并行为，其次是在合并的基础上通过增资扩股的方式，吸收其他法人及自然人（职工）为企业新的出资者，将原国有企业改制成股份合作制企业。根据《民法通则》第四十四条第二款关于“企业法人分立、合并，它的权利和义务由变更后的法人享有和承担”的规定，因长发公司等三家企业的合并行为，被合并各方的全部权利和义务依法均应由合并后法人概括性继受；同时，三家企业合并后经股份制改制，改变的仅仅是法人的资本结构、投资主体、

---

① 奚晓明主编：《民商事审判指导》2004年第2辑，人民法院出版社2005年版，第179页。

数量和企业的组织形式，而其民事主体并未变更，即股份合作制改制后的法人与改制前的法人系同一人格，故股份制改制前的法人债务（即因合并继受过来的长发公司、金岛公司和龙江冷冻厂的债务）当然由改制后的法人（即华龙公司）承担。综上，从华龙公司的成立来看，华龙公司应当对长发公司等三家合并企业的债务承担责任。也正如此，华龙公司章程中才有由其承担长发公司等三家企业全部资产及债权债务的规定。这种规定本身也体现了华龙公司成立之时的真实意思表示，是符合法律规定的。通过对国有企业进行股份制改制的方式设立公司与由企业正常出资设立新公司性质是截然不同的。因股份制改制前后民事主体的同一性，改制前法人的债务由改制后公司承担。而企业出资设立新公司，因未造成原法人责任财产的减少，仅仅是法人财产由原先的有形财产或货币等形态转化成企业对新公司持有的股权，故出资者的债务不可能追及新公司的民事责任。本案中的华龙公司自始并非是按照《公司法》第七十四条[①]的规定采取募集设立的方式，由长发公司等三家企业作为发起人认购公司应发行股份的一部分，其余部分向社会公开募集设立的股份有限公司。长发公司、金岛公司和龙江冷冻厂在成立华龙公司之初，并未作为出资者对华龙公司持有相应的股份，而是由阳江市国资办作为国有资产的管理人代表国家持有上述三家法人的国有资产形成的华龙公司国有股股份。这在［1993］2号批复以及华龙公司1993年章程中均有明确记载。原审法院将这种国有企业的股份制改制和企业正常出资设立新公司的行为相混淆，认定华龙公司不应承担长发公司债务不当，该院予以纠正。信达公司西安办关于华龙公司并非长发公司等三家企业投资设立，其承接了上述三家企业的全部资产，应当承担长发公司债务的上诉理由，该院予以支持。

另外，本案争议的5000万元借款，华龙公司成立后不仅于1993年6月1日偿还了225万元利息，而且还多次以不同方式对其负有的该笔债务的偿还责任予以确认。1996年5月10日，华龙公司为解决本案债务偿还问题与铁道支行签订协议，约定以其自有资产金沙湾大酒店的产权折价转让给铁道支行，用以抵偿国阳公司的该笔债务。虽然该抵偿协议最终因抵偿物价值远远大于国阳公司债务而未能履行，但该协议的签订至少说明华龙公司对其应承担国阳公司5000万元债务是认可的。抵偿协议的签订仅仅是华龙公司和铁道支行就该笔债务的偿还采取的一种具体措施而已。华龙公司对国阳公司该笔债务的承担责任在其成立之初即

① 该条现已被新《公司法》修改为第七十七条。

已形成，而非基于该抵偿协议的签订始产生，故不能因该措施未能实施而免除华龙公司本应承担的民事责任。原审法院关于华龙公司签订抵偿协议属第三人自愿承担债务，后因协议无法履行而实际解除，从而基于此承诺形成的华龙公司对该笔债务的承担责任亦不存在的认定不当，该院予以纠正。1998年12月21日，铁道支行、华龙公司和国阳公司等为解决国阳公司5000万元贷款清偿问题再次召开会议进行协商，虽然《会议纪要》上载明的“关于1992年7月1日铁道支行向国阳公司贷款5000万元一事，华龙公司同意在公司上市之前，受让其中的1600万元债务，并承诺尽快与铁道支行办理1600万元的借款手续，保证按季结息；就5000万元贷款中的剩余3400万元款项，华龙公司表示在公司上市后，尽量部分接收国阳公司的该笔债务，其余本息用珠海、澳门土地房产等抵偿”等内容，从字面上看是华龙公司同意分期受让该笔债务的意思表示，但究其实质仍然是华龙公司和铁道支行为了结双方原有债权债务关系进行协商采取的具体措施，而非债务转移或债务参加的性质。故双方最终是否签订债务转移协议等并不影响华龙公司承担国阳公司的债务。原审法院以《会议纪要》仅为订立合同所作的意向性文件而非正式的履行债权债务的协议，不产生合同的法律效力，华龙公司不承担国阳公司债务的认定不当，该院予以纠正。综上，华龙公司承担国阳公司5000万元债务是华龙公司自始以来的真实意思表示，判决其承担该笔债务，并不损害其权益。故信达公司西安办关于华龙公司一直认可该笔债务，应当由其承担偿还责任的上诉请求，有事实和法律依据，该院予以支持。

华龙公司1996年章程修改后并未将1993年章程第五条关于“华龙公司承担长发公司、金岛公司和龙江冷冻厂三家企业的全部资产及债权、债务”径行变更为“华龙公司不承担长发公司等三家企业债务”，而是根据《公司法》等的要求对整个章程进行了规范性的修订。且即使华龙公司1996年章程修改中将1993年章程第五条径行变更为“华龙公司不承担长发公司等三家企业债务”，亦应有法律依据，或经债权人同意，否则，其修改不能对抗债权人，信达公司西安办仍然可以按照华龙公司成立的事实状况要求其承担债务。故华龙公司关于其1996年章程已经对1993年章程中关于由其承担长发公司债务的规定予以修改，其不应再按照1993年章程的规定承担长发公司债务的答辩理由，该院不予采纳。

华龙公司自其1993年成立时起至今，始终是同一法人，包括2000年华龙公司上市后，其与成立时的法人在主体资格上并无二致。对此，华龙公司上市招股说明书中亦明确记载其系根据［1993］2号批复设立的公司。故不论后来华龙公司基于何种原因、以何种方式，将成立时由阳江市国资办持有的长发公司等三家企业净资产形成的国有股又转化成所谓的发起人股，都不能用以对抗信达公司西安办根据原合并、改制事实要求华龙公司承担长发公司债务的诉请，也不能以华龙公司上市后为保护其他新的股东利益为由来否定其本应承担的民事责任。对于不同利益主体权益的保护，法律设置有不同的制度，其他民事主体权益受到损害可以通过其他法律途径予以解决。原审法院以由华龙公司为其发起人承担股东的债务进而损害了其他新的法人股东和自然人股东的合法权益为由，驳回信达公司西安办对华龙公司的诉讼请求不当，该院予以纠正。实际上，华龙公司将其原有国家股转化成由应当注销而未注销的长发公司等持有，性质上至多是发生股权转让的法律后果，不影响华龙公司按照设立时的事实状态继续承担原被合并各方的债务。故华龙公司关于其1996年重新登记和2000年上市后，长发公司在华龙公司的出资已转化成相应股权，华龙公司不应承担长发公司债务的抗辩，该院亦不予采纳。[①]

五、企业吸收合并情形下，被兼并的企业未依法注销，兼并方与被兼并方应承担连带清偿责任——《企业改制司法解释》第三十四条的适用

重庆索特（集团）有限责任公司与忠县农村信用合作联社、忠县国营盐厂借款合同纠纷案：最高人民法院民二庭审判长联席会议认为，兼并企业以承接债务方式整体兼并原债务企业，为承债式企业合并，原债务企业应依法依约注销。但在司法实务中，由于逃避债务等原因，尽管兼并行为已基本完成，但原债务企业却未被注销，甚至还留存一些可承债资产。在这种情形下，原债务的债权人可否同时起诉兼并方和被兼并方，请求判令两者承担连带清偿责任，我国相关法理和司法解释并没有规定。《企业改制规定》第三十四条只规定了在企业吸收合并后，被兼并企业应当办理而未办理工商注销登记，债权人起诉被兼并企业的，人民法院应当根据企业兼并后的具体情况，告知债权人追加责任主体，并判令责任主体承担民事责任，但并未进行具体化规定。针对本案情形，审判长联席会议形成了倾向性意见：承债式企业合并情形下，原债务企业应被注销但尚未被注销，且仍有可偿债资产的，应为债务主体。兼并协议已生效且主要义务已履行的，虽原债

---

① 奚晓明主编：《民商事审判指导》2006年第1辑，人民法院出版社2006年版，第189~192页。

务企业尚未依法依约注销，兼并行为尚未全部完成、原债务企业与兼并企业形式上为不同法人主体，但原债务企业已无偿债能力，且究其实质，两者实为同一民事主体，故兼并方应对原债务企业的债务承担连带清偿责任。①

六、企业资产被政府行政性划转后，债权人能否向接受资产的企业主张权利

最高人民法院《关于因政府调整划转企业国有资产引起的纠纷是否受理问题的批复》（法复〔1996〕4号）规定：因政府及其所属主管部门在对企业国有资产调整、划转过程中引起相关国有企业之间的纠纷，应由政府或所属国有资产管理部门处理。国有企业作为当事人向人民法院提起民事诉讼的，人民法院不予受理。

2007年12月6日陕西省高级人民法院民二庭《关于公司纠纷、企业改制、不良资产处置及刑民交叉等民商事疑难问题的处理意见》认为：作为债务人的国有企业部分资产被政府主管部门行政性调整、划转到其他企业后，债权人向债务人主张债权时，能否根据资产流向将接受资产的企业列为共同被告一并主张权利的问题。最高人民法院的生效判决已经明确：将债务人与接受资产的企业一并列为共同被告并诉请判令其承担连带民事责任，将意味着通过民事诉讼撤销行政行为。债权人在起诉债务人时，不能将依行政行为接受资产的企业一并列为被告承担连带民事责任。②

◎风险规避

一、企业改制纠纷案件中，银行主张权利时对被告的确认

民商事审判过程中，纯粹的企业改制纠纷案件并不多见。实务中涉及的主要是企业改制后的债务承担主体。依据现行有效的法律、法规及司法解释，债权人行使权利时可以参照以下标准确认被告：

1. 企业以全部资产改造为公司或股份合作制的，以改制后的公司或股份合作制企业为被告。

2. 企业以部分财产和相应债务与他人组建新公司，债权人根据其是否认可债务转移及企业的偿债能力确定原企业、新公司之一为被告或共同被告。

---

① 奚晓明主编：《民商事审判指导》2008年第3辑，人民法院出版社2008年版，第26页。

② 奚晓明主编：《民商事审判指导》2008年第3辑，人民法院出版社2008年版，第45页。

3. 企业以优质财产与他人组建新公司，而将债务留在原企业的，以原企业和新公司为共同被告。

4. 企业分立、出售、兼并，债权人依据公告或协议约定的债务承担主体为被告。

5. 企业分立时对原企业的债务没有约定或约定不明，或者虽有约定但债权人不予认可的，以原企业和分立后的企业为共同被告。

6. 企业股份制改造和出售、兼并中，对隐瞒或遗漏的债务，债权人在公告期内申报债权的，以改制后的企业和买受人、兼并方为被告；如债权人未在公告期内申报债权，则以原企业资产管理人（出资人）和出卖人为被告。

7. 原企业不存在的，一般应根据资产的走向行使请求权，以资产的承接主体为被告。

8. 企业售出、被兼并后，原企业应予注销而未注销，债权人应以买受人、兼并方为被告。

二、积极主动参与企业改制工作并有效行使权利

1. 对实行股份制、股份合作制及被兼并的企业，要由改制后的企业及兼并企业承担原企业及被兼并企业的全部贷款本息，银行应与其签订还本付息协议书并落实相应担保措施。

2. 对出售、拍卖、转让的企业，银行要参与产权转让的全过程，所得资金收入要偿还金融债务，已设定抵押权、质权的抵押物、质物出售，需经抵押权人同意，出售收入必须优先用于清偿抵押、质押贷款本息。

3. 对实行租赁或承包的企业，银行要与出租、发包方和承租、承包方签订偿还借款本息的协议，并要求其在原主办银行开立基本结算户。

4. 对实行分立的企业，要按所得有效资产的比例，同比承担金融债务，做到“债随物走”，不得只承接资产，不负担债务；对实行合资（合作）的企业，新建企业或经营部门要以出资比例同比或依合资（合作）合同的规定承担贷款债务。

5. 对实行破产的企业，银行应在法定期限内积极申报债权，并要求破产企业按照法律法规和政策的规定，清偿银行的债权。

6. 审查改制的有关合同文本，对其合同的效力应有基本的判断和评价。

7. 指派专人参与企业的改制活动，针对不同阶段相应地行使权利。

三、对改制过程中的企业发放贷款，应持更为审慎的态度

由于企业改制工作时间长，涉及的部门较多，因此企业改制结果的变数也较大。且职工的安置与稳定情况，行政主管部门的意见，企业管理层的态度都有可能决定改制的走向及成功与否。因此在企业改制过程中，由于权利义务主体尚不明确，银行在此期间向改制企业贷款应持更为审慎的态度，防止贷款流失或受到损失。

第五节 贷款发放

案例56：银行未及时答复是否贷款，造成借款人损失构成缔约过失

摘要： 银行在受理借款人借款申请至签订贷款合同之前，属于缔约磋商阶段。在该阶段，当事人应当信守诚实信用原则，履行协助、照顾、保护、通知等先合同义务。未履行该义务给对方造成损失的，应承担缔约过失赔偿责任。

1999年12月21日，原告重庆市城口县岚天乡种植养殖场从被告中国农业银行城口县支行获得贫扶专项贷款30万元。2000年1月原告从外地引进皇竹草种节苗，并于2001年2、3月开始大范围地与他人签订承包经营协议并予以种植，同时对外签订了购销合同。2001年10月21日城口县扶贫开发办公室以城扶发（2001）67号文件将原告发展的波尔羊及皇竹草项目列为扶贫开发项目并安排决定专项贷款计划30万元，并通知原告速到被告处衔接申办贷款手续。11月6日被告收到城扶发（2001）67号文件后，安排修齐营业所对原告上次扶贫贷款项目的经营情况进行调查。10日修齐营业所调查后认为：如需再申请专项贷款，企业必须全额落实有效的担保抵押，同时结算原欠利息，在按原借款合同约定2001年年底前偿还原贷款10万元的前提下，银行可以受理借款申请。13日上午被告有关人员电话告知修齐营业所赵福兴让其调查写出调查报告，落实抵押后，直接提交客户部、贷审会审议。此期间原告先后多次请人或亲自找到被告有关工作人员打听或请求帮忙联系解决贷款事宜。12月11日，原告向被告递交了《岚天乡种植场项目发展和申请扶贫资金的紧急报告》。后原、被告方均同意如发放扶贫贷款不行，变通为按正常的商业贷款予以办理解决。12月18日修齐营业所赵福兴主任前往城口县岚天乡对原告准备用于抵押的林场进行考察。12月20日原告向修齐营业所递交贷款申请书。同时，原告也与其他金融单位和私人联系借款事宜。12月25日，原告从陕西一朋友处借到部分款项，用于其皇竹草的越冬设施的修建。由于技术等原因，所修建的简易保暖大棚造成一部分皇竹草被烧死。2002年1月3日四川正东农牧集团有限责任公司的技术人员来后发现皇竹

草已经全部死亡。1月8日修齐营业所写出了调查报告认为：该企业皇竹草有较好的发展前景，但还须县委、县政府大力协助，在全县范围内大量推广，才能收到好的效果，同时做好外销合同的签订。企业尚未归还到期贷款本息10.51万元，申请贷款还是用原抵押物做抵押，除此外企业无其他资产可设定抵押，银行信贷风险较大，如贷款需加强企业还款意愿，故请贷审会慎重决策。1月9日修齐营业所赵福兴用电话告知已外出的贷审会办公室的韦先明，韦先明得知上述情况后让赵福兴及时告诉原告，认为其贷款申请不符合条件，不予发放贷款。同日下午在修齐营业所赵福兴等人明确告诉原告不予发放贷款的决定。被告于2002年2月上旬又专门开贷审会研究决定对原告所申请的贷款不予发放。

◎裁判要旨

重庆市高级人民法院二审认为，城口县岚天乡种植养殖场对中国农业银行城口县支行提起缔约过失责任赔偿的诉讼请求，须满足缔约过失责任的法律构成要件方可成立。缔约过失责任是指缔约人在缔约过程中故意或过失地违反先合同义务时依法应当承担的民事责任。其构成要件是：（1）先合同义务的违反；（2）缔约过程中过错的存在；（3）损失的发生；（4）因果关系。对于城口县岚天乡种植养殖场关于缔约过失责任的主张是否成立，结合本案事实和证据评析如下：

首先要确定本案双方当事人所争议的事实是否发生在缔约过程之中，对此，本院认为，缔约过失责任在时间上要求发生在要约生效以后，合同成立以前。本案中，上诉人根据其生产经营的需要，按照扶贫贷款文件的规定向被上诉人提出贷款申请，在申请中提出了具体的贷款数额、贷款用途、贷款抵押物等贷款要约所应具备的主要内容，符合《合同法》关于要约的规定，应认定其向被上诉人发出了贷款的要约，而借款合同的最后签订还需要经过贷款银行的审查和双方的反复磋商，因此，被上诉人认为上诉人的贷款申请不构成要约的抗辩不能成立。虽然被上诉人只承认其最早于2001年12月11日收到贷款申请，但结合有关证据，依循常理可以认定，上诉人在获得城扶发（2001）67号文件的扶贫贷款文件批准以后，即会按照该文件和皇竹草越冬技术指导的要求及时向被上诉人提出贷款申请，而被上诉人也证实扶贫贷款计划下达以后，业主会很快提出贷款申请，并且被上诉人于2001年11月6日收到城扶发（2001）67号文件后即安排修齐营业所对上诉人上次扶贫贷款项目的经营情况进行调查，同月10日修齐营业所作出了调查结论，同月13日，被上诉人还要求修齐营业所作出调查报告，落实抵押后，直接提交客户部、贷审会审议。因此，可以认定，上诉人向被上诉人第一次提出贷款申请的时间为 2001 年 11 月 13 日。原审法院认定，被上诉人对于扶贫贷款的发放与否享有自主权符合法律的规定，是正确的，但是，由于上诉人的贷款申请是根据扶贫贷款文件提出，而扶贫贷款属于国家政策性贷款，贷款用途是特定的，即只能用于通过扶贫部门审查立项的扶贫项目，借款人可以享受低利率、政府贴息等优惠条件，并且上诉人同样以其林木提供抵押在 1999 年取得了扶贫贷款，其有理由对获得贷款批准抱有更大的期待。在缔结贷款合同的过程中，可能缔结合同的双方都负有互相协助、互相照顾、互相保护、互相通知等符合诚实信用原则的注意义务。就被上诉人而言，在接到上诉人的贷款申请时，其作为城口县扶贫开发领导小组成员和扶贫贷款发放的专业银行对扶贫贷款的特殊性质和用途是了解的，在明知该项贷款使用的时间性非常紧迫的情形下，其应当按照《贷款通则》第二十三条“贷款人的义务：……三、贷款人应当审议借款人的借款申请，并及时答复贷与不贷”的要求，基于诚实信用对上诉人的贷款申请负有及时审查、及时答复是否发放贷款的先合同义务。《贷款通则》是约束金融机构与借款人间的借贷行为的法律规范，其所调整的对象正是借贷法律关系，当然属于私法的范畴，被上诉人认为《贷款通则》属于公法的范畴，在本案中不能适用的理由是不能成立的。因此，案件的关键在于考察被上诉人对上诉人的贷款申请是否给予了及时的答复。本案中，被上诉人于 2002 年 2 月方才作不同意发放贷款的决定。虽然被上诉人作出答复的时间并未超过《贷款通则》第二十三条关于中期贷款的 6 个月答复期限，但是对《贷款通则》第二十三条不能作断章取义式的片面理解。《贷款通则》第二十三条所规定的答复时间是对借款人申请的最长答复时间，贷款人不仅应当遵守这一最长答复时间的要求，更应依照诚实信用原则，按照《贷款通则》同一条款的规定根据贷款的具体情况及时答复贷与不贷。上诉人依据扶贫贷款文件向被上诉人申请用于修建越冬温室大棚的贷款，被上诉人在明知此次扶贫贷款的特定用途和特殊时间要求的情况下，对上诉人的贷款申请迟迟不予答复，直至 2002 年 1 月 8 日才作出调查报告，于 2002 年 2 月上旬才召开贷审会决定不予发放该笔贷款，显然没有尽到其应尽的基于诚实信用原则要求所产生的先合同义务。本案中，被上诉人既然在 2001 年 11月已经作出一份调查报告，该报告对贷款项目、担保抵押、偿还贷款本息的基本情况均加以核实和陈述，根据该报告，被上诉人已能进行贷款审议并作出是否贷款的决定，给上诉人留下合理的时间，上诉人仍可提供其他担保或自行尽力筹措资金。由于被上诉人怠于履行自己的义务，使上诉人对获得扶贫贷款的合理期待完全落空的同时，也使得上诉人所种植的皇竹草得不到及时的越冬保护处于更大的风险之中。因此，被上诉人对上诉人不能及时修建温室大棚致皇竹草种节被低温冻死上具有一定的过错。此外，对于上诉人的损失数额和赔偿责任的认定，本院认为，本案中上诉人所种皇竹草已为成熟的植株，其利益已系现实。在确定具体的损失数额时，尽管有正东公司的测算结果和相关的验收记录证明不少于600万株，但是由于上诉人的贷款申请文件和被上诉人的调查报告均认可400万株皇竹草种节需要越冬，故认定死亡的皇竹草种节为400万株应为合理，综合分析上诉人投入皇竹草的实际成本以及对外签订的销售合同有关皇竹草种节价格的约定、正东公司关于皇竹草种节价格的说明，认定本案400万株皇竹草种节的损失金额为200万元应为适当。就本案最终的责任判定，应当看到导致上诉人成熟皇竹草植株被低温冻死的直接原因在于上诉人未能及时建立越冬所需的温室大棚。而对于温室大棚的建设资金，上诉人试图通过获得扶贫贷款加以解决，虽然这种信赖具有一定的合理性，但是作为一个企业，其应当知道防范风险的极端重要性。因此，就导致损害后果的过错而言，上诉人也没有完全尽到所有人对自己的财产利益所担负的高度的保护和注意义务，对于损失的发生应当自行承担较大的责任。而被上诉人在缔约过程中忽视本案贷款申请的特殊性和紧迫性，不履行先合同义务，既违反了《贷款通则》的义务性规范义务，又违背了诚实信用原则，其违反诚信的不作为对于本案损失的发生存在一定的过失和因果关系，应当承担相应的民事责任，其责任范围以本院所认定的上诉人所遭受的损失200万元的40%为限。重庆市高级人民法院判决：一、撤销重庆市第二中级人民法院（2003）渝二中法民初字第4号民事判决。二、由中国农业银行城口县支行赔偿城口县岚天乡种植养殖场损失80万元，此款由中国农业银行城口县支行于判决送达之日起十日内给付城口县岚天乡种植养殖场。①

◎法条链接

1.**《合同法》第四十二条**　当事人在订立合同过程中有下列情形之一，给对方造成损失的，应当承担损害赔偿责任：

（一）假借订立合同，恶意进行磋商；

---

① 黄毅主编：《最新银行法经典疑难案例判解》，法律出版社2009年版，第5~10页。

(二)故意隐瞒与订立合同有关的重要事实或者提供虚假情况;

(三)有其他违背诚实信用原则的行为。

2.《贷款通则》第二十三条 贷款人的义务:

一、应当公布所经营的贷款的种类、期限和利率,并向借款人提供咨询。

二、应当公开贷款审查的资信内容和发放贷款的条件。

三、贷款人应当审议借款人的借款申请,并及时答复贷与不贷。短期贷款答复时间不得超过1个月,中期、长期贷款答复时间不得超过六个月;国家另有规定者除外。

四、应当对借款人债务、财务、生产、经营情况保密,但对依法查询者除外。

3.中国人民银行《个人住房贷款管理办法》第七条 借款人应直接向贷款人提出借款申请。贷款人自收到贷款申请及符合要求的资料之日起,应在三周内向借款人正式答复。贷款人审查同意后,按照《贷款通则》的有关规定,向借款人发放住房贷款。

◎重要提示

该案判决银行承担的赔偿数额虽然仅仅为80万元,但却引发了很大的争议。法院认为,判决体现了诚实信用原则在民商合同领域的延伸,是司法实践的一次创新。这个案例可以促使银行转变理念,改进官僚作风。但银行界普遍忧心忡忡,认为若此例一开,银行将面临无穷无尽的诉讼。任何人可以就一个特大的项目递交"紧急报告",银行答复"不及时"就得赔偿,并认为二审判决明显是对银行发放贷款自主权的侵犯。银监会为此致函最高院:"该案标的虽不大,但示范效应很大,对银行信贷业务将产生非常长远的影响,不利于改善企业的融资环境和培养社会的信用意识。"[①]

◎风险规避

一、规范贷款行为,防止缔约过失

我国《合同法》确立缔约过失责任这一责任形式,其目的在于从法律上规范合同订立阶段当事人的行为,通过倡导诚实信用,以维护合同当事人的利益,进

① 《法制日报》2005年12月21日。

而稳定市场秩序。从银行角度来讲，应相应规范其贷款行为，防止出现缔约过失的情形发生。

（一）规范贷款的程序

银行在受理借款人申请后，即进入《合同法》规定的缔约阶段。在该阶段，银行应重点审查借款人的主体资格、借款用途、性质及借款项目是否符合国家信贷政策等，如决定不贷，应及时通知对方。如经审查借款人的贷款用途具有特殊性且具有很强的时效性，应告知借款人贷款的程序及期限，以使借款人自己作出是否继续申请的意思表示。

在贷前调查阶段，应明确告知借款人需配合银行行使调查的项目、内容、需准备的材料等，告知借款人贷款发放的最长期限，告知借款人银行为贷前调查所进行的一系列活动并不意味着银行必然要向其发放贷款。

在贷款审批阶段，银行要在先前向借款人告知的期限内进行审批，并将审批结果及时告知借款人。

以上各阶段的告知内容，应以书面形式进行，比如谈话记录、借款须知等方式。由借款人签字，银行存档。

（二）及时答复贷与不贷的期限确定

《贷款通则》确定的答复期限为最长期限，尚不能解决及时答复的问题。首先，银行应根据借款的性质和特点，确定不同的答复期限。其次，即使银行答复期限为最长的6个月，也应明确告知借款人，以使借款人根据该期限决定是否申请。最后，银行应规定不予贷款决定作出后的多少个工作日内，由客户经理告知借款人。

二、对缔约过失责任赔偿案件的诉讼应对

（一）审查当事人主体资格

缔约过失责任是指缔约人故意或过失地违反先合同义务时依法应承担的民事责任，责任人只能是缔约的一方当事人，相应地，主张权利的一方也只能是缔约的一方当事人，非缔约方不能依《合同法》第四十二条要求赔偿。

（二）审查当事人是否存在缔约过失的情形

一是当事人是否存在恶意进行磋商。二是当事人是否存在故意隐瞒与订立合同有关的重要事实或者向对方提供虚假情况。三是当事人有无其他违背诚实信用原则的行为，如未及时通知、协助、照顾。四是当事人有无将订立合同过程中知

悉的对方信息和资料泄密，致对方遭受损失的。

（三）审查其损失是否为信赖利益损失

我国《合同法》并未就信赖利益损失的赔偿范围作出规定。但从司法实践来看，一般限于直接损失，即为缔约和准备履行而支出的必要费用。不包括间接损失和可得利益的损失。

（四）审查当事人的主观过错与损失之间的因果关系

当事人一方即使在缔约过程中存在过错，但与其损失之间不存在因果关系或不是唯一的原因，则另一方当事人可抗辩免责或部分免责。

第六节　委托贷款

案例 57：委托贷款标的违法，银行承担赔偿责任

摘要：商业银行明知企业超越经营范围，违规放贷，仍接受委托贷款并提供了无效担保。当事人间以委托贷款为标的签订的协议无效，商业银行应对借款人不能偿还部分承担相应的赔偿责任。

东大房产公司为开发房地产，与东风财务公司联系筹措资金，因东风财务公司系非银行金融机构，无向东风汽车工业集团公司以外的企业贷款的经营范围，遂让东大房产公司找一家银行拆借。1992 年 7 月 10 日，东大房产公司与工行通化支行签订了一份《借款担保合同书》，约定：东大房产公司从东风财务公司联系的 3 亿元资金，由工行通化支行担保和代为拆入，并定向借给东大房产公司。同年 10 月 27 日，东大房产公司、东风财务公司与工行通化支行三方签订了一份《关于共同开发海韵花园（暂名）的资金融通合同书》，约定：东风财务公司向东大房产公司贷款 5000 万元，由工行通化支行提供担保（担保合同另签），三方另约定了拆借资金的使用及归还事宜。1992 年 12 月 23 日、1993 年 1 月 5 日、1993 年 2 月 25 日，工行通化支行与东风财务公司先后签订了三份《资金拆借合同》，上述四份合同签订后，东风财务公司依约向工行通化支行拆借资金共计人民币 1 亿元。工行通化支行将该 1 亿元借给东大房产公司。1993 年 12 月 15 日，东风财务公司与东大房产公司签订了一份编号为 93125 的《借款合同》，约定由东风财务公司向东大房产公司贷款人民币 5000 万元，期限为一年，月利率 8.64‰，工行通化支行作为担保单位在合同上加盖了公章。合同签订的当日，东风财务公司依约向东大房产公司电汇了借款 5000 万元。后三方因 1.5 亿元资金的归还及责任承担多次协商。

1996 年 1 月 21 日，工行通化支行因东大房产公司、东大财务公司在履行合同过程中多次变更原协议，遂向吉林省高级人民法院提起诉讼，后又变更诉讼请求，请求判令工行通化支行与东风财务公司、东大房产公司签订的定向委托拆借

合同无效，工行通化支行为东大房产公司提供的借款担保无效，其不再承担收贷义务和担保责任，被告东大房产公司和第三人东大集团公司承担还款责任和赔偿责任。

◎ 裁判要旨

最高人民法院认为，东风财务公司系企业内部非银行金融机构，经营范围仅为办理东风汽车工业公司内部的金融业务，该公司超越经营范围，违规放贷，工行通化支行作为金融机构，明知该借款违法，仍接受委托贷款，并对东大房产公司还款作保证，故东风财务公司与东大房产公司、工行通化友行签订的“资金融通合同书”，工行通化支行与东大房产公司先后签订的四份“资金拆借合同”均无效，鉴于东风财务公司和工行通化支行已分别受到国家金融管理机关的惩罚，本院对双方的违法行为不再作罚款处理。从三方当事人的约定到实际履行的情况，三方当事人之间实际形成了委托贷款的民事关系，应由东大房产公司直接返还尚欠东风财务公司的借款本息，由于工行通化支行为东大房产公司的借款作了无效担保，故对东大房产公司不能偿还的借款部分承担相应的赔偿责任。判决：珠海经济特区东大房地产开发股份有限公司应直接偿还东风汽车工业财务公司借款本金人民币1亿元整及其利息（从支付款项之日起到还款之日止，按中国人民银行同期流动资金贷款利率执行，扣除已偿还的利息138万元）；中国工商银行通化市中心支行应在珠海经济特区东大房地产开发股份有限公司不能偿还东风汽车工业财务公司上述款项的三分之一范围内承担赔偿责任。[①]

◎ 法条链接

1.《贷款通则》第七条 委托贷款，系指由政府部门、企事业单位及个人等委托人提供资金，由贷款人（即受托人）根据委托人确定的贷款对象、用途、金额期限、利率等代为发放、监督使用并协助收回的贷款。贷款人（受托人）只收取手续费，不承担贷款风险。

2. 最高人民法院《关于如何确定委托贷款协议纠纷诉讼主体资格的批复》

在履行委托贷款协议过程中，由于借款人不按期归还贷款而发生纠纷的，贷款人（受托人）可以借款合同纠纷为由向人民法院提起诉讼；贷款人坚持不起诉

---

① 黄毅主编：《最新银行法经典疑难案例判解》，法律出版社2009年版，第21~25页。

的，委托人可以委托贷款协议的受托人为被告、以借款人为第三人向人民法院提起诉讼。

◎重要提示

一、委托贷款纠纷中的诉讼主体

北京君泰投资管理有限公司、山东省五洲交通实业有限公司与天津药业集团有限公司、上海浦东发展银行天津分行委托借款合同纠纷案：最高人民法院法官认为，1.在委托贷款法律关系中，存在两种法律关系，即委托人与受托人之间的委托法律关系及受托人与借款人之间的借款法律关系。在司法实务中，存在贷款人不愿作为原告起诉的情形。在这种情况下，委托人即真正的出借方可以依据《委托贷款纠纷诉讼主体资格批复》的规定，基于其与贷款人之间的委托合同以贷款方为被告提起诉讼，由于该诉讼的结果与借款人有利害关系，故借款人应列为第三人。2.委托贷款合同当事人可对诉权进行约定。本案中，当事人双方在《委托贷款合同》第一条明确约定，“借款人承认贷款人作为委托人的代理人的法律地位，承认该贷款合同直接约束委托人和借款人”，该约定并不违反法律、行政法规的禁止性规定，应认定有效。在委托贷款法律关系中，当事人关于诉讼主体的约定主要有三种：一是约定以受托人（贷款方）的名义向借款人提起诉讼，相关费用和后果由委托人承担；二是约定由受托人协助委托人提起和参与诉讼，相关费用和后果由委托人承担；三是约定由委托人直接向借款人提起诉讼。应该说，基于委托贷款法律关系中委托与借款两种法律关系，以及三方当事人互相知晓的客观事实，基于意思自治原则、处分原则和权责利相统一的原则，当事人间关于诉讼主体的约定应认定有效，不能仅因其不符合《委托贷款纠纷诉讼主体资格批复》的规定而认定无效。[①]

二、通过银行委托贷款的“拨改贷”的追偿权诉讼时效起算时间

“拨改贷”是我国在特定历史背景下出现的现象。在计划经济时代，国有企业补充资本金由国家财政直接拨款解决，企业利润全部上缴财政。八十年代初，国家为了提高国有资金使用效率，将原来的财政直接拨款方式改为委托银行贷款

① 张雪楳：“合同解释方法的运用与合同效力的认定”，载奚晓明主编：《民商事审判指导》2007年第1辑，第268~270页。

给企业使用的方式。该类贷款由于时间跨度长，且借款人都是国有企业，因此在委托人或银行向借款人追偿时，都涉及是否超过诉讼时效的问题。

鉴于拨改贷资金性质为国家财政资金，系国家财产，根据最高人民法院《民法通则意见》第一百七十条“未授权给公民、法人经营、管理的国家财产受到侵害的，不受诉讼时效期间的限制”之规定，贷款追偿权的诉讼时效应从国家明确授权给公民、法人时起开始计算。

最高人民法院对湖北省高级人民法院《关于中国黄金集团公司与中国建设银行股份有限公司武汉省直支行等委托贷款合同纠纷一案如何适用法律问题的请示的答复》认为：2002 年 11 月 6 日国务院《关于组建中国黄金集团公司有关问题的批复》以及财政部 2003 年 7 月 2 日相应下发的《关于黄金生产开发基金和黄金地质勘探基金有关问题的通知》，明确将原由国家投入的黄金生产开发基金和黄金地质勘探基金转为中国黄金集团公司的国家资本金，并附有占有该两项基金企业名单及数额明细表。上述两项基金授权给中国黄金集团公司经营管理的时间为财政部财建［2003］272 号文件下发之日即 2003 年 7 月 20 日，因此，中国黄金集团公司及其下属企业对上述两项基金行使追偿权的诉讼时效应当自该日开始计算。

◎风险规避

一、正确履行义务是银行免责的前提

在委托贷款中，受托银行不承担委托贷款风险的前提是正确履行其负有的按约定代为发放贷款、监督使用、协助收回的义务。银行如未履行上述义务，造成委托人资金损失的，受托银行应根据其过错承担责任。1997 年 9 月 8 日最高人民法院致北京市高级人民法院《关于浙江省医学科学院普康生物技术公司诉中国农业银行信托投资公司委托贷款合同纠纷一案的答复》，农行信托公司有协助委托人监管贷款的义务，当普康公司向其提示风险并要求采取措施时，农行信托公司不仅没有采取应急措施，反而向普康公司提供了担保人捷通公司虚假的资产平衡表，因此，农行信托公司对贷款损失应负主要责任；普康公司指定三联公司为借款人，对借款人的资信情况有失审查，对贷款损失亦负有一定责任。双方当事人具体可按 6∶4 的比例分别承担责任，即由农行信托公司承担 60% 的责任，普康公司承担 40% 的责任。如事实有变化，由该院自定。

二、银行应避免在委托贷款协议中约定承担责任的条款

虽然中国人民银行规定受托银行不承担委托贷款的风险，但如果银行在委托贷款协议中另有特别约定，如“负责收回贷款”或“保证专款专用”等，则银行应受该特别约定的约束。

第七节　同业拆借

案例 58：拆借合同因拆借用途违反法律而无效

摘要： 同业拆借是银行、非银行金融机构彼此之间互相融通短期资金的行为。法律对其期限、用途、拆出资金的性质、额度等都有明确而严格的规定，违反规定的，将导致拆借合同的整体无效或部分条款的无效。对导致合同无效有过错的合同当事人，应承担相应的过错责任。

1993 年 4 月，湖南省邵东县丰鑫实业公司（以下简称丰鑫公司）因在广东开展房地产业务急需资金，向中国建设银行湖南省分行营业部（以下简称湖南建行）借款，该行虽同意贷款，但要求由丰鑫公司所在地银行与其签订拆借合同，再由拆入行将拆入资金转贷给丰鑫公司。丰鑫公司遂找到中国农业银行邵阳市分行（以下简称邵阳农行）的直属业务部门国际业务部邵阳代办处（以下简称邵阳代办处），邵阳代办处应该公司的要求，分别于 1993 年 5 月 4 日、13 日与湖南建行签订了借款 300 万元和 200 万元的两份资金拆借合同。同日邵阳代办处又与丰鑫公司签订了两份借款契约及贷款补充协议。同年 5 月 4 日，丰鑫公司在湖南建行直接办理了 300 万元贷款的划款手续，并向湖南建行支付利息 11.5 万元；5 月 13 日，丰鑫公司又在湖南建行办理了 200 万元贷款的划款手续，同时支付利息 5 万元。1995 年 7 月 4 日，上述三方在一份关于拆借 500 万元资金过程的情况说明中重述了上述两份合同的签订情况，并写明“在两笔资金的汇划上，为减少在途时间，应丰鑫公司的要求，经农行同意，建行将款项直接汇到了广东省惠阳县丰鑫公司指定的银行账户上”。借款到期后，丰鑫公司未能偿还本金及剩余利息，形成纠纷。

最高人民法院对本案提审后，湖南建行已通过协议将其债权让与中国信达资产管理公司长沙办事处（以下简称信达长沙办）。丰鑫公司也已被工商管理部门注销，邵东县人民政府财贸工作办公室（以下简称邵东县财办）系该公司财产清算单位。

◎裁判要旨

最高人民法院再审认为，本案拆借的资金是用于房地产开发，对此，当事人均为明知。该项资金的拆借违反了中国人民银行1990年3月8日公布施行的《同业拆借管理试行办法》第五条关于“拆入资金只用于弥补票据清算、联行汇差头寸的不足和解决临时性周转资金的需要，严禁用拆借资金发放固定资产贷款”的规定，拆借的期限和利息也超出人民银行的规定。因此，本案资金拆借合同应属无效。原判决认定本案资金拆借合同除约定的利息无效，其余条款有效是错误的。邵阳农行关于拆借合同无效的再审申请理由成立。

本案资金拆借合同及所涉贷款补充协议虽分别约定湖南建行将资金拆给邵阳代办处，邵阳代办处再将资金转贷给丰鑫公司，但两合同当事人于事后对履行情况所写的情况说明证实：为减少资金在途时间，应丰鑫公司的要求，经农行同意，湖南建行将款直接划给了丰鑫公司。即丰鑫公司于签约当天从湖南建行取得的500万元，既是邵阳代办处依约给丰鑫公司的贷款，也是邵阳代办处与湖南建行资金拆借合同的实际简化履行。况且，因拆借和借款合同签订和履行时间均在同一天，简化履行也符合客观情况。湖南建行将500万元资金转入石许民个人存款账户，属资金拆借、借贷后的转款行为，且石许民为丰鑫公司法定代表人，该公司对收到此款并无异议，故不能否认上述履约事实。因此，邵阳农行关于拆借合同未实际履行的再审申请理由不能成立。

导致拆借合同无效，双方当事人均有过错。湖南建行和邵阳代办处作为国家金融机构，负有严格执行法律，维护国家金融秩序的义务，在明知拆借该资金违法的情况下，仍签订并履行合同，应对合同无效及后果承担责任。邵阳代办处已实际取得拆借款，应向湖南建行返还本金和合法孳息。邵阳代办处是邵阳农行下属的不具备法人资格的分支机构，其在进行业务活动中的职务行为产生的法律后果应由邵阳农行承担。邵阳农行关于不应承担责任的再审申请理由不能成立，本院不予支持。湖南建行按合同已经取得的利息，属无效合同的违法所得，应从本金中扣除。原判决只认定邵阳农行的责任，未认定湖南建行的责任，并依此判决，属责任划分不清，判决失当。丰鑫公司与邵阳代办处的借贷合同属另一法律关系，应另案处理。湖南农行不是本案合同主体或义务承受人，也无过错，不应承担责任。判决：本案同业拆借合同无效；中国农业银行邵阳市分行应将

483.5 万元拆借本金及银行同期流动资金贷款利息返还中国信达资产管理公司长沙办事处。[①]

◎法条链接

1.《商业银行法》第四十六条 同业拆借，应当遵守中国人民银行的规定。禁止利用拆入资金发放固定资产贷款或者用于投资。

拆出资金限于交足存款准备金、留足备付金和归还中国人民银行到期贷款之后的闲置资金。拆入资金用于弥补票据结算、联行汇差头寸的不足和解决临时性周转资金的需要。

2.《同业拆借管理办法》第二条 本办法适用于在中华人民共和国境内依法设立的金融机构之间进行的人民币同业拆借交易。

第三条 本办法所称同业拆借，是指经中国人民银行批准进入全国银行间同业拆借市场（以下简称同业拆借市场）的金融机构之间，通过全国统一的同业拆借网络进行的无担保资金融通行为。

第十四条第一款 同业拆借交易必须在全国统一的同业拆借网络中进行。

第二十二条 商业银行同业拆借的拆入资金用途应符合《中华人民共和国商业银行法》的有关规定。

◎重要提示

一、同业拆借合同效力的认定

（一）拆借合同无效的情形

同业拆借业务，主要由《商业银行法》和《同业拆借管理办法》进行规范。认定同业拆借合同效力，主要是看该拆借行为是否违反法律、行政法规的强制性规定。如果同业拆借合同违反《商业银行法》的强制性规定，应当认定合同无效。根据《商业银行法》并结合司法实践，下列情形将导致拆借合同无效或部分无效：（1）拆借的主体不适格，即不是依法设立的金融机构。（2）拆借的资金不符合规定的用途，即拆入资金不是用于弥补票据结算、联行汇差头寸的不足和解决临时性周转资金的需要，而是发放固定资产贷款或者用于投资。（3）金融机构在利息

① 沈德咏主编：《审判监督指导与研究》2002 年第 2 卷，人民法院出版社 2002 年版，第 171~175 页。

或服务费之外，以任何形式收取“回扣”和“好处费”的，其多收取的部分无效。

（二）关于同业拆借交易未在全国统一的同业拆借网络中进行的效力认定

《同业拆借管理办法》第十四条规定：“同业拆借交易必须在全国统一的同业拆借网络中进行。”该办法作为中国人民银行的部门规章，其条款可否作为认定拆借合同及拆借行为的效力依据。肯定者认为：虽然《同业拆借管理试行办法》属于人民银行发布的部门规章，对于法院裁判案件只能起到“参照”作用，但根据《商业银行法》第四十六条第一款的规定，同业拆借，应当遵守中国人民银行的规定。因此《同业拆借管理试行办法》是根据商业银行法作出的授权性规定，与《商业银行法》具有同等效力，《同业拆借管理试行办法》及其他中国人民银行颁布的规章可以作为认定同业拆借合同效力的依据。[①]

最高人民法院的判例则持否定态度。

西安市商业银行与健桥证券股份有限公司、西部信用担保有限公司借款担保合同纠纷案：最高人民法院（2005）民二终字第150号民事判决书认为，本案二审西安商行与健桥证券、担保公司之间争议的焦点问题仍然是资金拆借合同及担保合同的效力问题。原审法院认定资金拆借合同无效的主要理由，一是西安商行与健桥证券签订的资金拆借合同的期限超过了中国人民银行的规定，二是该拆借行为未通过全国同业拆借市场进行。原审法院上述理由的依据是中国人民银行《关于禁止银行资金违规流入股票市场的通知》和国务院《金融违法行为处罚办法》的规定。中国人民银行《关于禁止银行资金违规流入股票市场的通知》在规范性文件位阶上属于部门规章，根据本院《合同法司法解释（一）》第四条，“合同法实施以后，人民法院确认合同无效，应当以全国人大及其常委会制定的法律和国务院制定的行政法规为依据，不得以地方性法规、行政规章为依据”的规定，该通知作为行政规章不能作为确认合同无效的依据。国务院《金融违法行为处罚办法》，是关于金融机构违反国家有关金融管理的规定应当如何进行行政处罚的规定，该办法第十七条规定金融机构从事拆借活动，如果具有资金拆借超过最长期限、在全国统一同业拆借网络之外从事同业拆借业务的行为，应当受到暂停或者停止该项业务，没收违法所得等处罚。可以看出，该条规定与合同效力没有关系。故不能依据该处罚办法的规定确认资金拆借合同无效。原审法院认定西安商行与健桥证券签订的资金拆借合同，内容违反国家金融法律法规的强制性规定，

① 黄毅主编：《最新银行法经典疑难案例判解》，法律出版社2009年版，第20页。

属无效合同错误，应予纠正。

西安商行与健桥证券签订资金拆借合同后，健桥证券将拆借所得资金用于合同所约定的弥补头寸，并不存在利用银行资金进行证券交易的行为，故西安商行与健桥证券之间的拆借行为是双方当事人的真实意思表示，未违反法律、行政法规的强制性规定，也未损害国家利益和社会公共利益，双方之间的资金拆借合同应当认定为有效。担保公司出具担保函，明确表示对上述资金拆借合同承担连带保证责任，在主合同有效，担保合同亦不存在其他无效情形的情况下，担保公司的保证责任不应免除。健桥证券在合同已经实际履行，即得到急需的款项后，作为还款义务人无正当理由未在约定的期限内还款，担保公司未按照约定承担连带保证责任，均构成合同履行中的违约，本应承担违约责任，但健桥证券和担保公司反以资金拆借超过法定期限等理由主张合同无效，于法无据，并有违诚实信用原则，不应得到支持。①

二、无效合同的责任承担

对于本节选用的中国农业银行邵阳市分行与中国建设银行湖南省分行营业部和中国农业银行湖南省分行、湖南省邵东县丰鑫实业公司拆借、借款合同纠纷提审案，最高人民法院法官据以判决本案的观点是：拆借合同的主体双方均为银行金融机构，该专业机构与自然人和其他法人相比，在金融信贷工作中负有严格执行国家法律、政策的义务，是维护金融经济秩序的重要机构。1992 年以来，我国同业拆借市场秩序相当混乱，一些金融机构利用资金拆借渠道大量转移资金搞房地产开发，炒股票，变短期投资为长期投资，搞拆借利率大战，加大了经营风险，严重扰乱了国家对金融市场的调控和管理，造成信贷资金大量流失，对此，中国人民银行于 1993 年 2 月和 6 月两次发文，明确对于违反拆借办法，扰乱金融秩序的金融机构，要坚决予以严惩。体现在合同责任上，对金融机构应实行严格责任制，其违反规定导致合同无效的，应自行承担返还和被收缴高额利差的责任，而不能由用资人首先承担返还或赔偿责任，这样，势必加大回收国家资金的风险，也不利于惩戒违法的金融机构。②

---

① 《最高人民法院公报》2006 年第 9 期。

② 贺禔："对拆借合同效力及责任的认定"，载沈德咏主编：《审判监督指导与研究》2002 年第 2 卷，第 176~177 页。

三、合同无效返还利息的计算

拆借合同被依法认定无效后，涉及拆借资金本金的利息的承担问题。对于应当返还或支付拆借资金的本金，应否计算利息，按什么标准计算，现行法律没有规定。有的只判决本金的返还，而不支持利息损失；而在支持利息损失的案例中，其适用的计算标准也不一致。

1. 按银行同期流动资金贷款利息确定。在本节选用的案例中，最高人民法院判决：中国农业银行邵阳市分行应将483.5万元拆借本金及银行同期流动资金贷款利息返还中国信达资产管理公司长沙办事处。

2. 按中国人民银行同期存款利率确定。**中国人民银行赣县支行与中国银行股份有限公司北京市分行损害赔偿纠纷上诉案**：最高人民法院认为，有关本案资金损失的利息问题，原审判决以五年期定期存款利率为标准计算本案利息缺乏依据，本院予以纠正。判决中国银行股份有限公司北京分行于本判决生效之日起十日内向中国人民银行赣县支行支付拆借资金本金43566850元，并支付相应利息（按中国人民银行同期1年期存款利率自1998年6月27日至实际给付之日止计算）。[①]

◎风险规避

一、银行不得投资于非自用不动产，即使投资于自用不动产，也要防止触犯法律的禁止性规定

东营市七色光房地产开发有限责任公司与中国工商银行股份有限公司东营西城支行房地产联合开发合同纠纷上诉案：最高人民法院认为：鉴于2001年11月5日的联合开发合同约定，西城工行和七色光公司联合开发商业用房12000平方米和住宅2万平方米，其中住宅用于改善西城工行职工的住房条件，解决部分无住房职工的困难。西城工行负责资金筹措（计划总投资3171万元）。七色光公司负责征用土地，并将征用的土地用于项目开发。双方人员组成项目管理小组，西城工行指定一名项目负责人，具体负责组织实施。施工管理由西城工行具体负责。投资收益按8∶2分成。

---

① 奚晓明主编：《民商事审判指导》2008年第2辑，人民法院出版社2008年版，第142页。

根据1995年7月1日起实施的《商业银行法》第四十三条的规定，商业银行在中华人民共和国境内不得向非自用不动产投资或者向非银行金融机构和企业投资。根据联合开发合同的上述约定，西城工行投资用于解决西城工行职工住宅部分的合同内容不违反商业银行法的禁止性规定，应认定为有效。但西城工行投资用于商业开发、赚取商业利益的部分内容，因违反了商业银行法第四十三条的禁止性规定，应认定为无效。[①]

二、确保拆借业务的合法、合规性

银行在从事同业拆借业务时，在拆借的用途、方式、期限、利率等方面应严格遵守《商业银行法》及中国人民银行的有关规定，以确保拆借行为的合法性。退一步讲，即使银行的拆借行为违反中国人民银行的规定，并未导致合同的无效，但依据国务院《金融违法行为处罚办法》的规定，也属于违法行为。

① 黄松有主编：《民事审判指导与参考》2007年第1辑，法律出版社2007年版，第189页。

第八节　贷款催收

案例59：银行应在法定期间内主张权利

摘要：除非债务人自愿履行，银行未在两年的诉讼时效期间内向债务人主张权利，债务人可提出诉讼时效抗辩。

1991年至1993年，营口市食品公司（以下简称食品公司）与中国工商银行营口市支行（以下简称工行营口支行）签订多份借款合同，由营口市支行向食品公司提供贷款。2005年7月15日，中国工商银行辽宁省分行与中国长城资产管理公司大连办事处（以下简称长城公司大连办事处）签订债权转让协议，将其对食品公司的债权，转让给长城公司大连办事处。协议载明：截至2005年4月30日，该协议项下的债权的账目价值为本金15568000元及相应利息，但不包括中国工商银行辽宁省分行已转给华融资产管理公司的表内应收利息。2005年12月13日，双方共同在《辽宁日报》刊登债权转让暨债务催收公告。后经本案双方当事人确认，食品公司尚欠借款本金为1556.79万元及部分利息。

2004年9月28日，营口市商业局与李丽波签订一份企业出售协议。协议内容为：经营口市人民政府批准，营口市商业局将其所有的食品公司整体资产委托营口市产权交易中心竞标出售。出售资产为：房屋、土地使用权、债权、债务、无形资产等，并进行了评估。协议签订后，李丽波接管了食品公司的资产。2006年11月9日，长城公司大连办事处将李丽波与食品公司起诉至一审法院，要求被告偿付借款本息。

◎裁判要旨

最高人民法院二审认为，本案的争议焦点就是长城公司大连办事处请求李丽波返还借款及食品公司偿付借款利息是否超过了法律规定的诉讼时效。

第一，从本案的实际情况来看，食品公司累计拖欠工行营口支行借款本金1556.79万元，其中最后一笔贷款的时间是1993年11月30日，约定的借款期限自1993年11月30日至1994年2月15日止。根据《民法通则》第一百三十五条规定："向人民法院请求保护民事权利的诉讼时效期间为二年，法律另有规定的除外。"长城公司大连办事处未能提供证据证明在诉讼时效届满前，曾向食品公司主张过权利，也没有证据证明食品公司以行为或者意思表示承诺愿意偿还借款。因此，本案的诉讼时效没有发生中止或中断的情形。

第二，长城公司大连办事处的债权是其于2005年7月15日通过与中国工商银行辽宁省分行签订债权转让而取得，2005年12月13日，双方共同在《辽宁日报》刊登债权转让通知暨债务催收联合公告。由于此时原工行营口支行所享有的债权早已超过了诉讼时效，故无论是工行营口支行转让债权的行为还是长城公司大连办事处的债务催收行为，均不具有使已经期限届满的诉讼时效重新起算的效力。最高人民法院《关于审理民事案件适用诉讼时效制度若干问题的规定》第十九条规定："债权转让的，应当认定诉讼时效从债权转让通知到达债务人之日起中断。债务承担情形下，构成原债务人对债务承认的，应当认定诉讼时效从债务承担意思表示到达债权人之日起中断。"而本案中中国工商银行辽宁省分行2005年7月15日与长城公司大连办事处签订债权转让协议时，其对食品公司享有的债权早已超过了法律规定的两年诉讼时效，认定诉讼时效中断的前提应当是诉讼时效期间尚未届满，故本案的情形与上述司法解释规定的情形不符，不适用该司法解释的规定。

第三，李丽波通过与营口市商业局签订《企业出售协议》，食品公司的《资产评估报告》中载明了涉诉债务，这属于债务人对企业债权债务存在状态的记载，不构成债务人放弃诉讼时效抗辩而对债务重新确认的事由。李丽波公开竞买食品公司资产的行为并不意味着其承诺偿还该笔已经远远超过诉讼时效的债务，同时李丽波受让食品公司的债权债务后，对债务也享有原债务人的一切抗辩权，其中也包括诉讼时效的抗辩权。

综上，《民法通则》第一百三十八条规定："超过诉讼时效期间，当事人自愿履行的，不受诉讼时效限制。"由于本案长城公司大连办事处的债权早已超过诉讼时效，食品公司、李丽波均没有自愿履行债务的行为和意思表示，一审判决驳回长城公司大连办事处的诉讼请求是适当的。[1]

---

① 奚晓明主编：《民事审判指导与参考》2009年第1辑，法律出版社2009年版，第192页。

◎ 法条链接

《民法通则》第一百三十五条　向人民法院请求保护民事权利的诉讼时效期间为二年，法律另有规定的除外。

第一百三十八条　超过诉讼时效期间，当事人自愿履行的，不受诉讼时效限制。

第一百三十九条　在诉讼时效期间的最后六个月内，因不可抗力或者其他障碍不能行使请求权的，诉讼时效中止。从中止时效的原因消除之日起，诉讼时效期间继续计算。

第一百四十条　诉讼时效因提起诉讼、当事人一方提出要求或者同意履行义务而中断。从中断时起，诉讼时效期间重新计算。

◎ 重要提示

一、超过诉讼时效期间的债务性质

超过诉讼时效期间后，如债务人提出诉讼时效抗辩，债权人丧失的只是胜诉权，并非债权的绝对丧失。其债务属于自然债务，债权人与债务人之间仍然存在合法的债权债务关系。最高人民法院《关于审理民事案件适用诉讼时效制度若干问题的规定》第二十二条规定："诉讼时效期间届满，当事人一方向对方当事人作出同意履行义务的意思表示或者自愿履行义务后，又以诉讼时效期间届满为由进行抗辩的，人民法院不予支持。"

二、权利主张方式

下述合法的权利主张方式可引起诉讼时效中断的后果，银行应根据债务人的情况和债权性质予以选择适用：

1. 直接向债务人送交《催款通知书》，债务人在文书上签字、盖章或者虽未签字、盖章但能够以其他方式证明该文书到达债务人的；债务人为法人或者其他组织的，签收人可以是其法定代表人、主要负责人、负责收发信件的部门或者被授权主体；债务人为自然人的，签收人可以是自然人本人、同住的具有完全行为能力的亲属或者被授权主体；

2. 以发送信件或者数据电文方式主张权利，信件或者数据电文到达或者应当到达对方当事人的；

3. 依照法律规定或者当事人约定从对方当事人账户中扣收欠款本息的；

4. 债务人下落不明，银行在国家级或者下落不明的债务人一方住所地的省级有影响的媒体上刊登具有主张权利内容的公告的，但法律和司法解释另有特别规定的，适用其规定；

5. 对同一债权中的部分债权主张权利，诉讼时效中断的效力及于剩余债权，但权利人明确表示放弃剩余债权的情形除外；

6. 因贷款业务涉嫌犯罪而向司法机关报案，要求保护其民事权利的；

7. 参与到诉讼、仲裁等司法程序的活动的；

8. 债务人作出分期履行、部分履行、提供担保、请求延期履行、制订清偿债务计划等承诺或者行为的。

◎ 风险规避

一、债务人在多份空白催收通知单上盖章、签字的行为效力

实务中，有的银行为了方便催收贷款，让债务人在多份空白催收通知单上一次性加盖公章，由银行在需要时自行填写有关内容，以引起诉讼时效的中断。时效制度属强制性规定，不允许当事人依自由意志排除时效的适用或改变时效期间。债务人的上述行为属于提前抛弃时效的行为，应认定为无效。最高人民法院《关于审理民事案件适用诉讼时效制度若干问题的规定》第二条规定："当事人违反法律规定，约定延长或者缩短诉讼时效期间、预先放弃诉讼时效利益的，人民法院不予认可。"

二、超过诉讼时效期间的债权的补救

最高人民法院《关于超过诉讼时效期间借款人在催款通知单上签字或者盖章的法律效力问题的批复》规定，根据《民法通则》第四条、第九十条规定的精神，对于超过诉讼时效期间，信用社向借款人发出催收到期贷款通知单，债务人在该通知单上签字或者盖章的，应当视为对原债务的重新确认，该债权债务关系应受法律保护。**中国东方资产管理公司大连办事处诉辽宁华曦集团公司等借款担保纠纷上诉案**：经本院审理，现无证据证明省中行与畜产公司之间存在约定延期还款的事实，而省中行是在1999年8月31日、1999年9月13日向畜产公司发出催

收贷款通知书的，因此，省中行对畜产公司的债权已经超过诉讼时效，债务人依法取得时效届满的抗辩权。但省中行于1999年8月31日、1999年9月13日两次向畜产公司发出催收通知书，畜产公司均在通知书上加盖印章，依照本院法释（1999）7号《关于超过诉讼时效期间借款人在催款通知单上签字或者盖章的法律效力问题的批复》的规定，畜产公司在催收通知书上加盖印章应视为对原债务的重新确认，故该债权仍受法律保护。依据该司法解释，借款人畜产公司在催收通知书上盖章行为性质属于对原债权已过诉讼时效期间带来的抗辩权的放弃，原审法院裁判畜产公司对原债权承担偿还责任，符合司法解释的规定，应予维持。[①]

最高人民法院《关于超过诉讼时效期间后债务人向债权人发出确认债务的询证函的行为是否构成新的债务的请示的答复》规定，对债务人于诉讼时效期间届满后主动向债权人发出询证函核对贷款本息行为的法律后果问题可参照上述《关于超过诉讼时效期间借款人在催款通知单上签字或盖章的法律效力问题的批复》的规定进行认定和处理。

最高人民法院《关于超过诉讼时效期间当事人达成的还款协议是否应当受法律保护问题的批复》规定，超过诉讼时效期间，当事人双方就原债务达成的还款协议，属于新的债权、债务关系。根据《民法通则》第九十条规定的精神，该还款协议应受法律保护。

据以上规定，银行债权如超过诉讼时效期间，应通过积极的方式与债务人达成还款协议或使债务人在催款通知单上签字或盖章。**中国农业银行哈尔滨市太平支行与哈尔滨松花江奶牛有限责任公司、哈尔滨工大集团股份有限公司、哈尔滨中隆会计师事务所有限公司借款合同纠纷案**：其裁判摘要指出，债务人在债权人发出的债务逾期催收通知书上签字或者盖章的行为。虽然并不必然表示债务人愿意履行债务，但可以表示其认可该债务的存在，属于当事人对民事债务关系的自认，人民法院可据此认定当事人之间存在债务关系。[②]

三、债务不明的处理

银行由于管理方面的原因，导致债务数额不确定的情形时，可通过使债务人在贷款催收通知书上签字或盖章的方式予以处理。**万通实业公司与兰州商业银行**

---

① 《最高人民法院公报》2003年第6期。

② 《最高人民法院公报》2008年第9期。

借款合同纠纷案：其裁决摘要指出：借款合同双方当事人就借款合同中未履行的债务重新签订借款合同，债务人明知并且认可新合同中的一切内容，没有证据证明新合同的订立违背了当事人的真实意思表示，新合同中关于债务数额的约定，应视为债务人对自己权利的处分。只要该处分行为不损害公共利益，不违反国家法律或行政法规的禁止性规定，即应认定新合同中关于债务数额的约定合法有效。[1]

① 《最高人民法院公报》2005 年第 9 期。

第九节　贷款扣划

案例60：扣划资金实现债权，行为违法被判返还

摘要：依据《证券法》及《客户交易结算资金管理办法》的规定，证券公司对于客户交易结算资金拥有管理权，同时负有保证客户交易结算资金完整的责任。任何针对客户交易结算资金的侵害行为，证券公司都有权并且有责任主张救济。

客户交易结算资金具有保证与证券交易对方足额交收的作用，故该资金负担有其他优先权利，必须保证该资金的完整性。当证券公司对其管理的客户交易结算资金专用账户所在的银行负有债务时，银行不能直接从该账户中扣划客户交易结算资金以实现自己的债权。

烟台金建物业管理服务有限公司（以下简称金建物业）委托天同证券有限责任公司（以下简称天同证券）投资管理国债资产，金额为一亿元，该资金系金建物业从恒丰银行（原烟台住房银行）的借款。

天同证券下属的济南经七路证券营业部、烟台开发区长江路证券营业部、烟台环山路证券营业部分别与恒丰银行下属的济南分行、青年路支行、恒丰银行营业三部签订《客户证券结算资金存管协议》，均约定签约的恒丰银行下属机构作为天同证券的存管银行，天同证券在恒丰银行开立客户交易结算资金专用账户，用于存放客户交易结算资金。协议分别约定了存款账户户名及账号。协议约定的权利与义务中规定：乙方（存管银行）承诺在正常营业时间内按甲方（天同证券）的划款指令随时划款，随时支付；不得将甲方客户交易结算资金专用账户的资金挪作他用。任何将客户交易结算资金银行专用账户内的资金转入银行方账户的行为均视为相关存管银行直接挪用客户交易结算资金。

金建物业与天同证券委托理财合同期满后，天同证券没有依约归还受托管理资金，金建物业欠恒丰银行的一亿元借款亦未归还。恒丰银行与金建物业签订债权转让协议，将其在天同证券的一亿元国债保证金（股东账号B880125383）转

让给甲方，以此抵偿乙方所欠甲方借款本金一亿元。随后，恒丰银行两下属机构从天同证券两营业部开立的客户交易结算资金专用账户内实际扣划一亿元资金。

◎裁判要旨

最高人民法院二审认为，根据上诉人恒丰银行的上诉理由和被上诉人天同证券清算组的答辩理由，归纳本案的争议焦点为：一是天同证券清算组是否有权主张恒丰银行返还扣划的证券交易结算资金；二是恒丰银行是否有权从天同证券管理的客户证券交易结算资金账户中扣划资金；三是金建物业委托天同证券管理的一亿元资金的性质。

一、关于天同证券清算组是否有权主张恒丰银行返还扣划的证券交易结算资金，也就是天同证券清算组是否具备原审原告主体资格的问题。天同证券管理的客户交易结算资金确实不属于该公司所有，但是，1999年7月1日施行、2004年8月28日修订的《证券法》第一百三十二条规定："综合类证券公司必须将其经纪业务和自营业务分开办理，业务人员、财务账户均应分开，不得混合操作。客户的交易结算资金必须全额存入指定的商业银行，单独立户管理。严禁挪用客户交易结算资金。"第二百一十二条规定："本法关于客户交易结算资金的规定的实施步骤，由国务院另行规定。"2005年10月27日修订的《证券法》第一百三十九条第一款规定："证券公司客户的交易结算资金应当存放在商业银行，以每个客户的名义单独立户管理。具体办法和实施步骤由国务院规定。"《客户交易结算资金管理办法》第二十一条规定："证券公司、结算公司、存管银行、结算银行根据证监会要求或遇到客户交易结算资金专用存款账户、清算备付金专用存款账户、验资专户出现重大异常情况时，应当及时向证监会报告。"第二十二条规定："证券公司应当对客户交易结算资金集中统一管理。证券公司下属证券营业部收到的客户交易结算资金，除留足日常备付的部分外，应当交由证券公司管理。"以上规定表明，证券公司对客户交易结算资金拥有管理权，同时负有保证客户交易结算资金完整的责任。任何针对客户交易结算资金的侵害行为，证券公司都有权并且有责任主张救济。况且本案中，天同证券与恒丰银行签订的《客户证券结算资金存管协议》第十一条第（七）项约定："任何将客户交易结算资金银行专用存款账户内的资金转入银行方账户的行为均视为相关存款银行直接挪用客户交易结算资金。"因此，天同证券依据该项约定也有权向恒丰银行主张相应的权利。当证券公司被责令关闭、进行行政清理后，由证券监督管理机构指定成立的行政清算组相应取得证券公司对保证客户交易结算资金完整的权利和责任。因此，天同证券清算组是适格的原告，有权就本案的争议提起诉讼。

二、关于恒丰银行是否有权从天同证券管理的客户证券交易结算资金账户上扣划资金的问题。正如讼争当事人认同的，恒丰银行扣划资金的账户是客户证券交易结算资金账户，该部分资金属相关经纪业务客户所有。除该属性外，客户证券交易结算资金还有保证与证券交易对方足额交收的作用，也就是说该资金上负担有其他优先权利，这也是要保持客户证券交易结算资金完整性的重要原因。就本案情况看，恒丰银行从金建物业取得的权利，在二者之间的《债权转让协议》中既称转让一亿元国债保证金，又称金建物业对天同证券的债权归甲方所有，表明对该权利性质双方当事人并不清晰。基于目前天同证券已经进入行政处置的情况，经甄别确认程序，如果该权利属客户证券交易结算资金，则可以纳入国家收购范围，无须通过诉讼程序寻求救济；如果不属于客户证券交易结算资金，则该部分权利将成为针对天同证券的债权，其债权的实现只能以天同证券的自有资产偿付，不能用属于相关客户的客户交易结算资金偿付。从天同证券与恒丰银行签订的《客户证券结算资金存管协议》内容看，恒丰银行负有不能挪用该资金的责任，该协议并无其他例外情形的约定，恒丰银行应当依照约定维护客户证券交易结算资金的完整。此外，与恒丰银行相同地位的权利人因并不掌握天同证券的客户证券交易结算资金账户，无法像恒丰银行一样获得清偿，恒丰银行因其作为客户证券交易结算资金存管银行的地位自主从客户证券交易结算资金账户上扣划款项，对经纪业务客户及天同证券的其他债权人均是不公平的，也是违反了其与天同证券的约定的。基于上述理由，恒丰银行是否行使以及是否能够行使向天同证券的偿还请求权不能成为恒丰银行可以扣划客户证券交易结算资金的理由。因此，恒丰银行关于其有权从天同证券客户证券交易结算资金账户中取回属于其所有的国债保证金的主张，本院不予支持。

三、关于本案金建物业委托天同证券管理的一亿元资金是否具有客户证券交易结算资金性质的问题。2006 年 3 月 17 日中国证券监督管理委员会作出行政处罚决定书，决定对天同证券撤销证券业务许可，责令其关闭。在进入行政处置程序后，对于客户的权利到底是债权性质还是物权性质，也就是是否具有客户证券交易结算资金的性质的确认，涉及国家是否对该权利进行收购的问题。对此，中国人民银行、财政部、中国银行业监督管理委员会、中国证券监督管理委员会联合制定并发布了《个人债权及客户证券交易结算资金收购意见》，该意见确定的纳入收购范围的客户交易结算资金是指："经纪业务的客户为保证足额交收而在证券公司存入的资金，出售有价证券所得到的所有款项（减去经纪佣金和其他正当费用），持有证券所获得的股息、现金股利、债券利息，上述资金获得的利息。金融机构处置以前法院已判决的属于收购范围内的客户证券交易结算资金。"关于是否属于客户证券交易结算资金的甄别确认问题，该意见指出："客户证券交易结算资金经托管组或清算组甄别确认后提出收购申请，报监管部门批准后，在实行第三方存管的同时支付收购款。"综合以上意见，对于客户权利是否属于客户证券交易结算资金，在证券公司进入行政处置程序后，由托管组或清算组行使相关甄别权，由监管部门批准。恒丰银行受让金建物业的债权之后，应在天同证券的行政处置程序中向行政清算组请求甄别处理。但无论该笔资金是否属于证券交易结算资金，均不构成恒丰银行直接以天同证券管理的客户证券交易结算资金账户上扣划资金的合法依据。因此，本院不对上述一亿元资金的性质作出认定。判决：驳回上诉，维持原判。即恒丰银行、恒丰银行济南分行、青年路支行于判决生效后十日内，返还天同证券清算组客户交易结算资金一亿元及占用期间的利息（按证券客户交易结算资金专用账户存款利率和实际占用时间计算）。①

◎法条链接

1.**《商业银行法》第七十三条** 商业银行有下列情形之一，对存款人或者其他客户造成财产损害的，应当承担支付迟延履行的利息以及其他民事责任：

……

（三）非法查询、冻结、扣划个人储蓄存款或者单位存款的；

（四）违反本法规定对存款人或者其他客户造成损害的其他行为。

2.**最高人民法院《关于审理民事案件适用诉讼时效制度若干问题的规定》第十条** 具有下列情形之一的，应当认定为民法通则第一百四十条规定的"当事人一方提出要求"，产生诉讼时效中断的效力：

……

（三）当事人一方为金融机构，依照法律规定或者当事人约定从对方当事人账户中扣收欠款本息的。

3.**《贷款通则》第二十二条** 贷款人的权利：依合同约定从借款人账户上划

---

① 《最高人民法院公报》2008年第7期。

收贷款本金和利息。

◎ 重要提示

一、银行扣划贷款涉讼原因

长期以来，银行作为贷款人直接从借款人或担保人账户扣收逾期贷款是实现其债权的主要方式之一，同时也是银行涉诉比较多的领域，究其原因主要有：1. 扣划程序：涉及扣划时间、对象错误；2. 扣划资金的性质：依据我国现行法律规定，有诸多专项资金和特定性质的资金是不能扣划的；3. 扣划行为没有合法依据。如贷款合同约定如借款人不能按期还款，银行有权从一般保证人的账户直接扣收贷款的约定，因与担保法及其司法解释相抵触而无效。

二、账户存款的法律性质

货币作为种类物，其占有与所有不相分离。《支付结算办法》第十六条规定，单位、个人和银行办理支付结算必须遵守下列原则：谁的钱进谁的账，由谁支配。**刘某与深圳发展银行济南分行储蓄合同纠纷上诉案**：裁判要旨指出，由于货币属于特殊动产，货币所有权遵循占有与所有一致性原则，即货币交付时所有权发生转移。在储蓄合同中，存款人系通过让渡货币所有权获得要求银行向其支付本金及利息的债权。存款人银行账号上所显示的账面数额，系其对银行享有的债权数额，并非对账户中不特定货币享有所有权。基于此，因银行扣划存款人存款利息产生的纠纷，既非财产损害赔偿纠纷，也非返还原物纠纷，而是合同纠纷。[①] 最高人民法院《关于银行、信用社扣划预付货款收贷应否退还问题的批复》规定：一、根据《民法通则》第七十二条之规定，除当事人另有约定外，一方当事人按照合同约定将预付货款汇入对方账户，对方当事人即取得该款项的所有权。二、预付款人将预付货款汇入对方当事人账户后，即丧失了该款的所有权。因此，该款被银行、信用社或其他金融机构扣划还贷后，预付款人无权向银行、信用社和其他金融机构请求返还。在预付款人诉收款人的经济纠纷案件中，也不应将银行、信用社和其他金融机构作为第三人参加诉讼。

银行在扣收贷款时，不负有审查债务人账户存款来源的义务，其一般存款账

---

① 《人民司法·案例》2011 年第 16 期。

户内的存款即视为开户人的存款，可依据法律规定或合同约定进行扣划。

◎ 风险规避

一、扣划所依据的合同合法有效

二、贷款已经逾期或保证人的保证责任已经发生

扣划保证人账户存款时应注意：

（一）保证人的保证方式

该保证人应为连带责任保证人而非一般保证人。因为依据担保法的规定，一般保证人享有先诉抗辩权。即《担保法》第十七条规定的，一般保证的保证人在主合同纠纷未经审判或者仲裁，并就债务人财产依法强制执行仍不能履行债务前，对债权人可以拒绝承担保证责任。

（二）借款人未提供物的担保

《担保法司法解释》第三十八条第二款规定，同一债权既有保证又有物的担保的，物的担保合同被确认无效或者被撤销，或者担保物因不可抗力的原因灭失而没有代位物的，保证人仍应当按合同的约定或者法律的规定承担保证责任。依据该规定，债权人只有先通过处置担保物实现债权，而不能抛开担保物直接向保证人主张权利。但依据《物权法》第一百七十六条的规定，债权人与保证人约定，当债务人不履行债务时，债权人可同时向物的担保与保证人主张权利，或保证人承担保证责任不以债权人行使担保物权为前提。

三、不允许扣划的资金的范围

（一）在扣划之前对扣划资金的性质进行必要的了解和调查，以了解该资金是否可以扣划，防止违法扣划

一般来讲，判定企业的存款性质，应以存款用途及账户种类作为标准。依照《人民币银行结算账户管理办法》第十三条之规定，设立专用账户，应严格实行专项管理、专项支付。否则，应认定为一般往来资金，可予以扣划。**陕西高院裁定驳回被执行人汉江公司和陕飞公司提出执行异议案：**针对陕飞公司提出的被冻结的存款是用于研制国家“高新工程”的专项资金，人民法院不宜采取执行措施的书面异议，陕西高院认为，陕西高院依法冻结的070账户系一般存款账户，该账

户内的资金即被冻结的资金，系一般往来资金，不属国家“高新工程”专项资金。[①]

（二）依据现行法律规定不得扣划的银行存款或资金

1. 被司法机关或行政机关依法冻结的款项。

2. 金融机构承诺专款专用的。最高人民法院《关于银行、信用社扣划预付货款收贷应否退还问题的批复》规定：“银行、信用社和其他金融机构对预付款人承诺专款专用而又扣划该款还贷的，预付款人亦可直接要求银行、信用社和其他金融机构返还被其扣划的预付货款。”

3. 依照《人民币银行结算账户管理办法》第十三条之规定设立的专用存款账户内的资金。

4. 资金系占有辅助。

货币作为一般等价物和典型种类物，由于其个性在法律和事实上难以识别，法律注重其流通性，因而其所有权与占有权一般不分离存在。但是如果占有人只能按照他人的意志进行占有，则不是民法上的占有，而是占有辅助。由于占有辅助人不是真正的占有人，其占有的资金所有权也未发生转移，因此，银行不能通过扣收该资金冲抵占有辅助人的贷款。**湖北横向经济贸易公司与中国冶金进出口湖北公司、中国农业银行武汉市分行汉口支行返还保证金纠纷案**：横向公司委托中国冶金进出口湖北公司（以下简称冶金公司）代理进口钢材。横向公司负责开立信用证资金额度及进口登记证明，并在开证前将保证金划付到开证行指定的保证金账户。冶金公司负责对外签订进口钢材合同，并向银行申请对外开立付款信用证。横向公司将400万元付至农行汉口支行为冶金公司设立的“831-5”保证金账户。农行汉口支行未为冶金公司开具信用证，而将该400万元直接从保证金账户扣划，冲抵冶金公司所欠该银行的贷款。最高人民法院以（2001）民监他字第8号答复湖北省高级人民法院：中国农业银行武汉市分行汉口支行强行划拨保证金，抵还其对中国冶金进出口湖北公司贷款的行为没有法律依据，构成侵权，应承担民事责任。

5. 不存在其他的在先权利。

四、金融实务中违法扣划的具体情形

（一）使用欺诈、胁迫等手段扣划

中国工商银行湘潭市板塘支行与中国建筑材料科学研究院湘潭中间试验所及

---

① 《人民法院报》2007年8月24日。

湘潭市有机化工厂借款合同纠纷案：有机化工厂曾向板塘工行下属银鹰公司借款共计150万元已无能力归还。中试所将200万元汇到了中试所的开户行板塘工行的账户上，并告知板塘工行将此笔贷款交由其安排使用。板塘工行为能从有机化工厂收回银鹰公司的借款，虽明知企业之间不能相互借贷，隐瞒有机化工厂借款还债的真实用途，安排中试所将200万元借给有机化工厂。借款当日，有机化工厂即将200万元的借款用以偿还了欠银鹰公司的借款本金200万元和利息46.08万元。

最高人民法院以（2001）民监他字第9号答复湖南省高级人民法院：有机化工厂与中试所签订的借款协议，违反了企业之间不能相互借贷的有关规定，原审认定协议无效是正确的。中国工商银行湘潭市板塘支行（以下简称板塘支行）明知企业之间不能相互借贷，在有机化工厂已根本无能力还款的状况下，为了下属公司能收回贷款，自己又不承担民事责任，利用中试所对其的信任，与有机化工厂恶意串通，向中试所故意隐瞒借款的真实目的，并积极促成有机化工厂与中试所签订了不具有真实意思表示的借款协议，将到期不能收回借款的风险转嫁给了中试所。板塘支行和有机化工厂的行为，已对中试所构成欺诈。由此造成借款协议无效的后果，有机化工厂与板塘支行应承担连带赔偿责任。

最高人民法院《关于银行、信用社扣划预付货款收贷应否退还问题的批复》规定：如果银行、信用社和其他金融机构明知借款人无履行合同的能力，而与其同谋或怂恿其通过签订合同收取预付货款还贷的，预付款人可以直接要求银行、信用社和其他金融机构返还已经还贷的预付货款。

（二）擅自处分客户资金进行扣划

张家界水泥厂诉中银张家界旅游经济开发区支行因债务人破产其受偿为零擅自扣划保证人存款侵权案：1993年，原张家界国营建材厂在开发区支行贷款15万元，由张家界水泥厂提供担保。1996年，张家界国营建材厂进入破产还债程序，根据清算，对开发区支行的清偿率为零。1997年，中国银行张家界分行将其在1993年赊购张家界水泥厂的水泥款52000元偿还，转账进入张家界水泥厂在开发区支行的账户上。开发区支行未经张家界水泥厂的同意，将此款转入已破产的张家界国营建材厂的账户上，以偿还上述逾期担保贷款。永定区人民法院认为：开发区支行未经存款人张家界水泥厂的同意，擅自将中国银行张家界分行给付张家界水泥厂的贷款转入已宣告破产的张家界国营建材厂的账户上，作为其偿还贷款的行为，属非法行为，侵害了张家界水泥厂的合法权利。张家界水泥厂要求开发区支行返还财物的理由成立，予以支持。根据《民法通则》第一百一十七条之规定，判决：一、中国银行张家界市旅游经济开发区支行返还张家界水泥厂贷款52000元；二、中国银行张家界市旅游经济开发区支行偿付张家界水泥厂52000元的利息。按月息12.8‰计算，自1997年4月起至该款全部返还之日止。判决送达后，双方当事人未提出上诉。[①]

（三）通过发放新贷款扣划旧贷款的

依据《担保法司法解释》第三十九条“主合同当事人双方协议以新贷偿还旧贷”的规定，借新还旧系贷款人与借款人的合意行为，非经借款人同意，银行不得通过强行扣划新贷款的方式偿还旧贷款。

中国建设银行乌鲁木齐新华南路支行与新疆玉龙有限责任公司借款担保合同纠纷上诉案：最高人民法院（2001）民二终字第34号民事判决书认为：新华南路支行的前身建行营业部与玉龙公司所签订的三份借款合同（合计本金550万元）系双方之真实意思表示，其内容合法，应为有效。1996年1月16日，经建行营业部介绍，玉龙公司与纸箱厂签订租赁合同；1月18日，建行营业部与玉龙公司签订两份借款合同（合计本金500万元）；次日，建行营业部将500万元贷款打入玉龙公司账户，接着又以特转方式划走413万元。建行营业部划转413万元的行为与其履行500万元贷款合同，两者密切相关。在未经玉龙公司同意的情况下，建行营业部从玉龙公司账户划款，其行为违反了借款合同约定的给付玉龙公司贷款500万元的承诺，其实际发放的贷款（即玉龙公司实际得到的款项）是87万元。因此，新华南路支行关于“建行营业部将500万元款项打入了玉龙公司的账户，履行了发放贷款的义务”的上诉理由，不能成立。[②]

（四）扣划已进入执行程序的被执行人的账户存款

漳浦县土地开发总公司诉中国建设银行漳浦县支行以债权人的身份扣划债务人的存款侵权案：漳浦机砖厂向被上诉人漳浦建行贷款人民币10万元，并由上诉人漳浦土总公司提供担保，案经诉讼审理，已由生效的民事调解书确认上诉人应尽的义务，在漳浦机砖厂未履行义务时，负有连带清偿责任的上诉人应当履行调解书中确定的义务，偿还被上诉人的款项。被上诉人漳浦建行在申请法院强制

---

① 唐德华主编：《破产法及司法解释适用指南》，人民法院出版社、中国方正出版社2002年版，第683~684页。

② 李国光主编：《民商审判指导与参考》2002年第1卷，人民法院出版社2002年版，第418页。

执行的情况下，未依照有关法律规定由人民法院予以强制执行，而擅自从上诉人的账户扣转款项，以实现其债权，实属妨碍司法权的正常行使，已构成侵权。司法强制执行权是法律授予法院独家行使的权利，具有唯一性和排他性的特征，专属于人民法院享有，商业银行即使作为债权人也同样不具有强制执行权。原告对漳浦机砖厂向被告贷款本息负连带清偿责任，该权利义务关系已由法院生效的民事调解书所确认。被告在已申请法院强制执行的情况下，未经法院强制执行程序而擅自扣划其客户原告存款的行为违反《宪法》和《民事诉讼法》有关规定，妨碍了国家司法权的正常行使，已构成侵权。①

五、涉及非借款合同主体承担责任的，未通过诉讼程序确定责任主体之前不得扣划

（一）共同共有财产

涉及近亲属关系的，需对夫妻共同财产或家庭共同财产予以扣收实现债权的，应由人民法院通过判决确认或在执行程序中确定。银行无权透过合同相对性而扣划非合同当事人的账户资金。**王某与黔江信用社侵权纠纷案**：黔江信用社职工王某之妻以个人名义向该社贷款3万元，已逾期。信用社下发文件清理清收内部职工（含家属）不良贷款，并向王某催收贷款，但王某未在催收依据上签字。信用社每月只发给王某600元工资的基本生活费，扣划工资余额偿还其妻的贷款。重庆市第四中级人民法院二审认为，黔江信用社在未得到王某同意的情况下，以管理人身份通过出具内部文件的形式强行扣划王某工资偿还贷款，缺乏合法依据，损害了王某的合法权利，构成侵权。应当停止扣款并返还已扣款及承担资金利息。②

就“人民法院能否裁定被执行人的配偶为被执行人”的问题，《司法信箱》认为：被执行人所欠债务是夫妻共同生活所负债务，现在其下落不明或暂无履行能力，并且夫妻没有离婚，此时其配偶又有履行能力，应区分两种情况：第一种情况是指其配偶控制的财产是夫妻共同财产，因为是婚姻关系存续期间，夫妻财产属共同共有，法院完全可以将其作为被执行人的财产直接执行，而不用再追加被执行人配偶为被执行人；第二种情况是指其配偶控制的财产不是夫妻共同财

① 《人民法院案例选》2005年第4辑。
② 《人民法院报》2008年6月12日。

产，而是配偶的个人财产。此时，如果夫妻共同财产不足以清偿夫妻共同生活所负债务，被执行人的个人财产也不足以清偿夫妻共同生活所负债务时，人民法院才可以根据《婚姻法》第四十一条夫妻应对夫妻共同生活所负债务承担无限连带责任的规定，裁定追加被执行人配偶为被执行人，以被执行人配偶的个人财产清偿共同债务。[①]

（二）法人人格否认制度

关联公司之间或股东利用公司的法人资格，转移资产以逃避债务，构成法人人格的滥用，债权人可向法院提起诉讼，要求否认该公司的法人资格，从而直接执行关联公司或股东的财产。在未按法定条件和程序否认公司的法人人格之前，不得径行扣划债务人关联公司或股东的财产以清偿债务。最高人民法院执行工作办公室《关于股份有限公司转让其正在被执行的独资开办的企业能否追加该股份有限公司为被执行人问题的复函》：四川公司转让北海公司股权的行为，是依据《公司法》的规定合法转让的行为。因该转让既不改变北海公司的独立法人地位；也未造成北海公司资产的减少；且四川公司转让北海公司而获益的1000万元，是四川公司通过转让股权获得的对价款，该对价款也不是四川公司在北海公司获得的投资权益或投资收益；至于四川公司与北海公司的并表财务报告等，并不表明四川公司对北海公司的债权债务有继受关系或者属法人人格滥用行为。因此，北海市中级人民法院追加四川公司为被执行人没有事实依据和法律依据。

1. 由法人股东承担责任的情形

中国建设银行成都市金河支行与四川金租实业公司、四川通信公司、四川金融租赁股份有限公司借款担保合同纠纷案：最高人民法院认为，金租实业公司系由金融租赁公司控股50%成立的有限责任公司，董事长曹建希及其财会人员等均由金融租赁公司职员兼任。金租实业公司成立后，除对通信公司办理了两项租赁业务外，未进行其他经营活动。金租实业公司的公章、法定代表人印鉴等在因本案所涉有关合同的履行由金融租赁公司交付通信公司前，均由金融租赁公司负责保管。金租实业公司和金融租赁公司在人员、财产、业务上形成了混同。金融租赁公司作为非银行金融机构，为规避有关金融政策关于融资的限制，将金租实业公司作为其融资的工具，由金租实业公司代其向建行金河支行申请借款并支付购货款。根据诚实信用原则和权利不得滥用原则，金融租赁公司应当对该笔贷款

① 《人民司法·应用》2009年第9期。

承担偿还责任。且根据金融租赁公司与金租实业公司签订的委托代理采购协议中“金融租赁公司按时回收租金及时归还垫付货款”以及双方签订的设备付款补充协议中“金融租赁公司在承兑汇票到期日前一天归还金租实业公司支付的设备到货款”等约定，承担金租实业公司贷款的偿还责任应系金融租赁公司真实意思表示，也是符合公平原则的。金融租赁公司关于其与本案没有任何法律关系，原审法院将其列为本案当事人不当的上诉理由，于法无据，本院不予支持。[①]

2. 由多个法人之间承担连带责任的情形

徐工集团工程机械股份有限公司诉成都川交工贸有限责任公司等买卖合同纠纷案：法院生效裁判认为，川交工贸公司与川交机械公司、瑞路公司人格混同。一是三个公司人员混同。三个公司的经理、财务负责人、出纳会计、工商手续经办人均相同，其他管理人员亦存在交叉任职的情形，川交工贸公司的人事任免存在由川交机械公司决定的情形。二是三个公司业务混同。三个公司实际经营中均涉及工程机械相关业务，经销过程中存在共用销售手册、经销协议的情形；对外进行宣传时信息混同。三是三个公司财务混同。三个公司使用共同账户，以王永礼的签字作为具体用款依据，对其中的资金及支配无法证明已作区分；三个公司与徐工机械公司之间的债权债务、业绩、账务及返利均计算在川交工贸公司名下。因此，三个公司之间表征人格的因素（人员、业务、财务等）高度混同，导致各自财产无法区分，已丧失独立人格，构成人格混同。

《公司法》第三条第一款规定：“公司是企业法人，有独立的法人财产，享有法人财产权。公司以其全部财产对公司的债务承担责任。”公司的独立财产是公司独立承担责任的物质保证，公司的独立人格也突出地表现在财产的独立上。当关联公司的财产无法区分，丧失独立人格时，就丧失了独立承担责任的基础。《公司法》第二十条第三款规定：“公司股东滥用公司法人独立地位和股东有限责任，逃避债务，严重损害公司债权人利益的，应当对公司债务承担连带责任。”

本案中，三个公司虽在工商登记部门登记为彼此独立的企业法人，但实际上相互之间界限模糊、人格混同，其中川交工贸公司承担所有关联公司的债务却无力清偿，又使其他关联公司逃避巨额债务，严重损害了债权人的利益。上述行为违背了法人制度设立的宗旨，违背了诚实信用原则，其行为本质和危害结果与《公司法》第二十条第三款规定的情形相当，故参照《公司法》第二十条第三

---

① 奚晓明主编：《民商事审判指导》2005年第1辑，人民法院出版社2005年版，第203页。

款的规定，川交机械公司、瑞路公司对川交工贸公司的债务应当承担连带清偿责任。[①]

（三）对公司股东在出资不实范围内承担补充清偿责任的情形

中国长城资产管理公司乌鲁木齐办事处与新疆华电工贸有限责任公司、新疆华电红雁池发电有限责任公司、新疆华电苇湖梁发电有限责任公司等借款合同纠纷案：最高人民法院（2008）民二终字第79号民事判决书认为，关于实物出资部分，在工贸公司设立过程中，红雁池发电公司、苇湖梁发电公司、哈密发电公司、喀什发电公司、昌吉热电公司作为出资的库房未办理所有权变更手续，属于出资不到位。后经工贸公司股东会同意，上述股东承诺将各自的储油罐、供油泵等相关设备置换房产作为实物重新出资。但至本案诉前，上述设备未实际交付工贸公司，仍由股东单位占有使用，工贸公司出具的实物交接手续未能反映本案真实情况。上述设备属于动产，根据《物权法》第二十三条的规定，动产物权的设立和转让，自交付时发生效力。动产所有权的转移以实际交付为准。本案上述股东承诺出资的相关设备并未实际交付给工贸公司，应当认定上述股东未能实际履行实物出资承诺，相关出资没有实际到位。新疆宏昌有限责任会计师事务所出具的（2006）8-074号《验资报告》以及工贸公司补足出资的相关工商登记备案资料未能反映真实出资情况，本院不予采信。

注册资本是公司最基本的资产，确定和维持公司一定数额的资本，对于奠定公司基本的债务清偿能力，保障债权人利益和交易安全具有重要价值。股东出资是公司资本确定、维持原则的基本要求。出资是公司股东最基本、最重要的义务，同时也是公司法规定的股东必须承担的法定义务。根据《公司法》第二十八条第一款、第三十一条[②]的规定，股东应当按期足额缴纳公司章程中规定的各自所认缴的出资额。股东以货币出资的，应当将货币出资足额存入有限责任公司在银行开设的账户；以非货币财产出资的，应当依法办理其财产权的转移手续。有限责任公司成立后，发现作为设立公司出资的非货币财产的实际价额显著低于公司章程所定价额的，应当由交付该出资的股东补足其差额。股东不实出资的，公司现有资产不足以偿还债权人债务的，公司股东应在不实出资数额的范围内向债权人承担补充赔偿责任。参照最高人民法院《关于企业开办的企业被撤销或者歇业后

---

① 《最高人民法院公报》2013年第7期。

② 该条现已被新《公司法》修改为第三十条。

民事责任承担问题的批复》《关于人民法院执行工作若干问题的规定》《关于金融机构为企业出具不实或者虚假验资报告资金证明如何承担民事责任问题的通知》等相关规定，出资人未出资或者未足额出资，对于该企业财产不足以清偿债务的，由出资人在出资不实或者虚假资金金额范围内承担责任。红雁池发电公司、苇湖梁发电公司、哈密发电公司、喀什发电公司、昌吉热电公司应当在各自出资不实范围内对工贸公司所欠本案债务承担补充清偿责任。[①]

（四）由金融机构、会计师事务所对出具的不实资金证明、验资证明承担赔偿责任的情形

（五）因企业改制而由被改制企业（借款人）以外的其他企业承担责任的情形

对于非借款合同主体，债权银行可通过债务转移或提供担保等合法的方式，取得合法的依据后再进行扣划。

① 《最高人民法院公报》2009年第2期。

第十节　解除权

案例61：不符合约定的合同条件，贷款人不得提前收回贷款

摘要：银行提前收回贷款，实质上是对借款合同的解除。解除权的行使，应符合法定的条件或合同约定的条件，否则，银行不得提前收回贷款。

毕胜荣原系东方汇理银行上海分行（以下简称汇理银行）职员。1996年7月3日，汇理银行与毕胜荣签订房产抵押贷款合约一份。其主要内容是：汇理银行贷给毕胜荣人民币60万元，用于购买住房，贷款利息为年利率3%，贷款期限为25年，毕胜荣每月还本付息2845元；毕胜荣应将购房合同连同房屋交付使用通知书一并交给汇理银行，并委托汇理银行向房产管理部门申领抵押房产相关的证明文件，毕胜荣在未还清全部贷款本息之前，须将抵押房产的全部所有权凭证交汇理银行保管；毕胜荣违反上述约定即构成违约，汇理银行有权采用当时市场利率计算利息；如毕胜荣离开汇理银行处，毕胜荣保证归还全部贷款本息；本合约经上海市公证处公证后生效。该合约签订之前，汇理银行已于1995年12月25日将上述贷款发放。1997年9月，毕胜荣领取所购房屋的房地产权证，后一直未交给汇理银行。1998年4月24日汇理银行通知毕胜荣双方签订的劳动合同于同年5月31日终止，从1998年4月24日起，毕胜荣不必到汇理银行处上班，同年4月28日，汇理银行通知要求毕胜荣在劳动合同终止之日还清贷款余额。5月初，上海市公证处对《贷款合约》出具公证书并送达双方当事人。9月22日，汇理银行通知毕胜荣借款利率提至年息8.0325%。毕胜荣自1996年1月至2000年2月间每月按约还贷2845.27元。后汇理银行以毕胜荣未将所购房屋的所有权凭证交给汇理银行办理抵押登记为由，提起诉讼。要求毕胜荣归还贷款余额539123.35元，支付自1998年9月至2000年8月因提息所生息差51031.42元。

◎裁判要旨

上海市第二中级人民法院再审后判决：对东方汇理银行上海分行要求毕胜荣

一次性归还贷款余额539123.35元以及支付息51031.42元的诉讼请求不予支持。[①]

◎法条链接

1.《**合同法**》**第九十三条** 当事人协商一致，可以解除合同。

当事人可以约定一方解除合同的条件。解除合同的条件成就时，解除权人可以解除合同。

第九十四条 有下列情形之一的，当事人可以解除合同：

（一）因不可抗力致使不能实现合同目的；

（二）在履行期限届满之前，当事人一方明确表示或者以自己的行为表明不履行主要债务；

（三）当事人一方迟延履行主要债务，经催告后在合理期限内仍未履行；

（四）当事人一方迟延履行债务或者有其他违约行为致使不能实现合同目的；

（五）法律规定的其他情形。

第九十五条 法律规定或者当事人约定解除权行使期限，期限届满当事人不行使的，该权利消灭。

法律没有规定或者当事人没有约定解除权行使期限，经对方催告后在合理期限内不行使的，该权利消灭。

第九十六条 当事人一方依照本法第九十三条第二款、第九十四条的规定主张解除合同的，应当通知对方。合同自通知到达对方时解除。对方有异议的，可以请求人民法院或者仲裁机构确认解除合同的效力。

法律、行政法规规定解除合同应当办理批准、登记等手续的，依照其规定。

第二百零三条 借款人未按照约定的借款用途使用借款的，贷款人可以停止发放借款、提前收回借款或者解除合同。

2. **最高人民法院《关于适用〈中华人民共和国合同法〉若干问题的解释（二）》第二十四条** 当事人对合同法第九十六条、第九十九条规定的合同解除或者债务抵销虽有异议，但在约定的异议期限届满后才提出异议并向人民法院起诉的，人民法院不予支持；当事人没有约定异议期间，在解除合同或者债务抵销通知到达之日起三个月以后才向人民法院起诉的，人民法院不予支持。

3.《**贷款通则**》**第二十二条** 贷款人的权利：……五、借款人未能履行借款

① 沈德咏主编：《审判监督指导》2004年第1辑，人民法院出版社2004年版，第95~96页。

合同规定义务的，贷款人有权依合同约定要求借款人提前归还贷款或停止支付借款人尚未使用的贷款。

◎重要提示

一、合同解除

合同解除系合同有效成立后，当具备法律规定的或者合同约定的合同解除条件时，因当事人一方或双方的意思表示而使合同关系归于消灭的行为。合同解除将导致合同权利义务的终止。合同解除分为协商解除、约定解除和法定解除。

依据《合同法》第九十三条第一款的规定，协商解除是合同生效后，未履行或未完全履行之前，当事人以解除合同为目的，经协商一致，终止合同履行的协议。

依据《合同法》第九十三条第二款的规定，约定解除是当事人在合同中约定，在合同履行过程中当出现某种情况时（即条件成就时），当事人一方或双方有解除合同的权利。

依据《合同法》第九十四条的规定，法定解除是合同生效后，没有履行或者未履行完毕前，当事人在法律规定的解除条件出现时，行使解除权而使合同关系归于消灭。

二、合同解除应注意的问题

（一）合同解除以合同有效成立为前提

合同解除是在合同有效成立后，由于主客观情况的变化，使合同履行成为不必要或不可能，当事人不得已而采取的处理双方合同关系的一种特殊措施。合同解除制度是要解决有效成立的合同提前消灭的问题，这是区别于无效、撤销、履行等制度的关键所在。

（二）合同解除的约定条件须合法

合同当事人不得违背法律规定约定合同解除的条件，也不得将不可能发生的事实约定为合同解除的条件，否则，该约定无效（《民法通则意见》第七十五条）。当事人也不得为自己的利益不正当地阻止条件成就或不正当地促成条件成就，否则，阻止条件成就的视为条件已成就，促成条件成就的，视为条件不成就（《合同法》第四十五条）。

（三）约定解除与法定解除的生效依赖于书面通知合同对方当事人，合同自通知到达对方时解除

（四）法定解除合同不得附有条件

法定解除合同若附有条件，就成为协商解除，因为所附条件对方是否接受，尚需双方通过要约、承诺的过程协商一致。如未协商一致，并不产生合同解除的法律后果，如提出条件的一方停止、拒绝履行合同，将形成单方违约。**孟元诉中佳旅行社旅游合同纠纷案**：北京市第一中级人民法院二审认为，一方当事人提出解除合同时，有权要求对方当事人采取合理措施，尽可能减少因解除合同所造成的损失，但无权在未与对方协商一致的情况下，即单方面强行解除合同，并要求对方承担解除合同的全部损失。本案中，上诉人提出解除合同和要求退款是可以理解的，但中佳旅行社亦有权提出异议。在双方没有达成一致时，仍应继续履行合同所规定的权利和义务，违反合同约定的一方，应承担合同违约的责任。上诉人在双方未对是否解除合同达成一致意见时，拒绝对方减少损失的建议，坚持要求对方承担解除合同全部损失，并放弃履行合同，致使损害结果发生，故应承担全部责任。

综上，合同生效后，双方当事人按照合同的约定认真履行义务。一方提出解除合同的，应积极与对方协商，而不能强行要求解除合同，并要求对方承担全部损失。上诉人未与对方协商一致即单方面终止合同，由此造成的经济损失，应自行负责。①

（五）异议

当事人收到解除合同的通知后，如有异议，应在合同约定的异议期内，如没约定的，则应在三个月内提起诉讼或申请仲裁。该三个月的期间为除斥期间。

三、对借款合同行使解除权的情形

（一）借款人未按照约定的借款用途使用借款

（二）借款人未按照约定偿还贷款及利息

中国信达资产管理公司长沙办事处诉中国新型建筑材料（集团）公司等借款担保合同纠纷案：最高人民法院认为，债务人建材纸厂在第一、二份合同还款期限届满后，不履行还款义务，应承担还款及违约责任。第三、四份借款合同虽

---

① 《最高人民法院公报》2005年第2期。

尚未到期，但由于建材纸厂始终未能按期偿还任何贷款并已濒临破产，被列入2000年全国企业兼并破产第三批审查项名单，建材纸厂的行为已构成了根本违约，依据《合同法》第九十四条第四款之规定，南县建行有权要求解除尚未到期的第三、四份借款合同。南县建行已将上述债权合法转让给信达公司，信达公司要求解除合同，提前收贷是符合法律规定的。①

（三）依据《合同法》的规定行使不安抗辩权

《合同法》第六十八条规定："应当先履行债务的当事人，有确切证据证明对方有下列情形之一的，可以中止履行：（一）经营状况严重恶化；（二）转移财产、抽逃资金，以逃避债务；（三）丧失商业信誉；（四）有丧失或者可能丧失履行债务能力的其他情形。当事人没有确切证据中止履行的，应当承担违约责任。"第六十九条规定："当事人依照本法第六十八条的规定中止履行的，应当及时通知对方。对方提供适当担保时，应当恢复履行。中止履行后，对方在合理期限内未恢复履行能力并且未提供适当担保的，中止履行的一方可以解除合同。"在合同履行过程中，借款人如出现上述情形，可通过行使不安抗辩权解除合同，停止发放贷款并收回已发放贷款。**首都庆华工具厂等与中国工商银行北安市支行担保借款合同纠纷案**：最高人民法院认为，北安工行与庆华厂、首都总公司于1994年5月30日所签订的担保借款合同，各方当事人意思表示真实明确，内容合法，为有效合同。该合同签订后，北安工行按照庆华厂提交的借款凭证发放了9笔共计1354万元的贷款，因其中部分贷款的还款日期在该合同约定的借款期限之内而庆华厂到期未按约定还款，已先行违约，原审据此认定北安工行从而取得不安抗辩权并未再发放其余贷款不构成违约是正确的。②

特别是在诸如经济危机、金融风暴等经济波动的情形下，银行更应合理利用不安抗辩规则，依法维护自己的合法权益。最高人民法院《关于当前形势下审理民商事合同纠纷案件若干问题的指导意见》第十七条规定，在当前情势下，为敦促诚信的合同一方当事人及时保全证据、有效保护权利人的正当合法权益，对于一方当事人已经履行全部交付义务，虽然约定的价款期限尚未到期，但其诉请付款方支付未到期价款的，如果有确切证据证明付款方明确表示不履行给付价款义

---

① 肖扬总主编：《中华人民共和国最高人民法院判案大系》（民商事卷·2001年卷），人民法院出版社2003年版，第179~183页。

② 肖扬总主编：《中华人民共和国最高人民法院判案大系》（民商事卷·2001年卷），人民法院出版社2003年版，第91~94页。

务，或者付款方被吊销营业执照、被注销、被有关部门撤销、处于歇业状态，或者付款方转移财产、抽逃资金以逃避债务，或者付款方丧失商业信誉，以及付款方以自己的行为表明不履行给付价款义务的其他情形的，除非付款方已经提供适当的担保，人民法院可以根据《合同法》第六十八条第一款、第六十九条、第九十四条第（二）项、第一百零八条、第一百六十七条等规定精神，判令付款期限已到期或者加速到期。

（四）情势变更原则

情势变更原则系指不可归责于双方的事由发生变更，即国家经济政策、社会经济形势等客观情势发生巨大变化，致使履行合同将对一方当事人没有意义或造成损害的结果，而这种变化是当事人在订立合同时不能预见并且不能克服的，如果仍贯彻合同之法律效力，则显失公平，违背诚实信用原则，因而法律允许当事人变更或解除合同而免除违约责任的承担。虽然我国《合同法》没有规定该原则，但最高人民法院在其司法解释中确立了情势变更原则。最高人民法院《合同法解释（二）》第二十六条规定："合同成立以后客观情况发生了当事人在订立合同时无法预见的、非不可抗力造成的不属于商业风险的重大变化，继续履行合同对于一方当事人明显不公平或者不能实现合同目的，当事人请求人民法院变更或者解除合同的，人民法院应当根据公平原则，并结合案件的实际情况确定是否变更或者解除。"鉴于情势变更原则涉及对有效合同当事人的权利义务的变更和解除，为慎重适用，最高人民法院在《关于当前形势下审理民商事合同纠纷案件若干问题的指导意见》中对其适用范围、调整尺度上作了具体的规定。情势变更作为合同法的一项重要制度，人民法院早就通过个案予以适用。**武汉市煤气公司诉重庆检测仪表厂煤气表装配线技术转让合同购销煤气表散件合同纠纷案（1992年3月6日　法函［1992］27号）**：最高人民法院认为，本案由两个独立的合同组成。鉴于武汉市煤气公司与重庆检测仪表厂签订的技术转让合同已基本履行，煤气表生产线已投入生产并产生了经济效益，一审法院判决解除该合同并由仪表厂拆除煤气表装配生产线，是不利于社会生产力发展的。就本案购销煤气表散件合同而言，在合同履行过程中，由于发生了当事人无法预见和防止的情势变更，即生产煤气表散件的主要原材料铝锭的价格，由签订合同时国家定价为每吨4400元至4600元，上调到每吨16000元，铝外壳的售价也相应由每套23.085元上调到41元，如要求重庆检测仪表厂仍按原合同约定的价格供给煤气表散件，显失公平，对于对方由此而产生的纠纷，你院可依照《经济合同法》第二十七条第一款第（四）

项之规定，根据本案实际情况，酌情予以公平合理地解决。

四、合同解除后的损失赔偿

因解除合同给当事人造成损失的，应予赔偿。《合同法》第九十七条规定："合同解除后，尚未履行的，终止履行；已经履行的，根据履行情况和合同性质，当事人可以要求恢复原状、采取其他补救措施，并有权要求赔偿损失。"**上海盘起贸易有限公司与盘起工业（大连）有限公司委托合同纠纷上诉案**：最高人民法院认为，关于大连盘起是否还应向上海盘起赔偿可得利益损失的问题，本院认为，虽当事人行使法定解除权亦应承担民事责任，但这种责任的性质、程度和后果不能等同于当事人故意违约应承担的违约责任。不宜对"赔偿损失"作扩大解释。①

◎ 风险规避

一、提前收贷是否以诉请解除合同为前提

《民法通则》第六十二条规定："民事法律行为可以附条件，附条件的民事法律行为在符合所附条件时生效。"银行如与借款人约定了提前收回贷款的条件，在条件成就时，可依该规定直接诉请借款人提前归还贷款。上海市高级人民法院《关于审理借款合同纠纷案件若干问题的解答》第五条规定：借款合同关于贷款人提前收贷有约定的，该约定只要不违反法律、法规的强制性规定，应认定有效。在贷款人主张借款人提前还款的条件成就时，贷款人据此诉请要求借款人提前还款的，法院应予支持。该诉请不以解除合同为前提，故贷款人无须主张解除合同诉请。

《合同法》第二百零三条规定："借款人未按照约定的借款用途使用借款的，贷款人可以停止发放借款、提前收回借款或者解除合同。"因此，对于未按照约定的用途使用借款的，银行可直接诉请收回贷款而无须先诉请解除合同。

但未有如上述约定的，银行最好提起解除合同的诉讼请求。**崂山国土局与南太置业公司国有土地使用权出让合同纠纷案**：最高人民法院（2004）民一终字第106号民事判决书认为，根据有关法律规定精神，解除权在实体方面属于形成权，

---

① 奚晓明主编：《民商事审判指导》2005年第2辑，人民法院出版社2006年版，第191页。

在程序方面则表现为形成之诉，在没有当事人依法提出该诉讼请求的情况下，人民法院不能依职权径行裁判。[①]

二、提前收贷的利息及损失的计算

银行提前收回贷款后，其利息与损失如何计算，现行法律没有规定，银行应与借款人在借款合同中明确约定。尽管《合同法》第二百零八条规定："借款人提前偿还借款的，除当事人另有约定的以外，应当按照实际借款的期间计算利息。"但借款人主动要求提前偿还借款与违约由银行提前收回贷款的性质毕竟有所区别。北京市高级人民法院《审理民商事纠纷案件有关合同等方面若干问题的解释》第三条规定：借款人未按约定使用借款，金融机构可依据《合同法》第二百零三条的规定提前收贷。金融机构主张按合同约定的借款期限支付利息的，合同中对借款人未按约定使用借款提前收贷如何处理有约定的，按照合同约定。没有约定的按照实际借款期间计算利息；金融机构主张赔偿因提前收贷造成的经济损失的，应当给予适当保护，保护的损失范围包括办理提前收贷的手续费用和不超过6个月的同期贷款利息损失。

三、提前收贷应在诉请中一并向担保人主张权利

银行设置担保的功能是为了防止借款人的风险、保证银行债权的顺利实现。借款人风险包括违约风险。因借款人违约而银行提前收回贷款时，担保人的保证责任发生。四川省高级人民法院《关于担保合同纠纷案件若干法律问题指导意见》第六条规定：若银行是合法行使不安抗辩权或者其他民事权利，则不构成违约，反之，则构成违约。如属前者，银行的行为不仅受法律保护，而且也未加重担保人的责任，故担保人应对借款余额承担担保责任；如属后者，债务人不仅无义务提前还款，同时还可在债权人已提前扣收了贷款的情况下要求债权人承担违约责任，担保人当然也无义务提前承担担保责任。但债务到期后，担保人仍应对主债务人（扣除债权人因提前扣收贷款而应给付的违约金、赔偿金之后的剩余部分）承担担保责任。如主债务人未追究债权人的违约责任，则担保人可在债权人应承担的违约责任范围内免除担保责任。

---

① 《最高人民法院公报》2007年第3期。

四、解除通知的实务运用

银行是通过诉讼还是通知的方式解除合同，应根据个案情况而定。一般来讲，如解除合同后还要通过诉讼主张债权的，应通过诉讼解除合同。

（一）通知解除的风险

银行在收贷过程中，如果通过通知解除借款合同，则有可能使借款人提前了解银行要通过法律程序收回贷款而转移、隐匿资产。

（二）通知解除合同与诉讼解除合同利弊分析

通过通知解除合同的，有可能要进行两个诉讼。如对方在异议期内提出异议且提起确认之诉的，则解除合同的效力由人民法院或仲裁机构确认。只有解除合同效力的确认之诉终结后，银行才能向法院再提出要求借款人提前归还借款的借款合同纠纷诉讼。鉴于《合同法》生效后，当事人仍在通过诉讼解除合同，而人民法院也并未排斥当事人通过诉讼解除合同。因此，对于借款合同纠纷案件，银行最好选择通过诉讼解除合同并要求借款人提前归还贷款。

（三）解除通知与合同解除

解除合同的通知送达对方后，并不必然地引起合同终止的后果。一种情况是对方当事人在异议期内提出确认之诉。针对“如何理解合同法第九十六条的规定”的问题，《司法信箱》认为：如果人民法院或者仲裁机构确认解除权行使不当，解除合同的行为无效的，则合同自始未解除。[①]另一种情况是当事人未提出异议或未提起确认之诉的，也并不意味着人民法院在受理的借款合同纠纷中对解除合同的事实不再予以审查。在借款合同纠纷中，人民法院仍然要对合同的履行及履行过程中的违约责任进行审查和认定。如银行违约，违约一方将不可能享有合同解除权。违约一方对合同的解除有可能被法院判令无效，从而导致银行在合同解除通知后的扣收行为处于违法状态。**万顺公司诉永新公司等合作开发协议纠纷案**：最高人民法院认为，从合作协议项下乙方义务的履行角度看，应当认定永新公司已经构成违约。由于合同解除制度之意旨在于将解除权赋予守约方，而永新公司发出“4.1”函时仍处于违约状态，故永新公司不能享有合同解除权。[②]

---

① 《人民司法·应用》2007年第17期。
② 《最高人民法院公报》2005年第3期。

（四）合同解除效力的确定

合同的解除日期如何确定，即合同的解除效力从何时起算，涉及对原有合同是否履行及违约责任的承担，对银行来讲，还涉及银行利息的计算方法问题。针对法院判决解除合同后如何起算解除日期，最高人民法院民一庭意见：根据《合同法》第九十六条的规定："当事人一方依照本法第九十三条第二款、第九十四条的规定主张解除合同的，应当通知对方。合同自通知到达对方时解除。对方有异议的，可以请求人民法院或者仲裁机构确认解除合同的效力。法律、行政法规规定解除合同应当办理批准、登记等手续的，依照其规定。"合同双方当事人均有权请求人民法院或者仲裁机构确认解除合同的效力。根据当事人诉讼请求的不同，解除合同效力的起算时间点也不同。如果一方当事人请求确认解除合同通知效力的，法院经审查认为对方的异议不成立的，则合同自通知到达对方时解除；如果一方当事人起诉请求判令解除合同，法院经审查认为符合约定或法定解除条件的，则合同自法院判决生效之日起解除。[①]

上海市高级人民法院民一庭就"解除合同纠纷，合同被解除的效力从何时起算？"的问题，答复：根据合同法的规定，合同解除分约定解除（《合同法》第九十三条第一款）及单方解除。单方解除的条件是法定的，当法定解除合同条件成就时，享有解除权的一方当事人可直接行使解除权，终止合同，事先未必征得对方当事人的同意。《合同法》第九十六条规定，当事人一方依照本法第九十四条的规定主张解除合同的，应当通知对方。合同自通知到达对方当事人时解除。对方有异议的，可以请求人民法院或者仲裁机构确认解除合同的效力。因此，法院对这类案件的审理，无论是一审还是二审，都只是确认当事人解除合同的效力，不存在法院自行决定合同解除以及确定合同解除效力时间点的问题。在当事人已经行使解除权要求解除合同的情况下，法院如否认其解除合同合理性和合法性的，就不存在解除效力的起算问题。如确认其有权解除合同的，则解除的效力应自解除通知到达对方当事人时起算。实践中，存在当事人未通知对方当事人径直向法院起诉要求解除合同的情况，我们认为，如人民法院审理后确认当事人行使解除权正当的，起诉书副本送达对方当事人之日视为解除通知到达之日，合同自该日起解除。[②]

---

① 奚晓明主编：《民事审判指导与参考》2008 年第 3 辑，法律出版社 2009 年版，第 145 页。

② 上海市高级人民法院民一庭："民事法律适用问答选登"，载黄松有主编：《民事审判指导与参考》2004 年第 3 辑，法律出版社 2005 年版，第 244~245 页。

第十一节 代位权

案例 62：代位权行使不当，诉讼请求被驳回

摘要：我国现行法律对债权人行使代位权既有程序上的要求，又有实体上的要求，不符合该要求的，其代位行使债权的请求将得不到法院的支持。

长春变压器股份有限公司（以下简称变压器公司）经批准，将其国有资产无偿划转东北集团东北输变电设备集团公司（以下简称东北集团），并由东北集团接收变压器公司的全部债权债务及全部在册职工（含退休职工）。后变压器公司的债权人中国银行长春市分行（现中国银行长春市西安大路支行，以下简称西安大路支行）与东北集团签订债务承担协议，约定所欠债务的本息数额及分期还款事宜。

东北集团与变压器公司职工持股会及六位股东签订《关于成立东北输变电设备集团长春变压器有限公司协议书》（以下简称《协议书》）。该《协议书》第九条规定：根据国务院《关于在若干城市试行国有企业兼并破产和职工再就业有关问题的补充通知》规定，原长春变压器厂所欠国家银行债务本金9066万元转为东北集团债权，东北集团变压器公司以全部资产向东北集团抵押，并由东北集团变压器公司按东北集团与有关银行签订的还款计划向东北集团偿还。

东北输变电设备集团长春变压器有限公司（以下简称东北集团变压器公司，以区别于兼并前的变压器公司）注册资本530万元，接受安置变压器公司全体职工。变压器公司的净资产为283万元，东北集团以其中的270万元认缴对东北集团变压器公司的出资，其余13万元作为东北集团的发展基金，其产权属于东北集团所有。吉林省国有资产管理局致函辽宁省国有资产管理局，同意无偿划转变压器公司的资产。

◎ 裁判要旨

最高人民法院审理认为，1998年8月24日，东北集团与变压器公司（原长

春变压器厂）签订兼并协议，约定变压器公司的国有资产无偿划转给东北集团，东北集团承担变压器公司的全部债权债务，并接收变压器公司的全部在册职工等内容。基于上述兼并协议，东北集团遂于同年 11 月 11 日与变压器公司的债权人中国银行长春市分行（现已变更为西安大路支行）签订债务承担协议。该债务承担协议是当事人之间的真实意思表示，且不违反法律和行政法规的禁止性规定，应当认定为合法有效。依照该债务承担协议，东北集团基于整体兼并变压器公司，遂同意承担变压器公司所欠西安大路支行的全部债务，故东北集团应当向西安大路支行承担还本付息的民事责任。原审判决第一项判令东北集团向西安大路支行承担还本付息的民事责任并无不当，应予维持。至于东北集团在东北集团变压器公司中享有的股权是否用于清偿本案债务，属于执行程序中的问题。

东北集团与东北集团变压器公司职工持股会以及王清芳等六人于 1998 年 12 月 14 日签订的《协议书》第九条的规定有三层意思：一是原长春变压器厂所欠银行债务本金 9066 万元转为由东北集团承担；二是东北集团变压器公司以该公司全部资产向东北集团设定抵押；三是由东北集团变压器公司按东北集团与有关银行签订的还款计划向东北集团偿还。从实际履行情况看，东北集团变压器公司并没有与东北集团签订抵押协议，故该项约定没有履行。本案并没有出现东北集团变压器公司在答辩时称的“东北集团变压器公司的财产被东北集团拿去了，（该公司）还要替东北集团还债，明显违反公平原则”的情形，亦即本案并不存在东北集团变压器公司向东北集团履行两次义务的问题。《合同法》第七十三条第一款规定：“因债务人怠于行使其到期债权，对债权人造成损害的，债权人可以向人民法院请求以自己的名义代位行使债务人的债权，但该债权专属于债务人自身的除外。”从程序上看，基于债权人与债务人之间以及债务人与次债务人之间属于两个不同法律关系，故债权人提起代位权诉讼以及债权人与债务人之间的诉讼不应当合并审理，且在代位权诉讼中，次债务人应为被告，债务人应为第三人。本案债权人西安大路支行以东北集团和东北集团变压器公司为被告提起的代位权诉讼不符合法律规定。从实体上看，根据代位权的要求，债权人与债务人以及债务人与次债务人之间的债权债务关系应当明确和具体，即债权人对债务人享有到期债权，债务人对次债务人也享有到期债权。本案的实际情况是，仅债权人西安大路支行对债务人东北集团享有到期债权，但债务人东北集团对东北集团变压器公司并不享有到期债权，故债权人西安大路支行请求以自己名义行使债务人东北集团的到期债权，其理由不能成立。[①]

◎法条链接

1.《合同法》第七十三条　因债务人怠于行使其到期债权，对债权人造成损害的，债权人可以向人民法院请求以自己的名义代位行使债务人的债权，但该债权专属于债务人自身的除外。

代位权的行使范围以债权人的债权为限。债权人行使代位权的必要费用，由债务人负担。

2.最高人民法院《关于适用〈中华人民共和国合同法〉若干问题的解释（一）》第十六条第一款　债权人以次债务人为被告向人民法院提起代位权诉讼，未将债务人列为第三人的，人民法院可以追加债务人为第三人。

◎重要提示

一、代位权制度

为了强化对债权人的保护，我国合同法在借鉴大陆法系关于合同保全制度的基础上，突破合同相对性原则，设立了代位权制度。根据《合同法》第七十三条之规定，债权人的代位权是指因债务人怠于行使其到期债权，对债权人造成损害的，债权人可以向人民法院请求以自己的名义代位行使债务人的债权。

二、行使代位权的条件

（一）程序条件

债权人行使代位权必须通过诉讼途径。代位权诉讼的原告是债权人，被告是次债务人（即债务人的债务人），债务人则是第三人。如果债权人未将债务人列为第三人的，根据个案情况，人民法院可以依职权追加债务人为第三人。应当注意的是，债权人与债务人之间以及债务人与次债务人之间属于两个不同的法律关系，故债权人提起的代位权诉讼以及债权人与债务人之间的诉讼不应合并审理。

---

① 江必新主编：《民商审判指导与参考》2003年第2卷，人民法院出版社2004年版，第178~186页。

（二）实质条件

《合同法司法解释（一）》第十一条规定："债权人依照合同法第七十三条的规定提起代位权诉讼，应当符合下列条件：（一）债权人对债务人的债权合法；（二）债务人怠于行使其到期债权，对债权人造成损害；（三）债务人的债权已到期；（四）债务人的债权不是专属于债务人自身的债权。"上述四个条件缺一不可。只要具备上述条件，债权人即可通过诉讼方式行使代位权。

债务人怠于行使其到期债权对债权人造成损害是指债务人不履行其对债权人的到期债务，又不以诉讼方式或者仲裁方式向其债务人主张其享有的具有金钱给付内容的到期债权，致使债权人的到期债权未能实现。**中国银行股份有限公司汕头分行与广东发展银行股份有限公司韶关分行、第三人珠海经济特区安然实业（集团）公司代位权纠纷案**：本案中，中行汕头分行对安然公司享有合法、确定的债权的事实已为广东省珠海市中级人民法院（2005）珠中法民二初字第35号生效民事判决所确认，因此，本案争议的焦点是安然公司是否对广发行韶关分行享有到期的、非专属安然公司自身的债权，安然公司是否怠于行使其到期债权并对中行汕头分行造成了损害。安然公司对广发行韶关分行的上述债权为金钱债权，不属于最高人民法院《合同法司法解释（一）》第十二条规定的专属于安然公司自身的债权。因此，安然公司对广发行韶关分行享有到期的、非专属于安然公司自身的债权的事实足以认定。本案中，安然公司在与广发行曲江支行签订《合作权转让协议》并向其支付1500万元"购横琴岛地款"后，未以诉讼方式或者仲裁方式向广发行韶关分行主张过1500万元的债权，且下落不明。而根据广东省珠海市中级人民法院（2005）珠中法民二初字第35号生效民事判决的认定，安然公司应返还中行汕头分行借款人民币2764.4万元并支付相应的利息。安然公司至今未履行判决义务。因此，安然公司怠于行使对广发行韶关分行的到期债权，损害了中行汕头分行的利益的事实足以认定。①

三、次债务人抗辩的范围

《合同法司法解释（一）》第十八条规定，在代位权诉讼中，次债务人对债务人的抗辩，可以向债权人主张。由于抗辩涉及债权人代位权行使的数额大小、成立与否，因此其抗辩的范围应予明确。**中国中化集团公司与北京三元金安大酒店**

① 《最高人民法院公报》2011年第11期。

等代位权纠纷案：最高人民法院（2004）民二终字第53号民事判决书认为，在代位权诉讼中，虽然次债务人对债务人的抗辩可以向债权人主张，但该抗辩指的是对债务人对其享有债权真实性的抗辩。金安酒店关于北海中达公司尚欠其有关款项应在本案中与其对北海中达公司所负债务互抵的主张，不属于上述可以向债权人抗辩的内容，而是另外一个法律关系。①

四、代位权与代位申请执行的关系

代位权不同于代位申请执行权。最高人民法院《关于适用〈中华人民共和国民事诉讼法〉的解释》第五百零一条规定："人民法院执行被执行人对他人的到期债权，可以作出冻结债权的裁定，并通知该他人向申请执行人履行。该他人对到期债权有异议，申请执行人请求对异议部分强制执行的，人民法院不予支持。利害关系人对到期债权有异议的，人民法院应当按照民事诉讼法第二百二十七条规定处理。对生效法律文书确定的到期债权，该他人予以否认的，人民法院不予支持。"据此，债务人对第三人的到期债权可以成为强制执行的标的，但其仅适用于债权人与债务人之间的诉讼已经终结或者仲裁裁决已经作出并已进入执行程序的情形，而且一旦第三人对债务提出异议，人民法院不得对第三人强制执行，而代位权是不需要这些条件的。关于代位执行的范围，最高人民法院2000年9月22日［2000］执监字第304号《关于石狮德辉开发建设有限公司对江苏省高级人民法院执行异议案的复函》认为，法院判决的债权不适用"第300条"的规定。"第300条"规定的到期债权是指未经法院判决的债权，如果把经法院判决的债权视为"第300条"规定的到期债权去执行，就会使当事人的申请执行权、执行和解权和法院的执行管辖权及执行实施权发生冲突。

债权人起诉债务人诉讼裁决生效且已进入执行程序后，对于在申请代位执行中遭遇第三人异议，债权人能否再次向债务人提起代位权诉讼，现行法律没有规定。最高人民法院法官认为：在维护"一事不再理"程序原则的前提下，从保护债权人利益出发，在上述情形中，债权人若要提起代位权诉讼，必须中止或终结前一案件的执行，待代位权纠纷解决后再合案执行，否则人民法院不予受理。②

---

① 奚晓明主编：《民商事审判指导》2004年第2辑，人民法院出版社2005年版，第355页。

② 奚晓明、王闯："关于合同法中债权人代位权制度若干重要问题"，载奚晓明主编：《民商事审判指导》2004年第2辑，人民法院出版社2005年版，第30页。

针对“到期债权执行程序中，第三人提出异议后，执行法院能否以第三人向被执行人擅自履行为由裁定第三人对债权人承担给付义务”的问题，《司法信箱》认为：被执行人到期债权执行程序是在执行依据没有确定第三人为债务人的情况下，为了减轻当事人的诉累而直接在执行程序中对第三人进行执行的一项制度。由于没有经过开庭审理而径行对第三人执行，为了保障第三人的程序权利和实体权利不受非法侵害，根据《执行规定》第六十三条的规定，第三人只要在十五日内提出异议，哪怕第三人异议的实体内容是虚假的，执行法院就不能对第三人进行执行，执行法院无权对该异议是否成立进行实体审查。如果债权人认为第三人的异议为虚假，可以通过代位权诉讼程序另案解决。[①]

◎风险规避

一、银行行使代位权在程序上的要求

1. 关于诉讼主体：在起诉时，防止在借款合同纠纷中不当行使代位权。在同一案件中，银行不能将借款人和借款人的债务人列为共同被告，向借款人诉请贷款本息、向借款人的债务人行使代位权。事实上，正是由于借款人怠于行使到期债权，使银行无法通过借款人实现债权，才通过代位权的行使保护债权。依据最高人民法院《民事案件案由规定》之规定，该类案件属于债权人代位权纠纷而不是借款合同纠纷。

2. 关于中止审理：银行在起诉前确定行使代位权的，可直接以次债务人（借款人的债务人）为被告，借款人为第三人提起诉讼。如银行以借款人为被告提起的借款合同纠纷已经立案后，才发现借款人怠于行使到期债权，致使银行不能收回贷款的，可向有管辖权的人民法院另行提起代位权诉讼，并要求受理代位权诉讼的人民法院裁定中止审理，待银行起诉借款人的诉讼裁决发生法律效力以后，再恢复审理。

二、起诉前对代位权实质条件的审查

1. 债权债务关系合法。

银行与借款人，借款人与其债务人之间的债权债务关系应合法，数额应明确、

---

① 《人民司法·应用》2007年第17期。

具体。如不合法，将不受法律保护；则失去行使代位权的基础；如不明确、具体，或尚存在法律纠纷，人民法院将无法确定代位权的数额。至于债务人与次债务人之间债务数额是否确定，并不影响债权人代位权的行使。**中国农业银行汇金支行诉张家港涤纶厂代位权纠纷案**：江苏省高级人民法院二审认为，债务人与次债务人之间的具体债务数额是否确定，并不影响债权人对代位权的行使。因为在诉讼中，作为次债务人的涤纶厂完全有权向债权人汇金农行行使抗辩，本案中工艺品公司也已作为第三人参加诉讼，涉及工艺品公司与涤纶厂之间的债权债务关系的事实可以在本案中一并查清并加以确认，并不损害涤纶厂的利益。①

2. 借款人对债务人的债权已经到期。

3. 借款人怠于行使债权，且其行为影响到银行债权的实现。

借款人怠于行使债权，且其行为影响到银行债权的实现。如果借款人的财产能力足以偿还贷款，则不存在银行行使代位权的问题，至于借款人是否怠于行使到期债权，与银行无关。关于债务人怠于行使到期债权的标准，最高人民法院《合同法司法解释（一）》第十三条将“不以诉讼方式或者仲裁方式向其债务人主张其享有的具有金钱给付内容的到期债权”作为怠于行使的客观标准。但判断其是否怠于行使的标准只能限于诉讼方式或仲裁方式。如果债务人虽以诉讼方式向次债务人主张债权，但又调解结案或执行和解，而债务人对调解协议或执行和解协议怠于行使权利，对于债权人是否能够行使代位权，法律未作明文规定。对此，人民法院都在个案中进行探索。**上海中祥（集团）有限公司与上海市闸北区经济委员会、上海中亚商业（集团）房地产开发有限公司、第三人上海东湖房地产发展有限公司代位权纠纷案**：上海市第二中级人民法院（2008）沪二中民二（民）初字第14号民事判决书认为，本案中东湖公司虽已经起诉次债务人闸北经委，并最终进入执行阶段，但在2000年东湖公司与闸北经委、中亚公司签订执行和解协议后至今长达数年时间里，该和解协议并未按约履行。东湖公司现主张该和解协议未履行的责任不在己方，但根据目前查明的事实，并不存在闸北经委、中亚公司刻意设置障碍的情形。虽然东湖公司与中祥公司于1999年6月8日签订的协议明确东湖公司返还本金和利息的时间为东湖公司取得投资本息后一周内，但东湖公司在案件进入执行阶段后的行为，客观上对中祥公司的权益造成损害，中祥公司以自己的名义向闸北经委主张代位权，理由成立。一审宣判后，东湖公

---

① 《最高人民法院公报》2004年第4期。

司以已通过诉讼方式行使了债权，不存在怠于行使债权的事实和东湖公司对中祥公司的债务并未到期，中祥公司的代位权不成立为由，提起上诉。上海市高级人民法院二审判决驳回上诉，维持原判。[①]

4. 该债权不是专属于借款人自身的债权，如基于扶养关系、抚养关系、赡养关系、继承关系产生的给付请求权和劳动报酬、退休金、养老金、抚恤金、安置费、人寿保险、人身伤害赔偿请求权等权利。

三、请求数额限制

在代位权诉讼中，银行行使代位权的请求数额不得超过借款人所负债务额或者次债务人对债务人所负债务额，对超出部分银行仍需通过另案诉讼向借款人、担保人主张。

四、代位权的行使不能影响到其他债权人的利益

中国长城资产管理公司长沙办事处与成功控股集团有限公司、酒鬼酒股份有限公司、湖南湘泉集团有限公司代位权纠纷上诉案：最高人民法院（2006）民二终字第218号民事裁定书认为，代位权诉讼是《合同法》赋予债权人保护其债权不因债务人怠于行使权利造成损害的诉讼权利。在民事诉讼的普通程序中，当事人提出代位权诉讼只要符合《合同法》和中华人民共和国《合同法司法解释（一）》的相关规定，人民法院即应受理并依法保护债权人的权利。本案中，长城公司的代位权诉讼的债务人为已进入破产程序的湘泉集团，如果没有这个因素，对于该代位权诉讼是否成立当然应进行实体审理。但是，长城公司的债务人湘泉集团已经进入破产程序，其行使代位权就要受到限制。这是由于：第一，代位权行使的标的是债务人对次债务人的债权，在债务人进入破产程序后，这一债权将作为债务人的破产财产，由全体债权人公平受偿。代位权行使的目的是使债权人的债权得到个别清偿，这在普通程序中当无问题，但在破产程序中，将直接影响到其他债权人的利益，违反了破产程序债权人公平受偿的原则。第二，破产程序具有追回债务人对外债权的功能。其一，最高人民法院《关于审理企业破产案件若干问题的规定》（以下简称《规定》）第五十条规定的清算组的职责包括“回收破产企业的财产，向破产企业的债务人、财产持有人依法行使财产权利”，清收债务人

① 《人民司法·案例》2009年第20期。

财产是清算组应尽的职责；其二，《规定》第五十一条第二款还规定了“清算组有损害债权人利益的行为或者其他违法行为的，人民法院可以根据债权人的申请或者依职权予以纠正”，如果清算组对应当回收的财产不予回收，且在债权人提出后，又作出不予回收的决定，债权人可以依据《规定》第五十二条的规定申请人民法院裁定撤销该决定，上述规定保证了债权人对清算行为实施有效的监督。第三，长城公司在上诉中举例称债权人可以向债务人的保证人提起诉讼，用以证明债权人可以提起新的诉讼。固然，债权人对债务人以外的连带债务人提起诉讼并不为法律或司法解释所禁止，但此种诉讼的对象是基于个别债权的连带责任，其效果也是保护个别债权的实现，而代位权诉讼的标的是债务人对次债务人的债权，该项财产是对债务人全部债务的担保，不是对个别债务的担保，代位权诉讼与对债务人的保证的诉讼有着根本的区别。

综上所述，在湘泉集团已进入破产程序的前提下，长城公司以湘泉集团怠于行使其权利为由提起针对成功控股集团和酒鬼酒公司的代位权诉讼，人民法院不应以普通程序受理该案件。长城公司应当在湘泉集团破产程序中根据法律规定和司法解释的规定行使相关权利，由受理破产案件的法院确定成功控股集团与酒鬼酒集团是否存在应当向湘泉集团履行的债务。[①]

---

① 奚晓明主编：《民商事审判指导》2007 年第 1 辑，人民法院出版社 2007 年版，第 300~301 页。

第十二节　抵销权

案例63：抵销权行使对象错误，所扣存款应予返还

摘要：依照《合同法》第九十九条之规定，当事人行使抵销权的对象必须是对其负有债务的债务人。银行通过扣收债务人配偶的存款实现债权，不是对抵销权的正当行使，属侵权行为。

茅渡乡定坡村小学教师向明清之夫沈志武向安江信用社下属茅渡分社借款5000元，逾期未能还款。2001年4月份起，向明清的工资由市财政拨付给茅渡分社代发，茅渡分社以沈志武的借款系夫妻共同债务为由，从2001年4月至9月共扣除向明清工资2106元，但向明清不同意扣款，多次向上反映，并在没有结果的情况下陆续签字领走了预留的生活费。2001年9月后，向明清不再签字领款，至2002年12月2日止，又被茅渡分社扣划6607.54元用于偿还沈志武的借款。为此向明清向人民法院起诉，请求法院责令被告支付自2001年度起非法扣划的工资。

◎ 裁判要旨

二审人民法院经审理认为：市财政局将向明清的工资拨付给信用社代发，安江信用社与向明清形成一种储蓄存款合同关系。该关系应受我国商业银行法、储蓄管理条例中关于“取款自由”、“任何单位和个人不得擅自划拨他人储蓄存款”等规定之调整。安江信用社非经法定程序私自扣划向明清存款之行为构成侵权，应承担如数退还所扣存款的民事责任。原审法院以向明清之夫沈志武尚欠安江信用社贷款，安江信用社扣款属行使法律规定之抵销权予以支持不妥，适用法律错误，应予撤销。遂判决撤销一审判决，安江信用社退还所扣向明清的存款。[①]

---

① 《人民法院报》2004年9月12日。

◎法条链接

1.《合同法》**第九十九条**　当事人互负到期债务，该债务的标的物种类、品质相同的，任何一方可以将自己的债务与对方的债务抵销，但依照法律规定或者按照合同性质不得抵销的除外。

当事人主张抵销的，应当通知对方。通知自到达对方时生效。抵销不得附条件或者附期限。

第一百条　当事人互负债务，标的物种类、品质不相同的，经双方协商一致，也可以抵销。

2. 最高人民法院《关于适用〈中华人民共和国合同法〉若干问题的解释（二）》

第二十三条　对于依照合同法第九十九条的规定可以抵销的到期债权，当事人约定不得抵销的，人民法院可以认定该约定有效。

第二十四条　当事人对合同法第九十六条、第九十九条规定的合同解除或者债务抵销虽有异议，但在约定的异议期限届满后才提出异议并向人民法院起诉的，人民法院不予支持；当事人没有约定异议期间，在解除合同或者债务抵销通知到达之日起三个月以后才向人民法院起诉的，人民法院不予支持。

3. 最高人民法院《关于审理民事案件适用诉讼时效制度若干问题的规定》

第十条　具有下列情形之一的，应当认定为民法通则第一百四十条规定的“当事人一方提出要求”，产生诉讼时效中断的效力：（三）当事人一方为金融机构，依照法律规定或者当事人约定从对方当事人账户中扣收欠款本息的。

◎重要提示

一、抵销权制度

抵销权系指当事人互负到期债务，又互享债权，一方将自己的债务与对方的债务充抵，从而产生合同关系消灭的法律后果。依据《合同法》的规定，抵销分为法定抵销和约定抵销。法定抵销是具备法律规定的抵销条件时，依当事人一方的意思表示即发生抵销的法律后果（《合同法》第九十九条）。约定抵销不受法律规定的抵销条件的限制，当事人只要意思表示一致即可抵销（《合同法》第一百条）。

二、抵销的条件

1. 双方当事人互享债权互负债务。要进行抵销，必须双方互有债权，具有相互对立性。

2. 互负债权须为到期债权。双方当事人各自的债权均已经到了清偿期，只有债权已到清偿期，双方当事人才负有清偿债务的义务，抵销才是必要的。

3. 互负的债权种类、品质要相同。首先是指债权在性质上是相同的，其次要求债权在品质上是相同的，对于同种类但在品质上不相同的给付，不得适用法定抵销。

4. 抵销的债权及抵销行为须是合法的。无效的债权或不成立的债权不能进行抵销。同时抵销没有违反法律规定的禁止性规定，且法律明文规定债务可以抵销的，才能抵销。

三、银行法定抵销权的行使依据

《贷款通则》规定贷款人有权依合同约定从借款人账户上划收贷款本金和利息。实务中，银行按合同约定从借款人账户上扣划存款来回收贷款成为抵销的主要方式，即在《合同法》实施以前，银行就大量实行着约定抵销的方式。

应该说，《合同法》颁布实施后，其规定的法定抵销程序由于操作简便而应当成为银行进行抵销的首选方式，但事实却并非如此。其一，客户在银行存款的法律性质的模糊。尽管主流观点认为存款属于客户的债权，但尚缺乏法律的明确规定。不能确定存款的债权性质，就不能认定银行与客户互负债务。其二，《商业银行法》规定，除法律另有规定外，商业银行有权拒绝任何单位和个人对个人储蓄存款和单位存款的扣划。尽管《合同法》规定了法定抵销，且抵销的当事人并未排斥银行，但如无明确、具体的规定，银行的法定抵销权仍处在法律的灰色地带。其三，因银行扣划而被认定为侵权的案例，使银行对法定抵销心有余悸。

直至2008年9月1日施行的法释［2008］11号司法解释，才明确了银行有权行使法定抵销权，并通过该司法解释为银行能否行使法定抵销权在法理上的争论画上了句号。该司法解释第十条第（三）项赋予银行法定抵销权的法理基础是：债权银行与债务人之间成立的是借款法律关系，其债权债务所指向的标的物为货币。而债务人将款项存到银行，其与银行之间成立的是存储法律关系，债权债务所指向的标的物同为货币。在存款为活期存款的情形下，权利人可随时主张，义务人也得随之清偿，因此，除非当事人之间有特殊约定，债权银行（在借贷法律关系中）均可在符合法定抵销的情形下行使法定抵销权以实现其权利。[①]

◎风险规避

并非法律赋予银行法定抵销权，就意味着银行的扣款行为可以随意，当扣款的程序不当或不符合法定抵销的实质要件时，其行为将得不到法律的保护。

一、银行只能对债务人到期的存款或活期存款进行抵销

对于客户未到期存款，银行不能直接行使抵销权，可申请法院对客户存款予以冻结并申请支付令或提起诉讼，在获得胜诉判决后通过法院执行程序扣划该客户的存款；对于非客户存款，即使该客户与债务人系夫妻关系，或有继承关系、共有关系的，银行亦不能直接行使抵销权，因为银行无权判定存款的性质及归属，但可申请法院对存款采取保全措施，通过诉讼确定存款的归属。

二、银行行使抵销权的程序

1. 在通知客户抵销之前，银行应当事先将存款予以锁定，否则可能发生客户转移存款逃废银行债务的风险。

2. 按照银行的操作规程及时制作有关的会计凭证。按照金融机构的操作惯例，金融机构从客户的账户扣划资金，一般采用一式三联的特种转账借方传票。其中一联交客户保存，两联由银行入账，且在转账完毕后，金融机构应在会计账目中将扣划的款项登记在相应的会计科目上。

3. 银行在跨币种行使抵销权时，应当根据当日公布的外汇牌价折算后再进行抵销；如果客户拖欠外币贷款但有人民币存款，则应按照外汇买入价进行折算；如果客户拖欠人民币贷款但有外币存款，则应按照外汇卖出价进行折算。

4. 银行应当将应由客户保存的传票及书面形式的抵销事宜通知送达客户。同时，扣划的会计凭证及抵销通知是银行依法行使法定抵销的抗辩证据，也是主张诉讼时效中断的证据。

---

① 奚晓明主编：《最高人民法院关于民事案件诉讼时效司法解释理解与适用》，人民法院出版社2008年版，第190页。

三、法定抵销应只限于作为合同债权人的金融机构，且债务人在其处有存款

如在同一法人金融机构的不同分支机构进行抵销，应在借款合同中进行明确约定，否则，金融机构为其他金融机构债权人的债权进行抵销的行为构成侵权。如未作约定，对客户在本行其他分支机构开立的账户存款进行抵销时，银行应采取将债权转移给该分支机构的方式进行，且银行应当将债权转移事宜通知客户。**最高人民法院判决维持的中国建设银行山东省分行与山东禹城中农润田化工有限公司、山东兴禹化工集团公司等借款合同纠纷上诉案**：山东省高级人民法院认为，中国建设银行虽然是一级法人，但总行所属各行都是领有《营业执照》的分支机构，是相对独立的民事主体，其在核准登记的经营范围内，享有民事权利，承担民事义务。故中国建设银行的属行之间可以转让民事权利或义务。另外，债权的取得或转移，不仅仅发生在平等主体之间，有隶属关系的单位间也会发生民事关系。因此，润田公司以禹城建行和山东建行隶属于一个法人为由，而否认山东建行取得的债权的合法性是对民事主体的曲解和对所有权和债权概念的混淆。[①]

四、通过诉讼的抵销

北京市高级人民法院《审理民商事案件若干问题的解答之五（试行）》第二十二条就“一方当事人主张行使抵销权，法院是否合并审理”的问题规定：一方当事人根据合同法第九十九条行使法定抵销权，法院应该合并审理，并不另行收取案件受理费。一方当事人根据合同法第一百条行使约定抵销权的，对方当事人提出异议，并提出了确实充分证据，用于抵销的债权属尚不确定的，法院不应进行合并审理，提出行使抵销权的当事人应当另行提起诉讼。该院对该条的理解和适用作了说明，即抵销权是一种形成权，在法定条件下，其权利的行使由当事人单方的意思表示即可为之，用于抵销的债务即使复杂，法院也应合并审理。在行使约定抵销权时，则需考虑双方当事人约定抵销的意思表示是否真实。即使一方当事人行使抵销权没有得到法院的支持，其对另一方当事人主张相应权利的诉讼时效依然发生中断的法律后果。[②]

---

① 奚晓明主编:《民商事审判指导》2004 年第 2 辑，人民法院出版社 2005 年版，第 173~174 页。

② 奚晓明主编:《民商事审判指导》2008 年第 3 辑，人民法院出版社 2008 年版，第 47 页。

五、超过诉讼时效的债权能否进行抵销

超过诉讼时效的债权能否进行抵销，现行法律未有规定。理论界甚至通过区分主动债权与被动债权作为是否可以抵销的依据。根据法学理论，超过诉讼时效的债权为自然债。由于诉讼时效届满，债权人不能要求通过诉讼程序强制债务人履行，但债务人自愿履行可以得到法律的确认。已经履行的也不能因为超过诉讼时效而要求返还。因此，超过诉讼时效的自然债，其本质属性仍然是实际存在的、合法的债权，只是不能通过诉讼程序强制债务履行而已。因此，有的案例认为，即使超过诉讼时效的债权作为主动债权，也可以与对方未通过诉讼时效的债权进行抵销。**新沂市建材总公司与新沂市农村信用合作联社金昌信用社、新沂市农村信用合作联社返还财产纠纷案**：1997年，建材公司因欠贷款，而通过执行和解将其房地产折价抵偿给贷款人金昌信用社。抵偿后余款491495元应返还给金昌信用社。在执行过程中，金昌信用社提出建材公司尚欠其贷款本息，希望抵销，法院未作处理。该笔贷款于1998年4月19日诉讼时效期间届满。2008年，建材公司起诉要求金昌信用社返还包括491495元在内的相关款项，金昌信用社认为该笔债权已经抵销。江苏省高级人民法院（2008）苏民二终字第0424号民事判决书认为，原审判决查明的金昌信用社与建材公司之间互负债务的事实清楚。金昌信用社在1997年5月25日与建材公司协商（1997）执字第121号案的过程中实际已提出以该债权抵销其所欠建材公司的房产变现剩余款的主张。抵销权属于形成权，无须建材公司的同意。建材公司长达12年未向金昌信用社主张返还491495元，表明建材公司对双方债务相抵一事当时不但明白，而且认可。金昌信用社的抵销债务行为合法有效，建材公司对金昌信用社的491495元债权即因债务抵销而消灭。因此，建材公司要求金昌信用社返还财产的诉讼请求不能成立。①

在当前法无明文规定的情况下，银行对自然债权，特别是作为主动债权的自然债权进行抵销的，应持更为谨慎的态度。

① 《人民司法·案例》2009年第8期。

第十三节　撤销权

案例 64：债权人不能对合法成立的资产交易行使撤销权

摘要： 撤销权行使的要件之一是债务人以明显不合理的价格转让财产，如该财产的转让系合法的资产交易，则受法律保护。债权人的撤销请求法律不予支持。

1998 年 5 月至 1999 年 7 月期间，安徽皖北矿业有限责任公司（以下简称皖北矿业公司）因向中国建设银行淮北分行（以下简称淮北建行）借款和申请银行承兑汇票，共欠淮北建行贷款本金 3945.3 万元，利息 526.66429 万元（利息计算至 2001 年 3 月 31 日）。上述债务由皖北铝业有限责任公司（以下简称皖北铝业公司）承担连带责任担保。

2000 年 12 月 13 日，皖北矿业公司与淮北市友谊汽车修理改装厂（以下简称友谊汽修厂）签订了一份《产权转让合同书》，约定：皖北矿业公司将吉山、赵楼、土型三个煤矿的整体资产及矿产资源，包括该公司所属的土型洗煤厂和在濉溪经济开发区内的煤矿生产所用的维修设备、配件及部分交通工具（除两台小车之外的其余车辆），以总价款 6000 万元的价格整体转让给友谊汽修厂。合同还约定皖北矿业公司在三个矿转让前的债权债务及遗留亏损等问题的处理一律与友谊汽修厂无关。同时约定三煤矿（2000 年 11 月 30 日前）的在册职工，全部由买方安置任用，并应按期缴纳职工养老保险金和失业保险金。合同签订后，友谊汽修厂依约支付了全部价款，双方在濉溪县产权交易所办理了有关手续。2001 年 1 月 12 日，友谊汽修厂以上述购入的财产作为总投入，注册成立了淮北圣火矿业有限责任公司（以下简称圣火矿业公司），注册资金 6000 万元，并向有关管理部门缴纳 2000 万元，办理了煤炭生产许可证和采矿许可证。

2002 年 4 月 12 日，淮北建行以皖北矿业公司以 6000 万元价格转让煤矿资产属于明显不合理低价，损害该行利益为由，向安徽省高级人民法院提起诉讼，请求判决撤销皖北矿业公司与友谊汽修厂依据 2000 年 12 月 13 日签订的《产权转让合同书》所成立的资产转让行为，并由皖北矿业公司和友谊汽修厂承担诉讼费用。

◎ 裁判要旨

最高法院经审理认为，淮北建行于2001年1月3日知悉皖北矿业公司向友谊汽修厂转让煤矿，于2001年6月12日在其与皖北矿业公司、皖北铝业公司借款保证合同纠纷案中向安徽省高级人民法院追加了诉讼请求，提出撤销权主张，没有超过法定期间。虽然安徽省高级人民法院作出的（2001）民二初字第10号民事判决驳回了淮北建行的该项诉讼请求，但该判决中提示淮北建行可以另行诉讼，主张撤销权。淮北建行于2002年4月12日提起本案诉讼，没有超过法定诉讼时效期限。故友谊汽修厂关于淮北建行起诉超过法定诉讼时效的诉讼主张，该院不予支持。

淮北建行向原审法院提供的两份《资产评估报告》载明吉山矿评估价值为6518万元、土型矿评估价值为3753万元。圣火矿业公司向原审法院出具的《资产评估报告》证明赵楼矿评估价值为2348万元。原审法院认为上述《资产评估报告》为本案有效的直接证据，并以此确认三个煤矿总资产共计12619万元。但上述《资产评估报告》中，部分财产的价值是依据皖北矿业公司单方所作的账面申报，对其不动产部分的评估缺少产权证明，且该资产评估是资产出售方单方面委托，缺乏公信度，其结果虽有一定的参考价值，但不能直接作为价格判断的最终依据。故上述证据不是证明以6000万元价格出售三个煤矿属于明显低价的直接证据。资产评估价格并不等于资产转让价格，原审法院以上述评估报告作为认定煤矿价格的直接依据，违背证据规则。原审采信皖北矿业公司2000年7月份会计报表载明的固定资产额度为170006万余元作为明显低价的证据，忽略了上述资产额度是整个皖北矿业公司的资产总额，而不是本案三个煤矿的资产额度，淮北建行向县委、县政府出具的请求保护其债权的报告中载明“皖北矿业公司……还有如特种油加工厂、石材厂等，购置了开发区房地产等，形成了大量的无效资产”，也说明该公司还有三个煤矿以外的其他资产。且原审判决引证的会计报表与资产转让行为并非同一时段，不具有可比性。而且2000年该皖北矿业公司被处巨额行政罚款，人民法院查封、强制执行的资产都未予核减，故原审判决采信上述证据亦属不当。原审判决以圣火矿业公司2001年6月30日资产负债表所载明的固定资产值作为本案认定事实的证据，同样没有考虑圣火矿业公司买入资产后的对煤矿的后期投入情况，没有考虑到煤炭市场复苏致使煤矿升值等客观情况，圣火矿业公司的资产负债情况与本案资产转让合同确定的价格不具有关联性。综上，原审判决认定本案资产转让价格属于不合理的明显低价所确认的证据均不符合最高人民法院《关于民事诉讼证据的若干规定》第六十五条、第六十六条的规定，导致其认定事实不清，应当予以纠正。

价格在不同的时期受使用价值和供求关系影响，围绕价值轴线波动。在2000年我国煤炭市场总体不景气，当时煤价低至80—180元/吨（现在煤价一般在300—500元/吨）。就当时市场环境而言，该三座煤矿资产缺乏可经营性。皖北矿业公司由于经营亏损，以致该公司连续17个月不能发放职工工资，引发矿工大规模群体事件。此情况说明在当时环境下，三个煤矿不具有赢利的价值，这也是皖北矿业公司出售该煤矿的直接原因。上述原因导致三煤矿的使用价值受到严重贬损，难以变现。皖北矿业公司将三座煤矿以6000万元的价格对外要约，多个受要约人（国有企业）实地考察后认为价格太高予以拒绝，亦从另一方面说明当时以6000万元价格出售煤矿并非明显低价；加上煤矿出售时不仅有金钱对价，还约定买受人必须承担退休职工安置、职工福利及缴纳两金等附加义务，即使如此，买受人购买煤矿后还不能开采煤矿，还必须交纳2000万元办理煤炭生产许可证、采矿许可证才能获得煤矿的开采权。三座煤矿转让时，土型矿划定的资源已经基本枯竭，以致越界开采遭到3624万元行政处罚，吉山矿严重透水发生矿工死亡事故，上述煤矿均处于停产状态。赵楼矿所有权存在权利瑕疵，已经对外签订了十年租赁经营合同，并以其全部资产设置了资产抵押担保。依据以上情况综合评价，可以确认当时以6000万元价格出售上述三个煤矿不属于明显不合理低价。况且，该煤矿是在濉溪县委、县政府协调，县体改委、经贸委、国资局等单位参与下确定的价格，并非皖北矿业公司自己所能把握，淮北建行关于皖北矿业公司以明显不合理低价出售资产逃废债务的诉讼理由，不符合本案实际情况，该院不予采信。

依据法人责任财产原则，法人以全部财产对所负债务承担清偿责任。法人将实物资产通过有偿转让变为货币资产，买受人在公平交易基础上给付对价后，法人财产仅从形态上发生了变化，但其责任财产价值总额并未减少。银行债权落空是皖北矿业公司未将出售煤矿所得价款用于偿还银行贷款所致，而不是以明显不合理低价出售资产的结果。从保护交易安全和维护社会经济秩序稳定出发，对已经合法成立的资产交易，应当予以维护。友谊汽修厂的上诉主张有理，该院予以支持。判决：驳回中国建设银行淮北分行的诉讼请求。[①]

◎法条链接

1.《合同法》**第七十四条** 因债务人放弃其到期债权或者无偿转让财产，对债权人造成损害的，债权人可以请求人民法院撤销债务人的行为。债务人以明显不合理的低价转让财产，对债权人造成损害，并且受让人知道该情形的，债权人也可以请求人民法院撤销债务人的行为。

撤销权的行使范围以债权人的债权为限。债权人行使撤销权的必要费用，由债务人负担。

第七十五条 撤销权自债权人知道或者应当知道撤销事由之日起一年内行使。自债务人的行为发生之日起五年内没有行使撤销权的，该撤销权消灭。

2. 最高人民法院《关于适用〈中华人民共和国合同法〉若干问题的解释（一）》

第二十四条 债权人依照合同法第七十四条的规定提起撤销权诉讼时只以债务人为被告，未将受益人或者受让人列为第三人的，人民法院可以追加该受益人或者受让人为第三人。

3. 最高人民法院《关于适用〈中华人民共和国合同法〉若干问题的解释（二）》

第十八条 债务人放弃其未到期的债权或者放弃债权担保，或者恶意延长到期债权的履行期，对债权人造成损害，债权人依照合同法第七十四条的规定提起撤销权诉讼的，人民法院应当支持。

第十九条 对于合同法第七十四条规定的"明显不合理的低价"，人民法院应当以交易当地一般经营者的判断，并参考交易当时交易地的物价部门指导价或者市场交易价，结合其他相关因素综合考虑予以确认。

转让价格达不到交易时交易地的指导价或者市场交易价百分之七十的，一般可以视为明显不合理的低价；对转让价格高于当地指导价或者市场交易价百分之三十的，一般可以视为明显不合理的高价。

债务人以明显不合理的高价收购他人财产，人民法院可以根据债权人的申请，参照合同法第七十四条的规定予以撤销。

---

① 奚晓明主编：《民商事审判指导》2005 年第 1 辑，人民法院出版社 2005 年版，第 230~238 页。

◎ 重要提示

一、撤销权制度

为保全债务人财产以维护债权人利益，保障交易安全，我国《合同法》第七十四条规定了撤销权制度。所谓撤销权，系是指因债务人放弃其到期债权或者无偿转让财产，对债权人造成损害的，债权人可以请求人民法院撤销债务人的行为。债务人以明显不合理的低价转让财产，对债权人造成损害，并且受让人知道该情形的，债权人也可以请求人民法院撤销债务人的行为。

二、撤销权行使条件

（一）客观要件

第一，债权人对债务人享有合法有效的债权。即债权人行使撤销权时，债权人的债权已经有效成立，且不具有无效或可撤销的因素。另外，债权必须在债务人的处分行为发生之前就已经有效存在。

第二，债务人实施了处分财产的行为。即债务人实施了放弃到期债权、无偿转让财产、以明显不合理的低价转让财产的行为。

第三，债务人处分财产的行为已经发生法律效力。

第四，债务人处分财产的行为给债权人造成损害。

（二）主观要件

第一，债务人延长到期债务的履行期，须具有恶意。

第二，债务人以明显不合理的低价转让财产的，受让人须具有恶意。

三、几种撤销权的区分

《合同法》第七十四条规定的债权人的撤销权与《民法通则》第五十九条、《合同法》第五十四条规定的合同撤销权及《破产法》规定的破产撤销权在构成要件、行使期间、诉请撤销机关上均有不同，在实务中应注意区分。

（一）合同撤销权

因合同欠缺一定生效要件，而导致一方当事人享有的以其单方意思表示撤销已成立的合同的权利。

《合同法》第五十四条第一款规定：“下列合同，当事人一方有权请求人民法院或者仲裁机构变更或者撤销：（一）因重大误解订立的；（二）在订立合同时显失公平的。一方以欺诈、胁迫的手段或者乘人之危，使对方在违背真实意思的情况下订立的合同，受损害方有权请求人民法院或者仲裁机构变更或者撤销。”该合同撤销权的行使期间为一年。

（二）破产撤销权

1. 破产撤销权

指债务人财产的管理人对债务人在破产申请受理前的法定期间内进行的欺诈债权人或损害全体债权人公平受偿的行为，有申请法院予以撤销的权利。

《企业破产法》第三十一条规定：“人民法院受理破产申请前一年内，涉及债务人财产的下列行为，管理人有权请求人民法院予以撤销：（一）无偿转让财产的；（二）以明显不合理的价格进行交易的；（三）对没有财产担保的债务提供财产担保的；（四）对未到期的债务提前清偿的；（五）放弃债权的。”第三十二条规定：“人民法院受理破产申请前六个月内，债务人有本法第二条第一款规定的情形，仍对个别债权人进行清偿的，管理人有权请求人民法院予以撤销。但是，个别清偿使债务人财产受益的除外。”

2. 提前收贷与破产撤销权

银行在借款人经营不善时提前清收贷款已成为金融机构有效防范金融风险的惯常做法。但提前收贷有时与破产撤销权，即破产管理人公平保护破产企业全体债权人的合法权益相冲突。

南通美嘉利服饰有限公司与江苏银行股份有限公司南通观音山支行破产撤销权纠纷案：2007 年 11 月 13 日，江苏银行观音山支行与美嘉利公司签订流动资金借款合同，约定由该银行向美嘉利公司贷款 200 万元，借款期限为 6 个月，至 2008 年 5 月 12 日止。该合同约定，借款到期而美嘉利公司未能偿还借款本息的，美嘉利公司同意江苏银行观音山支行直接从美嘉利公司设立在该银行及分支机构的所有账户中扣划资金以清偿借款合同项下的债务，同时还约定如美嘉利公司出现仲裁、民事纠纷及财务状况恶化等情况时，江苏银行有权停止尚未发放的借款，并提前收回贷款。江苏银行观音山支行于合同签订当日将 200 万元划入美嘉利公司账户。2008 年 3 月，江苏银行观音山支行以美嘉利公司不能正常经营以及数次拖欠利息、财务状况恶化为由，向美嘉利公司发出书面通知，宣布借款提前到期，要求美嘉利公司抓紧落实偿还 200 万元借款本息。后从美嘉利公司账户扣收 147812 万元用于偿还借款本息。2008 年 7 月 14 日，美嘉利公司向法院申请破产被裁定受理。在破产清算期间，破产管理人于2009年3月15日以江苏银行观音山支行为被告向法院提起诉讼，以美嘉利公司对江苏银行提前清偿为由，请求撤销该清偿行为，由江苏银行向破产管理人返还147812万元。江苏省南通市港闸区人民法院（2009）港民二初字第0168号民事判决书认为，被告江苏银行观音山支行与美嘉利公司约定，当出现美嘉利公司不按期偿还借款本息及公司财务状况恶化等情形时，被告有权提前收回借款，并自提前收回借款的通知到达美嘉利公司之日起，合同项下的借款视为到期。本案借款提前到期的条件已经成就，江苏银行观音山支行单方宣布借款提前到期和直接扣划美嘉利公司账户存款的行为符合合同约定，是合法有效的。

本案原告主张撤销美嘉利公司对江苏银行观音山支行个别清偿行为的主张能否成立，关键取决于撤销债务人对个别债权人的清偿行为应具备哪些法律条件。《企业破产法》第三十二条规定："人民法院受理破产申请前六个月内，债务人有本法第二条第一款规定的情形，仍对个别债权人进行清偿的，管理人有权请求人民法院予以撤销。但是，个别清偿使债务人财产受益的除外。"从《企业破产法》第三十二条和第二条第一款的规定中可以看出，对个别清偿行为行使破产撤销权应具备的条件：一是清偿行为发生在人民法院受理破产申请前6个月内；二是债务人出现了破产法第二条第一款规定的破产原因，即债务人不能清偿到期债务，并且资产不足以清偿全部债务或者明显缺乏清偿能力；三是受偿债权人在主观上应当明知债务人已出现了企业破产法第二条第一款规定的破产原因。本案中，被告江苏银行观音山支行扣款受偿行为确实发生在人民法院受理破产申请前6个月内，当时美嘉利公司也可能出现了不能清偿到期债务并且资产不足以清偿全部债务或者明显缺乏清偿能力的情形，但该情形是否为被告所知悉，原告并没有充分的证据证明。《企业破产法》第三十二条之所以规定需债务人出现了《企业破产法》第二条第一款规定的情形，显然是为了赋予获得受偿的债权人以善意抗辩权，即只有当债权人明知债务人出现了《企业破产法》第二条第一款规定的破产原因而仍然为个别受偿的，人民法院才能依管理人的申请对之予以撤销。因为对到期债务的清偿毕竟是债务人的法定义务，破产撤销权的立法目的也仅仅是限制债务人的不当清偿行为，以保护其整体债权人的利益。倘若对善意受偿的到期债务均可依破产管理人的请求予以撤销，将使债务人在破产前一定期间内的所有交易行为效力都处于不确定状态之中，这将大大损害交易安全。不利于市场经济的健康发展，不符合《企业破产法》以及其他民事法律之立法本意。尽管美嘉利公司已经出现财务状况恶化的情形，但不等于出现了破产原因。在没有证据证明被告主观上存在恶意的情况下，被告依照合同约定自行扣划债务人账户存款抵债，并不违反法律的禁止性规定，是善意的合法行为。据此，本案原告的诉讼请求不能成立。当然，被告提出的对非债务人的主动清偿行为不得撤销的抗辩理由于法无据，无论是债务人主动清偿，还是债权人自行扣划抵偿，乃至依据人民法院生效裁判强制执行获得的清偿，只要审查实施清偿行为是否发生在破产临界期内，债务人是否出现了破产事由以及债权人是否明知债务人出现了破产原因这三个条件，一旦破产管理人依法请求撤销，人民法院应予支持。本案原告的诉讼请求之所以不得获得支持，正是由于法律条件上的欠缺。据此判决驳回原告的诉讼请求。宣判后，原告未提起上诉，一审判决已发生法律效力。[①]

四、对赠与财产行为的撤销

栏杆信用社与刘守庭、李爱萍、刘翔撤销权纠纷案：刘守庭与李爱萍系夫妻关系，刘翔系刘守庭与李爱萍之子。刘守庭分别于2005年11月3日和2006年12月11将所购买房屋登记在刘翔名下。2005年，刘守庭在巢湖市居巢区农村信用合作联社栏杆信用社（简称栏杆信用社）分三次贷款300万元。因刘守庭未按约偿还贷款，栏杆信用社于2007年5月向法院提起诉讼，诉讼过程中，法院依申请对涉案房产进行保全，但刘翔提出财产保全异议。该案判决后，栏杆信用社遂向法院申请强制执行。法院以刘守庭无财产可供执行，裁定终结该民事判决的执行程序。栏杆信用社诉至法院，请求撤销登记在刘翔名下的涉案房屋产权，确认房屋为刘守庭与李爱萍夫妻共有财产。安徽省巢湖市中级法院（2009）巢民三终字第0470号民事判决书认为：刘守庭以刘翔名义购买房产的行为，是一种赠与行为，其办理完房地产权登记为赠与行为的完成。刘守庭赠与行为的完成是在借贷行为之后，构成恶意逃避债务，依法应予撤销。本案撤销权的期限应从2009年4月9日开始计算，故栏杆信用社行使撤销权并未超过一年的期限。判决：撤销刘守庭、李爱萍将东方景苑17号楼303室及该幢楼5号汽车库和东苑新村12-1号门面房所有权赠与刘翔的行为，确认上述房屋为刘守庭、李爱萍夫妻共有财产。[②]

---

① 《人民司法·案例》2010年第6期。

② 《人民法院报》2010年3月25日。

五、对放弃继承权行为的撤销

债务人放弃继承权的行为能否成为债权人撤销权的标的，我国现行法律未作规定，法学界亦因放弃继承是身份行为还是财产行为表达了不同的观点。如放弃继承是身份行为，则不能成为撤销权的标的。**张康琼与邓晓江，第三人邓晓克、邓晓利撤销权纠纷案**：四川省成都市中级人民法院（2008）成民终字第1129号民事判决书认为，撤销权的设立目的在于防止因债务人财产的不当减少造成债权的不能实现，因而撤销权的标的应为以财产为标的的民事行为。本案中，邓晓江能够取得法定继承人的资格，无疑是基于特定的身份关系，但继承发生时，其放弃继承的行为直接指向的是财产权利，倘若因此而损害债权人的债权，债权人可以根据法律规定，行使撤销权。邓晓江在明知不能清偿债务的情况下放弃继承的财产，明显影响其清偿债务的能力，亦有悖于诚信原则，故张康琼要求确认邓晓江放弃继承的行为无效的诉讼请求成立。本案中，因邓晓克、邓晓利均未向邓晓江支付其放弃继承部分的对价，故邓晓江的行为应属无偿处分财产，此时债权人行使撤销权不以债务人和第三人的恶意为要件，因此邓晓克、邓晓利是否系善意取得邓晓江放弃的继承份额与本案无关。[①]

六、对债务人通过诉讼进行的财产处分行为的撤销

对于债务人在诉讼中通过调解、执行和解等方式进行的财产处分行为，如无确实充分的证据证明债务人、受益人具有恶意或恶意串通，损害了债权人的利益，其撤销权请求一般不会得到法院的支持。

中国长城资产管理公司南京办事处诉镇江市供销社副食品公司、四川省烟草公司射洪县公司撤销权纠纷案：副食品公司向中国农业银行丹徒县京江分理处借款1700万元。借款到期后未能全部归还。中国农业银行江苏分行将本案所涉借款本金及相应的利息转让给中国长城资产管理公司南京办事处（以下简称长城公司南京办事处）。

2004年，因射洪烟草公司与副食品公司之间的债权债务纠纷，江苏省镇江市中级人民法院作出（2004）镇民二初字第25号民事判决，判令射洪烟草公司归还副食品公司借款本金930万元。后双方达成和解协议并予履行。从该和解协

---

① 《人民司法·案例》2010年第2期。

议的内容看，副食品公司执行到的款项与（2004）镇民二初字第25号民事判决确定的款项相差3700049元。2006年1月9日，江苏省镇江市京口区人民法院（以下简称京口区法院）作出结案通知书："因双方当事人自行达成和解协议，且已自行履行完毕。江苏省镇江市中级人民法院（2004）镇民二初字第25号民事判决已经执行完毕。"长城公司南京办事处于2006年6月2日向江苏省镇江市中级人民法院提起诉讼，请求撤销副食品公司与射洪烟草公司之间的执行和解协议，并判令射洪烟草公司承担连带还款义务。江苏省高级人民法院二审认为：（1）江苏省镇江市中级人民法院（2004）镇民二初字第25号民事判决中确认的副食品公司对射洪烟草公司的债权属于到期债权，该案执行过程中，副食品公司积极配合法院寻找执行线索并提供被执行人射洪烟草公司可供执行财产信息，副食品公司的上述行为表明其在积极努力以保护并实现自己的该到期债权。（2）根据我国《民事诉讼法》第二百一十一条[①]的规定，在执行中，双方当事人自行和解达成协议的，执行员应当将协议内容记入笔录，由双方当事人签名或者盖章。一方当事人不履行和解协议的，人民法院可以根据对方当事人的申请，恢复对原生效法律文书的执行。最高人民法院《关于适用〈中华人民共和国民事诉讼法〉若干问题的意见》第二百六十六条[②]规定："一方当事人不履行或者不完全履行在执行中双方自愿达成的和解协议，对方当事人申请执行原生效法律文书的，人民法院应当恢复执行，但和解协议已履行的部分应当扣除。和解协议已经履行完毕的，人民法院不予恢复执行。"可见，在执行过程中当事人通过协商达成和解协议的行为，并不违反法律规定。而且，射洪烟草公司在和解协议签订后即按协议约定一次性支付了545万元，全部付款义务已履行完毕。在此情况下，京口区法院亦向副食品公司、射洪烟草公司发出结案通知书。（3）执行中，副食品公司与被执行人达成和解协议并立即得到了切实履行，其主观上无恶意，被执行人射洪烟草公司也无过错，该行为对长城公司南京办事处利益并不构成侵害，该协议不应被撤销。（4）因长城公司南京办事处在诉讼中已放弃由副食品公司偿还借款本金380.6万元的诉讼请求，故其作为一般债权人在债权未明确的情况下，要求射洪烟草公司对副食品公司放弃的部分债权范围内承担连带责任的诉讼请求，缺乏事实和法律

① 该条现已被新《民事诉讼法》修改为第二百三十四条。

② 该司法解释现已被最高人民法院《关于适用〈中华人民共和国民事诉讼法〉的解释》废止，该条内容已被新司法解释规定为第四百六十七条。

依据，不应予以采纳。判决：驳回上诉，维持原判，即驳回原告的诉讼请求。[1]

◎风险规避

一、行使撤销权的诉讼主体

银行提起撤销权之诉时，应以债务人为被告，受益人或受让人为第三人。而不应在借款合同纠纷诉讼中一并提起。银行应在知道或应当知道撤销事由之日起一年内向人民法院起诉。

二、抵押物处置与其他债权人利益的保护

《担保法司法解释》第五十七条第二款规定："债务履行期届满后抵押权人未受清偿时，抵押权人和抵押人可以协议以抵押物折价取得抵押物。但是，损害顺序在后的担保物权人和其他债权人利益的，人民法院可以适用合同法第七十四条、第七十五条的有关规定。"因此，银行在与抵押人协议折价取得抵押物时，应考虑价格的公平性和合理性，防止其行为因损害其他债权人的利益而被人民法院撤销。

三、对行使撤销权必要证据的取得

对于债务人以明显不合理的低价转让财产的行为，其成立要件之一是受让人明知或应知该行为将对债权人造成损害而受让的。因此，银行应密切关注借款人的重大经营活动。如发现有不当处分财产的行为，应书面通知债务人的债务人即第三人，以使其知道债务人尚存在其他债权债务关系。如未能制止，即可提起撤销权诉讼。

四、行使撤销权与债权利益最大化

债权人行使撤销权并获胜后，并不因此对返还给债务人的财产或利益享有优先受偿权或直接受偿，其应当加入债务人的总财产，由该债务人的所有债权人受偿。经人民法院审理，撤销权之诉成立的，债务人所实施的放弃到期债权、无偿转让财产或者低价转让财产的行为即被撤销，自始不具有法律效力，即免除债务

---

① 《人民法院报》2008 年 7 月 4 日。

的，视为未免除；转让财产的，视为未转移，以此达到充实债务人财产以保全债权的目的，但债权人不能受领因撤销而由受益人和受让人返还给债务人的财产。[①]

基于上述，银行在提起撤销权诉讼时，应考虑：

1. 可能的受偿比例

应了解债务人是否还有其他正在进行的被诉案件及被强制执行的案件，如有，还应了解涉案的标的额，据以判断债务人财产被返还后自己的受偿比例并决定是否提起撤销权之诉。

2. 采取相应的措施

撤销权人为获得更多的债权受偿机会，应在撤销权诉讼之前或最迟在同时提起给付之诉，要求债务人偿还债务。以保证在撤销权之诉获胜后，对债务人的生效判决进入强制执行程序并在执行程序中将撤销权所获得的利益归属于自己。

---

① 曹守晔等："《关于适用〈合同法〉若干问题的解释（一）》的理解与适用"，载《人民司法》2000年第4期。

第十四节　不良债权转让

案例65：债权债务混同导致债权消灭，再行转让法律不予支持

摘要：《合同法》第九十一条规定，债权债务同归于一人的，合同的权利义务终止并导致债权债务的消灭。银行将该消灭的债权以“不良资产”的名义剥离给资产管理公司的，该权利转让的行为无效。

自1995年6月17日至1996年12月27日，中国农业银行重庆市万盛支行桃子营业所（以下简称万盛支行桃子营业所）共向重庆市万盛融盛商业公司（以下简称融盛公司）发放贷款461万元。截至2000年5月23日，融盛公司尚欠万盛支行桃子营业所借款本息合计4912553.22元。

之后，中国农业银行万盛支行将该债权剥离给中国长城资产管理公司重庆办事处（下称长城公司），并向融盛公司送达债权转移确认通知书。长城公司分别于2001年12月、2003年12月在《重庆日报》刊登债权催收公告，要求融盛公司向长城公司履行还款义务。2005年1月，长城公司将上述债权以40万元价款转让给重庆风行汽车运输有限公司（下称风行公司）。2005年2月，长城公司在《重庆日报》上刊登了债权转让公告，要求融盛公司向风行公司履行还款义务。2005年4月，风行公司就上述借款中的41万元及利息向万盛区人民法院提起诉讼，要求判令万盛支行等被告偿还借款。

另查明：融盛公司系万盛支行所属工会委员会（该会系金融工会下属的基层工会，未按有关规定报有关部门审查，领取工会法人执照）开办的经济实体，并进行了企业法人注册登记。该公司的注册资金来源为：工会会员集资10万元，每年按高于银行同期储蓄利率20%计付利息，集资期限为3年，到期全部归还本金；万盛支行有偿拨付固定资产5万元。该公司成立时，8名工作人员除1名退休职工外均系万盛支行正式职工，历届公司经理均由万盛支行正式职工兼任。融盛公司的经营场所——重庆市万盛区万新路53号房屋由万盛支行拨付给融盛公司使用，并未办理产权过户手续。

还查明：2000年3月重庆市第一中级人民法院以（1999）渝一中经终字第2272号民事判决书确认，融盛公司不具有法人资格，不能对外承担民事责任；因未办理1999年年检被吊销法人营业执照，责成主管部门成立清算组织清理债权债务。

◎裁判要旨

重庆市第五中级人民法院再审认为，融盛公司虽以万盛支行所属工会委员会名义开办，但其无独立财产、组织机构和经营场所，且与万盛支行之间在人员、资产、财物等方面存在混同，应认定融盛公司系万盛支行直接投资开办的不具有法人资格的经济实体。万盛支行与融盛公司签订借款合同，将款借给融盛公司，实质是万盛支行将款借给自办经济实体，属我国合同法规定的债权债务归于一人，双方所签合同的权利义务终止的情形。万盛支行将其自办经济实体的债权作为不良债权转让给长城公司的行为，不属于财政部、中国人民银行、中国农业银行、中国长城资产管理公司规定的剥离不良贷款的范围，双方的债权转让行为无效。现风行公司起诉主张的债权系长城公司受让取得，其请求万盛支行偿还债权的理由不能成立。判决：驳回重庆风行汽车运输有限公司的诉讼请求。[①]

◎法条链接

1.**《合同法》第七十九条**　债权人可以将合同的权利全部或者部分转让给第三人，但有下列情形之一的除外：

（一）根据合同性质不得转让；

（二）按照当事人约定不得转让；

（三）依照法律规定不得转让。

第九十一条　有下列情形之一的，合同的权利义务终止：

（六）债权债务同归于一人。

2.最高人民法院《关于审理涉及金融不良债权转让案件工作座谈会纪要》

二、关于案件的受理

不良债权已经剥离至金融资产管理公司又被转让给受让人后，国有企业债务人知道或者应当知道不良债权已经转让而仍向原国有银行清偿的，不得对抗受让人对其提起的追索之诉，国有企业债务人在对受让人清偿后向原国有银行提起返

---

① 《人民法院报》2009年6月19日。

还不当得利之诉的，人民法院应予受理；国有企业债务人不知道不良债权已经转让而向原国有银行清偿的，可以对抗受让人对其提起的追索之诉，受让人向国有银行提起返还不当得利之诉的，人民法院应予受理。

受让人在对国有企业债务人的追索诉讼中，主张追加原国有银行为第三人的，人民法院不予支持。

案件存在下列情形之一的，人民法院不予受理：

（一）金融资产管理公司与国有银行就政策性金融资产转让协议发生纠纷起诉到人民法院的；

……

（五）受让人自金融资产管理公司受让不良债权后，以不良债权存在瑕疵为由起诉原国有银行的。

十二、关于《纪要》的适用范围

不良债权转让包括金融资产管理公司政策性和商业性不良债权的转让。政策性不良债权是指1999~2000年上述四家金融资产管理公司在国家统一安排下通过再贷款或者财政担保的商业票据形式支付收购成本从中国银行、中国农业银行、中国建设银行、中国工商银行以及国家开发银行收购的不良债权；商业性不良债权是指2004年至2005年上述四家金融资产管理公司在政府主管部门主导下从交通银行、中国银行、中国建设银行和中国工商银行收购的不良债权。

3. 最高人民法院《关于审理国有商业银行剥离其自办公司的债权纠纷案件有关问题的通知》

三、如果当事人不能达成调解，对于受让人的债权系直接从金融资产管理公司处受让的，人民法院应当将金融资产管理公司列为第三人参加诉讼；如果受让人的债权系金融资产管理公司转让给其他受让人后，因该受转让人再次转让而取得的，人民法院应当将金融资产管理公司和该转让人列为第三人参加诉讼。新的当事人参加诉讼后，人民法院应当再次组织当事人进行调解。

四、如果当事人仍不能达成调解，根据国务院相关主管部门的规定精神，对于受让人直接从金融资产管理公司受让不良债权的，人民法院应当判决解除金融资产管理公司与受让人之间的债权转让合同；受让人通过再次转让而取得债权的，人民法院应当判决解除金融资产管理公司与转让人、转让人与后手受让人之间的系列债权转让合同。债权转让合同被判令解除之后，受让人可以要求转让人赔偿损失，但赔偿数额应以实际损失为限。

五、本通知精神仅适用于因国有商业银行剥离其对自办公司债权所引发的案件的审理。已经审理的此类案件除外。

◎重要提示

一、对不良债权的司法审查

最高人民法院《关于审理涉及金融不良债权转让案件工作座谈会纪要》(以下简称《纪要》)的出台对几年来针对国有商业银行的诉讼有了限制，但并不意味着在不良贷款剥离业务中，一概排斥司法对国有商业银行涉及资产转让行为的管辖和审查。例外的情形是：

1. 涉及不当得利的，银行可以被起诉。

2. 涉及国有商业银行剥离其对自办公司不良债权所引发的纠纷案件。在案件类型上主要表现为不良债权最终受让人以国有商业银行出资不足等理由，要求国有商业银行承担赔偿责任的纠纷。依据最高人民法院［2008］130号通知精神，此类案件在调解不成的情形下判令解除合同。

3. 金融资产公司与商业银行就商业性不良债权转让发生的纠纷，人民法院是否受理，《纪要》未作出规定。因此不排除法院受理的可能。

4. 对于资产转让合同被法院判令无效或解除的，其法律后果在国有商业银行和金融资产公司之间如何处理，现行法律规定不属于人民法院管辖。司法不予管辖并不意味着无效行为的合法，相信国务院有关部门就该事项的处理会作出规范性的规定。

最高人民法院虽然针对国有商业银行作为被告的部分案件做了起诉限制，但这并不意味着银行的这种行为就具有合法性，其仅仅是不具有可诉性，不受司法管辖和裁判而已。如果剥离行为违背了有关政策性的规定，其相关行为人的违规违纪行为仍然要得到追究。最高人民法院《关于在民事审判和执行工作中依法保护金融债权防止国有资产流失问题的通知》规定，人民法院在民事审判和执行工作中，如发现金融机构工作人员在处置金融不良债权过程中与受让人、中介机构等恶意串通，故意违规处置金融不良债权，有经济犯罪嫌疑线索的，要及时将犯罪嫌疑线索移送检察机关查处。

二、债权转让及其条件

依据《合同法》第七十九条之规定，合同权利转让须满足一定的条件。其中，合同权利的有效存在为合同权利转让的前提。以虚假债权为标的签订的合同不能实现合同当事人签订合同的目的，因而应属无效。因此，转让内容应具有可转让性。在转让程序上，要求书面通知债务人。关于“通知”的法律后果，**佛山市顺德区太保投资管理有限公司与广东中鼎集团有限公司债权转让合同纠纷案**：其裁判摘要指出，债权人转让权利的，应当通知债务人。未经通知的，该转让对债务人不发生效力，债务人享有对抗受让人的抗辩权，但不影响债权转让人与受让人之间债权转让协议的效力。①

三、不良债权转让法律适用的特殊性

由于不良贷款是特定历史时期形成的特殊债权。银行向资产公司剥离源于政府指令而非基于意思自治原则，因此贷款剥离不属于平等主体之间的民事法律关系而不受民商法所调整，亦不为人民法院所受理。而在资产公司处理、转让不良债权时，采用拍卖、协议转让等市场交易方式，则属于平等主体之间的民事法律行为，具有可诉性。有鉴于此，我国形成了以政策性为主、司法干预为辅的调整模式。针对贷款剥离的风险控制，要结合国务院、财政部、中国人民银行的法规、政策性规定及最高人民法院的司法解释综合评价，而不能囿于现行有效的法律规定及公认的法律原则。特别是以资产包形式转让的债权，更具有其特殊性。**沈阳银胜天成投资管理有限公司与中国华融资产管理公司沈阳办事处债权转让合同纠纷案**：最高人民法院（2009）民提字第125号民事判决书认为，金融资产管理公司收购和处置银行不良金融债权，事关国家金融安全，具有较强的政策性，本案所涉债权转让协议，不能完全等同于一般民事主体之间的债权让与行为，具有高风险，高收益，与等价交换的市场规律有较为明显的区别；不良债权交易的实物资产，不是一般资产买卖关系，而主要是一种风险与收益的转移。本案不良金融债权总额26亿元，仅以不到3%的价格成交，体现了不良金融债权处置的特殊性，这在一般民事主体之间的债权让与中一般是不会出现的。本案所涉转债标的是以资产包形式整体出售的债权，资产包内各不良金融债权良莠不齐，可回收比例各不相同，依照财政部《关于金融资产管理公司债权资产打包转让有关问题的通知》第二条第（三）项规定，资产包应当科学合理组包，保证包内资产质量、形态、行业、地区分布等的合理性。所以，资产包一旦形成，即具有不可分割的性质，

① 《最高人民法院公报》2005年第12期。

否则，上述合理性即被打破。故，本案合同所涉债权和实物资产，当属一个有机整体，不可分割。资产包整体买进，合同解除时也应当整体解除，资产整体返还。本案中，银盛天成公司将资产包中相对优质债权予以变卖，请求通过诉讼将其余部分予以解除，原审判由银盛天成公司返还资产包剩余的部分资产，对华融沈阳办显失公平。[①]

四、关于债权转让涉及的地域管辖

中国昊华化工（集团）总公司与中企国际投资有限公司借款合同纠纷案：最高人民法院（2006）民二终字第186号民事裁定书认为，中企国际主张的债权受让自长城资产管理公司郑州办事处，该办事处又受让自工行宜阳县支行。本案所涉各原始借款合同和最高额保证合同均约定，如发生纠纷由工行宜阳县支行所在地法院通过诉讼方式解决。本案所涉主债权经过两次转让，相关的债权转让合同当事人均未与主债务人和保证人约定新的管辖法院，也没有排除各借款合同和最高额保证合同中对管辖权的约定。根据最高人民法院法释［2001］12号《关于审理涉及金融资产管理公司收购、管理、处置国有银行不良贷款形成的资产的案件适用法律若干问题的规定》第三条第二款“原债权银行与债务人有协议管辖约定的，如不违反法律规定，该约定继续有效”之规定，以及最高人民法院《关于金融资产管理公司收购、处置银行不良资产有关问题的补充通知》第一条“金融资产管理公司受让不良贷款后，通过债权转让方式处置不良资产的，可以适用本院发布的上述规定”之规定，可认定各原始借款合同和最高额保证合同约定的纠纷解决方式对本案双方当事人仍然有效。另外，审理昊华化工集团与中企国投之间因保证合同产生的纠纷，应当以相关的借款关系为基础，而原债权人工行宜阳县支行与主债务人洛阳中昊化学工业有限公司的住所地均在河南省，由河南省的有关法院审理本案便于查清案件事实。根据最高人民法院《关于各高级人民法院受理第一审民事、经济纠纷案件问题的通知》的有关规定，本案争议金额达到河南省高级人民法院受理第一审经济纠纷案件的争议金额标准，故本案应当由河南省高级人民法院审理。综上，昊华化工集团的上诉理由成立，本院予以采纳。原审裁定驳回昊华化工集团对本案的管辖权异议不当，应予撤销。[②]

---

① 《最高人民法院公报》2010年第5期。

② 《最高人民法院公报》2007年第2期。

五、债权转让后的利息主张

债权几经转让后，非金融机构企业或自然人向债务人主张权利时，能否主张利息，不同的案例表达了不同的观点。

福州商贸大厦筹备处与福建佳盛投资发展有限公司借款纠纷案：最高人民法院（2005）民二终字第147号民事判决书认为，本案争议焦点在于筹备处对于2000年6月21日之后的利息是否应予给付问题。首先，从债权转让合同的约定看，2000年6月20日，华融福州办从福建工行受让前述五份借款合同、三份担保合同项下未受清偿债权之时，并未明示放弃债权受让之后的利息之债；2004年11月29日，佳盛公司从华融福州办转让取得相同债权，亦未明示放弃相应利息之债。其次，华融福州办向筹备处出具的数份《催款通知书》上写明的无具体数额的"相应利息"，以及华融福州办于2004年11月29日向原审法院出具《债权转让证明》中关于"债权本金3550万元、利息（暂计至2004年9月21日）及2004年9月22日之日起的利息随之转让"的表述，亦能说明华融福州办从未放弃2000年6月21日之后的利息之债。况且，银行利息是主债权的收益，属法定孳息，除法律有特别规定或当事人有特别约定外，取得孳息的权利随着主物所有权转移而同时转移。本案债权虽经两次转让，但合同当事人均未明确表示放弃债权转让之后的利息，故原审判决判令债务人筹备处偿还债权人佳盛公司自2000年6月21日起至给付之日止的利息并无不当，本院应予维持，但计息标准应按照中国人民银行同期逾期贷款利率分段计付。原审判决统一按照日万分之二点一计付未能考虑中国人民银行逾期贷款利率的变动情况，本院予以纠正。[①]

上诉人佳木斯市升平煤矿与被上诉人黑龙江省地方煤炭工业（集团）总公司借款合同纠纷上诉案：最高人民法院认为，地煤总公司能否就借款本金利息向升平煤矿主张债权的问题。依据相关法律、法规的规定，收取银行贷款利息的权利只能由金融机构行使。地煤总公司系企业法人，非金融机构，其无权享有金融机构享有的收取借款利息的权利。地煤总公司受让信达公司不良金融债权的行为不属于政策性收购性质，转让协议是由地煤总公司与信达公司协商签订，收购价款也非由省财政支付，而是由其暂时垫付，最终还将由地煤总公司归还。且因地煤

---

① 《最高人民法院公报》2006年第7期。

总公司是以打包形式受让的本案债权，根据国家关于处置不良金融债权的相关政策，其所支付的对价远低于所购买的不良金融债权，地煤总公司因此获取了一定利益，故升平煤矿关于不应向地煤总公司支付上述借款利息的主张，于法有据，本院予以支持。原判升平煤矿应向地煤总公司支付上述借款利息14583982元，属于适用法律不当，本院予以纠正。[①]

上述分歧自《纪要》出台后而宣告终结。《纪要》第九条规定："受让人向国有企业债务人主张利息的计算基数应以原借款合同本金为准；受让人向国有企业债务人主张不良债权受让日之后发生的利息的，人民法院不予支持。但不良债权转让合同被认定无效的，出让人在向受让人返还受让款本金的同时，应当按照中国人民银行规定的同期定期存款利率支付利息。"

关于计收复息问题，由于计收复息的权利专属于商业银行和金融资产管理公司等金融机构，非金融机构的债权受让人，无权向债务人计收复息。

◎风险规避

一、违反国务院关于不良债权转让范围与额度规定行为的效力

北京地鑫房地产开发有限责任公司与中国华融资产管理公司北京办事处、中国机床总公司、中国轻工集团公司、北京正一机电技术公司借款担保合同纠纷上诉案：最高人民法院经审理认为，华融公司北京办与工行东城支行签订债权转让协议，将工行东城支行享有的对机床总公司的债权4.373亿元本金转让给华融公司北京办，债务人机床总公司和担保人正一机电公司在该协议上签字盖章。该笔债权虽系1996年以后发放，根据国务院《金融资产管理公司条例》的规定，不属于不良资产剥离的范畴，但是根据《合同法》第七十九条的规定，该笔债权作为普通债权，除按照合同性质和当事人约定不得转让，以及依照法律规定不得转让的以外，债权人可以将合同的权利全部或者部分转让给第三人。华融公司北京办和工行东城支行系平等的民事主体，经协商一致将工行东城支行享有的上述债权转让给华融公司北京办，不违反法律强制性规定，应为有效。且该债权转让已依法通知债务人机床总公司，故该转让对机床总公司发生法律效力。《金融资产管理公司条例》关于金融资产管理公司收购不良资产时要按照国务院规定的范围

---

① 奚晓明主编：《民商事审判指导》2008年第3辑，人民法院出版社2008年版，第198页。

和额度进行收购，超出规定的范围和额度要由国务院专项审批的规定，系基于行政管理作出的规定，违反该规定并不必然导致债权转让合同的无效。地鑫房地产公司关于上述债权转让未经国务院专项审批，转让协议应为无效的上诉理由，于法无据，本院不予支持。原审法院关于债权转让协议有效，华融公司北京办对机床总公司享有债权的认定，符合法律规定，本院予以维持。①

二、依据内部文件进行债权转让的效力

中国信达资产管理公司与九江化工厂、九江化学纤维总厂等借款担保合同纠纷上诉案：针对“关于九江建行与信达公司之间的部分债权转让是否违反了国务院《关于组建中国信达资产管理公司的通知》而导致的转让协议的效力问题”，最高人民法院认为：解决该问题的关键是该通知本身的法律效力问题，该通知属于建行向信达公司剥离不良资产的内部文件，不属于法律法规的禁止性规定。不依该文件转让债权并不导致权利转让无效。谁是债权人原则上与债务人偿债的责任没有关系，根据合同法规定，债权转让只需通知债务人即可，本案债权转让已经通知了各债务人，债权转让协议的内容也没有侵害国家和第三人的利益，特别是没有侵害债务人的利益，因此该转让有效，信达公司对此享有权利。②

三、对于单一债权未经评估转让协议的法律效力

《纪要》第六条“关于不良债权转让合同无效和可撤销事由的认定”规定：“金融资产管理公司转让不良债权存在下列情形的，人民法院应当认定转让合同损害国家利益或社会公共利益或者违反法律、行政法规强制性规定而无效。（六）根据有关规定应经合法、独立的评估机构评估，但未经评估的；或者金融资产管理公司与评估机构、评估机构与债务人、金融资产管理公司和债务人以及三方之间恶意串通，低估、漏估不良债权的。”

该《纪要》将合同无效或可撤销的诉权赋予国有企业债务人，如果转让协议合同当事人以未经评估主张合同无效，如何认定？**亢文钧与包头边境贸易公司、包头市对外贸易（集团）有限责任总公司债权转让合同纠纷再审案：**最高人民法院认为：双方当事人再审中的争议，主要集中在对亢文钧与外贸总公司签订的债

---

① 奚晓明主编：《民商事审判指导》2004 年第 1 辑，人民法院出版社 2004 年版，第 168~169 页。
② 奚晓明主编：《民商事审判指导》2004 年第 1 辑，人民法院出版社 2004 年版，第 218 页。

权转让《协议书》的效力问题上。对该《协议书》签订的过程、《协议书》文本的真实性，双方当事人均无异议。双方当事人就协议效力发生的争议，主要是该《协议书》是否因违反了国家法律法规的禁止性规定而导致无效。边贸公司提出，导致该《协议书》无效的原因是由于外贸总公司转让的120万元的债权属于边贸公司，而边贸公司的性质是国有企业，根据《国有资产评估管理办法》第三条的规定，转让国有资产应当进行评估。国有资产管理局《关于加强资产评估管理工作的紧急通知》中规定："凡是国有资产在产权变动中未按'国务院第91号令'的规定评估，而造成国有资产流失的，要坚决追究有关当事人的责任"，故该债权转让《协议书》因转让国有资产未经评估，违反国家行政法规的禁止性规定而无效。边贸公司上述观点的错误在于：第一，企业应收账款，主要是指企业在经营过程中由于赊销等原因而形成的尚未收回的款项。由于存在回收不能的风险，因此，转让这类债权时进行评估主要是为了解决两个问题：一是清查核实应收账款的数额；二是判断可能的坏账损失，目的是确定以什么价格来转让这类债权。基本公式为，应收账款的评估值等于应收账款账面价值减去已确定的坏账损失，再减去预计坏账损失。本案中，评估工作无疑应当由转让债权的一方即外贸总公司和边贸公司进行，亢文钧作为拟受让债权的个人，并无义务要求对上述债权进行评估，其只是根据债权转让方提出的转让价格和自己对该笔债权收回可能的判断来决定最终是否受让债权。从国家对国有资产保护的角度看，为避免国有资产因低价转让而流失所采取的主要措施，是对国有资产的占有、使用、经营主体，规定严格的义务和责任，其中包括转让国有资产应当进行评估，对违反法定义务，造成国有资产流失的国有资产的占有、使用、经营主体及其主要责任人，依法追究责任。但这并不等于在流通领域特别是在市场主体间就财产流转发生争议时，要对占有、使用、经营国有资产的民事主体给予特殊保护。因为，平等保护所有民事主体的合法权益是我国包括合同法在内的一切民事法律共同确认的基本原则。如果在民事司法中支持转让国有资产的民事主体，事后以财产未经评估可能造成国有资产流失为由请求认定合同无效的主张，则不仅会影响正常的市场流转秩序，也不利于国有企业以平等的市场主体身份参与市场竞争。第二，《国有资产评估管理办法》虽然规定了转让国有资产应当进行评估的原则，并规定了评估方法，但其中并未针对单项债权是否应当评估以及如何评估作出规定，有关政府主管部门也并无转让单项债权必须进行评估的规定。2002年6月28日《财政部关于单一债权转让是否需要进行资产评估的意见》明确了"在实践中，对单一债权转让进行评估的操作难度很大。如果出现单一债权转让，可以由有关当事人进行协商，在报经主管部门同意后，按照相关协议进行处理”。根据包头市国有资产管理局1999年6月9日出具的《关于包头市边境贸易公司转让债权的意见》，“包头市对外贸易总公司作为包头市边境贸易公司的上级公司有权依法批准该项债权的转让”。外贸总公司是签订债权转让《协议书》的主体，因此，其代表边贸公司签订债权转让《协议书》的行为，应当视为边贸公司所有的120万元债权转让已经得到了其主管部门的同意。而且边贸公司在1999年5月12日又与亢文钧和债务人宏业钢铁厂就转让120万元债权事宜签订了债权转让协议。内蒙古自治区高级人民法院采信边贸公司的观点，简单地引用《国有资产评估管理办法》第三条之规定，即得出本案中双方当事人之间所签订的债权转让《协议书》因违反国家行政法规而无效的结论，缺少国家法律或行政法规作为依据。第三，从本案一、二审法院向当地国有资产管理部门征求意见的情况看，单一债权的评估比较复杂，难以操作。至2001年9月6日，包头市国有资产管理局在给内蒙古自治区财政厅的请求报告中仍然称“自组建以来从来也没有受理过这样的评估案例”。因此，边贸公司关于转让单一债权也必须进行评估，否则转让协议无效的观点也不符合本案所涉债权合同成立时，内蒙古自治区范围内单项债权转让的实际做法。第四，本案所涉合同签订于1998年5月11日，即《合同法》实施之前，故内蒙古自治区高级人民法院适用《民法通则》第五十八条第一款第（五）项之规定，判决该债权转让《协议书》因“违反法律或者社会公共利益”而无效。但实际上当时并无一部法律明确规定国有企业单一债权未经评估，转让合同即为无效。因此，本案应根据最高人民法院《合同法司法解释（一）》第一条、第四条有关“合同法实施以前成立的合同发生纠纷起诉到人民法院的，除本解释另有规定的以外，适用当时法律的规定，当时没有法律规定的，可以适用合同法的有关规定”，“合同法实施以后，人民法院确认合同无效，应当以全国人大及其常委会制定的法律和国务院制定的行政法规为依据，不得以地方性法规、行政规章为依据”的规定，确认合同效力。亢文钧与外贸总公司之间的债权转让《协议书》，既然是双方当事人真实的意思表示，又不违反国家法律和行政法规的禁止性规定，应当认定合法、有效。[①]

① 奚晓明主编：《民事审判指导与参考》2009年第1辑，法律出版社2009年版，第199~201页。

四、信托业处置不良资产的法律适用

通过信托制度对金融资产进行管理和运营，是发达国家的主要做法，也是我国处置不良资产的探索模式。但银行或资产公司以信托方式将资产包整体转让给信托公司后，信托公司能否以原告的身份向债务人提起诉讼？**某信托公司诉债务人某实业公司借款合同纠纷案：**天津市第二中级人民法院经审理后认为，信托公司依法不具有本案原告的主体资格，依照最高人民法院《关于适用〈中华人民共和国民事诉讼法〉若干问题的意见》第一百三十九条[①]的规定，法院裁定驳回原告信托公司的起诉。负责处理本案的法官认为：本案债权始于建行与实业公司之间，东方资产通过债权转让方式最终受让了该债权后，履行了通知债务人的义务，该债权转让协议即对债务人产生约束力。因此，东方资产取得了债权人地位。就该债权转让协议而言，债权债务双方为东方资产及实业公司，而信托公司则是与东方资产订立信托合同而取得的"债权"。因信托关系是属于一种委托经营关系，依照《信托法》第二条以及第十一条第（四）项的规定，信托公司的经营范围应仅限于受益人的利益或特定目的，进行管理或者处分。按照国务院办公厅转发中国人民银行制定的《整顿信托投资公司方案》第一条的规定，坚持把信托投资公司真正办成"受人之托，代人理财"，以手续费、佣金为收入的中介服务组织，严禁办理银行存款、贷款业务。由此可见，信托公司不具备代人主张债权的经营业务，即使订立了具有该方面内容的信托合同，依据信托法第十一条第（四）项"专以诉讼或者讨债为目的设立信托"的规定，也应属于无效情形。因此在本案诉讼中，信托公司并不直接享有其所主张的债权，依法也不具有以自己的名义通过诉讼方式追讨上述债权的权能。因此，信托公司不是本案适格的原告。信托公司提出本案之诉，没有法律依据。[②]

五、保证人在债权转让确认书上盖章签收行为的法律性质

湖州市八里店镇资产经营公司与中国长城资产管理公司杭州办事处、湖州市升山建筑工程有限公司等借款合同纠纷提审案：最高人民法院认为，保证人在

---

① 该司法解释现已被最高人民法院《关于适用〈中华人民共和国民事诉讼法〉的解释》废止，该条在新司法解释中的对应条文为第二百零八条。

② 《人民法院报》2009年11月20日。

"债权转移确认书"盖章签收的行为，只是表明知道了其担保的债权已经由湖州农行转移给了长城杭办这一事实。长城杭办受让债权后通知债务人及其担保人，即取得了对债务人及其担保人主张债权的权利。该债权转让行为的效力不受债务人、保证人是否确认债权的影响。根据《合同法》第八十二条规定："债务人接到债权转让通知后，债务人对让与人的抗辩，可以向受让人主张。"本案保证人经营公司在发现原债权人、债务人恶意骗保的情况下，有权利拒绝向债权人履行保证义务。在债权转让后，可以拒绝向受让人履行保证义务。原审认为经营公司已经确认转让债权行为，即不可免除保证责任的认定，没有法律依据。保证人盖章签收债权转移确认书的行为也不意味着在长城杭办与保证人之间重新成立新的担保合同。长城杭办关于经营公司向长城杭办出具"担保函"后双方产生新的担保关系的主张，没有法律依据，本院不予支持。①

六、债务人同意债权转让的意思表示不构成对超过时效债务的重新确认

农行南召支行诉华龙辛夷公司借款合同纠纷案：诉讼时效期间届满后根据有关法律和司法解释可能出现两种情况：一是义务人自愿履行。《民法通则》第一百三十八条规定："超过诉讼时效期间，当事人自愿履行的，不受诉讼时效限制。"二是对旧债务的重新确认。这又分两种情况：第一，当事人协议履行，重新达成还款协议；第二，根据最高人民法院《关于超过诉讼时效期间借款人在催款通知单上签字或者盖章的法律效力问题的批复》的相关规定，对于超过诉讼时效，债权人向债务人发出催收到期借款通知单，债务人在上面签字或盖章的，应当视为对原债务的重新确认，该债权债务应受法律保护。但参照该司法解释的规定，本案中华龙辛夷公司在农行南召支行的不良资产档案移交审查明细表上签署"同意转让给财政部"并加盖公章的行为并未构成对债务的重新确认。②

七、物权转让与债权转让的性质界定

成都天一集团公司与中国华融资产管理公司成都办事处债务纠纷上诉案：最高人民法院（2002）民二终字第104号民事判决书认为，本案系华融公司成都办事处依据其与工行省分行签订的《以物抵贷资产转让协议》，向天一公司提起的

---

① 江必新主编：《审判监督指导》2008年第2辑，人民法院出版社2008年版，第141页。

② 《人民法院报》2012年5月31日。

给付之诉。工行省分行通过签订《以物抵贷资产转让协议》向华融公司成都办事处转让的究竟是物权还是债权，该转让是否有效，是判定天一公司与华融公司成都办事处之间是否存在法律关系，是否应为给付义务的关键。

根据中国工商银行和中国华融资产管理公司2000年3月20日联合发布的《关于中国工商银行与中国华融资产管理公司转让收购不良资产工作有关问题的通知》，中国工商银行和中国华融资产管理公司之间转让收购不良资产包括债权转让、以物抵贷资产转让和呆账贷款债权转让三种方式，其中以债权转让方式转让的债权应当是能够落实债权债务关系的贷款，以物抵贷资产转让方式转让的资产应当是工行有处置权的资产。从工行省分行与华融公司成都办事处签订的《以物抵贷资产转让协议》的名称和内容上看，该转让协议转让的是以物抵贷资产的所有权。转让协议不仅在名称上明确标明是“资产转让”，且在协议中明确约定：“工行省分行保证对向华融公司成都办事处转让的以物抵贷资产依法拥完整、合法的所有权”；“根据法律规定应办理资产权属变更登记的，双方应密切配合，于本协议签订后360日内完成以物抵贷资产的权属变更登记”；“工行省分行应于收到华融公司成都办事处的收购价款后90日内将本协议项下的以物抵贷资产及资产的全部原始档案资料交与华融公司成都办事处，并保证提供给华融公司成都办事处审查的资产权属资料复印件与原件一致无误，真实、合法、完整、准确”；“如因工行省分行违反本协议，使华融公司成都办事处在接收以物抵贷资产后产生权属纠纷，无法确权的，华融公司成都办事处可以将最终不能确权的资产退回工行省分行，并收回相应价款”等条款，故双方签订《以物抵贷资产转让协议》转让的是对天一教育大厦相关面积的物权，而非工行省分行对天一公司的债权，华融公司成都办事处与天一公司之间不存在债权债务法律关系。原审法院认定工行省分行将其对天一公司的债权转让给了华融公司成都办事处，并据此判决天一公司偿付华融公司成都办事处相关欠款本金及利息，没有事实依据。

工行成都市分行通过与天一公司签订《财产抵偿协议书》，将天一教育大厦相关面积的房产抵偿天一公司所欠其的6600万元贷款本金及利息。因天一教育大厦属在建工程，尚未办理房屋产权证书，亦未办理产权变更登记，《财产抵偿协议书》并未实际履行，故工行成都市分行对用以抵偿的财产尚不享有处置权，其对天一公司享有的仍然是债权。原审法院关于《财产抵偿协议书》的签订并不产生改变工行成都市分行债权人地位的认定是正确的。但是工行省分行在对天一公司只享有债权而不享有物权的情况下，采取以物抵贷资产转让的方式将其对天一公司的债权剥离给华融公司成都办事处，导致该《以物抵贷资产转让协议》无效，故华融公司成都办事处与天一公司亦未形成有关天一教育大厦相关面积物上请求权的法律关系。且由于物权转让与债权转让系两个不同性质的权利转让，故工行省分行与华融公司成都办事处物权转让协议无效后并不当然转化为债权转让法律关系。

综上，华融公司成都办事处向天一公司提起诉讼请求没有法律依据，应予驳回。华融公司成都办事处应当依据其与工行省分行签订的《以物抵贷资产转让协议》中关于“如因工行省分行违反本协议，使华融公司成都办事处在接收以物抵贷资产后产生权属纠纷，无法确权的，华融公司成都办事处可以将最终不能确权的资产退回工行省分行，并收回相应价款”的约定，以及中国工商银行和中国华融公司的联合发文《关于中国工商银行与中国华融资产管理公司转让收购不良资产工作有关问题的通知》第五条关于“对以物抵贷转让的资产应当是有处置权的资产，否则，各分行有义务进行调整或置换”的规定，向工行省分行另行主张权利。①

① 江必新主编：《民商审判指导与参考》2003年第2卷，人民法院出版社2004年版，第140~142页。

第十五节　实现债权费用的负担

案例 66：诉请债务人承担律师费用，因未实际发生而被驳回

摘要：银行为实现债权而支出的费用，如要由借款人承担，该费用应是在诉讼时实际发生的，且该费用的发生应是适当和合理的。

中国农业银行西藏自治区分行营业部（以下简称农行西藏分行营业部）与西藏吉庆实业开发有限公司（以下简称吉庆公司）签订了《借款合同》，其中约定，因吉庆公司违约致使农行西藏分行营业部采取诉讼方式实现债权的，吉庆公司应当承担农行西藏分行营业部为此支付的律师费、差旅费及其他实现债权的费用。贷款到期后，吉庆公司未予偿还。农行西藏分行营业部于 2005 年 2 月 28 日诉至西藏自治区高级人民法院，请求判令吉庆公司偿还所借款项 4700 万元本金及相应利息、罚息、逾期利息等，并承担其为实现债权所支付的律师费、差旅费、保全费及诉讼费等；华鼎公司以抵押的财产为上述债务和费用承担担保责任。最高人民法院二审查明：一审审理期间农行西藏分行营业部与其代理律师事务所西藏雪域律师事务所（以下简称雪域律师事务所）之间并未签订代理合同，亦未实际支付代理费用。二审庭审时农行西藏分行营业部代理人陈述，农行西藏分行营业部与其曾口头协商待案件审理完毕后再行支付。一审判决后，农行西藏分行营业部于 2005 年 9 月 30 日将一审判决书载明的 94 万元律师代理费支付给了雪域律师事务所。二审期间，雪域律师事务所律师白玛、李建忠向本院提交的农行西藏分行营业部与雪域律师事务所签订的有效期自 2004 年 9 月 5 日至 2007 年 9 月 4 日的《聘请常年法律顾问合同》中载明，根据聘方要求，应聘方指派律师担任农行西藏分行营业部的常年法律顾问；每年法律顾问费 × 元；农行西藏分行营业部委托法律顾问代理诉讼、参与调解、仲裁活动应另行收费。收费必须严格遵守体现风险代理原则。风险代理的范围扩大为所有的案件，实行风险代理的案件，律师的代理工作应负责至案件执行终结或债权的受偿为止。风险代理的案件律师费计算方式为：已收回或挽回的财产额乘以本级收费比例（收费比例详见《律师职

业收费标准》）等内容。二审中农行西藏分行营业部代理律师还向本院提交了部分二审期间差旅费的有关证据以及农行西藏分行营业部与雪域律师事务所签订的二审《委托代理（辩护）合同》。该《委托代理（辩护）合同》约定，农行西藏分行营业部应向雪域律师事务所缴纳劳动报酬费47万元，二审代理费由农行西藏分行营业部在收到二审判决或裁定后，一次性支付给雪域律师事务所。

◎裁判要旨

最高人民法院审理认为，关于律师代理费、差旅费及其他实现债权费用的负担问题，因农行西藏分行营业部和吉庆公司签订的《借款合同》第五条明确作出了关于“因借款人违约致使贷款人采取诉讼方式实现债权的，借款人应当承担贷款人为此支付的律师费、差旅费及其他实现债权的费用”的约定，该约定系双方当事人真实意思表示，且不违反法律禁止性规定，应为有效，人民法院对于农行西藏分行营业部为实现该笔债权所实际支付的律师费、差旅费及其他实现债权的费用应当依法予以保护。本案债权人农行西藏分行营业部向西藏自治区高级人民法院提起诉讼时，虽然已经聘请了雪域律师事务所的律师参加诉讼活动，但是因其并未与雪域律师事务所就代理事项签订代理合同，更未实际支付律师代理费，故原审法院认定吉庆公司依据借款合同的约定承担农行西藏分行营业部为实现债权所支付的一审案件代理费尚缺乏相应的事实依据。律师代理费用的数额应当依据委托人与律师事务所的合意来确定，原审法院在委托人农行西藏分行营业部与雪域律师事务所没有约定的情况下，自行依据《西藏自治区律师收费标准（试行）》作出认定，缺乏法律依据，本院对此不予认可。且从雪域律师事务所与农行西藏分行营业部签订的有效期自2004年9月5日至2007年9月4日的《聘请常年法律顾问合同》载明的“农行西藏分行营业部委托法律顾问代理诉讼、参与调解、仲裁活动应另行收费。收费必须严格遵守体现风险代理原则。风险代理的范围扩大为所有的案件，实行风险代理的案件，律师的代理工作应负责至案件执行终结或债权的受偿为止。风险代理的案件律师费计算方式为：已收回或挽回的财产额乘以本级收费比例（收费比例详见《律师职业收费标准》）”内容看，双方通常情况下应是以最终案件执行终结或债权受偿时已收回或挽回的财产额作为基数计算律师代理费用的。鉴于本案尚在二审审理期间，对于农行西藏分行营业部最终能够收回的财产额尚未最终确定，律师代理费认定尚无有效依据，且其他差旅费和实现债权的费用因案件并未最终审结以及执行完毕，尚可能继续发生，故本案仅就借款法律关系予以认定，至于律师费、差旅费及其他实现债权的费用，待案件最终执行完毕后，由农行西藏分行营业部根据实际发生情况另行主张，本案对此不作认定。[①]

◎法条链接

1.**《合同法》第八条**　依法成立的合同，对当事人具有法律约束力。当事人应当按照约定履行自己的义务，不得擅自变更或者解除合同。

依法成立的合同，受法律保护。

2.**《商业银行法》第三十七条**　商业银行贷款，应当与借款人订立书面合同。合同应当约定贷款种类、借款用途、金额、利率、还款期限、还款方式、违约责任和双方认为需要约定的其他事项。

3.**《律师服务收费管理办法》第五条**　律师事务所依法提供下列法律服务实行政府指导价:(一)代理民事诉讼案件。

第六条　政府指导价的基准价和浮动幅度由各省、自治区、直辖市人民政府价格主管部门会同同级司法行政部门制定。

◎重要提示

一、诉讼支出费用的承担主体

由败诉方承担胜诉方为保护其合法权益而支出的费用包括律师费用已逐渐为我国的法律规范所确认和司法实践所认可。《著作权法》第四十九条规定：“侵犯著作权或者与著作权有关的权利的，侵权人应当按照权利人的实际损失给予赔偿；实际损失难以计算的，可以按照侵权人的违法所得给予赔偿。赔偿数额还应当包括权利人为制止侵权行为所支付的合理开支。”《商标法》第六十三条第一款规定：“侵犯商标专用权的赔偿数额，按照权利人因被侵权所受到的实际损失确定；实际损失难以确定的，可以按照侵权人因侵权所获得的利益确定；权利人的损失或者侵权人获得的利益难以确定的，参照该商标许可使用费的倍数合理确定。对恶意侵犯商标专用权，情节严重的，可以在按照上述方法确定数额的一倍以上三倍以下确定赔偿数额。赔偿数额应当包括权利人为制止侵权行为所支付

---

①《最高人民法院公报》2006年第8期。

的合理开支。"《反不正当竞争法》第二十条第一款规定："经营者违反本法规定，给被侵害的经营者造成损害的，应当承担损害赔偿责任，被侵害的经营者的损失难以计算的，赔偿额为侵权人在侵权期间因侵权所获得的利润；并应当承担被侵害的经营者因调查该经营者侵害其合法权益的不正当竞争行为所支付的合理费用。"最高人民法院《合同法司法解释（一）》第二十六条更明确规定了律师费用的承担，即债权人行使撤销权所支付的律师代理费、差旅费等必要费用，由债务人负担；第三人有过错的，应当适当分担。

二、败诉方承担诉讼费用的条件

从该最高人民法院的判决中可以看出，律师费由败诉方承担的诉讼请求要获得法院的支持，一般须满足以下几个条件：一是当事人已对律师费的承担作出约定。如果当事人在借款、担保合同中对此作出明确规定，且意思表示真实，不存在违反法律禁止性规定的情形，则法院应当确认这种约定的法律效力。二是律师费在诉讼时已实际发生。即银行已按与律师事务所签订的《委托代理合同》的约定，向律师事务所支付了律师费用。如果银行是按照风险代理方式向律师支付律师费用，即律师按诉讼或执行结果收取律师费用，由于该费用尚未实际发生，并没有造成银行的实际损害结果，且数额尚无法确定，故不能在同一诉讼中向债务人一并主张。三是律师费的支付标准合理。如果债权人支付的律师费超过合理范畴，将会增加债务人的负担，给债务人造成不公平。对于法院如何审查律师费的标准，如果认为过高，如何调整，是依职权还是依一方当事人申请进行，尚无明确的法律规定和裁判标准。

2008年5月13日，江苏省高级人民法院民二庭出台《关于律师费用应否作为守约方损失加以保护的意见》，其中指出："一、关于应否保护守约方律师费用损失所应坚持的司法原则：1. 现阶段遵循有约定的加以保护、无约定的不予保护的原则。2. 对于有无约定的判断标准，坚持相对从宽审查原则。对于诸如'实现债权的费用由违约方承担'或'因诉讼产生的损失由违约方承担'的约定，应认定其包含了律师费用由违约方承担的意思。但对于'因违约而产生的一切损失由违约方承担'的约定，不应认定其包含了律师费用由违约方承担的意思。二、关于应由违约方承担的守约方律师费用损失的范围：1. 认定应由违约方承担的守约方律师费用损失范围，应以守约方所聘请的律师事务所所在地的省级司法行政部门所作的相关收费规定作为参照标准。2. 对于守约方支付的律师费用中未超出上述规定的收费幅度上限的部分，应当予以保护。三、关于守约方部分胜诉情形下所应承担的守约方律师费用的问题：守约方的诉讼请求部分成立的，应当参照守约方诉讼请求得到支持的部分在其整个诉讼请求中所占的比例计算违约方所应承担的律师费用。”①

三、风险代理与当事人自行调解、和解

风险代理系指律师事务所不预先收取律师服务费，而与当事人约定，以案件最终处理结果为依据收取律师服务费。显然，律师利益的实现与案件的处理方式，包括调解、判决、撤诉外的自行和解具有很大的关系。如何对此进行合理约定，以保护合同双方当事人的利益不受损害，应是风险代理合同的关键条款。**上海市弘正律师事务所诉中国船舶及海洋工程设计研究院服务合同纠纷案**：上海市第二中级人民法院二审认为，关于《协议书》中“船舶设计院如有调解、和解及终止代理等需与弘正律师所协商一致，否则以约定律师代理费额补偿弘正律师所经济损失”的约定的效力问题。

1. 律师的职业责任是接受当事人的委托，为当事人提供法律服务，维护当事人的合法权益，维护法律的正确实施，维护社会的公平正义。在执业过程中，律师应维护社会秩序、促进纠纷解决、消除社会冲突、促进社会和谐，应在调解、和解中发挥积极作用。律师为当事人提供法律服务，可以收取相应的费用，但律师服务收费应当遵循公开公平、自愿有偿、诚实信用的原则。如律师为获取自身利益的最大化，限制当事人依法享有的诉讼权利，其行为不受法律保护。

2. 本案所涉代理内容为诉讼代理。代理的概念系委托人将相关事项授权于代理人，由代理人处理委托事务，代理结果归于委托人。因此，从代理的目的和结果归属而言，委托人对代理人权利的授予并不意味着放弃自己在代理权所涉范围发出或受领意思表示的能力，即委托人对委托事项仍享有自行处分的权利并可以随时终止代理权。代理人的义务为运用法律专业知识收集、提供证据、参加诉讼、提出法律意见等，其目的是通过律师的服务尽量使当事人增加胜诉概率，以保护当事人的合法权益。

当事人在诉讼过程中自愿接受调解、和解，是对自身权益的处分，是当事人依法享有的诉讼权利。调解、和解有利于纠纷的迅速解决和彻底解决，有利于减

① 奚晓明主编：《民商事审判指导》2009 年第 1 辑，人民法院出版社 2009 年版，第 134 页。

少当事人的诉讼成本，更有利于减少社会矛盾，构建和谐社会。律师事务所及其律师作为法律服务者，在接受当事人委托代理诉讼事务中，应当尊重委托人关于接受调解、和解的自主选择，即使认为委托人的选择不妥，也应当出于维护委托人合法权益的考虑提供法律意见，而不能为实现自身利益的最大化，基于多收代理费的目的，通过与委托人约定相关合同条款限制委托人接受调解、和解。上述行为不仅侵犯委托人的诉讼权利，加重委托人的诉讼风险，同时也不利于促进社会和谐，违反社会公共利益。

3. 关于本案《协议书》中约定的调解、和解必须经当事人与代理人协商一致，否则应赔偿损失的条款，上诉人弘正律师所称该协议条款并未禁止被上诉人船舶设计院对外享有自行与对方当事人调解、和解。法院认为，该条款虽然并未明文约定禁止船舶设计院进行调解、和解，但该条款对船舶设计院自行与诉讼对方当事人调解、和解设定了违约责任，由于双方在代理关系内部必须按照《协议书》约定受违约条款的约束，如果船舶设计院试图单方调解或和解，必然受制于违约责任条款而产生顾忌，以致无法按照自己的意愿依法进行调解、和解。故上诉人主张该条款未限制船舶设计院调解、和解的权利的辩解不能成立。

4. 律师与当事人之间约定实行风险代理，如果律师收取费用的标准以案件最终的处理结果为依据，该处理结果不应以结案方式的不同有所差别。上诉人弘正律师所称所代理的案件以调解方式结案造成其经济损失而要求被上诉人船舶设计院赔偿。法院认为，上诉人所代理的案件以调解结案，法院裁判并未下达，裁判结果为未知数，上诉人代理的结果可能胜诉，也可能败诉，赔偿数额是否多于调解结案的数额并不确定。因此，上诉人断定裁判结果必定优于调解结果并无事实依据，其认为调解结案必定造成律师代理费减少的主张亦不能成立。对于终止委托而言，《合同法》第四百一十条规定了委托人或者受托人可以随时解除委托合同，因解除合同给对方造成损失的，除不可归责于该当事人的事由外，应当赔偿损失。该规定中的应赔偿损失应理解为实际损失，而《协议书》约定如船舶设计院单方终止协议的，须按约定律师代理费额补偿上诉人经济损失，该约定缺乏法律依据。

综上，法院认为，上诉人弘正律师所为获取自身利益最大化的可能而限制被上诉人船舶设计院进行调解、和解，加重了当事人的诉讼风险，侵犯了委托人在诉讼中的自主处分权，不利于促进社会和谐，违反了社会公共利益。根据《合同法》第五十二条的规定，损害社会公共利益，合同无效。故《协议书》中“船舶设计院如有调解、和解及终止代理等需与弘正律师所协商一致，否则以约定律师代理费额补偿弘正律师所经济损失”的条款应为无效。

合同相关条款无效，而代理人为代理事务付出了一定的劳务，委托人仍应支付合理的报酬。[①]

◎风险规避

一、事先约定律师费的承担

银行应在《借款合同》中将律师费的承担作为合同条款明确约定下来，并履行说明及提示义务，让借款人或担保人知悉不履行合同义务可能要承担的法律后果，确保双方当事人意思表示的真实、一致。

二、合理约定律师费的支付标准

律师费应以有关部门制定的收费标准为基础，由双方依据案件的具体情况协商确定。

三、选择适当的方式追偿律师费用

如果采取普通代理方式，且在起诉前已经支付的，可在借款或担保合同纠纷中将律师费用列为诉讼请求的范围。

如果采取风险代理方式，应在实际支付律师费用后，另案起诉。

如果采取分期支付律师费的方式，即约定在诉讼前后分别支付部分律师费用的，应选择将已经支付的部分律师费列为诉讼请求范围，或等全部律师费支付完毕后另行起诉。如果就部分律师费用先行起诉的，应向法院提供证据说明该费用仅是部分费用，其余费用待实现后再另行诉讼主张。

无论采取上述哪一种方式，银行为保障其诉讼请求的实现，均应向法院提供与律师事务所签订的《委托代理合同》、发票，必要时还应向法院提交有关收费的依据及对收费的合理说明。

---

① 《最高人民法院公报》2009 年第 12 期。

第十六节　按揭业务

案例 67：个人住房贷款

摘要：单位冒用职工个人名义进行私贷公用的，个人不承担责任。银行向个人清收贷款并致使其在征信系统存在贷款逾期未偿还记录没有法律依据。造成个人财产损失和精神损害的，应予赔偿。

陈某原在某开发公司工作。2000 年 4 月，该开发公司以陈某的名义与中国工商银行某支行签订个人住房借款合同，同时以陈某的名义向工行出具委托转账付款授权书，工行将借款转入开发公司。2002 年 9 月，因该借款未按期偿清，工行便将陈某与开发公司作为被告向法院提起诉讼，法院判决陈某偿还借款及利息，开发公司负连带清偿责任，陈某对上述情况一无所知。

2007 年 12 月，陈某与投资公司签订《房屋预定协议》，约定采用按揭付款方式购买商品房一套。陈某交完首付款欲办理按揭贷款时，发现其个人信用存在贷款逾期未偿还记录，陈某因此一直无法办理购房按揭贷款手续。协商无果，陈某提起诉讼，要求处理。审理中，投资公司按约解除预定协议，陈某已交的 28 万元定金不予返还。

◎ 裁判要旨

山东省济南市槐荫区人民法院一审判决被告工行限期在银行征信系统中消除原告不良记录、赔礼道歉，赔偿原告经济损失（被扣购房定金）、精神损害抚慰金等 31 万余元，被告不服上诉。济南市中级人民法院二审判决维持原判。二审判决生效后，被告已经全部履行判决所确定的义务。[①]

① 《人民法院报》2009 年 6 月 25 日。

◎法条链接

1. 中国人民银行《个人住房贷款管理办法》第二条 个人住房贷款（以下简称贷款）是指贷款人向借款人发放的用于购买自用普通住房的贷款。贷款人发放个人住房贷款时，借款人必须提供担保。借款人到期不能偿还贷款本息的，贷款人有权依法处理其抵押物或质物，或由保证人承担偿还本息的连带责任。

第七条 借款人应直接向贷款人提出借款申请。贷款人自收到贷款申请及符合要求的资料之日起，应在三周内向借款人正式答复。贷款人审查同意后，按照《贷款通则》的有关规定，向借款人发放住房贷款。

2.《贷款通则》第二十九条 所有贷款应当由贷款人与借款人签订借款合同。

3. 银监会《关于进一步加强按揭贷款风险管理的通知》 坚持贷款风险审慎指标控制，严格借款人资格审查，注重从源头上防范贷款风险。要坚持面测面试和实访制，把做实每笔贷款的尽职调查作为发放贷款的前提条件。坚持落实借款合同面签制度，核实借款人首付款真实情况，采取切实有效措施防范“假按揭”、“假首付”现象的发生。

4. 中国银行业协会《关于规范做好个人房地产按揭贷款业务维护市场秩序的自律共识》 各会员银行要规范贷前审查制度。银行要做好尽职调查，坚持独立审贷，重点审核借款人的信誉程度、收入证明、偿还能力的真实性。要与借款人面谈贷款申请，面签贷款合同。

◎重要提示

一、商品房按揭的法律性质

由于我国物权法对按揭制度未予明确规定，房屋按揭是属于不动产抵押还是让与担保的不同认识仍将持续。认识的分歧波及司法层面所造成的法律问题是：《担保法》第四十九条关于抵押物转让中未通知抵押权人或者未告知受让人的转让行为无效的规定、《物权法》第一百九十一条抵押期间抵押人未经抵押权人同意不得转让抵押财产的规定，是否适用于房屋按揭，即抵押物转让的效力是否需经过抵押权人的同意，以及抵押物转让对抵押权行使的影响。**赵红刚与王伟东按揭房买卖合同案**：原告赵红刚将按揭房屋以原价款转让给被告王伟东。后原告按照担保法的相关规定，认为该转让行为无效。请求法院判令其与被告王伟东签订的房屋买卖合同无效，由被告返还房屋。一审法院新市区人民法院经审理认为，当事人之间订立有关设立、变更、转让、消灭不动产物权的合同，除法律另有规定或合同另有约定外，自合同成立时生效；未办理物权登记的，不影响合同效力。本案原、被告签订的房屋买卖合同是对以按揭形式购买的商品房的转让，该转让合同是双方真实意思表示，合法有效。双方约定被告王伟东以赵红刚的名义交纳按揭款，在交清按揭款后原告赵红刚为王伟东办理过户手续。故双方的合同并未涉及该按揭房抵押权人银行的利益，合同未违反相关法律规定，系合法有效合同。法院依照《合同法》第五十二条、《物权法》第十五条之规定，判决如下：驳回原告赵红刚对被告王伟东的诉讼请求。乌鲁木齐市中级人民法院（2008）乌中民四终字第1006号民事判决书认为，当事人行使权利、履行义务应当遵循诚实信用原则。上诉人与被上诉人签订的合同已实际履行了五年，合同系双方真实意思表示，内容并不违反相关法律规定，当事人应当按照合同约定的权利和义务全面履行。本案被上诉人正是按照双方的协议约定而占有、使用、受益该房屋，且被上诉人按照上诉人的名义交纳房屋按揭款，并没有损害特定抵押权人的利益。故上诉人认为合同无效，无法律依据。至于上诉人认为其利用公积金贷款购买房屋，又将房屋转让与被上诉人的行为违反了国家关于住房公积金管理制度的规定，不属于确认合同无效的禁止性法律规定。故原审判决认定事实清楚，适用法律正确，应予以维持。[①]

二、民商事纠纷与刑事犯罪交叉时的效力

犯罪嫌疑人假冒他人身份与银行签订购房抵押贷款合同，骗取贷款，其法律性质如何，所签订合同的效力如何？现行法律没有具体的规定，学界和司法界也存在不同的认识。司法界倾向性的观点是，对于表面上是一个正常商业往来的民事行为，但实质是犯罪嫌疑人的诈骗犯罪行为的，因其签订合同系犯罪构成中的一部分，故签订合同的行为不再是普通的民事欺诈行为，而是构成犯罪的刑事诈骗行为。刑事法律是最强烈的强制性规范，所以违反刑事法律的规定，损害的将不仅是当事人的利益，而且必然同时损害国家利益，因此应认定该合同必然无效，并按照无效合同的原则予以处理。**交通银行嘉定支行与朱建丽借款合同纠纷案：**被告鞠爱芳把身份证交给朱建丽代其办理买房事宜。而朱建丽私刻鞠爱芳印章，冒充鞠爱芳到原告交通银行嘉定支行签订了一份购房抵押贷款合同，并以鞠爱芳

---

① 《人民法院报》2009年10月2日。

的名义开了一个银行账户，将34万元贷款全部取走。后鞠爱芳在原来合同上补签了名字，先后还了1万余元贷款后停止还款。2005年，朱建丽被以诈骗罪判刑后，鞠爱芳名下房产作为刑事追赃被拍卖，原告银行分得拍卖款6.2万元。随后，鞠爱芳要求原告银行归还1万元贷款。但银行以鞠爱芳已在合同上补签名字为由，诉请偿还贷款本金及利息30余万元。上海市嘉定区人民法院以涉案抵押贷款合同系诈骗犯罪分子通过诈骗手段签订的合同自始无效为由，认定实际购房人的补签行为无效，判决驳回银行的诉讼请求。[①]

三、抵押权难以实现的法律风险

（一）在房贷纠纷中，抵押人故意骗贷，银行未能有效防范贷款风险应是其主要原因之一

金融实务中，骗贷的主要手法主要表现为：虚构买卖合同骗取银行贷款、冒用他人身份证贷款、将贷款挪作他用及通过贷款进行不正当融资。上述情形均影响银行抵押权的行使。如**上海市黄浦区法院审理的两起借款合同纠纷案**：由于银行在审查放贷上的疏漏，两借款人通过互买互卖房屋从同一银行骗得了126万元贷款，且均因未按约还款被银行起诉。而双方至今仍居住在自己原来的房子里。因两人没有还款能力，又均只有一套住房，虽然银行方胜诉，但抵押权却至今无法得到实现。[②]

（二）现行法律本身的原因造成的风险

1. 现行法律规定的制约

最高人民法院《关于人民法院民事执行中查封、扣押、冻结财产的规定》第六条规定："对被执行人及其所扶养家属生活所必需的居住房屋，人民法院可以查封，但不得拍卖、变卖或者抵债。"对于被执行人及其所扶养家属生活必需的已设定抵押的房屋，最高人民法院《关于人民法院执行设定抵押的房屋的规定》规定了严格的条件和程序。该司法解释第二条规定："人民法院对已经依法设定抵押的被执行人及其所扶养家属居住的房屋，在裁定拍卖、变卖或者抵债后，应当给予被执行人六个月的宽限期。在此期限内，被执行人应当主动腾空房屋，人民法院不得强制被执行人及其所扶养家属迁出该房屋。"第三条规定："强制迁出

---

① 《人民法院报》2007年6月16日。
② 《人民法院报》2008年12月10日。

时，被执行人无法自行解决居住问题的，经人民法院审查属实，可以由申请执行人为被执行人及其所扶养家属提供临时住房。”第六条规定：“被执行人属于低保对象且无法自行解决居住问题的，人民法院不应强制迁出。”最高人民法院执行办负责人就执行抵押房屋的规定的司法解释答记者问时指出：这一规定体现了这样一种理念，即被执行人的财产只有一处已设定抵押的房屋时，人民法院在执行中可以“以小换大、以差换好、以远换近，但不能从有到无”。[①]

为了进一步使执行房屋变得更具有可操作性，解决“执行难”的问题，2015年5月5日开始实施的最高人民法院《关于人民法院办理执行异议和复议案件若干问题的规定》又对执行房屋作出了更为细致的规定，其中第二十条规定：“金钱债权执行中，符合下列情形之一，被执行人以执行标的系本人及所扶养家属维持生活必需的居住房屋为由提出异议的，人民法院不予支持：（一）对被执行人有扶养义务的人名下有其他能够维持生活必需的居住房屋的；（二）执行依据生效后，被执行人为逃避债务转让其名下其他房屋的；（三）申请执行人按照当地廉租住房保障面积标准为被执行人及所扶养家属提供居住房屋，或者同意参照当地房屋租赁市场平均租金标准从该房屋的变价款中扣除五至八年租金的。执行依据确定被执行人交付居住的房屋，自执行通知送达之日起，已经给予三个月的宽限期，被执行人以该房屋系本人及所扶养家属维持生活的必需品为由提出异议的，人民法院不予支持。”即使如此，在具体执行过程中，执行房屋仍然面临着诸多不确定因素。

2. 现行法律制度实施的障碍

尽管人民法院为解决抵押房屋的执行提出了执行方案，但由于缺乏相应的配套措施，仍不能有效解决执行中涉及的有关问题。如银行并非房地产企业，难以提供合适的房源，房产过户等一系列交易行为都是通过合同这一自愿行为来完成的，而被执行人拒不配合也造成了执行的障碍。更何况随着居民住址的改变，还涉及户籍、子女入学、交通等一系列涉及城市各职能部门的协调和管理的问题，因此仅依赖于司法机关的一个规定，而没有全社会的配合，执行问题尚难以得到有效的解决。

3. 抵押物即房屋本身的风险

抵押房屋本身如存在产权纠纷、相邻纠纷、承租纠纷、继承纠纷或房屋自身

① 《人民法院报》2005年12月21日。

有瑕疵，如房产与土地使用权不一致、未经批准的超面积建筑等导致的无法正常交易等，都导致了法院强制执行的障碍。

4. 市场风险

金融危机、不可抗力因素给房贷带来的冲击。由于金融危机的冲击，致使借款人预期收入能力下降或失去工作，降低或丧失了还款能力。

5. 抵押权难以实现的救济

在抵押权难以实现的情况下，债权人可不行使抵押权，而可要求或请求法院以债务人抵押财产之外的财产清偿债权。现行《担保法》、《物权法》只是规定债权人就抵押物优先受偿，并未禁止由抵押人之抵押物之外的财产清偿债务。最高人民法院法官认为：在《物权法》和其他法律未明文规定抵押权人无选择权的情况下，可以承认抵押权人在对抵押财产行使抵押权之前，可以债权人的身份对债务人的其他财产先为清偿的要求，债权人清偿后，抵押权消灭，抵押财产成为债务人可以用来清偿其他债务的财产，这样有利于债权人债权的实现。[①]

案例 68：汽车消费贷款

摘要： 银行未有效地行使贷时审查，致使汽车经销商盗用客户的名义进行贷款，涉嫌合同诈骗。银行不能向被盗用者追收贷款。

2003 年 9 月 8 日，中国工商银行股份有限公司北京西客站支行（以下简称西客站支行）与徐连、北京北方宝琦达汽车贸易有限公司（以下简称宝琦达公司）签订《中国工商银行北京市分行个人借款合同》，用于购车。合同约定徐连授权西客站支行将贷款直接划入宝琦达公司在西客站支行的账号，宝琦达公司为合同项下的贷款本金、利息、罚息及实现债权的费用提供连带责任保证担保。

西客站支行如约发放了贷款。但此后徐连多次违约。西客站支行起诉后，法院一审判决徐连偿还西客站支行贷款本息，宝琦达公司承担连带清偿责任。

徐连不服一审法院上述判决，上诉称：一、宝琦达公司通过“合法手续”占有徐连借款 14 万余元。二、14 万余元完全被宝琦达公司操纵，徐连并没有委托

① 曹士兵：“中国担保诸问题的解决与展望”，转引自吴庆宝主编：《最高人民法院专家法官阐释民商裁判疑难问题》，人民法院出版社 2008 年版，第 88 页。

宝琦达公司偿还近二分之一的借款。三、徐连从借款之日起一直认为借款未果，西客站支行对宝琦达公司占有借款应该明知。四、西客站支行放弃监督贷款的使用，造成重大损失。宝琦达公司连续18个月没有还款，西客站支行也没有联系徐连，联系的时候就是起诉了，西客站支行的这种行为令人不解。五、宝琦达公司利用各种手段，让徐连在空白贷款合同和借据上签了字。然后，宝琦达公司背着徐连在西客站支行将款贷了出来，并模仿笔迹开了账户。之后，宝琦达公司用徐连的名义陆续还了一部分贷款。每个月的还款都不是徐连还的，都是宝琦达公司去还的，而且每个人的还款时间都基本相同，时间相差仅几秒钟，银行办理业务的人也基本都是一个人。这些均说明是宝琦达公司利用了徐连的名义在贷款。一审判决后，徐连认为这个事件应该属于宝琦达公司诈骗，所以向公安机关报了案。请求将此案移送公安机关立案侦查，对宝琦达公司责任人依法论处；申请取消在银行的不良记录。

◎ 裁判要旨

北京市第一中级人民法院在审理本案过程中，经向有关公安机关调查，证实宝琦达公司工作人员因涉嫌合同诈骗被刑事立案侦查，本案所涉纠纷已并案侦查。

北京市第一中级人民法院认为，鉴于本案争议的事实，涉嫌有关经济犯罪，已经由公安机关并案侦查，故本案不属于经济纠纷案件。裁定：驳回中国工商银行股份有限公司北京西客站支行的起诉。①

◎ 法条链接

1. 最高人民法院《关于在审理经济纠纷案件中涉及经济犯罪嫌疑若干问题的规定》第十一条 人民法院作为经济纠纷受理的案件，经审理认为不属经济纠纷案件而有经济犯罪嫌疑的，应当裁定驳回起诉，将有关材料移送公安机关或检察机关。

2.《汽车贷款管理办法》第二条 本办法所称汽车贷款是指贷款人向借款人发放的用于购买汽车（含二手车）的贷款，包括个人汽车贷款、经销商汽车贷款和机构汽车贷款。

---

① 摘自北京法院网 http://bjgychinacourtorg/public/paperviewphp?id=1878，2009年7月6日访问。

3. 中国银监会办公厅《关于汽车贷款风险提示的通知》

一、加强贷款空白合同管理

各银行业金融机构空白汽车贷款合同必须由银行控制，严禁由经销商掌握；在发放汽车贷款时，必须要与借款人本人面签合同，由借款人本人填写合同约定的贷款金额、还款金额等重要事项，不准由经销商代替，避免合同将来产生诉讼争议。

二、加强对经销商担保能力审核

各银行业金融机构要严格审查经销商即担保人诚信状况、担保能力，严禁经销商超能力担保，防范担保人在银行业金融机构起诉时下落不明，银行业金融机构权益不能得到有效保护问题。对经销商的授信要严格按照公司业务程序办理，不得将其归入零售业务进行操作与管理。

三、加强贷前调查

各银行业金融机构要加强对借款人提交申请资料的审核，重点审核借款人的信誉程度、收入证明、偿还能力的真实性。要科学制定个人资信评估标准和识别业务真实性的贷前审查制度，实行双人调查。要借助个人征信管理系统和信息系统，了解审查借款人的基本信息、信用程度、诚信状况；必须要与借款人进行见面谈话，实地调查借款人的真实居住地、核实贷款抵押的真实性，了解抵押物所有权、变现能力等情况。

四、严格贷中审查和贷后管理

各银行业金融机构要严格审批程序，认真审核贷款资料的真实性、可靠性，尤其是对借款人和经销商诚信度、还款能力等事项要进行严格和独立的审查。在贷款发放后，要加强贷款用途的管理，防止贷款挪作他用，密切检查和监控借款人还款能力变化和还款意愿，一旦发现不良还款记录，要及时督促借款人和担保人履约还款，必要时依法及时提起诉讼或申请仲裁。

五、规范账户管理

各银行业金融机构要加强对贷款账户管理，借款人还款账户要由其本人持有效证件开立，避免经销商直接控制贷款，甚至挪作他用。

◎重要提示

一、私贷公用的效力

私贷公用系指单位借用、盗用、冒用自然人的名义套取银行信用，获得银行贷款，并由其归还贷款的行为。实践中经常出现汽车经销商和房地产开发商为了解决企业的流动资金不足，利用员工或其他人的名义套取银行贷款的行为。**某银行诉张某借款合同纠纷案**：张女士是一家担保公司的职员，该担保公司以办理保险的名义要求员工上交身份证，并在未告知张女士的情况下，用其身份证办理了汽车消费贷款，用该贷款购买的车辆也没有落到张女士名下。后该公司经理携款潜逃。张女士也因连续多次未还贷款而被起诉。法院经审理认为，担保公司虽然使用张女士的身份证与银行签订借款合同，但由于张女士并没有授权担保公司为其办理汽车贷款，且借款合同上的签字也非张女士本人，担保公司的行为属于无权代理，故偿还贷款应当是担保公司的责任，与张女士无关。①

二、私贷公用案件的认定与处理

"私贷公用"案件是指法人或者其他组织的工作人员以个人名义向金融机构借款，所借款项由法人或者其他组织实际使用的案件。之所以出现此类案件，一方面原因在于部分单位信用程度不高，无法直接通过金融机构获取贷款，另一方面部分金融机构为完成贷款任务，同时又为了规避风险，故通过借款给个人，再转给单位使用，从而增加还款的保障。实践中出现了大量机关、学校、企业的工作人员或职工"私贷公用"的现象，不但对金融秩序造成不良影响，也在一定程度上破坏了社会稳定。

对于"私贷公用"的认定，应注意审查其是否具备以下特征：（一）单位是否存在授意或命令其工作人员、职工进行借款的行为；（二）与金融机构签订借款合同的是否涉及单位的大量工作人员或者职工；（三）金融机构是否直接将款项打入单位账户或者专设账户，或者金融机构与单位之间是否曾就还款达成过协议；（四）是否存在金融机构知道或者应当知道单位是实际用资人的其他情形。

《合同法》第四百零二条规定：受托人以自己的名义，在委托人的授权范围内与第三人订立的合同，第三人在订立合同时知道受托人和委托人之间的代理关系的，该合同直接约束委托人和第三人，但有确切证据证明该合同只约束受托人和第三人的除外。参照这一规定，如果金融机构订立合同时明知借款人所借款项是由单位使用，或者金融机构与单位之间就个人借款、单位使用存在合意，可以

---

① 《人民法院报》2008年12月12日。

认定单位为借款合同的借款人，由单位承担还款责任。

实践中，对于不具备上述特征的案件，即使存在工作人员或者职工借款后又转借给单位的情形，也不能认定为“私贷公用”，处理时应严格坚持合同的相对性原则，由借款人承担责任。[①]

三、私贷公用法律风险

1. 增加银行的经营风险，导致银行信贷资金受损。

私贷公用作为一种不正当的融资行为，其风险之一是增加银行的经营风险，导致银行信贷资金受损。其根源主要在于银行为片面追求业绩而疏于审核、管理，把避免损失的希望寄托于开发商的诚信和还款能力。在按揭业务中，较之于汽车消费信贷，由于商品房预售具有购买人数众多且较为集中、贷款数额较大的特点，更容易成为开发商私贷公用的“重灾区”。**如北京市第二中级人民法院审理的森豪公寓假按揭骗贷案**：森豪公寓开发商虚构257名购房者骗取中国银行北京分行7亿元人民币贷款。此案涉及开发商、银行、中介服务、虚假购房人等多方，涉及信用证诈骗罪、合同诈骗罪、出具证明文件重大失实罪、国有企业人员失职罪等多项罪名。此案是银行违规导致假按揭的近年来发生的最大的诈骗案，可以说是违规放贷的典型代表、极致表现。银行的层层防线如虚设，一次次小的违规的累加最终酿成大的损失。私贷公用涉及的刑事犯罪，在汽车消费贷款纠纷案件的审理中，发现借款人以非法占有为目的，采用以下手段，骗取银行贷款，具有诈骗犯罪嫌疑的，应当裁定驳回起诉，将有关材料移送公安机关处理：（一）盗用他人身份证明、伪造他人签字，签订贷款合同；（二）使用伪造、变造的身份证明，隐瞒真实身份，签订贷款合同；（三）以非法占有为目的，采用其他手段骗取银行贷款的。[②]

2. 私贷公用由于银行违规所致，其自身在个案中可能要承担相应的责任。

针对私贷公用借贷纠纷如何确定被告，《人民司法》研究组认为：韩某作为村委会会计，虽以个人名义向信用社贷款，但所贷得的款项全部用于村里经营玩具厂及归还村里以前的贷款，是典型的私贷公用，真正的贷款人是村委会。

---

① 山东省高级人民法院民二庭：“合同纠纷审判实践中的若干疑难问题研究”，载奚晓明主编：《民商事审判指导》2009年第1辑，人民法院出版社2009年版，第128页。

② 参见北京市高级人民法院《关于审理汽车消费贷款纠纷案件及汽车消费贷款保证保险纠纷案件若干问题的指导意见（试行）》。

如果情况属实、证据确凿，可以将村委会列为被告。同时应该指出的是，若信用社明知韩某的行为是私贷公用仍将款贷给他，亦有一定过错，应付相应责任。[①]

3. 我国建立征信系统后，由于私贷公用的名义借款人为个人，当单位作为实际用款人不能按期支付贷款本息时，该个人将被在征信系统自动生成不良记录，由此给个人造成的财产损失及精神损害，银行要根据其过错承担责任。

◎ 风险规避

一、贷款合同的签署应坚持本人原则

即由借款人本人直接与贷款人签订贷款合同。《贷款通则》第二十九条规定："所有贷款应当由贷款人与借款人签订借款合同。"

二、履行调查职责

法律要求贷款人对借款人履行尽职调查职责，是因为这是防范贷款风险的第一道防线。《个人贷款管理暂行办法》第十三条规定："贷款人受理借款人贷款申请后，应履行尽职调查职责，对个人贷款申请内容和相关情况的真实性、准确性、完整性进行调查核实，形成调查评价意见。"

三、审核借款人与其开发商、销售商之间的关系

借款人如系其职工，且涉及该单位大部分职工借款的，应予以高度关注并进行调查。

四、加强对借款资金的监管

如借款人未按借款合同约定使用贷款，而是转借给单位使用，银行应及时采取相应的措施，防止损失的发生或扩大。《贷款通则》第二十二条规定：借款人未能履行借款合同规定义务的，贷款人有权依合同约定要求借款人提前归还贷款或停止支付借款人尚未使用的贷款。

---

① 《人民司法》2000 年第 2 期。

案例69：借款合同与保险合同分属不同法律关系，不应合并审理

摘要：保证保险作为保险公司推出的财险品种，其保证的内容不同于《担保法》中的保证，银行在借款合同纠纷中，不应将保险公司作为共同被告一并起诉，要求其承担连带还款责任。

自2000年始，某银行向多名自然人（借款人）提供了10万元至30万元的车辆消费信贷；同时，车行为借款人提供保证担保，车辆挂靠单位（运输公司）为借款人提供抵押担保，保险公司为借款人提供保证保险。后因借款人欠贷不还，银行将借款人、车行、车辆挂靠单位、保险公司一并起诉到法院。个人机动车辆贷款保证保险系新型险种，车辆消费贷款案系新型民事纠纷案件。青岛自2001年保险公司推出此险种，贷款总额达2亿余元。至2004年，青岛市两级法院受理此类案件达1800余起。

◎裁判要旨

法院认为，保险合同与借款合同是两个不同的法律关系，但二者具有关联性，遂合并审理。由于各法院对此类案件认识不同，于是根据被告人员组成和原告诉讼请求分别作出三种不同的判决：其一，判决保险公司、车行、车辆挂靠单位承担连带清偿责任；其二，判决保险公司赔付贷款本息、逾期付款利息和律师代理费各80%；其三，判决保险公司直接对借款本息和对方的律师代理费承担赔偿责任。后青岛市检察院以上述判决将借款合同纠纷与保险合同纠纷合并审理程序错误、对保险人应承担的责任性质认定错误为由，依法提出抗诉。至2005年11月，有关基层法院先后开庭再审抗诉案件，均认为检察机关抗诉理由成立，原判确有错误，并判决撤销原判，驳回原告对保险公司的诉讼请求。对未抗诉的其余此类案件，法院也均予自行纠正。[①]

◎法条链接

1.**《担保法》第二十八条**　同一债权既有保证又有物的担保的，保证人对物

① 《检察日报》2005年11月17日。

的担保以外的债权承担保证责任。

债权人放弃物的担保的，保证人在债权人放弃权利的范围内免除保证责任。

2. 中国保险监督管理委员会《关于规范汽车消费贷款保证保险业务有关问题的通知》 保险公司在车贷险条款中应明确保险责任为差额保证保险责任，即投保人未按合同约定履行还款义务时，保险公司仅对被保险人实现担保权后差额部分提供保险保障。

◎重要提示

关于保证保险的法律性质，在保险实务与司法实务中，中国人民银行与保监会坚持保险说，而司法机关对此的认识则不尽一致，存在从保证说到保险说的过渡并最终统一为保险说。

一、保证说

最高人民法院对湖南省高级人民法院关于《中国工商银行郴州市苏仙区支行与中保财产保险有限公司湖南省郴州市苏仙区支公司保证保险合同纠纷一案的请示报告》的复函：保证保险是由保险人为投保人向被保险人（即债权人）提供担保的保险，当投保人不能履行与被保险人签订合同所规定的义务，给被保险人造成经济损失时，由保险人按照其对投保人的承诺向被保险人承担代为补偿的责任。因此，保证保险虽是保险人开办的一个险种，其实质是保险人对债权人的一种担保行为。在企业借款保证保险合同中，因企业破产或倒闭，银行向保险公司主张权利，应按借款保证合同纠纷处理，适用有关担保的法律。

中国平安保险（集团）股份有限公司与中国建设银行营业部等借款及保证保险合同纠纷案：一审法院认为，本案涉及建行营业部与三九公司签订的借款合同以及平安保险与三九公司之间的保险合同两个不同法律关系，但事实上具有关联性。本案保险合同是在借款合同的基础上产生的，三九公司的还款义务即是保险合同的标的，借款合同与保险合同均以实现贷款人即被保险人建行营业部的利益为目的，故在原告同时起诉借款人和保险人的前提下，将上述两个法律关系合并审理既有利于债权人实现债权，也便于本案生效判决的执行，并无不当。二审法院最高人民法院（2004）民二终字第 38 号民事判决书认为，本案系借款及保证保险合同纠纷。在三方当事人订立的《销售协议》《附加协议》中均载明了平安保险对三九公司的贷款本金、利息及可能发生的罚息承担保证责任的意愿；且在

《分期付款保险单》中，平安保险将该项保证责任明确在192972669元的范围之内。在此情况下，建行营业部根据合同约定，履行了向三九公司发放1.5亿元贷款的义务。双方关于保证的意思表示真实，据此建行营业部与平安保险之间形成了保证合同关系。本案上述主、从合同法律关系的构建方式借用了保险合同的形式，虽有别于传统的借款担保合同关系的模式，但两者的本质相同。该保证合同记载的内容明确且不违反法律，应为有效合同。原审判决对本案合同性质的认定并无不当。[①]

二、保险说

中国农业银行股份有限公司黄山滨江路支行诉中国人民财产保险股份有限公司绩溪支公司、安徽亚夏实业股份有限公司保证保险合同纠纷案：保证保险从广义上说，就是保险人为被保证人向权利人提供担保的保险。保险人代为赔偿后享有代位追偿权。从保证保险合同的主体来看，保证保险合同的主体是保险人（保险公司）、投保人和被保险人（银行）。中国保监会认为，保证保险是财产保险的一种，是保险人提供担保的一种形式，保证保险是一种损害填补手段，而保证作为一种担保方式，则属于一种债权保障方法。因而保证保险合同能够独立存在，其虽然要以被保险的合同债权的存在为前提，但这只是有关当事人签订保证保险合同的动因，它的效力不受产生被保险债权的合同效力的影响。[②]

北京市高级人民法院《关于审理汽车消费贷款纠纷案件及汽车消费贷款保证保险纠纷案件若干问题的指导意见（试行）》第七条规定：在以借款人为投保人、银行为被保险人的保证保险合同中，贷款合同是保证保险合同的基础合同，但二者之间不存在主从合同关系，保证保险合同具有独立性。

2008年最高人民法院《民事案件案由规定》将保证保险合同纠纷作为四级案由列于三级案由保险合同纠纷项下，应该说是对保证保险关系不同于保证关系的确认。该司法解释的起草者认为：保证保险是财产保险的一种，是指由作为保证人的保险人为作为被保证人的被保险人向权利人提供担保的一种形式，如果由于被保险人的作为或不作为不履行合同义务，致使权利人遭受经济损失，保险人向被保险人或受益人承担赔偿责任。保证保险合同与保证合同的区别在于，保证

① 奚晓明主编：《民商事审判指导》2004年第2辑，人民法院出版社2005年版，第357~365页。
② 《人民法院案例选》2012年第1辑。

合同是保证人为担保债务人履行债务而与债权人订立的协议，其当事人是主合同的债权人和保证人，被保证人不是保证合同的当事人。保证保险合同的当事人是债务人（被保证人）和保险人（保证人），债权人一般不是保证保险合同的当事人，可以作为合同的第三人（受益人）。[①] 该观点实际上是接受了保证保险的“保险说”的观点。1999 年 8 月 30 日，中国保险监督管理委员会就“中国工商银行郴州市苏仙区支行与中保财产保险有限公司郴州市苏仙区支公司保证保险合同纠纷一案征求意见函”致最高人民法院告诉申诉庭《关于保证保险合同纠纷案的复函》中，就已持此观点。因此，在司法实践中，处理保证保险合同纠纷的法律依据，应当是《保险法》及相关的保险法律规范，而不是《担保法》。

◎风险规避

一、保证保险合同条款的安排

认真研究保证保险的合同条款，对保证的范围、期限、行使担保权的条件等作出详细、明确的约定，同时合同条款也要便于操作。

消费贷款特别是车贷，涉及的法律关系颇多，其权利义务主体涉及银行、经销商、借款人、保证人、保险人等，银行贷款通过经销商的保证、保证人的保证、汽车抵押、保险人的保证保险等多个手段保护，但仍不能防范频频发生的贷款风险。看来，复杂的合同安排和技巧设计反而不利于债权的保护和实现，相反，却成了当事人推诿的借口和银行员工懈怠的理由。

二、正确行使诉权

保险公司在其提供的《保证保险条款》中一般会约定先诉抗辩权，即银行只有在向债务人和其他保证人追偿不能的情况下才能向保险公司追偿，所以银行在行使诉权时，应按合同约定先行使抵押物权或向保证人主张权利，并将有关主张权利的情况及时书面通知保险人。当上述权利行使后仍未全部实现债权的，方能向保险人主张权利。但是双方另有约定的除外。**北京银行股份有限公司天坛支行诉中国人民财产保险股份有限公司北京市昌平支公司机动车辆消费贷款保证保险合同案**：对于昌平支公司认为天坛支行在未向其他担保人追偿前无权向其要求保

① 曹建明主编：《最高人民法院民事案件案由规定理解与适用》，人民法院出版社 2008 年版，第 129 页。

险赔偿的意见，一审法院认为，虽然保证保险条款中有关于先诉抗辩权的约定，但《合作协议》中约定“昌平支公司本着先赔后诉的原则”按照《保证保险条款》承担保险责任，同时在昌平支公司的权利义务中又约定“昌平支公司同意以机动车辆消费贷款保证保险合同设定抵押或质押或连带责任保证的方式进行承保”，所以应适用保险条款第十五条第二款“对机动车辆消费贷款保证保险合同设定抵押或质押或连带责任保证的，保险人根据被保险人索赔请求对投保人所欠款项负责赔偿”的规定，因此，在本保证保险纠纷中昌平支公司不享有先诉抗辩权，天坛支行在约定的保险事故发生后，可直接要求其承担保险责任。①

① 《中国审判案例要览·2006年商事审判案例卷》第70号案例。

第十七节 助学贷款

案例70：贷款程序违规导致借款主体不明，诉讼请求被驳回

摘要： 尽管国家助学贷款系具有国家政策因素的贷款品种，但商业银行仍应按照《贷款通则》的规定履行贷前调查、贷时审查、贷后检查的程序，以防范贷款风险。

原告中国农业银行清丰县支行（以下简称农行）诉称，被告韩利敏2000年9月8日在该行借款（助学贷款）本息合计6484.88元，借款到期后，经该行多次催要，被告拒付，并提供借款合同书、借款凭证各一份及被告韩利敏被河南师范大学录取的通知书一份。被告韩利敏承认原告提供的录取通知书复印件的真实性，但不知道被何人复印给原告，并否认从原告处借款，原告提供的借款合同书、借款凭证上不是其本人的亲笔签名和捺印。

◎ 裁判要旨

清丰县法院审理后认为，原告提供的借款合同书、借款凭证证明被告韩利敏在该行贷款6484.88元，但被告韩利敏否认在该行的贷款行为，并且认为借款合同书及借款凭证上的签名不是她本人亲笔书写。原告虽然提供了被告韩利敏本人的入学录取通知书，韩利敏本人也认可该录取通知书是其本人被河南师范大学录取通知的复印件，但该证据不能证明被告韩利敏在原告农行处贷款行为属实的唯一性，本院认为，对被告韩利敏的上述否认表示，原告农行应继续举证证明，但原告农行在本院规定的期限内没有提供新的证据，也没有申请鉴定，依照《关于民事诉讼证据的若干规定》第二条之规定，应由负有举证责任的原告农行承担不利的法律后果。判决：驳回原告中国农业银行清丰县支行的诉讼请求。原告农行在法定期限内未上诉。①

① 摘自大河网法制频道 http://law.dahe.cn/court/fgsf/2009061615574460.shtml，2010年7月15日访问。

◎法条链接

1.《关于国家助学贷款的管理规定（试行）》

二、贷款的申请和发放（十一）经办银行发放的国家助学贷款属于商业性贷款，纳入正常的贷款管理。

2. 中国人民银行《助学贷款管理办法》第五条　高等学校在读学生申请助学贷款要按规定填写借款合同，承诺离开学校后向贷款人提供工作单位和通讯方式，承诺贷款逾期一年不还，又未提出展期，可由贷款人在就学的高等学校或相关媒体上公布其姓名、身份证号码，予以查询。

第十三条　贷款人要根据本办法制定具体的操作规程，改进服务，加强对助学贷款发放和收回的管理，提高助学贷款的使用效益。

3. 中国银行业监督管理委员会《商业助学贷款管理办法》第三十一条　建立助学贷款违约通报制度，贷款人应按照制度要求报送助学贷款借款人违约信息，银行业监督管理机构定期在银行业金融机构范围内共享信息。

第三十三条　贷款人须根据本办法制定实施细则，加强对贷款发放和回收的管理，加强服务，严格控制风险。

◎重要提示

一、助学贷款

助学贷款是党中央、国务院在社会主义市场经济条件下，利用金融手段完善我国普通高校资助政策体系、加大对普通高校经济困难学生资助力度所采取的一项重大措施。分为国家助学贷款、生源地信用助学贷款和商业助学贷款。

国家助学贷款是由商业银行开办的商业性金融业务，其政策性体现在由国家财政部门在规定的期限内对借款人给予利息补贴，是用于家庭经济困难的借款学生在普通高校就读时所需学费、住宿费和生活费的助学贷款。

生源地信用助学贷款是指国家开发银行向符合条件的家庭经济困难的普通高校新生和在校生发放的、在学生入学前户籍所在县（市、区）办理的助学贷款。生源地贷款为信用贷款，学生和家长（或其他法定监护人）为共同借款人，共同承担还款责任。

商业助学贷款是指银行业金融机构按商业原则自主发放的用于支付境内高等

院校困难学生学费、住宿费和就读期间基本生活费的商业贷款。

二、加强对学生诚信教育及案例警示教育

学校和银行应有针对性地加强学生的诚信教育，提高借款学生对国家助学贷款政策的正确认识，强调按时还贷的必要性和重要性。助学贷款信用的缺失，将严重影响到助学贷款政策的顺利执行和助学贷款的良性循环，贷款学生违约情况的增加，将意味着有更多像违约人一样的困难学生可能因得不到贷款支持而丧失公平受教育的机会。尽管从2004年2月起，各经办银行暂停执行中国人民银行《关于下达2003年度国家助学贷款指导性贷款计划的通知》第二条的规定，即“为完善国家助学贷款政策措施，促进国家助学贷款广泛、持续发展，四家银行总行在编制、下达本行系统内基层经办银行国家助学贷款信贷计划时，对于借款人违约比例达到20%（违约率指借款毕业生连续90天还本付息违约人数/进入还款期人数）且违约毕业生人数达到20人的高等院校，可以暂不列入编制范围。待学校通过加强管理或代偿措施后，使其违约比例降到20%以内时，再及时补充下达贷款计划”。但各高校借款毕业生还款违约率和违约人数，仍是制约国家助学贷款业务良性发展的重要因素并影响到该高校的正常贷款业务。

各经办银行为保证贷款的及时归还，应对学生不按时归还借款的法律后果进行警示教育。如银行有权在公开报刊等信息媒体上公布助学贷款违约情况，包括借款人姓名、身份证号及具体的违约行为。对不主动与见证人和贷款银行联系、不主动提供工作单位和通信方式的学生，记录在案，纳入全国个人信用信息系统。一旦被纳入“黑名单”后，将对其今后的生活和工作造成负面影响。

◎风险规避

一、严格贷款程序，防范贷款风险

助学贷款由商业银行按商业化模式运作，这就意味着银行应通过严格的程序，谨慎的审查，以防范贷款风险。

1. 审查学生本人入学通知书、有效居民身份证、同班同学或老师对其身份的证明及《高校国家助学贷款申请表》；经办银行不能因为各高校设置有负责本校学生国家助学贷款的申请受理和贷前审查的专门机构，而放弃自己应履行的贷前审查的职责。

2. 了解、掌握贷款学生所在学校的学费和生活费，据以确定助学贷款的最高限额。

3. 借款合同要由借款人本人签字；其中，办理生源地信用助学贷款的，由于学生和家长（或其他法定监护人）为共同借款人，共同承担还款责任，因此，应由学生及其家长共同签字。

4. 贷款应直接划入学生账户或学校指定的账户，以保证合同约定的借款用途，有效防止冒名贷款。

5. 借款学生毕业时，经办银行要与学生办理还款确认手续，并在学校的配合下催收贷款。学生毕业后，经办银行应及时向学校索取借款学生第一次就业的有效联系地址；学生没有就业的，学校应向经办银行提供借款学生的家庭有效联系地址。

二、与法院沟通，采取灵活的措施回收贷款

鉴于助学贷款借款主体的特殊性，银行及司法机关不应拘泥于传统的立—审—执的司法模式来实现债权，而应根据个案的具体情况采取更为灵活的变通模式。对于学生毕业后未能就业、经济状况窘迫而暂时没有能力还贷的，应允许分期偿还及展期。当然，对于恶意逃债的，可采取报纸公布、记入不良信用记录等方式惩罚。在这一方面，上海市徐汇区人民法院的做法值得借鉴。徐汇区是上海西南片区高校的集中所在地。近年来，因助学贷款引发的借款纠纷明显增多。仅今年1月至今，该院共受理此类案件170余件。为此，徐汇法院采取多项措施：对隐瞒住址的被告进行多渠道查找联系，对确认地址的被告在庭前发放“法官告知书”，在案件审结后向被告所在高校及教育部门提出司法建议。实践证明，这一系列举措取得良好的效果。在今年该院受理的170余起案件中，调解结案2件，撤诉结案168件，调撤率达100%。[①]

三、合法催收贷款，防止侵犯学生利益

近几年，学生不还款引发的现象之一是学校扣留学生的毕业证和学位证。学校作为银行与学生的中介，为了银行能够继续向其在校学生提供贷款，满足银行回收贷款的需要，采取了借款学生不还清贷款就不发放毕业证的措施。该等行为

---

① 《人民法院报》2010年7月10日。

侵犯了学生的受教育权和就业权。毕业证和学位证不是贷款的质押品，不能与贷款是否归还相联系。《关于国家助学贷款管理的暂行规定（试行）》规定，贷款本息需在学生毕业后四年内还清。学生尚未就业，就迫使其归还贷款本息，有违上述规定及借款合同的约定，也变相违背了国家助学贷款的资助政策的目的。而且，学生没有毕业证，就难以就业，又如何归还贷款？因未还清助学贷款，学校拒绝发放毕业证，致使河南省许昌市区某高校学生张向阳多次丧失就业机会，为此，张向阳将学校告上法庭。此案在许昌市魏都区法院法官们的倾力调解下，学校最终同意为张向阳颁发毕业证。9 月 21 日，张向阳向法院申请撤诉。魏都区法院审理后认为，助学贷款是张向阳与银行之间的债权债务关系，没有还清助学贷款不应该成为扣发毕业证的理由，助学贷款合同只能规定债权债务关系，学校不应以此为由不发毕业证。

第六章

执行与协助执行的法律风险与规避

民事执行，是指当债务人拒不履行生效法律文书所确定的民事义务，人民法院运用国家公权力，依法采取民事执行措施，迫使债务人履行义务，实现债权人权利的法律活动。银行虽可通过诉讼主张权利，但其权利的最终实现大部分要依赖人民法院的强制执行。

执行涉及的法律程序主要是，财产保全与先予执行，对被执行人财产的查封、冻结、扣划及评估、拍卖、变卖，执行和解、执行异议等。

协助执行，是指实施执行措施的人民法院通知有关单位或者个人协助执行发生法律效力的法律文书所确定的内容的一种法律制度。银行作为资金中介的特殊地位，是人民法院在执行程序中涉及的主要协助执行人。依法协助执行，是银行应当承担的法律义务。银行未依法协助执行的法律后果是：因错误协助执行而侵犯了储户的资金安全或因拒不协助执行或未及时协助执行而被罚款及被判令承担过错责任。

协助执行涉及的法律问题主要是，执行人的主体合法性与执行程序的合法性，协助执行人协助执行程序与内容的合法性。

执行与协助执行适用的基本法律为《民事诉讼法》，具有司法权及行政执行权的国家机关的执行权限与程序，规定在相应的部门法中，也是银行在协助执行中应予遵循的法律依据。另外，有关的司法解释如最高人民法院《关于适用〈中华人民共和国民事诉讼法〉的解释》、《关于人民法院民事执行中查封、扣押、冻结财产的规定》、《关于依法规范人民法院执行和金融机构协助执行的通知》、《关于在民事审判和执行工作中依法保护金融债权防止国有资产流失问题的通知》等，在实务中更具可操作性，应予重视和遵守。

第一节 协助冻结

案例71：拒不配合法院冻结工作，行为违法被处以罚款

摘要：商业银行应依据法律、行政法规的规定，及时协助有关部门办理查询、冻结、扣划事宜，否则，将受到罚款、拘留等制裁。

2008年12月，山东三星玉米产业科技有限公司与湖南金拓天油茶科技开发有限公司发生买卖合同纠纷，起诉到滨州中院，申请保全金拓公司财产。法院审查立案后，指派两名法官前往湖南省衡阳市商业银行股份有限公司耒阳支行营业部冻结金拓公司银行存款。两名法官依法向银行工作人员出示证件，递交了"协助冻结存款通知书"及民事裁定书，要求该行协助冻结金拓公司在该行的102万元存款。

该行工作人员以冻结存款数额大、必须经行长签字为由拖延办理。法官指出，根据有关规定，这种行为无须行长签字批准，如果银行拖延办理，可能产生不良后果。但是，该行工作人员私自将金拓公司在该行241万余元存款中的240万元划拨归还了本行贷款。滨州中院作出决定，对该行罚款30万元，并责令追回已划转款项中的102万元。

事后，该行向山东高院提出复议，称事发当时因银行主管领导不在而没有及时办理法院冻结手续。主管领导回来后，该行马上办理了冻结手续，出具贷款本息收回凭证及银行对账单，可以证实此次划款时间是事发当日15时50分。

但办案法官在事发当时用手机拍摄了他们进入营业厅要求该行办理存款冻结手续时的电子显示屏。显示屏显示，事发时间为当日15时15分。这一铁的证据，足以证实银行工作人员拖延办理冻结手续的目的是违法划转金拓公司款项。

◎裁判要旨

山东高院认为，涉案支行以"必须行长签字，方能办理查封"为由拖延时间，将法院欲冻结的款项用于归还贷款，其行为违反了最高人民法院、中国人民银

行《关于依法规范人民法院执行和金融机构协助执行的通知》的有关规定，依照《民事诉讼法》相关条款，滨州中院对其处以30万元罚款的决定系属适当。为此，山东高院驳回银行申请。[1]

◎法条链接

1.**《民事诉讼法》第一百一十四条** 有义务协助调查、执行的单位有下列行为之一的，人民法院除责令其履行协助义务外，并可以予以罚款：

（二）有关单位接到人民法院协助执行通知书后，拒不协助查询、扣押、冻结、划拨、变价财产的；

（三）有关单位接到人民法院协助执行通知书后，拒不协助扣留被执行人的收入、办理有关财产权证照转移手续、转交有关票证、证照或者其他财产的；

（四）其他拒绝协助执行的。

人民法院对有前款规定的行为之一的单位，可以对其主要负责人或者直接责任人员予以罚款；对仍不履行协助义务的，可以予以拘留；并可以向监察机关或者有关机关提出予以纪律处分的司法建议。

第一百一十五条 对个人的罚款金额，为人民币十万元以下。对单位的罚款金额，为人民币五万元以上一百万元以下。

拘留的期限，为十五日以下。

被拘留的人，由人民法院交公安机关看管。在拘留期间，被拘留人承认并改正错误的，人民法院可以决定提前解除拘留。

2.**最高人民法院、中国人民银行《关于依法规范人民法院执行和金融机构协助执行的通知》** 人民法院查询被执行人在金融机构的存款时，执行人员应当出示本人工作证和执行公务证，并出具法院协助查询存款通知书。金融机构应当立即协助办理查询事宜，不需办理签字手续，对于查询的情况，由经办人签字确认。对协助执行手续完备拒不协助查询的，按照民事诉讼法第一百零二条[2]规定处理。

3.**最高人民法院研究室《关于对有义务协助执行单位拒不协助予以罚款后又拒不执行应如何处理问题的答复》** 根据《民事诉讼法》第一百零三条[3]第一款第

① 《人民法院报》2009年4月16日。

② 该条现已被新《民事诉讼法》修改为第一百一十一条。

③ 该条现已被新《民事诉讼法》修改为第一百一十四条。

（二）项和第二款的规定，人民法院依据生效判决、裁定，通知有关银行协助执行划拨被告在银行的存款，而银行拒不划拨的，人民法院可对该银行或者其主要负责人或者直接责任人员予以罚款，并可向同级政府的监察机关或者有关机关提出给予纪律处分的司法建议。被处罚人拒不履行罚款决定的，人民法院可以根据民事诉讼法第二百三十一条[①]的规定，予以强制执行。执行中，被处罚人如以暴力、威胁或者其他方法阻碍司法工作人员执行职务的，依照民事诉讼法第一百零二条[②]第一款第（五）项、第二款规定，人民法院可对被处罚人或对有上述行为的被处罚单位的主要负责人或者直接责任人员予以罚款、拘留，构成犯罪的，依照《刑法》第一百五十七条[③]的规定追究刑事责任。

◎重要提示

一、扣划贷款与协助执行

由于银行直接从企业账户扣收贷款的行为并不为法律所禁止，所以当借款人不能按期支付借款本息，经营、财务状况恶化或不按约定用途使用贷款时，银行均有权依合同约定或合同法的规定从借款人的账户或在该行其他分支机构的账户扣收贷款本息。此外，金融实务中还存在借款人主动提前归还贷款本息的情况。无论是银行扣划贷款，还是借款人主动归还贷款，都与法院查询、冻结措施存在冲突。银行的正确处置方法是，在法院具体实施查询、冻结行为时，无论是银行，还是客户均不得实施上述行为，否则，就构成了妨害司法的行为。

二、不得以内部规定对抗法院执法

为了防止金融部门以内部审批为由阻碍法院的查询、冻结行为，法发［2000］21号文件规定“不需办理签字手续”。金融部门不得以内部的规定及审批权限为由，阻挠、推托、迟滞人民法院的查询、冻结行为。否则，其违法行为将受到法院的处罚。

---

① 该条现已被新《民事诉讼法》修改为第一百五十五条。

② 该条现已被新《民事诉讼法》修改为第一百一十一条。

③ 该条现已被修改为《刑法》第三百一十三条，即拒不执行判决、裁定罪。

三、查询、冻结、扣划银行存款的有权机关

《商业银行法》第二十九条规定："商业银行办理个人储蓄存款业务，应当遵循存款自愿、取款自由、存款有息、为存款人保密的原则。对个人储蓄存款，商业银行有权拒绝任何单位或者个人查询、冻结、扣划，但法律另有规定的除外。"第三十条规定："对单位存款，商业银行有权拒绝任何单位或者个人查询，但法律、行政法规另有规定的除外；有权拒绝任何单位或者个人冻结、扣划，但法律另有规定的除外。"

上述法条所指的法律，是由全国人大及其常委会颁布的法律。所指的行政法规，是国务院根据宪法和法律制定，由总理签署以国务院令公布的。行政法规的名称一般称"条例"、"规定"、"办法"等。国务院根据全国人民代表大会及其常务委员会的授权决定制定的行政法规，称"暂行条例"或者"暂行规定"。

依据我国现行有效的法律、行政法规，有权查询、冻结、扣划个人储蓄存款及单位存款的机关分列如下：

（一）人民法院

《民事诉讼法》第二百四十二条规定：被执行人未按执行通知履行法律文书确定的义务，人民法院有权向有关单位查询被执行人的存款、债券、股票、基金份额等财产情况。人民法院有权根据不同情形扣押、冻结、划拨、变价被执行人的财产。人民法院查询、扣押、冻结、划拨、变价的财产不得超出被执行人应当履行义务的范围。人民法院决定扣押、冻结、划拨、变价财产，应当作出裁定，并发出协助执行通知书，有关单位必须办理。

（二）人民检察院、公安机关

《刑事诉讼法》第一百四十二条第一款规定：人民检察院、公安机关根据侦查犯罪的需要，可以依照规定查询、冻结犯罪嫌疑人的存款、汇款、债券、股票、基金份额等财产。有关单位和个人应当配合。

（三）军队保卫部门、监狱

《刑事诉讼法》第二百九十条规定：军队保卫部门对军队内部发生的刑事案件行使侦查权。对罪犯在监狱内犯罪的案件由监狱进行侦查。军队保卫部门、监狱办理刑事案件，适用本法的有关规定。

（四）国家安全机关

《国家安全法》第七十七条规定：公民和组织应当履行下列维护国家安全的

义务：……（三）如实提供所知悉的涉及危害国家安全活动的证据。

全国人大常委会《关于国家安全机关行使公安机关的侦查、拘留、预审和执行逮捕的职权的决定》规定：第六届全国人民代表大会第一次会议决定设立的国家安全机关，承担原由公安机关主管的间谍、特务案件的侦查工作，是国家公安机关的性质，因而国家安全机关可以行使宪法和法律规定的公安机关的侦查、拘留、预审和执行逮捕的职权。

（五）税务机关

《税收征收管理法》第五十四条规定：税务机关有权进行下列税务检查：……（六）经县以上税务局（分局）局长批准，凭全国统一格式的检查存款账户许可证明，查询从事生产、经营的纳税人、扣缴义务人在银行或者其他金融机构的存款账户。税务机关在调查税收违法案件时，经设区的市、自治州以上税务局（分局）局长批准，可以查询案件涉嫌人员的储蓄存款。税务机关查询所获得的资料，不得用于税收以外的用途。

（六）海关

《海关法》第六条规定：海关可以行使下列权力：（五）在调查走私案件时，经直属海关关长或者其授权的隶属海关关长批准，可以查询案件涉嫌单位和涉嫌人员在金融机构、邮政企业的存款、汇款。

（七）监察机关

《行政监察法》第二十一条规定：监察机关在调查贪污、贿赂、挪用公款等违反行政纪律的行为时，经县级以上监察机关领导人员批准，可以查询案件涉嫌单位和涉嫌人员在银行或者其他金融机构的存款；必要时，可以提请人民法院采取保全措施，依法冻结涉嫌人员在银行或者其他金融机构的存款。

（八）审计机关

《审计法》第三十三条规定：审计机关进行审计时，有权就审计事项的有关问题向有关单位和个人进行调查，并取得有关证明材料。有关单位和个人应当支持、协助审计机关工作，如实向审计机关反映情况，提供有关证明材料。审计机关经县级以上人民政府审计机关负责人批准，有权查询被审计单位在金融机构的账户。审计机关有证据证明被审计单位以个人名义存储公款的，经县级以上人民政府审计机关主要负责人批准，有权查询被审计单位以个人名义在金融机构的存款。

第三十四条第二款规定：审计机关对被审计单位违反前款规定的行为，有权予以制止；必要时，经县级以上人民政府审计机关负责人批准，有权封存有关资料和违反国家规定取得的资产；对其中在金融机构的有关存款需要予以冻结的，应当向人民法院提出申请。

（九）价格主管部门（物价部门）

《价格法》第三十四条规定：政府价格主管部门进行价格监督检查时，可以行使下列职权：……（二）查询、复制与价格违法行为有关的账簿、单据、凭证、文件及其他资料，核对与价格违法行为有关的银行资料。

（十）反垄断执法机构（商务部门）

《反垄断法》第十二条第一款规定：本法所称经营者，是指从事商品生产、经营或者提供服务的自然人、法人和其他组织。

第三十九条规定：反垄断执法机构调查涉嫌垄断行为，可以采取下列措施：……（五）查询经营者的银行账户。采取前款规定的措施，应当向反垄断执法机构主要负责人书面报告，并经批准。

第四十条第一款规定：反垄断执法机构调查涉嫌垄断行为，执法人员不得少于二人，并应当出示执法证件。

（十一）银行业监督管理机构（银监会）

《银行业监督管理法》第四十一条规定：经国务院银行业监督管理机构或者其省一级派出机构负责人批准，银行业监督管理机构有权查询涉嫌金融违法的银行业金融机构及其工作人员以及关联行为人的账户；对涉嫌转移或者隐匿违法资金的，经银行业监督管理机构负责人批准，可以申请司法机关予以冻结。

（十二）证券监督管理机构（证监会）

《证券法》第一百八十条规定：国务院证券监督管理机构依法履行职责，有权采取下列措施：……（六）查询当事人和与被调查事件有关的单位和个人的资金账户、证券账户和银行账户；对有证据证明已经或者可能转移或者隐匿违法资金、证券等涉案财产或者隐匿、伪造、毁损重要证据的，经国务院证券监督管理机构主要负责人批准，可以冻结或者查封。

《证券投资基金法》第一百一十三条规定：国务院证券监督管理机构依法履行职责，有权采取下列措施：……（六）查询当事人和与被调查事件有关的单位和个人的资金账户、证券账户和银行账户；对有证据证明已经或者可能转移或者隐匿违法资金、证券等涉案财产或者隐匿、伪造、毁损重要证据的，经国务院证券监督管理机构主要负责人批准，可以冻结或者查封。

第一百一十四条规定：国务院证券监督管理机构工作人员依法履行职责，进行调查或者检查时，不得少于二人，并应当出示合法证件；对调查或者检查中知悉的商业秘密负有保密的义务。

（十三）保险监督管理机构（保监会）

《保险法》第一百五十四条规定：保险监督管理机构依法履行职责，可以采取下列措施：（六）查询涉嫌违法经营的保险公司、保险代理人、保险经纪人、保险资产管理公司、外国保险机构的代表机构以及与涉嫌违法事项有关的单位和个人的银行账户。

（十四）财政部门

《会计法》第三十二条规定：财政部门对各单位的下列情况实施监督：……（二）会计凭证、会计账簿、财务会计报告和其他会计资料是否真实、完整；在对前款第（二）项所列事项实施监督，发现重大违法嫌疑时，国务院财政部门及其派出机构可以向与被监督单位有经济业务往来的单位和被监督单位开立账户的金融机构查询有关情况，有关单位和金融机构应当给予支持。

（十五）反洗钱行政主管部门

《反洗钱法》第二十三条规定：国务院反洗钱行政主管部门或者其省一级派出机构发现可疑交易活动，需要调查核实的，可以向金融机构进行调查，金融机构应当予以配合，如实提供有关文件和资料。调查可疑交易活动时，调查人员不得少于二人，并出示合法证件和国务院反洗钱行政主管部门或者其省一级派出机构出具的调查通知书。调查人员少于二人或者未出示合法证件和调查通知书的，金融机构有权拒绝调查。

第二十五条第一款规定：调查中需要进一步核查的，经国务院反洗钱行政主管部门或者其省一级派出机构的负责人批准，可以查阅、复制被调查对象的账户信息、交易记录和其他有关资料；对可能被转移、隐藏、篡改或者毁损的文件、资料，可以予以封存。

第二十六条规定：经调查仍不能排除洗钱嫌疑的，应当立即向有管辖权的侦查机关报案。客户要求将调查所涉及的账户资金转往境外的，经国务院反洗钱行政主管部门负责人批准，可以采取临时冻结措施。侦查机关接到报案后，对已依照前款规定临时冻结的资金，应当及时决定是否继续冻结。侦查机关认为需要继续冻结的，依照刑事诉讼法的规定采取冻结措施；认为不需要继续冻结的，应当立即通知国务院反洗钱行政主管部门，国务院反洗钱行政主管部门应当立即通知金融机构解除冻结。临时冻结不得超过四十八小时。金融机构在按照国务院反洗钱行政主管部门的要求采取临时冻结措施后四十八小时内，未接到侦查机关继续冻结通知的，应当立即解除冻结。

（十六）外汇管理机关

《外汇管理条例》第三十三条规定：外汇管理机关依法履行职责，有权采取下列措施：……（六）经国务院外汇管理部门或者省级外汇管理机关负责人批准，查询被调查外汇违法事件的当事人和直接有关的单位、个人的账户，但个人储蓄存款账户除外；（七）对有证据证明已经或者可能转移、隐匿违法资金等涉案财产或者隐匿、伪造、毁损重要证据的，可以申请人民法院冻结或者查封。

第三十四条规定：外汇管理机关依法进行监督检查或者调查，监督检查或者调查的人员不得少于二人，并应当出示证件。监督检查、调查的人员少于二人或者未出示证件的，被监督检查、调查的单位和个人有权拒绝。

（十七）期货监督管理机构

《期货交易管理条例》第四十八条规定：国务院期货监督管理机构依法履行职责，可以采取下列措施：……（六）查询与被调查事件有关的单位的保证金账户和银行账户。

（十八）工商行政管理部门

《禁止传销条例》第十四条规定：县级以上工商行政管理部门对涉嫌传销行为进行查处时，可以采取下列措施：……（七）查询涉嫌传销的组织者或者经营者的账户及与存款有关的会计凭证、账簿、对账单等；（八）对有证据证明转移或者隐匿违法资金的，可以申请司法机关予以冻结。工商行政管理部门采取前款规定的措施，应当向县级以上工商行政管理部门主要负责人书面或者口头报告并经批准。遇有紧急情况需要当场采取前款规定措施的，应当在事后立即报告并补办相关手续；其中，实施前款规定的查封、扣押，以及第（七）项、第（八）项规定的措施，应当事先经县级以上工商行政管理部门主要负责人书面批准。

第十五条规定：工商行政管理部门对涉嫌传销行为进行查处时，执法人员不得少于二人。执法人员与当事人有直接利害关系的，应当回避。

第十六条规定：工商行政管理部门的执法人员对涉嫌传销行为进行查处时，应当向当事人或者有关人员出示证件。

（十九）国有重点大型企业监事会

《国有企业监事会暂行条例》第七条规定：监事会开展监督检查，可以采取下列方式：……（四）向财政、工商、税务、审计、海关等有关部门和银行调查了解企业的财务状况和经营管理情况。

◎风险规避

一、严格依照法律、行政法规的规定审查有权机关的手续

《商业银行法》第七十三条规定：“商业银行有下列情形之一，对存款人或者其他客户造成财产损害的，应当承担支付迟延履行的利息以及其他民事责任：……（三）非法查询、冻结、扣划个人储蓄存款或者单位存款的。”因此，商业银行在协助有权机关时，不仅要审查其是否为法律、行政法规授权的机关，而且要严格审查其手续，否则可能因错误协助而造成储户的损失。一般来讲，要审查的内容为：

（一）法律文书形式审查

县以上负责人签字、盖章的书面文书。该文书应有所办案件名称及需协助的理由记载，且应由银行留存。该文书现一般为各部门全国统一印制的格式。银行工作人员应熟悉各部门的格式文书。

（二）承办人员审查

承办人员一般应为二人以上。

（三）证件审查

要求承办人员提交并审查工作证件，有的除提交工作证件外，还需提交执行公务证件。银行应将其证件与承办人员进行比对并复印其工作证件或对其工作证件的内容进行记载。审查证件是否是持证人本人所有，证件是否超过了有效期等。如发现有不符之处，应将证件退回，要求其提供合法有效的证件并在协助执行通知书的回执上注明。

（四）协助执行通知书审查

经办人员应认真审查执法人员提交的协助执行通知书。审查时，应注意以下内容：一是协助执行通知书应为有权部门县团级以上机构出具；二是“协助冻结、扣划存款通知书”上载明的被申请冻结或扣划存款的单位或个人开户名称、户名和账号是否与银行的记载相一致，大小写金额是否一致；三是协助冻结或扣划存款通知书上的义务人应与所依据的法律文书上的义务人相同；四是协助冻结或扣划存款通知书上的冻结或扣划金额应当是确定的。

（五）扣划存款审查

银行协助扣划客户存款更应持认真、慎重的态度。与查询、冻结相比，由于扣划转移了银行对客户存款的占有和控制，银行一旦协助错误，追回款项将变得困难和复杂。因此，银行除按规定审查其有关手续外，尚应审查其据以作出扣划裁定的生效法律文书。

最高人民法院、中国人民银行《关于依法规范人民法院执行和金融机构协助执行的通知》规定："人民法院扣划被执行人在金融机构存款的，执行人员应当出示本人工作证和执行公务证，并出具法院扣划裁定书和协助扣划存款通知书，还应当附生效法律文书副本。"尽管扣划裁定书也是生效的法律文书，但该通知中的"生效法律文书"并不是指扣划裁定书，而是据以作出扣划裁定书的生效法律文书。依据最高人民法院《关于人民法院执行工作若干问题的规定（试行）》的规定，生效的法律文书包括：（1）人民法院民事、行政判决、裁定、调解书，民事制裁决定、支付令，以及刑事附带民事判决、裁定、调解书；（2）依法应由人民法院执行的行政处罚决定、行政处理决定；（3）我国仲裁机构作出的仲裁裁决和调解书；（4）公证机关依法赋予强制执行效力的关于追偿债款、物品的债权文书；（5）经人民法院裁定承认其效力的外国法院作出的判决、裁定，以及国外仲裁机构作出的仲裁裁决；（6）法律规定由人民法院执行的其他法律文书。

对于未能达到上述要求的，银行有权拒绝配合，并将其理由明确告知需协助的机关。对于手续齐全的，应尽快予以配合办理。

二、协助执行中应注意的事项

1. 作出查询、冻结、扣划决定的人民法院、检察院、公安机关与协助执行的银行不在同一辖区的，银行也应当协助执行，不受辖区范围的限制。

2. 有权机关在查询单位存款情况时，只提供被查询单位名称而未提供账号的，金融机构应当根据账户管理档案积极协助查询，没有所查询的账户的，应如实告知有权机关。有权机关在冻结、扣划个人存款时，对个人存款户不能提供账号的，金融机构应当要求有权机关提供该个人的居民身份证号码或其他能够足以确定该个人存款账户的线索。

3. 有权机关查询单位账户或者个人存款时，可以对相关资料进行抄录、复印、照相，但不得带走原件。金融机构应有权机关的要求，对有关证明材料与原始资料核实无误后盖章，以证明材料的来源。

第二节　擅自解冻

案例 72：擅自解冻、支付冻结款项，不能追回的，承担赔偿责任

摘要： 金融机构擅自解冻被人民法院冻结的款项，并向被执行人或其他人支付，致使人民法院不能执行的，应在限期内予以追回，不能追回的，在擅自支付的数额内承担赔偿责任。

1996 年年初，陕西省高级人民法院（以下简称陕西高院）分别审理了西安证券公司诉青海证券有限责任公司、湖北省潜江市城市信用社、海南省证券公司、海南省三亚市国债券经营有限公司、海南省东方八所城市信用社五起国债回购纠纷案件。1996 年 8 月 12 日、8 月 23 日，根据原告的诉讼保全申请和五被告的证明，陕西高院分别作出［1996］陕经初字第 23、24、25、26、31 号民事裁定书，保全查封了五被告交存在西安证券交易中心（以下简称西交中心）总面值为 1330 万元、到期兑现值为 1908 余万元及利息的国债券。1996 年 9 月至 1997 年 1 月，陕西高院对上述五案依法分别作出判决书、调解书，确认五被告应分别退还原告购券款及利息。在此期间，西交中心曾提出对上述国债券享有质押权的异议，经陕西高院审查后认为异议理由不成立并予书面驳回。上述五案进入执行程序后，陕西高院向西交中心发出协助执行通知书，但西交中心以国债券不存在为由拒不协助执行。陕西高院遂以西交中心擅自处分法院冻结财产且在指定的期限内未能追回为由，于 1998 年 6 月 19 日裁定冻结了西交中心在陕西工行营业部 273033-38 账户上的存款 2000 万元人民币。后陕西高院裁定扣划上述款项时，发现该账户已于 1998 年 7 月 10 日销户，冻结款项全部流失。因陕西工行擅自解冻行为造成法院冻结款项流失，陕西高院责令陕西工行在限期内追回已转移的款项，并拟强制执行陕西工行已追回的 2000 万元款项。对此陕西工行向最高人民法院提出异议，请求最高人民法院监督陕西高院的执行行为。

◎裁判要旨

最高人民法院执行办公室《关于中国工商银行西安市东新街支行对陕西省高级人民法院强制执行2000万元提出异议一案的处理意见》认为，陕西高院对五被告人寄存在西交中心的国债券实施查封时，除海南省证券公司外，其余四被告人在西交中心均实际存有与查封数额相等的国债券实物。陕西高院未对海南省证券公司的300万元国债券实物是否存在进行核实确有失误，故对该笔300万元国债券的查封效力不予认可。对其余四被告人交存的国债券查封手续完备，程序合法，查封效力应予维持。陕西高院驳回西交中心对国债券享有质押权主张的理由成立，本院予以支持。西交中心作为协助执行人拒不履行协助义务，并擅自处分已被法院查封的国债券，且在限期内不能追回，根据最高人民法院《关于执行工作若干问题的规定（试行）》第四十四条的规定，应承担相应的赔偿责任。陕西高院冻结西交中心的银行存款合法有效。陕西工行所举证据不足以证明273033-38账户为股民保证金账户，亦不足以证明该账户上资金全部为股民保证金。陕西工行未经人民法院许可，将273033-38账户销户致使该账户内的资金流失，是擅自解冻被人民法院冻结款项的行为，根据最高人民法院《关于执行工作若干问题的规定（试行）》第三十三条的规定，应在转移款项范围内承担责任。陕西工行的异议理由不成立，本院不予支持。接到本函后陕西高院可恢复执行，但应按照有效查封保全的国债券价值重新核对应执行的数额后，在已冻结的2000万元人民币范围内依法执行。

◎法条链接

1.**《民事诉讼法》第二百四十二条** 被执行人未按执行通知履行法律文书确定的义务，人民法院有权向有关单位查询被执行人的存款、债券、股票、基金份额等财产情况。人民法院有权根据不同情形扣押、冻结、划拨、变价被执行人的财产。人民法院查询、扣押、冻结、划拨、变价的财产不得超出被执行人应当履行义务的范围。

人民法院决定扣押、冻结、划拨、变价财产，应当作出裁定，并发出协助执行通知书，有关单位必须办理。

2.**最高人民法院《关于人民法院执行工作若干问题的规定（试行）》**

33.金融机构擅自解冻被人民法院冻结的款项，致冻结款项被转移的，人民法院有权责令其限期追回已转移的款项。在限期内未能追回的，应当裁定该金融机构在转移的款项范围内以自己的财产向申请执行人承担责任。

37. 有关单位收到人民法院协助执行被执行人收入的通知后，擅自向被执行人或其他人支付的，人民法院有权责令其限期追回；逾期未追回的，应当裁定其在支付的数额内向申请执行人承担责任。

3. 最高人民法院、中国人民银行《关于依法规范人民法院执行和金融机构协助执行的通知》 人民法院扣划被执行人在金融机构存款的，执行人员应当出示本人工作证和执行公务证，并出具法院扣划裁定书和协助扣划存款通知书，还应当附生效法律文书副本。金融机构应当立即协助执行。对协助执行手续完备拒不协助扣划的，按照民事诉讼法第一百零二条[①]规定处理。

◎重要提示

一、涉及被执行人暴力抗法、阻碍执行的情形时，金融机构作为协助执行人，对被转移的冻结款项仍负有赔偿责任

最高人民法院执行工作办公室《关于山东省菏泽市中级人民法院执行江西省鹰潭市月湖城市信用社赔偿一案的函文》指出：月湖信用社作为有义务协助人民法院执行的单位，在菏泽中院对冻结的150万元执行款发出扣划通知后，本应立即协助扣划，但该信用社拒不配合，导致在发生暴力抗拒事件后使该项执行款流失；菏泽中院执行人员在生命、卷宗安全受到严重威胁的情况下，被迫写下的解除冻结款项的便函，不是菏泽中院的真实意思表示，不具有法律效力。月湖信用社妨碍执行生效法律文书的行为情节严重，菏泽中院依据最高人民法院《关于人民法院执行工作若干问题的规定（试行）》第三十七条之规定，裁定月湖信用社在流失财产的范围内对申请执行人承担赔偿责任，于法有据，应予支持。

二、正确处理客户利益与协助执行的关系

依据《商业银行法》的规定，商业银行应当保障存款人的合法权益不受任何单位和个人的侵犯。除非法律另有规定，商业银行有权拒绝任何单位或者个人对个人储蓄存款查询、冻结、扣划；有权拒绝任何单位或者个人对单位存款的冻结、

① 该条现已被新《民事诉讼法》修改为第一百一十一条。

扣划；除非法律、行政法规另有规定，商业银行有权拒绝任何单位或者个人对单位存款的查询。从维护客户利益的角度出发，上述规定为商业银行保护存款人权益提供了法律层面上的保障。而协助司法机关查询、冻结、扣划存款，也是商业银行的法定义务。商业银行保护存款安全的义务与协助执行的义务并不矛盾。银行依法协助，其法律后果是不仅履行了协助执行的法定义务，也同时履行了对客户的付款义务。**交通银行南昌分行诉赛格信托公司江西证券交易部存款支付纠纷案**：其裁判摘要指出，银行将应付款划入开户单位账户后，又根据人民法院的裁定的通知，履行法定协助义务，对有关款项予以冻结和扣划的，应认定已履行了付款义务。[①] **中国农业银行南通市经济技术开发区支行与华夏银行济南分行、中国电子进出口山东公司、南通市蓝泽精细化工公司银行承兑汇票纠纷再审案**：最高人民法院认为，华夏济南分行在为中电公司办理贴现申请时，根据中国人民银行《商业汇票承兑、贴现与再贴现管理暂行办法》和《支付结算办法》的规定，应当审查中电公司是否为合法的持票人，即中电公司持有的三张银行承兑汇票背书是否连续。华夏济南分行尽管在为中电公司办理贴现前，曾向该票据的付款行农行南通支行进行过电话查询，但农行南通支行也只是答复“该票据系其签发，真伪自辩”，并没有确认中电公司是合法的持票人。华夏济南分行作为专业的金融机构，应当知道办理贴现的有关规定，其应审查而未审查本案三张银行承兑汇票背书是否连续，就为不是合法持票人不享有票据权利的中电公司办理票据贴现，应当认定其存在重大过失。依据我国《票据法》第十二条第二款的规定，华夏济南分行因重大过失取得不符合《票据法》规定的票据的，对该票据不享有票据权利。虽然华夏济南分行为中电公司办理贴现后，完善了本案三张票据的背书手续，背书为连续，但该三张票据因涉嫌犯罪已被南通市公安局崇川分局调取，并冻结止付票据款1000万元，农行南通支行以此为由拒绝向华夏济南分行付款，是履行法律规定的协助执行义务，并无不当；农行南通支行依据南通市崇川区人民法院（2000）崇刑初字第57号刑事判决书和南通市崇川区人民法院《协助扣划存款通知书》，将三张票据款1000万元划拨到南通市崇川区人民法院账上，亦是履行法律规定的协助执行义务；本案三张票据款1000万元已由南通市崇川区人民法院发还受害单位南通市商业银行环南支行。据此，农行南通支行依据南通市崇川区人民法院（2000）崇刑初字第57号刑事判决书，已经向南通市商业银

① 《最高人民法院公报》2004年第8期。

行环南支行支付了本案三张票据款1000万元，履行了本案三张票据的付款义务，其没有义务再向华夏济南分行付款。[①]

◎ 风险规避

1. 银行应按法律规定的要求审查其手续的合法与齐全，对手续不全或不符合法律规定的，不应予以协助，否则因错误协助而导致客户存款被扣划的，如不能追回，银行要向客户承担过错责任。

2. 在协助过程中，银行与执行机关发生异议时，应通过正式的渠道寻求解决。如与执行机关不能沟通时，可向上一级银行或执行机关的上一级机关反映情况或提出书面异议。而不能采取其他过激的方式或者向被执行人通风报信、协助被执行人转移存款，因为该等行为将被人民法院裁定违法并承担民事责任。

① 苏泽林主编:《审判监督指导》2006年第1辑，人民法院出版社2007年版，第86页。

第三节　协助错误

案例 73：冻结回执笔误，银行不能免责

摘要：作为协助执行的金融机构，出具的回执具有一定的公信力，当事人对该行为产生了信赖利益，即相信了已冻结账户中有足以实现自己债权的存款，使得其没有申请法院查封其他财产。冻结回执的笔误，客观上对原告的债权无法实现造成了一定影响，应承担相应的法律责任。

2006 年 6 月 27 日，原告因与佛山市昌维有限公司发生买卖合同纠纷而申请禅城区法院对该公司进行财产保全。法院分别于同年 7 月 10 日、2007 年 1 月 5 日和 6 月 5 日先后 3 次要求被告银行冻结昌维公司在该行账户上的存款 10.8 万元，而被告银行也先后 3 次在冻结回执上注明或重申“已冻结款项为 107910.23 元，未冻结款项为 89.77 元”。同年 5 月 25 日，原告在与昌维公司的诉讼中获赔 10.8 万元及利息，并于同年 9 月 20 日向法院申请强制执行该生效判决。但法院在要求被告银行协助执行时却被告知，昌维公司的上述被冻结账户内的存款只有 90.1 元，法院在查明昌维公司无其他财产可供执行后裁定中止执行。原告遂以被告银行未收到法院的解冻通知书而擅自将相关存款解冻为由，将其告上法庭，要求赔偿全部损失。法院依据职权调查了被告隶属的广东省分行的数据备份中心，了解到昌维公司的账户在被法院冻结期间的最高余额仅为 90.1 元，不存在大量存款向外划拨的情况。

◎ 裁判要旨

法院审理后认为，没有证据证明被告与昌维公司实施了恶意串通更改数据信息的行为，只能认定银行在填写法院查封冻结金额的回执时存在笔误，而无法认定被告有擅自解冻存款的侵权行为。故判决被告某银行佛山分行向原告佛山市南海区夏南五金电器厂赔偿其全部损失的 20% 即人民币 21582 元。[①]

① 《人民法院报》2008 年 8 月 25 日。

◎法条链接

1. 最高人民法院《关于人民法院民事执行中查封、扣押、冻结财产的规定》

第一条　人民法院查封、扣押、冻结被执行人的动产、不动产及其他财产权，应当作出裁定，并送达被执行人和申请执行人。

采取查封、扣押、冻结措施需要有关单位或者个人协助的，人民法院应当制作协助执行通知书，连同裁定书副本一并送达协助执行人。查封、扣押、冻结裁定书和协助执行通知书送达时发生法律效力。

2. 最高人民法院《关于人民法院发现本院作出的诉前保全裁定和在执行程序中作出的裁定确有错误以及人民检察院对人民法院作出的诉前保全裁定提出抗诉人民法院应当如何处理的批复》　人民法院院长对本院已经发生法律效力的诉前保全裁定和在执行程序中作出的裁定，发现确有错误，认为需要撤销的，应当提交审判委员会讨论决定后，裁定撤销原裁定。

◎重要提示

一、人民法院裁定及协助执行通知书的效力

协助通知书及冻结裁定自送达协助人之日起，就对协助义务人产生法律约束力，从法律上应当视为债务人在第三人处确实有财产。协助义务人在协助过程中如发现瑕疵，应及时提出异议，以便债权人寻找债务人其他财产进行保全。如未及时提出异议，将导致债权人丧失保全债务人其他财产的机会，且有可能最终导致债权人的债权不能实现。法院的财产保全属公法行为，债权人无法通过普通民事诉讼进行救济，只能由协助义务人承担赔偿责任。

二、回执笔误的法律性质及责任构成

银行因过失向法院出具与事实不符的协助冻结存款通知书回执，不属于擅自解冻导致冻结款项被转移的情形，因而不属于妨害民事诉讼的行为，不能在执行程序中直接裁定银行承担赔偿责任。如银行的过失行为造成当事人胜诉债权无法实现的，属于第三人侵害债权的行为，应通过诉讼程序，依据其过错认定其应承担的侵权责任。

无锡瑞奇进出口贸易有限公司诉南通诚益工艺服装有限公司加工合同纠纷

案：原告瑞奇公司在诉讼中申请保全被告诚益公司70万元的财产。诚益公司的开户行中国工商银行股份有限公司南通城南支行在诚益公司账户仅有82440.25元的情况下，却在向法院出具的协助冻结存款通知书上载明：诚益公司在我行账户存款应冻结70万元，已冻结70万元，未冻结0元。后本案进入执行程序，执行法院裁定银行限期追回617559.75元，逾期则承担赔偿责任。南通市中级人民法院（2008）通中执监自第0093号民事裁定书认为：原审法院在未认定工行城南支行擅自解冻并致冻结款项转移的情况下，责令工行城南支行追回冻结存款差额，裁定工行城南支行对该差额承担赔偿责任，缺乏法律依据。工行城南支行向港闸区法院出具了与诚益公司账户余额不符的足额冻结回执，致使瑞奇公司未再向人民法院申请对诚益公司其他财产采取保全措施，并在未采取任何保护措施的情况下，向诚益公司另行支付了57万元货款。在执行过程中查明，诚益公司已歇业、无财产可供执行，瑞奇公司的债权已无法通过执行来实现，但是，瑞奇公司基于自身信赖利益的损失，要求工行城南支行承担过错赔偿责任，涉及实体争议和新的法律关系主体，依照审判权和执行权分立的相关原则，瑞奇公司的主张需要通过审判程序解决。原审法院在执行程序中，直接要求案外人工行城南支行承担民事责任明显不当，瑞奇公司如认为工行城南支行应当赔偿其信赖利益损失可另行诉讼。

后瑞奇公司以工行城南支行为被告提起诉讼。二审判决维持一审法院判决且认为：工行城南支行没有擅自解冻而导致冻结款项被转移，只能说明其不存在故意。但银行作为专业金融机构，其经办人员应该熟悉协助执行相关程序，且相关法律、规范性文件也对其办理协助执行规定了具体义务。本案中工行城南支行经办人员因为业务生疏、个人理解错误，出具了与诚益公司账户余额不符的足额冻结回执，系没有尽到银行作为专业金融机构较高的注意义务，属于重大过失，存在过错。工行城南支行出具与诚益公司账户余额不符的足额冻结回执的行为，与瑞奇公司另外支付诚益公司573345.86元加工款的行为间接结合，导致了瑞奇公司胜诉债权无法实现的后果，属多因一果。导致瑞奇公司胜诉债权无法实现的直接原因是诚益公司缺乏清偿能力。银行出具不实回执的行为和瑞奇公司另外支付诚益公司加工款573345.86元的行为，都是瑞奇公司胜诉债权不能实现的间接原因。银行作为专业金融机构，应当按照相关规定正确填写执行回执，银行因未尽上述义务致使瑞奇公司胜诉债权无法实现而受损，属重大过失，应承担主要责任。瑞奇公司选择交易对象和支付方式不谨慎，亦应承担一定的责任。①

依据上述案例，银行因协助执行中的过失行为，需承担责任的构成要件：

1. 被侵害的债权须是合法的债权。此类案件由于是在诉讼中因保全行为、执行行为产生的，因此该债权应是经人民法院或仲裁机关确认的、可被执行的债权。如申请冻结的当事人撤诉、败诉，由于其债权并未被人民法院所支持，因而其债权就不存在，其侵害债权就无从谈起。

2. 银行的过失行为导致了债权人损失。即债权人无法通过其他法律途径进行救济。如债权人尚可通过执行被执行人的其他财产实现债权，则不能要求赔偿。

3. 银行承担的责任为侵权责任。因此，此类案件尚需考察债权人损失与银行过错之间的因果关系，并根据因果关系确定银行的赔偿责任。而不能认为只要是银行具有过错，就全额赔偿债权人的损失。

4. 该类案件为侵权纠纷，应通过审判程序另案解决。既不能在保全或执行程序等诉讼程序中解决，也不能在实施保全措施的民事案件中一并解决。

◎风险规避

一、认真审核协助执行通知书的内容，并根据实际情况如实填写法院查封冻结金额的回执

由于银行在回执上填写的内容具有公信力和法律效力，给当事人带来了信赖利益。因此，银行应对债务人账户存款余额核实无误后，方可向法院出具回执。

二、银行发现错误后，应及时向法院提出异议，并通过法院进行更正，银行不可擅自作出处理

最高人民法院《关于法院冻结财产的户名与账号不符银行能否自行解冻的请示的答复》人民法院在完成对财产冻结手续后，银行如发现被冻结的户名与账号不符时，应主动向法院提出存在的问题，由法院更正，而不能自行解冻；如因自行解冻不当造成损失，应视其过错程度承担相应的法律责任。

---

① 《人民司法·案例》2010年第14期。

三、银行作为协助义务人，应在法院诉讼保全时提出异议

诉讼保全是指人民法院在民事案件作出判决前，对于可能因当事人一方的行为或者其他原因，使判决不能执行或难以执行时，为了保证将来作出的判决得以顺利执行，或为了避免财产遭受损失，对当事人的财产或争议的标的物所采取的一种强制措施。因此，诉讼保全与生效判决的执行密切相连。协助义务人是否提出异议或在何时提出异议，直接关系到保全申请人的执行利益。针对“协助义务人在诉讼保全时没有提出异议，在执行阶段提出异议的，应否支持”的问题，《司法信箱》认为：协助义务人的法律责任问题不光牵扯到法律问题，实际上还有技术问题。由于债务人在第三人处是否有财产、财产数额是多少等有关信息完全由债务人和协助执行人掌握，执行法院、债权人与协助义务人之间存在信息不对称的问题，所以，在法院送达协助执行通知书后，协助义务人必须及时提出异议，以便债权人寻找债务人其他的财产进行保全。协助义务人不及时提出异议的，按照最高人民法院《关于执行工作若干问题的规定（试行）》第三十七条的解释精神，则自有关冻结裁定和协助义务通知书送达协助人时起，就对协助义务人产生法律上的约束力，从法律上应当视为债务人在第三人处确实有财产。本案中，由于宏达公司没有及时提出异议，导致债权人张某丧失保全债务人其他财产的机会，并最终导致张某的债权不能受偿。所以无论宏达公司的陈述是否属实，宏达公司都应当对张某的损失承担赔偿责任。又由于法院的财产保全为公法行为，债权人无法通过普通民事诉讼进行救济，只能由执行法院裁定宏达公司承担赔偿责任。①

四、提出异议时，应提前收集、整理好支持自己主张的相关证据

由于银行业务的特殊性及高度的专业性，其他人无从更多了解银行的业务及操作规程，这就需要银行向法院提供原始的、无疑点的证据，证实自己在法院冻结后并无支付行为。比如提供银行网络终端与数据中心备份的一致的信息，与信息一致的银行底单的记载内容等，向法院进行解释和说明，如法院认为有必要，银行应积极配合法院进行调查。

---

① 《人民司法·应用》2009年第3期。

五、注意银行受理查询、冻结到填写回执时的时间差

从银行受理查询、冻结到填写回执时，期间有一个时间过程，而就在这一过程中，储户完全可以通过异地、自动取款机、网银等方式支取款项，导致非银行原因而使银行填写回执上的数额与冻结账户的实际存款数额不一致。如《中国工商银行储蓄业务管理办法》规定：协助查询时，应告知执行机关，查询时的余额有可能发生变动。如执行机关同时出具协助冻结存款通知书，应在办完冻结手续后，方可在查询回执单上填写余额。

第四节　执行措施

案例 74：执行措施是实现债权人利益的重要手段

摘要：执行悬赏机制是执行方式改革的一种探索

2002 年 12 月 20 日云南林业总公司（以下简称林业总公司）与光大银行昆明分行签订《借款合同》，约定：由光大银行昆明分行向林业总公司发放贷款人民币 910 万元，双方并于同日签订《抵押合同》，约定由林业总公司用其所有的坐落于昆明东郊黑土凹，面积为 15176.44 平方米的国有划拨土地使用权设定抵押，并于 2003 年 3 月 19 日在昆明市国土资源局官渡分局办理了昆官他项（2003）字第 002 号《土地他项权利证明书》，光大银行昆明分行发放了贷款 910 万元。之后，林业总公司更名为云南金沙江建设工程有限公司。由于其逾期未履行还款义务，光大银行昆明分行诉至法院。云南省昆明市中级人民法院判决：云南金沙江建设工程有限公司偿还光大银行昆明分行借款本息及实现债权的费用，并有权以抵押物折价或拍卖、变卖后所得价款优先受偿。在执行过程中，昆明市中级人民法院于 2005 年 9 月 28 日查封了被执行人金沙江公司设定抵押的位于昆明市东郊黑土凹，面积为 15176.44 平方米，土地他项权利证号为昆官他项（2003）字第 002 号的土地使用权。由于该宗土地系国有划拨土地，并于 1973 年开始陆续建盖职工住宅在该宗土地上，并按国家的房改政策或集资经济适用房的形式出售给职工居住，对此抵押财产申请人光大银行昆明分行认为不具备处置条件，因此没有先行垫付该宗土地的评估费用，法院于 2005 年 12 月 1 日中止该案执行，并将该案执行情况登录昆明法院执行威慑网，对被执行人隐匿财产和逃避执行的，知情人可向法院举报，根据法院举报制度的规定，将对举报人给予执行财产 1%~10% 的奖励。2006 年 2 月 24 日，有市民向法院举报被执行人金沙江公司于 2005 年 7 月 19 日投资 557.4 万元给云南林业物资有限公司，占该公司 70% 股份的财产线索，对此情况法院及时进行了核实，并于 2006 年 2 月 27 日查封了云南金沙江建设工程有限公司在云南林业物资有限公司 70% 的股权。鉴于上述情况申请执行人与被执行人多次协商最终达成执行和解，并履行完毕，该案执行完毕。申请人光大银行昆明分行致函法院，认为该案登录执行威慑网，因公众举报最终得以执行完毕，故其行支付10万元给举报人作为奖励。[①]

◎法条链接

1.**《民事诉讼法》第二百二十四条**　发生法律效力的民事判决、裁定，以及刑事判决、裁定中的财产部分，由第一审人民法院或者与第一审人民法院同级的被执行的财产所在地人民法院执行。

法律规定由人民法院执行的其他法律文书，由被执行人住所地或者被执行的财产所在地人民法院执行。

第二百四十一条　被执行人未按执行通知履行法律文书确定的义务，应当报告当前以及收到执行通知之日前一年的财产情况。被执行人拒绝报告或者虚假报告的，人民法院可以根据情节轻重对被执行人或者其法定代理人、有关单位的主要负责人或者直接责任人员予以罚款、拘留。

第二百五十五条　被执行人不履行法律文书确定的义务的，人民法院可以对其采取或者通知有关单位协助采取限制出境，在征信系统记录、通过媒体公布不履行义务信息以及法律规定的其他措施。

2.**最高人民法院《关于限制被执行人高消费及有关消费的若干规定》**　第一条：被执行人未按执行通知书指定的期间履行生效法律文书确定的给付义务的，人民法院可以采取限制消费措施，限制其高消费及非生活或者经营必需的有关消费。

纳入失信被执行人名单的被执行人，人民法院应当对其采取限制消费措施。

3.**最高人民法院《关于公布失信被执行人名单信息的若干规定》**　第一条：被执行人具有履行能力而不履行生效法律文书确定的义务，并具有下列情形之一的，人民法院应当将其纳入失信被执行人名单，依法对其进行信用惩戒：

（四）违反限制高消费令的；

（五）被执行人无正当理由拒不履行执行和解协议的；

（六）其他有履行能力而拒不履行生效法律文书确定义务的。

4.**《征信业管理条例》第二十一条**　征信机构可以通过信息主体、企业交易

① 中国审判案例要览：2007年商事审判案例卷第88号案例。

对方、行业协会提供信息，政府有关部门依法已公开的信息，人民法院依法公布的判决、裁定等渠道，采集企业信息。

◎重要提示

强制执行是人民法院按照法定程序，运用国家强制力量，根据生效的法律文书明确具体的执行内容，强制民事义务人完成其所承担的义务，以保证权利人的权利得以实现的措施。传统的民事执行措施方法简单、威慑力不足，难以适应新形势下的执行需要。为了解决“执行难”的问题，除了利用查封、扣押、冻结等传统的强制措施，自2007年《民事诉讼法》修订以来，不少新方法从理论走向制度，如责令申报财产、限制出境等。这些新的措施，借鉴了国外先进经验，并与我国实际相结合。在实践过程中，发挥着日益重要的作用。

一、被执行人财产申报制度

该制度要求被执行人未如期履行义务，就应当报告当前及收到通知之日前一年内的财产状况，比如存款、现金、证券、不动产、股权、债权等其他财产情况。同时，被执行人要对财产申报的真实性作出保证，如果拒绝报告或者虚假报告，将面临罚款、拘留等司法强制措施。该制度加大了被执行人的义务，变被动接受调查为主动、申报，有助于提高执行效率，在实践中已取得了良好的效果。

二、限制出境

限制出境是要求被执行人不能出境的措施，限制出境设计人身自由，其依据为《公民出境入境管理法》第八条：“有下列情形之一的，不批准出境：……（二）人民法院通知有未了结民事案件不能离境的……”该措施主要是针对将要出境的或者在境外有财产业务往来的公民，在实践中，该措施效果显著。

三、在征信系统记录、全国法院被执行人信息查询系统记录

为推进社会信用体系建设，切实解决执行难问题，促进被执行人自动履行生效法律文书确定的义务，保障公民、法人和其他组织依法获取执行案件信息，最高人民法院从2009年3月30日起向社会开通“全国法院被执行人信息查询”平台。社会各界通过该平台可查询全国法院（不包括军事法院）2007年1月1日

以后新收及此前未结的执行实施案件的被执行人信息。

被纳入失信被执行人名单的在政府采购、招标投标、行政审批、政府扶持、融资信贷、市场准入、资质认定等方面，对失信被执行人予以信用惩戒。同时，人民法院会将失信被执行人名单向征信机构通报，并由征信机构在其征信系统中记录。失信被执行人是国家工作人员的，人民法院应当将其失信情况通报其所在单位。失信被执行人是国家机关、国有企业的，人民法院应当将其失信情况通报其上级单位或者主管部门。

四、限制高消费

被执行人为自然人的，被采取限制消费措施后，不得有以下高消费及非生活和工作必需的消费行为：（一）乘坐交通工具时，选择飞机、列车软卧、轮船二等以上舱位；（二）在星级以上宾馆、酒店、夜总会、高尔夫球场等场所进行高消费；（三）购买不动产或者新建、扩建、高档装修房屋；（四）租赁高档写字楼、宾馆、公寓等场所办公；（五）购买非经营必需车辆；（六）旅游、度假；（七）子女就读高收费私立学校；（八）支付高额保费购买保险理财产品；（九）乘坐 G 字头动车组列车全部座位、其他动车组列车一等以上座位等其他非生活和工作必需的消费行为。被执行人为单位的，被采取限制消费措施后，被执行人及其法定代表人、主要负责人、影响债务履行的直接责任人员、实际控制人不得实施前款规定的行为。因私消费以个人财产实施前款规定行为的，可以向执行法院提出申请。执行法院审查属实的，应予准许。

该措施是一种间接性、补充性的执行措施，可以与其他执行措施并用。该措施从目前来看在实践中应用尚存在诸多不确定性因素，实施效果不甚令人满意。但是它具有强烈的宣示性意义，随着社会信用体系的不断完善，该措施定会发出其应有的作用。

◎风险规避

随着全国社会信用体系建设的不断发展和完善，逐渐形成多层次、全方位的信用体系系统。银行作为重要的信用平台，对全社会的信用建设起着至关重要的作用。银行应依据有关法律法规正确行使权利，防止不当行使权利，损害民事主体的合法权益。另外，银行也应充分利用现有的各种信用惩戒手段，并根据个案的实际情况，灵活选择适用不同的执行措施，最大限度维护自己的合法权利。

第五节 执行异议

案例 75：在先违规抵押登记对抗合法抵押登记的异议不能成立

摘要：物权公示决定物权变动的效力，虽在先办理抵押登记，但因违规而不能对抗合法的登记。因其提出的执行异议，人民法院不予支持。

中国工商银行漯河黄河路支行（以下简称黄河路工行）与漯河蓝天商贸实业有限责任公司（以下简称蓝天公司）于 1999 年 10 月 24 日签订借款合同一份，金额 1000 万元，由蓝天公司的假日酒店房产及房产项下的土地使用权作抵押，双方并于同日在市房管局办理了房产土地抵押登记手续，抵押的房产面积为 3583 平方米，土地面积为 6518 平方米，该土地面积系蓝天公司漯国用（1994）520 号土地证面积的一部分。因贷款逾期未能清偿，经河南省漯河市中级人民法院一审判决：蓝天公司于判决生效后 10 日内偿还黄河路工行借款本金及利息；如蓝天公司不能在本院规定的时间内支付借款本息，以其抵押物折价或者以拍卖、变卖该财产的价款，黄河路工行优先受偿。

判决生效后，黄河路工行依据已生效的民事判决书于 2004 年 6 月 21 日向法院申请执行，要求法院对抵押物进行拍卖。执行中，中国建设银行漯河市房地产信贷部（以下简称漯河建行）向法院提出执行异议，称黄河路工行仅拥有对蓝天假日酒店的房产抵押权，蓝天公司的漯国用（1994）520 号土地全部在漯河建行抵押，比黄河路工行早一年多在市房管局办理了抵押登记，法院作出的民事判决书中确认黄河路工行对抵押的假日酒店的土地拍卖、变卖享有优先受偿权，侵害了建行的权益，要求维护其享有的抵押权。

同样因借款纠纷，源汇区农行向市中级法院申请执行。在执行过程中，漯河建行提出异议，认为法院作出民事判决书确认源汇区农行对蓝天公司抵押的 26684 平方米土地拍卖、变卖价款享有优先受偿权侵犯了其合法权益，以该宗土地已先行抵押为由，要求维护其享有的抵押权。

河南省漯河市中级法院针对建行的执行异议，经调查查明：蓝天公司于 1995

年7月5日向漯河建行贷款4000万元，贷款发放后双方于1998年5月15日签订抵押合同并在市房产管理局办理了房地产抵押登记，抵押人为蓝天公司，抵押物为鸿基集团公司的两幢宾馆主楼（房产他项权证号为：漯房000000515号），和蓝天公司漯国用（1994）520号的全部土地（包括大面积空地），抵押的房地产价值为27118000元，但双方未到土地局办理土地使用权抵押登记。黄河路工行、区农行向蓝天公司贷款时均在市土地局办理了土地抵押登记。另查明，1988年市土地局设立时市政府就把市城建委下辖的“房地产管理局”的“地政部门及其人、财、物一并划归土地局”；1992年撤销“市房地产管理局”，设置“市房产开发总公司”，直属市政府管辖；“市房产开发总公司”于1995年更名为“市房产管理局”。市房地产交易处从1991年设立起就是隶属于房管部门的二级机构，只具有管理房产的职能。1996年市政府关于市土地局、房管局机构改革“三定”方案以及在此之前的相关文件均规定，涉及土地管理的事项均应在土地管理部门办理，不动产的登记由房管局和土地局分别办理。

◎裁判要旨

漯河中院认为，漯政办［1996］91号文件明文规定，“由土地局统一负责全市土地使用权的转让、出租、抵押的管理和监督”；漯政办［1996］122号文件明文规定市房产管理局有权“对房地产开发企业进行资质管理，核发房屋所有权证和他项权证，管理房屋交易、抵押、拍卖、评估和租赁工作”。从漯政办［1996］91号、［1996］122号文件的规定看，市房产管理局不具有办理土地抵押登记的职权。既然市政府已就土地抵押登记明确规定由土地局办理，那么根据《担保法司法解释》第六十条之规定，认定本案房管部门办理的土地抵押登记不能对抗合法的抵押登记。

此外，就本案而言，黄河路工行的抵押物是“酒店房产及其项下土地”，区农行的抵押物是“空地”，建行的抵押物是“鸿基集团公司的两幢宾馆主楼以及蓝天公司漯国用（1994）520号的全部土地（包括抵押给工行、农行的土地）”。依据我国《担保法》第三十六条第一款的规定，“以依法取得的国有土地上的房屋抵押的，该房屋占用范围内的国有土地使用权同时抵押”。假设建行的抵押有效，也仅限于抵押房产占用范围内的土地，依然不能对抗工行、农行对抵押物享有的优先受偿权。遂裁定如下：漯河建行的异议理由不成立，予以驳回。[①]

---

① 《人民法院报》2006年2月14日。

◎法条链接

1.**《民事诉讼法》第二百二十五条** 当事人、利害关系人认为执行行为违反法律规定的，可以向负责执行的人民法院提出书面异议。当事人、利害关系人提出书面异议的，人民法院应当自收到书面异议之日起十五日内审查，理由成立的，裁定撤销或者改正；理由不成立的，裁定驳回。当事人、利害关系人对裁定不服的，可以自裁定送达之日起十日内向上一级人民法院申请复议。

第二百二十七条 执行过程中，案外人对执行标的提出书面异议的，人民法院应当自收到书面异议之日起十五日内审查，理由成立的，裁定中止对该标的的执行；理由不成立的，裁定驳回。案外人、当事人对裁定不服，认为原判决、裁定错误的，依照审判监督程序办理；与原判决、裁定无关的，可以自裁定送达之日起十五日内向人民法院提起诉讼。

2.**最高人民法院《关于人民法院办理执行异议和复议案件若干问题的规定》第二条** 执行异议符合民事诉讼法第二百二十五条或者第二百二十七条规定条件的，人民法院应当在三日内立案，并在立案后三日内通知异议人和相关当事人。不符合受理条件的，裁定不予受理；立案后发现不符合受理条件的，裁定驳回申请。

执行异议申请材料不齐备的，人民法院应当一次性告知异议人在三日内补足，逾期未补足的，不予受理。

异议人对不予受理或者驳回申请裁定不服的，可以自裁定送达之日起十日内向上一级人民法院申请复议。上一级人民法院审查后认为符合受理条件的，应当裁定撤销原裁定，指令执行法院立案或者对执行异议进行审查。

第三条 执行法院收到执行异议后三日内既不立案又不作出不予受理裁定，或者受理后无正当理由超过法定期限不作出异议裁定的，异议人可以向上一级人民法院提出异议。上一级人民法院审查后认为理由成立的，应当指令执行法院在三日内立案或者在十五日内作出异议裁定。

◎重要提示

一、执行异议的"当事人"、"利害关系人"界定

2012年修正的《民事诉讼法》第二百二十五条对违法执行行为的异议作出

了规定，依据该条规定，当事人、利害关系认为执行行为违反法律规定的，可以向负责执行的人民法院提出书面异议。当事人，包括执行债权人与执行债务人，亦即申请执行人和被执行人。利害关系人，即执行当事人以外的因违法执行行为而受侵害的第三人，如误将第三人的财产查封、扣押时，该第三人即为利害关系人。

二、对执行标的提出异议的案外人

案外人异议是民事诉讼中民事主体享有的一项诉讼权利，是指在执行程序中，对执行标的得以主张所有权或者其他足以阻止执行标的转让、交付等实体权利的一项诉讼权利。案外人是执行当事人之外的第三人，因强制程序致其法律上的权益受到侵害的人。依据《民事诉讼法》第二百二十七条之规定，案外人执行异议限于执行标的，且该程序以案外人主动提出为前提。

三、执行异议复议制度

2015 年 5 月 5 日实施的最高人民法院《关于人民法院办理执行异议和复议案件若干问题的规定》，规定了当事人、利害关系人、案外人对执行异议裁定不服的，可以按规定的程序向上级人民法院申请复议。

◎风险规避

一、冲突法律文书的处理

当均已生效的法律文书有冲突，并且对生效法律文书的执行影响到债权人的利益时，可依据《民事诉讼法》第一百九十八条第二款规定，最高人民法院对地方各级人民法院已经发生法律效力的判决、裁定、调解书，上级人民法院对下级人民法院已经发生法律效力的判决、裁定、调解书，发现确有错误的，有权提审或者指令下级人民法院再审。**宜宾市翠屏区南岸农村信用社与四川省宜宾华玻建材公司借款合同担保纠纷再审案**：1994 年，信用社与建材公司签订了一份无具体签约时间的抵押借款协议书，依该协议，建材公司向信用社出具了贷款抵押品保管证，将建材公司的国有土地使用权及其该土地范围内的建筑进行抵押。2000 年，建材公司因向塘房沟煤矿提供担保而被诉，通过犍为法院（2000）犍为经初字第 83 号民事调解书承担担保责任。该调解书在执行过程中，犍为法院裁定将建材公司已协议抵押给信用社的国有土地使用权及该土地范围内的建筑抵偿给塘房沟煤矿。信用社提出异议被驳回。2001年信用社向宜宾中院提起诉讼，宜宾中院作出（2001）宜立民初字第2号民事调解书。调解内容为：建材公司尚欠信用社218万元贷款本金及利息113万元，共计331万元，建材公司自愿用其抵押的财产（机器设备、土地、房产）抵偿；具体抵偿金额以有关职能部门评估为准，不足部分以建材公司其他财产抵偿。有关协助部门收到该调解书后，便停止向塘房沟煤矿办理产权过户手续。至此，两家法院的民事调解书发生冲突。四川省高级人民法院（2003）川民再终字第66号民事判决书认为：建材公司与信用社签订的抵押借款协议书系双方真实意思表示，该合同所涉的借款合同部分符合国家关于借款的法律规定，应属有效。协议约定借款总额为150万元，但同时约定根据需要提出借款申请，当建材公司分七次提出借款申请，信用社又按其申请实际发放218万元贷款后，双方已事实上形成218万元的借款关系。借款期限届满，建材公司未偿付借款本金及利息，应按约承担还款付息的责任。国务院1990年5月19日颁布实施的《城镇国有土地使用权出让和转让暂行条例》（以下简称《暂行条例》）第三十五条规定"土地使用权和地上建筑物、其他附着物抵押，应当依照规定办理抵押登记"，而建材公司与信用社签订抵押借款协议后一直未按这一规定办理抵押物登记，依据当时我国法律关于违反法律、行政法规的合同为无效合同的规定，该抵押合同无效。但是本院注意到，该抵押合同无效，并不影响抵押人对原抵押财产依法享有的处分权，此后，建材公司不仅未在原抵押物上就同一价值范围内的财产重新设立抵押，且仍有用原抵押财产清偿债务的意思表示，该意思表示在宜宾中院组织的调解中得到信用社的赞同，并经人民法院以调解书形式得以确认，该调解协议应受法律保护。该调解协议生效前，建材公司为玻璃厂欠款设立的担保范围明确界定为原抵押价值以外的财产，该抵押担保行为亦为犍为法院以民事调解书的形式予以确认。建材公司先后两次抵押担保所约定的范围各不相同，清偿界限清楚，宜宾中院与犍为法院据此制作的民事调解书内容亦并不冲突，故信用社就此认为两份调解协议并不矛盾的主张，本院予以支持。最高人民法院《关于抵押权问题的复函》及《意见》虽规定抵押物或其他权利证书已交给抵押人，可以认定抵押关系成立，但上述规定颁布后至本案涉及的抵押行为设立前，国务院即颁布了《暂行条例》，对涉及土地使用权和地上建筑物、其他附着物的抵押必须办理抵押登记作出了专门规定。因此，自《暂行条例》施行之日起，凡以土地使用权、地上建筑物作为抵押担保的行为均须办理抵押登记，除此之外以其他财产抵押的，仍应按《意见》的相关规定执行。1995年8月30日，最高人民法院《关于认真学习、贯彻票据法、担保法的通知》第三条规定："对在《票据法》、《担保法》施行以前所发生的票据行为，应当适用该行为发生时的有关规定"，据此，建材公司在1994年9月14日向信用社设立抵押担保，提供抵押清单时，按《暂行条例》的规定应依法办理抵押登记而未办理的行为不受法律保护。本案涉及的借款合同签订后至1995年12月第一笔贷款实际发生前，我国又相继颁布了《房地产管理法》及《担保法》，上述法律均再次对土地使用权及房地产进行抵押时必须办理抵押登记及抵押合同自登记之日生效等作了强制性规定，但对当事人以其他财产抵押的，仍实行自愿登记原则。上述国家法律有关抵押登记的规定，避免了抵押人就同一财产在同一价值范围内向两个以上债权人设定抵押的弊端，此类对同一行为在不同时期的不同规定体现了我国抵押法律制度稳步发展并日趋完善的过程，建材公司与其他市场主体在此期间实施的抵押行为自应受该时期法律、法规的约束。因此，信用社以最高人民法院《意见》及《关于抵押权问题的复函》为由，主张抵押有效的理由不能成立。

综上所述，建材公司与信用社就原约定的抵押财产而达成的还款协议既符合法律规定，也未损害第三人利益，宜宾中院依据当事人自愿签订的协议制作的民事调解书符合我国法律关于调解的规定，其法律效力本院予以确认，该调解书以《担保法司法解释》第四十九条之规定，确认原抵押合同的效力不当，但该确认并不影响生效调解书的法律效力，双方均应按调解协议履行。依据《民事诉讼法》第一百五十三条①第一款第（一）项、第一百八十四条②第一款之规定，判决如下：确认四川省宜宾市中级人民法院（2001）宜立民初字第2号民事调解书的效力。③

二、案外人权利的救济

《民事诉讼法》赋予了案外人的申请再审和另行起诉的权利。最高人民法院《关于适用〈中华人民共和国民事诉讼法〉审判监督程序若干问题的解释》第五条规定："案外人对原判决、裁定、调解书确定的执行标的物主张权利，且无法提起新的诉讼解决争议的，可以在判决、裁定、调解书发生法律效力后二年内，

---

① 该条现已被新《民事诉讼法》修改为第一百七十条。

② 该条现已被新《民事诉讼法》修改为第二百零七条。

③ 沈德咏主编：《审判监督指导》2004年第4辑，人民法院出版社2005年版，第111~117页。

或者自知道或应当知道利益被损害之日起三个月内，向作出原判决、裁定、调解书的人民法院的上一级人民法院申请再审。”

三、对一般保证人的执行

依据《担保法》第十七条的规定，一般保证人享有先诉抗辩权和先执行抗辩权。所谓先执行抗辩权，即只有在债务人财产依法被强制执行仍不能履行债务的，一般保证人才开始承担保证责任。“仍不能履行债务”是指执行主债务人财产的结果不能或者不足清偿全部债务。包括拍卖不成，主债务人财产所在不明，或其财产在国外无法执行等。“在主债务人的财产无法变现时，法院能否执行一般保证人的财产？”《司法信箱》认为：在执行程序中，一般保证人享有先执行抗辩权，也就是说只有在主债务人没有可供执行的财产时，法院才能执行一般保证人的财产。但是，应当注意，主债务人所具有的财产必须是方便法院执行的财产。本案中，星光厂的仪器经多次拍卖而流拍，说明该财产无法变现，债权人又不愿意以物抵债，只能视为主债务人无方便法院执行的财产。还应当注意的是，接受债务人的财产以抵偿债务是债权人的权利而非义务，一般保证人不得以此为由拒绝履行债务。综上，管理公司的异议理由不能成立，人民法院可以执行其财产。①

① 《人民司法·应用》2008年第9期。

第六节　执行和解

案例 76：执行和解不构成新的保证关系

摘要：在以贷还贷等保证人应予免责的情形下，被判决承担责任的保证人为履行生效判决而与债权人达成的执行和解协议，在再审中不能作为认定保证人自愿继续履行保证责任的依据。

2000 年 3 月 31 日，建行兴庆路支行与秦旭公司、恒星公司签订借款合同和保证合同各 1 份，约定建行兴庆路支行向秦旭公司提供借款 500 万元，恒星公司为该笔借款提供连带责任保证。借款到期后，秦旭公司未能偿还借款本息。建行兴庆路支行诉至法院，请求判令秦旭公司偿还本金及利息，恒星公司承担连带清偿责任。审理中，秦旭公司承认欠款属实，恒星公司则未答辩。西安市中级人民法院遂判决：秦旭公司偿还本金 500 万元及利息，恒星公司承担连带给付责任。判决后，当事人均未上诉。

该判决生效后，在执行过程中建行兴庆路支行与恒星公司签订和解协议，恒星公司同意代为偿还借款本息。后恒星公司以本案所涉借款系以贷还贷为由申请再审，西安中院经复查，再审并判决：本案所涉保证合同无效，撤销原审判决关于恒星公司承担连带给付责任的内容。

建行兴庆路支行不服上述再审判决，向陕西省高级人民法院提起上诉称：恒星公司在明知本案借款用于以贷还贷的情况下，仍签订执行和解协议承诺承担代偿责任，其行为已形成了新的担保。

◎ 裁判要旨

陕西省高级人民法院经审理认为，借贷双方擅自改变借款用途，将新借款用于偿还双方旧贷款的，主要涉及保证人应否免责的问题，并不影响保证合同的效力。本案所涉保证合同，当事人意思表示真实，且不违反法律、法规的禁止性规定，依法应认定有效。

关于恒星公司签订的执行和解协议是否形成新的保证关系的问题。执行和解不同于当事人其他形式的和解，其前提是对人民法院生效判决的履行。被判决承担民事责任的保证人在签订执行和解协议时，对是否承担清偿责任并不能进行选择，只能在承诺承担代偿责任的前提下，对债务清偿的具体时间和方式等内容进行协商。除非保证人在执行和解协议中明确表示放弃基于以贷还贷而产生的抗辩权利继续提供保证，否则在存在以贷还贷等保证人应予免责的事由时，保证人仅为履行生效判决而与债权人达成的执行和解协议，并不能作为认定保证人自愿继续履行保证责任或者成立新的保证关系的依据。综上，本案中并无证据证明恒星公司在签订保证合同时知道或者应当知道本案借款将用于以贷还贷，恒星公司的保证责任依法应予免除。判决：本案所涉保证合同有效，维持关于免除恒星公司保证责任的判决。[①]

◎法条链接

《民事诉讼法》第二百三十条 在执行中，双方当事人自行和解达成协议的，执行员应当将协议内容记入笔录，由双方当事人签名或者盖章。

申请执行人因受欺诈、胁迫与被执行人达成和解协议，或者当事人不履行和解协议的，人民法院可以根据当事人的申请，恢复对原生效法律文书的执行。

◎重要提示

执行和解系在生效法律文书的执行过程中，申请执行人与被执行人就执行的方式、期限、数额等达成的书面协议。一般来讲，在和解协议中，申请执行人都要作出一定的让步。和解协议达成后，双方将主动履行协议确定的内容而暂时停止人民法院的强制执行程序。在案件执行中，遇到被执行人暂时没有偿还能力或强制执行可能带来负面影响时，执行和解无疑是可供选择的方案之一。

◎风险规避

一、执行和解的行为应通过人民法院进行

最高人民法院《关于人民法院执行工作若干问题的规定（试行）》第八十六

---

① 《人民法院报》2007年6月25日。

条规定："和解协议一般应当采取书面形式。执行人员应将和解协议副本附卷。无书面协议的，执行人员应将和解协议的内容记入笔录，并由双方当事人签名或盖章。"当被执行人不履行或不完全履行和解协议时，应及时向法院申请恢复执行。关于申请恢复执行的期限，最高人民法院《关于适用〈中华人民共和国民事诉讼法〉的解释》第四百六十八条规定："申请恢复执行原生效法律文书，适用民事诉讼法第二百三十九条申请执行期间的规定。申请执行期间因达成执行中的和解协议而中断，其期间自和解协议约定履行期限的最后一日起重新计算。"执行和解不同于当事人未通过法院的庭外和解。庭外和解并不为法律所禁止，但当事人应注意防止因庭外和解而延误了对生效判决的申请执行。

二、和解协议签署后，如果执行人未在法定期限内申请恢复执行，可在和解协议确定的诉讼时效内另案起诉

最高人民法院《关于当事人对人民法院生效法律文书所确定的给付事项超过申请执行期限后又重新就其中的部分给付内容达成新的协议的应否立案的批复》规定：当事人就人民法院生效裁判文书所确定的给付事项超过执行期限后又重新达成协议的，应当视为当事人之间形成了新的民事法律关系，当事人就该新协议向人民法院提起诉讼的，只要符合《民事诉讼法》立案受理的有关规定的，人民法院应当受理。

此外，根据最高人民法院执行办公室《关于如何处理因当事人达成和解协议致使逾期申请执行问题的复函》的规定，《民事诉讼法》第二百三十九条第一款规定申请执行的期间为二年，申请执行时效的中止、中断，适用法律有关诉讼时效中止、中断的规定。申请执行人未在法定期限内申请执行，便丧失了请求法院强制执行保护其合法权益的权利。本案的债权人超过法定期限申请执行，深圳市中级人民法院仍立案执行无法律依据。深圳华达化工有限公司的债权成为自然债，可自行向债务人索取，也可以深圳东部实业有限公司不履行还款协议为由向有管辖权的人民法院提起诉讼。

三、民事调解不同于执行和解

即使依照法律规定应该解除担保责任的担保人，如在民事调解书中继续为债务人提供担保，则该担保责任不能免除。**中国银行杭州市开元支行与杭州银河贸工（集团）公司、浙江外事旅游汽车公司借款合同纠纷抗诉案**：最高人民法院认为：旅游公司在开元支行与银河公司签订委托贷款合同时，虽不知系以贷还贷，但在杭州市中级人民法院一审审理过程中，旅游公司在已经知道开元支行与银河公司是以贷还贷的情况下，仍作出了愿意为银河公司500万元借款承担连带责任的承诺。该承诺是旅游公司的真实意思表示，不违反法律规定，且旅游公司与开元支行、银河公司签订的调解协议业经三方当事人签收，发生法律效力。旅游公司在审理中不能提出证据证明杭州市中级人民法院作出的（1997）杭经初字第87号调解书内容违反法律或调解违反自愿原则，故该调解书应予维持。①

四、执行和解已履行完毕的案件处理

依据“私法自治”、“公权力有限干预”的原则，如果当事人对原生效判决的履行达成和解协议并履行完毕，只要原生效判决和当事人的和解不侵害国家利益、社会公共利益的，应当允许并尊重当事人就私权利的处分自愿表达意志，法院一般不会进行干预。**上海方圆房地产开发有限责任公司与李深浦房屋买卖纠纷抗诉案**：上海市高级人民法院再审认为：当事人在原终审判决生效后、检察机关抗诉前，就履行生效判决形成了合意并已履行完毕，对此应予尊重。鉴于抗诉机关的抗诉理由缺乏事实和法律依据，再审判决维持了原终审判决。②

五、与案外人达成的执行和解的效力

银行在申请执行甲公司过程中，与甲公司、甲公司的债务人乙公司签订抵债协议，乙公司自愿将其所有的一栋房产抵偿甲公司所欠银行债务。法院依据该协议下达以物抵债裁定，并向房管部门送达协助过户通知书。后乙公司的债务人丙公司诉乙公司借款纠纷案经生效判决确定。丙公司遂向法院申诉，在人民法院下达过户裁定时，丙公司对乙公司的债权就已存在、抵债协议导致其债权无法受偿为由，要求撤销执行法院的过户裁定。

对此，《司法信箱》认为：实践中为了方便执行当事人之间完成财产过户手续，不少执行法院都通过裁定帮助当事人履行和解协议。这种做法虽然不妥，但也确实是习惯做法，不能无条件地一律撤销，应视具体情况而定。比如，对案外

---

① 沈德咏主编：《审判监督指导与研究》2003年第2卷，人民法院出版社2003年版，第198~203页。

② 沈德咏主编：《审判监督指导与研究》2003年第1卷，人民法院出版社2003年版，第201页。

人的财产进行强制执行，其实质是在没有执行依据的情况下，让案外人承受强制执行所带来的痛苦，它损害的是案外人的利益，也就是说有权申诉的主体只能是被强制执行的案外人。本案中，如果案外人乙公司对此提出异议，则应撤销原裁定；如果乙公司对强制执行没有异议，从维护强制执行程序安定性的角度，不应仅根据此种情况就撤销以物抵债裁定。同时，根据我国现行法律，在债务人有多个债权人的情况下，法律并不禁止债务人对其中一个债权人先为履行，因为在其他债权人取得对债务人的强制执行依据并依法对债务人财产查封、扣押、冻结之前，债务人仍然有权自主处分自己的财产，包括向其中一个或者几个债权人进行全部或者部分履行。具体到本案，乙公司代替甲公司还债从而消灭两者之间债权债务关系的行为也是履行债务的一种形式，除非甲公司所欠银行的债务是虚假的，这种履行就有效。但是，债务人的债务是否虚假，不宜由执行程序直接认定，应当由提出异议的其他债权人通过撤销权诉讼解决。因此，丙公司在执行监督程序中的请求不能成立。[①]

① 《人民司法·应用》2009 年第 13 期。

第七节　委托拍卖

案例 77：拍卖成交后不能交付拍卖财产，委托人向买受人承担违约责任

摘要：委托拍卖经法院裁定执行抵债的不动产，在委托前未办理不动产物权变动登记，造成拍卖成交后委托人不能交付拍卖财产，委托人应承担违约责任。

2006 年 6 月 13 日，陕西开源拍卖有限公司（以下简称开源拍卖公司）接受中国农业银行榆林市榆阳区支行（以下简称榆阳区农行）的委托，对位于榆阳区镇川镇南大街 18 号的榆阳区供销社镇川贸易中心（以下简称镇川贸易中心）部分土地使用权及建筑物进行拍卖。该处房地产是榆林市中级人民法院 2004 年执行被执行人镇川贸易中心财产时，该贸易中心抵债给榆阳区农行的，房地产的土地使用权和房屋所有权登记在镇川贸易中心名下。2006 年 6 月 28 日，凡光庆向开源拍卖公司交纳了 20 万元保证金进行竞买。开源拍卖公司的《特别规定》明确记载了拍卖房地产的权利证书，并载明："本次拍卖标的物以权属现状、建筑现状拍卖，拍卖标的物的有关情况是从委托方提供的有关资料中摘录，仅供参考，本公司对此不再加以解释和说明，也不承担任何瑕疵担保责任。"6 月 29 日在拍卖会上凡光庆以 124 万元竞买成交，并当场与开源拍卖公司签署了拍卖成交确认书，确认书载明："成交价 124 万元，佣金 6.2 万元，合计 130.2 万元。"同日，凡光庆与榆阳区农行签订了拍卖成交合同书，约定成交价为 124 万元；凡光庆应在签订合同之日起十日内向榆阳区农行交纳总成交价的 70% 价款（包括已交纳定金），剩余部分在后十日内一次性交清，均由开源拍卖公司收取，如不按时向榆阳区农行交付成交价款，保证金不予退还，每逾期一日应承担违约金额 5% 的违约金；榆阳区农行在凡光庆交清全部成交价款后十五日内向凡光庆交清房产，每逾期一日应承担成交价款 5% 的违约金。

2006 年 7 月 19 日，凡光庆以开源拍卖公司经理崔凯周的名义在榆阳区农行镇川分理处存入现金 110.2 万元，办理了 5 张加有密码的存折并一直保管。由于榆阳区农行与镇川贸易中心对房地产分割划界存在争议，致榆阳区农行不能按约

定向凡光庆交付拍卖标的物。同年 8 月 14 日，凡光庆与崔凯周一起将存在崔凯周名下的 110.2 万元存款全部取出退还凡光庆。之后凡光庆提起诉讼，请求确认拍卖合同有效，予以解除；由榆阳区农行与开源拍卖公司双倍赔偿 20 万元定金，并承担违约金 37.2 万元。一审诉讼中，开源拍卖公司退还了收取凡光庆的 20 万元保证金。

◎裁判要旨

陕西省高级人民法院二审审理认为，榆阳区农行委托拍卖的标的物系镇川贸易中心经榆林市中级人民法院强制执行抵债给其的房地产。虽然拍卖标的物的权利证书上记载的土地使用权人和房屋所有权人为镇川贸易中心，但榆阳区农行已依法享有对该房地产的处分权。榆阳区农行以其享有处分权的财产委托拍卖，经开源拍卖公司依法定程序拍卖成交，并与买受人凡光庆签订了拍卖成交合同书，该合同系当事人真实意思的表示，内容没有违反拍卖法等法律、行政法规的强制性规定，为合法有效合同。在拍卖成交合同书签订后，凡光庆按照合同约定履行了支付拍卖标的物价款的义务。榆阳区农行由于与镇川贸易中心对房地产分割划界存在争议，而不能按约定向凡光庆交付拍卖标的物，致使凡光庆的合同目的无法实现，该合同应依据凡光庆的解除请求予以解除。凡光庆在拍卖过程中没有过错，作为守约方，其主张违约损失赔偿应予支持。榆阳区农行不能按约定交付拍卖标的物，依据《拍卖法》第四十条第一款的规定，应承担违约赔偿责任。开源拍卖公司拍卖活动符合法定程序，且其在拍卖规则的《特别规定》中已声明对拍卖标的物权属现状和建筑状况不承担任何瑕疵担保责任，依据《拍卖法》第六十一条第二款的规定，开源拍卖公司对拍卖标的物不能交付不承担瑕疵担保责任。榆阳区农行主张拍卖成交合同书无效，开源拍卖公司应承担责任的上诉理由，因无法律依据而不予支持。故判决驳回上诉，维持榆林市中院一审判决。即，一、拍卖成交合同书有效，予以解除；二、由榆阳区农行于判决生效后十日内给付凡光庆违约损失 18.6 万元；三、驳回凡光庆的其余诉讼请求。[①]

◎法条链接

1.**《拍卖法》第四十条** 买受人未能按照约定取得拍卖标的的，有权要求拍

---

① 《人民法院报》2007 年 7 月 23 日。

卖人或者委托人承担违约责任。

2. **最高人民法院《关于人民法院民事执行中拍卖、变卖财产的规定》第二十九条** 不动产、有登记的特定动产拍卖成交或者抵债后，该不动产、特定动产的所有权、其他财产权自拍卖成交或者抵债裁定送达买受人或者承受人时起转移。

◎重要提示

一、拍卖

通过拍卖对债务人的财产或抵押财产进行变现，是商业银行实现债权的主要方式之一。《民事诉讼法》第二百四十七条规定："财产被查封、扣押后，执行员应当责令被执行人在指定期间履行法律文书确定的义务。被执行人逾期不履行的，人民法院应当拍卖被查封、扣押的财产；不适于拍卖或者当事人双方同意不进行拍卖的，人民法院可以委托有关单位变卖或者自行变卖。国家禁止自由买卖的物品，交有关单位按照国家规定的价格收购。"《担保法》第五十三条规定："债务履行期届满抵押权人未受清偿的，可以与抵押人协议以抵押物折价或者以拍卖、变卖该抵押物所得的价款受偿；协议不成的，抵押权人可以向人民法院提起诉讼。"商业银行从事资产保全的人员应全面了解和掌握拍卖的有关业务和程序，并熟悉《合同法》、《拍卖法》等相关的部门法律。

二、物权效力

《物权法》第二十八条规定："因人民法院、仲裁委员会的法律文书或者人民政府的征收决定等，导致物权设立、变更、转让或者消灭的，自法律文书或者人民政府的征收决定等生效时发生效力。"该规定与最高人民法院《关于人民法院民事执行中拍卖、变卖财产的规定》第二十九条的规定基本一致。与基于法律行为引起的物权变动不同，因法律文书、征收决定等原因引起的物权变动，不经登记或交付，就可以发生物权变动的效力。但应注意：

1. 由于非因法律行为引起的物权变动不以登记和交付作为生效要件，因此在新的权利人取得所有权而未予登记时，有可能存在善意第三人从原权利人处取得该物所有权的情况，对此，法院一般要保护第三人的利益。

2.《物权法》第三十一条规定："依照本法第二十八条至第三十条规定享有不

动产物权的，处分该物权时，依照法律规定需要办理登记的，未经登记，不发生物权效力。”权利人非因法律行为取得物的所有权的（受遗赠除外），如要进一步处分不动产物权，应先进行不动产登记，否则，不能办理转移登记，不能进行所有权的移转。

◎风险规避

1. 因人民法院、仲裁委的法律文书导致物权变更，特别是涉及不动产的，应将其权属、地址、位置、面积等予以明确，防止与原权利人发生纠纷。如因法律文书的瑕疵而在执行中引起争议，应及时通过出具法律文书的人民法院、仲裁委予以补正、协调或处理。

2. 因法律文书直接取得物权的，新的权利人应在取得物权后，依照有关规定进行不动产登记，以方便对该不动产作进一步处分。如商业银行仅为了处置不动产回收贷款而没必要进行登记的，人民法院的查封措施应持续到标的物交付新的权利人之时，或将有关不动产的抵债裁定等法律文书送达登记部门，防止原权利人在资产处置期间对该不动产作出违法处置。

3. 为防止发生纠纷，委托拍卖合同应就双方的违约情形进行细化并就违约责任的承担方式具体约定，还应约定当出现不可抗力或不能归咎于任何一方的原因而导致合同不能履行的损失分担原则。**武汉市新世纪拍卖有限公司与武汉市农村信用合作社联合营业部拍卖合同纠纷案**：湖北省宜昌市中级人民法院（2007）宜中民二终字第00015号民事判决书认为，双方签订的委托拍卖合同合法有效。但在该合同的履行过程中，因湖北省高级人民法院（2001）鄂执字第7-3号民事裁定书查封了该拍卖标的，致该拍卖合同的目的无法实现，且双方当事人均表示若该合同被认定为有效，则应予解除，故本院确认该合同解除。该委托拍卖合同的目的无法实现而予以解除的原因系湖北省高级人民法院对该拍卖标的的查封行为，因该司法行为显然属双方当事人不能预见、不可避免并不能克服之情形，故属不可抗力。对此各方当事人均无过错。原审法院认定武汉信合营业部对合同之不能履行存在过错并应承担全部违约责任，不符合《合同法》第一百一十七条之规定，属适用法律错误，应予纠正。虽然武汉信合营业部对本案合同之不能履行具有法定的减轻或免除责任的情形，但考虑到本案合同的性质及新世纪拍卖公司履行了合同的主要义务且需支付25万元费用的实际情况，为避免实体处理结果显失公平，酌情认定武汉信合营业部应对该25万元费用进行赔偿。武汉信合营业部辩称因新世纪拍卖公司泄露了委托人身份构成违约，应承担违约责任。由于双方对该违约责任的承担方式并无约定，且该行为并未对武汉信合营业部造成实际损失，故对该抗辩不予支持。[①]

---

① 《人民司法·案例》2009年第22期。

第七章

诉讼程序中的法律风险与规避

诉讼，作为一种解决社会系统中利益冲突的机制和专门的法律活动，从起诉到执行的整个过程，诉讼参与人必须按照法律预先确立的具体规则进行。

诉讼作为法治社会处理纠纷的主要手段，已成为企业经营的重要组成部分。依法经营可有效地控制纠纷，但绝不意味着远离诉讼。当企业被诉作为被告，当自己的权益被他人侵犯而又不能诉外调处时，通过诉讼活动保护自身的权益便成为理性的选择。

诉讼是一门科学，更是一门艺术。在诸多部门法中，诉讼法相对于其他实体法因其应用广泛而更显示其法律的生命力。诉讼法虽为公法，但并不排斥当事人的意思自治。其艺术魅力在于：当事人可在法律框架内，选择利益最大、诉讼风险最小、诉讼成本最低的诉讼模式。如请求权竞合时诉的选择、多名被告时管辖法院的选择等。

诉讼风险有可能出现在诉讼的各个环节。其风险后果有的可能导致人力、财力的浪费，如错列被告、选择管辖法院不当；而严重的可导致实体权利的丧失，如诉讼请求错列、未在举证期限内举证、未依法提起上诉等。

从事诉讼活动所依据的法律主要是《民事诉讼法》，最高人民法院《关于适用〈中华人民共和国民事诉讼法〉的解释》，1998 年最高人民法院《关于民事经济审判方式改革问题的若干规定》，2001 年最高人民法院《关于民事诉讼证据的若干规定》及 2003 年《人民法院民事诉讼风险提示书》等。

第一节 主 管

案例78：民事合同由人民法院主管，不因行政机关的行政指令而改变

摘要：人民银行依法撤销金融机构的行为，并不排斥金融机构为处理其债权债务与其他平等主体设立民事行为，该民事行为也不因人民银行的督促而改变民事法律关系性质。

1998年5月8日，中国人民银行桂林分行（以下简称桂林人行）批复中国人民银行广西壮族自治区兴安县支行（以下简称兴安县人行），其内容为：一、同意撤销中国建设银行兴安县支行溶江分理处（以下简称溶江分理处）。二、接文后，请通知兴安建行前来我分行办理上缴《金融机构营业许可证》及撤销机构公告手续，并请督促兴安建行做好机构撤销后的业务关系、债权债务转移、公章切角封存等项工作。

1998年5月31日，中国建设银行股份有限公司兴安支行（以下简称兴安建行）作为甲方，广西壮族自治区兴安县溶江农村信用合作社（以下简称溶江信用社）作为乙方，签订一份协议书，约定将兴安建行下属溶江分理处的全部存款业务、国债业务和部分贷款业务于1998年6月1日移交溶江信用社。该协议第七条第三款约定："业务划转后，甲方应协助乙方办理好每笔划转贷款（大凸村、黄茅坝村贷款按农户办理）的合规合法手续，否则，对未办理部分贷款本金及应收未收利息乙方划转回给甲方，甲方将划转额资金经人民银行清算给乙方。"协议还对存款业务、贷款业务、计算利息事项、国库券业务、资金清算事项、账务处理等事项如何移交作出详细的规定。兴安县人行以"监交单位"身份在该协议书上盖章。协议书签订后，溶江信用社依约将5746080.59元划给兴安建行。其中大凸村、黄茅坝村农户的贷款本息为2531587.55元（均为逾期贷款）。兴安建行于1998年6月5日向大凸村、黄茅坝村贷款户发布债权转让通知书，但两村贷款户以各种理由不与溶江信用社办理转贷款手续。为此，兴安建行于1999年6月30日，向兴安县公证处就送达催款通知书的事实申请保全证据。2000年兴安建行对两村贷款

户中的四户向兴安县人民法院提起诉讼，兴安县人民法院依法判令贷款户偿还贷款本息。判决生效后至今，贷款户未履行还款义务。2001年6月21日，溶江信用社以无法办妥大凸村、黄茅坝两村贷款手续的合规合法划转为由，将兴安建行诉至桂林市中级人民法院，要求判令兴安建行返还划转两村贷款资金2531587.55元及利息。

◎ 裁判要旨

最高人民法院再审认为，兴安建行撤销其下属机构溶江分理处的申请得到人民银行的批准后，兴安建行有义务妥善处置溶江分理处未尽的事务。其中，对溶江分理处未履行完毕的债务和尚未实现的债权，可以依法转移或转让，即与其他平等民事主体通过合同行为实现，亦可以采取其他方式处理之。本案兴安建行与溶江信用社所签订协议书的内容显示，兴安建行选择了在平等民事主体间签订债权债务转让和转移的协议形式，对溶江分理处尚未处分的债权债务作出处理。本案有争议的对大凸村、黄茅坝村农户贷款债权的转让，系以溶江信用社支付250余万元为对价的有偿转让。该协议书是双方当事人经过协商一致后达成的，意思表示真实，内容不违反我国法律法规的规定，协议应认定有效。桂林人行在批准撤销溶江分理处的批复中曾明确要求兴安县人行，应督促兴安建行做好机构撤销后的相关工作，兴安县人行在本案协议书上以“监交单位”的身份签章，即为履行督促之责。人民银行依法撤销金融机构的行为，并不排斥兴安建行为处理被撤销的溶江分理处的债权债务与其他平等主体设立民事法律关系；兴安建行与溶江信用社所达成的债权债务转让与转移协议，也不因人民银行的督促而改变民事法律关系性质。溶江信用社就该民事法律关系提起的本案诉讼，人民法院应当审理。广西壮族自治区高级人民法院再审以该债权转让合同，是在银行机构改革过程中，在中国人民银行及其二级分行的有关文件指导下进行的，并须履行有关的审批手续，认定该协议具有行政性质，应由行政主管部门自行处理，故而驳回溶江信用社的起诉没有法律依据。最高人民检察院的抗诉理由成立，本院予以支持。

本案协议书第七条第三款约定：“业务划转后，甲方应协助乙方办理好每笔划转贷款（大凸村、黄茅坝村贷款按农户办理）的合规合法手续，否则，对未办理部分贷款本金及应收未收利息乙方划转回给甲方，甲方将划转额资金经人民银行清算给乙方。”从协议内容看，该条款是双方当事人对涉及两村贷款户的债权怎样转让所作出的具体约定。讼争分歧在于兴安建行（即甲方）是否依约履行了协助办理义务。兴安建行认为其已经通过合法方式告知两村贷款户该债权转让的情况，根据《合同法》的规定，其约定的告知义务已经履行完毕。溶江信用社则认为“告知”并不是约定的全部义务，兴安建行还应协助办理好与两村贷款户重新签订合同的手续。只有当两村贷款户与溶江信用社全部办理转贷款合同后，兴安建行的协助义务才算完成；如果不能办理，对未办理部分贷款本金及应收未收利息，兴安建行还有义务将已经从溶江信用社取得的相应对价划转回溶江信用社。可见，双方对所约定的“协助”义务的程度和标准有不同的解释。该条款以“办理好”描述了兴安建行协助义务的程度，又以办理好每笔划转贷款的合规合法手续作为协助办理的标准。兴安建行在诉讼中辩解其协助义务的程度和标准就是履行向债务人告知债权转让的情况，且此标准符合《合同法》的规定，但其忽略了该法公布于 1999 年 3 月 15 日，实施于 1999 年 10 月 1 日。本案协议签订于 1998 年 5 月 31 日，当时调整该种行为的法律条款是《民法通则》第九十一条，根据该条款的规定，合同一方将合同的权利、义务全部或部分转让给第三人的，应当取得合同另一方的同意。兴安建行的解释与此不符，未达到约定“合规合法”的标准。再从实际履行的情况看，兴安建行在协助办理划转贷款的手续过程中，多次向相关债务人催收债权、申请公证保全债权，直至 2000 年对上述两村部分贷款户提起诉讼主张债权，并获胜诉，并在 2002 年 8 月 21 日从溶江法庭领取了部分借款人的执行款。这些情形与兴安建行解释的协助标准仅是履行告知义务亦不相符，故本院对兴安建行就争议条款的解释不予支持。反之，溶江信用社对争议条款的解释，在订立协议的目的、主张的合法性、逻辑性等方面均比较合理合法，可以使人信服。债权转让行为既是权利处分行为，也是合同行为，债权转让协议当事人有特别约定的，须完成特别约定的事项后，债权转让行为才完成。因此，溶江信用社在两村贷款户拒绝重新办理贷款手续，其合同目的不能实现的情况下，按约定要求兴安建行返还划转资金并无不当。本案一审判决认定事实清楚，适用法律基本正确。唯判决主文涉及利息给付的表述不便执行，需作变更。兴安建行主张由于溶江信用社的行为，导致涉及本案的债权全部过了法定诉讼时效，要求兴安建行赔偿损失不属本案审理范围，其可以另行解决。判决：中国建设银行股份有限公司兴安支行返还兴安县溶江农村信用合作社划转资金 2531587.55 元及利息（利息自 1998 年 6 月 2 日起计算至付清上述款项之日止，按中国人民银行同期贷款利率分段计算）。[①]

① 苏泽林主编：《审判监督指导》2006 年第 1 辑，人民法院出版社 2007 年版，第 71~77 页。

◎法条链接

《民事诉讼法》第三条 人民法院受理公民之间、法人之间、其他组织之间以及他们相互之间因财产关系和人身关系提起的民事诉讼，适用本法的规定。

◎重要提示

对于人民法院民事诉讼的受案范围，法律只作了原则性的规定，对于一些特殊类型的案件，最高人民法院通过司法解释或个案批复的方式予以解决。**陕西省耀县水泥厂与中国建筑材料集团公司、陕西省建筑材料工业总公司债权转出资纠纷上诉案**：最高人民法院承办法官认为，根据我国《民事诉讼法》和《民法通则》的规定，人民法院受理有关财产关系的民事诉讼的范围是指由民法调整的财产关系所引起的争议。这种财产关系首先表现为主体应当处于平等的地位，他们之间的关系表现为各自独立而平等的主体间的法律关系；其次，这种财产关系是建立在自愿的基础上的，而非基于行政命令或者强迫基础上；最后，这种财产关系还应当是建立在等价有偿基础上的。[①]

商业银行面临的特殊类型的案件，主要是指因政府的行政行为或因执行国家、政府的政策而引起的当事人之间的财产纠纷。

一、涉及国家政策或因执行国家政策而引起的平等主体之间财产关系的纠纷，一般属于人民法院受案范围

确定一项争议是否属于民事纠纷，审查的核心在于争议的主体地位是否平等，至于引起争议的原因则在所不问。如《民法通则》第一百一十六条规定："当事人一方由于上级机关的原因，不能履行合同义务的，应当按照合同约定向另一方赔偿损失或者采取其他补救措施，再由上级机关对它因此受到的损失负责处理。"**成都市商业银行与成都市华西电力（集团）股份有限公司其他经济纠纷再审上诉案**：该案为一起一方当事人因国家金融政策的调整而致投资利益受损，依照约定请求另一方当事人给予补偿的经济纠纷。受案法院同样表达了因国家政策调整而引起的平等主体之间民事纠纷属于人民法院受理的观点。本案中，商业银

---

① 刘敏："政策性债权出资不属人民法院民事诉讼受理的范围"，载奚晓明主编：《民商事审判指导》2006年第2辑，人民法院出版社2006年版，第215页。

行提出本案不属于人民法院民事诉讼的受案范围，认为国务院通知规定城市信用合作社的人、财、物由各城市合作银行筹备领导小组统一管理。筹备领导小组是政府设立的行使管理职能的行政机构，其作出的筹备办意见只是一种政策或办法，因而请求法院按《民事诉讼法》第一百一十一条[①]第一款第（三）项及最高人民法院《关于适用〈民事诉讼法〉若干问题的意见》第一百八十六条[②]的规定，驳回华西电力公司的起诉。四川省高级人民法院（2003）川民再字第1号民事判决书认为，合作银行筹备办意见载有“经成都城市合作银行筹备办与人民银行成都市分行共同研究，同意旅游城市信用社加入合作银行后继续清收原东联信用社债权以弥补承担债务”等内容，并盖有成都城市合作银行筹备领导小组办公室的印章。在筹备办、市经委负责人和华西电力公司等参加的协商会后产生的会谈纪要中，载有“成都市合作银行筹备领导小组（以下简称合作银行）与成都旅游城市信用社的理事会和全体股东达成了如下一致的意见”等字样。庭审中，双方当事人对该两个证据的真实性无异议。本院认为，根据上述两个证据，可以认定合作银行筹备领导小组在当时实际上行使的是合作银行的职权，筹备办意见即是合作银行的意见。因此，商业银行关于合作银行筹备领导小组系政府设立的行政性领导机构，本案不属于人民法院民事案件审理范围的上诉理由与事实不符，应予驳回。[③]

二、涉及企业资产被政府行政性划转的，不属于人民法院民事案件审理范围

最高人民法院《关于因政府调整划转企业国有资产引起的纠纷是否受理问题的批复》规定：因政府及其所属主管部门在对企业国有资产调整、划转过程中引起相关国有企业之间的纠纷，应由政府或所属国有资产管理部门处理。国有企业作为当事人向人民法院提起民事诉讼的，人民法院不予受理。

2007年12月6日陕西省高级人民法院民二庭《关于公司纠纷、企业改制、不良资产处置及刑民交叉等民商事疑难问题的处理意见》认为：作为债务人的国有企业部分资产被政府主管部门行政性调整、划转到其他企业后，债权人向债务

---

① 该条现已被新《民事诉讼法》修改为第一百二十四条。

② 该司法解释现已被最高人民法院《关于适用〈中华人民共和国民事诉讼法〉的解释》废止，该条内容现已被新司法解释规定为第三百三十条。

③ 苏泽林主编:《审判监督指导》2005年第1辑，人民法院出版社2005年版，第148~149页。

人主张债权时，能否根据资产流向将接受资产的企业列为共同被告一并主张权利的问题。最高人民法院的生效判决已经明确：将债务人与接受资产的企业一并列为被告并诉请判令其承担连带民事责任，将意味着通过民事诉讼撤销行政行为。债权人在起诉债务人时，不能将依行政行为接受资产的企业一并列为共同被告承担连带民事责任。[①]

◎ 风险规避

尽管人民法院在立案时就应对案件进行审查，确定该案件是否属于人民法院受案范围。但司法实务中也存在本不应立案而立案后被驳回起诉的情形，以致形成诉累。因此，当事人在立案前应就案件的性质充分论证，以正确定性。

1. 是否属于其他机关处理的事项，如属于行政机关处理，或者约定仲裁条款的属于仲裁机关受理。

2. 是否具有前置程序，如土地确权，劳动争议等。

3. 是否属于行政诉讼及刑事诉讼案件。

对于一项纠纷是属于民事纠纷还是刑事案件难以定性时，应先进行刑事报案，公安、检察机关是否立案其实就是对案件性质的判断。**许霆盗窃案**：该案是属于民事中的不当得利，还是刑事中的盗窃，尽管该争论到现在都没有终止，但法院最终是以盗窃罪追究了其刑事责任。银行的做法无疑是正确的。广东省广州市中级人民法院（2008）穗中法刑二重字第2号刑事判决书经审理查明：广州市商业银行发现被告人许霆账户交易异常后，经多方联系许霆及其亲属，要求退还款项未果，于2006年4月30日向公安机关报案。公安机关立案后，将许霆列为犯罪嫌疑人上网追逃。

无论采取何种诉讼方式，依法挽回损失都是银行的主要目的之一，也是诉讼的功能之一，如刑事追赃。但当一个案件涉及刑民交叉，银行的损失有时不能通过刑事诉讼追回时，应及时通过民事诉讼主张权利。

---

① 奚晓明主编：《民商事审判指导》2008年第3辑，人民法院出版社2008年版，第45页。

第二节 管 辖

案例 79：案件合并审理不得违背专属管辖规定

摘要：依据民事诉讼法的规定，因不动产纠纷提起的诉讼，由不动产所在地人民法院管辖。受案法院不得通过案件合并审理改变专属管辖。

1993 年 3 月，中国工商银行巢湖分行（以下简称巢湖工行）为广东省惠州市皖惠实业发展公司（以下简称皖惠公司）代理发行一年期有奖有息债券，债券到期后，皖惠公司无力偿付，于 1994 年与巢湖工行约定，将其中 500 万元到期债券转为贷款。此前，皖惠公司 1993 年 5 月 6 日向巢湖工行借款 50 万元。皖惠公司未能偿还借款。1996 年 12 月 30 日、1997 年 1 月 12 日，双方就上述贷款还款事宜订立了两份还款协议。还款协议到期后，皖惠公司仍未偿还借款，巢湖工行向巢湖市中级人民法院起诉，请求判令皖惠公司依约偿还借款本息。

1993 年 6 月 16 日，皖惠公司与广东省惠州市乡镇企业房地产开发公司财贸开发部（以下简称开发部）签订一份《惠州财贸商贸中心大石湖新村商品楼宇买卖合同》，皖惠公司给开发部支付了部分房款 5467616 元，后因楼房中途停建，皖惠公司要求退房。开发部认为皖惠公司违约，不同意退房，于 1997 年 11 月 1 日向惠州市中级人民法院提起诉讼，经过两审，广东省高级人民法院以开发部不具备原告主体资格为由驳回起诉。

开发部系广东省惠州财贸集团公司（以下简称财贸集团）与广东省惠州市惠湖实业公司（以下简称惠湖公司）的联营企业，挂靠广东省惠州市乡镇企业房地产开发公司（以下简称乡企公司），未经工商登记。本案在一审中，巢湖市中级人民法院将惠湖公司、乡企公司及财贸集团追加为第三人参加诉讼。

◎ 裁判要旨

最高人民法院再审认为，原审判决皖惠公司应偿还巢湖工行 550 万元的借款及利息是正确的。但认定由于 550 万元中的 5467616 元被开发部实际使用，开发部应返还购房款，从而将惠湖公司、财贸集团、乡企公司列为本案第三人是错误的。原审将两个不同法律性质的借款合同关系和房屋买卖合同关系合并审理，违反了《民事诉讼法》关于专属管辖的规定，同时违反了本院《关于在经济审判工作中严格执行〈中华人民共和国民事诉讼法〉的若干规定》第九条中关于对专属管辖案件的一方当事人，不得作为无独立请求权的第三人通知其参加诉讼的规定。巢湖工行和皖惠公司答辩称：开发部没有按约交付房屋，也不退款，皖惠公司已通知开发部解除合同并退还购房款，双方的房屋买卖关系已转化成一般的债权债务关系。经查，皖惠公司虽用书面通知开发部解除合同并要求退款，但对方是否同意解除合同及债权债务如何确定，并未作任何答复。皖惠公司未通过任何协商和法律程序解除合同，因此皖惠公司和开发部之间的房屋买卖合同关系依然存在。巢湖工行和皖惠公司关于房屋买卖关系已转化为债权债务关系的抗辩理由于法无据。[①]

◎ 法条链接

1.**《民事诉讼法》第三十三条** 下列案件，由本条规定的人民法院专属管辖：（一）因不动产纠纷提起的诉讼，由不动产所在地人民法院管辖。

2.**最高人民法院《关于在经济审判工作中严格执行〈中华人民共和国民事诉讼法〉的若干规定》** 受诉人民法院对与原被告双方争议的诉讼标的无直接牵连和不负有返还或者赔偿等义务的人，以及与原告或被告约定仲裁或有约定管辖的案外人，或者专属管辖案件的一方当事人，均不得作为无独立请求权的第三人通知其参加诉讼。

◎ 重要提示

一、级别管辖

《民事诉讼法》第一百二十七条对当事人就案件管辖权提出的异议是否应当包括级别管辖未作规定。最高人民法院《关于当事人就级别管辖提出异议应如何处理问题的函》规定，当事人可就级别管辖提出异议，但不能通过上诉的渠道进行救济。自 2010 年 1 月 1 日起施行的最高人民法院《关于审理民事级别管辖异

---

① 肖扬总主编：《中华人民共和国最高人民法院判案大系》（审判监督卷 2001~2002 年卷），人民法院出版社 2003 年版，第 169~172 页。

议案件若干问题的规定》就级别管辖赋予当事人提出管辖权异议、上诉的权利，改变了现行对于民事诉讼级别管辖异议的行政化处理模式，为当事人级别管辖异议权提供诉讼程序保障，强化上级法院对级别管辖秩序的审判监督力度，提高裁判的权威性和公信力。2015年5月1日起实施最高人民法院《关于调整高级人民法院和中级人民法院管辖第一审民商事案件标准的通知》就高级人民法院和中级人民法院管辖第一审民商事案件标准进行了调整。

二、民事管辖的顺序

民事管辖包括级别管辖、地域管辖、专属管辖和协议管辖。在当事人分别就级别管辖和地域管辖提出异议的情况下，如何确定案件的管辖权。**山东清泉集团有限公司、烟台市清泉综合开发有限公司与山东亚新设计工程有限公司、烟台昆仑房地产开发有限公司建设工程设计合同纠纷上诉案：**在该案中，最高人民法院就管辖的顺序提出意见，即关于民事诉讼的管辖，首先应当考虑级别管辖，在确定级别管辖后，才考虑被告住所地、合同履行地等因素。[①]

三、案件涉及不动产的管辖确定

（一）并非所有不动产纠纷案件均实行专属管辖

依据《民事诉讼法》第三十三条的规定，因不动产纠纷提起的诉讼，由不动产所在地人民法院管辖。所谓不动产纠纷，是指与不动产本身有关的纠纷，如因不动产的所有权、使用权、相邻权等引起的诉讼，以及地界纠纷等。**淮南市通宇塑编有限公司与安徽凤台县经济开发区管理委员会、安徽六和同心风能设备有限公司建设用地使用权合同纠纷案：**本案原、被告签订的《安徽通宇塑编制品生产项目协议》中明确约定“因执行本协议发生争议，由争议双方协商解决，协商不成，双方同意向凤台县人民法院起诉”。本案受理后，被告在答辩期间届满后未应诉答辩。根据最高人民法院《关于适用〈中华人民共和国民事诉讼法〉的解释》第三十五条规定，当事人在答辩期间届满后未应诉答辩，人民法院在一审开庭前，发现案件不属于本院管辖的，应当裁定移送有管辖权的人民法院。且本案中原告起诉要求的是解除合同和赔偿损失，并不涉及不动产的权利确认、分割、相邻关系等物权纠纷，不属于不动产专属管辖范畴，双方书面选择原告住所地为管辖法

---

① 黄松有主编：《民事审判指导与参考》2008年第1辑，法律出版社2008年版，第193页。

院不违反法律规定。[①]法律规定不动产纠纷由不动产所在地人民法院管辖，其立法意旨在于便于人民法院进行调查、勘验，对案件作出正确的处理，并有利于法院进行执行，在涉外纠纷中有利于维护国家主权。因此，在符合上述立法目的的情形下，以不动产为标的物的案件也可以不由不动产所在地法院管辖，并非凡是法律关系所涉合同的标的是不动产的案件都应该适用专属管辖的规定。

（二）案件涉及不动产的或由不动产引起的纠纷，是适用一般管辖还是专属管辖，关键要审查纠纷与不动产的关系

北京世纪银联房地产开发有限公司与中国光大银行黑龙江分行欠款纠纷管辖权异议案：最高人民法院经审查认为：光大银行黑龙江分行和拍卖行起诉的依据是《协议书》。该《协议书》虽与《确认书》有关，但又独立于《确认书》，它是在拍卖过程已经结束、房产已过户而买受人逾期不付房款的情况下，当事人对房款的给付问题达成的新协议。当事人依该协议提起诉讼，表明双方争议的纠纷是基于拍卖成交的事实而产生的清偿欠款的合同纠纷，该纠纷与房产本身无关，不应适用专属管辖的规定。最高人民法院《关于印发〈民事案件案由规定〉的通知》规定，第一审法院立案时可根据当事人的起诉确定案由。普通程序的案件案由，一般应当包括两部分：当事人诉争的法律关系及其争议，但《规定（试行）》只列出当事人诉争的法律关系部分，而当事人的争议部分由受理法院根据当事人的具体争议确定。本案中，原审原告光大银行黑龙江分行、拍卖行以请求原审被告房地产公司给付欠款为由提起诉讼，原审法院依原审原告的诉讼请求将本案案由确定为欠款纠纷并无不当。依据《民事诉讼法》第二十五条[②]“合同的双方当事人可以在书面合同中协议选择被告住所地、合同履行地、合同签订地、原告住所地、标的物所在地人民法院管辖，但不得违反本法对级别管辖和专属管辖的规定”，本案当事人在《协议书》约定的管辖条款不违反法律规定，应认定为有效，本案应由约定管辖地光大银行黑龙江分行所在地法院管辖。上诉人关于本案不是欠款纠纷，而是不动产纠纷，应适用专属管辖的规定的上诉理由不能成立，对其关于应由不动产所在地的人民法院管辖本案的诉讼主张本院不予支持。综上，原审法院认定事实清楚、适用法律正确，本院根据《民事诉讼法》第一百五十三条[③]、第

① 安徽省淮南市八公山区人民法院（2015）八民一初字第265号，摘自中国裁判文书网http://www.court.gov.cn/zgcpwsw/ah/ahshnszjrmfy/hnsbgsqrmfy/ms/201505/t20150519_8011410.htm。

② 该条现已被新《民事诉讼法》修改为第三十四条。

③ 该条现已被新《民事诉讼法》修改为第一百七十条。

一百五十四条[①]之规定，裁定如下：驳回上诉，维持原裁定。本案二审案件受理费 50 元，由北京世纪银联房地产开发有限公司承担。[②]

◎风险规避

一、起诉时应正确确定管辖

当事人起诉时依据法律规定选择管辖法院，是对诉讼权利的正当行使，但如果选择管辖错误就会引起诉累。在当事人提出管辖权异议或两个法院对管辖权存在异议的情况下，不具有管辖权的法院作出的裁决及依据生效裁决的执行都有被撤销的风险。1996 年 1 月 2 日最高人民法院《关于江苏省南通市信托投资公司与深圳市光华实业公司、中国银行深圳国际信托咨询公司借款合同纠纷案件指定管辖的通知》：1992 年 10 月 15 日，南通市信托投资公司（下称投资公司）与深圳市光华实业公司（下称光华公司）签订贷款合同，约定由投资公司贷款 2000 万元给光华公司，期限两年，贷款划出后，中国银行深圳国际信托咨询公司（下称咨询公司）为该笔贷款本息出具了不可撤销担保书。1994 年 4 月 28 日，投资公司就已到期的贷款利息计 400 万元向南通市中级人民法院起诉。1994 年 6 月，咨询公司以签订贷款合同的当日，投资公司与光华公司签订补充协议，将贷款利率由 15% 调至 20%，未通知保证人咨询公司，保证人不应承担责任为由向深圳市中级人民法院起诉。至此，南通市中级人民法院开始与深圳市中级人民法院协商管辖权问题。在管辖权争议未解决的情况下，南通市中级人民法院于 1994 年 8 月 2 日作出判决，又于 1994 年 11 月 15 日受理了投资公司以到期的贷款本息（不含已诉讼的 400 万元）计 2100 余万元为诉讼请求的贷款合同纠纷案件。广东省高级人民法院又与江苏省高级人民法院开始协商管辖权问题。在管辖权争议仍未获解决的情况下，南通市中级人民法院于 1995 年 3 月 3 日作出一审判决，江苏省高级人民法院于 1995 年 6 月 28 日作出终审判决。我院认为，两地人民法院发生管辖权争议应依照我国民事诉讼法和本院的有关司法解释处理，不应作出判决。特别是 1994 年 12 月 22 日本院《关于在经济审判工作中严格执行〈中华人民共和国民事诉讼法〉的若干规定》下发以后，江苏省一、二审法院在对管辖权争议协商不成的情况下仍作出判决显然是错误的。江苏省法院在给本院的报告中

---

① 该条现已被新《民事诉讼法》修改为第一百七十一条。

② 奚晓明主编：《民商事审判指导》2004 年第 1 辑，人民法院出版社 2004 年版，第 103~104 页。

称“南通中院和我院从未得到深圳中院、广东高院关于协调处理该案管辖争议的信息”，这是不符合实际的。为严肃执法，根据上述规定第四条，我院指定本案由深圳市中级人民法院审理。江苏省高级人民法院接此通知后，应依法撤销南通市中级人民法院［1994］通经初字第57号、［1994］通经初字第162号、江苏省高级人民法院苏经终字第123号民事判决，将本案移送深圳市中级人民法院，同时，切实监督南通市中级人民法院将强行扣划咨询公司上海证券部的1200万元人民币存款划回原账户。深圳市中级人民法院和广东省高级人民法院应依法公正处理。

二、不适格诉讼主体的管辖权异议

诉讼实务中，有的当事人为了不当取得法院的管辖权，故意将与本案无关的当事人列为被告。就不适格主体能否提起管辖权异议，现行法律没有明确的规定，最高人民法院对此的态度也不尽一致。

（一）主体是否适格作为确定管辖的依据之一

最高人民法院《关于湖南省平江县烟草公司与云南省卷烟烤烟交易市场购销合同纠纷一案指定管辖的通知》：云南省昆明市中级人民法院受理的云南卷烟烤烟市场诉湖南省平江县烟草公司、云南省烟草储运公司购销合同纠纷一案，云南省烟草储运公司不是购销合同的相对人，其被告主体不适格。云南省高级人民法院所持风险载移地应为合同实际履行地的意见不符合我院《关于在确定经济纠纷案件管辖中如何确定购销合同履行地问题的规定》的规定，本案在双方当事人无约定管辖和合同履行地不明确的情况下，应依被告住所地确定管辖。云南卷烟烤烟市场起诉湖南省平江县烟草公司，应由被告所在地的湖南省岳阳市中级人民法院管辖。

（二）主体是否适格不能作为确定管辖的依据

鸿润锦源（厦门）房地产开发有限公司与彭雄浑、鸿润集团房地产投资有限公司商品房预售合同纠纷案：最高人民法院（2006）民一终字第34号民事裁定书认为，当事人有权提出管辖权异议。但根据《民事诉讼法》第一百零八条[①]第（四）项和第三十八条[②]的规定，管辖权异议是指是否属于人民法院主管或管辖的

① 该条现已被新《民事诉讼法》修改为第一百一十九条。

② 该条现已被新《民事诉讼法》修改为第一百二十七条。

案件。本案鸿润锦源（厦门）房地产开发有限公司以其不是本案适格被告为由提出管辖权异议，不属于民事诉讼法规定的管辖权异议的情形。鸿润锦源（厦门）房地产开发有限公司是否是本案的适格被告，应经人民法院的实体审理确定。一审法院以管辖权异议作出裁定，适用法律错误，应予撤销。①

（三）因被告主体不适格而提出管辖权异议的，应在一审答辩期内提出

北京智扬伟博科技发展有限公司与创思生物技术工程（东莞）有限公司、河南省开封市城市管理局居间合同纠纷案：最高人民法院（2008）民申字第1364号民事裁定书认为，根据《民事诉讼法》第一百零八条②的规定，人民法院受理民事案件时，对于被告的要求是“有明确的被告”。本案一审原告智扬公司起诉时，将创思公司和开封城管局均列为被告，符合民事诉讼法规定的被告明确性要求。因开封城管局住所地在开封市中级人民法院辖区内，开封市中级人民法院受理本案时依据被告住所地确定管辖权并无不妥。创思公司如认为开封市中级人民法院对本案没有管辖权，有权在一审答辩期内提出管辖权异议，不服一审裁定的，还可提出上诉通过二审程序主张。但经本院审阅一审卷宗，申请再审人创思公司在一审答辩期间未提出管辖权异议。在案件进入实体审理阶段后，因管辖权已经确定，开封城管局是否为适格被告并不影响一审法院对于本案的审理。即使人民法院查明开封城管局不是本案适格被告，裁定驳回了智扬公司对开封城管局的起诉，亦不影响已经开始的实体审理程序，不需再移送案件。③

银行在被诉作为被告的纠纷中，如发现据以确定管辖的当事人不适格，仍应提出管辖权异议，即使异议不成立，也为人民法院的实体审理，依职权确定管辖权提供依据。依据《民事诉讼法》第三十六条的规定，人民法院发现受理的案件不属于本院管辖的，应当移送有管辖权的人民法院，受移送的人民法院应当受理。这是我国法律对人民法院依职权对管辖权进行审查的规定。即使当事人在答辩期内没有就管辖权提出异议，或者就当事人主体不适格的异议被驳回，人民法院通过实体审理，仍应就当事人是否适格作出认定，并就依不适格当事人确定的管辖作出处理。**广东中凯文化发展有限公司与中国电信股份有限公司钦州分公司、中国电信股份有限公司（简称电信股份公司）侵犯著作权纠纷案：**北京市高级人

① 《最高人民法院公报》2006年第12期。

② 该条现已被新《民事诉讼法》修改为第一百一十九条。

③ 《最高人民法院公报》2009年第7期。

民法院（2008）高民终字第1152号民事裁定书认为：根据ICP/IP地址信息备案管理系统查询的备案查询结果以及www.qz.gx.cn网站网页显示的内容，可以认定，该网站系钦州分公司实际运营，中凯公司指控的侵权行为并未涉及电信股份公司。因钦州分公司系电信股份公司依法设立并领取了营业执照的分支机构，有独立的财产和组织机构，属于民事诉讼法中规定的“其他组织”，故一审法院依据民事诉讼法及相关司法解释的规定，认定钦州分公司系被控侵权行为人，可以独立承担民事责任是正确的。由于本案证据显示，中凯公司指控的侵权行为并未涉及电信股份公司，在钦州分公司可以独立承担民事责任的情况下，一审法院驳回中凯公司对电信股份公司的起诉是正确的。中凯公司认为其实体权益因驳回了电信股份公司的起诉而不能得到保护的主张不能成立，本院不予支持。根据《民事诉讼法》第三十六条的规定，人民法院发现受理的案件不属于本院管辖的，应当移送有管辖权的人民法院。一审法院根据本案的实际情况，依职权将本案移送至广西壮族自治区钦州市中级人民法院审理有法律依据。①

三、管辖约定的一致性

在多份有关联的合同中，应将纠纷管辖的约定前后一致，便于通过诉讼或仲裁方式一并处理，而不应约定不一，人为地增加管辖的复杂性。**苏州东宝置业有限公司、苏州市金城担保有限责任公司、苏州市东宝金属材料有限公司、苏州市东宝有黑色金属材料有限公司、徐阿大与苏州百货总公司、江苏少女之春集团公司资产转让合同纠纷案**：其裁判摘要指出，当事人签订的多份合同中，有的约定了仲裁条款，有的既没有约定仲裁条款，也没有明确将其列为约定了仲裁条款的合同的附件，或表示接受约定了仲裁条款的合同关于仲裁管辖的约定。尽管上述合同之间具有一定的关联性，但不能因此否认各自的独立性。②

四、在约定管辖中，应注意合同中打印体与手写体对合同签订地描述不一致的问题

在合同中约定发生纠纷后的管辖法院，已成为合同当事人的惯常做法。针对合同当事人约定“合同签订地”为管辖法院的法律适用，最高人民法院《合同法

---

① 案例摘自北京法院网。
② 《最高人民法院公报》2007年第2期。

司法解释（二）》第四条规定："采用书面形式订立合同，合同约定的签订地与实际签字或者盖章地点不符的，人民法院应当认定约定的签订地为合同签订地；合同没有约定签订地，双方当事人签字或者盖章不在同一地点的，人民法院应当认定最后签字或者盖章的地点为合同签订地。"但对于打印体与手写体对合同签订地描述不一致的问题，未作规定。**杭州富申日用品有限公司与芜湖市大宇糖酒日杂有限责任公司买卖合同纠纷管辖权异议案：**杭州市中级人民法院（2009）浙杭辖终字第309号民事裁定书认为：双方虽于合同中以打印体形式约定合同签订地点为"浙江省杭州市萧山区"，但芜湖公司在合同落款部分以手写体形式注明了"签于芜湖市"，杭州公司对该注明未及时提出异议，故认定双方的合同签订地为芜湖市。[①]

在银行大量使用格式合同，且在格式合同已约定管辖法院的情况下，应注意在签订合同过程中当事人在合同上的加注行为。根据《合同法》第四十一条的规定，当格式条款与非格式条款不一致时，应以非格式条款为准。

---

① 《人民司法·案例》2010年第10期。

第三节 起 诉

案例 80：不符合法院受理案件条件，起诉被依法驳回

摘要：在人民法院受理破产案件之后，破产企业的债权人应当依法向受理破产案件的人民法院申报债权，其他法院依法不应再受理并审理以破产企业作为债权人的其他民事纠纷案件，在债权人起诉时应当裁定不予受理；已经受理的，应当裁定驳回起诉。

山东坊子酒厂（以下简称坊子酒厂）向潍坊市商业银行（以下简称潍坊商业银行）贷款 2120 万元，并以自有房地产提供抵押担保。该贷款到期后，坊子酒厂未按期偿还。后潍坊商业银行向山东省潍坊市中级人民法院提出诉讼，要求坊子酒厂偿还其贷款本息。在该案审理过程中，经山东省潍坊市中级人民法院主持双方于 2002 年 5 月 30 日达成协议，约定坊子酒厂自愿用已抵押的房地产按抵押时的评估值 26216302.50 元抵顶潍坊商业银行的贷款本息、诉讼费用及一年的租赁费，如潍坊商业银行需对以上房地产办理过户时，坊子酒厂必须配合其办理一切手续，并保证在租赁期间房地产的完整。双方签订该协议后，潍坊商业银行即向潍坊市中级人民法院申请撤诉，山东省潍坊市中级人民法院以（2002）潍民二初字第 33 号民事裁定准许潍坊商业银行撤诉。

另查明，坊子酒厂因资不抵债，向山东省潍坊市坊子区人民法院申请破产还债。山东省潍坊市坊子区人民法院于 2003 年 11 月 20 日作出（2003）坊民破裁字第 5-1 号民事裁定，宣告坊子酒厂破产还债。2003 年 12 月 2 日，山东省潍坊市坊子区人民法院以（2003）坊民破通字第 5-3-1 号申报债权通知书，通知潍坊商业银行在收到该通知后 30 日内，向山东省潍坊市坊子区人民法院山东坊子酒厂破产还债清算组（以下简称坊子酒厂破产清算组）书面申报债权，逾期申报，应视为放弃债权。2004 年 2 月 2 日，坊子酒厂破产清算组以（2003）坊酒破通字第 8-1 号通知书，通知潍坊商业银行：解除坊子酒厂 2002 年 5 月 30 日与其签订的房地产抵顶协议。如有异议，可在接到该通知书 5 日内向山东省潍坊市坊子

区人民法院破产合议庭申请裁决。

2004年2月6日，潍坊商业银行向山东省潍坊市坊子区人民法院书面提出异议称，其与坊子酒厂达成的抵债协议，已经生效并实际履行，具有法律约束力，同时该房地产仍处于抵押状态，依法显然不能作为破产财产。坊子酒厂破产清算组无权解除其与坊子酒厂签订的房地产抵顶协议，为维护其合法权益，提出异议，请依法裁决。2004年2月20日，潍坊商业银行向山东省潍坊市坊子区人民法院提出书面申请：坊子酒厂破产清算组于2004年2月2日向其发出（2003）坊酒破通字第8–1号通知书，决定解除其与坊子酒厂签订的房地产抵顶协议，对此不服并已向山东省潍坊市坊子区人民法院提出书面异议，但鉴于山东省高级人民法院已经立案受理其与坊子酒厂破产清算组房地产抵押过户纠纷一案，为避免出现矛盾的裁判结果，特申请山东省高级人民法院通知山东省潍坊市坊子区人民法院对本案所涉协议的效力不予裁决。2004年2月5日，潍坊商业银行向山东省高级人民法院起诉。

◎裁判要旨

最高人民法院经审理认为，坊子酒厂破产清算组与潍坊商业银行之间讼争的问题，是如何确定受理破产案件的法院与其他法院在处理与破产企业作为债务人的民事纠纷案件的关系问题。根据《企业破产法（试行）》和最高人民法院《关于审理企业破产案件若干问题的规定》的有关规定精神，受理破产案件的法院应审理所有以破产企业为债务人的其他民事纠纷案件，债权人到受理破产案件的人民法院申报债权。对于以债务人为被告的其他债务纠纷案件，尚未审结且无其他被告和无独立请求权的第三人的，应当中止诉讼，由债权人向受理破产案件的人民法院申报债权；待企业被宣告破产后再终结诉讼。根据最高人民法院《关于适用〈中华人民共和国民事诉讼法〉若干问题的意见》第一百八十六条[①]规定，对于不属于人民法院作为普通民事案件受理的案件，一审法院已经受理并经审理作出判决的，二审法院可以直接裁定撤销一审判决，驳回当事人的起诉。在人民法院受理破产案件之后，破产企业的债权人应当依法向受理破产案件的人民法院申报债权，其他法院依法不应再受理并审理以破产企业为债务人的其他民事纠纷案

① 该司法解释已被最高人民法院《关于适用〈中华人民共和国民事诉讼法〉的解释》废止，该条内容已被新司法解释规定为第三百三十条。

件，在债权人起诉时应当裁定不予受理；已经受理的，应当裁定驳回起诉。本案中，潍坊商业银行与坊子酒厂于2002年达成的以房地产抵顶贷款本息以及租赁费等费用的协议，是一种具有庭外和解性质的协议，也是一种约定双方权利义务关系的民事行为，至于涉及是否属于别除权和取回权范围以及是否属于破产财产等，都需要受理破产案件的人民法院进行认定，纳入破产案件的审理范围。潍坊商业银行作为债权人应向受理破产案件的人民法院申报债权。事实上潍坊商业银行已经向山东省潍坊市坊子区人民法院破产清算组申报了债权。本案属于一审法院受理的以坊子酒厂破产清算组为债务人的民事纠纷事件，当坊子酒厂破产清算组在一审中提出已经进行破产程序时，一审法院应当裁定不予受理或者驳回起诉，由潍坊商业银行作为债权人向受理破产案件的山东省潍坊市坊子区人民法院成立的坊子酒厂破产清算组申报债权。在坊子酒厂已经依法向山东省潍坊市坊子区人民法院申请宣告破产并进入破产程序后，潍坊商业银行又以坊子酒厂破产清算组作为被告提起普通民事诉讼，一审法院受理潍坊商业银行请求判令办理房地产过户手续的民事案件并作出实体判决，不符合民事诉讼法规定的受理民事案件的条件，依法应予撤销；潍坊商业银行的起诉应予驳回。[①]

◎ 法条链接

1.**《民事诉讼法》第一百一十九条** 起诉必须符合下列条件：

（一）原告是与本案有直接利害关系的公民、法人和其他组织；

（二）有明确的被告；

（三）有具体的诉讼请求和事实、理由；

（四）属于人民法院受理民事诉讼的范围和受诉人民法院管辖。

2. 最高人民法院《关于人民法院推行立案登记制改革的意见》

三、登记立案程序

（一）实行当场登记立案。对符合法律规定的起诉、自诉和申请，一律接收诉状，当场登记立案。对当场不能判定是否符合法律规定的，应当在法律规定的期限内决定是否立案。

（二）实行一次性全面告知和补正。起诉、自诉和申请材料不符合形式要件

① 黄松有主编：《民事审判指导与参考》2004年第3辑，法律出版社2004年版，第194~200页。

的，应当及时释明，以书面形式一次性全面告知应当补正的材料和期限。在指定期限内经补正符合法律规定条件的，人民法院应当登记立案。

（三）不符合法律规定的起诉、自诉和申请的处理。对不符合法律规定的起诉、自诉和申请，应当依法裁决不予受理或者不予立案，并载明理由。当事人不服的，可以提起上诉或者申请复议。禁止不收材料、不予答复、不出具法律文书。

（四）严格执行立案标准。禁止在法律规定之外设定受理条件，全面清理和废止不符合法律规定的立案"土政策"。

3. 最高人民法院《关于适用〈中华人民共和国民事诉讼法〉的解释》第二百四十七条　当事人就已经提起诉讼的事项在诉讼过程中或者裁判生效后再次起诉，同时符合下列条件的，构成重复起诉：

（一）后诉与前诉的当事人相同；

（二）后诉与前诉的诉讼标的相同；

（三）后诉与前诉的诉讼请求相同，或者后诉的诉讼请求实质上否定前诉裁判结果。

当事人重复起诉的，裁定不予受理；已经受理的，裁定驳回起诉，但法律、司法解释另有规定的除外。

第三百三十条　人民法院依照第二审程序审理案件，认为依法不应由人民法院受理的，可以由第二审人民法院直接裁定撤销原裁判，驳回起诉。

4. 最高人民法院《人民法院诉讼风险提示书》

起诉不符合条件：

当事人起诉不符合法律规定条件的，人民法院不会受理，即使受理也会驳回起诉。

当事人起诉不符合管辖规定的，案件将会被移送到有权管辖的人民法院审理。

◎重要提示

一、对已经发生法律效力的调解书，当事人以又发生了新的事实和理由提起诉讼的案件的处理

江苏省建工集团有限公司与苏州市相城区国际服装城开发有限公司建设工程施工合同纠纷上诉案：最高人民法院经审理认为：江苏建工在本案诉讼中，其提

出的诉讼请求既有人民法院作出调解协议以后发生的纠纷，又有调解协议以前发生的纠纷，对于调解协议之前双方当事人发生纠纷，因已经由调解协议作出处理，依据《民事诉讼法》第一百一十一条[①]第（五）项之规定，江苏建工的该项诉讼请求属于重复起诉，故人民法院不应予以受理。对于江苏建工就调解协议后发生的纠纷而提起的诉讼，人民法院本应予以受理，但是由于江苏建工所提出的诉讼请求是将调解协议前后所发生的纠纷混合于一体起诉的，而且所请求的工程款、违约金等数额均是合并计算的，诉讼请求不具体、不明确、其不符合法定的起诉条件。人民法院不予受理。江苏建工可就调解协议后发生的纠纷依照《民事诉讼法》第一百零八条[②]的规定另行起诉。[③]

二、涉及刑事犯罪的民事案件的处理

商业银行作为当事人一方涉及的民事诉讼，有的诉讼本身就是犯罪行为引起的，如银行违规出具资金证明引起的赔偿纠纷；有的是在商业银行起诉后才发现有犯罪线索的，如以存单为表现形式的借贷纠纷。涉及刑事犯罪的民事案件，因不同情形而应作出不同的处理。

1. 在民事纠纷中，涉及部分属于刑事犯罪，部分属于民事纠纷，且两者互不影响的，可就属于民事纠纷部分提起民事诉讼。

2. 刑民交叉案件。即民事纠纷与刑事犯罪交织在一起，民事案件的审理应以刑事案件的审理为基础或条件，在刑事案件终审之前，民事案件的审理中止。但若民事案件在刑事立案前已经作出生效判决，则该判决的执行程序应当正常进行。**中国邮电器材集团公司与安捷联科技发展有限公司、北京京房不动产投资有限公司委托合同纠纷执行案**：根据最高人民法院1998年制定的《关于在审理经济纠纷案件中涉及经济犯罪嫌疑若干问题的规定》，适用“先刑后民”原则应当具备以下三个条件：一是法律事实相同，即民事法律行为与刑事犯罪行为基于同一事实；二是法律关系相同，即民事案件和刑事案件涉及同一法律关系；三是民事案件未审理终结。通过以上分析，可见本案不具备适用“先刑后民”原则的有

---

① 该条现已被新《民事诉讼法》修改为第一百二十四条。

② 该条现已被新《民事诉讼法》修改为第一百一十九条。

③ 奚晓明主编：《民事审判指导与参考》2008年第1辑，法律出版社2008年版，第204~205页。

关条件，因作为执行依据的民事判决已在刑事侦查立案前作出并生效。[①]

3. 民事纠纷已被刑事判决所全部涵盖。即所谓的民事纠纷本身就是犯罪行为所引起，且应通过刑事诉讼进行处理的案件。**上海银行股份有限公司福民支行与倪兆阳、第三人徐长明借款担保合同纠纷案**：刑事被告人徐忠为骗取银行贷款，窃取第三人徐长明身份证件及房地产权证，以被告倪兆阳的名义签订虚假的房地产买卖合同，从银行骗取贷款。上海市黄浦区人民法院认为，被告倪兆阳向原告福民支行借款事实已被生效的刑事判决认定为徐忠诈骗罪行，原告福民支行所主张的借款实系徐忠贷款诈骗犯罪违法所得。原告系刑事案件的被害单位，可通过刑事执行程序追回所遭受的财产损失。现其提起合同之债的民事诉讼，不符合有关法律规定。裁定：驳回原告福民支行的起诉。原告上诉后，二审法院裁定驳回上诉，维持原判。[②]

但如果银行的损失或债权不能通过刑事执行程序追回或不能全部追回的，可提起民事诉讼程序。《刑事诉讼法》第九十九条规定：被害人由于被告人的犯罪行为而遭受物质损失的，在刑事诉讼过程中，有权提起附带民事诉讼。被害人死亡或者丧失行为能力的，被害人的法定代理人、近亲属有权提起附带民事诉讼。如果是国家财产、集体财产遭受损失的，人民检察院在提起公诉的时候，可以提起附带民事诉讼。当然，从考虑诉讼成本出发，如刑事被告人已无财产可供执行的，则无必要再行启动民事诉讼程序。

三、重复起诉的司法认定

下述最高人民法院裁定的案例从当事人、诉讼请求、诉讼标的、事实理由等多个角度对案件是否构成重复起诉，进行了分析和认定。是“一事不再理”原则在个案中的具体运用。

威海鲲鹏投资有限公司与威海西港房地产开发公司、山东省重点建设实业有限公司土地使用权纠纷管辖权异议案：最高人民法院（2005）民一终字第86号民事裁定书认为：本案是否构成重复起诉，应当结合当事人诉讼请求的依据及行使处分权的具体情况进行综合判断。鲲鹏公司在2005年8月24日《追加被告、变更诉讼请求申请书》中，已将重点建设公司变更为被告，故本案与第5号民事案

---

① 《人民法院案例选》2012年第3辑。

② 《人民司法·案例》2010年第18期。

件的当事人并不相同。鲲鹏公司在第5号民事案件中的诉讼请求为确认之诉与给付之诉的合并之诉，但该案诉讼请求中的给付内容与本案鲲鹏公司于2005年7月25日提起的给付之诉的内容并不相同，鲲鹏公司在第5号民事案件中的诉讼请求不能涵盖本案中鲲鹏公司的诉讼请求。且鲲鹏公司在《追加被告、变更诉讼请求申请书》中，已将本案诉讼请求变更为“请求判令西港公司与重点建设公司之间的《合作协议书》无效，并由西港公司与重点建设公司承担连带赔偿责任”，故本案与第5号民事案件诉讼请求亦不相同。一审裁定认为鲲鹏公司的起诉违反《民事诉讼法》一事不再理的原则，驳回鲲鹏公司对西港公司和重点建设公司的起诉，适用法律错误，应予纠正。①

奉化步云工贸有限公司与上海华源企业发展股份有限公司商标所有权转让纠纷不予受理案：最高人民法院（2003）民二终字第169号民事裁定书认为：上诉人奉化步云工贸有限公司与被上诉人上海华源企业发展股份有限公司有关服饰类“步云”系列商标的归属问题虽争议多年，并经多家法院的不同诉讼程序审理，但终由（2003）浙民再字第22号民事判决确定，双方对无偿转让商标的协议有效，奉化步云工贸有限公司应履行与上海华源企业发展股份有限公司签订的将原奉化市步云集团有限公司注册的用于服饰类的“步云”系列商标（注册号为第721602号、第590714号、第1106546号）专用权无偿转让给奉化华源步云西裤有限公司所有的协议，并于判决规定期限内共同向国家商标管理局提出申请，办理注册商标所有权转移的核准手续。至此，双方有关商标权的归属问题已有定论。在所述再审案件一审阶段本案上诉人虽非起诉的原告，本案中其作为原告起诉虽不属于重复起诉，但其诉讼请求实质上仍属于商标权归属问题，显然与（2003）浙民再字第22号民事判决内容重复。按照“一事不再理”原则，人民法院不宜再作审理，上诉人的上诉理由不能成立。②

美国EOS工程公司诉新降发电公司等侵权纠纷案：最高人民法院（2003）民四终字第2号民事裁定书认为：本案原审原告EOS工程公司基于同一事实，以相同的当事人为被告，向原审法院先后提起“不当得利”返还之诉和“侵权”损害赔偿之诉。尽管前后的诉讼理由不同，但实质的诉讼标的是相同的，即EOS工程公司是为了解决其于1995年向山西省新绛县电厂筹建处汇付100万美元产

---

① 《最高人民法院公报》2006年第5期。

② 《最高人民法院公报》2006年第6期。

生的纠纷而向人民法院提起诉讼的。就此诉讼标的，EOS 工程公司先以“不当得利”为由请求被告返还 100 万美元及其利息，原审法院对此作出了（2001）晋民一初字第 2 号民事判决，EOS 工程公司不服提起上诉后，又撤回了该上诉，（2001）晋民一初字第 2 号民事判决即发生法律效力。EOS 工程公司如果仍不服该实体判决，只能通过申诉或者申请再审途径获得救济。现 EOS 工程公司以“侵权”为由，就同一诉讼标的再次提起诉讼，违反了“一事不再理”的原则。根据我国《民事诉讼法》第一百一十一条[①]第（五）项的规定，“对判决、裁定已经发生法律效力的案件，当事人又起诉的，告知原告按照申诉处理，但人民法院准许撤诉的除外”，对于 EOS 工程公司基于同一事实、相同的被告又以“侵权”为由提起的诉讼，人民法院不应予以受理。[②]

大连远东房屋开发有限公司与辽宁金利房屋实业公司、辽宁澳金利房地产开发有限公司国有土地使用权转让合同纠纷案：最高人民法院（2005）民终字第 95 号民事裁定书认为：2004 年 4 月 6 日，澳金利公司作为原告提起本案诉讼，仍然要求确认《联合开发协议》无效并由远东公司返还投资款 1350 万元及相应利息，除了利息数额有所增加以外，与（2003）辽民一房终字第 310 号民事裁定驳回起诉案件的诉请和理由均相同。利息数额因时间推移而增加，并不属于最高人民法院《关于适用〈中华人民共和国民事诉讼法〉若干问题的意见》第一百四十二条[③]规定中具备符合起诉应予受理的情形，故对澳金利公司就同一诉讼标的重复提起的本案诉讼，应当驳回其起诉。

当事人对已经发生法律效力的判决不服，除依法通过启动审判监督程序对案件重新审理外，不得在以后的诉讼中主张与已生效判决相反的内容，亦不能就同一诉讼标的重复起诉。因此，澳金利公司如认为其有权向远东公司主张权利，应当另循法律途径解决。[④]

四、商业银行可否就同一借款人的多笔贷款一并提起诉讼？

这将取决于案件系诉的主体合并还是客体合并。即多笔贷款涉及的当事人是

---

① 该条现已被新《民事诉讼法》修改为第一百二十四条。

② 《最高人民法院公报》2004 年第 10 期。

③ 该司法解释现已被最高人民法院《关于适用〈中华人民共和国民事诉讼法〉的解释》废止，该条内容现已被新司法解释规定为第二百一十二条。

④ 《最高人民法院公报》2006 年第 12 期。

否为二人以上。如借贷双方均为同一当事人且为一人时，可一并提起诉讼。

（一）关于主体合并

瑞华投资控股公司与山东鲁祥铜业集团有限公司、山东省嘉祥景韦铜业有限公司、陈中荣、高学敏等借款担保合同纠纷案：其裁判摘要指出，原告据以提起诉讼的基础法律关系涉及多份借款合同，虽然借款人为同一主体，但是，为多份借款合同提供担保的担保人均系多人，各担保人所提供担保的对象、金额、方式也不相同。根据《民事诉讼法》第五十三条[①]的规定，此类诉讼的合并需要当事人同意并经人民法院许可，否则人民法院对此类案件不予合并审理。[②]

（二）关于客体合并

吉庆公司、华鼎公司与农行西藏分行营业部抵押借款合同纠纷案：最高人民法院（2005）民二终字第186号民事判决书认为，虽然农行西藏分行营业部本案中所主张的4700万元债务原系两份借款合同形成，但鉴于其向西藏自治区高级人民法院提起诉讼时，该两笔借款均已到期，其一并提起诉讼并不违反法律强制性规定。《民事诉讼法》第五十三条[③]规定的须经当事人同意人民法院尚可合并审理的共同诉讼系指主体合并的情形，其前提是当事人一方或者双方主体必须为二人以上。而本案当事人一方或者双方主体均为一人，故不存在主体合并的问题，而应是事实上的客体合并。因我国法律并未规定因客体合并审理的共同诉讼亦须以当事人同意为前提条件，故原审法院根据农行西藏分行营业部的诉请将基于两个合同形成的债务合并审理并作出一份判决并无不当。吉庆公司关于原审法院违反法定程序应当发回重审的上诉请求，本院不予支持。[④]

五、为同一目的而达成的多个合同中，其中一个合同的仲裁条款效力是否及于其他合同？经仲裁裁决后，因其他合同纠纷法院受理的，是否违反“一事不再理”原则？

华建电子有限责任公司、华建机器翻译有限公司与广州科技风险投资有限公司、谢雄平、张贺平、仇绍明、黄若浩合作协议纠纷案：当事人为达成同一目的，而签订多个合同，但仅在一个合同中约定了仲裁条款的，该仲裁条款的效力并不

---

① 该条现已被新《民事诉讼法》修改为第五十二条。

② 《最高人民法院公报》2008年第12期。

③ 该条现已被新《民事诉讼法》修改为第五十二条。

④ 《最高人民法院公报》2006年第8期。

能直接及于其他合同，除非当事人之间另有约定。涉及该合同的仲裁裁决生效后，又因其他未约定仲裁条款的合同发生争议而形成诉讼的，一方当事人仅以仲裁裁决已生效为由主张人民法院无管辖权的，人民法院不予支持。当事人约定仲裁条款而排除人民法院管辖的，仲裁裁决作出后，就同一合同纠纷起诉到人们法院的，人民法院不予受理。但是在生效仲裁裁决依据的合同与人民法院处理争议案件依据的合同不同，人民法院审理的内容也不涉及仲裁条款约定事项的情形下，人民法院受理案件并不违反"一事不再理"原则。①

◎风险规避

当事人起诉时，除依据《民事诉讼法》第一百一十九条的规定进行审查外，还应注意以下情形。

一、不属于重复起诉的情形

判断一个诉讼是否构成重复起诉，应主要从当事人和诉讼标的是否相同与近似两个角度去审查。商业银行下列行为不构成重复起诉：

1. 侵权之诉：如银行起诉借款人并胜诉后，借款人没有执行能力，但发现借款人的开办单位或股东未实际出资的或有虚假验资、虚假资金证明情形的，可以开办单位、股东或虚假证明提供者为被告提起诉讼，要求其承担民事责任。

2. 撤销之诉：如银行起诉借款人并胜诉后，借款人没有执行能力，但发现借款人有放弃其到期债权或者无偿转让财产的行为，可以借款人为被告，受益人为第三人提起诉讼，要求撤销借款人损害债权人的行为。

3. 代位权诉讼：如银行起诉借款人并胜诉后，借款人没有执行能力，但发现借款人有到期债权，而次债务人提出异议无法执行的，可以次债务人为被告，债务人为第三人提起诉讼，由银行代位行使借款人的到期债权。

4. 借款担保合同纠纷：银行依《借款合同》和《担保合同》分别向借款人和承担连带责任的担保人提起借款合同纠纷和保证合同纠纷的。

5. 公司清算纠纷：在执行程序中，发现被执行人被工商部门吊销营业执照、被撤销或因某些特殊事由解散后，负有清算义务的上级主管部门、公司董事、控股股东、实际控制人怠于履行清算职责，银行可诉请人民法院强制其履行财产清

---

① 《最高人民法院公报》2011 年第 3 期。

算义务或申请人民法院对公司进行清算。

依据最高人民法院《关于适用〈中华人民共和国公司法〉若干问题的规定（二）》的规定，负有清算义务的主体未在法定期限内成立清算组开始清算，导致公司财产贬值、流失、毁损或者灭失的；怠于履行义务，导致公司主要财产、账册、重要文件等灭失，无法进行清算的；在公司解散后，恶意处置公司财产给债权人造成损失或者未经依法清算，以虚假的清算报告骗取公司登记机关办理法人注销登记；公司未经清算即办理注销登记，导致公司无法进行清算的、股东或第三人在公司登记机关办理注销登记时承诺对公司债务承担责任的，债权人可向其主张赔偿责任或连带清偿责任。

二、确定适格被告，正确行使诉权

《民事诉讼法》第一百一十九条规定的“有明确的被告”是对当事人起诉的要求，而法院实体审理的是被告是否适格的问题，即原告的诉讼请求要得到法院的支持，须向适格的被告主张。

1. 在合同纠纷中，如无法律的明确规定，其被告的确定不得突破合同的相对性。**中信实业银行长沙分行与中国农业银行衡阳市蒸阳支行资金拆借纠纷再审案**：湖南省高级人民法院再审认为，本案所涉兼并合同为原湘财城市信用社与中信实业银行总行签订，长沙中信是中信实业银行总行兼并湘财城市信用社后成立的分支机构，不是兼并合同的主体。原告起诉要求兼并方的分支机构长沙中信对被兼并企业的遗漏债务直接承担责任，属起诉对象错误，长沙中信不是本案适格被告，原审直接判决中信实业银行长沙分行承担民事责任，属程序违法。①

2. 正确确定案由，启动相应的诉讼程序。在借款合同纠纷中，借款人经过重组、改组的，应依据最高人民法院《关于审理与企业改制相关的民事纠纷案件若干问题的规定》的规定确定被告，而不应置案件法律关系于不顾，启动其他的诉讼。**中国光大银行诉武汉市人民政府不履行法定职责案**：最高人民法院（2004）行终字第4号行政判决书认为，本案债务人原武汉塑料十三厂虽经多次重组、改组，但债务人和担保人的身份和责任是明确的，且已为生效民事判决所确认，故不需要人民政府重新确定债务人和担保人。上诉人光大银行认为国发［2000］15

---

① 苏泽林主编:《审判监督指导》2005年第2辑，人民法院出版社2006年版，第112页。

号文件“重新确定债务人和担保人”义务的前置条件并非是债务人和担保人主体不存在，而是要求地方人民政府履行“重新确定”有清偿能力的“债务人和担保人”的上诉理由，缺乏法律依据。本案上诉人的债权之所以不能实现，是因为其主张债权已超过诉讼时效。[①]

① 《最高人民法院公报》2004年第10期。

第四节　诉讼请求

案例 81：诉请未主张抵押权，人民法院不予审理

摘要：依据民事诉讼的不告不理原则，人民法院应在当事人的诉讼请求范围内进行审理。当事人未主张的，人民法院不予审理。

2001 年 12 月 30 日，中国建设银行股份有限公司包头民族东路支行（以下简称建设银行）与包头市中心区开发建设有限公司（以下简称开发公司）签订《人民币资金借款合同》及《还款协议书》。为确保借款按期偿还，双方又签订《抵押合同》，约定以开发公司拥有的国有土地使用权担保债务的履行，并就该块土地进行了抵押登记。建设银行领取了《土地他项权利证明书》。建设银行据此向开发公司发放贷款，开发公司逾期未还。建设银行向内蒙古自治区高级人民法院提起诉讼，诉请判令开发公司偿还贷款本息并承担本案的诉讼费用。

◎ 裁判要旨

最高人民法院认为，关于原审判决主文第二项，即建设银行对双方所签抵押合同项下的土地使用权享有优先受偿权的问题。开发公司上诉认为，原审判决主文第二项是在建设银行未提出优先受偿土地使用权这一诉讼请求的前提下作出的判决，违反民事诉讼中不告不理的原则，以及本案所抵押的土地使用权其实际用途为科教用地，而非商业用地，故本案抵押合同应当认定无效。二审认为，由于建设银行在原审期间并未就本案所涉抵押权问题提出诉请，但原审判决却判令建设银行可以行使抵押权，超出了诉讼请求的范围，的确违反民事诉讼中的不告不理原则，应予以纠正。对于本案所涉抵押关系问题，建设银行可以另行解决。[①]

---

① 奚晓明主编：《民商事审判指导》，人民法院出版社 2006 年第 1 辑，第 170~175 页。

◎法条链接

1.**《民事诉讼法》第十三条**　民事诉讼应当遵循诚实信用原则。

当事人有权在法律规定的范围内处分自己的民事权利和诉讼权利。

2.**最高人民法院《关于适用〈中华人民共和国民事诉讼法〉的解释》第二百三十二条**　在案件受理后，法庭辩论结束前，原告增加诉讼请求，被告提出反诉，第三人提出与本案有关的诉讼请求，可以合并审理的，人民法院应当合并审理。

第三百二十六条　对当事人在第一审程序中已经提出的诉讼请求，原审人民法院未作审理、判决的，第二审人民法院可以根据当事人自愿的原则进行调解；调解不成的，发回重审。

第三百二十八条　在第二审程序中，原审原告增加独立的诉讼请求或者原审被告提出反诉的，第二审人民法院可以根据当事人自愿的原则就新增加的诉讼请求或者反诉进行调解；调解不成的，告知当事人另行起诉。

双方当事人同意由第二审人民法院一并审理的，第二审人民法院可以一并裁判。

3.**最高人民法院《关于民事诉讼证据的若干规定》第三十五条**　诉讼过程中，当事人主张的法律关系的性质或者民事行为的效力与人民法院根据案件事实作出的认定不一致的，不受本规定第三十四条规定的限制，人民法院应当告知当事人可以变更诉讼请求。

当事人变更诉讼请求的，人民法院应当重新指定举证期限。

4.**《人民法院民事诉讼风险提示书》**

二、诉讼请求不适当

当事人提出的诉讼请求应明确、具体、完整，对未提出的诉讼请求人民法院不会审理。

当事人提出的诉讼请求要适当，不要随意扩大诉讼请求范围；无根据的诉讼请求，除得不到人民法院支持外，当事人还要负担相应的诉讼费用。

三、逾期改变诉讼请求

当事人增加、变更诉讼请求或者提出反诉，超过人民法院许可或者指定期限的，可能不被审理。

◎ 重要提示

一、诉讼时效与诉讼请求

当事人的诉讼请求是否超过诉讼时效期间，属于人民法院实体审查的范围，不影响法院对案件的受理。但超过诉讼时效的请求将得不到法院的支持。最高人民法院《关于适用〈中华人民共和国民事诉讼法〉的解释》第二百一十九条规定，当事人超过诉讼时效期间起诉的，人民法院应予受理。受理后对方当事人提出诉讼时效抗辩，人民法院经审理认为抗辩事由成立的，判决驳回原告的诉讼请求。根据《人民法院诉讼风险提示书》第四条规定，当事人请求人民法院保护民事权利的期间一般为二年（特殊的为一年）。原告向人民法院起诉后，如被告提出原告的请求超过诉讼时效的，原告应对此提供证据证明。

二、事实理由与诉讼请求

《民事诉讼法》第一百二十一条规定："起诉状应当记明下列事项：……（三）诉讼请求和所根据的事实与理由"事实与理由属于起诉状的重要组成部分，系当事人提出诉讼请求及诉讼请求能否得到成立的依据。因此，事实与理由应与诉讼请求遥相呼应，前后一致；而不能各行其是，甚至出现矛盾。诉状中事实与理由应言之有据，不能随心所欲，当事人应对其诉状中的事实陈述负责。最高人民法院《关于适用〈中华人民共和国民事诉讼法〉的解释》第九十二条规定，一方当事人在法庭审理中，或者在起诉状、答辩状、代理词等书面材料中，对于己不利的事实明确表示承认的，另一方当事人无须举证证明。对于涉及身份关系、国家利益、社会公共利益等应当由人民法院依职权调查的事实，不适用前款自认的规定。自认的事实与查明的事实不符的，人民法院不予确认。

广西南宁伟基房地产有限责任公司、唐超强与肖汉金、广西吉宁房地产有限责任公司、广西中骏房地产有限公司侵权纠纷上诉案：最高人民法院法院法官法理提示：民事审判实践中，经常发生原告提出的诉讼请求所对应的侵权主体与所陈述的事实理由的侵权主体不一致的情形，其所诉当事人不是本案适格当事人，根据最高人民法院《关于民事诉讼证据的若干规定》第一条"原告向人民法院起诉或者被告提出反诉，应当附有符合起诉条件的相应证据材料"的规定，对于原告起诉不符合起诉条件的，应予驳回。[①]

◎风险规避

一、多列诉讼请求的处理

对此，现行法律没有规定。重庆市高级人民法院《关于当前民事审判若干法律问题的指导意见》第五十二条规定：关于补充性诉讼请求的处理。补充性诉讼请求，又称预备性诉讼请求，是指当事人提出两个或两个以上的诉讼请求，为了防止第一位的主要请求不被承认，事先就提出如果第一位的主要请求不被承认就要求审理第二位次要请求，如果第一位的主要请求被承认就不用审理第二位次要请求的情形。人民法院应当允许当事人提出补充性诉讼请求，在未评议确定第一个请求能否支持前，对当事人的多个请求均应予以审理。诉讼中不必要求原告必须选择一个请求提交法院审判，但判决必须确定具体。

鉴于法律及最高人民法院对此尚无明确的规定，对于在非重庆市区域内的诉讼，当事人最好根据案情的性质，据以确定适当的、对自己利益最大化的、能够减轻举证责任的诉讼请求。因为，法官完全有理由认为该诉讼请求不够“具体”或“相互矛盾”，而要求当事人作出选择。**江苏江阴农村商业银行股份有限公司与江阴市辰华物资有限公司、澳洋集团有限公司返还票据贴现款及票据损害赔偿纠纷案**：江阴农商行因辰华公司申请贴现而持有的银行承兑汇票被澳洋公司申请公示催告，并经法院除权，澳洋公司从付款行取得了票据款。江阴农商行遂将辰华公司、澳洋公司起诉到法院，要求辰华公司返还贴现款300万元；要求澳洋公司承担300万元的赔偿责任。江苏省无锡市中级人民法院在审理过程中，依法对江阴农商行进行了法律释明，明确告知其要求辰华公司返还票据贴现款和要求澳洋公司承担票据损害赔偿责任涉及两种不同的法律关系，该两种法律关系涉及不同的实体权利且不能同时行使，其起诉不符合法律的规定，应确定具体选择行使何种权利为其诉讼请求的基础。但江阴农商行未在法院指定期内明确其选择结果。无锡市中级人民法院认为：起诉是否符合法律规定，系法院审理判决之前提要件。本案虽为澳洋公司不服原审管辖裁定提出的上诉，亦应予以审查。江阴农商行以辰华公司向其贴现的票据被付款行拒绝支付为由起诉辰华公司要求

---

① 孙延平：“对当事人提出的诉讼请求与事实理由不相符案件的处理”，载黄松有主编：《民事审判指导与参考》2007年第1集，法律出版社2007年版，第206页。

返还贴现款，与其以澳洋公司并非票据权利人却虚构事实获得票据款为由要求澳洋公司承担损害赔偿责任，涉及两种不同的法律关系，其权利基础亦不相同。江阴农商行称辰华公司和澳洋公司应共同承担赔偿责任，未陈述相应理由或提供证据证明，且经释明后，江阴农商行仍不予确定其具体选择行使何种权利，故其起诉不符合法律的规定。裁定：驳回江阴农商行对辰华公司和澳洋公司的起诉。①

二、诉讼请求与案件性质不相符的处理

由于当事人起诉时对案件性质的认识错误，将导致其诉讼请求不能成立。**中国信达资产管理公司西安办事处与海南华山房地产开发总公司、中国建设银行股份有限公司西安曲江支行借款合同纠纷案：**最高人民法院（2008）民二终字第118号民事判决书认为，信达西安办事处是债权转移的受让人，不是合作合同的当事人，其在本案诉讼中仅主张借款合同法律关系，没有提出有关合作合同的诉讼请求。建行曲江支行与华山公司系合作合同当事人，双方在本案借款纠纷诉讼中未提出有关合作合同的诉讼请求。人民法院不能超出当事人的诉讼请求范围进行判决，有关当事人因签订和履行债权转让合同、合作合同而引起的民事责任问题可另案解决。本案中借款合同的签订和履行是合作合同履行内容的一部分。根据合作合同约定的内容，合作双方对合作项目应当共担风险、共享利润，且双方在合作合同中对资金分配顺序作出了明确规定。现信达西安办事处将借款合同与合作合同割裂开来，独立请求华山公司承担贷款本息没有事实依据。原审判决驳回信达西安办事处诉讼请求并无不当，本院予以维持。②

三、诉请不当的处理

实务中，有时发生原告在立案后，发现起诉状所列诉讼请求与案情事实不符的情形。对此，原告应在举证期限内变更诉讼请求或在法院行使释明权后及时变更，否则，其诉请将被驳回。

北京新中实经济发展有限责任公司、海南中实（集团）有限公司与华润置地（北京）股份有限公司房地产项目权益纠纷案：最高人民法院（2004）民一终字

---

① 《人民司法·案例》2010年第18期。

② 《最高人民法院公报》2009年第12期。

第107号民事裁定书认为：一审期间，华润公司在起诉状、庭审陈述及所附证据材料中，均明确表示其主张项目转让款的依据为双方之间存在房地产项目转让的法律关系。一审法院基于审理查明的事实认为，华润公司诉请主张的“项目转让关系”不能成立，遂于庭审结束后至一审判决前，多次向华润公司行使释明权，告知其变更诉讼请求，否则自行承担诉讼风险，但华润公司拒绝对诉讼请求予以变更。

根据最高人民法院《关于民事诉讼证据的若干规定》，一审诉讼过程中，当事人主张的法律关系的性质或民事行为的效力与一审法院根据案件事实作出的认定不一致，一审法院应当告知当事人可以变更诉讼请求。本案中，经一审法院告知后，华润公司仍未变更诉讼请求，由于华润公司主张的法律关系性质与一审法院根据案件事实认定的不一致，一审法院不应作出实体判决，而应驳回华润公司的起诉。一审法院在华润公司经释明仍未变更诉讼请求的情形下，径行对华润公司未予主张的法律关系予以裁判，既替行了华润公司的起诉权利，又剥夺了新中实公司和海南中实公司的抗辩权利，违反了人民法院审理民事案件的法定程序。裁定：一、撤销北京市高级人民法院（2003）高民初字第715号民事判决；二、驳回华润置地（北京）股份有限公司的起诉。[①]

四、因合同效力涉及的诉讼请求处理

合同有效与无效涉及的诉讼请求及法律后果截然不同。合同有效涉及的诉讼请求是继续履行、合同解除或承担违约责任；而合同无效涉及的诉讼请求则是返还及过错责任的承担。由于合同效力系法院依职权认定，不能依赖于当事人的诉请，所以因合同效力引起的诉讼请求一般不适用“不告不理”的原则。不过，当法院在审理过程中就合同的效力作出认定并行使释明权时，当事人应依据合同的效力及时变更诉讼请求。**荆州市商业银行与广州世界大观园发展有限公司等借款担保合同纠纷案**：最高人民法院于2003年12月15日以［2003］民监他字第17号函复湖北省高级人民法院：关于债权人主张担保人承担连带清偿责任而未要求赔偿损失的，人民法院可否判令担保人承担赔偿责任的问题，同意你院第二种意见。即，债权人要求担保人承担担保责任而未提出赔偿请求的，人民法院经审理认为担保人不应承担连带清偿责任而应承担赔偿责任，可以根据担保人的过错程

① 《最高人民法院公报》2006年第8期。

度，判令担保人承担相应的赔偿责任。[①]

最高人民法院法院法官也认为：审判实践中存在这样一种情形：当事人以双方所签合同为企业之间的借贷应认定无效为由向法院提起诉讼，诉请判令对该当事人返还借款并赔偿利息损失，有的法院经审理认为，当事人所签合同属于合作合同，是合法有效的，双方应当继续履行，当事人一方提出的合同无效之诉应不予支持，故判决驳回当事人的诉讼请求，同时又在判决书中告知当事人，如果要解除该合同的话，还可以另诉。当事人无奈又提起了一个解除合同之诉，还是要求对该当事人返还借款并赔偿利息损失，法院才判如所请。也就是说，当事人基于一个合同产生了两个诉讼。在该院看来，你当事人提出什么样的诉请，我就作出什么样的判决，决不越雷池一步。很显然，该院之所以在第一个诉中判决驳回当事人的诉讼请求，与片面理解“判非所请”和当事人不告不理原则有关。对于上述情形，即使该合同是合法有效的，而一方当事人又提起了合同无效之诉，只能说明该当事人提出的诉请与法律不符（有的则是诉请要求太高），而并非没有提出诉请，该院判决驳回诉讼请求是错误的。合同有效与否系法院依职权强行予以认定的事情。在合同有效的情况下，当事人也完全可以依法解除合同，只不过是基于该解除行为而使该当事人产生损失时，要承担相应的赔偿责任罢了。基于同一合同，人为地形成两案，既违反诉讼效率原则，同时也与民事诉讼中的一事不再理原则相悖。[②]

---

① 苏泽林主编：《审判监督指导》2005 年第 2 辑，人民法院出版社 2006 年版，第 68 页。

② 徐瑞柏：“‘判非所请’违反不告不理原则”，载奚晓明主编：《民商事审判指导》2006 年第 1 辑，人民法院出版社 2006 年版，第 176 页。

第五节　反　诉

案例 82：未提起反诉，人民法院不予审理

摘要： 反诉作为一种独立的诉，依据民事诉讼“不告不理”的原则，当事人未提起反诉的，人民法院对其请求不予审理。

1993 年 12 月至 1996 年 5 月，海南中商旅业股份有限公司（以下简称旅业公司）与招商银行签订 12 份借款合同。中青基业投资发展中心（以下简称中青发展中心）为上述部分借款提供了保证担保。后招商银行通过扣划保证人账户存款及旅业公司还款的方式将贷款本金全部收回。从 1994 年 1 月 1 日至 1997 年 11 月 5 日旅业公司共向招商银行支付利息（包含贷款合同规定的利息、复利和逾期还款的罚息以及补充合同约定的手续费即高息）合计 37089680.62 元。当事人因还款事宜发生纠纷，1998 年 7 月 24 日，旅业公司向海南省高级人民法院提起诉讼。该院依据最高人民法院（2000）经终字第 105 号民事裁定书重审后，于 2001 年 8 月 10 日作出民事调解书，确认中青发展中心已代旅业公司向招商银行偿付借款 5503.3 万元，并对双方由此产生的债权债务进行了调解处理。遂旅业公司变更其诉讼请求为：判令招商银行退还已收取该公司的高息 1660 万元，并支付该款项自 1997 年 11 月 5 日起至实际还款之日的利息。招商银行在原审法院开庭重审时提出抗辩主张，认为旅业公司对部分借款合同项下共涉金额 15400 万元贷款进行了挤占挪用，应支付相应的罚息。

◎ 裁判要旨

最高人民法院认为，关于招商银行认为旅业公司挤占挪用涉案贷款应支付相应的罚息，并主张该项罚息应折抵该公司有关退还高息的请求。该行这一主张系独立的诉讼请求，目的在于抵销、吞并旅业公司的诉讼请求，原审判决以该主张具有反诉的性质、该行未提反诉为由不予审理并无不当，本院予以维持。但原审判决在未对招商银行的该部分主张不予审理的情况下，又认定招商银行这一主张

没有法律依据欠妥，应依法予以纠正。如果招商银行就上述挤占挪用问题主张权利，可依法另行起诉。[①]

◎法条链接

1.**《民事诉讼法》第五十一条** 原告可以放弃或者变更诉讼请求。被告可以承认或者反驳诉讼请求，有权提起反诉。

2.**最高人民法院《关于民事诉讼证据的若干规定》第一条** 原告向人民法院起诉或者被告提出反诉，应当附有符合起诉条件的相应的证据材料。

3.**最高人民法院《关于适用〈中华人民共和国民事诉讼法〉的解释》第二百三十二条** 在案件受理后，法庭辩论结束前，原告增加诉讼请求，被告提出反诉，第三人提出与本案有关的诉讼请求，可以合并审理的，人民法院应当合并审理。

◎重要提示

一、反诉与反驳

当事人的特定辩驳主张构成反诉还是反驳，争议一直很大，直接涉及当事人诉讼权利的行使。《上海法院民事办案要件指南》总则部分的第五条规定：反诉是诉讼中被告提出的与本诉有牵连，能够抵销、吞并本诉，要求本诉原告向自己为一定给付行为的积极的诉讼请求。反驳是一方当事人针对对方当事人的诉讼主张，认为其主张不能成立或者只能部分成立的消极的抗辩意见。单纯的确认之诉和变更之诉，虽然可以成为反驳的理由，但未与给付的内容结合在一起时不构成反诉。当事人提出的反诉，在办理了反诉的相关手续后，一般应合并审理。当事人的反驳意见，应在同一诉讼中予以处理。[②]

二、合同履行抗辩

北京市高级人民法院《审理民商事案件若干问题的解答之五（试行）》第十八条规定：合同履行抗辩权是法律明确规定的对抗或否认对方请求权的权利，

---

① 江必新主编：《民商审判指导与参考》2003年第2卷，人民法院出版社2004年版，第203~213页。

② 黄松有主编：《民事审判指导与参考》2004年第2辑，法律出版社2004年版，第247页。

在诉讼中体现为反驳。只要当事人在答辩中有明确的意思表示，法院就应该对其是否成立的事实进行审理，而不应要求当事人另行提起诉讼或反诉。

三、违约金承担

最高人民法院《合同法司法解释（二）》第二十七条规定："当事人通过反诉或者抗辩的方式，请求人民法院依照合同法第一百一十四条第二款的规定调整违约金的，人民法院应予支持。"

关于担保合同未约定违约金的处理。**中国信达资产管理公司郑州办事处与河南省郸城县生物化工厂、郸城金丹乳酸实业有限公司、郸城县技术改造资金开发中心、河南金丹乳酸有限公司、河南省郸城县化肥厂借款担保合同纠纷上诉案：**最高人民法院（2005）民二终字第185号民事判决书认为，本案担保合同对担保债务的约定未包括违约金，依据《担保法》第二十一条"保证担保的范围包括主债权及利息、违约金、损害赔偿金和实现债权的费用。保证合同另有约定的，按照约定。当事人对保证担保的范围没有约定或者约定不明确的，保证人应当对全部债务承担责任"的规定，担保人的担保范围应当包括违约金。原审判决担保人对违约金的保证责任未予追究，属于判项遗漏，本院依法予以纠正。[①]

◎ 风险规避

1. 虽然反诉作为独立的诉，可另案提起，但当事人一般应根据本诉提起反诉，由本诉的受理法院一并审理。

被告能够提起反诉而不提起，由于案件处理结果存在时间的先后，因此，后起诉的案件受到先审理或判决的案件的制约。最高人民法院《关于适用〈中华人民共和国民事诉讼法〉的解释》第九十三条规定："已为人民法院发生法律效力的裁判所确认的事实"当事人无须举证。另外，另案诉讼有可能与本诉的法院管辖不一致，不同法院的不同审判理念可能导致对同一事实的不同司法认定。

由于反诉具有抵销、吞并本诉的功能，被告通过反诉即可达到另案起诉的效果，而不必另行起诉，增加诉累。

2. 就诉讼中的一项辩驳事由是反诉还是反驳难以确定时，为防止诉讼失误，一般应提起反诉，通过积极的方式主张权利。

---

① 奚晓明主编：《民商事审判指导》2006年第2辑，人民法院出版社2007年版，第310页。

第六节 证 据

案例 83：未依法举证，承担案件审理费用

摘要：当事人应当按照法律的规定向法院提供证据，以支持自己的主张或反驳对方的主张。未按照法院规定的期限举证或不积极举证，将承担败诉或对自己不利的法律风险。

中国农业银行襄樊市樊西支行（以下简称樊西支行）系襄樊襄江商场股份有限公司（以下简称襄江公司）的股东，应出资额为 370 万元。中国长城资产管理公司武汉办事处（以下简称长城公司武汉办）通过诉讼向襄江公司主张转移债权时，同时诉请樊西农行在其对襄江公司出资不到位的 370 万元内承担赔偿责任。

◎ 裁判要旨

最高人民法院二审认为，本案争议焦点在于樊西农行是否向襄江商场履行了价值 200 万元的实物（房地产）出资义务。樊西农行在本案一审期间向原审法院提供了一份襄江公司出具的书证，证明该商场已实际收到樊西农行作为出资的房地产，但樊西农行未提供该房地产已变更到襄江公司名下的其他证据，亦未申请法院调取相应证据，故原审法院判决认定该笔出资并未实际到位，判令樊西农行应在其出资不实的范围内承担赔偿责任。樊西农行在二审期间向本院提供了一份上述房地产已于 1994 年办理了土地变更手续的书证。长城公司武汉办在二审庭审中对上述书证的真实性表示认可。襄江商场在诉讼中亦承认其收到了樊西农行出资的房地产，并占用和使用至今，上述证据证明樊西农行向襄江商场履行了实物（房地产）出资义务。原审法院判决樊西农行在出资不实的范围内承担赔偿责任不当，应予纠正。樊西农行在一审期间未就上述事实向原审法院提供确实充分的证据，也未申请原审法院调取相应证据，在本案其他当事人均服判的情况下，以出资实际到位为由提起上诉，虽其上诉主张成立，但造成诉讼成本加大。根据本院《关于民事诉讼证据的若干规定》第四十六条之规定，樊西农行应当承担本

案二审案件审理费。[1]

◎法条链接

1. **最高人民法院《关于民事诉讼证据的若干规定》第四十六条** 由于当事人的原因未能在指定期限内举证，致使案件在二审或者再审期间因提出新的证据被人民法院发回重审或者改判的，原审裁判不属于错误裁判案件。一方当事人请求提出新的证据的另一方当事人负担由此增加的差旅、误工、证人出庭作证、诉讼等合理费用以及由此扩大的直接损失，人民法院应予支持。

2. **最高人民法院《关于适用〈关于民事诉讼证据的若干规定〉中有关举证时限规定的通知》** 十、关于新的证据的认定问题。人民法院对于“新的证据”，应当依照《证据规定》第四十一条、第四十二条、第四十三条、第四十四条的规定，结合以下因素综合认定：

（一）证据是否在举证期限或者《证据规定》第四十一条、第四十四条规定的其他期限内已经客观存在；

（二）当事人未在举证期限或者司法解释规定的其他期限内提供证据，是否存在故意或者重大过失的情形。

◎重要提示

一、录像

在银行作为当事人的诉讼中，特别是在储蓄存款合同纠纷中，涉及不当得利、存款被盗甚至储户的人身、财产安全的保护，都离不开银行的监控录像这一重要的证据。

银行单方录制的录像属民事诉讼法所规定的“视听资料”证据，但在相当长的时间里，我国的民事诉讼否认单方录制的视听资料的证明力。2002 年 4 月 1 日起施行的最高人民法院关于《民事诉讼证据的若干规定》改变了这种简单的做法，根据该司法解释第七十条规定，一方当事人提出的有其他证据佐证并以合法手段取得的、无疑点的视听资料，对方当事人提出异议但没有足以反驳的相反证据的，法院应当确认其证明力。据此规定，单方录制的视听资料只要同时符合三

---

① 奚晓明主编：《民商事审判指导》2004 年第 2 辑，人民法院出版社 2005 年版，第 338~343 页。

方面的条件，其证明力可予确认：其一，没有其他证据佐证的视听资料不能确认其证明力，即单有视听资料不能作为认定事实的依据，必须结合其他证据才能确认其证明力，也即视听资料本身证明力较弱，需要补强证据支持才能作为认定事实的依据。其二，必须是以合法手段取得，且无疑点。所谓合法手段，依该司法解释第六十八条的规定，只要不是“以侵害他人合法权益或者违反法律禁止性规定的方法”取得，即为合法手段。银行安装监控设施，是全行业的要求，也是公共安全的要求，它并不针对特定人，且是公开的，故银行提供的通过监控设施录制的录像带，是以合法手段取得的视听资料。其三，虽符合上述两个条件，但对方当事人提出了足以反驳的相反证据的，该视听资料的证明力也不能确认。如当事人虽对银行提供的录像带提出质疑，但未提供相反的证据予以反驳，属举证不能。

二、刑事诉讼证据

在银行涉及的民事诉讼中，有诸多纠纷是由犯罪分子的犯罪行为所引起的。因此，民事案件中诸多事实甚至重要事实的确认都离不开刑事诉讼证据，这就涉及民事诉讼中如何运用刑事诉讼证据的问题。生效的刑事判决所确认的事实作为民事诉讼证据自无疑义。但对于刑事案件中的供述及证言能否作为民事诉讼的证据使用，应区分不同情形而定，不能一概而论。

西部证券股份有限公司西安市西五路营业部与中国农业银行西安昆明路支行存单纠纷案：针对“刑事卷中的笔录供述证据能否作为民事诉讼证据使用”的问题，最高人民法院民二庭审判长联席会议形成了倾向性意见：刑事证据与民事证据标准不同。刑事证据的认定标准要比民事证据的盖然性更高，真实性也更高。在刑事公正的前提下，因此除非有相反证据反证，当事人的供述可以作为民事案件的证据使用。尤其是在相关供述可以引证，相互吻合，形成了比较完整的证据链的情况下，更应该按照最高人民法院《关于民事诉讼证据的若干规定》第七十三条所确立的“高度盖然性”证明标准即优势证据标准予以认定。当然，其应当根据最高人民法院《关于民事诉讼证据的若干规定》第四十七条的规定进行质证后方能作为民事诉讼证据使用。①

不能满足上述条件的，不能作为民事证据使用。**中国工商银行成都市金牛区支行与四川中电工程有限公司、四川省文化旅游公司借款合同纠纷再审案**：四川

---

① 奚晓明主编：《民商事审判指导》2008年第1辑，人民法院出版社2008年版，第34页。

高院再审查明：一审认定“金牛支行提出将贷款600万元中的400万元用于银行周转一下”的事实主要采信了公安机关对相关人员的询问笔录，而二审认定“中电公司将其贷款中的400万元帮来福厂还贷是明知的且与来福厂事先议定”的事实主要采信了检察机关的报告及对相关人员的询问笔录。而相关人员中的关键证人杨泽海、陈晓华都是相同的，但其在公安机关与检察机关的陈述完全矛盾，因此，再审对其证言均不予采信。[①]

广州市商业银行越秀支行与中国农业银行岳阳市云溪支行、广州名鑫实业发展有限公司、珠海协利租赁有限公司侵权纠纷上诉案：其裁判摘要指出：民事案件的当事人或其工作人员被公安机关依法传唤，其在公安机关形成的询问笔录在民事诉讼中就其证据属性而言，仍为证人证言。不能认为“由公安机关依法根据一种比民事诉讼更为严肃的刑事诉讼程序获取的证人证言，只要取证程序合法，即具有证明力”。询问笔录在民事诉讼中的采信同样应当适用证据规则的有关规定。根据证据规则，与一方当事人有利害关系的证人证言不能单独作为认定案件事实的依据。[②]

三、银行内部的单方记录

在银行作为一方当事人的诉讼中，有许多案件的证据涉及银行内部的单方记录，银行内部的单方记录系其工作特性所决定的。如果一概否认单方记录不具有证明力，对银行则是不公平的。

中国东方资产管理公司武汉办事处与冶钢集团有限公司、黄石市国有资产经营有限公司借款担保合同纠纷上诉案：最高人民法院认为，虽然东方资产武汉办提交的上述证据材料系复印件，且有的属于银行内部的单方记录，但这些能够与其他证据相互印证；冶钢集团虽不认可其真实性，但该集团并未提出反驳证据。故该院对东方资产武汉办提供的上述证据材料予以采信。[③]

但涉及存单纠纷时，依据最高人民法院《关于审查存单纠纷案件的若干规定》第五条之规定，如持有人以真实的存单、进账单、对账单、存款合同等凭证为证据提起诉讼的，金融机构不能仅以金融机构底单的记载内容与上述凭证记载内容

---

① 苏泽林主编：《审判监督指导》2006年第1辑，人民法院出版社2007年版，第115页。
② 奚晓明主编：《民商事审判指导》2009年第2辑，人民法院出版社2009年版，第259页。
③ 奚晓明主编：《民商事审判指导》2008年第4辑，人民法院出版社2009年版，第124页。

不符为由进行抗辩，否则，应当承担兑付款项的义务。

四、事实推定方法在妨碍举证情形下的适用

在民事诉讼中，经常涉及当事人一方持有证据，但由于对本方不利而不向法庭提供的情形，依照《民事诉讼法》第六十四条“当事人对自己提出的主张，有责任提供证据”的规定，当事人没有责任为对方当事人的主张提供证据的义务。如果法官不能靠推定获得法律事实，仍然不能免除一方当事人就自己的主张举证的义务及举证不能承担的不利后果。最高人民法院《关于民事诉讼证据的若干规定》第七十五条规定：“有证据证明一方当事人持有证据无正当理由拒不提供，如果对方当事人主张该证据的内容不利于证据持有人，可以推定该主张成立。”该条规定涉及法官的法律推定，在适用中应当有所制约。否则，在实体认定上，可能造成推定事实的错误；在诉讼程序上，将导致法官代一方当事人举证，使当事人举证权利失衡，侵害了另一方当事人的诉讼权利。**广西运通房地产开发有限公司与南宁永嘉房地产开发有限公司、南宁市昌业贸易发展公司合作开发房地产合同纠纷上诉案**：最高人民法院法官认为：第七十五条的基本含义是持有证据的一方当事人无正当理由拒不提供证据，导致无法查明案件事实时，如果对方当事人主张该证据的内容不利于证据持有人，法官则可以推定该主张成立。目的是制裁民事诉讼中当事人妨碍举证的行为，解决因持有证据当事人无正当理由拒不提供证据，使事实处于真伪不明的状态下，法官对事实的认定问题。适用这一条款，须把握以下条件：1. 一方当事人持有证据无正当理由拒不提供的事实已经被其他证据证明，这是依本条规定进行事实推定的必要条件。2. 只有在对方当事人提出该证据的内容不利于证据持有人的条件下，法官才能作出这样的推断。否则，尽管具备了持有证据的当事人无正当理由拒不提供的事实，法官也不能主动去猜测被隐瞒的证据内容并据此作出不利于一方当事人的推定。3. 法官推定的内容是确定的，即对方当事人主张的该证据上载有的不利于对方当事人的内容。如果推定超越这一范围内容，这个推定是不能成立的。除具备上述条件外，法官在适用举证妨碍规则时，必须履行释明程序，即将有证据证明一方当事人持有证据无正当理由拒不提供的认定及其后果明确告知当事人，赋予当事人对适用推定的知情权。①

---

① 关丽：“妨碍举证的事实推定规则在审判实践中的具体适用”，载黄松有主编：《民事审判指导与参考》2007 年第 2 辑，法律出版社 2007 年版，第 238 页。

◎风险规避

一、积极举证

虽然最高人民法院的司法解释规定了证据失权的制度，但司法实践中人民法院采取了更为灵活的态度。对于一审未能提交而二审提交的证据，人民法院可根据案件的具体情况决定质证。经质证后的证据可以作为认定事实的依据。因此，当事人在一审中未能举证的，在二审中仍应积极举证。**东方公司广州办事处诉中山市工业原材料公司等借款担保合同纠纷案**：最高人民法院（2004）民二终字第207号民事判决书认为：关于建设总公司应否对上述325万美元承担担保责任问题。原审判决判令建设总公司对上述借款不承担担保责任的理由就是债权人没有在保证期间内向其主张权利。二审质证时，广州办事处向本院提交了两份载明时间为1998年6月16日，催款金额分别为1611031.25美元和325万美元的《催收通知书》，以此证明其向主债务人原材料公司和保证人建设总公司主张权利没有超过两年诉讼时效和二年保证期间。虽然原材料公司和建设总公司不同意对上述证据材料进行质证，但也认可其曾分别以借款人和保证人的身份在该《催收通知书》上签字盖章。本院认为，由于本案系二审，对于当事人在二审中提供的证据材料，本院可以根据个案情况决定主持质证。原材料公司和建设总公司以广州办事处直至二审期间才提供上述证据材料，已超过举证期限为由，不同意质证，并不影响本院根据个案情况对上述证据材料予以审查和采信。因原材料公司和建设总公司对其在《催收通知书》上加盖公章一事予以认可，故应当认定该《催收通知书》是真实的。广州办事处向主债务人原材料公司和保证人建设总公司主张权利没有超过两年诉讼时效和二年保证期间。建设总公司应当对上述325万美元的借款本息承担连带责任。①

二、依法抗辩

当事人未在举证期限内向人民法院提供证据，视为放弃举证权利，人民法院可以根据对方当事人提供的证据认定案件事实。但是，被视为放弃举证权利的一方当事人依法仍享有抗辩权，人民法院对其抗辩应当依法审查，抗辩有理的应当

---

① 《最高人民法院公报》2005年第6期。

予以采纳、支持。因此，当事人因未在规定期限内提交证据而导致证据失权后，仍应通过积极的抗辩弥补因证据失权在诉讼中处于的不利局面。**江西圳业房地产开发有限公司与江西省国利建筑工程有限公司建设工程施工合同纠纷案**：其裁判摘要指出，根据最高人民法院《关于民事诉讼证据的若干规定》第三十四条的规定，当事人应当在举证期限内向人民法院提交证据材料，当事人在举证期限内不提交的，视为放弃举证权利，人民法院可以根据对方当事人提供的证据认定案件事实。但是，被视为放弃举证权利的一方当事人依法仍享有抗辩权，人民法院对其抗辩应当依法审查，抗辩有理的应当予以采纳、支持。[①]

三、提供新的证据，应辅之以相应的证据和陈述

证据已客观存在而没有举证，当事人应当向法院说明其未在举证期限内提供证据不存在恶意或重大过失。最高人民法院民一庭负责人就最高人民法院《关于适用〈关于民事诉讼证据的若干规定〉中有关举证时限规定的通知》答记者问，就“新的证据的认定问题，是近年来民事审判实践中的热点和难点，《通知》对于新的证据认定的规定，是出于何种考虑”的答复：新的证据如何判断，是《证据规定》在适用过程中争议比较大的问题。对于这一问题，《通知》从两个方面提出解决的思路：其一是通过对举证期限的理解，在一定程度上降低新的证据出现的概率；其二通过规定认定新的证据的指导性标准，为人民法院在适用中提供参考。对于新的证据如何判断，没有可供遵循的先例，其他国家也没有明确具体的标准可供参照，都是由审理案件的法官根据具体情况进行自由裁量。民事诉讼本身情况十分复杂，新的证据的判断只有结合案件的具体情况才能较好地平衡实体公正和程序公正的要求。因此，制定具体的操作性较强的标准是十分困难的。《通知》为此提出在期限内是否已经客观存在和未提交证据是否存在故意或者重大过失作为认定新的证据时的参考因素，能够在一定程度上减少人民法院在新的证据认定上的随意性，为人民法院在认定新的证据的过程中提供裁量的尺度。[②]

---

① 《最高人民法院公报》2007 年第 6 期。

② 《人民法院报》2008 年 12 月 17 日。

第七节　上　诉

案例 84：未依法提起上诉，实体权利不予保护

摘要：我国民事诉讼实行二审终审制，法律赋予当事人不服一审判决提起上诉，通过二审进行纠正的权利。依据意思自治原则，当事人未上诉的应视为其对权利的放弃，实体权利即使一审判决有误，二审法院也不再予以保护。

1995 年 11 月 21 日和 1997 年 2 月 26 日，中国工商银行平罗县支行（以下简称平罗县工行）与宁夏平罗县煤矿（后改称为宁夏平罗大石头煤矿，以下简称大石头煤矿）分别签订金额为 400 万元（期限自 1995 年 12 月 15 日至 1998 年 12 月 15 日止）、300 万元（期限自 1997 年 3 月 19 日至 2002 年 3 月 18 日止）的借款担保合同。该二笔贷款均由宁夏兴平冶金化工股份有限公司（以下简称兴平公司）提供保证。合同签订后，平罗县工行按约发放了 700 万元贷款。贷款合同到期后，平罗县工行就 400 万元贷款分别于 1998 年 12 月 16 日、1999 年 5 月 10 日向宁夏宇飞碳化硅有限公司（以下简称宇飞公司）进行催收，于 2000 年 9 月 15 日、2002 年 7 月 22 日向兴平公司进行了催收，2002 年 9 月 23 日、2003 年 6 月 5 日平罗县工行就 700 万元贷款向兴平公司进行了公证催收。

1989 年 10 月 14 日，平罗县碳化硅厂（宇飞公司前身）申请开业登记，主管部门为大石头煤矿，其为大石头煤矿的下属分支机构。1996 年 7 月 24 日，平罗县委批复县煤矿改建为宁夏平罗碳化硅集团公司（后改名为宁夏宇飞碳化硅集团公司），公司下属煤矿、平罗县碳化硅厂等单位。

2002 年 8 月 7 日，宇飞公司向法院提出破产申请，法院受理并宣告破产。平罗县工行申报债权，因破产债权已无财产可供清偿，故平罗县工行申报的两笔借款本金及利息未得到清偿。2004 年 6 月 22 日，平罗县工行向宁夏回族自治区高级人民法院提起诉讼，请求判令兴平公司偿付借款本息，后又追加大石头煤矿为该案被告。宁夏回族自治区高级人民法院一审认为：本案 700 万元借款的借款人为平罗县煤矿，现变更为大石头煤矿，企业始终存在。借款合同到期后，平罗

县工行从未向大石头煤矿主张过权利，700万元借款已经超过诉讼时效。故原告主张由被告大石头煤矿偿还借款700万元及其利息的请求及理由不能成立。判决驳回原告对被告大石头煤矿的诉讼请求。被判令承担责任的兴平公司提起了上诉。

◎裁判要旨

最高人民法院审理认为，碳化硅集团公司以及后来更名的宇飞集团公司（公司下属大石头煤矿、碳化硅厂、洗煤厂、碳化硅微粉厂），因其资产所有权不变，实行独立核算，实质上属于企业法人联合体。从平罗县煤矿到大石头煤矿以及从平罗县碳化硅厂到宇飞公司企业的一系列变更，是企业改制、重组、分立的过程。平罗县工行一直在向宇飞集团公司追讨债务，应当认定为向宇飞集团公司所有的所属企业主张权利的行为。平罗县工行没有直接向大石头煤矿主张债权，直至2004年6月平罗县工行诉至原审法院了解了真实情况后才将大石头煤矿追加为本案被告，该项事实表明，大石头煤矿从宇飞集团分立的情况，宇飞集团公司并没有通知债权人平罗县工行；债权人平罗县工行也并没有放弃对大石头煤矿主张权利。平罗县工行在宇飞公司破产程序中申报债权的行为，也并不表明其放弃对大石头煤矿的债权。宇飞集团公司在企业分立过程中没有履行法定的通知义务的行为，违反了《公司法》第一百八十五条[①]关于“企业分立时，应当自作出分立决议之日起10日内通知债权人，并在30日内在报纸上至少公告三次”的规定。根据《民法通则》第四十四条第二款之规定，宇飞集团公司分立，它的债务应由变更后的法人宇飞公司和大石头煤矿共同承担。

平罗县工行就400万元贷款分别于1998年12月16日、1999年5月10日向宇飞集团公司进行了催收，于2000年9月15日、2002年7月22日向兴平公司进行了催收，2002年9月23日、2003年6月5日平罗县工行就700万元贷款向兴平公司进行了公证催收。根据《民法通则意见》第一百七十三条第二款的规定，权利人向债务保证人、债务人的代理人或者财产代管人主张权利的，可以认定诉讼时效中断。平罗县工行对大石头煤矿享有的700万元贷款本金及利息债权的诉讼时效自1998年12月16日向宇飞集团公司催收中断，没有超过诉讼时效。原审判决关于“借款合同到期后，平罗县工行从未向大石头煤矿主张过权利，

---

① 该条现已被新《公司法》修改为第一百七十五条。

700 万元借款已经超过诉讼时效”的认定不当。但因平罗县工行并没有向本院提出上诉，根据最高人民法院《关于民事经济审判方式改革问题的若干规定》第三十五条之规定，本院对大石头煤矿应当承担的民事责任问题不予审查。遂维持一审驳回平罗县工行要求大石头煤矿承担贷款本息责任的诉讼请求的判决。[①]

◎法条链接

1.《民事诉讼法》第一百六十八条　第二审人民法院应当对上诉请求的有关事实和适用法律进行审查。

2. 最高人民法院《关于民事经济审判方式改革问题的若干规定》　三十五、第二审案件的审理应当围绕当事人上诉请求的范围进行，当事人没有提出请求的，不予审查。但判决违反法律禁止性规定、侵害社会公共利益或者他人利益的除外。

◎重要提示

一、当事人在二审中可以放弃一审的部分诉讼请求，但不得改变一审的诉讼请求，也不得增加诉讼请求

二、属于当事人一方的上诉主张，同案当事人无权通过上诉主张

中国农业银行哈尔滨市太平支行与哈尔滨松花江奶牛有限责任公司、哈尔滨工大集团股份有限公司、哈尔滨中隆会计师事务所借款合同纠纷案：最高人民法院（2007）民二终字第 178 号民事判决书认为：第二审程序因当事人提起上诉而开始，上诉权是法律赋予当事人的一项诉讼权利，当事人既可以行使也可以放弃。第一审判决后当事人不上诉，表明当事人服从第一审人民法院对他们之间民事权利义务的处理。本案中作为原审被告的工大集团并未在法定期间内向本院提起上诉，只是在向合议庭提交的代理词中表示工大集团不应承担奶牛公司不能清偿太平农行债务时的清偿责任。根据《民事诉讼法》第一百五十一条[②]的规定，第二

---

① 奚晓明主编：《民商事审判指导》2005 年第 2 辑，人民法院出版社 2006 年版，第 205~213 页。

② 该条现已被新《民事诉讼法》修改为第一百六十八条。

审人民法院审理上诉案件，应当对当事人上诉请求的有关事实和适用法律进行审查。因此对于工大集团提出的请求二审应不予审查。奶牛公司在上诉状中提出工大集团不承担责任的主张，因工大集团是独立的企业法人，奶牛公司无权就工大集团是否承担责任提出上诉请求，因此，对奶牛公司提出的工大集团不应当承担责任的请求本院不予审查。①

◎风险规避

一、不服一审判决，应在法定期限内提起上诉

上诉是法律赋予当事人的一项诉讼权利。尽管不上诉亦可通过再审纠正生效的一审判决，但再审程序相比上诉程序而言更为复杂。而且，针对银行作为原告的借款担保纠纷案件，如一审败诉而不上诉，债务人的财产将随着时间的推移而发生变化，使银行减少债权受偿的机会。针对银行作为被告的储蓄存款合同纠纷及其他民事侵权纠纷，如一审败诉而未上诉的，银行自动履行或被强制执行后，即使通过再审胜诉，执行回转程序的复杂远不能与上诉程序相比，更极端的情形是因被执行人没有偿还能力而无法回转。

二、上诉请求

对于上诉请求是否必须如起诉一样有明确、具体的诉讼请求，法律没有具体的规定。有的只是概括提出要求撤销一审判决，其具体的请求混合在事实与理由内；有的则在上诉状中明确列举诉讼请求。但无论是在上诉请求部分，还是在事实与理由部分，上诉请求应明确、具体地进行表述。

---

①《最高人民法院公报》2008年第9期。

第八节　调　解

案例85：对超出诉请范围的调解协议内容发生争议，当事人有权提起诉讼

摘要：履行调解书中超出原审原告诉讼请求部分内容的新的争议事实，如不能通过执行程序或审判监督程序救济，且符合《民事诉讼法》第一百一十九条规定的案件受理条件，权利人有权向有管辖权的人民法院另行提起诉讼。

2006年1月，贸发银行起诉恢宏房地产公司，要求恢宏公司偿还贷款本息、罚息、复息等共计4500万元。

经一审法院调解，当事人达成调解协议：调解书发生法律效力之日起60天内，恢宏房地产公司归还贸发银行贷款本金3000万元；一年内归还借款利息500万元，罚息300万元，复息100万元。贸发银行同意恢宏房地产公司将上述债务抵押物恢宏大厦中的1000平方米以每平方米16900元计价出售给大发证券公司，最长售房期限1年。所得售楼款中的80%用于还债，余款经贸发银行审核批准后用于支付交易费用的抵押物管理费用，抵押房产恢宏大厦其余房产用于出租，租金中的50%归贸发银行所有，余额归恢宏房地产公司。出售、出租行为由双方当事人另行签订委托销售、委托出租代理合同。

履行调解书过程中，因房价上涨，恢宏房地产公司已向大发证券公司销售房产的均价为28000元，高于调解书规定的每平方米16800元，双方对如何分配溢价款产生争议。此外，恢宏房地产公司已签约拟出售的房产面积超出1000平方米，售房对象不仅是大发证券公司一家，3000万元实际还款期限延误25天。为此，贸发银行拒绝为恢宏房地产公司出具继续租、售恢宏大厦房产的授权委托书，导致调解协议中止履行。恢宏房地产公司向执行法院申请强制执行，请求贸发银行出具委托书、准许其继续租、售恢宏大厦。经审查，执行法院认为，双方争议事实属于履行调解书中发生的新的争议事实，不属于调解书项下的执行内容，裁定不予执行。

2008年1月，恢宏房地产公司向法院提起新的诉讼，请求贸发银行出具委托书，准许其继续租、售恢宏大厦房产，溢价款中的80%归其所有。贸发银行提起反诉，请求恢宏房地产公司承担溢价和超面积售房，虚报租、售房产管理费用，延期支付3000万元贷款等的违约责任，全部溢价款应当归其所有。

◎ 裁判要旨

二审法院经审理认为，恢宏公司起诉所针对的事实，是履行生效调解书中新发生的事实，与借款纠纷案件中的借款事实不同，具有相对独立性，难以通过再审程序、执行程序救济，应当认定当事人就此享有诉权，有权另行提起诉讼。[①]

◎ 法条链接

1.**《民事诉讼法》第九条** 人民法院审理民事案件，应当根据自愿和合法的原则进行调解；调解不成的，应当及时判决。

第九十六条 调解达成协议，必须双方自愿，不得强迫。调解协议的内容不得违反法律规定。

第九十七条第三款 调解书经双方当事人签收后，即具有法律效力。

2.**最高人民法院《关于人民法院民事调解工作若干问题的规定》第九条** 调解协议内容超出诉讼请求的，人民法院可以准许。

第十二条 调解协议具有下列情形之一的，人民法院不予确认：

（一）侵害国家利益、社会公共利益的；

（二）侵害案外人利益的；

（三）违背当事人真实意思的；

（四）违反法律、行政法规禁止性规定的。

3.**最高人民法院《关于适用〈中华人民共和国民事诉讼法〉审判监督程序若干问题的解释》第三十条** 当事人未申请再审、人民检察院未抗诉的案件，人民法院发现原判决、裁定、调解协议有损害国家利益、社会公共利益等确有错误情形的，应当依照民事诉讼法第一百七十七条[②]的规定提起再审。

第四十条 人民法院以调解方式审结的案件裁定再审后，经审理发现申请再

---

① 奚晓明主编：《民事审判指导与参考》2009年第3辑，法律出版社2010年版，第165~166页。

② 该条现已被新《民事诉讼法》修改为第一百九十八条。

审人提出的调解违反自愿原则的事由不成立，且调解协议的内容不违反法律强制性规定的，应当裁定驳回再审申请，并恢复原调解书的执行。

◎重要提示

一、关于调解书的生效

依据民事诉讼法的规定，调解的生效方式有两种，一是制作调解书，经双方当事人签收后，即具有法律效力；一是当事人各方达成调解协议并签名或者盖章后生效，经人民法院审查确认后，应当记入笔录或者将协议附卷并由当事人、审判人员、书记员签名或者盖章后即具有法律效力。按照第二种方式进行调解的，当事人是否签收调解书，不影响调解协议的效力。银行在进行调解时，应根据案件的不同情况选择适当的调解方式。一般来讲，银行应按签收调解书生效的方式进行调解。其一，可通过法务部门、对口业务部门对调解协议条款进行审核把关以避免盲目签订；其二，领取调解书，不仅便于归档留存，而且可以帮助企业及时催促当事人履行调解书确定的义务，并在不履行义务时及时申请法院强制执行。

二、关于民事调解书的再审

四川（西藏）华西普济医院、西藏藏丰实业有限公司与中国第五冶金建设有限公司建设工程施工合同纠纷上诉案：最高人民法院认为，根据《民事诉讼法》第一百八十二条[①]“当事人对已经发生法律效力的调解书，提出证据证明调解违反自愿原则或者调解协议的内容违反法律的，可以申请再审。经人民法院审查属实的，应当再审”的规定，根据当事人上诉理由和答辩意见，当事人二审争议的焦点是，如何确认四川高院（2003）川民初字第31号民事调解书的效力，具体可以分为：（1）四川高院的调解是否违反自愿原则。（2）该调解书的内容是否违反法律、行政法规的禁止性规定。显然，除上述两个理由之外，其他理由，包括显失公平都不能作为再审申请撤销发生法律效力的民事调解书的理由。

调解书的内容违法是指人民法院制作的调解书内容本身违法，而非指当事人在签订民事法律行为及对该行为履行过程中的违法。在本案例中，最高人民法

---

① 该条现已被新《民事诉讼法》修改为第二百零一条。

院认为：普济医院与藏丰公司认为调解书内容违反法律禁止性规定，主要理由是认为调解书掩盖了五冶公司出借资质、非法分包获利的事实，因而其内容违反了《建筑法》的禁止性规定。普济医院和藏丰公司的该理由不能成立。因为普济医院和藏丰公司所述五冶公司出借资质、分包获利问题，是普济医院、藏丰公司和五冶公司之间履行双方签订的建筑施工合同的问题。签订和履行建筑施工工程合同时是否存在出借资质和违法分包获利的情况与调解书内容是否违反法律、行政法规的禁止性规定并无关系。故普济医院与藏丰公司以五冶公司在签订和履行建筑施工工程施工合同时存在出借资质、分包获利行为，主张本案调解书内容违反法律、行政法规的禁止性规定，最高人民法院不予支持。[①]

调解协议的内容违法，指调解协议的内容不得违反法律的强制性规定。**东营市河口区义和镇劳务工程公司与东营市河口区义和镇人民政府拖欠工程款纠纷再审案**：最高人民法院再审认为，《公司法》第三十六条[②]规定：公司成立后，股东不得抽逃出资。该条属于法律的强制性规定。劳务公司经依法设立，镇政府作为负有出资义务的人，其通过调解在实质上抽回出资，违反了前述法律的强制性规定。因此，应当认定该调解协议内容违反了法律的强制性规定，东宫中院（2003）东中民再初字第2号民事判决、山东高院（2004）鲁民再字第8号民事判决书、（2006）鲁民再字终字第24号民事判决认定事实错误，均应撤销。[③]

三、关于民事调解书的抗诉

抗诉是指人民检察院对人民法院作出的判决、裁定，认为确有错误时依法向人民法院提出重新审理要求的诉讼活动。抗诉是法律授予人民检察院代表国家行使的一项法律监督权。当事人通过申请再审或申请人民检察院抗诉，都可达到对生效判决、裁定重新审理的要求。但抗诉有一定的范围限制。最高人民法院《关于人民检察院对民事调解书提出抗诉人民法院应否受理问题的批复》指出：《民事诉讼法》第一百八十五条[④]只规定人民检察院可以对人民法院已经发生法律效

---

① 奚晓明主编：《民事审判指导与参考》2009年第2辑，法律出版社2009年版，第220~228页。

② 该条现已被新《公司法》修改为第三十五条。

③ 奚晓明主编：《民事审判指导与参考》2009年第3辑，法律出版社2010年版，第218~219页。

④ 该条现已被新《民事诉讼法》修改为第二百零八条。

力的判决、裁定提出抗诉，没有规定人民检察院可以对调解书提出抗诉。人民检察院对调解书提出抗诉的，人民法院不予受理。

◎风险规避

一、企业被吊销营业执照后，银行不能通过诉讼调解的方式实现债权

雷远城与厦门王将房地产发展有限公司、远东房地产发展有限公司财产权属纠纷案： 最高人民法院（2006）民一终字第29号民事判决书认为，《公司法》第一百八十四条[①]规定，公司因被吊销营业执照而解散的，应当在解散事由出现之日起十五日内成立清算组，开始清算。逾期不成立清算组进行清算的，债权人可以申请人民法院指定有关人员组成清算组进行清算。人民法院应当受理该申请，并及时组织清算组进行清算。《企业法人登记管理条例》第三十三条规定，企业法人被吊销《企业法人营业执照》，其债权债务由主管部门或者清算组织负责清理。最高人民法院《关于企业法人营业执照被吊销后，其民事诉讼地位如何确定的复函》及最高人民法院经济审判庭《关于人民法院不宜以一方当事人公司营业执照被吊销，已丧失民事诉讼主体资格为由，裁定驳回起诉问题的复函》意见表明，企业被吊销营业执照后，应当依法进行清算。企业未进行清算，债权人可以起诉企业股东或者开办单位承担清算责任。根据上述法律规定，并参照最高人民法院函复意见，王将公司被吊销营业执照后，应当启动清算程序。雷远城可以通过清算程序确认其所享有的权益，并在确认基础上履行相应义务。如王将公司及其股东远东房地产公司不履行清算义务，雷远城可依法申请人民法院组成清算组进行清算或请求判令王将公司及远东房地产公司承担清算义务。王将公司在诉讼中认可雷远城提出的全部主张，同意将王将花园房地产权属确权给雷远城。本院二审中，王将公司与雷远城主张调解，王将公司同意将王将花园项目确权给雷远城所有。王将公司上述诉讼中的自认及提出的调解意见，均是对王将花园项目房地产的处分，在其未启动清算程序，对雷远城享有权益进行确认前，对公司主要资产进行处分，不符合法律规定的债务履行程序。如果王将公司尚有其他债务，其在清算前将公司主要资产处分给雷远城，必然损害其他债权人利益，不符合公平原则，故王将公司通过自认或调解方式对公司资产进行的处分，本院均不予支

① 该条现已被新《公司法》修改为第一百八十三条。

持。[①]

二、所有权人以调解方式处分被查封财产的行为无效

金融机构作为申请执行人，在被执行财产已被人民法院查封的情况下，该财产的所有权人另案处分该财产，致使申请执行人无法实现债权的，申请执行人作为案外人，应依据《民事诉讼法》第二百二十五条的规定及时提出异议并申请再审。**太原市尖草坪区阳曲农村信用合作社申诉案**：阳曲信用社因与东民集团发生担保合同纠纷一案，东民集团被查封的房产进入强制执行程序。与东民集团有房屋买卖关系的通盛公司以该房产系其所有为由，向执行法院提起异议后，又以房屋买卖合同纠纷为由将东民集团诉至法院。诉讼中，双方达成和解，东民集团将被查封房产返还通盛集团，受诉法院通过调解书予以确认。案外人阳曲信用社认为该调解书侵犯了其权益，向最高人民法院提起申诉。最高人民法院（2009）民监字第255号民事裁定书认为，山西高院在本案审理过程中并未对诉争房产实际交易情况和权利状况进行审查，而直接对通盛公司及东民集团双方认可的事实及举示的证据进行了认定。但原审出示的证据因与有关国家机关保存的公文书证内容相矛盾而无法确认其真实性。《民事诉讼法》第八十五条[②]规定："人民法院审理民事案件，根据当事人自愿的原则，在事实清楚的基础上，分清是非，进行调解。"对于涉及第三人利益的案件，法官应当对调解是否会损害第三人利益这一事实进行必要的审查，否则就会使调解成为某些当事人互相串通损害第三人利益甚至国家或集体利益的一种方式。本案中诉争房产系由山西高院作出查封裁定，通盛公司在提出异议的同时向山西高院起诉，法官理应发现案件争议房产被查封并即将执行给阳曲信用社这一事实，并应认识到调解有可能损害第三人阳曲信用社的利益，进而应对案件事实进一步查明以决定如何处理，而非完全根据通盛公司与东民集团之间的和解协议制作调解书。

从调解书的内容来看，调解书处分了已被查封的诉争房产。最高人民法院《关于人民法院民事执行中查封、扣押、冻结财产的规定》第二十六条规定："被执行人就已经查封、扣押、冻结的财产所作的移转、设定权利负担或者其他有碍执行的行为，不得对抗申请执行人。"据此，调解书内容违反法律相关规定。

---

① 黄松有主编：《民事审判指导与参考》2007年第3辑，法律出版社2007年版，第221页。

② 该条现已被新《民事诉讼法》修改为第九十三条。

阳曲信用社申诉理由成立，根据《民事诉讼法》第一百七十七条[①]第二款、第一百八十五条[②]之规定，裁定如下：一、本案由本院提审；二、再审期间，中止原调解书的执行。[③]

三、调解协议的内容应当具体、明确

（一）调解协议应明确、具体

尽管调解协议的内容可不受原告诉讼请求范围的限制，但由于诉讼请求范围之外的事实并不为法官所了解，有可能为法官审查带来障碍。因此，当事人不能因法官对调解的审查职责而放弃自己的谨慎注意义务。在签订调解协议时，应将履行过程中有可能出现的各种因素考虑在内，并作出明确的约定，防止在履行过程中发生歧义。

（二）调解协议应具备可执行性

调解书与人民法院生效的判决、裁定具有同等法律效力。一方当事人不主动履行调解书确定的义务时，另一方当事人可申请人民法院强制执行。但若调解协议的内容不明确，将导致人民法院难以执行；若履行义务的标的、期限不具体，以致当事人发生争议的，还将导致新的诉讼发生。显然，上述情形都背离了调解的目的与功能，应当尽力避免。

四、调解协议与调解书的内容不一致，应及时申请人民法院补正

最高人民法院《关于人民法院民事调解工作若干问题的规定》第十六条规定："当事人以民事调解书与调解协议的原意不一致为由提出异议，人民法院审查后认为异议成立的，应当根据调解协议裁定补正民事调解书的相关内容。"

五、重视法院调解书的作用

对于一审败诉后银行上诉的案件，除能即时清结的案件，如能调解，银行应通过人民法院制作调解书，而不应采取与对方当事人达成调解，撤回上诉的方式。因为撤回上诉将导致一审判决生效，当事人申请执行生效判决将引起新的纠

---

① 该条现已被新《民事诉讼法》修改为第一百九十八条。
② 该条现已被新《民事诉讼法》修改为第二百零六条。
③ 《人民司法·案例》2010年第10期。

纷，背离了通过调解息诉止争的目的。针对“本案应执行一审生效判决还是二审达成的和解协议”这一问题，《司法信箱》认为：人民法院所作出的给付判决，一旦生效便具有执行力，债权人一旦提出申请，除执行力处于中止状态或者执行依据本身无法付诸执行的情形，人民法院必须执行。而能够导致执行力中止的情形，按照现行法律规定只有两种，即，原执行依据处于再审状态；当事人在执行程序中达成和解协议。应当指出，诉讼中的和解协议不具有阻止执行的效力。当然，本案中执行一审生效判决，并非就意味着诉讼中的和解协议对当事人没有约束力。甲公司可以以刘某违反和解协议约定为由另行提起诉讼，要求刘某承担违约责任。[①]

① 《人民司法·应用》2009年第13期。

全书案例索引

第一章　储蓄业务中的法律风险与规避

第 一 节　储蓄法律性质

案例 1　朱某诉吴江市邮政局芦墟储蓄所储蓄存款合同纠纷案 / 003

案例 2　张某诉某银行存款合同纠纷案 / 004

案例 3　占爱英诉中国工商银行股份有限公司徐州云龙支行储蓄存款合同纠纷案 / 005

案例 4　刘某某与中国农业银行股份有限公司上海普陀支行储蓄存款合同纠纷案 / 005

案例 5　刘某诉某银行佛山分行等存款纠纷案 / 006

案例 6　尹建文等 19 人诉常州友好出租汽车有限公司承包经营合同纠纷申请再审案 / 008

案例 7　中国信达资产管理公司郑州办事处与河南省郸城县生物化工厂、郸城金丹乳酸实业有限公司、郸城县技术改造资金开发中心、河南金丹乳酸有限公司、河南省郸城县化肥厂借款担保合同纠纷上诉案 / 008

案例 8　中国光大银行河北省石家庄分行与中国电子进出口山东公司存单纠纷申诉案 / 009

案例 9　王永胜诉中国银行股份有限公司南京河西支行储蓄存款合同纠纷案 / 009

案例 10　陈世群诉中国银行股份有限公司南宁市朝阳桥支行储蓄存款合同纠纷案 / 010

第 二 节　存款自愿
案例 11　陈志明诉中国农业银行桐柏支行和卧龙支行储蓄存款合同纠纷案 / 011
案例 12　杨某诉某银行存款纠纷案 / 014
案例 13　柳某与枣阳建行储蓄存款合同纠纷案 / 015
第 三 节　取款自由
案例 14　周培栋诉中国农业银行湖南衡阳市江东支行储蓄合同纠纷案 / 016
案例 15　高某诉某银行赔偿纠纷案 / 019
案例 16　中国工商银行内蒙古自治区通辽分行与通辽市科尔沁区工商农村信用合作社借款合同纠纷案 / 019
案例 17　严力诉四会市某银行财产损害赔偿纠纷案 / 020
案例 18　黄某诉某银行存款纠纷案 / 021
第 四 节　存款有息
案例 19　段某诉工商银行甘露园储蓄所存款合同纠纷案 / 023
案例 20　梅州市梅江区农村信用合作联社江南信用社诉罗苑玲储蓄合同纠纷案 / 027
案例 21　双峰县信用合作营业部诉双峰农村社会养老保险局存款利息纠纷案 / 029
案例 22　吴卫明诉上海花旗银行储蓄合同纠纷案 / 030
案例 23　孙某诉中国农业银行苏州浒关支行存款纠纷案 / 031
案例 24　俞建水与中国工商银行股份有限公司上海市鞍山路支行、中国工商银行股份有限公司上海市杨浦支行储蓄存款合同纠纷案 / 031
第 五 节　为储户保密
案例 25　王小光诉中国工商银行股份有限公司洪江市支行储蓄存款合同纠纷案 / 033
案例 26　王永胜诉中国银行股份有限公司南京河西支行储蓄存款合同纠纷案 / 035
案例 27　周培东诉江东农行储蓄合同纠纷案 / 036

第六节 账户开立
案例28 张某诉中国工商银行泰和县支行储蓄存款合同纠纷案 / 037
案例29 彭某诉成都某银行赔偿存款损失案 / 041
案例30 聂晓斌与中国工商银行宾阳县支行储蓄存款合同纠纷提审案 / 042
案例31 王丙午诉建行河南省内乡支行等赔偿案 / 045
第七节 挂失
案例32 桂林市安居物业管理公司与中国农业银行玉林分行城郊支行汇源储蓄所储蓄存款合同纠纷案 / 047
案例33 原告何豆粒与被告中国人民建设银行厦门市分行财产损害赔偿纠纷案 / 050
案例34 张某诉某储蓄所储蓄存款合同纠纷案 / 051
案例35 孔某诉工行楚雄北浦路支行储蓄存款合同纠纷案 / 053
案例36 谭某诉某银行仪陇县支行储蓄合同纠纷案 / 054
案例37 王学芬与陵县邮政局存单纠纷案 / 055
第八节 存款差错
案例38 江苏省大丰市农村信用合作联社大龙分社诉吴广连不当得利纠纷案 / 057
案例39 中国工商银行溧阳市支行诉钱文年不当得利纠纷抗诉案 / 058
案例40 上诉人开封市人民政府信托投资公司清算组与被上诉人西安亚盛实业开发公司不当得利纠纷案 / 059
第九节 特别约定
案例41 杨益君与蕲春县支行储蓄存款合同纠纷再审案 / 061
案例42 张某与河南省新安县某银行存款合同纠纷案 / 063
案例43 某中学生诉新郑某银行存款纠纷案 / 063
第十节 存单纠纷
案例44 信连华诉天津市商业银行股份有限公司塘沽支行新港分理处存单纠纷案 / 065
案例45 李利华与中国农业银行河南省内黄县支行存单纠纷案 / 068
案例46 中国人民财产保险股份有限公司北京市朝阳支公司与中国农业银行北京市丰台区支行存单纠纷案 / 069

案例 47 上海茶叶进出口公司与中国工商银行金华市婺城支行等存单纠纷再审案 / 070

案例 48 交通银行成都分行人民南路支行与开封机电设备（集团）股份有限公司、成都联益华星激光影音制作有限公司存单纠纷上诉案 / 074

第十一节 网上银行

案例 49 姚某与中国建设银行福州广安支行存款合同纠纷案 / 077

案例 50 林某诉某银行储蓄存款合同纠纷案 / 079

案例 51 刘某诉中国建设银行股份有限公司佛山永安支行财产损害赔偿纠纷案 / 081

第十二节 对公存款

案例 52 新疆农村社会养老保险基金管理中心诉中国银行新疆分行存单纠纷案 / 082

案例 53 上海银丰实业公司武汉分公司与湖北恒昌城市信用社、武汉市后湖信用社等侵权损害赔偿纠纷上诉案 / 086

案例 54 哈尔滨铁路局牡丹江铁路分局诉北京市工商银行南礼士路支行财产损害赔偿纠纷案 / 087

案例 55 中交第一公路勘察设计研究院与中国银行西安市咸宁路支行存款纠纷再审案 / 088

第十三节 服务收费

案例 56 深圳市爱才劳动争议服务部诉中国农业银行深圳笋田支行服务合同纠纷案 / 091

案例 57 刘某与某银行储蓄合同纠纷案 / 097

第十四节 资金证明

案例 58 中国长城资产管理公司杭州办事处与杭州市商业银行等侵权损害赔偿纠纷上诉案 / 098

案例 59 大秦公司诉玉秦公司、工行咸阳分行借款合同纠纷案 / 104

案例 60 深圳市商业银行宝安支行与湖南长炼兴长集团有限责任公司、深圳民鑫事业有限公司、广东金汇源投资担保有限责任公司、西北亚奥信息技术股份有限公司、吴忠仪表集团有限公司、深圳国安会计师事务所有限公司返还资金保证合同纠纷案 / 104

第十五节　先合同义务
案例 61　陈某诉某信用社损害赔偿纠纷案 / 106
案例 62　陕西咸阳星云机械有限公司与彩虹集团电子股份有限公司缔约过失责任纠纷上诉案 / 107
第十六节　附随义务
案例 63　吴成礼等五人诉官渡建行、五华保安公司人身损害赔偿纠纷案 / 110
案例 64　周妮敏诉中国工商银行股份有限公司上海市山阴路支行财产损害赔偿案 / 113
案例 65　陈素平诉中国建设银行如东县支行人身损害赔偿纠纷案 / 115
案例 66　陈某诉开户行及交易行财产损害赔偿纠纷案 / 116

第二章　银行卡业务中的法律风险与规避

第 一 节　银行卡申领
案例 67　蒋某诉中国工商银行苏州分行借记卡纠纷案 / 121
案例 68　谢某诉长乐支行银行卡纠纷案 / 125
第 二 节　银行卡服务
案例 69　刘某诉中国农业银行广东省中山分行服务合同纠纷案 / 126
案例 70　黄某诉交通银行股份有限公司储蓄存款合同案 / 128
案例 71　岳书进诉工行五一路支行等借记卡纠纷案 / 129
第 三 节　银行卡收费
案例 72　喻某诉中国工商银行北京分行不当得利纠纷案 / 131
案例 73　刘江诉中国农业银行桃江县支行服务合同纠纷案 / 134
第 四 节　信用卡消费
案例 74　余铜海诉上海城隍庙第一购物中心有限公司信用卡纠纷案 / 135
案例 75　康某与百佳超市天娱广场分店信用卡纠纷案 / 137
案例 76　银联商务有限公司河南分公司与郑州林土达商贸有限公司信用卡纠纷案 / 138
案例 77　蔡红辉诉金才来信用卡纠纷案 / 139
第 五 节　银行卡遗失
案例 78　聂晓斌诉宾阳工行借记卡纠纷案 / 140

案例 79　魏某诉某银行借记卡纠纷案 / 143
案例 80　李文萍诉某银行宜丰支行存款损失纠纷案 / 144
第 六 节　密码泄露
案例 81　张某诉交通银行淮南分行借记卡纠纷案 / 145
案例 82　胡某某与招商银行股份有限公司上海天钥桥支行侵权纠纷案 / 147
案例 83　刘某诉中国工商银行股份有限公司清远连江支行储蓄合同案 / 147
案例 84　顾骏诉上海交行储蓄合同纠纷案 / 149
案例 85　李志华与中国银行股份有限公司江阴支公司、中国工商银行股份有限公司江阴支公司信用卡纠纷案 / 149
案例 86　潘某与中国工商银行佛山绿景支行储蓄存款合同纠纷案 / 150
案例 87　李某诉中国建设银行股份有限公司天津红桥支行、中国建设银行股份有限公司天津南开支行借记卡纠纷案 / 150
第 七 节　透支
案例 88　中国建设银行临海支行诉徐维明、周先富信用卡纠纷案 / 152
案例 89　范新艳诉中国建设银行新野支行索赔案 / 157
第 八 节　自动取款
案例 90　顾骏诉上海交行储蓄合同纠纷案 / 159
案例 91　赵某诉某银行借记卡纠纷案 / 162
案例 92　范新艳诉中国建设银行新野支行索赔案 / 164
案例 93　许霆盗窃案 / 164
第 九 节　不良信用记录
案例 94　王春生诉张开峰、江苏省南京工程高等职业学校、招商银行南京分行、招商银行信用卡中心侵权纠纷案 / 167
案例 95　周雅芳诉中国银行股份有限公司上海市分行名誉权纠纷案 / 170
案例 96　陈某诉工行某支行损害赔偿纠纷案 / 172
案例 97　吴某诉嘉兴市商业银行侵权纠纷案 / 173
案例 98　齐涛诉某银行侵权纠纷案 / 173
案例 99　陈某诉建行濉溪路支行侵权纠纷案 / 174

第三章　支付结算业务中的法律风险与规避

第一节　汇票签发

案例100　中国农业银行白银市分行营业部诉白银有色金属有限公司、甘肃稀土公司金融借款合同纠纷案 / 179

案例101　国泰君安证券股份有限公司郑州花园路证券营业部、国泰君安证券股份有限公司与中国光大银行郑州分行、中国第一汽车集团开封汽车经销有限责任公司和海口建来发展有限公司借款担保合同纠纷案 / 181

案例102　中国银行唐山市分行与唐山市古冶区信用合作联合社汇票付款纠纷再审上诉案 / 182

第二节　背书转让

案例103　中国农业银行南通市经济技术开发区支行与华夏银行济南分行、中国电子进出口山东公司、南通市蓝泽精细化工公司银行承兑汇票纠纷再审案 / 183

案例104　中国工商银行远安县支行诉中国银行长阳支行和中国银行远安支行等背书不规范的承兑汇票付款纠纷案 / 187

案例105　中国工商银行成都市金牛区支行与四川中电工程有限公司、四川省文化旅游公司借款合同纠纷再审案 / 187

案例106　中国农业银行甘肃白银市分行营业部与中国工商银行重庆市分行渝中支行两路口分理处等票据纠纷案 / 189

第三节　汇票解付

案例107　中国工商银行湛江分行与中国进出口银行等借款合同纠纷上诉案 / 192

案例108　山西东鹏公司与山西太原某支行、湖南益阳支行票据纠纷案 / 197

案例109　中国工商银行东莞市虎门支行与河北省汽车工业贸易总公司汇明公司等汇票解付侵权纠纷申诉案 / 197

第四节　票据抗辩

案例110　中国农业银行白银市分行营业部与中国工商银行重庆市分行渝中支行两路口分理处、重庆创意有色金属材料有限公司、重庆市二轻工业供销总公司银行承兑汇票纠纷案 / 200

案例111 青岛澳柯玛集团销售公司与中国银行利津支行票据兑付纠纷上诉案 / 204
第五节 票据效力
案例112 中国农业银行河南省正阳县支行与正阳麻纺厂确认票据无效纠纷案 / 206
第六节 汇票承兑
案例113 中国银行股份有限公司双鸭山分行四马路支行工作人员非法出具金融票证、集贤县富强粮油贸易有限公司董事长兼总经理朱德全票据诈骗案 / 211
案例114 风神轮胎股份有限公司与中信银行股份有限公司天津分行、河北宝硕股份有限公司借款担保合同纠纷案 / 213
案例115 中国西南资源联合开发公司与东亚银行珠海分行票据付款纠纷抗诉案 / 214
案例116 汕头经济特区龙信商贸发展公司诉中国工商银行荆州市分行营业部银行承兑汇票承兑纠纷案 / 215
第七节 贴现审查
案例117 江苏省靖江市中联城市信用社与中国农业银行安徽省蒙城县支行等票据纠纷再审案 / 217
案例118 广州市商业银行越秀支行与中国农业银行岳阳市云溪支行、广州名鑫实业发展有限公司、珠海协利租赁有限公司侵权纠纷上诉案 / 219
案例119 中国工商银行重庆市分行南岸支行大石路分理处与中国农业银行白银市分行营业部票据纠纷案 / 221
案例120 中国建设银行股份有限公司侯马支行与山西侯马市亨丰贸易有限公司、侯马市天瑞鸿焦铁有限公司、侯马市经济技术开发区昌鑫炉料有限公司票据纠纷案 / 222
第八节 票据保证
案例121 中国长城计算机深圳股份有限公司与四川银通电脑系统有限公司、成都汇通城市合作银行票据纠纷案 / 225
案例122 上海玉安药业有限公司与中国农业银行上海市分行营业部票据追索权纠纷上诉案 / 227

第九节　支票付款
案例 123　宜昌华久实业有限公司与中国工商银行三峡分行江南支行票据纠纷案 / 229
第十节　票据结算
案例 124　中国农业银行东营基东支行与垦利县水利工程公司、中国建设银行垦利县支行票据纠纷案 / 233
案例 125　中国农业银行克拉玛依市支行诉克拉玛依市茂源信用社在票据交换完后未按规定时间退票造成其垫付款无法追回的赔偿案 / 235
案例 126　云南上海汽车工业销售有限公司与中国银行昆明市高新支行赔偿纠纷案 / 236
案例 127　南京扬扬信息公司与华夏银行南京分行大厂支行票据结算纠纷案 / 237
第十一节　公示催告
案例 128　中国工商银行陆丰市支行申请宣告存单无效提审案 / 239
第十二节　除权判决
案例 129　中国投资银行武汉硚口办事处与交通银行郑州分行营业部、湖北大业物资贸易有限责任公司、河南中岳实业公司票据纠纷案 / 243

第四章　担保业务中的法律风险与规避

第一节　保证合同的成立
案例 130　建行浦东分行诉中基公司等借款合同纠纷案 / 251
案例 131　佛山市人民政府与交通银行香港分行担保纠纷案 / 255
案例 132　国泰君安证券股份有限公司郑州花园路证券营业部、国泰君安证券股份有限公司与中国光大银行郑州分行、中国第一汽车集团开封汽车经销有限责任公司和海口建来发展有限公司借款担保合同纠纷案 / 256
案例 133　中国信达资产管理公司贵阳办事处与贵阳开磷有限责任公司借款合同纠纷案 / 257

案例 134 北京地鑫房地产开发有限责任公司与中国华融资产管理公司北京办事处、中国机床总公司、中国轻工集团公司、北京正一机电技术公司借款担保合同纠纷上诉案 / 258
案例 135 河北胜达永强新型建材有限公司与中信银行股份有限公司天津分行、河北宝硕股份有限公司银行承兑汇票协议纠纷案 / 259
第 二 节 保证合同的效力
案例 136 中国工商银行哈尔滨市融汇支行与哈尔滨新泰工程机械有限公司等借款担保合同纠纷案 / 261
案例 137 长乐自来水公司与工行五四支行借款担保纠纷案 / 264
案例 138 最高人民法院《关于上海三泷房地产开发有限公司与中国建设银行上海市浦东分行、上海申浦对外技术投资总公司借款合同纠纷一案的复函》/ 265
案例 139 河南兴豫房地产开发公司与郑州城市合作银行城东路支行、河南太阳保健品有限公司借款担保合同纠纷申请再审案 / 265
案例 140 中国银行重庆江北支行与中国农业银行襄樊市樊东支行等信用垫款纠纷案 / 266
案例 141 汕头日报社与中国（福建）对外贸易中心集团、汕头日报新闻器材总公司外贸代理合同纠纷案 / 267
案例 142 中国银行重庆渝北支行与重庆富源数码广告印务公司、重庆市渝北区水电建设总公司借款合同纠纷抗诉案 / 268
案例 143 湖南机械进出口公司、海南国际租赁公司与宁波东方投资公司代理进口合同纠纷案 / 269
案例 144 中国进出口银行与光彩事业投资集团有限公司、四通集团公司借款担保合同纠纷案 / 270
案例 145 中建材集团进出口公司诉北京大地恒通经贸有限公司、北京天元盛唐投资有限公司、天宝盛世科技发展（北京）有限公司、江苏银大科技有限公司、四川宜宾俄欧工程发展有限公司进出口代理合同纠纷案 / 271
案例 146 上海农村商业银行股份有限公司吴淞支行与上海创宏建筑材料有限公司、上海宏艺钢铁物资有限公司借款担保合同纠纷案 / 272

案例 147　中国光大银行深圳分行与创智信息科技股份有限公司、深圳智信投资有限公司、湖南创智集团有限公司借款保证合同纠纷上诉案 / 272

第 三 节　保证责任的免除

案例 148　锦州市商业银行与锦州市华鼎工贸商行、锦州市经济技术开发区实华通信设备安装公司借款担保纠纷案 / 274

案例 149　中国农业银行南昌市顺化门支行与江西省远大实业发展公司、江西省棉麻集团公司借款担保合同纠纷案 / 277

案例 150　信达公司石家庄办事处与中阿公司等借款担保合同纠纷案 / 279

案例 151　上诉人广州珠江广场房地产开发有限公司与被上诉人中国信达资产管理公司北京办事处、中基嘉发进出口公司借款担保合同纠纷案 / 279

案例 152　中国东方资产管理公司广州办事处与广州万宝集团有限公司、万宝冷机集团有限公司借款担保合同纠纷案 / 281

案例 153　中国长城资产管理公司广州办事处与广东省新会市会城建设发展总公司、新会市长江贸易总公司借款担保合同纠纷上诉案 / 281

案例 154　中国东方资产管理公司广州办事处与广州万宝集团有限公司、万宝冷机集团有限公司借款担保合同纠纷案 / 283

案例 155　中国长城资产管理公司广州办事处与广东省新会市会城建设发展总公司、新会市长江贸易总公司借款担保合同纠纷上诉案 / 283

第 四 节　保证期间

案例 156　哈尔滨市商业银行中关支行与黑龙江省油田开发股份有限公司、哈尔滨市隆辉出租汽车有限公司借款合同纠纷申请再审案 / 284

案例 157　中国信达资产管理公司郑州办事处与河南省郸城县生物化工厂、郸城金丹乳酸实业有限公司、郸城县技术改造资金开发中心、河南金丹乳酸有限公司、河南省郸城县化肥厂借款担保合同纠纷上诉案 / 287

案例 158 风神轮胎股份有限公司与中信银行股份有限公司天津分行、河北宝硕股份有限公司借款担保合同纠纷案 / 288
案例 159 林州市锦丰纺织有限公司与中国华融资产管理公司郑州办事处、河南省林州市东方红机械制造有限公司、河南省华星照明电器总厂借款担保合同纠纷案 / 290
案例 160 河南省安阳灵锐热电有限责任公司与中国信达资产管理公司郑州办事处、安阳市建设委员会、安阳市热电厂和河南省第七建筑工程公司借款担保合同纠纷上诉案 / 290
第五节 借新还旧
案例 161 上海国货房地产开发有限公司与中国工商银行上海市虹桥开发区支行、上海燊裕家俬装饰有限公司借款担保纠纷再审案 / 292
案例 162 临安农行诉临安玻璃厂等借款担保案 / 294
案例 163 中国工商银行股份有限公司三门峡车站支行与三门峡天元铝业股份有限公司、三门峡天元铝业集团有限公司借款担保合同纠纷案 / 295
案例 164 湖州市八里店镇资产经营公司与中国长城资产管理公司杭州办事处、湖州市升山建筑工程有限公司等借款合同纠纷提审案 / 295
案例 165 大柱县农村信用合作联社与西藏华西药业集团有限公司保证合同纠纷案 / 297
案例 166 抚宁县新兴包装材料厂、抚宁公有资产经营有限公司与抚宁县农村信用联社借款担保合同纠纷申请再审案 / 297
案例 167 中国长城资产管理公司哈尔滨办事处与黑龙江华夏造纸有限公司、佳木斯金地造纸股份有限公司借款担保合同纠纷案 / 298
第六节 抵押担保
案例 168 安陆市洑水镇农村信用合作社与宋某借款担保合同纠纷案 / 299
案例 169 石家庄建工集团有限公司与被上诉人中国东方资产管理公司石家庄办事处最高额抵押借款合同纠纷上诉案 / 301

案例 170 西安市第三奶牛场与咸阳市中陆城市信用社、西安新业工贸有限责任公司抵押借款合同纠纷案 / 302
案例 171 中国长城资产管理公司济南办事处与济南金冠毛纺集团有限责任公司借款担保合同纠纷上诉案 / 303
案例 172 中国大连国际经济技术合作集团有限公司与大连中大集团公司借款担保纠纷上诉案 / 304
案例 173 中国信达资产管理公司西安办事处与陕西省粮油食品进出口公司西安中转冷库、陕西省粮油食品进出口公司借款担保合同纠纷案 / 305
案例 174 中国银行江西分行诉南昌市房管局违法办理抵押登记案 / 307
案例 175 中国光大银行与内蒙包头华达合资卧具装饰厂、中国农业银行包头市青山区支行、包头市青山区人民政府自由路办事处侵权纠纷案 / 308
案例 176 东方资产公司诉永德信水泥公司、李云孝抵押撤销权纠纷案 / 309

第 七 节 抵押登记

案例 177 湖南爱克制药有限公司与长沙市商业银行华夏支行等借款合同纠纷上诉案 / 311
案例 178 吉林华阳股份有限公司与东方资产管理公司长春办事处、吉林东市商场等借款合同纠纷案 / 314
案例 179 中国信达资产管理公司与九江化工厂、九江化学纤维总厂等借款担保合同纠纷上诉案 / 316
案例 180 中国长城资产管理公司济南办事处与山东省济南医药采购供应站、山东省医药集团有限公司和山东省医药公司借款担保合同纠纷上诉案 / 317
案例 181 狄某诉建设银行张江支行抵押撤销权纠纷案 / 319
案例 182 中国银行江西分行诉南昌市房管局违法办理抵押登记案 / 320

第 八 节 担保审查

案例 183 三官庙信用社与张治来、聂翠玲借款担保合同纠纷案 / 322
案例 184 兴业银行广州分行与深圳市机场股份有限公司借款合同纠纷案 / 324

案例 185 香港新建业有限公司等诉上海新建业有限公司等欠款担保纠纷案 / 326
案例 186 河南周口中院判决谢四华诉赵元方借款案 / 326
案例 187 广东黄河实业集团有限公司与北京然自中医药科技发展中心一般股权转让侵权纠纷案 / 327
案例 188 广发证券股份有限公司与兴业银行北京中轴路支行证券登记、托管和结算纠纷上诉案 / 327
第九节 抵押权的行使
案例 189 南阳市硫磷化工有限公司诉中国农业银行南阳市卧龙区支行抵押权纠纷案 / 329
案例 190 上诉人中国信达资产管理公司哈尔滨办事处与被上诉人哈尔滨市城市建设投资有限公司、黑龙江雅美食品加工有限公司、原审被告哈尔滨大地农业有限公司借款合同纠纷上诉案 / 331
案例 191 中国长城资产管理公司济南办事处与中国重汽集团济南卡车股份有限公司、山东小鸭集团有限责任公司借款抵押合同纠纷案 / 334
案例 192 东风汽车贸易公司、内蒙古汽车制造厂与内蒙古环成汽车技术有限公司、内蒙古物资集团有限责任公司、赫连佳新、梁秋玲及第三人内蒙古东风汽车销售技术服务联合公司侵权纠纷案 / 335
案例 193 祁某与某银行张掖市分行房地产转让合同纠纷再审案 / 335
案例 194 上诉人中国信达资产管理公司哈尔滨办事处与被上诉人哈尔滨市城市建设投资有限公司、黑龙江雅美食品加工有限公司、原审被告哈尔滨大地农业有限公司借款合同纠纷上诉案 / 336
案例 195 百花公司诉浩鑫公司买卖合同纠纷案 / 338
案例 196 中国华融资产管理公司哈尔滨办事处与牡丹江市无线电六厂、牡丹江欧地希焊接机有限公司、牡丹江无线电厂、牡丹江电站辅机总厂借款合同纠纷上诉案 / 338

案例 197 中国大连国际经济技术合作集团有限公司与大连中大集团公司借款担保纠纷上诉案 / 339
案例 198 彭先明与贵阳市商业银行、贵州龙里大地房地产开发有限公司借款担保合同纠纷上诉案 / 340
案例 199 重庆索特盐化股份有限公司与重庆新万基房地产开发有限公司土地使用权转让合同纠纷案 / 340
案例 200 广东省中振投资有限公司与武汉泰合房地产开发有限公司、中国工商银行湖北宝丰支行预售商品房纠纷案 / 342
第 十 节 权利质押
案例 201 滕州市城郊信用社诉建行枣庄市薛城区支行票据纠纷案 / 343
案例 202 中国银行唐山分行与唐山市古冶区信用合作社联合社汇票付款纠纷再审上诉案 / 347
案例 203 中国银河证券有限责任公司深圳宝安路证券营业部与中国工商银行郑州市经三路支行、河南省龙浩实业有限公司、深圳市龙浩世纪实业有限责任公司借款担保合同纠纷上诉案 / 350
案例 204 国泰君安证券股份有限公司郑州花园路证券营业部、国泰君安证券股份有限公司与中国光大银行郑州分行、中国第一汽车集团开封汽车经销有限责任公司和海口建来发展有限公司借款担保合同纠纷案 / 352
案例 205 中国建设银行股份有限公司北京丰台支行与北京市建雄建筑集团有限公司、北京育联科大学生公寓开发有限公司等借款担保合同纠纷案 / 354
第十一节 存单质押
案例 206 中国农业银行通许县支行、河南省粮油食品进出口公司与第三人河南开封通玉企业（集团）公司存单兑付纠纷案 / 355
案例 207 武汉市经济适用住房发展中心与中国建设银行股份有限公司湖北省分行营业部、中国建设银行股份有限公司武汉长江支行侵权纠纷案 / 358
案例 208 中国建设银行青岛市四方区支行与青岛高科技工业园联成实业总公司、青岛市商业银行热河路支行质押贷款纠纷再审案 / 359

案例 209 太原市商业银行北大街支行与山西省娄烦县信用合作社联合社、山西省中孚租赁有限公司借款担保合同纠纷再审案 / 360
案例 210 运输公司与某信用社存单纠纷案 / 361
第十二节 对外担保
案例 211 中银香港公司诉宏业公司等担保合同纠纷案 / 363
案例 212 中国银行（香港）公司诉陕西纺织公司保证合同纠纷案 / 366
案例 213 农银财务有限公司与广东三星企业（集团）公司车桥股份有限公司担保合同纠纷案 / 367
第十三节 定金
案例 214 中国工商银行广西壮族自治区武鸣县支行与安徽省蚌埠市城南油厂南宁市汇霆经贸有限责任公司购销进口毛豆油担保合同纠纷提审案 / 369
案例 215 太原电子厂与中国银行山西省分行、山西省国际贸易广告公司开立信用证及抵押担保合同纠纷申请再审案 / 371
案例 216 武汉市商业银行民主路支行与中国经济开发信托投资公司武汉证券业务部等确认担保效力纠纷案 / 372
案例 217 中国农业银行、内蒙古乾坤金银精炼股份有限公司与中国农业银行个人业务部代销合同纠纷上诉案 / 373

第五章 贷款业务中的法律风险与规避

第 一 节 合同的生效
案例 218 深圳发展银行宁波分行诉浙江顺风集团有限公司、李可壬借款担保合同纠纷案 / 377
案例 219 沈阳沈抚石油化工联营公司与沈阳市商业银行滨河支行、沈阳市沈河工业科学技术第二研究所借款担保合同纠纷案 / 381
案例 220 厦门东方设计装修工程有限公司与福建省实华房地产开发有限公司商品房包销合同纠纷案 / 381
案例 221 中国工商银行湛江分行与中国进出口银行借款合同纠纷案 / 381
案例 222 中国信达资产管理公司兰州办事处与甘肃亚盛盐化工业（集团）有限责任公司借款合同纠纷案 / 382

案例 223 崂山国土局与南太置业公司国有土地使用权出让合同纠纷案 / 382
案例 224 广州珠江铜厂有限公司与佛山市南海区中兴五金冶炼厂、李烈芬加工合同纠纷案 / 383
第二节 合同的效力
案例 225 中国银行合肥市桐城路分理处与合肥东方房地产有限责任公司、合肥合利物业发展有限公司借款担保合同纠纷案 / 385
案例 226 兴业银行广州分行与深圳市机场股份有限公司借款合同纠纷案 / 389
案例 227 招商银行与海南中商旅业股份有限公司、中青基业投资发展中心借款合同纠纷上诉案 / 390
案例 228 黑龙江辰龙游乐有限公司与中国银行黑龙江省分行借款合同纠纷案 / 391
案例 229 建设银行合肥市新站开发区支行诉安徽新长江公司借款合同纠纷案 / 391
第三节 违约赔偿
案例 230 中国农业银行玉门市支行与玉门市农村信用合作社联合社借款合同纠纷上诉案 / 392
案例 231 中国工商银行长沙市司门口支行与中国农业银行汨罗市支行欠款纠纷上诉案 / 394
案例 232 中国建设银行大庆市分行与大庆市庆莎商城有限公司等借款抵押合同纠纷案 / 396
第四节 企业改制
案例 233 交通银行太原分行与三九企业集团、太原洗涤剂厂借款合同纠纷案 / 397
案例 234 云天化集团有限责任公司与中国华融资产管理公司昆明办事处云南石林轮胎橡胶集团有限公司借款合同纠纷上诉案 / 400
案例 235 中国工商银行股份有限公司抚顺分行与抚顺铝业有限公司、抚顺铝厂、抚顺新抚钢有限责任公司借款合同纠纷上诉案 / 401

案例 236 山东信诚化工股份有限公司与中国工商银行山东省分行、滕州市化肥厂、山东鲁南化学工业集团公司、滕州市国有资产经营有限公司借款合同纠纷上诉案 / 402
案例 237 中国工商银行鸡西市分行与鸡西市煤炭公司、黑龙江天源煤炭股份有限公司借款合同纠纷上诉案 / 404
案例 238 中国东方资产管理公司南京办事处与江苏汤沟两相合酒业有限公司、江苏汤沟酒业有限公司、灌南压铸机有限公司借款合同纠纷上诉案 / 405
案例 239 桦林轮胎股份有限公司与金杯汽车股份有限公司、沈阳金杯车辆制造有限公司、沈阳汽车制造厂买卖合同纠纷案 / 406
案例 240 中国建设银行山东省分行与山东禹城中农润田化工有限公司、山东兴禹化工集团公司等借款合同纠纷上诉案 / 406
案例 241 上诉人中国信达资产管理公司西安办事处与被上诉人阳江市国阳实业发展公司、阳江市长发实业公司和广东华龙集团股份有限公司拖欠借款纠纷上诉案 / 407
案例 242 重庆索特（集团）有限责任公司与忠县农村信用合作联社、忠县国营盐厂借款合同纠纷案 / 410
第五节 贷款发放
案例 243 重庆市城口县岚天乡种植养殖场与中国农业银行城口县支行缔约过失责任纠纷案 / 414
第六节 委托贷款
案例 244 工行通化支行与东风财务公司、东大房产公司确认合同效力纠纷案 / 421
案例 245 北京君泰投资管理有限公司、山东省五洲交通实业有限公司与天津药业集团有限公司、上海浦东发展银行天津分行委托借款合同纠纷案 / 423
第七节 同业拆借
案例 246 中国农业银行邵阳市分行与中国建设银行湖南省分行营业部和中国农业银行湖南省分行、湖南省邵东县丰鑫实业公司拆借、借款合同纠纷提审案 / 426
案例 247 西安市商业银行与健桥证券股份有限公司、西部信用担保有限公司借款担保合同纠纷案 / 429

案例 248 中国人民银行赣县支行与中国银行股份有限公司北京市分行损害赔偿纠纷上诉案 / 431
案例 249 东营市七色光房地产开发有限责任公司与中国工商银行股份有限公司东营西城支行房地产联合开发合同纠纷上诉案 / 431
第 八 节　贷款催收
案例 250 中国长城资产管理公司大连办事处与营口市食品公司、李丽波借款合同纠纷案 / 433
案例 251 中国东方资产管理公司大连办事处诉辽宁华曦集团公司等借款担保纠纷上诉案 / 436
案例 252 中国农业银行哈尔滨市太平支行与哈尔滨松花江奶牛有限责任公司、哈尔滨工大集团股份有限公司、哈尔滨中隆会计师事务所有限公司借款合同纠纷案 / 437
案例 253 万通实业公司与兰州商业银行借款合同纠纷案 / 437
第 九 节　贷款扣划
案例 254 天同证券有限责任公司清算组与恒丰银行股份有限公司、恒丰银行股份有限公司济南分行、恒丰银行股份有限公司烟台青年路支行返还扣划结算资金纠纷案 / 439
案例 255 刘某与深圳发展银行济南分行储蓄合同纠纷上诉案 / 443
案例 256 陕西高院裁定驳回被执行人汉江公司和陕飞公司提出执行异议案 / 444
案例 257 湖北横向经济贸易公司与中国冶金进出口湖北公司、中国农业银行武汉市分行汉口支行返还保证金纠纷案 / 445
案例 258 中国工商银行湘潭市板塘支行与中国建筑材料科学研究院湘潭中间试验所及湘潭市有机化工厂借款合同纠纷案 / 445
案例 259 张家界水泥厂诉中银张家界旅游经济开发区支行因债务人破产其受偿为零擅自扣划保证人存款侵权案 / 446
案例 260 中国建设银行乌鲁木齐新华南路支行与新疆玉龙有限责任公司借款担保合同纠纷上诉案 / 447
案例 261 漳浦县土地开发总公司诉中国建设银行漳浦县支行以债权人的身份扣划债务人的存款侵权案 / 447
案例 262 王某与黔江信用社侵权纠纷案 / 448

案例263 中国建设银行成都市金河支行与四川金租实业公司、四川通信公司、四川金融租赁股份有限公司借款担保合同纠纷案 / 449
案例264 徐工集团工程机械股份有限公司诉成都川交工贸有限责任公司等买卖合同纠纷案 / 450
案例265 中国长城资产管理公司乌鲁木齐办事处与新疆华电工贸有限责任公司、新疆华电红雁池发电有限责任公司、新疆华电苇湖梁发电有限责任公司等借款合同纠纷案 / 451
第十节 解除权
案例266 东方汇理银行上海分行诉毕胜荣房屋抵押贷款合同纠纷案 / 453
案例267 孟元诉中佳旅行社旅游合同纠纷案 / 456
案例268 中国信达资产管理公司长沙办事处诉中国新型建筑材料（集团）公司等借款担保合同纠纷案 / 456
案例269 首都庆华工具厂等与中国工商银行北安市支行担保借款合同纠纷案 / 457
案例270 武汉市煤气公司诉重庆检测仪表厂煤气表装配线技术转让合同购销煤气表散件合同纠纷案 / 458
案例271 上海盘起贸易有限公司与盘起工业（大连）有限公司委托合同纠纷上诉案 / 459
案例272 崂山国土局与南太置业公司国有土地使用权出让合同纠纷案 / 459
案例273 万顺公司诉永新公司等合作开发协议纠纷案 / 461
第十一节 代位权
案例274 中国银行长春市西安大路支行与东北输变电设备集团长春变压器有限公司、东北输变电设备集团公司借款合同纠纷上诉案 / 463
案例275 中国银行股份有限公司汕头分行与广东发展银行股份有限公司韶关分行、第三人珠海经济特区安然实业（集团）公司代位权纠纷案 / 466
案例276 中国中化集团公司与北京三元金安大酒店等代位权纠纷案 / 466
案例277 中国农业银行汇金支行诉张家港涤纶厂代位权纠纷案 / 469

案例 278 上海中祥（集团）有限公司与上海市闸北区经济委员会、上海中亚商业（集团）房地产开发有限公司、第三人上海东湖房地产发展有限公司代位权纠纷案 / 469
案例 279 中国长城资产管理公司长沙办事处与成功控股集团有限公司、酒鬼酒股份有限公司、湖南湘泉集团有限公司代位权纠纷上诉案 / 470
第十二节 抵销权
案例 280 向明清诉安江信用社储蓄存款合同纠纷案 / 472
案例 281 最高人民法院判决维持的中国建设银行山东省分行与山东禹城中农润田化工有限公司、山东兴禹化工集团公司等借款合同纠纷上诉案 / 476
案例 282 新沂市建材总公司与新沂市农村信用合作联社金昌信用社、新沂市农村信用合作联社返还财产纠纷案 / 477
第十三节 撤销权
案例 283 淮北市友谊汽车修理改装厂与中国建设银行淮北分行、安徽皖北矿业有限责任公司撤销债务人低价转让财产行为纠纷案 / 478
案例 284 南通美嘉利服饰有限公司与江苏银行股份有限公司南通观音山支行破产撤销权纠纷案 / 483
案例 285 栏杆信用社与刘守庭、李爱萍、刘翔撤销权纠纷案 / 485
案例 286 张康琼与邓晓江，第三人邓晓克、邓晓利撤销权纠纷案 / 486
案例 287 中国长城资产管理公司南京办事处诉镇江市供销社副食品公司、四川省烟草公司射洪县公司撤销权纠纷案 / 486
第十四节 不良债权转让
案例 288 重庆风行汽车运输有限公司与中国农业银行万盛支行债权转让合同纠纷案 / 490
案例 289 佛山市顺德区太保投资管理有限公司与广东中鼎集团有限公司债权转让合同纠纷案 / 494
案例 290 沈阳银胜天成投资管理有限公司与中国华融资产管理公司沈阳办事处债权转让合同纠纷案 / 494

案例 291 中国昊华化工（集团）总公司与中企国际投资有限公司借款合同纠纷案 / 495
案例 292 福州商贸大厦筹备处与福建佳盛投资发展有限公司借款纠纷案 / 496
案例 293 上诉人佳木斯市升平煤矿与被上诉人黑龙江省地方煤炭工业（集团）总公司借款合同纠纷上诉案 / 496
案例 294 北京地鑫房地产开发有限责任公司与中国华融资产管理公司北京办事处、中国机床总公司、中国轻工集团公司、北京正一机电技术公司借款担保合同纠纷上诉案 / 497
案例 295 中国信达资产管理公司与九江化工厂、九江化学纤维总厂等借款担保合同纠纷上诉案 / 498
案例 296 亢文钧与包头边境贸易公司、包头市对外贸易（集团）有限责任总公司债权转让合同纠纷再审案 / 498
案例 297 某信托公司诉债务人某实业公司借款合同纠纷案 / 501
案例 298 湖州市八里店镇资产经营公司与中国长城资产管理公司杭州办事处、湖州市升山建筑工程有限公司等借款合同纠纷提审案 / 501
案例 299 农行南召支行诉华龙辛夷公司借款合同纠纷案 / 502
案例 300 成都天一集团公司与中国华融资产管理公司成都办事处债务纠纷上诉案 / 502

第十五节 实现债权费用的负担

案例 301 吉庆公司、华鼎公司与农行西藏分行营业部抵押借款合同纠纷案 / 505
案例 302 上海市弘正律师事务所诉中国船舶及海洋工程设计研究院服务合同纠纷案 / 509

第十六节 按揭业务

案例 303 陈某与中国工商银行某支行损害赔偿纠纷案 / 512
案例 304 赵红刚与王伟东按揭房买卖合同案 / 513
案例 305 交通银行嘉定支行与朱建丽借款合同纠纷案 / 514
案例 306 上海市黄浦区法院审理的两起借款合同纠纷案 / 515
案例 307 中国工商银行西客站支行与徐连、宝琦达公司借款合同纠纷案 / 517

案例 308 某银行诉张某借款合同纠纷案 / 520

案例 309 北京市第二中级人民法院审理的森豪公寓假按揭骗贷案 / 521

案例 310 某银行与借款人、车行、车辆挂靠单位、保险公司借款担保合同纠纷案 / 523

案例 311 中国平安保险（集团）股份有限公司与中国建设银行营业部等借款及保证保险合同纠纷案 / 524

案例 312 中国农业银行股份有限公司黄山滨江路支行诉中国人民财产保险股份有限公司绩溪支公司、安徽亚夏实业股份有限公司保证保险合同纠纷案 / 525

案例 313 北京银行股份有限公司天坛支行诉中国人民财产保险股份有限公司北京市昌平支公司机动车辆消费贷款保证保险合同案 / 526

第十七节　助学贷款

案例 314 中国农业银行清丰县支行与韩利敏借款合同纠纷案 / 528

第六章　执行与协助执行的法律风险与规避

第 一 节　协助冻结

案例 315 某银行不配合法院冻结工作被处以罚款案 / 535

第 二 节　擅自解冻

案例 316 中国工商银行西安市东新街支行对陕西省高级人民法院强制执行 2000 万元执行异议案 / 545

案例 317 交通银行南昌分行诉赛格信托公司江西证券交易部存款支付纠纷案 / 548

案例 318 中国农业银行南通市经济技术开发区支行与华夏银行济南分行、中国电子进出口山东公司、南通市蓝泽精细化工公司银行承兑汇票纠纷再审案 / 548

第 三 节　协助错误

案例 319 某电器厂与某银行佛山分行损害赔偿纠纷案 / 550

案例 320 无锡瑞奇进出口贸易有限公司诉南通诚益工艺服装有限公司加工合同纠纷案 / 551

第四节 执行措施

案例 321 云南金沙江建设工程有限公司与光大银行昆明分行借款合同执行案 / 556

第五节 执行异议

案例 322 中国建设银行漯河市房地产信贷部关于中国工商银行漯河黄河路支行、源汇区农行与漯河蓝天商贸实业有限公司借款合同纠纷执行异议案 / 560

案例 323 宜宾市翠屏区南岸农村信用社与四川省宜宾华玻建材公司借款合同担保纠纷再审案 / 563

第六节 执行和解

案例 324 建行兴庆路支行与秦旭公司、恒星公司借款担保合同纠纷再审案 / 567

案例 325 中国银行杭州市开元支行与杭州银河贸工（集团）公司、浙江外事旅游汽车公司借款合同纠纷抗诉案 / 569

案例 326 上海方圆房地产开发有限责任公司与李深浦房屋买卖纠纷抗诉案 / 570

第七节 委托拍卖

案例 327 凡光庆与榆阳区农行确认拍卖合同效力纠纷案 / 572

案例 328 武汉市新世纪拍卖有限公司与武汉市农村信用合作社联合营业部拍卖合同纠纷案 / 575

第七章 诉讼程序中的法律风险与规避

第一节 主管

案例 329 广西壮族自治区兴安县溶江农村信用社与中国建设银行股份有限公司兴安支行债权转让合同纠纷抗诉案 / 579

案例 330 陕西省耀县水泥厂与中国建筑材料集团公司、陕西省建筑材料工业总公司债权转出资纠纷上诉案 / 582

案例 331 成都市商业银行与成都市华西电力（集团）股份有限公司其他经济纠纷再审上诉案 / 582

第二节 管辖

案例 332 中国工商银行巢湖分行与广东省惠州市皖惠实业发展公司借款合同纠纷再审案 / 585

案例 333 许霆盗窃案 / 584

案例 334 山东清泉集团有限公司、烟台市清泉综合开发有限公司与山东亚新设计工程有限公司、烟台昆仑房地产开发有限公司建设工程设计合同纠纷上诉案 / 587

案例 335 淮南市通宇塑编有限公司与安徽凤台县经济开发区管理委员会、安徽六和同心风能设备有限公司建设用地使用权合同纠纷案 / 587

案例 336 北京世纪银联房地产开发有限公司与中国光大银行黑龙江分行欠款纠纷管辖权异议案 / 588

案例 337 鸿润锦源（厦门）房地产开发有限公司与彭雄浑、鸿润集团房地产投资有限公司商品房预售合同纠纷案 / 590

案例 338 北京智扬伟博科技发展有限公司与创思生物技术工程（东莞）有限公司、河南省开封市城市管理局居间合同纠纷案 / 591

案例 339 广东中凯文化发展有限公司与中国电信股份有限公司钦州分公司、中国电信股份有限公司（简称电信股份公司）侵犯著作权纠纷案 / 591

案例 340 苏州东宝置业有限公司、苏州市金城担保有限责任公司、苏州市东宝金属材料有限公司、苏州市东宝有黑色金属材料有限公司、徐阿大与苏州百货总公司、江苏少女之春集团公司资产转让合同纠纷案 / 592

案例 341 杭州富申日用品有限公司与芜湖市大宇糖酒日杂有限责任公司买卖合同纠纷管辖权异议案 / 593

第三节　起诉

案例 342 潍坊商业银行与坊子酒厂破产清算组破产纠纷案 / 594

案例 343 江苏省建工集团有限公司与苏州市相城区国际服装城开发有限公司建设工程施工合同纠纷上诉案 / 597

案例 344 中国邮电器材集团公司与安捷联科技发展有限公司、北京京房不动产投资有限公司委托合同纠纷执行案 / 598

案例 345 上海银行股份有限公司福民支行与倪兆阳、第三人徐长明借款担保合同纠纷案 / 599

案例 346 威海鲲鹏投资有限公司与威海西港房地产开发公司、山东省重点建设实业有限公司土地使用权纠纷管辖权异议案 / 599
案例 347 奉化步云工贸有限公司与上海华源企业发展股份有限公司商标所有权转让纠纷不予受理案 / 600
案例 348 美国 EOS 工程公司诉新降发电公司等侵权纠纷案 / 600
案例 349 大连远东房屋开发有限公司与辽宁金利房屋实业公司、辽宁澳金利房地产开发有限公司国有土地使用权转让合同纠纷案 / 601
案例 350 瑞华投资控股公司与山东鲁祥铜业集团有限公司、山东省嘉祥景韦铜业有限公司、陈中荣、高学敏等借款担保合同纠纷案 / 602
案例 351 吉庆公司、华鼎公司与农行西藏分行营业部抵押借款合同纠纷案 / 602
案例 352 华建电子有限责任公司、华建机器翻译有限公司与广州科技风险投资有限公司、谢雄平、张贺平、仇绍明、黄若浩合作协议纠纷案 / 602
案例 353 中信实业银行长沙分行与中国农业银行衡阳市蒸阳支行资金拆借纠纷再审案 / 604
案例 354 中国光大银行诉武汉市人民政府不履行法定职责案 / 604
第四节 诉讼请求
案例 355 包头市中心区开发建设有限公司与中国建设银行股份有限公司包头民族东路支行借款合同纠纷上诉案 / 606
案例 356 广西南宁伟基房地产有限责任公司、唐超强与肖汉金、广西吉宁房地产有限责任公司、广西中骏房地产有限公司侵权纠纷上诉案 / 608
案例 357 江苏江阴农村商业银行股份有限公司与江阴市辰华物资有限公司、澳洋集团有限公司返还票据贴现款及票据损害赔偿纠纷案 / 609
案例 358 中国信达资产管理公司西安办事处与海南华山房地产开发总公司、中国建设银行股份有限公司西安曲江支行借款合同纠纷案 / 610

案例 359 北京新中实经济发展有限责任公司、海南中实（集团）有限公司与华润置地（北京）股份有限公司房地产项目权益纠纷案 / 610

案例 360 荆州市商业银行与广州世界大观园发展有限公司等借款担保合同纠纷案 / 611

第五节 反诉

案例 361 招商银行与海南中商旅业股份有限公司、中青基业投资发展中心借款合同纠纷上诉案 / 613

案例 362 中国信达资产管理公司郑州办事处与河南省郸城县生物化工厂、阐城金丹乳酸实业有限公司、郸城县技术改造资金开发中心、河南金丹乳酸有限公司、河南省郸城县化肥厂借款担保合同纠纷上诉案 / 615

第六节 证据

案例 363 中国长城资产管理公司武汉办事处与中国农业银行襄樊市樊西支行等借款合同纠纷上诉案 / 616

案例 364 西部证券股份有限公司西安市西五路营业部与中国农业银行西安昆明路支行存单纠纷案 / 618

案例 365 中国工商银行成都市金牛区支行与四川中电工程有限公司、四川省文化旅游公司借款合同纠纷再审案 / 618

案例 366 广州市商业银行越秀支行与中国农业银行岳阳市云溪支行、广州名鑫实业发展有限公司、珠海协利租赁有限公司侵权纠纷上诉案 / 619

案例 367 中国东方资产管理公司武汉办事处与冶钢集团有限公司、黄石市国有资产经营有限公司借款担保合同纠纷上诉案 / 619

案例 368 广西运通房地产开发有限公司与南宁永嘉房地产开发有限公司、南宁市昌业贸易发展公司合作开发房地产合同纠纷上诉案 / 620

案例 369 东方公司广州办事处诉中山市工业原材料公司等借款担保合同纠纷案 / 621

案例 370 江西圳业房地产开发有限公司与江西省国利建筑工程有限公司建设工程施工合同纠纷案 / 622

第七节 上诉
案例371 宁夏市平冶金化工股份有限公司与中国工商银行平罗县支行、宁夏平罗大石头煤矿借款担保合同纠纷上诉案 / 623
案例372 中国农业银行哈尔滨市太平支行与哈尔滨松花江奶牛有限责任公司、哈尔滨工大集团股份有限公司、哈尔滨中隆会计师事务所借款合同纠纷案 / 625
第八节 调解
案例373 贸发银行与恢宏房地产公司借款合同纠纷案 / 627
案例374 四川（西藏）华西普济医院、西藏藏丰实业有限公司与中国第五冶金建设有限公司建设工程施工合同纠纷上诉案 / 629
案例375 东营市河口区义和镇劳务工程公司与东营市河口区义和镇人民政府拖欠工程款纠纷再审案 / 630
案例376 雷远城与厦门王将房地产发展有限公司、远东房地产发展有限公司财产权属纠纷案 / 631
案例377 太原市尖草坪区阳曲农村信用合作社申诉案 / 632

图书在版编目（CIP）数据

银行风险与规避法律实务应用全书 / 张金锁著．—3 版．—北京：中国法制出版社，2015.8

（金融法律实务丛书）

ISBN 978-7-5093-6661-5

Ⅰ．①银… Ⅱ．①张… Ⅲ．①银行法–基本知识–中国 Ⅳ．① D922.281

中国版本图书馆 CIP 数据核字（2015）第 200135 号

责任编辑：周琼妮（zqn-zqn@126.com） 封面设计：杨泽江

银行风险与规避法律实务应用全书（增订 3 版）

YINHANG FENGXIAN YU GUIBI FALÜ SHIWU YINGYONG QUANSHU（ZENGDING 3 BAN）

著者 / 张金锁

经销 / 新华书店

印刷 / 三河市紫恒印装有限公司

开本 / 787 毫米 ×1092 毫米 16 印张 / 43.75 字数 / 760 千

版次 / 2016 年 1 月第 3 版 2016 年 1 月第 1 次印刷

中国法制出版社出版

书号 ISBN 978-7-5093-6661-5 定价：128.00 元

北京西单横二条 2 号 值班电话：010-66026508

邮政编码 100031 传真：010-66031119

网址：http://www.zgfzs.com **编辑部电话：010-66067023**

市场营销部电话：010-66033393 **邮购部电话：010-66033288**

（如有印装质量问题，请与本社编务印务管理部联系调换。电话：010-66032926）